ALÉM DA CONQUISTA

SCOTT WALLACE

ALÉM DA CONQUISTA

SYDNEY POSSUELO E A LUTA
PARA SALVAR OS ÚLTIMOS
POVOS ISOLADOS DA AMAZÔNIA

Tradução
Daniel Estill

Copyright © 2011, Scott Wallace

Todos os direitos desta edição reservados à
Editora Objetiva Ltda.
Rua Cosme Velho, 103
Rio de Janeiro – RJ – Cep: 22241-090
Tel.: (21) 2199-7824 – Fax: (21) 2199-7825
www.objetiva.com.br

TÍTULO ORIGINAL
The Unconquered

CAPA
Mariana Newlands

IMAGEM DE CAPA
Doelan Yann / Getty Images

FOTOS DE MIOLO
Scott Wallace

REVISÃO
Taisa Fonseca
Beatriz Sarlo

EDITORAÇÃO ELETRÔNICA
Abreu's System Ltda.

CIP-BRASIL. CATALOGAÇÃO NA PUBLICAÇÃO
SINDICATO NACIONAL DOS EDITORES DE LIVROS, RJ

W179a

    Wallace, Scott
        Além da conquista: Sydney Possuelo e a luta para salvar os últimos povos isolados da Amazônia / Scott Wallace ; tradução Daniel Estill. - 1. ed. - Rio de Janeiro: Objetiva, 2013.

        Tradução de: *The unconquered : in search of the Amazon's last uncontacted tribes*
        511 p.   ISBN 978-85-390-0539-0

        1. Wallace, Scott - Viagens - Amazonas, Rio. 2. Amazonas, Rio - Descrições e viagens. 3. Índios da América do Sul - Brasil - Descrições e viagens. I. Título.

13-03435   CDD: 918.11
                                            CDU: 913(811)

Para Mackenzie, Aaron e Ian, e meus pais Robert e Flora Wallace, que sentiriam orgulho de ter este livro nas mãos

E em memória de Adrian Cowell e Nicolas Reynard, que deixaram um rico legado e um chamado urgente para que todos nós lutemos pela Amazônia e seus povos

Pobre Aruá, ele não podia supor que os brancos não eram uma tribozinha como a nossa ou como as outras que ocupam um rio, dois no máximo. Não sabia que aqueles eram os primeiros de um mundo de gente, um formigueiro inacabável, que ocupam a terra toda, que enxameiam o mundo inteiro, insaciáveis. Nos anos seguintes, outros e outros foram chegando. Até hoje continuam nos rodeando. Já tomaram todo o lado do nascente, um dia tomarão as matas do poente. Então, estaremos reduzidos a uma ilhazinha no mar da branquitude.

— Darcy Ribeiro, *Maíra*

Sumário

Prefácio à edição brasileira   11
Prólogo: Nas profundezas e de volta   15

PARTE I: AMAZÔNIA ADENTRO   21

1. Um rumor de selvagens   23
2. Amazônia acima   33
3. Além do bloqueio   48
4. Numa curva do rio   57
5. Uma topografia do conflito   68
6. Rio branco, noite negra   88
7. Governo de um só   108
8. Entre dois mundos   127
9. O ponto sem volta   152

PARTE II: NA TERRA DOS FLECHEIROS   171

10. A floresta escura   173
11. As cabeceiras   188
12. Lições de biologia   201
13. Um exército de guerrilha   218

14	Nos passos de Rondon	229
15	O significado do contato	245
16	Nossas armas, nossos germes e nosso aço	263
17	O dia da maloca	277

PARTE III: O IMPERATIVO DA SOBREVIVÊNCIA 295

18	Reabastecidos	297
19	Estaleiros na selva	312
20	O ponto da virada	328
21	Para o leste, com o rio	338
22	Terras da fronteira	358
23	O reencontro	375
24	O velho e o rio	386
25	A draga de ouro	398
26	Civilização e nossos descontentes	417
27	Conhecendo os caceteiros	439
28	O sobrevoo	448

Epílogo	453
Pós-escrito	459
Carta aberta em defesa dos povos indígenas isolados	461
Agradecimentos	463
Notas	469
Bibliografia	491
Índice	501

Prefácio à edição brasileira

É UMA GRANDE HONRA, assim como uma grande responsabilidade, apresentar este livro ao público brasileiro num momento tão crítico, em que decisões políticas que irão transformar a floresta amazônica para sempre estão sendo tomadas em Brasília, São Paulo e noutras cidades.

Como o leitor logo descobrirá, *Além da conquista* começou como uma reportagem para a revista *National Geographic*. Fui enviado para participar de uma expedição do governo brasileiro que se aventuraria pelas profundezas do extremo oeste do estado do Amazonas para rastrear uma tribo indígena que vive em total isolamento. O objetivo central da expedição era reunir informações sobre a tribo — conhecida apenas como flecheiros — sem fazer contato direto com o grupo.

A diretriz de zero contato estava de acordo com a política nacional, implantada em meados da década de 1980 em grande medida graças a Sydney Possuelo, explorador do sertão brasileiro e ativista pelos direitos indígenas. Um sertanista veterano, com vasta experiência com os índios isolados da floresta amazônica, Possuelo é reconhecido como uma figura central na proteção dos direitos e terras desses grupos altamente vulneráveis. Ele foi o líder de nossa expedição de três meses e é o protagonista e figura principal deste livro.

Mais tribos isoladas e sem contato vivem no interior do território brasileiro do que em qualquer outro país do mundo. Esse fato surpreendente provavelmente é desconhecido da grande maioria dos brasileiros.

Deveria ser uma fonte de grande orgulho nacional. Boa parte do crédito pela preservação desses grupos deve-se ao trabalho de Possuelo e à intensa dedicação dos defensores dos direitos indígenas da Coordenadoria de Índios Isolados, órgão da Fundação Nacional do Índio, a Funai.

Espero que este livro possa contribuir para uma maior compreensão deste tesouro único e insubstituível dentro do território brasileiro. É difícil argumentar contra aqueles que defendem a exploração dos recursos naturais do país e a melhoria do padrão de vida de todos os brasileiros. Mas a população brasileira deve ter consciência do que estará sacrificando no processo.

Meu retrato de Possuelo nem sempre foi lisonjeiro. Resisti à tentação de amenizar algumas características pessoais que, sem dúvida alguma, ele teria preferido que fossem omitidas neste livro. Mas tais omissões, penso, seriam um desserviço à narrativa e aos meus leitores. Apesar disso, não pretendo ter o monopólio da verdade. Escrevi o livro a partir de uma perspectiva muito particular — a de membro e observador de uma expedição que enfrentou condições extremas por várias semanas em um dos locais mais remotos da Terra. A sensação de isolamento, privação e perigo constante sem dúvida alguma influiu sobre minhas percepções e interações com Possuelo. Com a perspectiva privilegiada do olhar retroativo, estou agora em condições de compreender um pouco melhor as motivações dele para ter feito coisas que na época pareceram pouco razoáveis.

Mas, longe de diminuir a estatura de Possuelo, acredito que esta visão sem retoques das imperfeições faz dele um homem bem mais real. Espero que também proporcione ao leitor uma visão mais profunda do que é ser um líder e manter unida uma equipe de quase três dúzias de homens nas profundezas da selva, onde a sobrevivência não conta com qualquer garantia.

No final da história, acredito que Sydney Possuelo seja um herói exclusivamente brasileiro. Apesar do ostracismo inexorável em que foi lançado pelos inimigos de dentro e fora da Funai, dos longos períodos longe de casa e das pessoas amadas, das repetidas ameaças contra a segurança, ele jamais esmoreceu na missão de falar por aqueles que não podem fazê-lo por si mesmos — as tribos isoladas e sem contato da Amazônia.

A sobrevivência das últimas tribos isoladas não se trata apenas de um punhado de pessoas que ficaram para trás, esquecidas pelo correr da história; é também sobre a nossa própria sobrevivência. Como um canário numa mina de carvão, as tribos isoladas representam um alerta para nossa própria preservação ou destruição. "Vamos protegê-los pelo tempo que nossa sanidade nos permitir", disse-me Possuelo certa tarde, lá no fundo da floresta. "Quando chegar o momento de nossa derradeira insanidade, vamos acabar com tudo."

Tenho esperança de que essas palavras consigam penetrar. O mundo, conforme nosso Criador o fez, ainda pode ser salvo. Apenas nós podemos fazer isso. Essa é a grande mensagem de Sydney Possuelo.

Scott Wallace
Salvador, Bahia
6 de março de 2013

Prólogo

Nas profundezas e de volta

Encontramos rastros frescos de manhã, pegadas de adultos na lama encharcada, tamanho 39 ou 40; não tinham mais do que poucas horas. Apontavam para a mesma direção para onde seguia nossa expedição, para o interior, rumo aos extremos da floresta amazônica.

Caminhamos em fila indiana através da vegetação cerrada, cortando cipós grossos como sucuris, pendendo a mais de 40 metros, desde o alto das árvores até o chão da mata. Os macacos gritavam e tagarelavam de algum lugar acima de nós, os gritos pontuados pelo canto estridente em quatro notas de um capitão-do-mato, lá do alto das copas. Eu seguia de perto os calcanhares de Sydney Possuelo, o líder da expedição.

— Provavelmente somos os únicos a já ter caminhado por aqui, nós e os índios — disse ele.

Por índios ele não se referia aos vinte homens de três tribos diferentes que formavam o núcleo de nossa força expedicionária, mas sim ao misterioso Povo da Flecha. Índios bravos.

Um dia antes, nossos batedores avistaram dois índios nus perto do rio e os chamaram, mas eles dispararam por uma ponte provisória, sumindo no interior da floresta. Agora, a prova mais visível do pânico que deve ter se espalhado estava bem diante de nós — não tanto pelas pegadas em si, mas pela distância entre elas, sugerindo as longas passadas de alguém correndo para transmitir notícias urgentes.

Não havia como saber exatamente qual seria a reação da tribo à nossa presença. Eles tinham poucos motivos para nos considerar outra coisa além de um exército de invasores hostis. E não por acaso, pois, apesar de nossas melhores intenções, qualquer contato direto com os flecheiros poderia ser desastroso. A tribo não tinha qualquer imunidade aos micróbios que carregávamos.[1] Não éramos médicos e levávamos poucos remédios. Nós também corríamos perigo; havia poucas chances de fuga pela selva fechada, caso suas flechas envenenadas começassem a voar.

Ainda assim, quem entre nós — sim, até mesmo o purista Possuelo — não ansiava secretamente por um "primeiro contato": aquele momento no limiar da história quando completos e absolutos estranhos, de universos separados, encaravam-se frente a frente, olhando uns nos olhos dos outros, e reconheciam a humanidade comum? Era assim que eu gostava de imaginar — sorrisos, apertos de mãos, uma troca de presentes — a reescrita dos encontros épicos em Roanoke ou em Tenochtitlán. Uma experiência atemporal, uma história a ser repetida para crianças e netos de olhos arregalados: *Vamos, vovô, conte sobre aquela vez que você encontrou os índios selvagens na floresta!* Iríamos encantar o mundo com imagens de selvagens da Idade da Pedra, aparecer no noticiário, nos tornar jornalistas célebres. Talvez eu fosse contratado para escrever um livro.

Possuelo parou subitamente na trilha. Um ramo recém-quebrado, preso pela casca da árvore, balançava sobre o caminho diante de nós. A cancela improvisada não impediria a passagem de uma criança, muito menos do nosso contingente de 36 homens bem armados. Mesmo assim, transmitia a mensagem — e advertência —, que Possuelo reconheceu e respeitou instantaneamente.

— Isso é uma língua universal na selva — sussurrou ele. — Significa: "Fique longe. Não ultrapasse."

Estávamos nos aproximando da aldeia deles. Qualquer encontro significaria um final abrupto e definitivo de um modo de vida de milhares de anos, exatamente o que tínhamos ido lá para evitar.

Havíamos localizado o santuário interno dos flecheiros. Agora era hora de dar meia-volta, se já não fosse tarde demais.

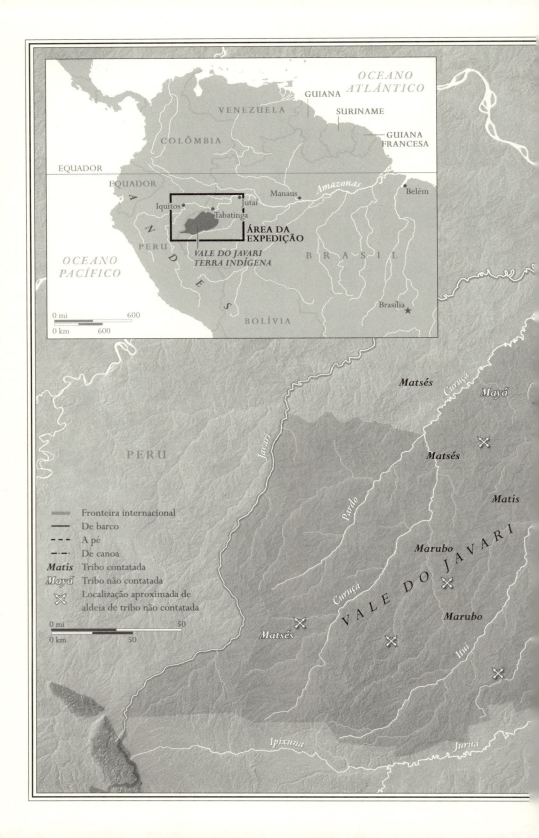

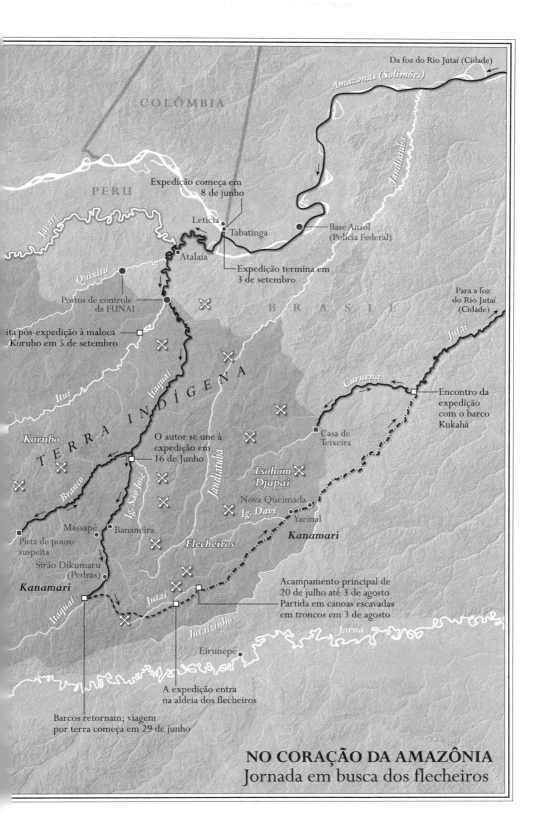

PARTE I

Amazônia adentro

CAPÍTULO 1

Um rumor de selvagens

O TELEFONEMA QUE ME LEVOU de Nova York para as profundezas da Amazônia aconteceu no início de junho, e veio de Oliver Payne, editor sênior da *National Geographic*. Eu morava num apartamento sublocado durante o verão, um lugar cavernoso de dois quartos no térreo de um prédio de granito cinza no Upper West Side de Manhattan. Havia chegado recentemente de uma temporada de vários meses no Brasil, onde cobri a devastação ambiental na Amazônia. Era aquela época idílica do ano quando o inverno não passa de uma memória distante e o sol brilha benevolente, antes do calor escaldante do pico do verão. Eu aguardava ansioso por um verão para me recuperar — reforçar os laços familiares e tomar decisões vitais sobre onde iria fixar minhas raízes após perambular durante tantos anos pelo mundo. Aos 47 anos, me sentia tão sem raízes quanto o garoto recém-formado da universidade que embarcou num cargueiro para a América do Sul, o que parecia ter acontecido havia várias eras. Desde então, minha carreira como jornalista levou-me por guerras e revoluções na América Central, surtos de gangues criminosas na Rússia pós-comunista e, mais recentemente, às lutas de tribos nativas em locais tão remotos quanto o Ártico, os Andes e a Amazônia, onde os povos indígenas ocupavam as linhas de frente contra o avanço de tratores e perfuratrizes de poços que assinalavam a derradeira ofensiva da economia global sobre as reservas minguantes de selvas primordiais do planeta.[2] Soava incrivelmente romântico quando eu contava para as pessoas o que fazia para viver, especialmente por eu omitir a parte sobre o casamento fracassado, a conta bancária estourada e a culpa em relação aos meus três filhos pequenos, que eu quase não via.

Mas este verão seria o momento de reavaliar e fazer algumas mudanças. Meu pai acabara de passar por uma cirurgia de coração aberto e minha mãe vinha sofrendo com diversas enfermidades; era surpreendente que ainda estivesse viva. Eu ansiava por algum tipo de reconciliação, para lhes dizer, antes que fosse muito tarde, que os amava e que sentia muito por todas as vezes que fizera coisas que partiram seus corações, milhares de vezes. Queria desesperadamente estar com meus filhos. Agir certo com minha ex-mulher, uma pessoa incrível que equilibrava a própria carreira com as demandas de criar três filhos durante minhas longas ausências, mas que acabou decidindo que tinha tolerado minhas falhas por tempo demais. E ainda havia Sarah, em quem eu descobrira uma mistura de diversas qualidades que admirava: mente rápida e risada deliciosa, humor que não poupava ninguém, irreverência absoluta diante de qualquer arrogância.[3] Nosso romance era apaixonado, ainda que frágil. Talvez fosse a hora de deixar de lado as glórias passageiras do jornalista aventureiro, pelo menos por um tempo. Talvez já houvesse passado da hora de ficar pensando na próxima grande reportagem e colocar minha própria tribo em primeiro lugar.

Mas então chegou aquela mensagem de Oliver Payne. Vínhamos considerando uma matéria para a *National Geographic* sobre tráfico de madeira, mas, da última vez que conversamos, Ollie sinalizara que a ideia ainda precisava ser trabalhada. Portanto, foi mais do que uma surpresa receber seu breve recado: "Scott, ligue para mim imediatamente."

Sua secretária me transferiu para ele na mesma hora.

— Não se trata exatamente de mogno — começou Ollie, com seu inglês impecável de Oxford —, mas de algo que pode lhe interessar.

Estaria eu familiarizado com um explorador e ativista brasileiro pelos direitos dos índios chamado Sydney Possuelo? A revista decidira fazer um perfil dele para uma edição próxima e precisavam de um escritor.

Sydney Possuelo era um nome conhecido por praticamente todos os vastos e distantes territórios brasileiros, um nome murmurado com reverência pelas populações indígenas defendidas por ele, e com a mesma proporção de ódio por fazendeiros, madeireiros e garimpeiros que desejavam pilhar as riquezas da floresta tropical. Era um dos últimos grandes desbravadores da Amazônia, conhecido por se embrenhar nas profundezas da mata por meses junto com seus homens.

— Claro — respondi. — Conheço ele.

Conheci Possuelo dez anos antes, na ECO-92, no Rio de Janeiro. Na época, ele era presidente da Fundação Nacional do Índio, a Funai. Acabara de presidir uma tarefa monumental e hercúlea: a expulsão de milhares de exploradores ilegais de ouro das florestas pertencentes aos ianomâmis, seguida da demarcação de uma reserva do tamanho do estado do Maine (cerca de 94 mil quilômetros quadrados) para proteger os nativos.[4] Era a maior reserva indígena já criada na história do Brasil, levada à frente a despeito dos gritos de protesto de poderosos especuladores e dos gigantescos desafios logísticos, uma operação que exigia que os fiscais demarcassem uma fronteira física por todo o perímetro do território. Eu era incapaz de me lembrar dos detalhes daquela distante conversa com Possuelo, mas me lembrava de um rosto aquilino, semelhante ao de um gavião, uma cabeça careca e uma grossa barba castanha — e a desconcertante semelhança com as representações artísticas de Francisco Pizarro, o espanhol que deixou os rios da América do Sul tintos de sangue indígena. Sua missão de salvar os índios não poderia ser mais diametralmente oposta à de Pizarro. Sim, me lembrei de ter detectado um sopro da mesma fúria vulcânica fervendo através do discurso controlado de Possuelo que levara o conquistador a saquear o império Inca e passar seus habitantes a fio da espada.

Ollie explicou que Possuelo iria liderar uma expedição a um dos redutos mais inexplorados da Amazônia, o território nativo na floresta tropical de um misterioso grupo conhecido como os flecheiros, o Povo da Flecha, uma tribo ainda não contatada pelo mundo exterior. Poucos forasteiros, talvez nenhum, cruzaram o coração das terras dos flecheiros e sobreviveram para contar a história. Essa era a intenção de Possuelo. Ele precisava obter informações vitais sobre a tribo: a extensão de seus deslocamentos, a saúde relativa de suas comunidades, a abundância de caça e pesca na floresta profunda onde viviam. Possuelo precisava demonstrar que as políticas pelas quais ele lutara tão arduamente estavam de fato sendo postas em prática, que tribos como a dos flecheiros prosperavam no isolamento e estavam muito melhores do que estariam sob qualquer esquema de integração à sociedade moderna. Resultados positivos ampliariam seu apoio em Brasília, num momento em que a pressão aumentava para um retrocesso da proteção às terras indígenas de toda a Amazônia para gerar empregos e lucros. Estaríamos atentos a invasores — madeireiros, caçadores e até mesmo traficantes de drogas — de grande ou pequeno porte, em busca de lucros e cuja presença representava uma ameaça mortal à tribo. Prisões eram uma possibilidade.

Tudo isso deveria ser alcançado *sem* fazer contato com a tribo, o que também era parte da visão singular de Possuelo. Os índios deveriam permanecer invisíveis, até mesmo para nós, se as coisas acontecessem conforme planejado. Possuelo não tinha interesse por questões caras aos antropólogos que estudavam sociedades primitivas: linhagens, totens ou etnias. Ele buscava "informações práticas" — a localização das aldeias, a extensão das migrações anuais — que poderiam ser coletadas pela proximidade, mas não exigiam contato direto. Afinal, os micróbios que levávamos para dentro da selva não eram mais benevolentes do que os que qualquer madeireiro ou caçador fora da lei poderia transmitir para os índios imunologicamente indefesos, ainda tão vulneráveis ao extermínio pelas doenças ocidentais como aqueles primeiros nativos encontrados por Hernando de Soto ou por Jacques Cartier, antigos exploradores do sertão que, inadvertidamente, espalharam o contágio pelas profundezas do continente americano, transformando-o para sempre.[5]

A oportunidade de fazer o perfil de Sydney Possuelo por si só não justificaria desistir de um verão inteiro voltado para a ressurreição de minha vida pessoal, especialmente quanto ao convívio com meus filhos e com meus pais no lago George, nas montanhas Adirondacks, no norte do estado de Nova York. É um lugar mágico, onde os moicanos, algonquinos e mohawks um dia ocuparam as florestas e os exércitos coloniais franceses e ingleses do século XVIII disputaram a supremacia global, em boa parte às custas dos índios. Mesmo agora, as águas cristalinas e encostas cobertas de pinheiros oferecem um terreno fértil para despertar a imaginação de uma criança, e eu desejava ver essa expressão de encantamento no rosto dos meus filhos. Mas era impossível perder as grandes ramificações e a natureza potencialmente transcendental que a reportagem que Ollie me oferecia poderia proporcionar: a possibilidade de contato — e certamente de quase contato — com uma tribo de origem desconhecida que resistiu a todas as tentativas de contato dos estrangeiros e ainda se mantinha numa espécie de reino paralelo, nas mais remotas profundezas da selva. Soava quase fantástico demais para ser verdade, como um conto saído das páginas de Robert Louis Stevenson ou de H. Rider Haggard, remontando a um tempo em que vastas extensões do mapa ainda estavam por ser exploradas e a cinta tropical do planeta era povoada por indígenas "perdidos", esperando para serem descobertos. Mas, se as palavras de Ollie merecessem crédito, não se tratava de nenhuma tribo extinta apenas mencionada nos livros de história ou de fantasias infantis. Era a história desdobrando-se pelo presente, atual, sem precisar de viagens no tempo — a não ser metafóricas.

Como jornalista com vasta experiência na Amazônia, investiguei acusações de má conduta de cientistas ocidentais contra membros da tribo dos ianomâmis, da "Idade da Pedra", na floresta venezuelana. Descobri provas de uma conspiração para enquadrar o chefe caiapó e defensor da ecologia Paulinho Paiakan em acusações de estupro a uma adolescente não indígena — acusações que efetivamente destruíram sua imagem e infligiram danos duradouros ao movimento internacional para salvar a floresta tropical. Cobri a incipiente guerra territorial no Brasil central que arrasou com populações destituídas em conflito com poderosas quadrilhas de fazendeiros e madeireiros que mantinham seu domínio através de um sistema de ameaças e propinas, e que implementavam sua própria noção de justiça na fronteira, via de regra com o uso de armas. Ainda assim, a Amazônia me chamava.

Havia algo nas florestas majestosas, no correr turbulento ou silencioso dos rios indomados, nos gritos penetrantes e na fumaça das fogueiras que anunciavam a aproximação de uma aldeia nativa, que parecia despertar um vago sentimento de existência bruta, primeva, sem os filtros e as armadilhas da "civilização" e das paliçadas que ela erguia em nossos íntimos para suprimir a natureza e barrar as manifestações mais selvagens. Ou então era tentador pensar assim. Eu era o produto das academias liberais e iluminadas da Nova Inglaterra durante os anos finais da Guerra do Vietnã, quando o questionamento da autoridade emergiu como um paradigma central em praticamente qualquer campo de pesquisa. Estudei filosofia em Yale, e durante um ano de licença, em meados da década de 1970, trabalhei como professor de alfabetização entre os índios falantes do asháninka (campa) e do quéchua, na selva peruana, meu primeiro encontro com o estranhamento absoluto da Amazônia. Segui em frente e me tornei jornalista, cobrindo os conflitos na América Central durante a década de 1980, e nos anos seguintes passei a ser visto entre os editores de revista como um especialista em Amazônia e suas culturas indígenas. Estava assim mais inclinado do que a maioria dos meus compatriotas a adotar os pontos de vista alternativos sobre questões que envolviam as sociedades aborígenes e a maneira terrível como foram tratadas por nossos antepassados. Mergulhado na cultura pop americana desde a infância, eu era, em diversos aspectos, um produto da mídia que eu consumia. Brinquei de caubói e índios quando menino, e assisti a *Cavaleiro solitário* e *Hopalong Cassidy* apenas para que essas primeiras fórmulas fossem desafiadas mais tarde por histórias como *Enterrem meu coração na curva do rio* e *Pequeno grande homem*. Será que isso fazia de mim um cidadão um pouco mais disposto ou capaz de corrigir as injustiças do mundo ou simplesmente um consumidor mais ávido de retratos feitos pela cultura de massa de culturas exóticas, tendo trocado os clichês culturais de uma geração pelos da geração seguinte?

Mas, diante da perspectiva de me aventurar pelos recantos mais remotos da floresta amazônica para escrever sobre tribos não contatadas, senti como se estivesse tocando os limites de uma vasta terra incógnita, tanto no sentido literal quanto no figurativo, em todos os aspectos, desde o que eu deveria levar na bagagem ao que deveria pensar sobre tribos primitivas que ainda não tinham sido vistas pelo mundo exterior. Na ausência de sinais visíveis, era tentador se deixar levar de volta por alguns mitos profundamente arraigados, transmitidos através de séculos de pensamento ocidental, sobre as florestas distantes e perigosas e seus habitantes supostamente inferiores em tecnologia e até mesmo em termos morais. Eu era um provedor de notícias e informações para um público global e talvez fosse impossível não compartilhar com meus editores e leitores algumas conjecturas sobre a posição da nossa sociedade como o pináculo do desenvolvimento humano, e até mesmo um sentimento distorcido de excitação voyeurística diante da perspectiva de despir a floresta tropical para expor a existência bruta e primitiva desta tribo para todos. Desde o momento em que Colombo desembarcou pela primeira vez no Caribe, os europeus perceberam na nudez dos aborígenes americanos o que presumiram ser uma janela para as profundezas da história. Quer tenhamos visto um nobre selvagem ou uma criatura bestial naquele espelho, ainda representamos o índio como o habitante de um ponto na escala evolucionária que nós deixamos para trás há muito tempo.

Por quase quinhentos anos, a Amazônia ocupou um lugar especial na imaginação ocidental, fantástico e aterrorizante ao mesmo tempo, um jardim do Éden intocado e um inferno verde implacável, uma vastidão sem fronteiras onde os viajantes se perdiam e enlouqueciam. Para aqueles de nós criados nos climas temperados, continua a ser um lugar estranho, tomado por formas de vida rastejantes e ameaçadoras, berço de culturas com hábitos chocantes, tão radicalmente opostos aos nossos quanto seria possível no planeta.

Ainda assim, como berço da maior floresta tropical da Terra, a bacia amazônica vinha ganhando reconhecimento como um dos principais campos de batalha no combate à devastação ambiental. Os cientistas apenas começavam a desvendar os segredos de sua influência estabilizadora sobre o clima global e a ponderar sobre a fascinante diversidade de formas de vida ocultas em suas matas, uma diversificação de espécies sem igual, alimentada por afluentes caudalosos tão vastos que isolavam ecossistemas, estimulando ainda mais a especiação frenética.[6] Ao mesmo tempo, as comunidades indígenas apenas começavam a ser compreendidas como variáveis fundamentais de uma grande equação. Em imagens de satélites nunca antes disponíveis, suas terras podiam ser vistas como marcos de resistência à crescente maré de destruição da floresta, e etnobotânicos proclamavam a sabedoria dos nativos como portadores do conhecimento relativo às propriedades medicinais de centenas de árvores, plantas e cipós, tendo protegido este vasto repositório junto com seu potencial de cura de algumas das mais complexas doenças da sociedade moderna.[7] Com apenas um olhar, eu via que a reportagem poderia proporcionar importantes contribuições para esse redemoinho de questões entrelaçadas. A expedição iria explorar as profundezas do enorme território indígena do vale do Javari, cuja recente demarcação o colocou fora dos limites dos empreendimentos lucrativos, como a exploração de madeira e a prospecção de ouro, transformando a região num ponto agudo de tensão crescente. Era uma área junto à fronteira com o Peru, que nem os espanhóis descendo pelos Andes, nem os portugueses subindo pelo emaranhado de rios amazônicos, conseguiram dominar.[8] Nem mesmo os incas, cujos últimos líderes desapareceram nas encostas cobertas pela floresta, foram capazes de conquistar essa terra de escuridão permanente a que chamavam de Antisuyu, o quadrante oriental, com tribos implacáveis e flechas mortíferas. O próprio Javari manteve-se além de qualquer alcance.

Havia também a questão dos paralelos históricos entre a nossa própria expansão para o oeste e a fronteira atual que avançava sobre a Amazônia: senhores ávidos por ampliar as terras, exploradores de ouro em busca de sonhos de grandeza, barões sanguinários dispostos a tudo pelo uso da força, índios apegados a tradições milenares diante da inexorável chacina promovida por estrangeiros vindos de lugares distantes, todos atuando em meio a uma vastidão de terras aparentemente sem fim. A não ser por revelar não ser tão sem fronteiras assim. Num período de cem anos após a fundação da colônia de Jamestown, em 1607, os colonos estavam bem próximos de eliminar as antigas florestas do leste da América do Norte, no que se tornaria o maior e mais rápido desmatamento da história da humanidade, até o assalto em escala industrial das florestas tropicais do mundo contemporâneo.[9]

Quase um século se passou desde que Ishi, o último dos yahi, rendeu-se ao xerife na Califórnia central, após 45 anos no rastro dos criadores de gado que haviam massacrado sua tribo. A aparição de Ishi, em 1911, eletrificou o país; os índios "selvagens" supostamente haviam desaparecido do oeste há décadas, mortos ou encerrados em reservas. Talvez um choque semelhante estivesse prestes a surpreender o mundo atual. Nem mesmo eu, um assim chamado especialista, tinha conhecimento da existência de tribos amazônicas não contatadas, fora do alcance da sociedade moderna. Eu já tinha estado em aldeias remotas, mas minha própria presença ali presumia um certo nível de contato anterior. Sabia que Possuelo vinha trabalhando com tribos isoladas, mas tribos *sem contato*? Isso era novidade para mim. O fato de que essas comunidades indígenas continuavam a existir em recantos remotos da selva, resistindo a todos os esforços de dominação ou mesmo de aproximação, parecia oferecer uma chance de repetir a história, quem sabe da maneira certa desta vez.

À primeira vista, achei que minhas experiências em lugares remotos serviriam como uma preparação adequada para essa viagem. Mas, ao fazer um rápido inventário de minhas investidas anteriores à floresta tropical, percebi algo inquietante: por mais distante que eu tivesse ido pelo interior da floresta, jamais estivera a mais do que uns poucos dias a pé de uma estrada, de um campo de pouso ou das margens de um rio com um barco à espera e que poderia me levar a um assentamento indígena antes do cair da noite. Mesmo nas mais profundas matas da América Central, estávamos todos conectados por rádio a uma cadeia de comando que poderia enviar helicópteros em algumas horas para nos buscar, levar e deslocar em torno do campo de batalha. Essa expedição seria muito diferente, com Possuelo liderando sua equipe por um território sem trilhas demarcadas. As oportunidades de comunicação com o mundo exterior eram muito vagas.

Era tentador e assustador ao mesmo tempo. Eu completaria 48 anos em algum lugar no meio da selva. Relaxara um pouco nos últimos anos. Praticava exercícios diariamente, mas, com 1,80 m e pesando 93 quilos, questionei se teria capacidade de aguentar meses de privação no meio do mato. Enfrentaríamos todos os perigos do altamente refinado repertório de criaturas letais, grandes ou pequenas, que a Amazônia tinha a oferecer, de onças que comiam homens a micróbios bem incubados. E havia ainda o potencial muito grande de um ataque dos índios cujas terras iríamos invadir. A jornada prometia ser especialmente árdua, pois a rota planejada nos levaria a matas mais distantes e profundas do que a maioria das expedições de Possuelo, expondo a equipe a níveis excepcionais de privação e perigo.

Talvez ainda mais desconcertante fosse o aviso feito ridiculamente em cima da hora. Um empreendimento desses em geral exigiria semanas, ou meses, de preparação, mas Ollie observou, melancolicamente, que eu deveria "partir de imediato". Na verdade, eu teria cinco dias para chegar a Tabatinga, uma afastada e escaldante vila onde convergiam as fronteiras de Brasil, Peru e Colômbia.

— A partida da expedição é iminente — Ollie anunciou, sem disfarçar a urgência na voz.

Minha vida seria lançada em total turbilhão. Eu teria que abrir mão do apartamento sublocado e do resto dos meus planos de verão. O frágil relacionamento em que eu depositava esperanças de felicidade futura poderia não sobreviver a mais uma longa separação. E meus filhos — eu sequer teria a chance de estar com eles para me despedir.

Ainda assim, às vésperas do terceiro milênio, a viagem oferecia uma oportunidade de exploração e aventura que praticamente não existia mais em nosso planeta. Era, de fato, uma chance única na vida.

CAPÍTULO 2

Amazônia acima

Acordei assustado com as batidas incessantes na porta.
— Scott, Scott? Você está aí? — ressoava uma voz de barítono no corredor.

Levantei com um pulo. O quarto estava escuro, apenas um traço de luz passava pela fresta das cortinas pesadas que cobriam do teto ao chão. Olhei para o relógio na mesa de cabeceira: sete horas.

As coisas começaram a voltar: a longa sucessão de voos que culminaram no Airbus da Varig levando-me de Caracas para Manaus às duas da manhã; a escuridão era absoluta do lado de fora quando pressionei o nariz contra a janela fria, o avião acompanhando o vasto rio; e o farol brilhante piscando na escuridão que marcava Ponta Negra, um ponto proeminente na margem esquerda onde o rio Negro encontrava o Solimões para formar o Amazonas. Depois, a trama geométrica das ruas da cidade traçada pelo brilho pálido e alaranjado das lâmpadas de mercúrio subindo até nós, e o solavanco final quando as rodas tocaram a pista de pouso. Já passava das três da manhã quando o táxi completou o caminho, passando por paredes desbotadas e arruinadas de bares e borracharias até estacionar diante do Da Vinci, um hotel chique com fachada de vidro e alumínio na periferia da cidade, que fora minha casa por dois meses, pouco antes, naquele mesmo ano.

— Ah, sr. Wallace! Que prazer! — saudou o porteiro da noite. — Que bom vê-lo de novo conosco!

Rançoso e exausto, determinei antes de entrar: segure todas as ligações até as nove horas.

Evidentemente, Nicolas Reynard não recebeu a mensagem, ou preferiu ignorá-la.

— Então, você está pronto para partir?

Ele entrou pelo quarto como um soldado de assalto, uma presença grandiosa de 1,93 m. Fechei a porta atrás dele e corri para enrolar uma toalha na cintura. Seus olhos cinzentos me olharam do alto, como de uma torre de vigia, pelos óculos com armação de metal. Tive a impressão de que tinha passado dos 40, os cabelos grisalhos aparados, com uma franja curta e costeletas. Parecia o trabalho típico de um barbeiro de dez pratas, da velha escola. Ele tinha o rosto fino, afunilando-se num queixo longo, quadrado na base, como a caçamba de uma pequena escavadeira. Vestia a última moda dos safáris, como se tivesse acabado de sair de um catálogo da Banana Republic: camiseta cáqui de secagem rápida, bermuda cargo, sandálias Teva.

— Devíamos nos pôr a caminho — disse com um sotaque francês que poderia soar agradável aos ouvidos se estivéssemos batendo papo na mesa de algum café numa calçada de Paris, mas não com ele escancarando as cortinas para que o meu quarto de hotel no Brasil fosse inundado pela luz cegante. — O avião sai para Tabatinga às 13h e precisamos fazer várias coisas antes.

— Quando você chegou? — perguntei, com os olhos ainda se ajustando ao brilho do sol da manhã tropical.

— Ontem à tarde, no voo de Miami. Deixei Paris há dois dias. — Havia um certo *je ne sais quoi* sobre Nicolas, uma combinação de autossatisfação e entusiasmo que imediatamente me despertou suspeitas. — Você trouxe o dinheiro? — perguntou.

— Sim, está aqui — respondi, mexendo na minha mala para encontrar o envelope.

Como eu não tinha uma conta bancária pessoal em Nova York, a *Geographic* teve que transferir o dinheiro para nossas despesas — milhares de dólares em dinheiro — pela conta de Sarah. Fora uma das incontáveis tarefas que precisei completar nos dias frenéticos que se seguiram à ligação de Ollie Payne.

— Então, você é francês, mas morou nos Estados Unidos? — arrisquei, aproveitando as informações vagas que Ollie compartilhara comigo.

— Meu pai é francês, minha mãe é americana. Moramos juntos em Nova York até eu fazer 18 anos. Então meus pais se divorciaram e eu me mudei para Paris com a minha mãe. Fiquei morando na França desde então.

Ele se sentou na cama, contando o maço de notas de cem.

— Procuramos você na internet — disse ele. — Mas não achamos muita coisa.

Deixei o comentário de lado. O pai tinha sido pintor, contou Nicolas, mas desde a infância ele forçou seu caminho em outra direção: ser fotógrafo da *National Geographic*. Como eu, ele estivera avançando pelas bordas, aceitando trabalhos semelhantes de outras publicações, esbarrando na porta, esperando ser notado. Finalmente, ela se abriu, para nós dois, ao mesmo tempo. Uma improvável coincidência. Eu me fechei no banheiro.

— Então, você encontrou Sydney? — perguntou Nicolas, gritando para ser ouvido por cima da água correndo na pia. Ele pronunciava o *e* como se fosse um *a*: "Syd-nay."

Sydney Possuelo era, é claro, o motivo de nós dois estarmos em Manaus.[1] Era alguém que viera de baixo. Fizera a escolha de não cursar a universidade quando jovem para trilhar uma vida de aventuras pelas florestas, tendo sido aprendiz, no final da década de 1950, dos próprios Orlando e Cláudio Villas-Bôas, os irmãos que ganharam a reputação de exploradores destemidos e defensores ardorosos das tribos indígenas que encontraram e pacificaram. Possuelo seguiu em frente para ser o pioneiro no Brasil da política do "não contato", no final da década de 1980, quando insistiu na criação da curiosamente nomeada Coordenadoria de Índios Isolados, uma unidade de elite dentro da Funai. Tanto a política quanto o departamento representaram uma mudança monumental no tratamento brasileiro aos índios bravos. Desde o final do século XIX, a sucessão de batedores do governo que precederam Possuelo era de agentes de contato.[2] Conhecidos como sertanistas, aventuravam-se pelo interior das matas e atraíam os índios com presentes e amizade. A ideia era assimilar os nativos e afastá-los do avanço da fronteira, para amenizar o inevitável choque da chegada da civilização.

Os homens (pois quase sempre eram homens) atraídos por esse trabalho difícil, aventureiros idealistas, muitas vezes assistiam, impotentes, índios sucumbindo a doenças, à morte e ao desespero, na esteira do contato iniciado por eles.[3] Em uma renúncia pública, um sertanista desqualificou o trabalho da agência, lamentando seu papel como "coveiro de índios".[4] Após ver esse roteiro se repetindo com uma previsibilidade de causar fúria, Possuelo encarou uma mudança interna em meio à própria carreira. Mas, em vez de renunciar, liderou um movimento bem-sucedido dentro da Funai que defendia *evitar* o contato com as cada vez mais encurraladas tribos isoladas brasileiras. Foi uma mudança tectônica, talvez a maior de todas as conquistas da longa e notável carreira de Possuelo. A partir de 1987, com Possuelo na chefia, a recém-criada unidade de índios isolados investigou informes de avistamentos recentes de não contatados e entrou em ação para protegê-los. As medidas incluem a criação de zonas de exclusão, conhecidas como Terras Indígenas, legalmente fechadas para pessoas de fora, onde batedores confirmaram a presença desses grupos.

Uma vez que uma terra indígena fosse demarcada para proteger uma tribo isolada, a unidade de Possuelo continuaria a monitorar o grupo a distância, muitas vezes por reconhecimento aéreo, para confirmar os assentamentos de cabanas de palha, as *malocas*.[5] Esses sobrevoos forneciam informações rudimentares, como contagens estimadas da população com base no tamanho e número de casas na clareira. Mas a copa fechada da selva, vista do alto, revela pouco dos preciosos segredos. Apenas uma árdua expedição a pé, como a antevista por Possuelo, poderia produzir o tipo de informação que ele buscava. Ele se preocupava especialmente com a infiltração ao longo dos limites distantes das terras que estava incumbido de proteger, e via a expedição vindoura como uma forma de mostrar a bandeira brasileira, reforçando a autoridade do governo, e a sua própria, sobre uma vasta região amplamente desconhecida de todos, a não ser dos membros da tribo que lá viviam.

— Sim, eu o conheci há muito tempo — respondi, enfiando meus artigos de higiene nos sacos *ziplock*. — Mas não o conheço como você.

Nicolas ergueu os olhos do bolo de notas com um sorriso arreganhado. Eu dissera aquilo para lhe dar um crédito, mas era verdade. Ele já tinha viajado com Possuelo antes. Tornaram-se amigos próximos e mantiveram contato regular. Foi assim que soube dos planos para a expedição e convenceu a *Geographic* a fazer a cobertura.

— O que você acha dele? — perguntou Nicolas.

Achei que estava me sondando, talvez querendo testar minhas lealdades. Desde aquela noite no Rio de Janeiro, há dez anos, na ECO-92, acompanhei a carreira de Possuelo de longe, em manchetes ocasionais como presidente da Funai e quando retomou a chefia da Coordenadoria de Índios Isolados. Ao longo dos anos, ele criou a fama de um zelote monomaníaco que ia até as profundezas da terra em defesa dos índios brasileiros e perseguia metas com uma fixação assustadora.[6] Detratores de dentro da Funai chamavam-no de ditador — o "rei de tudo", como disse alguém. "Uma cruz entre Jesus Cristo e Che Guevara", disse um outro. Em resumo, ou era amado, ou era odiado, não havia meio-termo. Como Nicolas, eu estava no time dos que o amavam, pelo menos no que dizia respeito a suas políticas. Em nível pessoal, não tinha como saber, não ainda.

— Um cara incrível — respondi. — Estou ansioso para passar este tempo com ele.

Eu ouvira sobre as aventuras de Possuelo e há muito esperava, em algum lugar no fundo da minha mente, pela chance de participar de uma de suas expedições. Dito isso, eu realmente não tinha pensado sobre como seria passar meses na selva sob o comando de um homem com reputação de grande intransigência, que desprezara as ameaças a sua vida com muita ousadia e engendrara uma verdadeira mudança na maneira como o Brasil lidava com os povos aborígenes.

— Eu não gostaria de ficar no caminho dele — respondi, rindo ruidosamente.

Enfiei um bolo de roupa suja na mochila e fechei-a com um laço.

Expedições como essa à qual eu estava me juntando não eram ocorrências do dia a dia; devido à natureza delicada da missão e às condições extremas prevalentes, jornalistas normalmente eram barrados. Parte disso era também um processo de autosseleção: quem, em sã consciência, iria voluntariamente passar vários meses seguidos num local selvagem, remoto e hostil, repleto de riscos? Dizia-se que os índios habitavam uma região acidentada à cabeceira dos rios, dentro das terras indígenas do vale do Javari — uma enorme reserva intocada que abrigava, segundo descobri numa rápida pesquisa feita nos últimos dias, a maior concentração de tribos não contatadas de qualquer outro lugar sobre a face da Terra.[7]

Pouco se sabia sobre os flecheiros além da reputação de arqueiros mortíferos, prontos a disparar flechas com pontas envenenadas contra todos os intrusos antes de desaparecerem na floresta. Por isso o nome flecheiros, na verdade uma invenção que outros lhes atribuíram, como aconteceu com os Blackfoot, pés pretos, ou os Crow, corvos, na América do Norte. Como jamais houvera contato pacífico, nem mesmo Possuelo sabia como eles realmente denominavam a si mesmos. Chegar e sair dessas terras não seria fácil. A expedição viajaria de barco por um afluente do Solimões, o rio Itaquaí. Em algum lugar, no alto do Itaquaí, deixaríamos os barcos para trás e iniciaríamos o que estava fadado a ser uma exaustiva caminhada através das matas dos flecheiros, cruzando uma bacia fluvial adjacente. Se chegássemos em segurança ao extremo do território, chegaríamos então às margens de um outro rio, o Jandiatuba, ou Jutaí, escavaríamos canoas das árvores e remaríamos rio abaixo, seguindo a corrente por várias semanas de volta para a civilização.

Os barcos da expedição de Possuelo já tinham partido da cidade portuária de Tabatinga, 960 quilômetros a oeste de Manaus. Nicolas e eu voaríamos para lá e nos abasteceríamos nos mercados locais antes de embarcar no barco rápido que Possuelo havia deixado para nós.

Fomos até a portaria e saímos para a rua. Eram apenas nove horas, mas o calor queimava e o ar estava pesado pela umidade.

— Ah, sim, preciso comprar umas botas — falei ao entrar no táxi.

No turbilhão que se seguiu depois que aceitei o convite para participar da expedição, esqueci de comprar botas nos Estados Unidos, um descuido terrível que hesitei em revelar para Nicolas num estágio tão inicial de nosso conhecimento. Mas eu não tinha escolha. Iríamos trilhar centenas de quilômetros por montanhas escarpadas e pântanos pestilentos, e à parte dos meus óculos de grau e talvez uma boa rede de mato com um mosquiteiro, não havia nenhum outro item mais essencial à sobrevivência.

— Você não fez uma lista de verificação?

Ouvi a reprovação ligeiramente velada. Da mesma forma, ele não sabia que eu esquecera o celular num táxi de Nova York logo antes da importante conferência telefônica com os executivos da *Geographic* para discutir, entre outras coisas, o caríssimo telefone por satélite que eles iriam colocar sob minha responsabilidade durante a viagem. Eu teria que ligar para a conferência em vez de eles ligarem para mim e inventar alguma desculpa elaborada para a mudança de última hora.

Entramos correndo numa loja de suprimentos militares enquanto o motorista ficou esperando no meio-fio. Mesmo com o ar-condicionado revolvendo o ar pesado com toda a potência, não havia dúvida sobre o cheiro de papelão velho e lona mofada, a marca registrada das lojas de artigos militares em todo lugar.

— Que tal essas? — Nicolas perguntou, com um jeito impaciente, segurando um par de botas de couro pretas brilhantes, com cadarços, um item militar padrão do exército brasileiro, duras como pedaços de pau.

Enfiei minhas palmilhas ortopédicas nelas e as calcei. O atendente gorducho, com nariz de batata e cabelos oleosos, deve ter me visto franzindo o rosto.

— Elas amolecem — disse ele, com o tom confortador de um vendedor de carros usados. — Uma ou duas semanas e acabaram-se os problemas.

Eu estava disposto a apostar que o sujeito nunca tinha botado um dedo no mato em todos os seus 50 anos. Experimentei um par de botas de lona, mas elas não pareceram suficientemente fortes para resistir aos rigores esperados, e assim decidi pelas botas de couro, rezando para que cedessem. Pegamos mais algumas coisas — um facão de mato e um canivete para cada um — e corremos de volta para o calor líquido do meio da manhã.

— Então, o que você acha da política de não contato de Sydney? — perguntou Nicolas enquanto o motorista voltava para o trânsito.

— Difícil questionar — respondi. — A não ser que você seja um madeireiro ou garimpeiro.

Ainda que não explicitamente declarado na época, a nova política de Possuelo teve o efeito imediato de sequestrar milhões de hectares das terras com a maior riqueza de espécies e biodiversidade do planeta, colocando-os, ao menos teoricamente, fora do alcance daqueles que desejavam explorar esse tesouro.[8] A sobrevivência das tribos isoladas dependia, afinal, de florestas intactas que pudessem prover os índios com tudo o que precisavam: comida, água, abrigo, segurança. Como o principal arquiteto e agente da política, Possuelo foi amplamente xingado nas cidades que prosperavam na fronteira amazônica, onde a demarcação das terras indígenas silenciara serrarias, paralisara frotas de pesqueiros e fechara as lojas onde as barras de ouro eram compradas e vendidas.

— Na verdade, existem muitos missionários que também não gostam muito de Sydney — disse Nicolas quando estacionamos na frente do aeroporto. — E antropólogos. Os missionários não podem salvar as almas e os antropólogos não podem estudar os hábitos estranhos dessas tribos da Idade da Pedra.

Peguei um lugar na janela no voo de duas horas para Tabatinga. Sempre gostei muito de cruzar o céu da Amazônia durante o dia, olhando para baixo através das nuvens brilhantes, para o xadrez de luz e sombra que elas lançam sobre o verde azulado da copa da floresta lá embaixo. Observo os rios marrons serpenteando mansamente através da floresta e imagino como adquiriram força para fluir numa única direção, tão largas são as planícies que atravessam. Era fácil pensar nas áreas selvagens abaixo como vazias e inabitadas, a não ser pela imensa variedade amazônica de pássaros, feras e peixes. Mas em algum lugar lá embaixo, tribos primitivas estavam vigiando a mata, procurando manter um estilo de vida inalterado por centenas ou talvez milhares de anos. Vista de distância segura, através da janela de vidro duplo e no conforto climatizado da cabine do avião, a selva parecia tão real como se vista pela televisão. Em pouco tempo, estaríamos lá, cercados por ela.

Nicolas estava no assento do corredor, as pernas longas esticadas ao longo da passagem, o rosto escondido por um jornal.

— Ouça só isso! — disse de repente, o rosto aparecendo sobre as páginas abertas. — "Faz 18 anos desde que a Funai lançou uma expedição importante em busca de índios isolados." É um artigo sobre a expedição! E continua: "No vale do Javari, existem ao menos seis grupos indígenas cujas etnia e língua são desconhecidas. A área é legalmente protegida, mas madeireiros, garimpeiros e pescadores estão explorando seus recursos, e rotas de tráfico de drogas cruzam a terra."

Nicolas abaixou o jornal.

— Você pode imaginar? — perguntou, empolgado. — O artigo diz que pode haver cerca de 43 grupos no Brasil que não tiveram contato com o mundo externo. E qual é a população global? Seis bilhões? Uma pessoa está de pé entre esses seis bilhões e os quarenta e poucos grupos de índios não contatados. Essa pessoa é Sydney Possuelo!

Ele riu, como se dissesse: *O que poderia ser mais importante do que essa matéria? Onde mais você gostaria de estar, a não ser a caminho de fazer essa cobertura?* Apesar de eu ainda não ter me familiarizado muito com seu estilo, ele estava certo: eu seguia para uma aventura notável.

Meus pensamentos avançaram para o que seria aquela vida, dia após dia na selva. Ao cruzarmos as nuvens na aproximação de Tabatinga, subitamente me dei conta de que tinha esquecido de providenciar algum tipo de travesseiro. Uma camisa enrolada debaixo da cabeça poderia funcionar por algumas noites, mas não por meses inteiros. Dei uma olhada rápida pela cabine. Nenhuma aeromoça à vista, rapidamente meti um pequeno travesseiro dentro da minha mochila.

Um homem de meia-idade, cabelos crespos, olhos verdes suaves e um aperto de mão firme nos saudou assim que saímos da recepção de bagagem no aeroporto de Tabatinga, uma estrutura de cimento neutra com piso de granito polido e um banheiro masculino que cheirava a mijo e naftalina. O homem se chamava Siqueira e nos passou a logística do escritório da Funai em Tabatinga. Enchemos o bagageiro de uma nova caminhonete prateada Toyota com nossas coisas e subimos junto com elas. Consegui guardar tudo em três malas, incluindo minha velha mochila de estimação e uma sacola à prova d'água. Nicolas parecia estar arrastando praticamente todos os seus bens: duas malas *Pelican* rígidas, três bolsas de lona à prova d'água, uma mochila gigante, bolsas de equipamento fotográfico, uma maleta.

— Para o Anaconda, em Leticia — gritou Nicolas para a janela do motorista.

Siqueira arrancou e partimos pelas ruas empoeiradas, nos segurando firme no santantônio cromado. Eu adorava a sensação de ir de carona no bagageiro aberto de uma picape, o vento nas orelhas, secando o suor da testa, os joelhos levemente curvados para absorver os impactos da estrada que mais parecia um campo minado de buracos. Era um desses prazeres simples da vida no Terceiro Mundo que nos é negado no contencioso Norte, onde derramar uma xícara de café quente pode provocar uma enxurrada de processos legais.

A estrada de terra estava tomada por ciclistas, pedestres, carregadores puxando carrinhos precários com rodas de madeira, cheios de bananas e abacaxis, e vendedores de tudo que se possa imaginar. O rio Solimões propriamente dito ficava a várias centenas de metros à esquerda, suas águas fora de vista atrás de casas e lojas pobres e deterioradas, entremeadas pelas árvores tropicais de folhas grandes. Passamos por uma guarita desguarnecida ao lado da rua que marcava a fronteira com a Colômbia, o único sinal de que tínhamos realmente cruzado uma fronteira internacional. Evidentemente, as autoridades achavam um desperdício monitorar o tráfego terrestre entre Leticia e Tabatinga. Afinal, não havia estradas significativas para o interior de nenhum dos dois países. Todos os viajantes que se aventurassem para além da região de fronteira teriam que partir de barco ou avião, que, presumivelmente, seriam objeto do escrutínio policial. Mas havia uma miríade de formas de evitar a polícia, fosse se escondendo ou pelo uso da força.

Do outro lado da fronteira, as ruas bem varridas de Leticia fervilhavam com motonetas aceleradas. Prédios comerciais brilhantes destacavam-se ao longo das avenidas, um contraste gritante com as ruas de terra arruinadas de Tabatinga. Narcodólares, muito provavelmente. Carregadores uniformizados do hotel colocaram a bagagem sob a marquise do Anaconda, um prédio alto, com ar-condicionado e fontes borbulhantes na portaria.

— Nos encontramos aqui em dez minutos e saímos para as compras — disse Nicolas, empurrando os óculos de volta para o alto do nariz e desaparecendo no elevador com seu carregador.

Logo depois, nos apressamos entre os estandes do escaldante mercado junto à margem enlameada do Solimões, pegando barras de sabão, anzóis, equipamentos, isqueiros Bic — qualquer coisa que pudesse ser útil no meio do mato. Com os fardos sobre os ombros, éramos alvos fáceis para os vendedores, que nos saudavam com acenos amplos e sorrisos ávidos.

— Desejam mais alguma coisa, meus amigos? De onde vocês são? Alemanha, Itália, Espanha?

Numa das lojas, especializada em produtos tóxicos — tinta de parede, herbicida, terebintina —, Nicolas pegou uma caixa inteira de Repellex em frascos de aerossol.

— Uma caixa inteira? — perguntei.

— Todo mundo vai querer usar isso. Os insetos são terríveis lá!

Compramos facões de mato de brinquedo com bainhas de couro cru para os meus filhos.

— São incríveis — disse Nicolas, tirando um deles de dentro da bainha. — Seus filhos vão adorar.

Eu não tinha muita certeza disso, mas não eram caros. Comprei três.

O céu já estava rajado com os primeiros traços da manhã quando fechamos a conta no Anaconda, na manhã seguinte. Carregamos a picape com a nossa bagagem, além de 12 caixas de suprimentos adquiridos em nosso passeio de compras, prontos para a viagem pelas ruas bem cuidadas de Leticia e de volta pela fronteira, para os bairros pobres enlameados de Tabatinga e até a margem do rio, onde um enorme galpão flutuante da Funai balançava.

Desejando-nos sorte e se benzendo, Siqueira afastou-se com o motor guinchando e a descarga pipocando. Descemos animados por uma escada inclinada e escorregadia carregando a primeira das caixas pesadas. Um de cada vez, Nicolas e eu cruzamos uma prancha longa e estreita que levava até o galpão. Balançando precariamente sobre a prancha vergada, tive a sensação de estar cruzando um limiar, o primeiro de outros infinitos que acabariam por nos conduzir até as profundezas da mata virgem.

Um homem robusto, com um sorriso brincalhão e cabelos muito curtos, nos saudou na entrada com um aperto de mão esmagador. Francisco vestia uma camisa polo recém-lavada e um boné de aba grande, que cobria os olhos. Seguindo suas instruções, carregamos tudo numa lancha de vinte pés com motor de popa Yamaha 85. Bancos almofadados formavam um longo V da proa à cabine, onde Francisco se posicionou atrás do para-brisa. Fiquei perto dele, e Nicolas se esticou na proa quando deixamos a balsa e avançamos pelo rio. Na margem, um garoto levava um bode entre as árvores. Alguém gritou. A buzina de um carro soou. Francisco acelerou e nós abrimos caminho pelo rio poderoso, arrastados para o lado pela correnteza. Em poucos minutos, Tabatinga não era mais do que uma cicatriz cinzenta mal definida ao longo da costa, saindo de vista rapidamente na beirada da vasta lâmina de água que espelhava um céu enorme, manchado aqui e ali por nuvens escuras.

O curso principal do rio Amazonas é chamado de Solimões no trajeto que vai do Peru até Manaus. Logo estávamos passando por uma série de atalhos, os chamados furos, criados pelas enchentes sazonais. Uma barreira de capim alto zunia bem perto dos nossos flancos. Em um mês, esses canais estariam secos, mas por enquanto poupavam horas de viagem em linhas retas através das curvas sinuosas do rio. Havia um problema: o mato alto e as árvores semissubmersas possibilitavam esconderijos perfeitos para assaltantes. Navegar por essa vegetação era um jogo de alto risco.

— Muitos bandidos aqui! — gritou Francisco acima do ronco do motor.

Sob a viseira baixa do boné, seus olhos agudos disparavam atentamente de um lado a outro do canal. Uma semana antes, disse, homens armados tinham assaltado uma família nos furos. As vítimas voltavam de uma pescaria e perderam tudo para os bandidos — o motor de popa, redes, roupas e toda a pescaria. Deixaram a família amarrada e nua em pelo em meio à vegetação da margem, onde um barco os encontrou ao cair da noite, quando os jacarés começavam a se agitar.

— Os caras falavam espanhol — disse Francisco, arqueando uma sobrancelha com ar conspiratório. — Colombianos, com certeza.

Essa seria a explicação lógica, ainda que não necessariamente correta. Uma ofensiva do exército colombiano, financiada pelos EUA, estava forçando os guerrilheiros esquerdistas e plantadores de coca em direção à fronteira. Foras da lei de todo tipo estavam abrindo caminho pelo mal patrulhado "Triângulo Branco", onde se encontram as fronteiras do Brasil, Peru e Colômbia.[9] Diz-se que brasileiros também estão atuando, algumas vezes confundindo as testemunhas falando espanhol ao cometerem crimes. O dinheiro era bom demais para deixar passar e as chances de um processo eram quase nulas. A polícia local relutava em investigar. O que se dizia era que os agentes estavam mais inclinados a atuar de madrugada, sem uniforme, devido à possibilidade de ganhar boas propinas daqueles que buscavam retribuição e recompensa.

Fiquei ao lado de Francisco, com a aba do boné baixada contra o vento e procurando pontos cegos no mato alto. Entre nós, não tínhamos mais do que os dois facões e os canivetes comprados em Manaus, dificilmente à altura dos AKs, AR-15 e lançadores de granadas que pareciam estar aparecendo com frequência alarmante no alto Amazonas.[10] Nicolas estava relaxado na proa, com os fones do meu walkman enfiados nos ouvidos. Ocasionalmente, tirava a câmera de um bolso, apontava para a margem e disparava uma série de fotos. *Whirrrr, click. Whirrrr, click.* As outras câmeras, suspeitei, estavam bem guardadas em uma das grandes malas Pelican.

Francisco acelerou forte quando saímos dos canais fechados e entramos no rio Javari, cujas águas correndo para o norte formavam uma boa parte da longa fronteira em forma de arco que separava o Brasil do Peru. Deixamos o curso principal do Solimões para trás. Pelas próximas horas, passamos por uma sequência de nuvens de chuva intermitente, com força apenas para nos molhar superficialmente, pontuadas por explosões brilhantes do sol.

— Sydney escolheu esta época do ano, justamente o fim da estação chuvosa, para a partida da expedição — Nicolas gritou lá da proa. — A água ainda está alta o bastante para navegarmos rio acima, mas terá baixado quando começarmos a avançar por terra.

Francisco concordou.

— As chuvas são bem menos frequentes agora. O inverno já acabou.

A Amazônia tem duas estações: a seca, que as pessoas chamam de "verão", mesmo que tecnicamente seja inverno no hemisfério sul; e a chuvosa, que vai de dezembro a junho, chamada de "inverno". Francisco girou o volante com força para desviar de um tronco trazido pela correnteza. Era revigorante cruzar toda a extensão do espelho d'água do Javari, esquecendo facilmente das piranhas, enguias elétricas e arraias que pululavam sob a superfície.

Francisco acelerou ao longo de uma série de cabanas de um cômodo empoleiradas sobre a água em estacas recurvadas.

— Contrabando! — gritou Nicolas, apontando para os barracos. Não era uma acusação; era o verdadeiro nome do lugar.

— Dá para acreditar? Uma cidade de fronteira chamada *Contrabando*?

Escadas desciam das portas direto para a água, onde canoas escavadas em troncos balançavam na correnteza com motores instalados nas popas. Passarelas com corrimãos e cordas serviam de secador, com roupas coloridas, recém-lavadas, esticadas entre as casas. Era possível ver o interior pelas portas abertas e os fundos pelas estruturas vergadas, mas sequer uma alma se moveu enquanto passávamos. Os moradores locais, evidentemente, haviam preferido se manter ocultos, provavelmente suspeitando que o ronco do motor Yamaha anunciasse a chegada indesejável das autoridades. Na luz difusa da manhã avançada, com suas tábuas desbotadas e gastas pelo clima, a roupa brilhante balançando na brisa leve, Contrabando oferecia um painel pitoresco que sugeria um certo apelo murchado da vida de um contrabandista.

Logo viramos a bombordo e entramos pela foz do rio Itaquaí. No seu interior, a cada curva víamos uma praia branca — vestígios de uma era distante quando todo o oeste da Amazônia era um vasto mar interno que corria para o Pacífico. Os Andes ergueram-se numa colisão maciça de placas tectônicas há cerca de 10 ou 12 milhões de anos, revertendo o curso das águas em direção ao Atlântico e criando o que os biólogos chamam de "bomba de espécies" de uma biodiversidade espetacularmente diferenciada em micro-habitats, todos ao longo da base oriental da cadeia montanhosa que mergulha na Amazônia.[11] O antigo mar e a erosão contínua da água cascateando das novas montanhas deixou para trás margens arenosas dos rios, solos de argila e praticamente nenhuma superfície rochosa — um estranho fenômeno geológico que influenciou de diversas formas as culturas indígenas que mais tarde surgiram ao longo dos cursos d'água, confundindo os arqueólogos em suas tentativas de reconstruir o oeste amazônico pré-colombiano. Com poucas pedras à disposição para ferramentas ou construção, as sociedades do alto Amazonas deixaram poucos sinais para os registros arqueológicos.[12] Mesmo entre as tribos isoladas atuais, as pontas de flecha — por mais mortais que sejam — são feitas com bambu, que se deteriora.

Os jacarés, compridos como torpedos, deslizavam pelas praias para dentro das águas rasas cor de mel. Um deles recusou-se a se mover quando passamos, olhando para nós numa perfeita pose Lacoste, as patas dianteiras apoiadas à frente na areia, o rabo curvado para trás, a boca entreaberta num sorriso pavoroso. O sol irrompeu pelas nuvens e lançou um forte brilho amarelo sobre a margem, deixando a casca das imbaúbas com um branco pulsante contra a muralha verde da floresta. Ao fazermos uma curva, ao final da tarde, onde o Itaquaí se junta pelo oeste com o rio Ituí, nos aproximamos de um grande complexo de construções interligadas por passarelas sobre palafitas, no alto de uma colina, uma cena tão improvável no meio da mata quanto se poderia imaginar. A distância, o brilho branco do complexo poderia ser tomado por uma sede bucólica de um pequeno laboratório farmacêutico do Delaware. Aquilo era, na verdade, o posto de controle da Funai que comandava a entrada da terra indígena do vale do Javari. Se fôssemos viajantes de um cruzeiro casual, aquele seria o fim da linha, para além do qual não seríamos autorizados a avançar. Mas, nas atuais condições, estávamos apenas no começo, na entrada de uma das mais amplas áreas contínuas de floresta tropical do mundo.[13]

CAPÍTULO 3

Além do bloqueio

ENCOSTAMOS NUM GALPÃO FLUTUANTE, uma estrutura de dois andares construída sobre troncos gigantes de pau de balsa, onde um pequeno exército de jovens musculosos vestindo camisetas apertadas e shorts Nike nos saudou. Tinham os rostos rajados por linhas tatuadas, pinos atravessados no nariz e conchas de moluscos brotando dos lobos das orelhas como pires em miniatura.

— *Burrá?* — Nicolas gritou para eles. — São matises — disse sobre os índios, voltando-se para mim.

— *Burrá* é a saudação básica em matis — prosseguiu Nicolas. — Significa "bom", mas usam para várias coisas.

Os matises são uma de pelo menos cinco tribos do Javari falantes do pano, e foram contatados pela primeira vez em 1976 por uma equipe da Funai.[1] Ainda vivem em duas aldeias distantes ao longo do rio Ituí, no interior da área protegida, e, apesar das epidemias mortais que provocaram drásticas mudanças no modo de vida após o primeiro contato, mantiveram as tradições, inclusive uma elaborada ornamentação facial que eu agora tentava observar discretamente, fazendo o possível para não ficar olhando.

Alguns dos matises conheceram Nicolas seis anos antes, na expedição que Possuelo liderou para fazer contato com um grupo ramificado dos índios corubos. Como Lewis e Clark, e mesmo exploradores mais antigos do Novo Mundo, Possuelo e predecessores brasileiros invariavelmente recrutavam batedores indígenas, como os matises, para acompanhá-los nas viagens pela selva.² Os índios eram mateiros e rastreadores habilidosos, carregadores e caçadores incansáveis. Aguentavam as condições mais difíceis sem reclamar. E, no caso de um possível contato com os "índios selvagens", as línguas poderiam guardar semelhanças suficientes para que se entendessem com o grupo isolado. Em algumas raras instâncias, a tribo isolada poderia até mesmo ser de parentes distantes dos batedores, há muito perdidos, famílias tendo se separado em diferentes direções, gerações antes, quando os intrusos brancos chegaram a suas matas e viraram o mundo de pernas para o ar. Numa expedição da Funai, como a que estávamos prestes a iniciar, esses laços há tanto tempo adormecidos, mesmo que apenas uma série de palavras mutuamente compreensível, poderiam ser a diferença entre um contato pacífico e um desastre.³

A atração do grupo desgarrado dos corubos foi o último "primeiro contato" oficialmente registrado no Brasil, e os matises foram interlocutores decisivos naquele encontro.⁴ Toda a tribo corubo, estimada em aproximadamente 220 membros, contava com pesadas bordunas como instrumentos de guerra, e por isso ficaram conhecidos como os caceteiros, em oposição aos flecheiros, que usavam arcos e flechas para caçar e lutar.⁵ Apesar desta diferença, tanto os caceteiros como os flecheiros eram extremamente temidos pelo tratamento violento aos forasteiros.

O grupo corubo contatado por Possuelo, cerca de vinte pessoas no total, enfrentou madeireiros e pescadores repetidamente nos limites do território do Javari, não muito distante daquele entreposto.⁶ Ainda que o próprio Possuelo fosse o principal arquiteto da política de não contato da Funai, ele abriu uma exceção no caso dos corubos. Quando questionado sobre o motivo para contatá-los, normalmente mencionava a necessidade premente de proteger o grupo de retaliações crescentes em conflitos com os madeireiros e caçadores, o que era verdade, sem dúvida alguma.⁷ Mas também era verdade que a movimentação do grupo os trouxera para bem perto desta confluência estratégica, onde Possuelo planejara erguer este posto com o objetivo de proteger não só os corubos, mas todas as tribos do Javari. Seria um perigo muito grande realizar a construção do posto com os corubos "indomados" ao redor; era preciso "pacificá-los" primeiro.⁸ Ele conseguiu uma decisão judicial contra a continuação das atividades madeireiras na região, expulsou todos os forasteiros e lançou uma série de expedições que culminaram no contato com os corubos. Essas etapas iniciaram uma longa cadeia de eventos que levaram à proteção permanente de toda a terra indígena do vale do Javari, uma enorme zona de exclusão, acessível apenas para os índios, do tamanho de Portugal, em pleno coração da Amazônia. O grupo principal dos corubos ainda vivia além do alcance da civilização — uma entre cerca de oito tribos não contatadas que ainda se acreditava persistir nos recessos mais profundos e impenetráveis do Javari, o que parecia ser uma resistência deliberada contra os esforços externos de contato e pacificação.

Continuamente, havia um grupo de matises trabalhando na base, remunerados pela Funai. Seguiam um rodízio de duas semanas, um acerto que proporcionava dinheiro para que as famílias comprassem roupas, remédios e munição. Era uma fonte de renda essencial, uma vez que as leis da terra indígena proibiam a venda de madeira, peixe ou carne de caça para negociantes de fora.[9] Até que se divisasse uma maneira de produzir um fluxo confiável de receita a partir de formas "sustentáveis" de exploração da floresta, o patrocínio governamental parecia ser a única alternativa para uma população que agora dependia de uma economia baseada em dinheiro para uma série de artigos sem os quais sobreviveram por milhares de anos: armas, munição, machados, remédios.

Nicolas pulou para o cais com a bolsa da câmera pendurada num braço e usou o outro para abraçar com força o mais velho dos matises. Era um homem baixo e musculoso, os cabelos pretos e grossos cortados em cuia no estilo preferido de muitas tribos amazônicas.

— Scott, este é o Biní.

O sorriso de Biní era emoldurado por finas linhas pretas tatuadas ao longo das bochechas e da testa. Um palito de 10 centímetros perfurava seu septo, mas o que mais me impressionou foi a meia dúzia de pequenos espinhos do lado de cada narina, como os bigodes de uma onça.

Dois dos matises mais jovens carregaram nossas volumosas mochilas e bolsas impermeáveis agilmente pela prancha de 6 metros que levava até a margem, sem sequer um olhar. Minha própria travessia foi bem menos graciosa, mas pelo menos a completei sem cair na água. Seguimos por uma série de passarelas e continuamos por um lance íngreme de escada. Quando chegamos ao topo, onde a escada chegava a uma longa balaustrada de madeira, estávamos uns 15 metros acima do rio. Sob a plataforma, a areia ainda estava molhada da enchente do Itaquaí, que já então recuara totalmente.

— Daqui a um mês, mais ou menos, vamos plantar melancias e feijão neste solo — disse um brasileiro mestiço que se apresentou como Antônio Carlos, o encarregado do lugar enquanto a expedição de Possuelo estivesse em campo. — Você vai ver quando voltar, isso aqui vai estar quase pronto para a colheita. — Ele falava de três meses adiante, quando a expedição deveria ser concluída. Considerando onde estaríamos enquanto isso, parecia um prazo inimaginavelmente distante, numa outra vida depois desta.

Antônio Carlos disse que tivera notícias de Possuelo três dias antes, via rádio.

— Eles passaram por diversas comunidades para fazer exames de saúde — disse.

Com o nosso barco rápido, Antônio Carlos achou que alcançaríamos a flotilha de Possuelo na tarde do dia seguinte.

— Podem estar fazendo exames médicos, mas conheço Sydney — Nicolas me disse em inglês. — Aqui é o Brasil. Ele não pode sair dizendo que estão à espera de dois jornalistas estrangeiros, mas é isso que ele está fazendo, indo devagar, dando tempo para o alcançarmos.

Entramos numa sala arejada e impecável, dominada por uma grande mesa em que a limpeza destoava a tal ponto do padrão das repartições públicas no Brasil que devo ter ficado com uma expressão confusa.

— É do Sydney — disse Antônio Carlos com um sorriso. — Ele gosta de ter certeza de que as coisas sejam mantidas da maneira certa.

Evidentemente, elas permaneciam assim mesmo quando ele estava no fundo da selva. Caminhei pelo local até uma parede com diversas fichas presas por tachinhas.

"Quando você falar, assegure-se de que suas palavras enriquecerão o silêncio", orientava um cartão, escrito em meticulosa letra de forma, citando um antigo provérbio árabe. Outro, de autoria do poeta português Fernando Pessoa, dizia: "Tudo vale a pena se a alma não é pequena." Havia outros, igualmente sóbrios e sensatos, todos escritos com a mesma letra caprichosa.

— Sydney — explicou Antônio Carlos com a reverência de um zelador do Monte do Templo. — São citações de leituras.

Pendurada acima da mesa, havia uma velha fotografia em sépia de um homem esquálido e elegante, com um uniforme cáqui completo. Estava sentado num toco de árvore, olhando por sobre o ombro direto para a câmera. Um lenço amarrado cobria o pescoço e o cano alto das botas chegava aos joelhos. Um capacete colonial apoiado sobre uma perna, a coronha do rifle sobre a outra. Raios de sol cortavam a penumbra da selva atrás de seus ombros, como a iluminação de um palco. Poderia muito bem ser a imagem do próprio Allan Quatermain, mas na verdade era o coronel Cândido Rondon, o oficial do exército brasileiro que acompanhou Teddy Roosevelt na penosa viagem pelo rio da Dúvida, e que figura entre os maiores exploradores da Amazônia.

No alvorecer do século XX, Rondon aventurou-se profundamente pela selva não mapeada para instalar cabos de telégrafo que conectariam os entrepostos do interior às metrópoles brasileiras na costa do Atlântico, e suas expedições produziram diversos contatos iniciais com tribos indígenas.[10] Parcialmente índio, o próprio Rondon via os nativos do Brasil como seres humanos verdadeiros, dignos dos mesmos direitos de todos os demais, e subscreveu o conceito de que, tendo as mesmas chances, os índios poderiam prosperar ao lado dos demais cidadãos como membros plenos da sociedade. O problema era que as cartas estavam contra os índios; não havia nenhuma chance de serem tratados como iguais. Em 1910, Rondon foi designado para assumir o comando de uma agência recém-fundada, que ele se empenhou para criar: o Serviço de Proteção aos Índios, ou SPI, predecessor da Funai. A missão era contatar e integrar os índios brasileiros à sociedade dominante e proteger as tribos da morte por atacado e deslocamento que invariavelmente acompanhava o avanço da colonização branca da Amazônia. Racionalista ardente, Rondon acreditava nos ideais do progresso e da civilização. Ele foi o primeiro autêntico sertanista, uma profissão exclusivamente brasileira que envolve as habilidades e a paixão do desbravador, do etnógrafo, do aventureiro e ativista pelos direitos dos índios numa única e eclética vocação.[11] As opiniões de Rondon, ainda que um tanto antiquadas e ingênuas, o exemplo dele e as instituições que criou foram a origem do movimento cuja última geração incluía Possuelo entre os mais venerados. Com as últimas tribos não contatadas confinadas em bolsões cada vez menores de floresta virgem, os próprios sertanistas eram agora uma raça em extinção, uma relíquia de uma era que se encerrava, tão ameaçados quanto os índios indomados que procuravam defender. Seguindo as pegadas de Rondon, os últimos sertanistas serviram como ponta de lança do avanço da civilização sobre as áreas selvagens — algumas vezes com um papel benigno, outras facilitando a pilhagem em larga escala das terras indígenas.[12] Mas Possuelo havia virado toda a missão de ponta-cabeça. A partir daí, o papel dos sertanistas foi impedir a expansão da fronteira onde quer que se esbarrasse em território indígena, para conter os poderosos industrialistas em vez de pacificar os "índios selvagens" que ficavam no caminho dos seus lucros.[13]

Mais da bacia amazônica foi desmatado e queimado nos últimos cinquenta anos do que nos últimos cinco séculos, à medida que criadores de gado, agricultores e barões da madeira ameaçaram ou subornaram para obter uma devastação em escala industrial.[14] Naquele exato momento em que estávamos diante da foto de Rondon, motosserras e tratores avançavam sobre o coração da Amazônia. Por sorte, o Javari foi amplamente poupado deste destino; não existem estradas para penetração e o acesso pelos rios foi bloqueado pelos agentes da Funai. Isso não significa que não havia ameaças — ameaças à reserva, à segurança dos encarregados de sua proteção. Madeireiros vinham comendo pelas bordas, especialmente em vastas áreas próximas da fronteira peruana. Circulavam relatos sobre madeireiros fortemente armados operando impunemente em áreas remotas da terra indígena, onde os guardas da fronteira brasileira não ousavam entrar. Além disso, havia também a perspectiva mais imediata de confrontos com a agitação de habitantes locais, rio abaixo.

— Já houve alguns momentos assustadores aqui, não faz muito tempo — disse Antônio Carlos.

Uma tarde, dois anos antes, uma flotilha veio rio acima, de Atalaia, uma cidade madeireira entre a base e Tabatinga. Havia dezenas de barcos, cerca de trezentos homens alcoolizados e agressivos, a maioria trabalhadores sem qualificação que para viver dependia do corte das árvores do Javari e da pesca nos rios. Eles brandiram espingardas e coquetéis Molotov, chamando para a briga.

— Ainda bem que Sydney estava aqui naquele dia. Ele chamou Tabatinga pelo rádio e pediu um helicóptero da Polícia Federal.

Felizmente, um helicóptero de Brasília acabara de chegar à região. O helicóptero sobrevoou a copa das árvores, os agentes totalmente visíveis nas portas abertas, apontando as armas diretamente para os barcos abaixo deles. Os atacantes recuaram. Foi um raro triunfo da lei, mas, na melhor das hipóteses, uma vitória tênue. Ninguém tinha qualquer ilusão sobre a lógica do poder ali vigente, tampouco esquecera que o sentimento popular na fronteira era amplamente contra a Funai, Possuelo e qualquer um que defendesse a terra natal dos aborígenes amazônicos.

Sob a foto de Rondon, uma outra ficha de Possuelo citava o primeiro sertanista: "Morrer se preciso for; matar, nunca!"[16] Era a essência do credo de Rondon, transmitindo aos seguidores a magnitude da missão: nem mesmo diante da morte poderiam aqueles incumbidos de proteger os índios brasileiros disparar contra eles.

— Você não vai achar nenhuma outra pessoa que leve esse mandamento mais a sério do que Sydney — disse Antônio Carlos.

O próprio Rondon se viu sob uma saraivada de flechas quando tentava um contato pacífico com os índios nambiquaras.[17] Um dos disparos por sorte foi desviado pelo cano da arma, poupando-lhe a vida. Outros sertanistas não tiveram a mesma sorte. Desde 1970, nada menos do que 120 agentes da Funai morreram no exercício do dever.[18] Entre os mártires mais recentes estava um amigo de Possuelo, Raimundo "Sobral" Magalhães, golpeado até a morte em 1997 pelos próprios corubos com quem tinha entrado em contato no ano anterior, logo do outro lado do rio onde estávamos.[19] Os motivos não ficaram claros, mas um dos índios recentemente morrera de malária e o grupo pode ter culpado os agentes da Funai pela morte. Fiel à frase de Rondon, Possuelo jamais considerou a retaliação ou um processo. Os corubos estavam isentos, de qualquer modo; eram considerados aculturados, sob a tutela do Estado, e a morte se deu em suas próprias terras.[20]

— Ele não guardou qualquer ressentimento — disse Antônio Carlos. — Mas aquilo o afetou por um longo tempo. Ele guardou para si mesmo. — Naquela mesma praia, há pouco tempo, uma jovem corubo foi arrastada por uma sucuri após entrar na água e nunca mais foi encontrada.

Do lado de fora, o sol se punha rápido, a silhueta das árvores contrastava com o céu avermelhado na margem oposta. Em algum lugar, um gerador começou a funcionar e o cheiro de fumaça de diesel se espalhou pelo ar. Um par de lâmpadas elétricas penduradas nos fios ao longo das vigas piscou no refeitório. Após o jantar — um cozido de porco do mato com a farinha de mandioca, ingrediente básico das refeições brasileiras —, Nicolas, Francisco e eu passamos para uma sala espaçosa, contígua ao refeitório, onde um velho aparelho de televisão, num canto do outro lado, transmitia um confuso noticiário noturno. A polícia do Rio estava investigando um complicado duplo homicídio; o tráfego em São Paulo estava irremediavelmente engarrafado; deputados em Brasília estavam dispostos a acabar com o programa escolar de almoço gratuito do presidente Lula. O noticiário chegou ao fim e foi seguido, de forma incongruente, por uma série de vídeos de rock. Uma mulher semivestida girava no ritmo da música, olhava sedutoramente para a câmera e alisava os seios. Quatro ou cinco matises estavam sentados em bancos altos, tensos, os olhos fixos, os brincos de concha de molusco brilhando sob a luz fraca.

— A primeira impressão deles sobre o mundo externo é formada pela TV e é isso que eles veem — disse Nicolas, apontando para a tela. — Imagine só o que devem pensar.

No ano anterior, ele acompanhara dez matises em uma primeira visita à distante Campo Grande, para participar dos Jogos dos Povos Indígenas, um evento esportivo nacional ainda em seus primórdios. Num intervalo entre as competições de zarabatana e arco e flecha, ele os levou até o novo shopping center da cidade. Durante uma hora, eles subiram e desceram pelas escadas rolantes sem parar.

— Adoraram aquilo.

A única outra coisa que os interessou foi uma loja de animais com uma vitrine cheia de aquários com peixes tropicais. Eles se abaixaram no chão, junto dos aquários, apontando e falando animadamente.

— Perguntei o que estava acontecendo — contou Nicolas — e eles me mostraram os peixes dos quais gostavam da carne e outro cuja carne era muito dura. Foi a única coisa em todo o shopping com a qual eles estabeleceram alguma relação.

Às oito da noite, eu estava exausto. Havia coberto milhares de quilômetros nas últimas 48 horas, cada avião e barco me levando cada vez para mais longe do incessante burburinho da cidade de Nova York.

— O gerador vai ser desligado em trinta minutos — avisou Antônio Carlos.

Eu tomei conta de um quarto quase sem mobília, fora do refeitório. As janelas tinham telas, mas não confiei e abri mão da cama do tamanho de um caixão para pendurar minha rede Hennessy *high-tech* diagonalmente através do quarto, usando os ganchos chumbados na parede para esse fim. A rede era leve como um paraquedas, com um mosquiteiro acoplado e um tecido de trama suficientemente densa para desfazer as ambições dos mais vorazes sanguessugas transmissores da malária. Me espremi pela abertura do fundo, ergui as pernas para dentro e fechei o velcro. De todo o equipamento que comprei às pressas, a rede se destacava como a única peça capaz de fazer frente à qualidade invejável da coleção de acessórios de Nicolas. Apenas uma coisa me preocupava: a corda que a prendia às estacas ou árvores não era mais grossa do que um cabo de paraquedas. Mas o sono me chamou. O gerador foi silenciado, cedendo a noite ao zumbido das cigarras e ao uh-uh-uuuuh de alguma criatura que eu sequer podia começar a imaginar qual era.

CAPÍTULO 4

Numa curva do rio

Deixamos o galpão flutuante na manhã seguinte, à primeira luz, dando adeus para Antônio Carlos e para os matises.

— Nos vemos em setembro! — gritou Nicolas.

Logo após a primeira curva, passamos sob uma brilhante placa laranja que dizia PRIMEIRAS NAÇÕES, em letras enormes. Sob o letreiro, os retratos de cinco guerreiros indígenas olhavam para o rio, representando algumas das tribos conhecidas do vale do Javari.

— A partir deste ponto, estamos em território indígena — disse Nicolas, entusiasmado. — Como nos filmes de faroeste.

O sol parecia se mover no céu junto com o nosso avanço pelas sinuosas curvas do rio. Às vezes, estava diretamente diante de nós, outras, praticamente atrás, e havia momentos, frescos e agradáveis, quando ficava por trás de uma cortina de nuvens prateadas. Nicolas reassumira seu posto na proa, com os fones enfiados nos ouvidos. Eu voltei a ficar ao lado de Francisco. Abaixei-me atrás do para-brisa para abrir um mapa do Brasil e vi que seguíamos para o sul, do sudoeste, ao longo de uma linha irregular que mal sugeria o verdadeiro curso do rio. Viramos para o leste, depois para o oeste e para o leste novamente. A única constante era a corrente inexorável do Itaquaí, resistindo ao motor Yamaha de 85 cavalos e ameaçando nos carregar rio abaixo. Na maioria dos países do resto do planeta, o Itaquaí seria considerado um rio importante — da ordem do Tâmisa, do Tiber ou do Rappahannock. No meu mapa do Brasil, ele não era sequer nomeado.

Alcançamos a flotilha da expedição no meio da tarde, quatro barcos fluviais de tamanhos variados, amarrados um ao lado do outro, logo acima da embocadura de um afluente que chegava ao Itaquaí pelo leste. Ainda que cada embarcação tivesse características próprias, todas tinham um aspecto antiquado, com corrimãos de madeira em torno e pneus de proteção pendurados nas amuradas. Balançavam em uníssono sob uma parede de árvores, agitadas levemente por um suave redemoinho. Os nomes estavam pintados nas proas: *Etno*, um barco grande, de dois conveses e casco de aço pintado de azul; *Kukahá*, também de dois andares, só que todo em madeira; *Waiká*, de tamanho médio, com um único convés aberto. O menor dos quatro, verde-claro com uma cabine baixa, tinha o nome do velho amigo de Possuelo morto pelas bordunas dos índios corubos: *Sobral*.

Um homem gorducho de short e camiseta preta abriu um grande sorriso quando me puxou a bordo do maior dos barcos com uma mão roliça.

— Danilo — apresentou-se, virando-se para nós. — Bem-vindos a bordo do *Etno*.

O Étnico. *Nome estranho para um barco*, pensei, mas eu começava a compreender que Possuelo não perdia nenhuma oportunidade para lembrar a todos do que se tratava a luta: a defesa das etnias indígenas brasileiras e suas florestas nativas.

Danilo Rodrigues, capitão do *Etno*, tinha uns 35 anos, era piloto de embarcações fluviais e ex-mecânico, criado nas bancadas do alto Solimões. A compleição bronzeada, os cabelos pretos ondulados e o nariz aquilino sugeriam a mistura das três principais linhagens brasileiras: portugueses, africanos e índios. Ele demonstrava seu posto com um floreio cortês, acenando para que subíssemos a bordo com uma profunda reverência e uma piscadela jovial.

— O sr. Sydney levou quase todo mundo para a cabeceira do igarapé São José — disse ele, apontando para o afluente.

Igarapé, literalmente, significa "caminho de canoa" em tupi: a lírica palavra de quatro sílabas é uma marca do léxico amazônico, significando algo como um riacho — normalmente de água limpa e cor de âmbar misturada com o ácido tânico da decomposição vegetal.[1] Dependendo da extensão e da cobertura da drenagem, os igarapés podem ser desde cursos estreitos a importantes artérias. O São José era quase tão largo quanto o próprio Itaquaí.

— Eles estão procurando vestígios de um grupo de flecheiros lá.

Danilo esperava que estivessem de volta no dia seguinte.

— Enquanto isso, vamos acomodar vocês.

Ele nos conduziu por duas escadas inclinadas até o deque superior.

— Seus aposentos — disse, com uma formalidade debochada, abrindo a porta e curvando-se magnanimamente.

Era uma cabine do tamanho de uma caixa de sapato em que mal cabia uma mesa de um lado e o beliche do outro. Mas estava imaculadamente limpa, o chão de linóleo recém-encerado. Satisfeito com nossos murmúrios de aprovação, Danilo nos levou até o porão para conhecer os outros dois recrutas que ficaram para trás, para cuidar da base flutuante da expedição.

Adelson Pereira Brás, piloto do *Waiká*, parecia um espantalho magro de uns 50 anos, com traços marcadamente indígenas — maçãs do rosto altas, olhos pretos amendoados, nariz adunco — e um sorriso maroto nos cantos da boca pequena, que parecia convidar a todos para participar de sua conspiração para a diversão permanente no mundo. Usava um chapéu de estilo australiano justo, a corda bem amarrada debaixo do queixo, onde os fios longos dos bigodes pendiam livremente, como a barba de Ho Chi Minh. A despeito do nome brasileiro, Adelson era totalmente índio: metade tikuna, metade kokama.

— Meu nome foi misturado com o dos brancos porque fui criado por eles — contou.

O terceiro homem, Paulo Souza, era um sujeito pequeno, de quase 30 anos, de constituição firme e cabelos muito curtos de um louro encardido. Usava um diamante falso no lobo da orelha esquerda, que, combinado com o bigode fino e o chapéu de brim de aba baixa, o deixava com o ar de Clark Gable fazendo o papel de um contrabandista ribeirinho barato. A atitude dele era de quem procurava agradar, sugerindo o serviço militar — quatro anos em operações na selva. Depois de deixar o serviço, ficou desempregado por um ano e meio, antes de aterrissar na expedição como um dos dois cozinheiros. Havia um outro Paulo, atualmente na cabeceira do rio com Possuelo, por isso todos chamavam Paulo Souza pelo nome completo, hábito que rapidamente incorporei.

Formamos uma corrente humana para descarregar nossos equipamentos e provisões da pequena lancha, transferindo tudo para o *Etno*. Francisco despediu-se com uma rápida continência militar ao recuar com a lancha de volta para a correnteza, empurrou a alavanca do acelerador e começou a descer o rio, em direção ao posto da Funai. Observei-o desaparecer na curva do rio, desejando que chegasse lá antes do anoitecer. Não me parecia nada seguro andar por ali sozinho após o cair da noite.

Na pequena cabine, Nicolas e eu começamos a desfazer as malas. Seus sacos de lona estavam lotados de livros de fotografia, revistas e até mesmo garrafas de vinho — coisas que ele não poderia ter incluído nos planos de levar para o meio do mato.

— Presentes — disse simplesmente — para Sydney.

Syd-nay. Ele desembalou as caixas de filme, baterias, medicamentos e começou a arrumar tudo na cama de cima, como se fosse sua prateleira pessoal. Foi uma ocupação ousada, tomando posse de todo o beliche bem diante dos meus olhos.

— Ah, achei que iríamos *dividir* esta cabine — disse a ele.

— Tem um beliche livre na porta ao lado — respondeu. — Por que você simplesmente não se muda para lá?

Definitivamente um filho único, pensei, *acostumado a tudo do jeito dele*. Mudei para o beliche da porta ao lado e deixei para lá.

De volta à cozinha, Danilo e Adelson estavam apoiados no balcão, enquanto Paulo, o mais novo e hierarquicamente inferior dos três, estava sentado num banco, descascando batatas.

— Vocês já conheciam Sydney? — perguntou Danilo, a barriga pendurada por cima do balcão.

— Eu falei com ele uma vez — respondi —, há muito tempo. — Não podia dizer que realmente o conhecia.

— Então é bom se preparar — disse Adelson.

Todos riram, como se possuíssem algum conhecimento obscuro e proibido.

— Você precisava ver o dia em que ele explodiu, quando o cara voltou sem o motor — disse o capitão do *Etno*, fazendo uma careta como se estivesse com raiva. — Pobre criatura, parecia ter levado cinquenta chicotadas.

Adelson concordou, coçando a barba crespa.

— Uma coisa é certa, é melhor não ficar no caminho dele.

Paulo Souza terminou de descascar as batatas. Pegou um pote grande e saiu pela porta dos fundos para pegar água na popa do barco.

Danilo segurou meu cotovelo e baixou a voz.

— Não entenda mal — disse o capitão com ar de confidência. — Sydney é um homem bom. Ele só quer que seus homens tenham as condições e o equipamento necessários para fazer o trabalho.

Posso ter acreditado no que ele disse, mas fiquei com a impressão de que Danilo subitamente pensou melhor sobre compartilhar essa fofoca com um estranho, parecia estar protegendo a retaguarda.

* * *

Apesar de termos chegado aos barcos da expedição, havia ainda muito trabalho a ser feito antes de estarmos prontos para seguir rio acima, rumo à terra dos flecheiros. Nicolas e eu passamos boa parte da manhã seguinte organizando e refazendo nossa bagagem, carregando as mochilas diárias com o essencial para rápidas saídas pela mata: uma muda de roupas, algumas barras de cereal, uma garrafa de água, uma lanterna de cabeça. Em seguida, pegamos o telefone via satélite. Era quase do tamanho de um notebook, com uma tampa destacável que servia de antena. Apontado para o céu no ângulo correto, conectava-se a um sinal do satélite Inmarsat, em órbita fixa sobre a América do Sul.

— Parece que está funcionando direito — disse Nicolas, observando a pequena tela de LCD acima do teclado, com uma série de asteriscos indicando que o telefone tinha captado o sinal e estava pronto para discagem.

Eu não tinha falado com ninguém em casa desde a chegada ao Brasil. Os meninos estavam na última semana de aula. Sarah estava procurando um emprego que poderia levá-la para qualquer lugar, talvez para longe de Nova York. Não tão longe quanto este lugar, é claro, onde o silêncio esmagador era rompido apenas pelo bater da água no casco e pelos gritos ocasionais das araras voando sobre o rio.

Eu levara quatro baterias para o telefone, cada uma com o tamanho e o peso de uma bateria de notebook. Seria preciso mantê-las embaladas em três camadas de plástico e amarradas com elásticos para protegê-las da umidade. Se tivéssemos sorte, teríamos energia suficiente para manter um contato esporádico com o mundo externo até o fim da jornada.

No final da tarde, o sol inundava a selva com uma misteriosa luz dourada. De algum lugar do alto do rio, veio o inconfundível ronco de um motor de combustão interna — pelo menos um, talvez mais.

— Aí vêm eles! — gritou Danilo.

Nos juntamos no convés do *Waiká*, uma embarcação de tamanho médio, apoiando os cotovelos na amurada, olhando para o ponto do rio onde o São José desaparecia atrás de uma barreira exuberante de vegetação. Da curva distante, os exploradores agora apareciam em meio à bruma, uma única silhueta sobre o espelho d'água que gradualmente foi se definindo em três barcos diferentes, longos, em forma de canoas e movidos por pequenos motores de popa, todos carregados de homens da fronteira e índios matises, como os da base da Funai. Cada um deles, índios e não índios, igualmente vestia um uniforme camuflado.

Ao se aproximarem, pude distinguir cerca de duas dúzias de expedicionários distribuídos em meio a fileiras cerradas de canos de espingardas. Sob os bonés camuflados, os rostos dos índios mostravam-se adornados com enfeites perfurando os narizes e linhas geométricas tatuadas nas faces. Usavam brincos de conchas brancas e finas lascas de bambu espetadas nas laterais das narinas, como bigodes de onça. As expressões cansadas, os rifles, a camuflagem para a selva — tudo carregava a cena com um militarismo singular que sugeria uma tropa de guerra voltando de uma missão: *Apocalypse Now* encontra *O último dos moicanos*.

Meus olhos foram atraídos para o homem sentado no centro do barco do meio, as mãos apoiadas nos joelhos, olhando para algum ponto indefinido além da copa das árvores. A barba, castanho brilhante na última vez que o vi, estava agora grisalha, mesclada de fios brancos e escuros. Tufos de cabelos cinzentos saíam desordenadamente do chapéu camuflado frouxo e a barriga pronunciada forçava os botões da camisa de campanha. Mas, apesar das mudanças trazidas pelos anos, não havia como confundir Sydney Possuelo em lugar nenhum.

Numa única passada, Possuelo subiu a bordo do *Waiká*. Gesticulando nervosamente, ordenou aos homens que arrumassem a carga, limpassem os rifles e enchessem os tanques de combustível nos grandes tambores armazenados sob o deque. A tranquilidade sonolenta que reinara nas 24 horas anteriores desapareceu instantaneamente. Os matises pularam agilmente de um barco para o outro, apesar das cargas pesadas que carregavam, equilibrando-se descalços ou com chinelos de borracha por cima das amuradas. O grupo que chegara incluía um número igual de brasileiros índios e não índios, a quem Possuelo chamava indistintamente de brancos ou de ribeirinhos, os habitantes dos rios, colonos rudes que levavam uma vida difícil às margens da miríade de cursos d'água por toda a Amazônia. Exceto pelos cozinheiros e pelos agentes da Funai, brancos e índios, igualmente, também eram chamados de mateiros. Numa época anterior, o termo designava os mestiços encarregados de abrir trilhas entre as seringueiras selvagens — e limpar a floresta dos índios "selvagens".[2]

— Ei, mateiros, prestem atenção! — gritou Possuelo. — Alguém dê uma mangueirada nesses barcos imediatamente! Estão sujos como o diabo e fedendo mais do que a praga!

Ele parou abruptamente, debruçado sobre um GPS de bolso que não funcionava.

— Este lixo não funciona há dias — disse para ninguém em particular, coçando a barba com uma das mãos e segurando o aparelho diante dos olhos com a outra.

— Deixa eu dar uma olhada, Sydney. — Nicolas abriu caminho entre o grupo de exploradores e esticou o braço comprido.

Possuelo ergueu os olhos surpreso, tentando focalizar, como se não conseguisse situar o rosto exatamente. Abriu os lábios então num enorme sorriso. Jogou-se nos braços de Nicolas e bateu nas costas dele.

— Por onde você andou, meu velho? — disse com um sorriso.

Em seguida, lembrou-se do dispositivo que não funcionava e disse:

— Os americanos estão aprontando alguma coisa, pode apostar. Talvez uma operação conjunta de peruanos e colombianos contra os narcos. Não seria a primeira vez que os gringos bagunçam o sinal do GPS sem avisar ninguém, disse ele, deixando não só os traficantes de drogas, "mas todos nós, pobres subdesenvolvidos, no escuro". Ele levantou a cabeça para olhar para Nicolas, fazendo uma falsa cara de tolo confuso. A aba do chapéu estava dobrada de encontro à testa, como a do corneteiro do seriado dos anos 60 *F Troop*, que satirizava os fortes dos filmes de faroeste norte-americanos.

— Ou talvez seja apenas um produto ruim mesmo. Mas quem é esse? — perguntou virando-se para mim. — Outro da sua tribo?

Nicolas acenou para mim e nos apresentou novamente. Possuelo era mais baixo do que eu lembrava, pouco mais de 1,70 m, mas exalava a mesma energia vital e o repertório de posturas e gesticulação de um ator — um sorriso irônico, a sobrancelha erguida com um jeito descrente, olhos abertos com uma expressão atônita —, que deixavam seu rosto num estado constante de transfiguração que mantinha seu público fascinado. Lembrei-o de nosso encontro, anos antes, no Rio de Janeiro. Ele não se recordava, mas eu ganhei um abraço de urso do mesmo jeito.

Estávamos nos encontrando num momento crítico de sua carreira. Seus esforços em nome das tribos indígenas brasileiras estavam chamando mais atenção fora do Brasil do que no próprio país. A revista *Time* saudou-o como "Herói do Planeta".[3] A Espanha, recentemente, concedera-lhe o prêmio de direitos humanos Bartolomé de las Casas.[4] Um financiamento da União Europeia e outro da Fundação Moore, dos EUA, reforçaram seus recursos de vigilância e aplicação da lei nas regiões onde se sabia da existência de tribos isoladas ou não contatadas, incluindo a reserva do Javari.[5] Possuelo estava aproveitando a fama para obter o suporte financeiro que lhe permitia manter os acampamentos-base e postos de controle em operação — até mesmo para lançar expedições de descoberta como esta — enquanto outros programas da Funai eram abandonados. Jornalistas com pouca experiência na selva, excesso de bagagem e botas inadequadas poderiam representar um risco, mas ele sabia que valia a pena: éramos os megafones que possibilitavam o acesso ao palco global.[6] A expedição, se bem-sucedida, consolidaria seus ganhos, reafirmaria suas políticas e atrairia mais financiamentos, além de reforçar sua posição dentro da Funai, o que lhe permitiria lançar esforços adicionais e mais contínuos para localizar e proteger outras tribos isoladas em outros pontos do país. Sua própria sobrevivência, ao que parecia, dependia do sucesso dele.

Possuelo e Nicolas caíram na conversa tradicional sobre mulheres — esposas, esposas, namoradas. Possuelo observou que ambos haviam dado sorte, tendo conseguido, mesmo depois do divórcio, manter boas relações com as mães de seus filhos.

— Neste tipo de trabalho, quando a gente fica longe meses seguidos, não tem como não acabar sendo corno.

Ele deu de ombros e lançou um olhar ao redor, como se desafiasse alguém para contradizê-lo.

— É inevitável. Já se foram os dias em que Penélope esperava em casa enquanto seu homem estava longe, salvando o mundo.

As mulheres não ficam sentadas mais em casa, à espera, mas bastava um rápido olhar em torno para concluir que este ainda era um mundo sobretudo masculino e, no caso desta expedição, exclusivamente de homens.

Perguntei a Sydney quantos filhos ele tinha. Ele mostrou seis dedos. Quantas meninas?

— Três.

Um adolescente bronzeado e escultural, com longos cachos manchados pelo sol, estava apoiado a um poste, nos ouvindo — parecia um deus grego. Supus que fosse filho de Possuelo — Nicolas mencionara que ele poderia ter vindo —, mas era tão bonito que me senti completamente inseguro de meu julgamento apressado sobre a ausência de mulheres, até que Possuelo o chamou pelo nome.

— Orlando — disse ele, empurrando-o amigavelmente —, você não tem nada melhor para fazer?

O adolescente abriu um sorriso ofuscante, mas continuou no mesmo lugar, de braços cruzados. Orlando era o terceiro filho de Possuelo, a apenas um mês de seu aniversário de 18 anos. Ele crescera em Brasília com a mãe, a segunda mulher de Possuelo, a uma pequena distância do apartamento do próprio Possuelo pelas largas avenidas da estranha e futurista capital brasileira. Mas eles não se viam muito.

Senti uma ponta de inveja. Eu fora forçado a assinar os papéis de divórcio pouco antes de embarcar no avião para o Brasil. Faltavam anos para que qualquer um de meus meninos tivesse idade para poder me acompanhar numa viagem dessas e eu não fazia ideia se conseguiria me manter como uma presença vital na vida deles. Ao menos, Possuelo e Orlando viviam na mesma cidade. E, embora esteja previsto que a expedição vá bem além do início das aulas no último ano do ensino médio de Orlando, ele concordou em vir. A escola sempre estaria lá, seu pai não.

Possuelo já tinha 62 anos e, no curso de seus quarenta anos de selva, já enfrentara dezenas de surtos de malária e recebera um número equivalente de ameaças de morte. No início do terceiro milênio, não havia praticamente ninguém na Funai com mais experiência de campo do que ele, fato que lhe conferia a autoridade e a legitimidade moral que quase nenhum outro de seus colegas possuía. Possuelo recebeu coronhadas de invasores brancos de terras indígenas e foi sequestrado pelos mesmos guerreiros caiapós que tentava proteger. Placas de aço mantinham sua cabeça no lugar após um acidente de carro quase fatal em Mali, onde fora visitar membros de uma tribo tuaregue. Ainda mancava um pouco, e o acidente poderia ser a explicação para uma leve divergência de seu olho esquerdo, que lhe deixava com a expressão zombeteira que eu observara antes. Um par de pequenos cilindros de metal pendia de um cordão de metal de seu pescoço. Um deles continha medicamentos antimalária, explicou, e o outro, comprimidos de nitroglicerina, para o caso de um ataque cardíaco.

Ele vinha lentamente preparando Orlando para sucedê-lo como explorador da selva e defensor da causa indígena. Ele o levara para visitar aldeias remotas e o deixara sozinho na floresta com os zoés, uma tribo previamente contatada por missionários norte-americanos, mas que tinha voltado a viver em isolamento sob os auspícios da unidade de elite de Possuelo. Ainda assim, nada disso poderia se comparar a uma temporada de três meses nas profundezas da mata, durante os quais ele poderia transmitir incontáveis lições extraídas de toda uma vida na selva. A oportunidade poderia não aparecer novamente.

— Se manda — disse ele para Orlando, agora com mais insistência. Seu filho afastou os cachos da testa, girou os olhos com uma exasperação bem-humorada e se afastou cruzando a cozinha, os ombros para trás, com uma postura olímpica.

Minutos depois, os motores rugiram para a vida. Os homens tomaram conta dos conveses, subindo e descendo as escadas, arrastando mochilas e galões, de maneira segura e certa como formigas num formigueiro. Cordas foram desenroladas e os barcos se afastaram da margem, entrando na corrente, um de cada vez. As canoas menores foram amarradas às popas dos barcos maiores, duas ou três para cada embarcação, seguindo na esteira como filhotes atrás dos pais. Por estranhas que pudessem parecer essas diminutas embarcações, elas seriam nosso bilhete de acesso à cabeceira do Itaquaí, levando-nos mais longe para as profundezas da selva do que os barcos grandes poderiam chegar. Por enquanto, havia alguns desafios imediatos, sendo que o menor deles não seria sentir o terreno e encontrar o tom do relacionamento com mais de trinta homens diferentes, com quem eu estaria viajando para as fronteiras da Terra e dos quais minha vida, quase certamente, dependeria.

CAPÍTULO 5

Uma topografia do conflito

Naquela noite Possuelo nos convidou para jantar com ele a bordo do *Waiká*, onde ele estava instalado e de onde administrava os negócios da expedição.

— Danilo! — gritou para o *Etno*. — Vamos deixar nossos barcos amarrados para que nossos hóspedes possam ir e vir quando quiserem.

O *Waiká* e o *Etno* cortavam a correnteza rio acima, amarrados lado a lado, o que nos possibilitou visitar Possuelo e acompanhá-lo num fumegante cozido de piranha.

Apesar de cada antiga embarcação da Amazônia ter peculiaridades específicas, todas contam com uma combinação engenhosa de formas e funções que evocam uma era de exploração vitoriana e um encanto que lembra o Velho Mundo. Com conveses abertos e amuradas por toda a volta, parecem espaçosas, mesmo quando lotadas. As amuradas vão diminuindo de altura da proa à popa, criando, na popa, uma espécie de varanda para a cozinha, onde o peixe é limpo, a carne é cortada e a roupa suja é esfregada.

Como em todos esses barcos, a cozinha do *Waiká* era compacta, com um fogão, uma pia e um balcão logo antes do final da popa. Antes da cozinha havia uma área comum do convés principal, com cerca de 5 metros de ponta a ponta, que seria nosso refeitório quando a mesa, normalmente presa ao teto para liberar espaço, fosse baixada ao longo de duas traves verticais. A área comum era aberta para os dois lados, com balaustradas móveis na altura dos cotovelos para segurar os passageiros e sustentar as lonas que seriam baixadas do teto ao convés no caso de uma das frequentes e torrenciais chuvas amazônicas. As laterais abertas permitiam a entrada da luz e uma sensação de arejamento, proporcionando uma vista da selva deslizando pelas margens. Essa vista era especialmente atraente a essa hora do dia, quando o sol poente lançava longas sombras sobre o rio e cobria os ramos superiores das árvores com uma rica luz amarela.

A mesa foi baixada para o jantar, cadeiras plásticas posicionadas, e Mauro, o outro cozinheiro da expedição, começou a servir postas cozidas em nossas tigelas. Orlando e Possuelo se sentaram de um lado da mesa, Nicolas e eu, do outro. Ainda havia espaço para mais um ou dois, mas nenhum dos cerca de meia dúzia de mateiros se aproximou, como se algum sinal não verbal os tivesse avisado para manter distância. Comeram em pé, apoiados nos balaústres, olhando-nos sem piscar e com sorrisos divertidos. A maioria provavelmente jamais vira um jornalista antes, muito menos um par de americanos. Eu ataquei o cozido. O peixe era branco e quebradiço, cheio de espinhas, mas, ainda assim, macio e suculento, como o halibute, comum no hemisfério norte.

— Ei, Sydney, posso me juntar a vocês? — veio uma voz por cima do meu ombro.

Era o número dois da expedição, Paulo Welker, o outro Paulo a bordo, a quem Possuelo convidara dois anos antes para comandar a frente de proteção etnoambiental do vale do Javari. Essa era uma das seis regiões especiais da Amazônia sob a autoridade da Coordenadoria de Índios Isolados, áreas onde a Funai operava as chamadas frentes de atração ou de contato em épocas passadas, quando o objetivo ainda era atrair os índios da selva, fazer contato e só depois se preocupar com sua proteção, quase como algo secundário.[1] Agora, as frentes existiam para manter as florestas, assim como as tribos que nelas viviam, intactas e fora do alcance dos estrangeiros. Paulo Welker não era um sertanista histórico, mas sim um "indigenista", como um aprendiz, mas com bastante experiência.

— Claro — respondeu Possuelo. — Pegue um prato.

* * *

Como chefe da Coordenadoria de Índios Isolados, Possuelo divisou o termo "Frente de Proteção Etnoambiental" para ressaltar o que ele considerava o vínculo indelével entre a sobrevivência das tribos isoladas e a preservação de seu habitat intocado.

— Essas pessoas e sua cultura só podem sobreviver numa selva intacta — disse, espetando um pedaço de peixe com o garfo. — Dentro de uma floresta viva, os índios têm tudo o que precisam para sobreviver. A flora, a fauna e a terra que protegemos são para proporcionar o alimento e abrigo dos grupos indígenas que vivem aqui, e ponto final. Protegendo os índios isolados, também protegemos milhões de hectares de biodiversidade.

O resumo era uma expressão clara de um novo movimento global chamado "socioambientalismo", que via a proteção da biodiversidade como inseparável da salvaguarda dos direitos culturais e territoriais dos povos indígenas.[2] Dito isso, os territórios sob a proteção da unidade de Possuelo somavam-se a 130 mil quilômetros quadrados de floresta tropical virgem, uma área maior do que todo o estado de Nova York.[3] O termo "frente de proteção etnoambiental" também ressaltava a mudança dramática que Possuelo tinha arquitetado, levando a Funai a deixar de ser uma agência que localizava e contatava índios selvagens para pacificá-los para torná-la uma entidade que os localizava e documentava suas presenças para protegê-los do contato. Num piscar de olhos, o objetivo dos sertanistas foi transformado: de "contatar para salvar" para "salvar sem contatar".[4]

Fora de Possuelo a ideia de isolar as áreas onde se sabia existir tribos não contatadas e declará-las interditadas para forasteiros.[5] Ouvindo Possuelo falar, percebi que ele se via como herdeiro de uma tradição de exploradores ativistas iniciada com Rondon e que prosseguiu com o trabalho de Orlando e Cláudio Villas-Bôas, seus primeiros mentores. A partir de meados dos anos 1940, os irmãos Villas-Bôas formaram o núcleo expedicionário da Fundação do Brasil Central, uma agência recém-criada cuja tarefa era abrir uma série de campos de pouso na mata pelo interior distante do país.[6] Inspirados por Rondon, os irmãos Villas-Bôas conquistaram a reputação de aventureiros intrépidos e defensores aguerridos dos índios com quem estabeleciam amizade enquanto avançavam cada vez mais para o interior. No início da década de 1960, época em que Possuelo se juntou a eles pela primeira vez como jovem voluntário, os irmãos obtiveram o reconhecimento federal para o enorme parque indígena do Xingu, cujo eixo era o rio Xingu na Amazônia central, cerca de 1.700 quilômetros a leste do

Javari. Apesar de o parque inicialmente ter sido concebido como a terra nativa para os povos da própria bacia do Xingu, os Villas-Bôas passaram a considerá-lo um refúgio onde reassentavam tribos ameaçadas, oriundas dos rios vizinhos, à medida que a fronteira avançava.[7]

Em meados dos anos 1960, o governo militar brasileiro considerou que a colonização da Amazônia deveria ser uma prioridade nacional. Estradas de penetração estavam devastando a floresta virgem e os Villas-Bôas viram a realocação para o parque como a única alternativa para que muitas tribos não fossem sumariamente aniquiladas. Foi um conceito radical na época — um enorme parque nacional que protegeria a fauna e a flora e permitiria aos povos indígenas continuar vivendo segundo as tradições. A administração do parque apresentava enormes desafios: mediar disputas entre as várias etnias, algumas nos estágios iniciais de contato; impedir as invasões de colonizadores brancos; correr para vacinar os habitantes contra epidemias fatais. Esta se tornaria a universidade de Possuelo. Dentro das florestas cercadas por rios do Xingu, sob a tutela de Orlando e Claudio Villas-Bôas, ele aprendeu a ser um explorador indigenista e, com o tempo, acabou reconhecido como um sertanista veterano. Possuelo conquistou a aprovação definitiva dos irmãos após enfrentar uma multidão enfurecida disposta a invadir as terras dos caiapós ao longo do Xingu.[8] Ele foi posto de joelhos e ficou com os braços presos nas costas por dois homens enquanto um terceiro enfiou uma pistola carregada em sua boca. Perdeu quatro dentes naquela noite, mas manteve sua posição. Daquele momento em diante, os Villas-Bôas reconheceram em Possuelo um *protégé* de coragem excepcional, a quem poderiam incumbir as tarefas mais exigentes.

Por seus esforços incansáveis em defesa dos povos indígenas brasileiros, os Villas-Bôas foram duas vezes indicados para o Prêmio Nobel da Paz, em 1971 e em 1975.[9] O Parque Indígena do Xingu e um mosaico de terras indígenas adjacentes e reservas protegidas continuam sendo um formidável corredor de defesa — com 800 quilômetros de comprimento e cerca de 320 de largura — que interrompeu o avanço da destruição gratuita da floresta ao longo da Amazônia central.[10]

Mais tarde, Possuelo batizou o filho em homenagem a Orlando, o mais velho dos Villas-Bôas. E ele continuaria a venerar os irmãos até seus últimos dias, por sua extraordinária bondade, dedicação e amor incansável pelos indígenas. Ao final dos anos 1980, porém, rompeu com eles devido à questão do contato.[11]

— Os caminhos que os mestres nos abrem nem sempre são aqueles com que concordamos — disse.

Contatar tribos selvagens sempre parecera tão inevitável quanto o tempo. Para Rondon, era a primeira etapa do caminho para integrar os índios à sociedade mais ampla.[12] Para os irmãos Villas-Bôas, o contato era um mal necessário para afastá-los do caminho do avanço da fronteira e realocá-los em santuários seguros, onde poderiam recuperar as forças e manter as tradições.[13] Qualquer que fosse o objetivo derradeiro, o contato com as tribos era a condição *sine qua non* da profissão há quase um século, o que dificultava que muitos de seus contemporâneos encampassem a nova abordagem defendida por Possuelo.

— Para um sertanista, a glória estava no contato — disse ele. — E eles não queriam perder a glória.

De certa forma, a mudança resultava em uma sonora acusação contra a sociedade moderna, um reconhecimento de seu poder irrefreável de transformar e obliterar, inimigo da sobrevivência e do bem-estar das culturas indígenas: *Não podemos entrar em contato com eles sem, em essência, destruí-los.*

O ponto de partida para Possuelo, a razão de ser essencial da política de não contato, era a extrema vulnerabilidade dos índios às doenças contagiosas. Os incas não foram simplesmente massacrados pelos cavaleiros em armaduras de Pizarro; caíram como moscas devido a uma epidemia de sarampo que se espalhou pela terra após a exploração inicial do conquistador da costa do Pacífico da América do Sul.[14] As vítimas do vírus incluíram o imperador inca, cuja morte deflagrou uma guerra brutal de sucessão, o que facilitou muito o processo de conquista. Patógenos mortais sem dúvida alguma acompanharam a descida do Solimões/Amazonas por Francisco de Orellana, em 1542, assim como as subsequentes incursões dos europeus, levando à morte em massa dos índios e esvaziando amplas extensões de floresta tropical dos nativos.[15] Tendo evoluído isolados das doenças da Eurásia por milhares de anos, as populações indígenas do Novo Mundo simplesmente não tinham resistência aos seus germes. Uma história que continuava a acontecer ainda hoje. As tribos isoladas continuavam vulneráveis às doenças, como sempre.

* * *

Paulo Welker deixou o prato fumegante cair na mesa e puxou uma cadeira para o meu lado. Era alto e magro, cerca de 30 anos, com um rabo de cavalo louro descendo até metade das costas. Vinha de uma família de agricultores alemães, mas quando garoto assistiu *Dança com lobos* e *A missão*, contou, e decidiu deixar as serras do sul do Brasil para trás e ir em busca de uma vida de aventuras como indigenista, um protetor dos índios da Amazônia. Anteriormente, estivera em Rondônia tentando impedir um ataque de madeireiros, que haviam reduzido diversas tribos a bandos dispersos de fugitivos, cujo objetivo era simplesmente evitar o avanço das motosserras. Fora não apenas um exercício fútil, mas também muito perigoso.

— Eu estava recebendo ameaças de morte — disse-me —, por isso Sydney me trouxe para o Javari.

Ameaças: uma palavra que eu começava a ouvir frequentemente saindo dos lábios dos defensores dos índios brasileiros.

Em Mato Grosso, outro estado amazônico tomado por madeireiros e fazendeiros, Paulo Welker vira os restos desoladores de uma tribo expulsa por invasores.

— Eles correram para o outro lado das montanhas para escapar — contou. — Acharam que a motosserra era um animal do qual poderiam correr. Abandonaram a aldeia, plantações, cemitérios dos ancestrais. — Quantas de suas danças eles perderam? Quantas de suas lembranças se foram?

Contra o alarido dos motores acelerando ao máximo, apurei os ouvidos para acompanhar as outras conversas que cruzavam a mesa.

— Aquele seu telefone provavelmente não vai funcionar quando estivermos na mata — ouvi Possuelo gritar para Nicolas enquanto enfiava uma garfada de peixe na boca. — É preciso ter uma linha de visão direta para o satélite.

Ele fez um arco com o braço em direção ao teto e fixou os olhos arregalados nas vigas, como se cobrisse uma seção imaginária do céu. Levara o próprio telefone Globalstar para emergências extremas. Não seria mais fácil de usar do que o nosso, mas funcionava com um satélite diferente. Ele ainda não resolvera se levaria ou não o aparelho para a selva, disse, mas achava que provavelmente o deixaria no *Waiká* quando os barcos finalmente dessem a volta para descer o rio.

Eu soube que, além da falta de telefones confiáveis, não havia médicos na expedição. A remoção médica seria difícil, se não impossível. O helicóptero mais próximo estava a mil quilômetros, em Brasília, provavelmente longe demais para se mobilizar, especialmente porque as chances de encontrar uma zona de pouso adequada eram ainda mais minúsculas do que alcançar o mundo externo por telefone para solicitar um helicóptero, em primeiro lugar. Fosse por telefone ou por rádio, a comunicação bem-sucedida dependeria de encontrar uma abertura suficientemente grande entre a copa das árvores. Lugares assim, Possuelo explicou, seriam poucos e distantes.

Ele deve ter percebido a ansiedade nas minhas perguntas sobre coisas como telefones e médicos.

— Se você não achar que vai dar conta, pode voltar com o barco — disse. — Não precisa entrar na selva com a gente.

Seu tom de voz era ponderado, o rosto marcado sob a barba desgrenhada não revelava o menor traço de derrisão, como se simplesmente oferecesse algum conselho útil. Pode ter sido uma ironia bem dissimulada, não necessariamente mal-intencionada, mas ainda assim, sarcástica. O jantar acabou, atravessamos a cozinha para o convés da popa, onde lavamos nossos pratos no rio enquanto as iscas artificiais na forma de peixinhos agitavam-se na ponta das linhas — como que se esforçando para seguir na esteira do barco.

A conversa sobre os telefones apenas aumentou meu desejo de ligar para casa. A escuridão caíra, uma brisa agradável passava enquanto eu subia a escada de ferro para o convés superior do *Etno*, com meus passos ressoando. Peguei o telefone Inmarsat e pulei de volta para o *Waiká*, desta vez subindo para o teto, onde teria privacidade. Logo o telefone em minha antiga casa em Utica, Nova York, estava tocando. Mackenzie, o menino mais velho, de quase 12 anos, atendeu.

— Kenzie, é o papai! Estou ligando da selva! — comecei. Pude ouvi-lo cobrindo o telefone e gritar: — Aaron, Ian, venham aqui, rápido! Papai está no telefone! Está ligando da Amazônia!

Eles me bombardearam com perguntas: Se estava muito calor, que animais eu já vira até agora, se havia muitos insetos, o que eu estava comendo, se os índios eram amigos. Olhei para a escuridão da floresta ao largo enquanto subíamos o rio, tentando imaginá-los reunidos em torno da mesa da cozinha, brigando pelo telefone. Antes de nos despedirmos, Ian, que fizera 5 anos poucos meses antes, tinha alguns conselhos que precisava me dar:

— Cuidado com os jacarés, papai. Eles podem morder o barco e comer a madeira.

— Claro, respondi, vou ficar de olho.

— Grave os índios falando — disse Mackenzie antes de desligar. — Quero ouvir como é a língua deles.

Esse foi um pedido interessante, pensei. Fiquei feliz por ele estar curioso a ponto de perguntar.

* * *

Mais tarde naquela noite, Possuelo convidou Nicolas e eu para a cabine que dividia com Orlando, a fim de conversarmos sobre a expedição.

— Cuidado com as cabeças — avisou, com a silhueta curvada no centro da porta, contra a lâmpada fluorescente acesa lá dentro.

Deu um passo para o lado para nos deixar entrar na cabine, onde teríamos mais privacidade do que em qualquer outro lugar da flotilha. Sua cabine tinha o dobro do tamanho das cabines do *Etno*, mas mesmo assim era apertada, com beliches embutidos, uma mesa e poucas cadeiras espremidas no interior. Os papéis estavam cuidadosamente empilhados sobre a mesa. Botas e tênis alinhados junto à parede, todos aos pares, os calcanhares contra a parede. Um olhar rápido confirmou que a ordem e limpeza do posto de controle também eram seguidas aqui.

Possuelo nos convidou a sentar na cama de baixo enquanto abria um grande mapa topográfico sobre a mesa. Orlando puxou uma cadeira.

— Isso é a terra indígena do vale do Javari — disse Possuelo, traçando a fronteira oval da zona de exclusão com o dedo —, o segundo maior território indígena de todo o Brasil, depois do parque dos ianomâmis.

Nicolas e eu nos inclinamos para olhar.

— Estamos nesta área, indo para o sul, pelo sudoeste, subindo o Itaquaí.

Ele apontou para o centro do mapa. A terra indígena abria-se por 53 mil quilômetros quadrados de floresta densa e pântanos nebulosos. Nem uma estrada sequer, nem mesmo uma pista de pouso. Gigantesco por si só, o vale do Javari fica dentro de uma área muito maior do Alto Amazonas, uma região de floresta contínua e milhares de quilômetros de cursos d'água, abrangendo uma boa parte do oeste do Brasil e grandes porções da Bolívia, Peru, Equador e Colômbia. O mapa era entremeado por pequenos fios d'água e riachos que drenavam as inóspitas montanhas na fronteira sul do Javari e desaguavam numa série de rios poderosos, praticamente todos fluindo para o norte e para o leste, para o Solimões, o afluente principal do Amazonas. A uniformidade das correntes significava que qualquer penetração mais significativa pelas profundezas do território teria que ser rio acima e poderia ser fiscalizada em alguns pontos de controle distribuídos estrategicamente ao longo dos cursos principais.

Na totalidade, as terras indígenas protegidas representavam 11% do território nacional brasileiro, mais de 950.000 km², número que foi duplicado durante os poucos anos em que Possuelo ocupou a presidência da Funai, no início dos anos 1990.[16] O Javari era a única reserva indígena de todo o Brasil cujas fronteiras cercavam uma combinação de comunidades contatadas e não contatadas.[17] Alguns dos mais dedicados exploradores da Funai viam a presença de tribos contatadas dentro da reserva como uma camada adicional de proteção para os mais isolados e vulneráveis. Em outras partes da Amazônia, onde o ritmo da expansão da fronteira era particularmente febril, bandos dispersos de tribos não contatadas sofriam uma pressão sem trégua, mesmo após as terras deles serem declaradas proibidas para forasteiros.[18] Nem a Funai nem a polícia tinham a capacidade de manter essas fronteiras. Em alguns casos, os sertanistas deparavam-se com gigantes da floresta recém-derrubados, em terras ainda fumegantes das recentes queimadas, tendo que enfrentar emboscadas de pistoleiros, mantidos por fazendeiros e grileiros, e apressavam-se para contatar as tribos sitiadas antes dos malfeitores.[19]

Em comparação, desde a designação apenas alguns anos antes como área protegida, o Javari era um bastião da vitalidade tribal.[20] Oito diferentes grupos contatados encontram-se em diferentes estágios de adaptação e interação com o mundo exterior, um processo denominado "aculturação".

Independente de onde tenham vivido antes do contato, essas tribos agora ocupavam assentamentos ao longo dos principais rios da região, onde poderiam receber cuidados médicos e outros serviços mais prontamente, conforme suas próprias condições.[21] Os índios não contatados mantinham-se nas zonas interfluviais, de floresta muito fechada e inóspita, no que parecia ser um esforço determinado para se esconder do mundo externo. As malocas de sapê ocupavam pequenas clareiras que mal podiam ser vistas em meio ao mar contínuo de copas verdes, revelando-se apenas para os olhos dos observadores aéreos mais experientes. Dezoito desses locais foram observados pelos sobrevoos da Funai, o que faz do Javari o lar da maior concentração de comunidades indígenas não contatadas em qualquer lugar do mundo, os flecheiros entre elas.[22] O próprio Possuelo antecipara uma pesquisa aérea detalhada de nossa rota no mês anterior, marcando em seu GPS as coordenadas de cada clareira de flecheiros que pôde encontrar enquanto o avião percorria o céu da floresta de cima a baixo. Tão pouco se sabia dos flecheiros, disse Possuelo, que ninguém tinha certeza se eles representavam uma única etnia ou mais.[23] Em outras palavras, o nome assinalava um atributo tecnológico, o uso de projéteis com pontas como armas, e não uma distinção étnica. Dito isso, Possuelo estimava a população total do Javari em cerca de 4.500 almas, menos do que a população de um dos blocos do prédio onde eu sublocava um apartamento no Upper West Side de Manhattan.

— Vamos continuar rio acima — prosseguiu Possuelo, o dedo descendo para o sul, acompanhando a linha sinuosa do Itaquaí no sentido contrário da correnteza para o norte — até ficar muito raso para que os grandes barcos prossigam. Então continuaremos avançando nas lanchas menores com "pec-pec" (o pec-pec é um pequeno motor de popa, utilizado para navegar em águas de pouca profundidade, assim chamado por conta do zumbido que emite).

Ele falava das canoas com motores de eixos longos que pegaram em São José, enquanto esperavam Nicolas e eu.

A ideia era permanecer a bordo dos grandes barcos fluviais pelo maior tempo possível. Consumiam diesel, por um lado, o que barateava a operação, e o conforto era óbvio demais para ser ignorado: a possibilidade de caminhar pelos conveses, preparar refeições na cozinha, dormir sob um teto.

Originalmente, Possuelo projetara um mês inteiro para subir o Itaquaí, mas as chuvas estavam diminuindo mais rapidamente do que o usual e o nível da água baixava vários centímetros de um dia para outro. Em duas semanas, ou mesmo antes, provavelmente chegaríamos ao ponto onde teríamos que deixar também os barcos menores com os cascos mais rasos para trás.

— E então começaremos a caminhar através desta área — disse Possuelo, torcendo a barba e sorrindo.

Ele apontou para a base do mapa, ao longo da fronteira sul da reserva, onde a imagem se espremia entre contornos estreitos, a tortuosa capilaridade azul sugerindo um labirinto de ravinas íngremes cortadas por regatos lamacentos que sugariam nossas botas.

— Tudo isso são as cabeceiras — disse Possuelo. — Onde nascem os rios.

Esse bastião inóspito também abrigava os assentamentos dispersos dos flecheiros. Iríamos procurar rastros, acampamentos de pesca, artefatos descartados, qualquer coisa que pudesse dar alguma pista sobre os números, hábitos e condições das tribos. A constituição brasileira garante a posse permanente de um território específico aos índios que tradicionalmente o ocupavam.[24] Mas as ocupações de terra são rotineiramente justificadas por alegações de que não há ninguém lá, e Possuelo e suas equipes de exploradores indígenas enfrentavam a pressão constante para documentar com precisão meticulosa a continuidade da existência das tribos e seu uso da floresta.[25]

— Sabemos onde ficam suas malocas. O que queremos saber é a extensão da área que percorrem, até onde viajam durante as migrações de verão.

Com um quadro detalhado das "fronteiras econômicas" dos flecheiros, Possuelo planejava iniciar um movimento para criar um tipo de reserva dentro da reserva, uma zona de exclusão particular dos flecheiros, para manter todos do lado de fora, inclusive as tribos contatadas, que representavam uma intermediação inadequada entre eles e o mundo externo.

Nós observaríamos a invasão pelos suspeitos de sempre — madeireiros, caçadores ou traficantes de drogas. Essas invasões eram praticamente impossíveis de detectar por qualquer meio que não fosse através de exaustivas expedições a pé sob a copa da floresta. Era esse o principal dos objetivos dele, pois uma invasão não detectada poderia rapidamente ganhar impulso, levando a um surto de doenças devastadoras ou até mesmo de ataques genocidas contra uma maloca desavisada. Tão distantes eram essas terras, e tão tênue era o alcance da lei, que madeireiros vingativos poderiam se sentir tentados a ceder a impulsos assassinos. Já fazia muito tempo que Possuelo tinha a intenção de explorar este flanco do Javari, em busca de sinais de problemas. Agora, teria sua chance.

Uma vez que tivéssemos coletado quaisquer informações possíveis sobre os flecheiros, sem realmente encontrá-los, fabricaríamos canoas escavadas em troncos e deixaríamos o território pelo rio Jandiatuba ou pelo Jutaí, "dependendo de onde nos encontrássemos". Nicolas soltou uma risada, como se já tivesse compreendido os potenciais perigos envolvidos nessas explorações errantes. A cabine estava quente e apertada, mas todos estávamos igualmente fascinados. Ele abriu um sorriso triunfante, como se dissesse: *Eu disse que o negócio era para valer.*

A terceira fase da expedição — voltar de canoa para a civilização — teria desafios especiais.

— Estaremos cansados até lá. Teremos que remar por dez ou 12 horas, diariamente, debaixo de sol e chuva.

Nesta região da área protegida, uma família de colonos teria que ser removida e Possuelo queria aproveitar a ocasião para colocá-los definitivamente para fora. E, disse ele, poderíamos dar de cara com garimpeiros, uma raça notoriamente violenta.

Possuelo enrolou o mapa e se virou para Orlando.

— Meu filho, onde está o laptop?

Orlando entregou-lhe um HP novo e Possuelo abriu uma apresentação de slides, com uma série de fotografias tiradas de um sobrevoo recente de nossa rota prevista. Cada imagem mostrava uma clareira — uma mancha marrom em meio a um oceano verde — com um grupo de cabanas com tetos de palha no centro. Estiquei meu pescoço e ajeitei os óculos para ver melhor. Algumas delas tinham tetos pontiagudos, outras eram arredondadas e inclinadas, como montes de feno, indicando a possibilidade de diferentes etnias erguendo cabanas em diferentes estilos. Em diversas clareiras, pude distinguir esguias figuras escuras em pé perto das casas, com as mãos nas cinturas, as cabeças para trás, contemplando o enorme pássaro que zumbia ao passar lá no alto. Nenhum esforço de imaginação parecia adequado para compreender o que poderiam estar pensando.

O que era evidente para Possuelo era o desejo dos flecheiros de que os deixassem sozinhos. Ele pressupunha que a tribo sofrera o mesmo destino das demais nesta parte da Amazônia, cem anos antes, na época em que o ciclo da borracha dominou a região. Uma série de avanços tecnológicos na Europa e na América do Norte durante o século XIX — a vulcanização da borracha e a invenção da câmara inflável para as bicicletas e depois para os automóveis — fizeram com que a demanda global pela borracha natural disparasse.[26] A Amazônia e o Congo eram os dois lugares da Terra onde a borracha selvagem crescia com abundância. A revolução dos transportes e a sucessão vertiginosa das inovações tecnológicas não só alimentaram um apetite crescente pela borracha para usos de consumo e industriais — de mangueiras a gaxetas para o isolamento de cabos elétricos e telegráficos —, mas também abriram os interiores isolados tanto da África quanto da América do Sul para os novos barcos a vapor dos comerciantes internacionais que vinham em busca de suprimentos cada vez maiores da matéria-prima vital. Enquanto o rei Leopoldo II, da Bélgica, fundava no Congo o regime colonial, notório pela brutalidade, um sistema de extração da borracha se espalhava pelas regiões mais distantes do Alto Solimões, também baseado no terror, sequestro em massa e trabalho forçado.

A exploração da Amazônia por forasteiros foi majoritariamente restrita aos rios principais, até que o preço da borracha atraiu legiões de homens para os rios e afluentes menores em busca do látex nativo extraído das "árvores que sangram".[27] Em algumas áreas, seringueiros autônomos trabalhavam independentemente ou em pequenos grupos, vendendo o produto para os comerciantes dos rios. Mas, em outras partes do oeste amazônico, propriedades enormes, que abrangiam bacias hidrográficas inteiras, emergiram como o paradigma central da produção de borracha. Com a mão de obra escassa, os patrões importaram camponeses pobres do Nordeste brasileiro devastado pela seca ou buscaram em fontes mais próximas, atacando aldeias indígenas para complementar suas fileiras de trabalhadores.[28] Os barões da borracha tomaram a lei nas próprias mãos, legisladores inquestionáveis com exércitos particulares fortemente armados e milhares de trabalhadores, seus feudos praticamente fechados para o mundo.[29] Exploradores fechavam acordos com os donos das terras: em troca da permissão para colher o látex em sua propriedade, eles caçariam e exterminariam os índios "selvagens".[30] Expedições para captura de escravos percorriam os rios em busca de recrutas índios.[31] Aldeias inteiras eram sequestradas; os que tentavam fugir eram abatidos a tiros.[32] No rio Beni, na Bolívia, houve informes de que o barão da borracha Francisco Suárez mantinha mais de 10 mil índios e foi acusado de sujeitá-los a torturas crescentes e amputações progressivas caso não atingissem cotas de produção draconianas.

As exportações de borracha da Amazônia quadruplicaram entre 1840 e 1900, com a disparada da demanda norte-americana alimentando o boom.[33] No quarto final do século XIX, os Estados Unidos importaram metade da produção mundial, transformando os até então remotos e estagnados portos do rio Amazonas de Belém, Manaus e Iquitos em prósperos centros de cultura e comércio. A década de 1897 a 1907 viu o valor das exportações da borracha quadruplicar em Iquitos, um período que coincidiu com a emergência de Julio César Arana como o grão-senhor absoluto do rio Putumayo, no Peru.[34] As exportações de borracha dos estados controlados por Arana saltaram de 16 mil quilos em 1900 para 644 mil em apenas seis anos.[35] Em 1906, sua empresa respondia por 30% de todos os embarques de borracha que deixavam Iquitos para os portos dos EUA e da Europa.

Os lucros provinham da dominação dos indígenas. Testemunhas nos entrepostos de Arana relataram ter visto capatazes sádicos matando crianças índias com facões para economizar na importação de balas.[36] Capangas infligiam punições excruciantes aos chefes indígenas caso não conseguissem persuadir os fugitivos a se entregar. Os cativos eram explorados até o osso; alguns eram queimados em estacas. As epidemias se espalhavam como queimadas descontroladas, doenças pavorosas que os curandeiros nativos não reconheciam e não podiam curar. A população indígena sob o domínio de Arana em Putumayo logo sofreu um colapso catastrófico, caindo de estimados 50 mil em 1906 para apenas 8 mil, cinco anos depois.[37]

Deliberadamente estimulando os conflitos internos, os barões da borracha eram conhecidos por fornecer rifles para os índios e serem pagos em escravos capturados nas tribos rivais.[38] Com a finalidade expressa de manter os trabalhadores nativos, e mesmo os caçadores de recompensas, aguilhoados por dívidas crescentes, espingardas de má qualidade foram fabricadas especificamente para o negócio da borracha.[39] As armas se desfaziam após quarenta ou cinquenta disparos, condenando os proprietários a um ciclo interminável de endividamento para adquirir uma nova. As histórias das barbaridades infligidas aos nativos que vazaram pela Amazônia ocidental levaram o British Foreign Office, o Ministério das Relações Exteriores britânico, a enviar sir Roger Casement, o diplomata que expusera os horrores do Congo de Leopoldo, para investigar. Sentindo-se incapaz de descrever o reino de terror que encontrou no rio Putumayo, Casement cunhou uma nova expressão: "crime contra a humanidade."[40]

* * *

Alguns índios jamais se renderam.[41] Espalharam-se pelos redutos mais impenetráveis da floresta, avançando por regiões marginais de difícil acesso, onde seus descendentes continuaram a evitar novos contatos com o mundo externo até os dias de hoje.

— A penetração dos brancos era tão intensa que os índios foram forçados a fugir em todas as direções — disse Possuelo. — Eles não estão em suas terras tradicionais.

Era algo incrível de se conceber, como se os esfarrapados remanescentes dos sioux ou dos cheyenne tivessem escapado da cavalaria americana e se refugiado nos mais profundos bolsões das Montanhas Rochosas — lá no alto das cadeias de Wind River Range ou de Bitterroots —, onde seus sucessores resistiriam até hoje, levando adiante sua antiga cultura de caça em uma espécie de Estado Livre Indígena.

Possuelo testemunhara pessoalmente as condições desoladoras dos assentamentos de borracha e como os nativos eram facilmente enganados ou levados pelas armas a um sistema de endividamento do qual não tinham como escapar. Em uma de suas primeiras expedições, em 1972, ele libertou quarenta índios tuparis e macurapes mantidos contra a vontade como trabalhadores temporários numa plantação no alto do rio Guaporé, ao longo da fronteira com a Bolívia.[42]

— O homem branco só traz problemas, nunca soluções — disse Possuelo. — É por isso que, quando entramos na floresta, eles nos recebem com arco e flecha na mão. É uma simples reação a uma história ainda atual.

Uma barata agitava-se pelo chão, e o pé de Possuelo, calçado com uma sandália, caiu sobre ela, esmagando-a. Ele pegou um lenço de papel, passou-o sobre a gosma e jogou na lata de lixo.

— Não é que sejam selvagens — disse. — Um dia eles já receberam os forasteiros com presentes e hospitalidade. Leia os primeiros cronistas, veja o que dizem. Todos destacam a gentileza dos nativos.

Mas, apesar de toda a gentileza, os índios foram espoliados, intimidados e massacrados. Alguns dos grupos isolados — como os corubos, do Javari, os mashco-piro, do Peru e os tagaeri, do Equador — eram fragmentos remanescentes de tribos identificáveis.[43] Outros, como os flecheiros, mantiveram-se obscuros, quase inteiramente desconhecidos. Tribos que foram reduzidas a um mero punhado de sobreviventes foram condenadas à extinção.[44] Outros resistiram em número suficiente para assegurar a viabilidade genética futura.[45] Para os grupos mais desconhecidos, a Funai não tinha qualquer nome, simplesmente designando-os por suas localizações: "os isolados do rio Envira", por exemplo, ou "os isolados do alto Tarauacá", uma nomenclatura quase tão vaga quanto chamá-los de tribo X ou tribo Y.[46] Os flecheiros também eram conhecidos de diversas maneiras, como "os isolados do alto São José", ou "os isolados do alto Jutaí".[47]

Praticamente por definição, esses grupos não eram estudados por antropólogos. Afinal, ainda não tinham sido pacificados, e os antropólogos, em geral, não estavam no negócio de bater a mata em busca de indígenas hostis. Os cientistas normalmente entravam bem depois do primeiro contato ter acontecido, quando alguma segurança estava estabelecida para que a pesquisa pudesse ser realizada. Lévi-Strauss notoriamente juntara-se a um bando de nambiquaras no cerrado de Mato Grosso, na década de 1930, 1.500 quilômetros a sudeste daqui, após os primeiros encontros de Rondon com a tribo.[48] Napoleon Chagnon partiu em 1964 para a cabeceira do rio Orinoco, no sul da Venezuela, em busca de comunidades "demograficamente puras" de ianomâmis para sua pesquisa de doutorado, mas um pequeno grupo de intrépidos missionários católicos e outros aventureiros havia preparado o terreno antes dele.[49] O antropólogo fanfarrão, anos mais tarde, afirmou ter feito os primeiros contatos com aldeias mais remotas no alto das montanhas. O próprio Javari tinha atraído diversos antropólogos para estudar os grupos contatados: os matises, canamaris, matsés e marubos.

Havia um corpo crescente de literatura etnográfica sobre o pequeno grupo corubo, que Possuelo contatara em 1996. Mas a hostilidade das tribos nas profundezas do Javari — e as doenças mortais que dizia-se existir na selva — pôs um freio na exploração contínua.[50] Ao avançarmos mais para o sul, subindo ainda mais pelo Itaquaí rumo ao extremo oeste do Brasil, estávamos entrando em território não mapeado em qualquer sentido da palavra, por matas e pântanos que os brancos jamais conseguiram dominar, onde o contato entre forasteiros e índios fora esporádico, para dizer o mínimo, e sempre fatal.

Os corubos, ou caceteiros, esmagadores de cabeça, povoavam a margem esquerda do Itaquaí, e os flecheiros, a direita. Uns dominavam as bordunas de guerra, os outros, as flechas. Muito provavelmente, nunca se encontraram. Mas juntos, disse Possuelo, conseguiram deter todos os invasores, com exceção dos mais intrépidos, de se aventurar tão longe rio acima. É claro que a Funai agora bloqueava a entrada do rio no ponto de encontro estratégico, mas a formidável reputação dos índios serviu como um dissuasor poderoso por décadas, ou talvez até mesmo por séculos.

— Pessoalmente, gosto deles assim, violentos — disse Possuelo.

Na baixa luminosidade, seus olhos castanhos pareciam saltar das órbitas.

— Este rio é um dos mais preservados e intactos de todo o Brasil. Por quê? Porque os corubos estão aqui e são ferozes. E os flecheiros estão lá.

Nos anos que levaram à criação da reserva, choques entre madeireiros e flecheiros nas regiões mais altas do São José estavam se tornando cada vez mais frequentes.[51] Os madeireiros passaram a viajar em bandos, sempre fortemente armados. Havia rumores de massacres, cabeças levadas como troféus, madeireiros atingidos por flechas como almofadas de alfinetes, represálias que não deixavam sobreviventes. A contagem de corpos entre os brancos era mais fácil de verificar; mas ninguém controlava as mortes entre os índios.

— Ninguém sabe da violência perpetrada contra os índios, pois ela não encontra eco aqui — disse Possuelo. — Seus gritos são abafados pela selva, e pelas grandes distâncias.

Devia estar fazendo 40 graus na cabine, com uma umidade de praticamente 100%, mas senti um súbito arrepio percorrer minha espinha.

— É raro que notícias desses massacres cheguem ao mundo externo. Eles acontecem e ninguém sequer fica sabendo.

Ninguém além dos perpetradores, diga-se. Um sinal encorajador: ele encontrara vestígios recentes dos índios bem avançados no igarapé São José, incluindo rastros e ramos partidos. Os flecheiros estavam de volta e pareciam até mesmo prosperar, agora que os madeireiros tinham sido afastados.

* * *

Abaixei-me para sair da cabine, mergulhar na noite e respirar um pouco de ar puro. As estrelas pulsavam como vaga-lumes. As vozes soavam da popa à proa contra o ronco dos motores — um comando abafado aqui, gritos e risadas ali. A parede escura da selva erguia-se alta, pressionando de todos os lados. Os madeireiros foram expulsos antes de chegarem a esses gigantes descomunais. Mas, aparentemente, alguns intrusos ainda queriam arriscar suas chances pelas riquezas do Javari.

Lá no convés, mais cedo naquela noite, eu ouvi um velho, magro e triste ribeirinho, chamado Soldado, contar uma dolorosa história. Envolvia dois caçadores que recentemente haviam se infiltrado na terra indígena para roubar ovos de tartaruga. Eles carregaram a canoa pelo mato para se ocultar do posto de controle e saíram mais acima no rio. Enquanto cavavam numa praia isolada em busca dos ovos, foram emboscados por um bando de corubos. Os índios golpearam um deles na cabeça e perseguiram o outro pela floresta, até que ele se jogou no rio e escapou agarrando-se a um tronco flutuante, que o levou até a base da Funai, onde foi detido.[52] Mais tarde os agentes encontraram seu amigo ainda vivo, inconsciente nas águas rasas, onde as piranhas tinham devorado seus dedos das mãos e dos pés. Quando acordou de seu delírio, jurou que jamais olharia para o Itaquaí novamente.

Possuelo gostava dessas histórias; tinham "valor educativo" para os que se sentiam tentados a ultrapassar os limites da reserva perseguindo visões de enriquecimento pessoal. Os índios dispostos a recorrer à violência para defender suas terras ou que tinham esta reputação eram os principais guardiões da floresta e constituíam mais uma linha de defesa além dos postos de controle da Funai.⁵³ Mas os direitos dos povos indígenas raramente encontravam ouvidos simpáticos entre os agentes do poder em Brasília. Eles não eram eleitores e suas terras continham recursos preciosos que já haviam sido esgotados em outros lugares. Seu estilo tradicional de vida exigia espaços amplos para sua circulação; menos de 1% da população e 11% do território nacional.⁵⁴

— Nossas autoridades têm vergonha de que uma extensão tão grande de nossas florestas esteja nas mãos de gente pelada com arcos e flechas — disse Possuelo. — Acham que isso é um sinal de atraso. Eu acho maravilhoso.

Na cabine sufocante, ponderei sobre as implicações das palavras de Possuelo. Os flecheiros não tinham como nos distinguir dos madeireiros agressivos com quem se bateram no passado, e nós estaríamos penetrando em lugares distantes por onde sequer os lenhadores tinham ousado se aventurar. Nem mesmo Possuelo sabia qual era a língua dos flecheiros, que deuses eles adoravam, a que grupo étnico pertenciam ou se pertenciam a mais de um. Haviam recebido seu nome — e reputação de temíveis — por serem arqueiros implacáveis com tolerância zero para os intrusos. O único diálogo que já fora mantido com eles consistia de balas voando numa direção, sendo respondidas por flechas na outra. Para minimizar o risco, faríamos grandes desvios de suas aldeias, jamais nos aproximando, se possível, menos do que 6 quilômetros.

— É claro que, dentro da lógica da situação, ainda podem nos atacar — reconheceu Possuelo.

Não obstante o mandamento de Rondon, "morrer se preciso for; matar, nunca", Possuelo recrutara um enorme contingente, cerca de trinta índios e ribeirinhos, carregando um arsenal formidável de espingardas calibre .20 e rifles calibre .22. Olhei para Nicolas. O suor emplastava mechas de cabelos em sua testa, mas ele estava preso a cada palavra de Possuelo. É claro que ele e eu iríamos desarmados. Eu jamais tinha carregado uma arma em campo; minhas ferramentas de trabalho eram outras. Embora as armas fossem usadas sobretudo para a caça, no caso dos flecheiros serviam também para demonstrações. Segundo os cálculos de Possuelo, a ostentação dos armamentos combinada com nosso grande número faria com que os flecheiros pensassem duas vezes antes de atacar. Mesmo que disparassem contra nós, ninguém responderia ao fogo, em consonância com o mandamento de Rondon.

— Apenas tiros de advertência, para o ar — disse ele, apontando para o teto.

Ainda assim, não pude deixar de pensar em quantos dos expedicionários, no calor do momento, estariam dispostos a morrer em lugar de matar.

Para Possuelo, a composição da expedição era crucial; ele queria o máximo de batedores indígenas possível. Recrutou uma dúzia de matises do rio Ituí e dois índios marubos. Mais para cima do Itaquaí, planejava pegar cinco ou seis canamaris quando chegássemos em seus assentamentos. Assim teríamos uma diversidade de línguas à mão para comunicar nossas intenções pacíficas, caso isso se fizesse necessário. O resto do pessoal incluía os cozinheiros, contratados em Tabatinga, e dez ribeirinhos mestiços, todos considerados "brancos" pelos padrões brasileiros, mais um marcador cultural do que racial indicando que não eram inteiramente indígenas.

— Provavelmente isso é o máximo que vocês são capazes de absorver em uma noite — disse Possuelo. — Mas, antes de qualquer dessas coisas acontecer, há um pequeno problema que temos que resolver. Vamos falar disso amanhã.

Enquanto eu me esticava no beliche, no escuro, minha mente disparava cheia de pensamentos. E continuei voltando àquele momento do dia quando botei os olhos em Possuelo pela primeira vez, enquanto ele descia o rio — o brilho dos canos dos rifles, os índios camuflados, seu olhar impassível —, e me perguntei se não tinha me posto nas mãos de algum perturbado coronel Kurtz, no comando de seu próprio exército de guerreiros indígenas.

CAPÍTULO 6

Rio branco, noite negra

— Vocês sabem o que são *narcotraficantes*?
Os matises e marubos se apertavam ao redor de Possuelo, em volta da mesa do *Waiká*, que fora baixada para acomodar o mapa do Javari. Ele falou em um português deliberadamente arrastado para ter certeza de que estava sendo compreendido. Os matises receberam a pergunta com expressões vazias, os brincos de conchas de moluscos e bigodes de onça parecendo ainda mais sobrenaturais nas sombras alongadas da tarde.

— Eles fazem um pó, branco como açúcar, que vendem para as pessoas da cidade. As pessoas colocam esse pó no nariz e ficam doidas.

Os dois marubos estavam entre os matises, ouvindo atentamente. Era fácil diferenciá-los; tinham a mesma compleição, as mesmas maçãs do rosto salientes, mas nenhum dos ornamentos faciais que tornavam os matises tão impressionantes. (Os marubos tinham sido atraídos décadas antes por missionários evangélicos americanos, que se insinuaram na vida da aldeia e desestimularam essas exibições tão exuberantes de cultura nativa.) Possuelo passou os olhos pelo círculo, procurando por confusão ou discórdia.

— São pessoas perigosas — disse, referindo-se aos traficantes de drogas. — Recebi uma mensagem pelo rádio de que talvez estivessem operando um campo de pouso no alto deste rio. Mas essa é uma luta entre brancos, branco contra branco.

Ele bateu um punho contra o outro.

— Não tem nada a ver com vocês, por isso não estou levando nenhum de vocês comigo. Vocês concordam com isso?

Os índios concordaram com a cabeça.

Esses narcotraficantes e seu campo de pouso no alto do rio Branco eram o "pequeno problema" que Possuelo mencionara na noite anterior. Viajamos um dia inteiro de volta, descendo o Itaquaí, para chegar à embocadura do Branco, onde Possuelo começou a carregar o único bote com um motor de popa de 60 cavalos, com o qual ele achava que conseguiria resolver seu probleminha: comida para dois dias, armas e munição. Parecia não se dar conta da figura ridícula com que se apresentava, vestindo apenas o chapéu de pano e uma sunga Speedo, sobre a qual se derramava uma grande barriga. Paulo Welker, equilibrando-se sem camisa na beira do bote, o rabo de cavalo louro pendurado nas costas, uma prancheta na mão, calculava a quantidade de gasolina que seria necessária. Tucanos no alto das árvores soltavam gritos parecidos com os ganidos de cachorrinhos machucados. Mais além, nuvens altas de alabastro erguiam-se num céu que beirava o anoitecer.

Possuelo partiria na primeira luz da manhã, com três ribeirinhos, além de Paulo Welker e Nicolas, em busca da pista de pouso que os traficantes poderiam estar usando. Minha decepção inicial por não ter sido incluído no grupo de busca foi substituída por alívio. Possuelo exigia um alto nível de desempenho de todos ao seu redor, o tempo todo, o que já estava me deixando exausto. Além disso, havia a animação permanente de Nicolas. Eu admirava o espírito entusiasmado dele e até mesmo desejava me sentir um pouco mais como ele, mas não confiava inteiramente naquilo. Ele parecia precisar provar constantemente que era o homem mais corajoso, o melhor fotógrafo, o cara que mais aproveitava todos os momentos da vida. Eu poderia aguentar um tempo sem os dois. *Além disso*, pensei, *eu teria a oportunidade de conhecer melhor alguns dos outros membros da expedição.*

A pista de pouso, segundo Possuelo, fora previamente destruída por seus amigos da Polícia Federal. Eu estava familiarizado com o trabalho do esquadrão de demolição da PF. Sem dúvida tinham feito a operação completa, abrindo crateras com explosões de dinamite em intervalos de 10 metros por toda a extensão da pista.[1] Mas os traficantes eram conhecidos por retornar com força total para recuperar as pistas danificadas, até mesmo levando compactadores e tratores em balsas para pontos distantes onde o trabalho seria feito.[2] Uma pista de pouso proporcionava uma base de apoio fundamental para madeireiros, criadores de gado, garimpeiros ilegais e até mesmo missionários em busca de almas a serem convertidas na floresta distante: uma vez que uma equipe avançada abrisse a pista, a operação poderia avançar a todo vapor com a chegada de aviões trazendo capatazes, trabalhadores e suprimentos. As florestas seriam postas abaixo, o ouro seria pilhado, madeiras preciosas extraídas — o que quer que a ocasião possibilitasse. Mas para Possuelo os traficantes de drogas eram os piores, primeiro pelo gosto que tinham pela violência, segundo porque suas operações colocavam os índios, *ipso facto*, do lado contrário à lei. Os índios, pressionados a cultivar coca ou maconha, em geral sequer se davam conta de que aquilo era ilegal até que os soldados da polícia os cercavam e queimavam as plantações.

— Já é bem difícil ser índio — disse ele. — Ser um índio com a polícia no seu pé é infinitamente pior.

Era portanto imperativo remover as pistas de pouso nos seus primórdios, antes que prosperassem e se transformassem em empreendimentos maduros, com vida própria.

Na luta para salvar a floresta tropical, o esquadrão de demolição da PF surgira como um fator decisivo, mas era a única unidade do tipo em operação no Brasil, e seus homens eram ridiculamente sobrecarregados, deslocando-se sem trégua por grandes extensões, passando de missão em missão.[3] A unidade tinha condições de chegar de avião a um local de trabalho, mas obviamente os agentes precisariam de outros meios para sair de lá após explodirem a pista de pouso. Isso representava um fardo pesadíssimo para o sobrecarregado esquadrão de helicópteros da PF, uma situação, pensei, que poderia diminuir ainda mais nossas perspectivas de evacuação caso isso se fizesse necessário. Mas a Polícia Federal era um aliado fundamental de Possuelo e de toda a Coordenadoria de Índios Isolados.[4] Fora acionada contra o bando que pretendia atacar a base da Funai. Fortaleceram as expedições da instituição em diversas ocasiões. Assim, quando os amigos de Possuelo na PF lhe pediram para conferir os rumores de que os traficantes tinham reativado a pista do rio Branco, ele prontamente concordou, mesmo que isso representasse uma perda de tempo precioso.

Não que Possuelo tivesse que bater cartão de ponto; era seu próprio chefe. Seus detratores dentro da agência sempre reclamavam que ele havia demarcado o próprio feudo, transformando a Coordenadoria de Índios Isolados numa "Funai dentro da Funai", financiada por seus próprios contatos internacionais, não respondendo a mais ninguém.[5] O relógio avançava, no entanto, em relação ao clima. A variação do nível dos rios na Amazônia ocidental pode chegar a cerca de 15 metros da linha d'água nas vazantes do verão, e as águas estavam baixando rapidamente. Possuelo programara a expedição para coincidir com o final da estação chuvosa, a fim de subir o máximo possível pelo rio enquanto a água fosse profunda o bastante para os barcos maiores. Depois começaríamos a seguir a pé, quando a terra se impusesse sobre as inundações sazonais. Mas as chuvas começaram a parar antes do esperado — uma possível indicação da perturbadora alteração dos padrões climáticos —, e nossa janela para chegar à cabeceira se fechava rapidamente. Não obstante, o tráfico de drogas representava uma ameaça mortal e imediata ao bem-estar dos índios que não podia ser ignorada. Mesmo que os rumores se mostrassem infundados, mereciam o desvio.

Eu apenas começava a ter uma ideia da dimensão da tarefa de defender um território com a imensidão do Javari. Sua vastidão assegurava uma margem incomum de proteção para as tribos que lá viviam, especialmente aquelas que habitavam a área mais central. Os postos de controle — um rio abaixo e outro a oeste, no rio Quixito — conseguiram estancar a hemorragia de madeira, peixes, ouro e animais selvagens por suas principais artérias. Mas havia a insistência constante das incursões menores, mordiscando pelas beiradas: madeireiros e caçadores independentes tão incômodos e numerosos quantos os insetos vorazes que se banqueteavam com nossa pele exposta em qualquer oportunidade. Uma simples falha na segurança raramente representava um grande perigo, mas, se essas incursões fossem ignoradas, poderiam aumentar e resultar em inúmeras mortes. E também havia gente com intenções bem mais sinistras, pessoas que trabalhavam com quadrilhas bem financiadas, com planos de abrir enclaves permanentes nas áreas mais remotas e inacessíveis, capazes de burlar a vigilância por meses ou até mesmo anos.[6] Esses não poderiam ter trégua.

— Nunca se pode dizer, "certo, o trabalho está feito, assunto encerrado aqui" — dissera-me Possuelo na noite anterior. — A vigilância precisa ser constante.

É claro, faltavam-lhe os meios e o conhecimento para explodir a pista, caso a encontrasse. Sua missão era de reconhecimento. Uma investida contra moinhos de vento, talvez, mas Possuelo parecia satisfeito com a oportunidade de um confronto, por mais desigual que a batalha pudesse ser.

— Pai, deixa eu ir com vocês — suplicou Orlando. Possuelo deu um tapinha no seu ombro. — Quero que você fique a bordo do *Waiká* — respondeu ele. — Você será muito mais útil aqui do que se for com a gente.

O plano de Possuelo dependia de uma equipe de apoio para seguir seu grupo avançado pelo rio Branco, no *Waiká*. Esse grupo de apoio consistia em cinco homens: eu, Orlando, um dos mateiros, Soldado, o segundo cozinheiro da expedição, Mauro Gomes, e o piloto do *Waiká*, Adelson. Avançando na metade da velocidade do bote veloz de Possuelo, estaríamos em posição para retransmitir um sinal de alerta se necessário e na metade do caminho que eles teriam que retornar em seu barquinho superlotado. O restante dos barcos e dos expedicionários ficaria à espera na boca do rio Branco. Possuelo abraçou Orlando.

— Quem sabe vocês podem subir até lá apenas para encontrar quatro ou cinco cadáveres flutuando no rio. — Ele riu do próprio humor negro. — Ou talvez a gente simplesmente desapareça, como Fawcett, para nunca mais ouvirem falar de nós.

A menção era desconfortável, para dizer o mínimo. O coronel inglês Percy Harrison Fawcett desaparecera na bacia do rio Xingu em 1925. Fawcett era um explorador obstinado, com uma reputação de excentricidade acintosa que beirava a imprudência.[7] Certa vez, atravessara um rio na Bolívia em meio a uma nuvem de flechas para fazer amizade com uma tribo hostil. Era um homem obcecado por visões do exótico e do oculto. Mas acertara em uma de suas observações, em sua visão sobre o que teria sido a Amazônia pré-europeia. Exploradores da era vitoriana descobriram apenas aldeias dispersas ao longo dos rios amazônicos. Descartaram como balela os relatos dos primeiros conquistadores sobre densas populações ocupando as margens dos rios, com brilhantes cidades brancas interligadas por amplas estradas e avançadas culturas com obras de arte impressionantes. Mas Fawcett não tinha tanta certeza. Será que os nativos não teriam sofrido um colapso demográfico causado por uma epidemia de sarampo trazida pelos primeiros europeus ou por um desastre natural que eliminou milhões deles, o que explicaria a discrepância entre os relatos dos conquistadores e dos últimos exploradores? Mesmo tratando-se de um homem tomado por uma imaginação febril, sua suspeita de que uma doença catastrófica pudesse ter dizimado as tribos amazônicas equivalia a uma percepção premonitória, verificada pelos arqueólogos e demógrafos dos dias de hoje.[8]

Mas Fawcett estava mais interessado numa questão corolária: a selva ainda esconderia a mítica cidade de ouro conhecida pelos espanhóis como El Dorado? Ele pretendia encontrá-la e gravar seu nome eternamente no panteão da glória reservado aos maiores exploradores do mundo. Em maio de 1925, Fawcett partiu pelas cabeceiras inóspitas ao sul do rio Xingu, acompanhado do filho Jack e do melhor amigo do filho, Raleigh Rimell. Jamais foram vistos novamente.

Diversas expedições nos anos que se seguiram foram incapazes de localizar os aventureiros. Em 1951, Orlando Villas-Bôas anunciou que membros da tribo calapalo confessaram ter matado os três e a equipe exumou um esqueleto que ele acreditou ser do coronel Fawcett.[9] Mas os membros da família, em Londres, recusaram-se a aceitar os ossos, e o destino de pai e filho manteve-se envolto em mistério. Em toda essa confusão, uma coisa parecia clara: a longa sombra que Fawcett lançou sobre o Xingu também tocou algo profundo no íntimo de Possuelo, e parecia ressoar ainda agora, décadas após seu aprendizado com os irmãos Villas-Bôas.

— Tem alguma coisa em simplesmente desaparecer que aumenta a mística da pessoa — prosseguiu Possuelo, os olhos arregalados para maior efeito dramático. Ele parecia estar brincando, mas eu não tinha certeza. Havia um toque melancólico em sua voz quando disse: — Jamais se pode afirmar com certeza o que aconteceu. Não há lápide, nenhum marco dizendo "Aqui jaz João Perez, nascido em 1940, morto em 2002". Quando a pessoa desaparece, há sempre uma chance de ela ainda estar por lá.

Percebi que ele escolhera o ano de seu próprio nascimento para o epitáfio. Mais perturbadora era a data da morte: 2002, o ano atual.

Orlando não estava rindo. Afinal, como na expedição de Fawcett, esta também era uma missão intergeracional de pai e filho.

— E se você se deparar com traficantes armados com metralhadoras? Eles podem simplesmente acabar com vocês.

— Essas são as coisas com que um jovem se preocuparia — disse Possuelo. — Deixe esse assunto com o seu pai. — Ele se voltou para Nicolas e revirou os olhos, fingindo exasperação. — Crianças! — bufou.

* * *

A névoa redemoinhava sobre as águas do rio Branco de manhã cedo no dia seguinte enquanto a equipe se preparava para partir. De pé na proa do barquinho, com a aba do chapéu de mato dobrada contra a testa, Possuelo gritou para os matises nos conveses do *Kukahá*.

— Pode haver corubos por aqui — advertiu. — Se vocês saírem para caçar, saiam em grupos grandes, oito ou nove matises, todos juntos, nada de grupos de dois ou três, entenderam?

Ele deu a partida no motor Yamaha 60 e o grupo desapareceu na neblina. Soldado soltou o *Waiká* dos outros barcos, Adelson ligou o motor, que emitiu um ronco gutural, e viramos rio acima, na direção em que o bote acabara de sumir. Um dos dois barcos de um só convés da flotilha, o *Waiká* tinha cerca de 12 metros da extremidade pontuda da proa à plataforma larga da popa. Adjacente à cozinha havia um pequeno banheiro, com privada e chuveiro, que usava água de um reservatório no teto, abastecido com água do rio por meio de uma bomba. A água do chuveiro, da privada e da pia tinha o mesmo tom marrom tânico do rio. Era a água que bebíamos, e que também usávamos para preparar o café da manhã, como o que estava agora na xícara que o cozinheiro Mauro provava, junto com um prato de gordurosos ovos fritos totalmente incinerados e uma montanha de arroz com feijão.

— B-b-bom dia, sr. Scotch! — disse Mauro, com bom humor.

Como a maioria dos brasileiros, ele pronunciava meu nome como o uísque, parecendo sentir um gosto especial com o som que fazia na boca. Mauro tinha mais de 1,80 m, uma juba de cabelos pretos desgrenhados e um bigode espesso. Aos 49 anos, conservava vestígios de um rosto bonito e corado, embora não tivesse nenhum dos dentes da frente. Já viajara por toda a América do Sul, com as mais diversas ocupações. Jamais se casara e não tinha filhos. Gaguejava um pouco, como se, devido à excitação para chegar à próxima palavra, não conseguisse soltar a atual.

— N-n-não queria incomodar. A gente nunca tem problema para conseguir mulher lá fora.

A simplicidade com que ele compartilhava esses detalhes tão íntimos indicava uma ausência absoluta de falsidade e me conquistou na mesma hora. Peguei a xícara do café extremamente doce de Mauro e fui em direção à proa para visitar Adelson na cabine do piloto. Viajar pelo rio permitia longos bate-papos; não havia muito mais o que fazer. A cabine mal tinha espaço para que o piloto se espremesse atrás da roda do leme, feita com aros redondos de madeira em estilo marinheiro. Mas as portas estavam abertas e presas atrás dos dois lados, deixando bastante espaço para conversar com quem estivesse nos conveses estreitos, a bombordo ou estibordo. Sob o amplo chapéu cáqui camuflado, Adelson exibia um clássico perfil índio, o nariz adunco e uma barba rala no queixo, enquanto pilotava o *Waiká* rio acima, mantendo-se no meio do canal, que parecia mais estreito a cada curva.

— Existem índios bravos por aqui? — perguntei, estudando o paredão irregular de palmeiras e samambaias das margens. As palavras de Possuelo ressoavam nos meus ouvidos: *Cuidado com os corubos.*

— Pode ser que sim — disse Adelson, os olhos fixos no rio diante de nós. — É por isso que estou seguindo pelo meio do canal.

Relatos recentes advertiam sobre índios selvagens atraindo viajantes inocentes para se aproximar das margens, com gestos amigáveis, e depois atacando-os até a morte para roubar seus pertences.[10] Algo parecido com o que aconteceu com Sobral, o amigo de Possuelo, chamado para o outro lado do Itaquaí só para ser golpeado. Nem brancos nem índios detinham o monopólio absoluto da selvageria ao longo do rio Branco. Os madeireiros haviam conduzido campanhas de extermínio, caçando índios com cães de caça.[11] Os caceteiros, por sua vez, atacaram furiosamente o acampamento de uma equipe de contato da Funai no início dos anos 1980, antes de a política de não contato ser adotada, esmagando os crânios de dois sertanistas.[12] Um outro funcionário da Funai, além de um geólogo, morreu nas mãos dos corubos em 1984, quando a Petrobras, a estatal de petróleo brasileira, começou a realizar testes sísmicos no alto do rio Branco.[13] Depois disso, os empregados da empresa passaram a viajar pela floresta com espingardas prontas, e correram boatos de que peões da empresa incendiaram diversas malocas corubos.[14] Os restos queimados das cabanas foram observados pelos sobrevoos de vigilância da Funai, cicatrizes negras num oceano verde; no ano seguinte, a exploração de petróleo foi sumariamente banida.[15] A Petrobras saiu totalmente do Javari em 1985, mas não sem antes uma equipe de pesquisa sísmica, operando nos limites dos flecheiros, a sudeste, ter usado dinamite para reagir a uma chuva de flechas que feriu um trabalhador.

Fizemos uma curva fechada no rio onde os ramos das embaúbas pendiam pesadamente com as folhas carnudas em direção ao barco. Adelson firmou o corpo esguio contra a roda do leme e girou-a para estibordo. Ele não estava alheio aos vários tipos de conflitos que se acumulavam ao longo do rio Branco e por todo o Javari. Nascera numa tribo de índios ticuna perto da boca do rio Içá, que estava sob o mando de um patrão brutal, um barão agrícola que tomara posse de cada árvore, cada peixe e de todo o látex coletado de cima a baixo de um igarapé e que explorava os nativos como mão de obra pessoal.

— Quintino Mafra afirmava ser dono de tudo — disse Adelson enquanto trazia o *Waiká* de volta para o meio do rio.[16] — Se um ticuna vendesse um peixe para alguma pessoa que não fosse ele, ele mandava chicotear.

Testemunhas assistiram horrorizadas a Mafra matar índios a golpes de facão e deixar os pedaços secando ao sol, como carne-seca.[17] As coisas eram tão horríveis que o pai de Adelson mandou-o embora quando ele tinha apenas 10 anos para morar com amigos em Tabatinga. Adelson estava visitando a antiga casa quando os excessos de Mafra finalmente o levaram à prisão, muitos anos depois, e acompanhou o tumulto que se seguiu.

— Os ticunas saquearam a casa dele e incendiaram todas as construções. Jogaram tudo dentro do rio. Mataram todos os animais: cavalos, porcos, vacas — disse Adelson. — Destruíram tudo. Foi uma vergonha de se ver.

Na época, Adelson já trabalhava para a Funai, primeiro como piloto de barco e, mais tarde, como chefe de um dos postos avançados nas terras dos ianomâmis, perto da fronteira com a Venezuela, onde os rumores sobre a existência de ouro provocaram uma enxurrada de garimpeiros independentes, equivalente à da corrida do ouro no Klondike, na fronteira do

Canadá com o Alasca, no final do século XIX. As comunidades dos ianomâmis, com pouca ou nenhuma exposição ao mundo externo, foram subitamente esmagadas pelo barulho dos helicópteros e pelo ronco de aviões em voos rasantes, enquanto os garimpeiros pulavam de um veio de ouro a outro, aprofundando-se cada vez mais pela floresta virgem.[18] Desmataram pistas de pouso e trouxeram trabalhadores e equipamentos para extrair minério da terra com mangueiras de alta pressão, envenenando os rios com mercúrio para extrair o ouro. Adelson passou cinco anos "expulsando os garimpeiros das terras ianomâmis", até que o governo finalmente apareceu para ordenar a expulsão. Ele quase não escapou com vida durante um fogo dos garimpeiros contra uma patrulha conjunta da Funai com a PF, precisando se proteger atrás de uma árvore.[19]

Foi no meio daquele levante que Adelson conheceu Sydney Possuelo, que foi supervisionar as equipes de pesquisa encarregadas de delimitar as fronteiras do recém-criado Parque Indígena ianomâmi. Adelson ficou impressionado por Possuelo, então presidente da Funai, ter se empenhado em chegar ao local distante numa pequena lancha com motor de popa, ignorando o risco pessoal que as diversas corredeiras ofereciam. O processo de demarcação física do território indígena é cheio de perigos, exigindo que os mateiros limpem uma área de floresta de 10 metros de largura por toda a fronteira da área protegida, muitas vezes abrindo a passagem pela mata virgem.[20] No caso da reserva ianomâmi, os soldados de assalto desceram por cordas de helicóptero diretamente no meio da floresta para fazer a demarcação. Mais recentemente, Possuelo chamou os helicópteros para retirar agentes da Funai da cabeceira do Juruá que foram cercados por índios hostis enquanto demarcavam a fronteira de uma reserva destinada a proteger a própria tribo que os atacava.[21]

Outro mérito que Adelson vê em Possuelo foi o papel essencial que ele desempenhou ao forçar a burocracia governamental em Brasília a reconhecer formalmente o direito dos ticunas à terra.

— Gostei dele porque ele trabalhava para o índio — disse Adelson, usando o singular para se referir aos índios em geral.

Eu começava a formar a ideia de que Possuelo via a subjugação dos ticunas por tipos como Quintino Mafra e a invasão das terras ianomâmis por garimpeiros desesperados como parte de um processo histórico único que também incluía o incêndio das aldeias corubos, no rio Branco, e a dinamite lançada contra os flecheiros nos extremos do rio Jandiatuba. Um povo naturalmente pacífico que habitava terras de fácil acesso ao longo dos rios principais, os ticunas foram facilmente invadidos.[22] Os ianomâmis foram poupados de um destino similar apenas pela operação maciça, em estilo militar, para expulsar os garimpeiros e pela demarcação formal de suas terras. Os índios do Javari obtiveram uma trégua semelhante, também graças, em boa parte, aos esforços de Possuelo.[23] Alguém precisava se erguer contra o massacre; os índios não podiam fazer isso sozinhos. Na cabeça de Possuelo, essa pessoa era ele. Fora uma visão grandiosa, que parecia exigir uma combinação extraordinária de impulso altruísta e um ego de proporções amazônicas.

Recebemos na cabine a companhia de Valdeci Rios, conhecido como "Soldado". Era um homem moreno, bonito, de rosto encovado e bigode fino, que parecia ter sempre um cigarro caseiro pendurado no lábio inferior. Não ficou claro se o chamavam de Soldado porque estivera no serviço militar ou porque estava sempre a postos, estoicamente, para as tarefas mais temerárias. Tinha o torso e os ombros marcados pelos músculos, mas os olhos castanhos eram suaves e fitavam atentamente o interlocutor, fosse quem fosse, com uma fixidez ao mesmo tempo tranquilizadora e ligeiramente inquietante. Aos 43 anos, Soldado era um dos mais velhos mateiros da expedição e, certamente, o mais experiente. Como Adelson, era um produto típico do tumulto na fronteira. Ainda que culturalmente "branco", o sangue que corria pelas veias dos braços vigorosos dele era metade marubo.

— Meu pai foi sequestrado pelos brancos na margem do rio quando eu tinha 9 anos — contou, enfiando a mão no bolso para pegar uma bolsinha de fumo Coringa, o tabaco escuro e forte preferido dos homens daquela fronteira. Habilmente pressionou um punhado numa folha de papel de seda, lambeu a beirada e enrolou num cigarro tosco.

— Eles faziam isso na época. Vinham pelo rio e pegavam qualquer um que encontrassem por acaso.

Na época significava durante a Segunda Guerra Mundial, quando a borracha amazônica momentaneamente recuperou a importância que teve na virada do século anterior como recurso estratégico, justificando o envio de exércitos inteiros para a floresta para extrair o látex das árvores. Muitos dos trabalhadores eram pressionados por quadrilhas a trabalhar, ou logo se viam afundados em dívidas, devendo a um *patrão* espoliador que fornecia itens básicos a preços altos demais para que algum dia pudessem pagar com seus minguados salários.[24]

— Meu pai costumava me levar com ele para extrair látex — disse Soldado, puxando a brasa e tragando a fumaça para dentro dos pulmões. — Ele pegava o balde e a escada, botava a espingarda no ombro e lá íamos nós.

Logo, ele mesmo estava trabalhando, ainda menino, caminhando por quilômetros de trilha para abrir os cortes diagonais na casca de onde escorria a seiva branca. O látex pingava nas canecas de latão, que ele buscava numa segunda expedição durante a tarde. Soldado tinha uma fala suave, com um português da fronteira, difícil de acompanhar, mas parecia não se importar quando eu pedia que repetisse. Emanava uma melancólica dignidade. De vez em quando abria um sorriso, mas tive a sensação imediata de que era um homem que raramente se permitia uma gargalhada. Tinha mulher e 12 filhos esperando por ele num dos povoados de palafitas pelos quais Nicolas e eu passamos a caminho da expedição. Como Possuelo, trouxera um dos filhos, um menino magricela chamado Odair, cuja habilidade na selva eu já pudera observar quando equilibrou-se descalço sobre um tronco, golpeando-o com o machado a poucos centímetros dos dedos dos pés.

Extrair borracha era um trabalho arriscado, explicou Soldado, cheio de perigos.[25] Havia os índios bravos na mata, para não mencionar as cobras venenosas e agressivas. E onças. Uma vez ele foi visitar o local de trabalho de um colega seringueiro e o encontrou vazio.

— A escada dele estava caída — disse Soldado, com sua voz baixa e impassível. — O balde tinha virado. O látex todo espalhado no chão, como leite derramado. As pegadas da onça, do tamanho de uma mão humana, seguiam para dentro da floresta, onde ele e os vizinhos encontraram o animal sentado triunfantemente sobre o corpo. A garganta do homem estava aberta, a cabeça, devorada, a barriga, com as entranhas para fora. O animal disparou e quando os homens o rastrearam e finalmente o mataram a tiros, acharam os fios de cabelo do amigo entre os dentes da fera.

— Aquela onça foi direto para a árvore, atrás dele — disse Soldado, o medo estrangulando sua voz, como se aquilo tivesse acontecido ontem.

Quando Soldado tinha 11 anos, os pais embarcaram num renascimento messiânico, contou ele, seguindo um "irmão José" e sua flotilha de devotos — centenas de barcos e canoas, milhares de pessoas — descendo o rio Javari rumo ao Solimões. A família de Soldado abandonou tudo para se juntar à cruzada, finalmente fundando com os outros uma comunidade religiosa no rio Içá para esperar o final dos tempos. Mas Soldado não conseguiu seguir o mesmo caminho quando ficou mais velho; não tinha trabalho. Voltou ao vale do Javari antes de completar 20 anos para retomar a vida de seringueiro junto ao rio Ituí. O pai estava morto, contou, mas a mãe ainda morava no Içá. Apesar de não ficar a mais de dois ou três dias de viagem rio abaixo desde Tabatinga, havia trinta anos desde que Soldado estivera com a mãe.

Algumas vezes, enquanto extraía borracha, ele encontrava sinais, uma pegada, um ramo torcido, um pedaço de fruta jogado fora, que indicavam a proximidade dos índios selvagens. Mas Soldado perseverava, não tinha escolha. Ganhou dinheiro para sustentar a família crescente de todos os jeitos ao seu alcance. Além de sangrar as seringueiras, arpoava os peixes pirarucus idosos para vender a carne salgada na cidade, ou derrubava enormes cedros usando apenas um machado, trabalhando a um dólar por dia. Mas, quando a área foi decretada terra indígena, ele e a família foram expulsos do Javari, junto com os demais colonos brancos. Apesar dessa nova remoção de lar, ele dizia não guardar qualquer ressentimento contra o governo. Era uma exceção.

Após sua família ser levada para viver rio abaixo, fora da reserva, Soldado logo estava de volta, contratado pela Funai como mateiro, abrindo trilhas pela floresta virgem, caçando animais para alimentar as expedições, escavando canoas em troncos nas profundezas da mata. Ao longo dos anos havia estado com Possuelo em seis expedições, incluindo aquela que resultou no contato com o grupo desgarrado dos corubos.

— Então, qual foi o maior perigo que você já enfrentou? — perguntei.

A pergunta tola ficou no ar pelo tempo necessário para Adelson esticar o ouvido de dentro da cabine e começar a ouvir. Subitamente na berlinda, Soldado deu de ombros.

— Sempre dei um jeito... — disse ele, suave e hesitante.

Parecia contar com uma rara combinação de coragem e humildade tão genuína que sequer reconhecia a si mesma. Mas Adelson não quis deixar passar.

— O maior perigo que esse cara já enfrentou — disse, segurando Soldado pelos dois ombros — foi Sydney Possuelo!

Nós rimos porque podíamos: Possuelo não estava por perto. Tampouco Orlando, que eu vira antes fazendo flexões no convés da popa.

Apesar do medo de onça, o trabalho de Soldado para a Funai pode ter sido o mais perigoso de todos. Outros colonos viam com má vontade sua disposição de trabalhar com a agência governamental.

— Muita gente não gosta que eu trabalhe com a Funai, mas a gente tem que viver de alguma coisa — disse ele, o cigarro manchado de nicotina queimando sob o lábio. — Além disso, foi bom terem criado a terra indígena. Os animais e os peixes estão voltando. A floresta ainda está de pé.

Esse não era o tipo de conversa que conquistava muitos amigos nas cidades da fronteira, rio abaixo. Possuelo havia dito algo assim na noite anterior, durante o jantar. Apontando com a cabeça para os mateiros que recrutara para a expedição, ele disse:

— Qualquer um deles pode ficar marcado quando isso acabar e eles voltarem para casa.

* * *

Adelson levou o *Waiká* para a margem no final da tarde.

— Vamos encostar aqui para passar a noite — disse.

O sol começava a afundar e nuvens carregadas se formavam para o leste. Era a "hora mágica", quando a luminosidade mais intensa do dia se fora e os raios enviesados do sol banhavam a floresta com um brilho morno e suave. A selva parecia soltar um suspiro, com a brisa passando delicadamente pela copa das árvores, agitando as folhas das palmeiras. A água próxima foi agitada, como pela cauda de algum animal. Seguiu-se o som de uma respiração súbita, como água sugada por um dreno. Vislumbrei uma corcunda rosada logo antes de desaparecer sob a superfície turva.

— O boto — disse Soldado, jogando a ponta do cigarro pela amurada.

O lendário boto dos rios da Amazônia. Ele voltou à superfície novamente, e desta vez espirrou a água a 3 metros de altura pelo espiráculo. Um segundo boto soprou seu jato ao mesmo tempo. Pareciam estar se alimentando nas águas rasas, ou talvez estivessem brincando com a gente.

Os botos há muito haviam se retirado dos afluentes mais movimentados do Amazonas, e sua presença aqui dava a medida de como estávamos distantes, imersos nas profundezas da selva. Até recentemente, o boto cor-de-rosa estava cercado de lendas elaboradas, que serviram para proteger a espécie da matança.[26] Adorados pelos nativos, dizia-se que os botos se transformavam em belos rapazes e entravam nas aldeias para seduzir as mulheres mais belas.

— Eles dizem que o boto chega às festas todo vestido de branco — explicou Soldado. Falava com uma expressão impassível, como se relatasse um fato indiscutível. — Veste um belo chapéu para esconder o furo.

O boto enfeitiça as moças e as leva para sua casa no fundo do rio. Considerando seus atributos mágicos, muitos achavam que matá-lo dava azar. Mas algo começara a mudar. Relatos chocantes chegavam de toda a Amazônia sobre botos envenenados ou mortos a golpes de facão, suas carcaças pálidas e feridas sendo carregadas pela corrente.[27] As evidências apontavam para pescadores comerciais que culpavam o boto pela redução dos peixes, ou que usavam sua carne como isca em anzóis ou armadilhas, efetivamente matando dois pássaros com uma só cajadada.

Seria ótimo voltar e observar os botos se alimentando, mas precisávamos achar comida para nós mesmos.

— Vamos pescar — sugeriu Adelson.

Orlando e eu concordamos e pulamos num bote, que Adelson conduziu por uma curva do rio, seguindo depois pela entrada de um ribeirão. Deslizamos sob as tramas de galhos secos que pareciam nos aprisionar em um túnel sufocante. Avançamos pela passagem estreita, com margens altas dos dois lados. Ninguém dizia uma palavra. Um pássaro soltou um grito arrepiante de um ramo invisível. Em algum lugar, um galho se partiu. As folhas farfalharam. O ribeirão se abriu numa lagoa de águas cor de âmbar.

Orlando tinha uma vara com molinete que trouxera de Brasília, enquanto que Adelson usou um simples caniço com linha e anzol amarrados na ponta.

— Como vocês vão pegar alguma coisa sem isca? — perguntei.

— Observe — disse Adelson, jogando a vara por cima da cabeça e deixando a linha voar. O anzol vazio bateu na superfície da água a uns 6 metros de nós. Nada. Cinco tentativas depois, a linha se retesou e Adelson puxou com as duas mãos. Um pequeno bagre debatia-se no anzol.

— Agora vamos começar a pescar — disse com um sorriso, cortando o peixe em pequenos pedaços.

Colocou a isca no anzol de Orlando, depois no seu e arremessou de novo. *Tchum*! Ele pegou alguma coisa. A vara curvou-se até quase quebrar e Adelson puxou de volta, arrastando uma piranha de barriga cor de laranja, fina, mas redonda como uma panqueca, direto para nós, pelo ar, na ponta da linha. O peixe pulou pelo barco com uma energia exasperante, mostrando dentes afiados como lâminas. Soltou um ronco medonho.

— Porra! — gritou Orlando. — Tira esta coisa de perto de mim!

Com o suor molhando a têmpora, Adelson meteu a lâmina do facão na boca da piranha, que mordeu o aço com uma ferocidade ferrenha, os olhos arregalados para nós. Ele usou o facão como um mestre do sushi, cortando as mandíbulas superior e inferior. O peixe sem boca continuou a pular no fundo do barco, como se movido por uma força demoníaca, recusando-se a morrer. Adelson pegou outra piranha e repetiu o ritual. Lavou um jogo de mandíbulas e estendeu para mim.

— Olha aqui, para os seus filhos — disse.

Orlando acertou o próximo, sua vara flexível curvando-se, o molinete correndo com um estalo e um assobio. Era um bagre monstruoso, com quase 1,30 m, a cabeça rígida e achatada e a pele verde-oliva pintalgada com pontos pretos. A barriga era amarelada e o rabo, laranja vivo.

Mauro, da popa do *Waiká*, comemorou as quatro piranhas e o bagre de Orlando com um enorme sorriso desdentado.

— Isso vai dar um ótimo jantar hoje à noite.

Eu o segui até a cozinha.

— Gostou da pescaria, sr. Scotch?

Respondi que sim, mas sem mencionar o pavor subconsciente que durou todo o passeio, a vaga sensação de estar num filme de terror ruim, algo como uma mistura de *Amargo pesadelo* e *Anaconda*, o infeliz protagonista seguindo inexoravelmente para o seu fim. Concordei entusiasticamente, de qualquer forma, feliz por estar a bordo.

* * *

Sentamos à mesa do jantar no momento exato em que um relâmpago cortou o céu junto com uma trovoada. A chuva caiu em torrentes, gotas do tamanho de bolas de gude ricocheteando no rio. O vento varria o temporal de lado através do barco e corremos para baixar as lonas dos ganchos no teto. Protegidos contra os elementos, nos sentamos para degustar o saboroso bagre e o caldo de piranha de Mauro. Em meio ao coro da chuva torrencial e ruídos gulosos, Soldado puxou o assunto da comida que poderíamos encontrar na selva: anta, porco-do-mato, mutum e muitos macacos.

— Não há nada que eu odeie mais do que caçar macaco — disse ele, os olhos mansos brilhando sob a luz. — É horrível vê-los morrer.

Para um mateiro durão, ele parecia surpreendentemente sensível. Adelson concordou.

— A gente atira neles e eles caem das árvores, ainda vivos — disse, coçando o bigode. — E quando chegamos mais perto para dar cabo deles eles ficam assim. — Ele se encolheu como uma bola, cobrindo a cabeça com os braços. — Gritam igual a gente.

Orlando abriu um enorme sorriso, o branco dos olhos e dos dentes parecendo brilhar na luz.

— Isso me lembra uma vez quando eu estava com os zoés — disse. — Estávamos caminhando pela floresta quando os índios de repente começaram a gritar: "*Posi, posi!*" E saíram correndo. Eu fiquei pensando, o que será que significa *posi, posi*? E, de repente, começou a cair merda das árvores. Me acertaram nos ombros e direto na cabeça! Cara, foi nojento! Eram os macacos nas árvores. Estavam jogando merda em mim!

Aquilo parecia forçado, mas os bugios de fato eram conhecidos por arremessar suas fezes nos predadores para que se afastassem, especialmente as onças que rondavam pelo chão da floresta, esperando pela queda dos mais jovens do alto das árvores.[28] Nós rimos, um alívio momentâneo para o clima macabro que parecia ter tomado conta de nós. Não havia como esconder nossa profunda sensação de vulnerabilidade. A ideia, afinal, fora nos mantermos juntos com uma força suficientemente grande para deter um ataque — de bandidos, traficantes ou índios. Agora, Possuelo estava incomunicável em algum lugar rio acima, o grupo principal da expedição estava bem mais abaixo do rio e nós estávamos sozinhos no meio de um vasto lugar nenhum, numa noite negra como breu. Quando Mauro se levantou para limpar os pratos, um gorgolejo rascante subiu das entranhas do barco, como um monstro tentando tirar um osso atravessado na garganta.

— A bomba d'água — disse Adelson. — Vou consertar de manhã.

A lona balançava, lembrando-me de que não estávamos mais no meio do rio, mas amarrados a um galho pendurado sobre a margem. A lona se abriu levemente e depois relaxou, como um grande diafragma com vida própria. Eu a afastei e olhei para a escuridão. A chuva havia parado. Para além da luminosidade do farol externo, a floresta era escura e impenetrável.

— Não se preocupe — disse Soldado, lendo meus pensamentos. — Os corubos não andam de noite.

Eu gostaria de acreditar nele, mas me lembrava vagamente de relatos de ataques ao anoitecer que pressupunham um pleno domínio dos guerreiros da movimentação noturna pela floresta. Ainda assim, suas palavras me confortaram. Afinal, a selva era vasta, os corubos eram poucos e as chances de um ataque ao nosso barco eram tão ínfimas quanto as de morrer num acidente de avião. Uma inquietação baseada em nada, sem dúvida o resultado de várias histórias de onças devoradoras de gente e bordunas que arrancavam cabeças. O poder da sugestão é uma armadilha difícil de se escapar. Aqui estávamos nós, numa missão para defender as terras e culturas das últimas tribos indígenas não assimiladas da Terra, e ainda não conseguíamos escapar do medo que fora marcado na mente do homem branco em relação aos índios desde os primeiros dias da conquista, cinco séculos antes.

A conversa passou para a morte por outras criaturas, e contei a eles sobre o aviso de Ian de que um jacaré poderia "morder o barco, papai". Orlando e Adelson sorriram conscienciosamente, mas Soldado não achou graça.

— Já vi alguns com 6 metros de comprimento — disse —, e eles atacam as canoas e mordem o que estiver lá dentro. Meu tio perdeu a perna assim.

Talvez Ian soubesse mais coisas do que eu imaginava. Na próxima vez que eu ligasse para casa, teria que reconhecer seu crédito. Peguei meu caderno e incluí na crescente lista da panóplia de horrores que espreitavam na selva: sucuris, onças, surucucus, arraias e, é claro, o candiru, um peixe espinhoso que se instalava na uretra e só podia ser removido mediante uma cirurgia excruciantemente dolorosa. Orlando acrescentou as manadas de porcos-do-mato, colocando os indicadores de cada lado do maxilar inferior para simular as presas.

— Se vierem na sua direção, suba numa árvore! — disse. — Puta que pariu! Os dentes são afiados como navalhas! Dizem que atacam até mesmo as onças.

A bomba d'água engasgou. Uma barata do tamanho de um aviãozinho zumbiu pela mesa. O rádio chiou e Orlando deu um pulo da cadeira. Seu pai deveria ter chamado horas atrás. Eu percebera que ele vinha lançando olhares para o rádio.

— Conheço ele — disse Orlando. — Se disse que faria contato às seis horas, estaria no rádio às seis em ponto. Se estiver com algum problema, vou até lá, mesmo que tenha que ir sozinho.

Suas preocupações, que o pai descartara tão levemente com um gesto, subitamente não pareciam tão injustificadas. Afinal, as armas mais pesadas da expedição eram espingardas de um tiro, calibre .20, objetos exóticos para os traficantes atuais.

— Se não tivermos notícias até de manhã — bufou Orlando, com as mãos na cintura —, vou subir até lá. Não me importa o que ninguém diga.

Talvez fôssemos salvos, no final das contas. Subitamente, lembrei-me de que havia recebido a *Dazzler* — uma carta de apresentação da National Geographic Society, com um selo dourado e fitas tricolores cuja finalidade era impressionar os presunçosos burocratas do Terceiro Mundo sobre a urgência e importância da missão do portador. Por um instante, alimentei a ridícula ideia de que aquilo realmente poderia nos salvar, ou salvar a mim, pelo menos, no caso de sermos subjugados pelos traficantes.

Eu embarcara completamente na ideia da missão de Possuelo, mas agora começava a me questionar. O que exatamente estávamos fazendo ali, cinco homens cercados por uma floresta sem fim, cruzada por traficantes de drogas e guerreiros indígenas que esmagavam cabeças, mais cinco homens rio acima, e nada além do chiado da estática no rádio de comunicação? Se Possuelo podia cometer uma falha de julgamento quando se tratava da segurança da expedição, o que isso significava em termos de sua meta maior de salvar os índios brasileiros? Estaria ele, como alguns críticos alegavam, tentando brincar de Deus com os indígenas, abrigando-os num tipo de parque temático exótico para sua própria gratificação enquanto negava a eles os benefícios da vida moderna? Será que havia algum sentido real nesta expedição ou em seus esforços mais amplos para conter a invasão do progresso? Estaria ele simplesmente tentando impedir o vazamento de uma barragem com um dos dedos? Era ainda muito cedo para formular qualquer tipo de resposta embasada. Mas uma coisa era certa: Possuelo de modo algum tentaria aquilo se uma voz interior excepcionalmente poderosa — alguns chamariam de ego — não o estivesse convocando para aquela missão.

CAPÍTULO 7

Governo de um só

Eu estava deitado no ar frio do amanhecer, enrolado no meu poncho, olhando para a pintura descascada no teto através da tela do mosquiteiro da minha rede. Ouvia vozes, ressoar de panelas na cozinha, um martelo batendo em alguma coisa na popa do barco. Olhei o relógio. Eu estava atrasado segundo os padrões da expedição: 7h15. Por que não estávamos subindo o rio? Me arrastei para encarar o dia.

Mauro estava limpando a cozinha, secando as panelas e colocando-as no armário.

— O senhor... q-quer café, sr. Scotch?

Fazia apenas cinco dias que Nicolas e eu tínhamos nos juntado à expedição, e eu estava a bordo do *Waiká* havia apenas uma noite, mas já me sentia como se estivesse entre velhos amigos.

— Por que ainda estamos aqui? — perguntei, segurando a xícara enquanto Mauro servia o café. — O que está acontecendo?

— O senhor Sydney entrou em contato hoje cedo — interrompeu Adelson, na linguagem rígida, quase militar, da comunicação por rádio usada pelos operadores do mundo todo.

Sua cabeça, com o chapéu de mato enfiado até o fundo, apareceu pela escotilha aberta no piso que levava ao porão. Ele segurava uma chave inglesa nas mãos sujas de graxa.

— Encontraram a pista, mas ele não disse mais nada sobre isso. Estão voltando. Hora prevista de chegada: 15h. Devemos ficar em nossa posição atual à espera deles.

— Ótimo — disse eu. — Achei que Orlando iria nos conduzir para a morte.

Adelson e Mauro riram juntos, evidentemente estavam pensando a mesma coisa. As lonas tinham sido erguidas e uma brisa fresca soprava da floresta. A luz era suave, o dia ainda teria que abandonar o frescor para dar lugar ao calor calcinante do meio da manhã. Adelson desapareceu sob o convés para retomar o trabalho na bomba. Mauro se recolheu no cubículo da cozinha. Orlando saiu da cabine, com um sorriso radiante, e subiu a escada para o convés superior, para fazer algumas flexões e ginástica. Soldado, descalço e sem camisa, esfregava o convés com uma vassoura comprida, um cigarro pendurado precariamente nos lábios. Tive uma noite de sono decente, mas, a julgar pela aparência abatida, esse não foi o caso de Soldado.

— Muito *carapanã* — reclamou. — Um monte de mosquito.

Não eram mosquitos quaisquer; os carapanãs eram os anófeles transmissores da malária. Por falta de dinheiro ou simplesmente por não ter achado que precisaria, Soldado não providenciara um mosquiteiro para si antes da partida da expedição.

— Pelo menos os vampiros n-n-não te pegaram — disse Mauro, soando otimista. — Pelo menos, não nessa noite.

Pouco consolo para Soldado, que deu uma tragada funda no cigarro e continuou a limpeza. Os relatos de ataques por morcegos vampiros vinham aumentando por toda a Amazônia, o que os cientistas atribuíam à rápida conversão da floresta em pastagens e ao crescimento explosivo dos rebanhos bovinos, que proporcionavam banquetes para os morcegos sanguinários.[1] Tanto Mauro como Soldado afirmavam ter sido mordidos por morcegos hematófagos em várias ocasiões — eu mesmo já tivera um contato de primeiro grau.

Fora alguns meses antes, num barco aberto no rio Negro, mais ao norte do Brasil. O barco avançava pela noite e a brisa era suficiente para manter os mosquitos afastados. Eu inclusive pensava em dormir numa das redes abertas do barco, em vez da rede fechada que tinha comigo agora. Que bom que não fiz isso. Uma menina que dormia ali perto acordou de manhã e encontrou meia dúzia de perfurações arroxeadas, todas com formato arredondado, medindo poucos milímetros, nos dedos das mãos e dos pés, e até mesmo na ponta do nariz. Insisti com seus pais para que buscassem o tratamento contra raiva quando deixaram o barco num pequeno vilarejo, mais tarde naquele dia, mas duvido que o tenham feito, tanto quanto Mauro ou Soldado. Na fronteira distante, nós nos arriscamos. Não eram apenas os índios que estavam vulneráveis, as vacinas eram um luxo acessível a poucos. A destruição da floresta tropical invariavelmente era justificada pelos que lucravam com isso como um mal necessário, uma máquina de riqueza que beneficiaria a todos. Mas o que a maioria das pessoas recebia era uma série de outras consequências — explosão demográfica da população de morcegos vampiros, disseminação da raiva e da malária e uma seca crescente que estava adoecendo as árvores e toda a mata.[2] Incêndios descontrolados, nunca antes vistos, haviam chegado à Amazônia.[3]

* * *

Eu estava esparramado numa cadeira no convés, mais tarde, enquanto o sol tornava-se dourado, quando olhei por sobre as águas e vi o bote com o grupo avançado emparelhando com a gente. Estavam relaxados no barco, com expressões cansadas pelas longas horas sob o sol violento.

— Nada — disse Possuelo ao erguer-se para fora do barco menor, as pernas endurecidas pela viagem. Sob o chapéu molenga, o nariz adunco estava vermelho, queimado pelo sol.

— A pista estava totalmente coberta de mato. Os traficantes não voltaram lá.

— Achamos isso — disse Paulo Welker, segurando um par de latas de óleo de motor enferrujadas. Eram da Colômbia. Não eram exatamente provas irrefutáveis. Fiquei pensando por que teriam carregado aquilo. Os cabelos louros dele estavam embaraçados e sujos, o rosto coberto pela barba por fazer. Acharam também uma bateria de 50 volts, grande o bastante para um caminhão, mas descartada há muito tempo.

— Talvez a usassem para iluminar a pista.

Fazia sentido. Os voos clandestinos frequentemente aproveitavam a escuridão para evitar serem detectados, mas, com isso, também era maior o risco de o piloto se perder.

— Foi uma trabalheira — disse Possuelo, secando o suor da testa com a manga da camisa. — Mas é tão raro o poder federal passar por aqui que não podíamos simplesmente seguir direto sem dar uma olhada.

Os traficantes podiam não ter reativado a pista de pouso, mas isso não significava que haviam encerrado as operações. O oeste do Brasil e o espaço aéreo sobre ele tornaram-se uma rota preferencial para traficantes transportando pasta de coca semiprocessada do Peru para refinarias na Colômbia.[4] Os militares tinham acabado de implantar um vasto complexo de estações de radares móveis e voos AWACS (Airborne Warning and Control System, ou Sistema de Controle e Alerta Aéreo) para fornecer informações em tempo real sobre tráfego aéreo clandestino e desmatamento ilegal.[5] Chamava-se Sistema de Vigilância da Amazônia (Sivam), mas ainda precisava ser complementado por recursos reais de ação. De maneira geral, tudo que os técnicos do Sivam podiam fazer por enquanto era ficar em suas estações refrigeradas em Manaus e assistir aos crimes sendo exibidos nas telas do radar diante de seus olhos.

*　*　*

Tempo precioso fora perdido, e Possuelo estava ansioso para retomar a jornada. Havia meia dúzia de aldeias canamaris empoleiradas ao longo das margens do alto Itaquaí, onde Possuelo esperava obter informações e recrutar mais um punhado de homens a caminho das cabeceiras do rio, o ponto de partida para a nossa marcha por terra pelo território dos flecheiros. A julgar pela marca de lama seca das cheias que manchava a folhagem numa linha reta ao longo da margem, o nível do rio já baixara mais de 3 metros. Precisávamos avançar rapidamente se não quiséssemos ficar encalhados.

Quando nos reunimos à expedição na tarde seguinte, Possuelo decidiu se apressar imediatamente em vez de passar a noite na boca do rio Branco.

Com um ronco poderoso dos motores, os barcos se afastaram da margem e, novamente, voltamos a subir o rio em fila única. Possuelo liderava, com o *Waiká*, em algum lugar à frente, fora de vista. Depois, vinha o *Kukahá*, desaparecendo em cada curva e reaparecendo na seguinte, seguido pelo diminuto *Sobral*, logo adiante de nós, que navegávamos no combalido *Etno*. O caminho era cheio de galhos flutuantes e troncos submersos, cujos ramos em garras cortavam a superfície como dedos fantasmagóricos, golpeando a água repetidamente, no ritmo da corrente, como marionetes condenadas a repetir eternamente o mesmo movimento por um titereiro diabólico.

A muralha alta da floresta bloqueava a linha de visão a cada curva, a absoluta falta de qualquer sinal de presença humana ou de habitações, quilômetro por quilômetro, o rio aparentemente infinito contra o qual nossos motores gemiam e roncavam — tudo conspirava para criar a impressão de um vasto e poderoso mundo selvagem, completamente indiferente, até mesmo hostil, à nossa penetração. Era possível imaginar os velhos barcos de madeira, com os conveses emoldurados pelos corrimãos brancos e brilhantes, nos transportando para as profundezas do Continente Negro no alvorecer de algum século passado. As bandeiras verde e amarela que tremulavam nas popas despertavam um sentimento similar ao heroísmo, que, naquela instância, não parecia totalmente deslocado pela missão de exibir a bandeira num lugar onde raramente era vista, onde fronteiras nacionais tinham pouco significado, onde traficantes de drogas podiam ocultar fábricas e pistas de pouso inteiras dos olhos inquisidores da vigilância aérea, e onde aldeias de cabanas de palha pululavam com aborígenes que jamais tinham ouvido uma voz humana pronunciar os nomes de Jesus Cristo, Cristóvão Colombo, Osama bin Laden ou, para todos os efeitos, Brasil.

Subi a escada de metal para o convés superior do *Etno* e fui para a cabine, onde encontrei Danilo no leme, a mãozorra gorducha na roda, a outra segurando o microfone do rádio. Estava acompanhado de um dos matises, chamado Ivan Arapá, e conversavam entre pausas, em meio aos estalos da estática do rádio.

— *Burrá?* — disse Ivan, apertando minha mão.

Ele não sabia quantos anos tinha exatamente, mas devia estar entrando na casa dos 40, idade suficiente para lembrar como era a vida antes de 1975, quando os matises foram contatados pela primeira vez pelos sertanistas da Funai.[6] Os cabelos eram cortados curtos, a face tatuada com linhas paralelas da boca até as orelhas. Começara a me chamar de "Scotchie" desde a primeira vez em que ouviu meu nome, e um sorriso disfarçado parecia retorcer os cantos da boca sempre que me chamava: "Scotchie caça macaco com a gente? Scotchie vai pra floresta com a gente?" Como a maioria de seus companheiros matises, Ivan falava em frases esparsas, arrastadas, sempre no presente. Não porque isso era tudo o que ele sabia — *eu Tonto, tu Kimosabe* —, mas porque o português pidgin começava a se tornar a língua franca desta missão poliglota, e todos nós começávamos a parodiar a nós mesmos, deliberadamente usando frases truncadas em nossa fala com uma certa ironia subentendida.

Seu sorriso irônico sugeria um homem de temperamento inabalável que encontrava humor em quase tudo. Eu me vi retribuindo seu sorriso involuntariamente, mesmo quando o assunto em discussão não tinha a menor graça — como agora, quando contava para Danilo e para mim sobre os distantes eventos que levaram ao primeiro contato de sua tribo com o homem branco e as doenças letais que se seguiram.

Começou um dia, há mais de vinte anos, quando Ivan e seus companheiros matises tinham saído para caçar perto de casa, na cabeceira do rio Ituí, cerca de 130 quilômetros a oeste de nossa posição atual. Depararam-se com pegadas que nunca tinham visto antes, deixadas por uma bota com sola quadriculada.

— Sabíamos que tinham sido feitas por outros — disse Ivan. — Não eram pegadas de índios.

O que Ivan não disse, e que os matises devem ter pensado na época, é que não eram pegadas *humanas*. Seres humanos não tinham pés com buracos tão bizarros.

Não muito tempo depois disso, ele e sua família viram homens estranhos, barbudos, atravessando a mata com dificuldade, vestindo camisas e calças coloridas. Observaram por trás da folhagem, com cuidado para não se mostrar.

— Quando vimos as roupas — disse Ivan, esfregando a lapela da minha camisa entre os dedos —, perguntamos: Como eles fazem aquilo? Como podemos ter?

Os matises roubaram um machado naquela época, quando um madeireiro deixou-o apoiado numa árvore e ficou de costas.

— Os matises estavam olhando, levam machado.

A tensão começou a aumentar. Os madeireiros sequestraram duas crianças matises. Os conflitos pareciam inevitáveis. Foi nessa época que os agentes da Funai entraram em cena.

— A Funai acampou na mata e deixou muitas coisas para nós: contas, anzóis, panelas, enxadas, machados — disse Ivan, lembrando como os sertanistas aplicaram a comprovada fórmula da Funai para seduzir os índios indomados com presentes.

— Meu avô disse, "Parecem pessoas boas. Nos dão coisas. Vamos visitar a maloca deles".

Os matises sabiam onde era o acampamento da Funai; seguiram mais daquelas pegadas estranhas e foram direto para lá. Ivan lembrou como tremeram de medo quando se aproximaram pela primeira vez dos sertanistas.

— O homem disse, "Sou da Funai. Antes, o homem branco matava vocês, mas agora cheguei para ajudar".

O carregado *Etno* adernou acentuadamente ao entrarmos numa curva, forçando Ivan a se segurar na balaustrada para se equilibrar. Eu mudei o peso de uma perna para outra.

— Este barco é muito perigoso — disse Danilo.

Possuelo contratara um estaleiro em Manaus para construí-lo há alguns anos, mas ficara desapontado com o resultado. Jamais pusera os pés nele, preferindo comandar suas expedições do *Waiká*, muito menor e mais antigo.

— O *Etno* tem duas coisas boas — disse Danilo. — A clínica e a capacidade de armazenamento. Temos nove mil litros de diesel a bordo, suficiente para abastecer todos os outros barcos. A clínica no convés principal conta com ar-condicionado e cilindro de oxigênio. — Ele sorriu e adicionou: — Pena que não tem nenhum médico.

Nem os médicos nem as melhores intenções da Funai seriam capazes de interromper a epidemia de pneumonia que tomou conta dos matises logo após o contato. Os sertanistas deveriam ter pensado melhor. Na época, porém, os agentes de campo da Funai estavam sob pressão em toda a Amazônia para intervir — sem o suporte adequado — e agir antes que um conflito com os brancos resultasse num banho de sangue generalizado. A intenção era ajudar os índios, mas no final seus próprios germes mostraram-se muito mais mortíferos do que os adversários mais violentos.

— Todo mundo estava morrendo, todo mundo estava muito triste — disse Ivan Arapá. — Todo mundo com tosse. Todo mundo chorando. Muitos, muitos matises morreram. A gente não sabia por quê.

Os índios estavam tão fracos que não tinham forças para enterrar os mortos. Cerca de dois terços da tribo pereceu, incluindo a maioria dos mais velhos e dos xamãs, os portadores do conhecimento e da sabedoria tradicionais.[7] Os sobreviventes foram deixados por conta própria, como órfãos em um novo mundo aterrorizante.

Possuelo recrutou 12 matises para a viagem, disse Ivan, o que fazia deles o maior grupo étnico da expedição. O mais velho dentre eles estava na faixa dos 50 anos e mal falava português. Os dois mais jovens tinham pouco mais de 20, eram bilíngues e usavam poucos dos tradicionais enfeites dos matises. Ainda assim, os matises demonstraram uma coesão invejável. Eu os observara no convés, resolvendo com eficiência qualquer tarefa que Possuelo lhes atribuísse, o tempo todo tagarelando e rindo entre si, como se sua história cataclísmica não os assombrasse. Era fácil entender por que Possuelo optara por trazer um contingente tão grande de matises. Minimizar a discórdia era fundamental em expedições longas, onde as privações e dificuldades poderiam forçar as relações até o ponto de ruptura.

* * *

No momento em que os barcos foram manobrados e colocados em posição para que o acampamento-base flutuante fosse restabelecido, Possuelo anunciou que não seria seguro prosseguir com o *Etno*, que tinha o calado mais profundo do que os demais. Seu plano desde o começo era enviar os barcos maiores de volta uma vez que o rio se tornasse raso demais. Mas ele desejava avançar com eles pelo tempo que fosse possível. Não fazia sentido expor os homens ao sol inclemente e aos aguaceiros nos barcos menores antes que fosse necessário; haveria dificuldades suficientes mais adiante. Ainda assim, já chegara a hora de mandar o *Etno* de volta.

— Vamos transferir o que precisamos do *Etno* agora! — gritou Possuelo. — Jantar só depois que acabarmos!

Enquanto uma corrente humana foi formada para transferir os tambores de óleo e sacos de arroz, feijão e açúcar do *Etno*, Nicolas e eu subimos para nossas cabines, nossos passos ressoando nos degraus de metal da escada estreita, para fazer uma triagem do nosso próprio material. Teríamos que abrir mão de boa parte da nossa bagagem agora, simplesmente porque não havia espaço no *Waiká*, onde iríamos nos alojar.

— Você pode imaginar a nossa alegria quando encontrarmos estas coisas de novo? — perguntou Nicolas, levantando uma pilha de roupas em uma grande bolsa emborrachada.

Na meia-luz da cabine, enchi uma bolsa de lona inteira com camisas, jeans, camisetas, tênis. Tudo limpo, mal tinham sido tocados. Coloquei o CD player e os CDs na bolsa. A música era um luxo do qual eu teria que abrir mão. Nicolas estava certo, era reconfortante pensar que todas aquelas coisas agradáveis, os produtos do nosso mundo industrial, estariam à nossa espera no final da jornada.

Na manhã seguinte, os motores do *Etno* começaram a roncar, e, com um ronco gutural de fumaça de óleo diesel, o barco se virou e começou a descer o rio, flutuando lentamente para longe de nós à luz do sol ofuscante, de maneira tão definitiva e irrevogável quanto os propulsores de um foguete caindo de volta para a Terra ao se soltarem de uma cápsula rumo ao espaço exterior.

Para abrir espaço para as nossas coisas, Adelson desceu pela escotilha do convés principal do *Waiká* e desapareceu no porão. Reapareceu momentos depois, a cabeça e o peito saindo pela escotilha, emergindo das entranhas do barco com caixas precárias de batatas, cebolas e limões semipodrecidos, que Mauro prontamente pegou e empilhou no balcão da cozinha. A partir de agora, teríamos que arrumar o que restara do nosso equipamento no porão e descer até lá para resgatar qualquer coisa de que precisássemos, incluindo nossas redes, que esticávamos de um poste a outro, na largura do convés principal.

Em questão de minutos, o mesmo espaço que fervilhava de atividade durante o dia foi transformado em dormitório geral do barco. O senso de oportunidade era essencial para escolher um lugar, afastado da massa, com distância suficiente entre os postes para garantir uma superfície esticada onde dormir. Naquela noite, demarquei uma posição acima da portinhola do porão do navio, onde Adelson estivera trabalhando antes. Enquanto eu prendia a corda fina da rede nos postes, Soldado inclinou-se para olhar mais de perto. Estava atrás de mim para trocar a corda desde que pusera os olhos nela.

— Está parecendo muito fraco — disse delicadamente, puxando a corda com as mãos calosas. Ele deu uma baforada na noite quente. — Você deveria me deixar trocar isso. Eu poderia colocar uma corda de verdade aqui.

— Ficarei bem — respondi. Afinal, a rede ainda era muito nova, e a corda não mostrava nenhum sinal de desgaste. — Talvez você possa trocar amanhã.

Todos já tinham se deitado enquanto eu escovava os dentes e abria caminho pelo labirinto de redes até voltar para a minha. Só então percebi que a tampa do porão não tinha sido colocada de volta, e minha rede balançava precariamente sobre a abertura. A tampa era um monstro de mais de 25 kg, desajeitada e pesada, estava apoiada no convés a 3 metros de distância. Olhei para o fundo do porão. Uma queda direta de cerca de 2 metros até o fundo. A portinhola tinha apenas 90 centímetros de largura, com uma borda saliente de uns 4 centímetros. Na eventualidade de minha rede arrebentar, a beirada provavelmente concentraria o meu peso, quebrando minha espinha enquanto eu despencava para o porão.

Ponderei sobre essa possibilidade pavorosa, ainda que aparentemente remota, contra a perspectiva desagradável, mas muito concreta, de ter que ir pegar a tampa do porão sozinho. Seria uma tarefa um pouco arriscada, considerando o peso e volume, além do fato de que eu estava descalço. Mover aquela coisa era realmente uma operação para dois homens, mas eu hesitava em acordar qualquer um para me ajudar. A letargia estava a ponto de levar vantagem quando reuni o ânimo para arrastar a tampa e fechar o porão.

Foi a melhor coisa que eu fiz. Acordei com uma pancada no meio da noite. A dor entrou pelos meus cotovelos e joelhos. A corda da rede se rompera e eu aterrissei diretamente sobre a tampa do porão. Na primeira luz, enquanto eu cuidava dos meus machucados, Soldado trocou a corda, habilmente prendendo os pontos da rede com material mais resistente. Ele poderia ter falado, "Eu te disse", mas ficou calado. Talvez percebesse, no meu próprio silêncio, a mistura de pensamentos que me deixaram imaginando como eu conseguira escapar por tão pouco de uma paralisia quase certa —

fosse por pura sorte, por uma simples questão de seguir o bom senso ou pela intervenção de uma Agência Superior que veio em meu socorro.

Durante o dia, à medida que cortávamos as águas rio acima, o local de escolha a bordo do *Waiká* foi a proa, onde havia uma brisa refrescante e uma trégua das nuvens onipresentes dos vorazes mosquitos piuns, que deixavam constelações de coceiras com equimoses sangrentas em qualquer pedaço exposto de pele. A proa também proporcionava um pouco de paz em relação ao barulho do motor, tornando-a o melhor local para chamar o mundo exterior pelo telefone por satélite. Estávamos no final da tarde, e Nicolas já tinha ligado para Lily Fleur, sua filha de 9 anos de idade, em Paris. Meu francês não era bom o suficiente para entender muito, nem eu queria escutar, mas não pude deixar de notar a ternura e emoção em sua voz quando falou com ela.

— *Je t'aime beaucoup!* — disse, ao desligar.

Um enorme sorriso iluminou seu rosto ao me passar o aparelho.

— Você não disse que queria ligar para os seus pais?

Eu estava teclando o número quando um esquadrão de araras-azuis atravessou o rio diante de nós, 15 aves em formação de V, alinhadas como aviões de caça. Os raios oblíquos do sol pareciam se refletir em seus ventres dourados, que brilhavam de dentro para fora ao passarem, as asas batendo em uníssono. Seus gritos estridentes transmitiam um sentido primordial de exuberância e celebração da vida em toda a plenitude da criação selvagem, desafiando as palavras que pudessem expressá-lo. Fomos reduzidos a um silêncio reverente.

— Agora, *isto* sim é aventura! — disse Nicolas após os pássaros desaparecerem para além das árvores.

Era o tipo de declaração óbvia que teria provocado olhares constrangidos em outro contexto. Mas concordei, deixando o momento se acalmar dentro de mim, como uma fotografia mergulhada no líquido de revelação.

Apertei o botão de chamada no telefone, esperei a conexão e compartilhei o momento com minha mãe e meu pai, imaginando-os em suas poltronas diante da janela da sala, de costas para o gramado impecavelmente bem cuidado. Pareciam tão distantes da energia bruta da selva que poderiam perfeitamente estar em outro planeta. A descrição das araras parece ter causado uma rápida agitação em suas vidas, do nada, uma missiva enviada de um mundo perdido.

— Cuide-se bem — disse meu pai, se despedindo.
— Pode deixar — respondi. — Amo vocês.

* * *

Viajamos durante a noite, sem parar para montar o acampamento flutuante. Fiquei na proa, transfixado pela lua que subia acima das árvores à nossa esquerda, o branco brilhante contra o céu que escurecia, seu reflexo líquido parecendo um caleidoscópio de distorções hipnóticas em constante mudança. O chamado de Mauro para o jantar me trouxe de volta para o convés principal, onde a mesa fora baixada para o repasto da noite. Possuelo, Nicolas e Orlando já estavam atracados com filés fritos de tucunaré — um peixe delicioso, macio e suculento, com poucos ossos pequenos.

— Uma das melhores iguarias da Amazônia — declarou Possuelo, lambendo os dedos com gosto.

Antecipei comentários adicionais, mas ele simplesmente coçou a barba e voltou a mergulhar nos próprios pensamentos. Eu começava a perceber que a educação — talvez *reeducação* fosse um termo melhor — era parte das tarefas diárias à mesa de Possuelo. Na noite anterior, um cozido de mutum, que lembra o peru selvagem, provocou um comentário sobre a natureza ofensiva das comemorações do dia de Ação de Graças nos Estados Unidos.

— Quase ninguém se lembra da verdadeira origem do Dia de Ação de Graças — disse Possuelo. — Os índios salvaram os colonos brancos de morrer de fome. Devia ser um dia de agradecer aos povos indígenas.

Uma coisa era inquestionável: até ali, o Javari estava nos proporcionando um generoso banquete de peixes, aves e caça. Essa abundância era o resultado de uma rígida fiscalização, afirmou Possuelo, o posto de controle rio abaixo era "100%" responsável pela recuperação da fauna da região. Não só barrava a entrada não autorizada de forasteiros, mas também havia estrangulado o fluxo de contrabando para fora. Nem mesmo os índios que viviam dentro da terra indígena tinham permissão para sair com recursos da reserva.[8] Podiam caçar e pescar tanto quanto pudessem comer, mas não podiam vender nada no exterior. É claro que ainda havia tentativas ocasionais para se desviar do ponto de controle. Algumas vezes, os aspirantes a contrabandistas eram funcionários do governo.

Mauro estava lavando os pratos quando Nicolas disse:

— Sydney, conte para Scott sobre aquela vez que os agentes da Saúde tentaram passar pela vigilância do posto.

Possuelo deu de ombros, como se não fosse nada de mais. Dois anos antes, começou a contar, agentes do Ministério da Saúde voltavam de uma campanha de vacinação rio acima e tentaram navegar direto, sem parar no posto de controle.

— Eles foram pelo meio do rio, bancando os idiotas, sorrindo e acenando. — Possuelo imitou os gestos, contando a história com crescente entusiasmo.

Quando os funcionários da Saúde se recusaram a seguir as ordens de vir para a margem, os agentes da Funai subiram numa lancha, perseguiram e abordaram o barco deles. Pediram para inspecionar o porão de carga, mas um médico, que se dizia doente, estava deitado sobre a tampa.

— Os agentes disseram: "Ainda que você esteja morrendo, mexa-se!" — Possuelo riu. — Eles empurraram o sujeito para o lado e abriram a tampa.

Dentro do porão, acharam pilhas de carne de caça ilegal. Todos foram presos e a carne, confiscada. Dois dos funcionários foram demitidos mais tarde.

— Mauro, ainda tem café aí? — perguntou. — Traga para cá!

Eu começava a ter a sensação de que, se Possuelo impusesse sua vontade, os únicos forasteiros autorizados a entrar no Javari teriam que responder diretamente a ele. Ele parecia nutrir suspeitas até mesmo contra as menores organizações não governamentais que tentavam despertar um senso de autoconfiança entre as tribos contatadas. Alguns de seus projetos de "desenvolvimento sustentável", disse Possuelo, estimularam as comunidades a se expandir para além de seus limites tradicionais, aproximando-se perigosamente de nômades não contatados que andavam pela floresta. Ainda que as tribos assimiladas funcionassem como uma barreira que ajudava a proteger os isolados dos contatos com os brancos, Possuelo acreditava que elas mesmas também representavam um perigo. Corriam rumores de que membros dos canamaris, do alto Jutaí, haviam escravizado um grupo de índios não contatados anteriormente, os tsunhuns-djapás.[9] Se acabássemos descendo o Jutaí, Possuelo pretendia investigar e intervir. Previamente, ele encarregara outro sertanista de impedir os índios aculturados asháninka de procurar índios isolados nas cabeceiras do rio Envira, no estado do Acre.[10] As ONGs (organizações não governamentais) eram outro problema. Falavam o tempo todo de *"projeto isso* e *projeto aquilo"*, reclamou ele.

— Eles acham que são os caras aqui, os donos de tudo.

Mas apenas o governo tinha autoridade para falar pelos grupos isolados, e Possuelo deixou claro:

— E o governo aqui — disse, batendo com o punho na mesa — sou eu.

* * *

Lá na frente, na cabine pequena, Adelson empunhava o leme, olhando para dentro da noite. Seu nariz aquilino e rosto barbado revelavam-se suavemente, em silhueta, sob a luz fantasmagórica de uma lua velada por um manto fino de nuvens altas. Os barcos avançavam em fila indiana. Os faróis sondavam a escuridão como fachos de uma torre de vigilância, percorrendo a superfície do canal estreito, procurando por troncos ou topos de árvore perdidos, qualquer coisa que pudesse abrir um casco apodrecido ou entortar uma hélice velha. Os incertos círculos de luz mais serviam para acentuar a escuridão do que para diminuí-la, servindo de lembrete da impermanência de nossa presença neste vasto e selvagem território, onde sequer nossa posição no topo da cadeia alimentar era garantida. Fiquei em silêncio ao lado de Adelson, observando a noite e o rio.

Perto da meia-noite, reduzimos ainda mais a velocidade até que, entre gritos e descargas do motor, os barcos se acomodaram ao longo de uma enorme árvore na beira do rio, esbarrando uns nos outros. Os ramos se agitaram sobre nós. Subitamente, um par de fachos de lanternas percorreu o convés. Meia dúzia de homens apareceu no tronco, quase indistinguíveis na luminosidade pálida. Subiram a bordo, gritando com excitação.

— *Seu Sydney taquí!* — gritaram.

Tínhamos chegado ao primeiro assentamento canamari, chamado Bananeira.

De todas as tribos do Javari, os canamaris são os que tiveram contato com o mundo externo há mais tempo.[11] Já tinham habitado os igarapés do alto Juruá, a cerca de 80 quilômetros de floresta densa ao sul, onde hoje é o estado brasileiro do Acre. Moravam em malocas longas, com um projeto complexo, cultivavam uma rica variedade de alimentos, banqueteavam-se com a abundância de peixe e de caça. Os canamaris haviam conseguido evitar alguns dos mais terríveis aspectos do boom da borracha, que tomou conta da Amazônia ocidental durante a segunda metade do século XIX.[12] Eram vistos pelos seringueiros brancos como índios "amigáveis", em oposição aos "hostis", rio acima. Por fim, no entanto, os canamaris acabaram expulsos por colonos em meio a conflitos violentos. Deslocaram-se então até o Itaquaí, que assistiu a um êxodo em massa de seringueiros brancos a partir da queda do preço do látex virgem, que atingiu seu auge em 1910, quando a borracha representava 40% dos ganhos brasileiros com a exportação.[13] Outros canamaris seguiram para os extremos do Jutaí, um rio adjacente que Possuelo considerava uma possível rota para nossa saída da selva.[14] Era também do Jutaí que vinham os informes sobre o contato e possível escravização da tribo tsunhum-djapá pelos canamaris.

A despeito disso, a tradicional hospitalidade dos canamaris ficou totalmente em evidência com o grupo de boas-vindas agitando-se nas sombras do convés do *Waiká*, os sorrisos de nossos anfitriões brilhando sob o brilho da luz prateada da lua.

— Vamos visitar a comunidade! — gritou Possuelo.

Subimos no enorme tronco que levava à margem e terminava num salto de um metro para a escuridão do matagal. Vestindo apenas shorts e sandálias de borracha, e sem lanterna, corri para ficar ao alcance da única luz, uma lanterna que avançava com a luz fraca pela floresta mais à frente. Uma caminhada de dez minutos nos levou a uma clareira na mata. A silhueta escura de uma cabana de sapê sobre estacas destacava-se na clareira, atrás de três troncos colocados em semicírculo, evidentemente um local de reunião da comunidade. Sentamos nos troncos e, aos pares e trios, figuras fantasmagóricas começaram a se materializar das sombras da floresta, as silhuetas mal iluminadas contra o céu noturno. Eu não conseguia ter uma visão clara de ninguém: tudo parecia reverberar sob a luz fraca, forçando as sinapses das retinas ao máximo, com um efeito estroboscópico muito fraco, de baixa intensidade.

— Do que vocês precisam aqui? — Possuelo perguntou ao grupo reunido. Como os canamaris habitavam os últimos postos avançados do mundo civilizado, nas fronteiras dos flecheiros, Possuelo sabia que o apoio deles era essencial para seu projeto. Há muito tempo decidira que chegaria lá carregado de presentes.

— Remédios e gasolina — disse uma voz incorpórea vinda do escuro.

— Especialmente remédios — disse uma outra. — Aqui tem malária. E diarreia. Amebas.

— Vocês têm algum remédio? Deixa eu ver.

A silhueta de um homem subiu por um tronco escavado que servia de escada até a cabana próxima. Ele voltou trazendo uma sacola plástica. Possuelo apontou o feixe da lanterna para o pacote. Estava cheio de vidros, garrafas, rolos de gaze e um kit de primeiros socorros. Os suprimentos tinham sido deixados por funcionários federais da Saúde em sua última visita, há vários meses, disse o homem. Possuelo pegou uma garrafa ao acaso e leu o rótulo: tetraciclina. Verificou a data de vencimento: 1999. Três anos antes. Enfiou a mão na sacola e tirou uma outra, com o mesmo resultado.

— Esses remédios estão vencidos — disse ele, com desgosto, afastando a sacola para um lado.

Para Possuelo, o fracasso do governo em proporcionar assistência médica adequada aos índios brasileiros era uma fonte interminável de indignação. Para começar, havia enormes mortandades sempre que eles eram expostos a patógenos do homem branco.[15] Esse era o principal motivo para a política de nenhum contato de Possuelo. Mas, mesmo depois de décadas de "aculturação" e acomodação à sociedade brasileira, os canamaris continuavam à margem, despossuídos das terras originais e de boa parte de sua cultura, sobrevivendo nos limites da civilização.[16] Mereciam pelo menos receber medicamentos com maior prazo de validade.

Um homem sentou-se ao meu lado, no banco longo. O rosto estava coberto pela sombra profunda da aba de um boné. Eu mal podia discernir o branco de seus olhos.

— A gente morava no igarapé — disse. — Mas então os brancos chegaram e começaram a matar os índios. Mataram mil índios.

Era difícil identificar quando e onde essas coisas tinham acontecido. Poderia ter sido há cem anos. Mas uma coisa era certa: as tribos do Alto Amazonas haviam sido dizimadas, em alguns casos sofrendo uma mortalidade de 90%.[17] Eram, na verdade, refugiados da violência da economia global. Com seu universo de cabeça para baixo, havia poucas chances de se chegar a uma contagem completa de quem foi para onde, de quem sobreviveu ou não. E os que fugiram para as profundezas da mata — o que foi feito deles? Teriam perecido na selva, longe dos roçados e das rotas de comércio que sustentavam sua maneira de viver desde tempos imemoriais? Ou teriam resistido ao deslocamento e reconstituído seu modo de vida, com seus descendentes ainda resistindo nos recônditos mais profundos da selva? Poderia ter sido o mesmo Povo da Flecha, um dos últimos grupos indígenas não conquistados da Amazônia, e portanto da América?

Até esse momento, estávamos cercados apenas por anciãos e crianças. Agora, as mulheres da aldeia entraram na clareira, anunciando sua chegada com uma música aguda.

— Seu jeito de nos dar as boas-vindas — disse Possuelo. — Estão trazendo a caiçuma para a gente beber.

A caiçuma era o que havia de mais próximo à cerveja em praticamente todas as tribos amazônicas, e era feita da mistura da mandioca mascada com a saliva humana. O cheiro azedo espalhou-se pelo ar úmido. Possuelo se levantou e se aproximou da vasilha. Atrás dele, os matises e marubos formaram uma fila para beber, em meio a brincadeiras e risadas. Era considerado falta de educação recusar tanta hospitalidade. Eu já experimentara algumas variedades de caiçuma, em diferentes tribos, e jamais consegui engolir aquilo sem sentir uma forte repulsa. No escuro, consegui escapar da fila.

Os últimos membros da aldeia estavam aparecendo agora, vindos de diversos esconderijos na floresta, com suas roupas esfarrapadas. À medida que meus olhos se acostumavam à escuridão, vi que as mulheres seguravam bebês; os homens, facões. No total, havia cerca de umas trinta pessoas, quase todas descalças. A lua estava agora diretamente sobre nós, a luz pálida suficiente apenas para iluminar o caderno onde eu escrevia, segurando-o junto ao nariz.

— Deixa eu ver aquele facão — disse Possuelo, esticando a mão.

Ele colocou a lâmina sob a luz da lanterna e passou o dedo pelo fio. Agora, todos queriam que o sr. Sydney desse uma olhada em seus facões. Um homem entrou no círculo com uma lâmina de machado para Possuelo examinar.

— Hmmm — disse Possuelo. — Esse machado é velho, mas é bom. Que nem eu. Sou velho, mas ainda sou bom.

A multidão riu. Possuelo se virou para Paulo Welker.

— Podemos atender ao pedido dos nossos amigos? Quanta gasolina podemos liberar?

Welker desviou de um grupo de homens e desapareceu nas sombras, descendo pelo caminho que ia de volta para o barco.

— O que vocês sabem sobre os flecheiros? — Possuelo perguntou para o círculo de rostos ao seu redor. — Alguém os viu ultimamente?

Um homem mais velho, com rosto enrugado, foi o primeiro a falar.

— Vimos os rastros, sinais, mas ninguém os viu.

— Eles mataram macacos — disse um outro. — Vimos os ossos.

— Um sujeito de Pedras foi morto pelos flecheiros, mas isso foi há muito tempo.

— Um madeireiro chamado Flávio matou vários deles, mas isso também foi há muito tempo.

— Foi por isso que fechamos a entrada para esta área — disse Possuelo. — Assim os madeireiros não podem subir até aqui.

— Não vemos mais muitos brasileiros por aqui — concordou o velho.

Notei seu uso do termo "brasileiro", como se o seu povo não o fosse.

— Estamos todos satisfeitos sem o homem branco por aqui — continuou ele. — Antes, quando os brancos vinham aqui, não sobrava peixe nos rios. Os madeireiros colocaram os canamaris para trabalhar, mas depois nos enganaram.

Possuelo concordou. Eu não sabia dizer se o que os índios diziam era o que achavam que Possuelo queria ouvir ou se falavam a verdade. Talvez as duas coisas.

— Alguém aqui ainda caça com flechas? — perguntou ele.

Alguém respondeu:

— Usamos espingarda. Mas tem poucos cartuchos.

Um homem entrou na noite e voltou minutos depois, com um arco e três flechas antigas. Possuelo virou a lanterna para olhar mais de perto. Os cabos de bambu estavam rachados, as penas da cauda sujas e gastas. Neste assentamento, de qualquer modo, o arco e flecha claramente eram uma tecnologia moribunda. Possuelo colocou uma flecha no arco e o retesou, depois girou e apontou para os matises, que estavam sentados num tronco ao lado.

— *Eu sou flecheiro!* — ele grunhiu, fingindo ferocidade.

Os canamaris riram e gritaram. A princípio, não entendi por que Possuelo resolveu ridicularizar os flecheiros. Mas provavelmente eu estava apenas vendo coisas demais num momento de frivolidade, em que ele tentava levar alguma risada para a vida daquela gente tão abandonada.

Paulo Welker voltou pelo caminho com presentes para a comunidade: duas lâminas de machado, seis facões, uma pedra de amolar, um rolo de tecido e agulhas de costura. O mais valioso de tudo eram os dois galões de 25 litros cheios até a boca de gasolina. Seria preciso praticamente todo aquele combustível e uma semana inteira para chegar até o posto de abastecimento mais próximo, em Benjamin Constant. A viagem de volta, contra a corrente, levaria ainda mais tempo e mais combustível. Aqui em cima, cada gota de gasolina era preciosa. No que dizia respeito aos remédios, disse Paulo Welker, não havia nenhuma sobra.

— Farei um relatório — prometeu Possuelo. — Eles precisam voltar com remédios que não estejam velhos e inúteis! Sou velho, mas ainda estou bom. Estes medicamentos estão velhos, mas não prestam.

Nos despedimos e seguimos pelo caminho escuro, de volta aos barcos. Haveria outros assentamentos a visitar nos próximos dias, mais oportunidades de troca de presentes e de perguntas sobre os flecheiros, à medida que avançávamos rio acima, penetrando na floresta, cada vez mais próximos de seus domínios.

CAPÍTULO 8

Entre dois mundos

Havia mais meia dúzia de assentamentos canamaris rio acima, e apesar da urgência imposta pela diminuição das chuvas e a redução do nível dos rios, a diplomacia exigia que fizéssemos ao menos uma parada rápida em cada um deles. Possuelo não podia correr o risco de ignorar a tribo que vivia mais perto dos flecheiros. Especialmente à luz dos rumores de que os canamaris do rio Jutaí tinham feito contato com índios bravos, ele precisava causar uma impressão profunda em seus irmãos aqui do Itaquaí sobre os perigos de tentar tais contatos com os flecheiros — para eles mesmos e para as tribos isoladas. Informações importantes — o aparecimento suspeito de forasteiros, a abertura de novas trilhas — também poderiam ser obtidas com os aldeões canamaris, e ele ainda precisava atrair um grupo de recrutas entre eles para a expedição. Tanto Nicolas quanto eu precisávamos de carregadores — Nicolas achava que precisaria de dois para carregar seu equipamento e filmes extras —, e começamos a pressionar Possuelo discretamente para contratá-los em nosso caminho rio acima.

Após viajar durante a noite, chegamos à aldeia de Aremací de manhã cedo. As cabanas de palha, com o aspecto cansado, um amarelado doentio, apareceram de repente, como se saídas do nada, em meio aos rodamoinhos da névoa cinzenta que subia das águas. Apenas três barcos da expedição ainda prosseguiam — o *Waiká*, o *Kukahá* e o *Sobral* —, e baixamos suas pranchas em meio a um pequeno aglomerado de crianças gritando. Os homens saíram desordenadamente das cabanas e ficaram ao longo da margem inclinada, vestindo camisetas esfarrapadas e sujas. A comunidade era nitidamente maior do que Bananeira, com pelo menos uma dúzia de casas espalhadas ao longo do alto da margem, estruturas decrépitas feitas de tábuas gastas pelo tempo, cobertas por esteiras desgrenhadas de palha. As mulheres vieram do meio das cabanas, saias de chita gastas roçando os filhos, os rostos cobertos com faixas rubras de urucum. Seus gritos agudos soavam mais como um lamento funerário do que como uma canção de boas-vindas, mas não havia engano diante da vasilha ritual de caiçuma fermentada da qual éramos convidados a beber. Possuelo foi para o começo da fila e eu caí atrás dele. Trouxe a borda até os lábios e dei um gole da mistura espumante, suprimindo a ânsia ao engolir. Segui nos calcanhares de Possuelo, enquanto ele subia pela margem com firmeza. Vestia uma camiseta preta da expedição para a ocasião, com a logo da Coordenadoria de Índios Isolados no bolso do peito, além da bermuda camuflada e o chapéu de mato que era sua marca pessoal. A multidão voltou a se reunir em torno dele, no alto da margem, onde ele parou para desenhar um mapa tosco na areia com o dedo.

— O Itaquaí é aqui — disse, traçando uma linha incerta no chão. Seu dedo parou. — Aqui é o Aremací, bem aqui.

Todos se inclinaram para olhar. Descalços, cada um deles, praticamente vestindo andrajos. Diferente dos matises, os homens aqui tinham pelos nos rostos — barbas, cavanhaques, bigodes —, o que tornava muitos deles praticamente indistinguíveis dos mestiços brasileiros. Possuelo levantou os olhos para o anel de rostos ao seu redor.

— Estamos indo para cá, onde vivem os flecheiros — disse ele, traçando uma segunda linha irregular para indicar um outro rio, a leste. — Algum de vocês tem coragem de ir com a gente?

— Aqueles que vocês chamam de flecheiros são conhecidos por nós como os capivaras — disse um homem com manchas vermelhas no rosto.

A capivara, é claro, é o roedor do tamanho de um porco, nativo da Amazônia. Uma tatuagem ocupava toda a extensão do antebraço do homem, com a palavra MATEMÁTICA em português, em letras enormes. O bíceps esquerdo estava adornado com uma tatuagem bem menor, de uma figura primitiva em traços simples, parecendo um antigo petroglifo de uma criatura bípede com chifres. Achei que *capivara* pudesse ser um termo depreciativo, não muito diferente de "selvagem", exceto que os canamaris usavam nomes semelhantes para outros clãs isolados que os rodeavam e falavam um dialeto catuquina parecido, com chances até mesmo de serem parentes distantes: o povo urubu-rei, o povo macaco-esquilo, o povo porco selvagem.[1] De qualquer modo, uma terminologia depreciativa como essa provavelmente seria reservada aos velhos inimigos, como o povo caxinauá, do alto Juruá, falante do pano.[2] Historicamene, os caxinauás atacavam assentamentos canamaris e sequestravam suas mulheres e crianças, mas eles mesmos foram forçados a se realocar por um coronel seringueiro chamado Felizardo Cerqueira e homens contratados para fazer seu "trabalho sujo", não só coletando o látex, mas também exterminando as tribos recalcitrantes, que se recusavam a ser "domadas".

— O que vocês sabem sobre eles? Os flecheiros? — perguntou Possuelo.

Ele não estava perguntando sobre filiação ou parentesco com a tribo. Não se preocupava com seus fetiches ou totens. Estas perguntas caíam no âmbito da antropologia, uma disciplina para a qual Possuelo tinha pouco uso. Em vez disso, ele procurava "informações práticas", últimos avistamentos, pegadas, possíveis ataques.

— Vocês já os viram? — queria saber.

Em lugares remotos como este, onde toda a informação começa com rumores ou de boca em boca, interrogar os habitantes é o passo inicial de um processo que pode levar à prova definitiva da presença de uma tribo isolada e à instalação da base jurídica para protegê-la.[3] Pistas frágeis são descartadas, dicas dignas de crédito são investigadas, seguidas de voos de reconhecimento e, possivelmente, expedições de campo para documentar a existência da tribo e mapear seu território. Aqui, a presença dos flecheiros não estava em dúvida, a preocupação era com sua segurança e bem-estar relativos.

— Não vemos sinais deles há um bom tempo — disse o homem com a tatuagem de Matemática. — Temos medo deles aqui.

Possuelo assentiu, com sombria satisfação.

Apesar do medo, quatro jovens resolveram encarar o desafio e se levantaram para nos acompanhar. Quaisquer que fossem os possíveis perigos, a viagem prometia uma fuga do tédio da aldeia e uma possibilidade de aventura que talvez não aparecesse novamente em suas vidas. Eles se afastaram para arrumar a bagagem e se despedir. Tínhamos agora três línguas nativas representadas em nossas fileiras, melhorando as perspectivas, segundo Possuelo, de um desfecho pacífico no caso de um encontro com os flecheiros. Ele não disse isso na época, mas também estava criando um núcleo de jovens nos quais pretendia inculcar um novo tipo de consciência pan-indiana ao longo da viagem. Era fundamental envolver os índios na proteção da reserva, sensibilizá-los para além do horizonte próximo dos interesses da própria tribo para a defesa coletiva de suas terras e culturas em face do inimigo comum: o homem branco.[4] O fato de o próprio Possuelo ser inteiramente de sangue branco não lhe parecia nem um pouco estranho, apenas aumentava seu senso de urgência para a missão.

— Posso ser branco — dizia ele —, mas tenho alma de índio.

Quinze minutos depois, os quatro novos recrutas voltavam com sacos de aniagem pendurados nos ombros. Quando fomos embora, Possuelo ficou na margem, confortando as mães, namoradas e esposas de olhos marejados, garantindo-lhes que voltaria com os rapazes em segurança, em três meses.

— Qual é o meu carregador? — perguntei em voz baixa, encarando os olhos frios de Possuelo.

— Nenhum deles — respondeu, e se afastou, deixando-me com a ideia de que, provavelmente, eu acabaria tendo que carregar meu próprio fardo.

Minha ansiedade com essas questões pendentes aumentava a cada quilômetro de margem tomada pela floresta que percorríamos. Havia também o problema das botas que eu comprara em Manaus. Passei óleo nelas, caminhei com elas pelos conveses, estufei-as com jornal. Nada parecia funcionar. Era uma tortura ir de um lado a outro do *Waiká* com as botas nos pés, o couro rígido apertando a ponta dos dedos, arrancando a pele dos calcanhares. Em desespero, recorri a Paulo Souza, esperando que sua experiência militar pudesse ter lhe ensinado uma ou duas coisas.

— Sem problema, Scott — disse com o jeito despreocupado de um homem confiante, o brinco de zircônia refletindo um raio dourado de sol. — Traga elas para mim.

Minutos depois, na cozinha, ele encheu cada bota com feijões pretos secos.

— Vou te mostrar como a gente fazia isso no exército — disse.

A próxima coisa que eu vi foi ele derramando água dentro das botas.

— Que merda é essa que você está fazendo? — perguntei. — São as *minhas* botas!

— Vamos deixá-las assim durante a noite — respondeu ele, enquanto amarrava os cadarços firmemente nos calcanhares. — Os feijões vão inchar e esticá-las. Amanhã, suas botas estarão cabendo.

No dia seguinte, achei as botas no armário da cozinha, onde Paulo as tinha escondido. Saí para o convés e virei-as de cabeça para baixo, por cima da amurada, a massa ensopada de feijões caiu na água com um plop! Ansiosamente, enfiei-as nos pés, os dedos imiscuindo-se pelas profundezas das câmaras pegajosas. Tudo por nada; na verdade, estavam mais apertadas e rígidas do que antes, como se fossem algum tipo especial de instrumento de tortura.

Nossa viagem rio acima nos levou por cinco assentamentos canamaris, pelo mesmo número de dias. Eram uma sequência arruinada de cabanas de palha precárias, mal equilibradas sobre palafitas na beira do rio, lugares esquecidos pelo tempo e ignorados pelo governo, onde a chegada da flotilha era saudada com olhos tão esbugalhados pela surpresa que poderíamos perfeitamente estar desembarcando de discos voadores. O decoro preliminar dos anfitriões logo se transformava num frenesi de braços e cotovelos quando Possuelo começava a distribuir presentes — anzóis e material de pesca, rolos de tecido, barras de sabão, facões. Invariavelmente, conduzia a conversa na direção das perguntas sobre os flecheiros. Ouvimos relatos vagos e contraditórios, em terceira ou quarta versão, traduzidos para um português tartamudo, sobre avistamentos dos índios e de suas pegadas, e de embates com intrusos brancos. Alguns diziam que os flecheiros eram altos e musculosos, com longos cabelos esvoaçantes. Outros, que tinham os rostos e troncos pintados de vermelho com urucum e os cabelos aparados no corte de cuia clássico de diversas tribos amazônicas. Mas todos concordavam em uma coisa: os flecheiros eram perigosos, "indomados", e os aldeões evitavam cuidadosamente suas terras rio acima.

— Nós não subimos lá — disse um homem remando numa pequena canoa escavada num tronco, apontando na direção da cabeceira do Itaquaí. — Existem índios bravos lá. É território deles.

* * *

Um índio canamari estava diante de nós, rigidamente atento à praça banhada de sol de Massapê, uma triste aldeia sem árvores, dois dias rio acima depois de Aremací. Tinha a cabeça curvada e segurava com as duas mãos uma velha espingarda.

— Este é Alfredo — disse-me Possuelo. — Ele será o seu carregador.

A demonstração de deferência provocou sentimentos inquietantes em mim, mas eu não sabia ao certo como quebrar a formalidade. Ele usava uma camiseta azul da marinha e short da Nike cobrindo uma compleição robusta, com a alça de uma bolsa de lona atravessada em estilo bandoleiro sobre o peito musculoso. Havia algo quase prussiano em sua aparência — o bigode fino como se traçado a lápis, queixo quadrado e cabelos raspados, sugerindo uma mistura de linhagens. Uma tatuagem com seu nome ocupava a parte interior do antebraço esquerdo, traçada em letras maiúsculas incertas, como as de um recém-alfabetizado: ALFREDO. O outro braço exibia as letras Funai, com a mesma caligrafia básica, não muito diferente das marcas usadas pelos senhores nos postos de coleta de borracha cem anos antes para marcar seus rebanhos humanos.[5] As marcas não só desencorajavam as fugas, mas também impediam que os índios fossem comandados por capitães da borracha rivais, conhecidos como caucheros. No caso de Alfredo, as tatuagens pareciam mais ter uma função decorativa.

— Você vai carregar a mochila dele — Possuelo disse para Alfredo, que se manteve rigidamente em pé e sem qualquer expressão, no meio de um quadrado de areia banhado pelo sol.

— Você vai montar o acampamento dele todo final do dia e ajudá-lo a desmontar de manhã. Ele vai te pagar no final da expedição, quando estiver tudo terminado. O mesmo que a Funai paga para todos os outros. O que eu pago para os outros canamaris, ele paga a você.

Isso equivalia a cerca de três dólares por dia — uma ninharia, por nossos padrões, mas uma pequena fortuna para qualquer um que vivesse na beira do fim do mundo, nas áreas mais remotas da Amazônia. Alfredo assentiu, concordando, mas, fora isso, não disse mais nada. Os 500 ou 600 reais, cerca de 300 dólares, que eu daria a ele no final da viagem provavelmente seriam a maior quantia que teria em mãos em toda a sua vida.

Uma parte de mim incomodava-se com esse acordo precário. No entanto, era um enorme alívio saber que teria alguém para carregar meu fardo. Temendo o pior — que teria que me virar sozinho —, eu vinha separando as coisas à direita e à esquerda, não só aquilo que enviaria de volta, mas itens que trouxera para tornar a caminhada mais tolerável: chiclete, pacotes de Gatorade em pó, barras de doce. Pelo menos, estaria agradando os colegas expedicionários no processo. Ainda assim, Possuelo me advertiu que eu precisaria reduzir a bagagem ao mínimo necessário.

— Além das próprias coisas e provisões para a expedição, ele terá que carregar o que você passar para ele — disse-me. — Não o sobrecarregue com uma quantidade desnecessária de peso.

Senti que seria um relacionamento desconfortável. Não faria diferença o meu esforço para ser simpático, estávamos presos em papéis que seriam difíceis de transcender: eu, o senhor neocolonial, Alfredo, o servo aborígene. Meu português era suficientemente bom para eu me virar na maioria das situações. O que me faltava de vocabulário ou sintaxe eu normalmente compensava com sorrisos extrovertidos e gesticulação excessiva. Com Alfredo era diferente. Não tínhamos passado das apresentações, e eu não conseguira que ele falasse mais do que duas palavras; ele simplesmente ficava olhando para o vazio. Eu não sabia dizer se ele não entendia o que eu dizia, se apenas não queria se aborrecer ou se havia alguma outra coisa que eu desconhecia. Isso anunciava uma interação tortuosa, uma falta mútua de compreensão.

Quando deixamos Massapê, Possuelo tinha a equipe completa. Vinte índios formavam agora o núcleo da expedição: 12 matises, dois marubos e seis canamaris. Havia dez ribeirinhos que, independente de seu legado mestiço, eram considerados culturalmente brancos. Possuelo, Orlando e Paulo Welker completavam a lista, além de mim e de Nicolas. A bordo do *Kukahá*, Paulo Welker reuniu os canamaris para distribuir o equipamento padrão que os demais membros já tinham recebido: calças, camisas e chapéus camuflados; camisetas com a logo da Coordenadoria de Índios Isolados; mochilas; e uma lona plástica azul brilhante de quase 2 metros quadrados que, esticada entre duas árvores e amarrada pelos cantos, servia como uma cobertura sobre as redes. Todos receberam também uma caneca esmaltada, um prato fundo, uma colher e uma bolsa de lona verde para guardar coisas pequenas. Cada um recebeu um par de botas de mato e um par de tênis Kichute — adequados para a caminhada, com travas de borracha. Por fim, foram entregues armas de caça de diferentes calibres, com munição. Alguns receberam espingardas; outros receberam rifles .22, mais silenciosos.

A mistura de armamentos, disse Possuelo, tinha a finalidade de atender uma variedade de possíveis exigências. As espingardas eram mais eficazes para a caça; um único tiro bastava para derrubar um porco em fuga, até mesmo um tapir de bom tamanho, se a mira fosse boa. Mas, uma vez dentro das terras incertas próximas aos flecheiros, seus tiros explosivos ecoariam pela floresta, aumentando o risco iminente de chamar a atenção da tribo. Nessas situações, os .22 seriam preferíveis; o som seco de seus tiros era rapidamente abafado pela folhagem luxuriante da selva. Se, por outro lado, os flecheiros resolvessem nos emboscar, então as espingardas seriam a opção, pelo mesmo motivo que seriam circunscritas, a princípio: produzir disparos ensurdecedores, destinados a espantar os atacantes sem matar. O que as armas tinham em comum era a alta visibilidade de seus canos. Apenas isso poderia ser o bastante para dissuadir os índios de disparar uma única flecha em nossa direção; mesmo as tribos mais isoladas do Amazonas pareciam ter mais do que um conhecimento casual das armas de fogo, já as tendo enfrentado antes.

Com os seis canamaris aumentando nossas fileiras para 34 homens, Possuelo tinha agora o que considerava um contingente com o tamanho e o poder de fogo necessários. Os flecheiros teriam que pensar duas vezes antes de lançar um ataque a um grupo tão numeroso e bem armado. Possuelo havia divisado uma espécie de variação da doutrina da força superior; neste caso, não havia qualquer intenção de fazer uso dela. Ele fora educado na escola dos irmãos Villas-Bôas, que recrutavam um grande número de homens em suas expedições e os equipavam com grande quantidade de contas de vidro, facas e outros bens de troca, para serem usados em escambo ou doados aos índios em seu caminho.[6] A generosidade representava um apelo significativo à sensibilidade dos nativos, e era compreendida como algo fundamental para garantir sua cooperação. Essa concepção contrapunha-se num forte contraste com os princípios do desafortunado coronel Fawcett, que defendia a redução ao mais essencial em termos de pessoal e suprimentos.[7] Isso implicava uma presença menos invasiva, acreditava

Fawcett, e assim aumentava a segurança de uma expedição em meio às tribos hostis. Quer tenha sido assassinado por índios, devorado por onças ou simplesmente morrido de fome nas profundezas selvagens, ele claramente não havia conseguido obter a cooperação dos nativos em sua busca pela lendária Cidade Perdida. Seu desaparecimento definitivo indicava o fracasso absoluto da abordagem minimalista.

Talvez porque nossa própria empreitada fosse ter o rigor e o sentimento de uma era passada de explorações e descobertas, e talvez também para conferir um senso de reconhecimento histórico à expedição, Possuelo, com uma dose de grandiosidade, batizou-a com um nome: Capitão Alípio Bandeira, em homenagem a um desbravador pioneiro da Amazônia e cofundador, com Cândido Rondon, do Serviço de Proteção aos Índios, o SPI. Ao adotar o nome de Bandeira para a expedição, Possuelo afirmava os valores centrais do SPI, mesmo que a agência tenha sucumbido sob o peso de acusações de corrupção e abuso.[8] Também criava, aparentemente, uma nova oportunidade para transmitir ensinamentos sobre a história da fronteira brasileira e a luta pelos direitos indígenas a seus subordinados — índios e não índios, igualmente. O efeito mais imediato, no entanto, seria visto na maneira como todos se empenharam em tentar imitar a inscrição comemorativa que Possuelo desenhou na aba de sua bolsa de lona. Com hidrocores e marcadores emprestados, os homens se revezaram rabiscando seus nomes nas próprias bolsas, seguidos de EXPEDIÇÃO ALÍPIO BANDEIRA, Vale do Javari, 2002, em letras de imprensa.

* * *

Cerca de quatro horas após nossa partida de Massapê, subitamente fui jogado no convés. Um ronco surdo e desagradável brotou das profundezas do barco. O *Waiká* parou completamente.

— Banco de areia — disse Soldado, segurando-se num poste.

Ele deu um trago no cigarro escuro de alcatrão.

— Batemos no fundo. Teremos que abandonar os barcos em breve.

No entanto, teríamos que deixá-los exatamente ali, naquele ponto.

— O cabo do leme arrebentou! — Adelson gritou da cabine de comando. — É o fim!

Em grupos de dois e três, os homens pularam dos conveses do *Sobral* e do *Kukahá* nas águas que batiam em suas cinturas e empurraram o *Waiká* para a frente e para trás até que se soltasse.

— Vamos descer aqui! — Possuelo gritou e apontou para o outro lado do rio, para uma praia à sombra de palmeiras altas. Tinha chegado a hora de descarregar o *Waiká* e o *Kukahá* e mandá-los de volta. Da expedição original de quatro barcos, apenas o *Sobral*, do tamanho de um pequeno rebocador, tinha calado suficientemente raso para prosseguir. Possuelo provavelmente o teria mandado de volta dali, se pudesse, mas agora estava rebocando os tambores de combustível que iriam abastecer os motores de popa dos botes pelo resto do caminho.

Músculos retesados sob os enormes sacos de arroz, café e feijão, os homens cruzaram as pranchas de pés descalços, como estivadores descarregando um par de barcos a vapor de contrabandistas em algum paradeiro tropical perdido de um livro de Joseph Conrad. Paulo Welker ficou afastado, os cabelos loiros presos num rabo de cavalo, fazendo o inventário. Caixas de papelão úmidas foram deixadas na areia, empilhadas e separadas: leite em pó, óleo de cozinha, biscoitos, pilhas para as lanternas. Itens considerados de luxo e muito pesados para carregar, como atum enlatado e goiabada, foram separados para voltar aos barcos que iam descer o rio.

A partida iminente do *Waiká* também significava a perda da central móvel de comunicação de Possuelo. Seu laptop, conectado ao telefone Globalstar, tinha nos permitido enviar e receber e-mails ocasionais. Tentar enviar ou baixar uma mensagem era um exercício frustrante na maioria das vezes, exigindo uma paciência extraordinária enquanto avançávamos pelas curvas e voltas do rio, o sinal caindo a cada vez que o barco se reposicionava. Ainda assim, aquilo representava uma ligação importante com o mundo exterior. A única que nos restava a partir dali seria o telefone Inmarsat que eu trouxera dos Estados Unidos.

A operação para rearrumar a carga e recarregar os barcos foi concluída sem qualquer problema, ao menos até o momento em que um dos brancos, um sujeito chamado Francisco, resistiu à ordem de Possuelo de equipar os barcos menores com remos, caso algum motor pifasse. Quando ele revirou os olhos em resposta, Possuelo explodiu.

— Está aborrecido com o quê? — perguntou ele. — O único que tem o direito de se aborrecer aqui sou eu! Tire esse olhar da cara ou eu tiro para você!

A fúria liberada pela explosão de Possuelo deixou todo mundo paralisado, num silêncio estupefato. O eco ainda reverberava pela floresta quando Possuelo ordenou que um mateiro robusto, chamado Raimundo, assumisse a preparação dos barcos. Raimundo tinha pouco mais de 30 anos. Usava os cabelos bem-aparados na grande cabeça quadrada e tinha bíceps de halterofilista. Os olhos pretos espiavam sob grossas sobrancelhas proeminentes, que o deixavam com uma expressão permanente de irritação. Ele vinha de uma grande família que um dia vivera ao longo deste mesmo rio, até que a pesca e a caça ficaram escassas, cerca de dez anos antes, quando se mudaram para Benjamin Constant, uma cidade de fronteira batizada com o nome de um general brasileiro do século XVIII. Era o tipo de sujeito que você gostaria de ter ao seu lado numa briga de bar, e ele parecia já ter estado em várias.

Naquela noite, no convés superior do *Kukahá*, um dos matises mais velhos montou uma barbearia improvisada sob o brilho de um farol portátil. Com uma extensão elétrica ligada ao gerador do barco, ele raspou as cabeças de sucessivos membros da expedição, como se estivesse cortando grama. Numa questão de minutos, os espetaculares cachos de Orlando deram lugar a um corte aparado em estilo militar. A mudança foi dramática, mas ainda existia uma vaga sugestão de divindade mediterrânea em sua pele cor de oliva, seus lábios cheios e maçãs do rosto bem marcadas.

Nos despedimos de Adelson na manhã seguinte, seu rosto ticuna emoldurado pelo chapéu de vaqueiro. Ele acenou da cabine do leme ao reverter o *Waiká* e seguir de ré pela corrente do rio, o motor gorgolejando. O barco deu a volta lentamente e começou a descer o rio, seguido pelo *Kukahá*. Nós nos enfiamos nos barcos pequenos, ocupando qualquer espaço que pudéssemos encontrar em meio a pilhas de rifles, galões e montes de mochilas lotadas, e partimos na direção oposta, rio acima, sob o ronco dos motores pec-pec. Quando o *Waiká* e o *Kukahá* deram a volta, Francisco, o dos olhos revirados, foi junto. Nunca mais o vimos.

* * *

Sentei-me ao lado de Nicolas, voltado para a popa do barco pilotado por Soldado, com seu eterno cigarro colado no lábio inferior. Avançamos rio acima num ritmo muito mais lento agora, três barcos sobrecarregados em fila única seguidos pelo *Sobral*, que carregava a maior parte das provisões da expedição. Não demorou muito para que o ruído monótono a bordo do barco começasse a brincar com meu cérebro cozido pelo sol; fui tomado pela certeza indubitável de que, logo abaixo do ronco dos motores, dezenas de milhares de periquitos gritavam para nós da floresta em torno. Por fim, cedendo à curiosidade, gritei para Nicolas:

— Está ouvindo os periquitos?

Ele me olhou com um jeito estranho e sacudiu a cabeça. Quando Soldado desligou o motor, tudo o que me chegou aos ouvidos foi o marulhar da corrente deslizando inexorável ao longo do casco e o estrilar de um milhão de cigarras ao fundo, além do rugido do motor que ainda reverberava na minha cabeça.

O sol chegou ao apogeu do meio-dia, incansável e causticante. Ao passarmos por um banco de areia raso à direita, vimos um riacho juntar-se ao Itaquaí num torvelinho de correntes entrecruzadas. À esquerda, a margem subia direto, com raízes expostas das árvores em protrusões medonhas saídas do declive arenoso, como os tentáculos de alguma gigantesca água-viva terrestre. Um reluzente abutre negro nos estudava de um galho, no alto de uma árvore.

— Urubu — ensinou-me Soldado, observando enquanto eu rabiscava a palavra em minhas notas.

No início da tarde, chegamos a uma aldeia canamari, onde uma enorme canoa escavada de um tronco de samaúma tinha sido arrastada para a praia. A canoa tinha uns bons 9 metros, com uma cobertura de palha no meio para proporcionar proteção contra o sol e a chuva, e um pequeno motor pec-pec instalado. Possuelo, evidentemente, teve uma ideia, pois levantou-se na proa do barco, protegendo os olhos com a mão, e gritou:

— Cadê o dono desta canoa?

Logo a silhueta de um homem rotundo apareceu detrás de uma cabana distante. Ele se aproximou preguiçosamente, pés descalços, um boné virado para trás sobre madeixas desgrenhadas. A barba mal feita deixava seu queixo cinzento. Pelo jeito, acabava de acordar de um cochilo. A camisa xadrez desabotoada abria-se para uma enorme barriga espalhada sobre a cintura e o short desbotado.

Ele se apresentou como Puruya, o chefe da aldeia. Fui apertar sua mão e disfarcei minha surpresa ao ver que ele não tinha polegar. Mesmo enquanto seus olhos percorriam a luz ofuscante, um sorriso abria-se em seu rosto como um traço permanente de uma paisagem acidentada. Via-se claramente que Puruya não era um homem que se considerava pobre. E, pelos padrões do Itaquaí, ele não era. A canoa e o motor eram provas suficientes. E sugeriram a Possuelo a ideia de aliviar um pouco o excesso de população dos barcos. Estaria ele disposto a transportar nossa carga até as cabeceiras do Itaquaí, queria saber Possuelo, em troca de 200 litros de gasolina, a serem pagos quando chegássemos ao nosso objetivo?

— Duzentos litros no total ou 200 litros além da gasolina que vou gastar para chegar lá? — perguntou Puruya.

A segunda opção, Possuelo assegurou-o. Entraram em acordo. Duzentos litros representavam mais do que uma pequena fortuna naquela altura do rio.

— Ótimo negócio — disse Puruya com um sorriso, reposicionando o boné virado para trás no alto da cabeça, como se fosse uma coluna.

Estávamos prontos para partir em meia hora. Em busca da sombra proporcionada pela precária coberta de palha da canoa, abri um espaço e subi a bordo. Puruya pegou um lugar na popa, pilotando o motor junto com o filho de 33 anos, Luciano. Ele criara quatro filhos, disse, mas os outros tinham morrido devido a doenças. Recentemente, tivera uma filha com uma menina de 16 anos, de outra aldeia. Portanto, Puruya agora tinha uma filha mais nova do que o neto, Araruyo, que navegava na popa, no colo de Luciano. Esconder o caso da esposa dera algum trabalho, disse Puruya, claramente apreciando a história de suas proezas e ousadia sexual. Não podia se casar com a menina imediatamente, como o pai dela exigia, pois corria o risco de perder a mulher. Assim, construiu uma casa para ela, sem que ninguém soubesse. A cabana de palha custara-lhe uns 300 reais, mas ele não reclamava.

— Bom investimento — disse, com uma piscadela. — As mulheres não querem mais garotos da própria idade. Gostam de homens mais velhos, pois sabem que temos dinheiro.

O machismo casual soou familiar. Talvez fosse uma medida da profunda penetração dos valores fronteiriços brasileiros na cultura canamari. Quando pedi a um ancião canamari de uma aldeia que me falasse sobre as origens de seu povo, ele recitou uma história da criação parte cristã, parte animista. Começava com Adão e Eva, depois passava para Noé que, sob o comando de Deus, construiu uma enorme canoa de um gigantesco pé de itaúba, carregada de animais, e seguiu para o rio quando o dilúvio começou. Mas Deus não permitiu que o povo canamari subisse a bordo. Em vez disso, eles fugiram para terras mais altas, no alto das margens dos rios, onde suas aldeias estão até os dias de hoje. De certa forma, a lenda híbrida parecia capturar o dilema mais amplo dos canamaris, enredados numa espécie de terra de ninguém, entre dois mundos, sem pertencer a nenhum deles. Foram expulsos do Éden, assim como banidos para as margens do universo civilizado dos brancos. A parte sobre Deus não permitir que subissem a bordo do barco parecia especialmente adequada.

* * *

Fomos os primeiros a chegar, dois dias depois, na última aldeia canamari, no rio chamado Sirão Dikumaru. De fato, era o último entreposto da sociedade global, conhecida por nós como "civilização", para além do qual o Estado brasileiro efetivamente deixava de funcionar. Os habitantes disseram-me exatamente isso quando desembarquei da canoa de Puruya e escalei a margem escorregadia até o alto, parando diante da primeira casa que vi. Era uma cabana aberta, erguida sobre palafitas e coberta por folhas de palmeira. Diversas outras cabanas, talvez umas 15, no total, espalhavam-se ao longo da margem alta, limitadas por trás pela parede verde da selva. Um punhado de homens sentados lado a lado ocupava a plataforma elevada da primeira casa, as pernas nuas balançando para fora. Era um bando desleixado, vestindo shorts encardidos e camisetas de tamanho inadequado. Um deles usava um colar de dentes de onça. Minha tentativa de pronunciar o nome de seu povoado foi saudada com gargalhadas estridentes.

— Esta é a última aldeia — um deles disse em português. — Isso é tudo o que você precisa saber — ele apontou rio acima. — Lá para cima não tem nada.

— Os brasileiros chamam de Pedras — disse outro. — Isso pode ser mais fácil para você.

Seu peito nu exibia uma tatuagem tosca, que ocupava toda a largura. Dizia DEMARC em grandes letras de um lado do esterno e TER do outro lado. Precisei de um segundo para compreender o significado: DEMARCAÇÃO DA TERRA. Parecia que o espaço em seu peito não dava para a frase completa, ou que a tinta tinha acabado. Talvez o tatuador simplesmente não soubesse como escrever. Podia ser tudo isso, mas talvez ele simplesmente quisesse daquele jeito, por razões que eu não tinha como imaginar.

A arte corporal era rude, mas sem dúvida surgia pelos mesmos motivos que levavam pessoas de todos os lugares a marcar suas carnes com representações e inscrições sobre eventos e pessoas fundamentais em suas vidas: os nomes dos amantes, amigos mortos em ação, afiliações a bandos. A gama de experiência talvez fosse mais circunscrita aqui, a arte um pouco arcaica. Mas para os canamaris não eram menos significativas: a chegada da Funai, a demarcação da reserva do Javari, a abertura de uma escola com aulas de matemática.

Os homens me olharam de cima a baixo. Eu era uma visão impressionante: pele branca pastosa, o rosto coberto por uma barba de cinco dias, uma massa de cabelos grisalhos grudada na testa suada. Eu mal podia aguentar meu próprio cheiro, minhas roupas fediam a suor azedo. Respeitosamente, mantive a distância.

— De onde ser o senhor? — perguntou logo o Demarcação da Terra, falando na terceira pessoa.

— Dos Estados Unidos — respondi. — De Nova York.

— *Nova York* — repetiu. — Isso é perto de Brasília, certo?

Compreendi por que ele achava isso. Para um índio canamari do alto Itaquaí, não havia na prática qualquer distinção entre um brasileiro de Brasília e um americano de Nova York: todos éramos *kariwa* — brancos — que pareciam possuir uma riqueza infinita e se moviam com uma facilidade impossível por um mundo externo que para eles permanecia opaco, amplamente proibido, mas, ainda assim, uma fonte de fascínio.[9] Talvez não fosse por acaso que o poleiro no alto da plataforma fosse voltado para aquela direção, rio abaixo, em direção à curva em S por onde acabáramos de navegar e de onde eles recebiam todas as notícias e emissários daquele grande mundo além. Era pela saída daquela curva que o resto de nossa flotilha aparecia agora.

Cachorros latiram, os homens gritaram. As mulheres agarraram seus bebês e seguiram para a praia, com suas vasilhas de caiçuma. Fui atrás delas, chegando ao pé da margem no momento em que nossos homens pulavam para fora dos barcos e se enfileiravam para dar um gole na bebida de boas-vindas. Possuelo e Welker trouxeram os presentes e os distribuíram na praia. Quando a multidão se dispersou, Possuelo coçou a barba pensativamente, olhou para o alto do rio e disse:

— Talvez devamos continuar avançando. Ainda está de manhã, temos a maior parte do dia pela frente.

Mas o rotundo Puruya gentilmente segurou o cotovelo de Possuelo e o puxou de lado.

— Sr. Sydney — implorou ele. — Vamos passar a noite. Tenho família aqui. Além disso, a aldeia gostaria de homenagear o senhor, e o senhor os honraria se ficasse.

Possuelo era, sem sombra de dúvida, a mais alta autoridade federal a aparecer naquela parte do rio, ao menos em uma geração. Sua posição como chefe da Coordenadoria de Índios Isolados era superior a todos os outros funcionários da Funai que trabalhavam na região. Ele respondia apenas ao presidente da agência em Brasília, um cargo que ele mesmo já ocupara. Em cada assentamento, ao longo das margens e das pequenas canoas onde remavam na corrente, os índios haviam saudado e acenado, sem disfarçar a adulação:

— Sr. Sydney! Sr. Sydney!

Eles o adoravam, pura e simplesmente, e era muito fácil ver por quê. Ele os ouvia, fazia com que se sentissem importantes e inspirava confiança. Tinham um amigo nos distantes centros do poder, lugar que jamais iriam conhecer. Assim como era um embaixador daquele território proibido, era também o enviado deles lá. Portanto, quando os membros da tribo pediram a Possuelo um pouco de seu tempo, era uma solicitação que ele não podia recusar em termos razoáveis.

— Paulo! — ele gritou. — Vamos ficar aqui até amanhã. Mande alguns homens para a caça e outros para preparar o acampamento na praia.

Ele escalou a margem até a primeira casa, onde o pequeno grupo de homens permanecia sentado, as pernas nuas ainda penduradas para fora da plataforma.

— Esta é a última aldeia — repetiu o Demarcação da Terra. Ser o último lugar da Terra, o entreposto final na fronteira do mundo conhecido era, claramente, motivo de certo orgulho entre os habitantes da aldeia. Como havia feito comigo, ele apontou para o alto do rio. — Ninguém mora lá em cima.

— E os flecheiros? — arriscou Possuelo.

— Eu estive lá — disse Demarcação da Terra — e não vi índio nenhum. Apenas onça.

Possuelo se agachou, encolhido, contorceu o rosto com uma cara de fúria descontrolada e deu um pulo, arranhando o ar com os dedos, como um felino selvagem mostrando as garras.

— Quero encontrar três onças! — bufou. — Vou pegar todas de uma vez, só com as mãos! Não tenho medo! Sou valente!

Os homens uivaram, divertidos. A empatia de Possuelo com os índios era extraordinária. Ele parecia perceber intuitivamente o que os agradava e o que os deixava zangados, o que fazia com que se sentissem respeitados ou desrespeitados. Era como se fosse outra pessoa totalmente diferente quando estava lidando com os nativos. Com os brancos, podia ser grosseiro, insolente, explosivo. Com os índios, era tomado de charme, paciência e bom humor.

Nem sempre fora assim. Lidar com os índios foi uma espécie de gosto adquirido. Possuelo saiu-se especialmente mal em sua primeira investida, mais de quarenta anos antes, ao chegar de monomotor a um entreposto no Xingu para se juntar aos irmãos Villas-Bôas, os homens que se tornariam seus mentores pela vida afora.[10] O avião derrapou ao aterrissar, enterrando-o sob uma avalanche de carga. Enquanto ele tentava sair da aeronave, alguém trouxe um guincho para puxar o avião de volta para a pista. Mas o cabo escorregou e arrancou o dedo de um sargento do exército que estava no voo com Possuelo. Ele correu para ajudar, mas tropeçou no próprio pé e caiu de costas, num tombo espetacular que provocou ataques histéricos de riso num grupo de índios que assistia de longe.

— *Cretinos* — Possuelo lembra de ter pensado. — Eu estava furioso. Ali estava eu estatelado, um cara tinha acabado de perder o dedo e tudo o que eles faziam era dar risada.

Na época, Possuelo sequer estava interessado nos índios. O que o atraíra para a floresta foi o romance da exploração e da aventura. Ele decidiu não cursar a faculdade e ir direto para a mata. A "questão indígena" veio depois, contou ele, após ter morado entre os índios, comido sua comida e começado a entender o que ele chamava de "o drama" da existência deles.

Os homens da casa no alto da margem disseram que havia um ancião no assentamento que encontrara os flecheiros uma vez. Mandaram um garoto encontrá-lo. Logo, um homem enorme apareceu no outro lado do caminho, vindo pesadamente em nossa direção. Ele se apresentou como Wura. Pelos cabelos grisalhos e andar de artrítico, julguei que tivesse uns 60 anos.

— Os flecheiros mataram três brasileiros — ele começou, falando em canamari enquanto Puruya traduzia para o português.

Quando os brancos não retornaram de uma incursão para a coleta de látex num igarapé do outro lado do rio, um grupo de busca foi enviado. Os corpos foram encontrados mais acima, crivados de flechas. Os brancos culparam os canamaris e prometeram vingança.

— Nós negamos — disse Wura. — Mas eles não acreditaram em nós.

Na tentativa de provar sua inocência, ele partiu com um grupo de vizinhos para a floresta a fim de procurar os flecheiros e exigir que parassem com as matanças.[11] Encontraram seus vestígios — pegadas, ramos partidos, frutas mastigadas. Encontraram uma trilha e a seguiram. De manhã cedo, no oitavo dia, chegaram à aldeia dos flecheiros — diversas cabanas cobertas por folhas de palmeira em uma grande clareira. Observaram silenciosamente da floresta antes de tomar coragem para entrar. Havia muitos índios lá, Wura lembrava, todos nus, os homens armados com longas flechas, que apontavam nervosamente para o peito dos intrusos.

— Entrei na clareira com as mãos levantadas para mostrar que não estava armado. Meu coração batia forte no peito.

Enquanto avançava, manteve os olhos no homem que julgava ser o chefe do grupo. Quando os flecheiros viram que os visitantes não lhes fariam mal, baixaram as flechas.

Seus olhos mergulharam na cena. Os homens eram altos, os lados de suas cabeças raspados, e cada um tinha um tufo de cabelos longos pendurados do alto da cabeça. Falavam uma língua que ele não conseguia entender, mas Wura ficou surpreso quando uma velha implorou num dialeto catuquina, semelhante ao canamari: *Meus irmãos! Meus irmãos!* Ela fora sequestrada quando criança pelos flecheiros, contou, e nunca mais vira sua aldeia de novo. Wura e seus amigos cantaram para ela uma antiga canção, e ela chorou de saudade. Com a mulher traduzindo, os flecheiros admitiram ter matado os brancos para se vingar das mortes de seu próprio povo.

— Disseram que não queriam mais matar, que já tinham se vingado.

A mulher ofereceu-lhes uma bebida de pupunha. Temendo estar envenenada, Wura e seus companheiros se recusaram a beber até que seus anfitriões bebessem primeiro. Foram convidados para passar a noite, mas desconfiaram e preferiram partir. Ao cair da noite, os canamaris ouviram os flecheiros seguindo-os de perto e entoando cantos de guerra. Não pararam até chegar à sua aldeia. Quando Wura fez seu extraordinário relato para os seringueiros, eles se recusaram a acreditar nele.

— Disseram que não havia índios selvagens lá em cima.

Agarraram o irmão de Wura e jogaram-no na cadeia. Felizmente, os agentes da recém-constituída Funai apareceram pouco depois. Os seringueiros foram expulsos e nunca mais foram vistos. Também foi a última vez que alguém teve mais do que um vislumbre passageiro do Povo da Flecha, o único caso de contato pacífico que qualquer um já manteve com eles. Embora parecessem ter se passado ontem, os eventos que Wura relembrava tinham ocorrido há distantes trinta anos.

Possuelo agradeceu gentilmente a Wura por seu relato e logo encerrou a reunião, virando-se para partir. Era uma história a que não queria dar muito crédito, não porque duvidasse dela, mas sim porque ela enfraquecia a imagem dos flecheiros que ele desejava alimentar, a de guerreiros violentos que deveriam ser evitados. Ainda assim, o relato de Wura transmitia a ideia de que os flecheiros eram um povo perigoso, volátil. Mas Possuelo não queria que ninguém tivesse novas ideias sobre ir à procura deles.

— Não precisamos dos canamaris indo até lá e tentando contatá-los — disse-me enquanto caminhávamos de volta para os barcos.

Índios contatados eram perfeitamente capazes de espalhar epidemias mortais, tanto quanto os invasores brancos, pois eram portadores dos mesmos patógenos.[12] A barreira que os canamaris e outras tribos contatadas proporcionavam para os não contatados era uma faca de dois gumes. Mesmo que suas intenções fossem pacíficas, qualquer abertura para os flecheiros representava um perigo mortal.

Durante a tarde, matises e canamaris voltaram nos barcos de sua expedição de caça. O fundo das embarcações estava encharcado de sangue animal. Eles empilharam as carcaças de nove porcos selvagens na praia, junto com diversos pássaros e dúzias de peixes. Usando uma canoa emborcada como bancada de açougue, começaram a tirar a pele dos porcos e a cortá-los com os facões. Alfredo recebeu a ajuda de Wilson, que fora recrutado em Massapê para ser o carregador de Nicolas. Seus olhos escuros brilhavam sob uma sobrancelha inteiriça, com a indiferença casual de um homem que jamais ouvira uma ordem que considerasse digna de obediência. Os dois companheiros tornaram-se inseparáveis desde que deixáramos Massapê. Logo estavam com sangue pelos cotovelos, e a água que banhava seus pés na beira do rio tingira-se de vermelho vivo.

Ainda tínhamos um gerador e uma fileira de lâmpadas elétricas a bordo do *Sobral*. Para dar um ar festivo à ocasião, eles foram desembarcados e o fio esticado entre estacas altas cortadas na mata, até o meio da margem. Acenderam-se fogueiras na praia; o porco foi colocado para cozinhar em enormes caldeirões. Diversas fogueiras logo ardiam no encontro na escuridão: uma para a carne, outra para defumar o peixe, e uma outra para secar as roupas. As estrelas começaram a aparecer com uma intensidade ofuscante. A Via Láctea fluía pelo alto do céu como um rio mágico, aquele que muitas tribos acreditavam levar as almas dos mortos de volta ao Criador. Caminhei ao longo da praia, para longe das luzes e das fogueiras. Estávamos no centro de um dos locais mais escuros da Terra, um enorme vazio negro nos mapas noturnos do mundo agrupado a partir de imagens de satélite.[13] O tamanho e a escuridão eram rivalizados apenas por uns poucos outros locais ainda mais remotos e desabitados: Tibete, Groenlândia, Sibéria e as distantes paragens ao sul do Saara. Nessas imagens capturadas do espaço, toda a metade leste da América do Norte aparecia como um gigantesco estacionamento, tomado por luzes artificiais, estendendo-se por todo o caminho até o Mississippi. O oeste não ficava muito atrás. Mas a pressa para eletrificar o planeta vinha ignorando a Amazônia ocidental até agora. E, a despeito de nossa pequena fileira de luzes, a noite aqui estava a salvo, ao menos por enquanto — o céu sobre nós era uma maravilha de joias brilhantes sobre um fundo de veludo negro. Mesmo os pontos de queimada mais próximos, que naqueles mesmos mapas pontilhavam com terrível profusão ao longo das fronteiras leste e sul da Amazônia, estavam a centenas de quilômetros de distância. Aqui, as estrelas inundavam o céu da noite às dezenas de milhares, pulsando com a mesma intensidade selvagem que parecia reger todo este território de distâncias insuperáveis.

Era o rio que permitia essa visão desimpedida dos céus. Uma vez na selva, poderíamos não ver o céu novamente por semanas, a não ser por pequenas frestas se abrindo entre as tramas da folhagem. O mastro inclinado do Cruzeiro do Sul pendia sobre a água, apontando na direção das misteriosas terras austrais. Atrás de mim, a forma familiar da Ursa Maior apontava para um ângulo pouco familiar; apenas as últimas estrelas da ponta de seu cabo eram visíveis acima da silhueta do topo das árvores. Logo após nosso jantar de cozido de porco, Possuelo mandou que nos reuníssemos na primeira casa no alto da margem. Quando cheguei lá, ele tinha aberto o mapa na plataforma ao ar livre. Os aldeões juntaram-se ao redor, sob a luz de um lampião, enquanto Possuelo traçava com o dedo a rota que havíamos percorrido até ali. Estávamos 250 quilômetros ao sul de Tabatinga, em linha reta, mas na verdade percorrêramos quase 500 quilômetros, considerando as curvas do Itaquaí.

— Vocês sabem o que tem aqui? — Possuelo perguntou aos aldeões. Ele apontava para o pé do mapa, o sul da reserva, uma área de estreitos contornos ondulantes. — Aqui é a divisão: de um lado, a água vai para o Jutaí, do outro, para o Itaquaí. E bem aqui — ele bateu duas vezes com o dedo — tem uma maloca de índios selvagens.

Era grande, disse ele, com 14 casas separadas. (Como os índios muitas vezes vivem em cabanas comunais, e porque uma comunidade inteira pode viver dentro de uma única estrutura, a palavra *maloca* frequentemente é usada de forma alternada, podendo designar um assentamento nativo ou uma casa.) Havia outras aldeias também, e Possuelo disse que pretendia manter uma distância de 6 quilômetros entre a expedição e qualquer povoado que ele sabia existir.

Mas evitar os flecheiros seria complicado durante a estação seca, que acabava de começar. Era a época do ano que os brasileiros chamam de "verão", quando as cheias recuariam da floresta e criaturas vivas de todos os tipos estariam circulando na busca primordial por comida e água.

— É a melhor época do ano para se deslocar, para eles e para nós — disse Possuelo.

A temporada de desova do tracajá, a tartaruga amazônica com pintas amarelas, estava prestes a começar. Incontáveis milhares, talvez centenas de milhares de tartarugas adultas retornariam para casa, para as altas praias brancas por todo o oeste amazônico, para escavar ninhos e botar ovos altamente nutritivos.[14] A desova provoca a cada ano uma onda de choque por toda a cadeia alimentar, colocando em movimento a migração sazonal de grandes e pequenos predadores através dos mais distantes recantos da floresta, de pássaros a roedores, onças, jacarés e seres humanos.

— Eles se movem ao longo das margens dos igarapés, em busca dos ovos de tracajá — disse Possuelo, referindo-se aos povos da floresta em geral, sua experiência dizendo-lhe que isso também se aplicava aos flecheiros. — Eles percorrem terras e mais terras.

Seus olhos brilharam sob a luz do lampião a querosene. Famílias e clãs haviam tomado posse de diversas praias ao longo dos anos, e qualquer estranho que fosse visto escavando em busca de ovos era considerado um ladrão. Isso explicaria a reação feroz dos corubos contra os caçadores naquela praia rio abaixo. Uma única praia podia ter vários ninhos, centenas de ovos, uma riqueza que valia ser defendida dos inimigos com unhas e dentes.

— Os índios cobrirão uma área enorme, de um rio ao outro — complementou.

Claramente, seu plano de desviar das aldeias dos flecheiros não era exatamente infalível para evitar o contato nessa época de movimentação intensa.

Caminhei pela noite ao longo da única rua da aldeia e passei perto de uma cabana derreada, construída sobre palafitas de quase um metro, a última construção à beira da floresta. O brilho alaranjado de um lampião a querosene escapava pelas frestas entre as tábuas. Risadas perdiam-se na noite e toda a estrutura parecia balançar para cima e para baixo, ao ritmo animado do forró brasileiro. Ao menos um aparelho de som conseguira chegar aqui, com bateria suficiente para animar um bota-fora no fim do mundo.

As fogueiras brilhavam na praia mais abaixo e uma silhueta humana ocasionalmente passava diante das chamas. A lua cheia subiu bem alto, inundando a cena com seu misterioso brilho prateado: os contornos desiguais da selva na distante margem oposta do rio, as cabanas de palha, os barcos amarrados às árvores ao longo da margem. Por básico que fosse o conforto aqui, ainda assim era conforto. Pendíamos na borda do mundo civilizado, mas ainda fazíamos parte dele; à beira da floresta, mas ainda *fora* dela. Essa seria nossa última noite nos limites do mundo conhecido. Amanhã, mergulharíamos na *terra incógnita*. Um longo tempo se passou até eu conseguir me afastar daquela cena de tranquilidade e refazer o caminho de volta até a primeira casa, onde nos ofereceram um local para dormir sobre o chão feito de troncos de palmeira.

* * *

Acordamos numa manhã chuviscante, cinzenta. Alguém tossiu por perto. Um cão afastava uma mosca incômoda. Os porcos roncavam. Mais abaixo, na praia, os homens preparavam os barcos. Era o fim da linha para o *Sobral*. Ele ficaria esperando pelo retorno de nossos barcos menores e depois rebocaria todos juntos de volta. O rio não tinha agora mais do que um metro e meio em seus bolsões mais profundos. Em alguns locais, com a corrente cor de âmbar sobre a areia mexida, a profundidade não passava de uns poucos centímetros.

A chuva deixara o caminho até a beira enlameado e escorregadio. Ao descer cuidadosamente pela ladeira, escorreguei com os dois pés e meu equipamento — rede, bolsa da câmera, mochila — voou para todos os lados. Ao me estatelar na lama, os índios uivaram e tive ímpetos de fuzilá-los com os olhos, ainda que isso só fosse servir para completar a figura absurda em que me tornara. O próprio azar de Possuelo, anos antes, veio à minha mente e eu também ri, esperando salvar um resto de dignidade.

— O primeiro de centenas de tombos que me aguardam — anunciei, ainda que não tivesse ideia de como aquelas palavras se tornariam verdadeiras.

Soldado foi o único a me estender a mão. Enquanto me ajudava a juntar minhas coisas, disse em voz baixa:

— Foi um belo tombo, Scott.

Foi uma gentileza que me deixou desarmado, uma raridade na implacável cultura dos machos que parecia tomar conta de cada detalhe da vida expedicionária.

Fora dos barcos, Possuelo gritava no telefone Globalstar, transmitindo para a Polícia Federal os detalhes que ouvira dos canamaris sobre uma plantação suspeita ao longo do Juruá. Estrangeiros não identificados estavam limpando uma ampla área da mata, disseram os indígenas para Possuelo. Ele se perguntou como uma operação tão grande não fora vista do ar. Quem quer que fosse o responsável, deve ter mantido as árvores maiores para ocultar as atividades do reconhecimento aéreo.

— Curioso — ouvi-o dizer. — Talvez algum culto de ayahuasca.

A ayahuasca era a mais famosa planta alucinógena da Amazônia, considerada pelos índios um elixir mágico que liberava as almas dos confins da realidade ordinária e abria as portas para encontros místicos com espíritos animais e com os mortos.[15] Em anos recentes, os cultos de consumidores de ayahuasca ganharam notoriedade por todo o Brasil e países vizinhos, junto com um novo tipo de turismo exótico que oferecia retiros na selva para fazer a cabeça, dirigidos por índios xamãs. Consumir ayahuasca não era por si só contra a lei, mas o que quer que estivesse acontecendo no Juruá a polícia iria verificar. Possuelo estava mandando seu Globalstar de volta com o *Sobral*. Após falar com a PF, fez uma última ligação para a Funai, em Tabatinga. Advertiu que poderíamos vir a precisar de abastecimento por avião em data e local indeterminados, dependendo da "quantidade de caça e da dificuldade do terreno". Ele entraria em contato quando chegasse a hora.

Poucos minutos depois, os aldeões se juntaram em torno de Possuelo em animada atenção enquanto ele se despedia no autêntico estilo Sydney Possuelo. Fingia ser um locutor de rádio numa data futura, segurando um microfone imaginário, falando no tom abafado e empostado dos radialistas.

— Os barbudos foram vistos na floresta há três anos, acompanhados por um bando de índios armados — dizia Possuelo, erguendo uma sobrancelha. Fez uma pausa para um floreio retórico. — As pessoas os chamavam de "os cavernosos", os homens das cavernas.

Os canamaris deram risada. A partida foi um acontecimento, ainda que um tanto perturbador, pois seguiríamos rumo ao desconhecido.

CAPÍTULO 9

O ponto sem volta

Um limiar havia sido ultrapassado. Com a última aldeia canamari ficando para trás, nosso objetivo era alcançar os limites do alto Itaquaí, onde abandonaríamos os barcos e começaríamos nossa caminhada pelas terras dos flecheiros. Havíamos cruzado a região intermediária entre a civilização e a Amazônia absolutamente selvagem, e agora entrávamos numa área raramente vislumbrada por estrangeiros, uma floresta primordial de tamanho incomensurável e com possibilidades aterrorizantes, que se mantivera praticamente intocada pela sociedade industrial. Os caimãs nos olhavam das praias com calma malevolência, sem sequer se darem o trabalho de se mexer. Enormes samaúmas e sapopemas ocupavam as margens, com cipós e lianas formando uma cortina que tudo escondia, exceto frestas mínimas que permitiam entrever as sombras da floresta, onde se esgueiravam onças, sucuris e víboras venenosíssimas. O *Sobral* ficara para trás, em Sirão Dikumaru, e prosseguimos rio acima nos três longos barcos, além da canoa coberta de Puruya, a única embarcação a oferecer alguma proteção contra o sol inclemente. Os barcos lutavam contra a corrente, por vezes em fila única, por vezes aos pares, mas quase sempre próximos o suficiente para manter contato visual uns com os outros e até mesmo à distância de um grito, acima do ronco dos motores pec-pec. A impressão de ouvir dez mil periquitos gritando continuava a reverberar dentro do meu crânio, levando-me a imaginar se não seria um desejo íntimo, como se eu esperasse que a natureza desimpedida acenasse para uma afortunada viagem pelo Éden, cheia de vida, onde os pássaros cantavam felizes externando o contentamento de seus corações e os macacos se balançavam livremente pelas árvores.

Enchentes recentes haviam provocado deslizamentos de terra por todo o alto Itaquaí, arrastando enormes troncos de jatobás e samaúmas das margens, numa confusão selvagem de ramos e raízes arrancadas. Mais cedo, encontramos o primeiro aglomerado de árvores atravessando toda a largura do rio. O tronco cinza retorcido mergulhava abaixo da superfície para reaparecer sobre a água bem mais à frente, alongando-se pelo rio como uma serpente marinha dos desenhos animados. Não havia como desviar, passar por cima ou por baixo dele. A única maneira de seguir em frente era através dele. Os barcos se afastaram do monstro e desligaram os motores. Nuvens de algodão passavam preguiçosamente pelo céu azul-bebê. Na pausa dos motores, o ar encheu-se com a cacofonia de línguas — matis de um barco, canamari de outro e português do terceiro.

— Raimundo! — gritou Possuelo da proa do primeiro barco. — Traga a motosserra!

Facão na mão e cigarro enrolado colado no lábio, Soldado liderou um punhado de homens de seu barco para cima do tronco, onde deram início a um ataque entusiasmado, limpando os galhos com golpes de suas lâminas para abrir espaço para a motosserra de Raimundo. Ao abrir caminho entre os homens sentados, Raimundo parecia em tudo com um levantador de peso, com os peitorais desenvolvidos e os bíceps avantajados, os olhos profundos perdidos nas sombras da sobrancelha pronunciada. Ele plantou o pé descalço no tronco escorregadio, deu a partida na serra e cravou os dentes na carne da árvore. Com um assovio ensurdecedor e um jato de água e lascas voando, Raimundo aplicou toda a força da serra ao tronco. Quando não podia mais penetrar, mudava de lugar e enterrava a lâmina pelo outro lado, na parte submersa da árvore, a poucos centímetros dos pés expostos. Provavelmente, aquela era a primeira vez que o ronco de uma motosserra rompia o silêncio desta floresta remota desde que os madeireiros haviam sido definitivamente expulsos da reserva do Javari, seis anos antes.

Quando completou o primeiro corte através do tronco, Raimundo mudou de posição, uns 5 metros mais à frente do tronco. Ali, a árvore aproximava-se da superfície apenas o suficiente para roçar logo abaixo do casco do barco. De sua plataforma, Raimundo voltou a acionar a motosserra com dois puxões rápidos do cabo. Ela engasgou e depois ganhou fôlego com um rosnado raivoso. Ele retomou a tarefa enquanto Possuelo observava de braços cruzados sobre o peito, seminu a não ser pelo chapéu de campanha camuflado, comicamente dobrado contra a testa, e a sunga Speedo azul-marinho.

Uma hora depois de termos nos deparado com a árvore, deslizamos pela passagem aberta pelo trabalho braçal de Raimundo. As seções transversais recém-cortadas revelavam dezenas de círculos concêntricos, indicando uma longa existência interrompida pela torrente que a arrastara pelas margens semanas antes. Parecia estranho que uma motosserra, a quintessência dos instrumentos de destruição da floresta, a autêntica expressão do longo e incansável esforço da sociedade ocidental pelo domínio da natureza e subjugação de suas matas, servisse agora para nossa própria e oposta finalidade — estabelecer inequivocamente a presença dos flecheiros nestas terras e garantir proteção para ambos.

Mal tínhamos nos livrado desse obstáculo e nos deparamos com outro. Novamente, Raimundo avançou com a motosserra. Músculos flexionados, firmou a serra contra o quadril e abriu um corte profundo no meio da árvore. Após percorrer dois terços do tronco, a máquina parou abruptamente. O diâmetro era muito grande; a lâmina fora tão fundo que Raimundo não conseguia retirá-la. Amarildo, um ribeirinho de 19 anos e um dos membros mais jovens da expedição, subiu no tronco e liberou a lâmina da motosserra com alguns poucos golpes hábeis de seu machado com cabo longo. Com o resto do tronco muito afundado na água para permitir o uso seguro da motosserra, Amarildo continuou, erguendo o machado bem alto sobre a cabeça e baixando-o com uma precisão impressionante, cada golpe repetindo-se a um fio de cabelo dos pés descalços.

Era apavorante pensar nas consequências caso ele errasse apenas uma vez, considerando a enorme distância que nos separava de qualquer coisa que se parecesse com uma instalação médica. Uma distância que só aumentaria e se tornaria mais difícil de ultrapassar nas semanas por vir. Apesar dos adereços da sociedade industrial que facilitaram nossa passagem para a zona selvagem, apesar de nossas armas de fogo e das habilidades de sobrevivência de todos aqueles homens da fronteira que nos acompanhavam, ainda assim estávamos sujeitos a forças muito superiores a nós: a providência, o destino, os caprichos e a clemência da selva, que poderiam conspirar a qualquer momento para sabotar nossa missão.

Não havia se passado mais do que 15 minutos quando o motor do barco de Raimundo engasgou, cuspiu e morreu. Enquanto Raimundo removia a tampa do motor e iniciava o conserto, muitos de nós pularam para dentro da água. Estava na altura da coxa, a mesma cor cáqui da minha camisa e suficientemente clara para vermos o leito de areia. A corrente puxava minhas pernas, rodamoinhos se formando ao redor, com uma força surpreendente.

Nicolas, Possuelo e Orlando arrastaram-se até uma longa praia branca, exatamente o tipo de lugar que um tracajá com pintas amarelas poderia usar para depositar a carga de ovos. Soldado e eu os seguimos. Um pássaro cantou em algum local oculto, do outro lado do rio. Um grito semelhante veio de algum outro lugar acima de nós.

— Águias — disse Soldado, cobrindo os olhos e percorrendo o alto das árvores. — Elas gostam de comer ovos de tracajá. Estão só esperando.

Tinham chegado aqui primeiro, mas, com a alta demanda pelos ovos e tantos predadores à solta, de forma alguma tinham o butim garantido.

— Ai, meu Deus! — Orlando respirou fundo, e corremos para perto enquanto ele apontava para uma série de gigantescas pegadas que se dirigiam para o mato.

Ele segurava um pedaço de pau mal escondido nas costas, obviamente o instrumento que utilizara para traçar os rastros exagerados.

— Como o Bigfoot — disse Possuelo.

Ele usou o nome em inglês, maltratando a pronúncia: *Biguefutchi*. Estava brincando, é claro, mas essas matas eram povoadas por um panteão de criaturas míticas de cuja realidade os amazonenses não duvidavam por um segundo sequer, assim como não questionariam a existência de onças, capivaras ou tartarugas dos rios. Alguns dias antes, quando eu navegava com Adelson na cabine de comando do *Waiká*, ele comentou comigo sobre o curupira — um mamífero peludo, da altura do nosso joelho, com os pés virados para trás, que fazia com que os viajantes se perdessem para sempre na floresta. Achei que ele estava apenas me distraindo com um conto divertido para passar o tempo, mas, quando seu rosto ticuna não exibiu qualquer sinal de sorriso, percebi que falava completamente a sério. Em outras circunstâncias, eu o teria chamado à razão. Mas aquele era o seu mundo, não o meu, uma floresta sem fronteiras repleta de golfinhos cor-de-rosa e serpentes devoradoras de homens, tribos não conquistadas e doenças virulentas, onde qualquer coisa parecia ser possível e a linha entre mito e realidade parecia se desfazer para além do reconhecível. Em tais circunstâncias, quem era eu para dizer o que poderíamos ou não encontrar nessas profundezas?

Paramos para passar a noite numa praia arenosa enquanto o sol se punha por trás das copas das árvores, lançando longas sombras por cima do rio. Num único dia, havíamos cortado e serrado dezenas de troncos de árvores que bloqueavam nosso caminho. Alguns tinham sido carregados pelas enchentes recentes, mas outros tinham um aspecto cinzento, maltratado pelo tempo, atestando a longa prostração, consumindo-se sob o sol, um sinal claro de que éramos os primeiros estranhos a penetrar neste santuário em vários anos. Não mais afastados pela brisa leve do avanço dos barcos, enxames de sanguinários piuns iniciaram o ataque, infligindo coceiras enlouquecedoras e arranhões sangrentos em qualquer lugar onde pousavam. Não tínhamos praticamente nenhum repelente para detê-los; haviam ficado para trás, na triagem radical que havíamos feito. Quase toda a caixa de frascos de aerossol Repellex fora enviada de volta, no *Waiká*, considerada um luxo que não se justificava diante das prioridades: comida, remédios e machados. Eu tinha escondido um único frasco na minha bagagem pessoal, que pretendia usar apenas em caso de emergência absoluta. Qual seria essa emergência, eu ainda não sabia. Naquelas circunstâncias, os piuns deveriam ser considerados como mero incômodo, indignos de uma dose do líquido precioso.

— Scotchie! — chamou Ivan Arapá. — Venha aqui! Olha!

Ele estava do outro lado de uma duna de areia, apenas a parte de cima do corpo aparecendo. Exibia o usual sorriso divertido enquanto eu afundava os pés descalços no alto da duna. Agachou-se junto a um grupo de pegadas, cada uma maior do que a palma da mão de um homem. Serpenteavam através de um lodaçal e desapareciam atrás de uma cortina de capim que beirava as sombras verdes da floresta.

— Onças — disse ele, erguendo as sobrancelhas com uma expressão divertida de apreensão. — Será que onça vem visitar Scotchie de noite?

Comecei a alisar uma faixa de areia para preparar meu acampamento, achando que a praia seria o lugar lógico para o nosso primeiro bivaque.

— Senhor Scotch, aq-q-qui em cima — gaguejou Mauro do alto de um barranco inclinado do outro lado do rio. — Na praia não. T-t-tem muito mosquito.

Atravessei o rio com água pelo joelho, a largura não passava de 9 metros. Subi de quatro pelo barranco e cheguei à beira da floresta. Enormes troncos de samaúma, e de diversas espécies que nunca tinha visto antes — todos cobertos com musgo verde vivo — erguiam-se vertiginosamente para o céu, abrindo as copas bem mais no alto. Cipós, trepadeiras e filodendros pendiam como estalactites do teto de uma enorme caverna esmeralda. A vegetação ali embaixo era escura e sombria, mas uma luz difusa infiltrava-se pelo alto, espalhando sombras suaves em tons de verde, amarelo e marrom. O chão não tinha quase vegetação rasteira, apenas um carpete de folhas secas e quebradiças. Eu já estivera na Amazônia diversas vezes, mas esta era qualitativamente distinta. Aquela era uma floresta antiga, com anos de crescimento, como eu jamais vira antes, praticamente intocada pela mão humana.

Para meu espanto, uma vila inteira tomava forma em meio às árvores. Eu estivera absorto pelos rastros da onça na praia e não percebi todos desembarcando e sumindo dentro da floresta. A floresta agora reverberava com o tinir dos facões e as batidas secas dos machados atacando a madeira. Avistei Soldado enquanto ele derrubava um broto de uns 10 centímetros de espessura com dois golpes rápidos de facão. Ele aparou a copa e limpou os galhos restantes. Em segundos, extraíra da floresta uma estaca perfeitamente reta, de cerca de 2 metros, que arrastou em direção ao seu acampamento incipiente. Por todos os lados, os homens usavam o aço contra a madeira, arrastando longas estacas pela clareira e erguendo as estruturas simples que os protegeriam na noite que se aproximava. Trabalhavam aos pares, posicionando horizontalmente uma única estaca entre duas árvores, amarrando-a com longos cipós aos troncos e depois esticando uma lona no topo para criar uma coberta, usando os ramos de trepadeiras arrancados aleatoriamente para prender os cantos pelos ilhoses. Os homens chamavam essas tendas de barracas, mas não passavam de abrigos abertos, com tamanho suficiente apenas para cobrir uma única rede. Na verdade, barracas autênticas seriam bem menos adequadas às condições do chão úmido da floresta — e bem mais vulneráveis às formigas, cobras e aranhas que se arrastavam e deslizavam por lá. A ideia era se manter longe do chão.

A entrada principal do acampamento foi delimitada por uma escada que os ribeirinhos Raimundo e Amarildo estavam escavando no barranco — completa, com degraus de troncos e um longo corrimão — para facilitar o acesso até os barcos e à beira do rio. Possuelo, Orlando, e Nicolas estavam montando suas bases junto ao topo da escada, no alto da encosta, com vista para o rio. Os cozinheiros Mauro e Paulo Souza montaram o fogão ali perto, com o fogo já ardendo sob um caldeirão suspenso entre um par de estacas bifurcadas. Diversos outros mateiros estavam construindo uma série de bancos ao redor do fogo — varapaus amarrados a estacas com cipós — que logo formaram a praça central e o refeitório do acampamento. Uma rede de trilhas recém-abertas serpenteava para dentro das sombras da floresta, levando a agrupamentos de barracas de lona azul em meio à folhagem. Vizinhanças separadas se formavam com estilos exclusivos. Os matises preferiam abrigos baixos, o topo do teto não passando de um metro do chão, ficando a apenas meio metro na base, de forma que praticamente era preciso se arrastar de quatro para entrar. Os brancos pareciam preferir mais espaço sob o teto, e posicionavam as estacas o mais alto que conseguiam alcançar. Os canamaris se ajeitavam com o menor esforço necessário, simplesmente amarrando as lonas pelos cantos sem se preocupar com a estaca no alto — um projeto arriscado, fadado a ficar cheio de água e despencar em caso de chuva forte. Haviam estabelecido a própria subdivisão num canto no fundo do acampamento, além da base de Soldado e dos demais ribeirinhos.

Os dois marubos, Adelino e Alcino, ficaram junto de Possuelo. Ergueram os abrigos ao lado do acampamento dele, próximo ao topo da escada. Talvez estivessem se sentindo intimidados pelo maior número de membros de outras tribos, desconfortáveis em dormir entre eles. Seria compreensível. Afinal, os canamaris suspeitavam há muito tempo de que os marubos eram parentes de seus antigos inimigos, os caxinauás.[1] Alguns achavam que eram até mesmo da mesma tribo, se escondendo atrás de um nome diferente. Adelino e Alcino podiam estar conscientes dessa inimizade latente e decidiram manter certa distância. Seus antepassados haviam sofrido um colapso demográfico tão dramático quanto o das demais tribos na região, com mais de 90% de mortalidade nos vinte anos que marcaram o auge do ciclo da borracha, entre 1890 e 1910.[2] Aldeias inteiras foram dizimadas, outras, reduzidas a um punhado de sobreviventes. Os remanescentes dispersos das várias comunidades, não mais do que cinquenta pessoas no total, fizeram a retirada para a mata profunda, nas cabeceiras dos rios Ituí e Curuçá. Ainda que todos falassem pano, as diferentes aldeias jamais se viram como pertencentes a uma mesma tribo. Com o passar dos anos, porém, eles se reconstruíram sob um mesmo teto, como uma tribo que não existia antes, chamada de marubos.[3] Permaneceram na floresta por cinquenta anos, reconstruindo a sociedade em isolamento, vivendo um renascimento cultural miraculoso nesse processo. Só voltaram a aceitar o contato com os brancos novamente na década de 1960.[4] A população havia se recuperado naquele interlúdio. Com o contato renovado, os líderes de diversas malocas levaram o povo para diferentes destinos. Alguns seguiram para o posto avançado da Funai, no Curuçá, incluindo alguns bravos jovens, que mais tarde serviram como guias e intérpretes da frente de contato com os matises, nos anos 1970. Outros foram atraídos para uma aldeia missionária criada por norte-americanos no Ituí, chamada Vida Nova, de onde vieram Alcino e Adelino. Ao todo, havia agora oito aldeias marubos, com uma população que beirava mil indivíduos.[5] Não parecia ser de todo impossível que os flecheiros pudessem estar passando por um processo semelhante após a própria experiência cataclísmica, reconstituindo-se em isolamento do resto do mundo, como uma tribo híbrida e amalgamada, com linhagens distintas das que antecederam a invasão branca.

* * *

Sentindo-me bastante impotente diante da perspectiva de montar minha própria barraca, fui à procura de Alfredo, seguindo pela trilha em direção às barracas dos canamaris. Encontrei-o balançando em sua rede, rindo com os companheiros.

— Alfredo — chamei. — Por favor.

Eu me considerava um cidadão esclarecido em questões relativas aos direitos indígenas, à exploração colonial e assim por diante, e por isso me surpreendi com minha irritação diante da aparente preguiça de Alfredo. Levei-o de volta ao lugar que eu demarcara, entre um par de árvores fortes, perto do alto da escada.

— Facão — disse ele, com um tom que ficava entre um pedido e um comando.

Achei que ele tivesse trazido o próprio facão, mas não estava com ele. Tirei o meu da bainha de couro e senti o peso. Era uma ferramenta robusta: media uns 80 centímetros e pesava quase um quilo. Nas poucas vezes que eu o usara, começara a apreciar sua simplicidade elegante. Nas mãos de um mateiro experiente, era possível derrubar uma árvore de tamanho razoável com alguma facilidade. Sem a precisão de uma faca de açougueiro, ainda assim servia para limpar uma caça com resultados razoáveis. A ponta parecia o bico de um papagaio, curva e pontuda, perfeita para abrir uma lata de leite condensado. Além da espingarda, não havia instrumento mais valioso para um explorador da selva. Percorri a lâmina levemente com o polegar, ainda com aspecto de recém-saída da fábrica.

Alfredo tomou o facão nas mãos, se agachou e começou a varrer as folhas secas do chão da floresta entre as minhas árvores. Eu quis gritar: "Você vai acabar com a lâmina!", mas segurei a língua. O solo escuro exposto exalou um poderoso odor de fungos e decomposição. Alfredo ficou de pé e desapareceu no mato, voltando com uma estaca de 3 metros e alguns rolos de cipó. Levantamos juntos a estaca entre as árvores e Alfredo a amarrou rapidamente com os cipós, primeiro num tronco, depois, no outro. Em seguida, abrimos minha lona sobre o suporte e amarramos os cantos. Foi apenas o tempo de pendurar a rede e meu abrigo noturno estava completo. Agradeci a Alfredo. Ele acenou rigidamente com a cabeça e seguiu de volta pelo mato ao encontro dos colegas. Em nenhum momento seus olhos negros fizeram contato com os meus.

Vesti o short de nylon, peguei a toalha e o sabão e fui para a beira do rio pela escada recém-construída. Contar com um lance de escadas, ainda por cima com corrimão para facilitar a descida, era um luxo inesperado. Entrei no rio sem tirar o chinelo de dedo, chutando a areia na minha frente ao avançar. As arraias abundavam no fundo de areia dos rios da Amazônia ocidental. Um golpe de rabo de arraia era a última coisa de que eu precisava naquele local distante de qualquer cuidado médico. A água estava fria, refrescante. Eu me ensaboei, segurando o sabão com cuidado. Tinha apenas duas barras para durar toda a viagem.

Enquanto troquei de roupa e me juntei aos demais na praça central, o caldeirão borbulhava com uma sopa exalando um odor penetrante de porco selvagem e arroz. Três bancos de troncos foram construídos diante da fogueira, em semicírculo, cada um suficientemente comprido para acomodar cinco ou seis homens. Os que não conseguiram lugar ficaram de pé ao redor, em grupos de dois ou três, conversando ao acaso ou olhando para as chamas.

Possuelo estava estranhamente silencioso enquanto comia, o que significava que todos os demais seguiam seu exemplo; o silêncio era quebrado apenas pelos ruídos da sopa sendo bebida ou por cochichos rápidos aqui e ali. Pouco depois, entrei na fila que descia a escada para lavar os pratos e os talheres na beira do rio. Uma camada gordurosa boiava na superfície. Mergulhei o prato na água e observei algumas porções de arroz sendo devoradas na superfície em meio ao vórtice agitado das piranhas esfomeadas. Ao passar pela rede de Possuelo a caminho da minha, ele me chamou do fundo das sombras. A mata pulsava com o zumbido dos insetos.

— Amanhã será o nosso último dia nos barcos — disse-me, afastando a rede do mosquiteiro. — Depois, eles voltam e nós entramos na floresta. Se você tiver alguma dúvida, ainda pode voltar para casa. Ninguém vai ficar com uma má impressão sua por tomar essa decisão.

Fiquei diante dele, ouvindo as cigarras. Possuelo me oferecia uma saída honrosa. Era tentador, sem dúvida. Mas eu já tinha mergulhado fundo demais para voltar agora. Além disso, não dava para imaginar escrever uma reportagem que terminava dizendo: *E assim Sydney Possuelo desapareceu na mata e a* National Geographic *voltou para casa.*

— Agradeço sua preocupação — respondi. — Mas estou aqui para o passeio completo.

Pouco depois, enfiei-me na minha rede, desligando a lanterna na minha cabeça e, junto com ela, qualquer ideia de voltar rio abaixo com os barcos.

* * *

Por todo lado, os homens estavam enrolando as redes, dobrando as lonas, ajeitando as mochilas. Senti um aperto. *Porra, preciso me mexer!* Me arrastei para fora da rede a fim de encarar a manhã. A fraca luminosidade cinzenta anunciava o início do dia. Vapores fantasmagóricos de bruma pairavam ao longo do rio, mais abaixo. Os matises já tinham empacotado todo o seu acampamento. Estavam agrupados em torno de uma fogueira estalando no frio, a meia-luz, aparentando calma e elegância com seus bigodes de espinhos de palmeira e brincos de conchas.

Mauro subiu a escada segurando pelo pescoço duas pacas mortas.

— Bom dia, sr. Scotch — disse com seu sorriso sem dentes. — O senhor c-c-conhece a paca? Carne muito boa. Muito gostosa.

O pelo era de um marrom brilhante, a face arredondada e as orelhas pequenas; pareciam hamsters superdesenvolvidos, bonitinhas e fofas, a não ser por estarem mortas. Enquanto eu me apressava para desmontar a rede e arrumar a mochila, Mauro tirou o couro dos animais, deixando a carne rosada aparente, e botou uma grande panela com água para ferver. Os matises silenciosamente guardaram as cabeças cortadas dos animais em folhas de palmeira e sumiram escada abaixo, para a beira do rio. Nicolas viu que eu os observava. Ele estava com a bagagem pronta, esperando junto ao fogo.

— Eles usam os incisivos da paca para fazer a mira de suas zarabatanas — disse, aproximando-se.

Ele pegou meu caderno e rascunhou um esboço da seção transversal de um tubo de zarabatana. As zarabatanas chegam a ter 2,5 metros, disse ele, o tubo é feito de caniços ocos.

— A mira se parece com isso — disse, desenhando duas pontas em formato de dentes na ponta do cano. — Os dardos são pontas afiadas de bambu enfiadas no tubo com um chumaço de algodão cru.

Ele desenhou um esboço separado do dardo.

— A gente fica achando que seria difícil correr pela floresta com essas longas zarabatanas. Mas eles correm. E não dá para acreditar na mira deles! Já vi matises acertarem um macaco a uns 30 metros no alto das árvores!

Os matises podiam querer os dentes para suas zarabatanas, mas eu tinha certeza de que havia outros motivos para pegarem as cabeças das pacas. Eram a parte mais saborosa dos animais, de qualquer animal, e as chances eram de dez contra uma de que as cabeças seriam assadas como aperitivo noturno.

Com Mauro colocando os roedores para cozinhar no fogo, respirei mais aliviado, achando que teria bastante tempo. Mas a cabeça de Possuelo apareceu no alto da escada.

— Que diabos você está fazendo — ele resmungou, com os olhos arregalados. — Não vá cozinhar isso agora! Traga junto e cozinhe mais tarde. Temos que ir, homem!

A adrenalina disparou. Eu me livrei da roupa de dormir e enfiei tudo num saco plástico. Estava começando a desenvolver um sistema, baseado principalmente nos sacos *ziplock*, para colocar alguma ordem no espaço limitado da minha mochila. Era o único espaço, em meio àquele mundo selvagem e sem leis, onde eu exercia algum controle. Manter uma muda de roupas secas para dormir tornara-se uma prioridade absoluta, além de proteger meu filme, cadernos e câmeras da umidade saturada. Mas, por ora, todos os cuidados foram por água abaixo. Corri para o rio atrás de Alfredo, pois precisava de ajuda para desmontar meu acampamento e organizar o equipamento.

Vislumbrei-o na outra ponta da praia, com Wilson e outros canamaris, em pé diante de alguma coisa escura, inerte, espalhada diante de seus pés. Um jacaré.

— *Bak!* — gritaram, sorrindo à minha aproximação.

Bak era o equivalente canamari ao *burrá* dos matises, uma palavra que valia para qualquer coisa boa. Tinham sentido fome no meio da noite e resolveram sair para caçar, disse Márcio, o mais jovem dos canamaris. O resultado: os dois roedores e um jacaré.

— Aqui, você quer? — perguntou com um grande sorriso.

Ele era bonito, com cerca de 20 anos, os cabelos cortados em estilo militar, nariz grande e maçãs do rosto salientes e coradas. Segurava um pedaço que parecia um antebraço, a carne cor de salmão ainda presa à pele escamosa e carbonizada. Recusei a oferta. Alfredo me seguiu de volta, ao longo da praia. Passei rapidamente por Possuelo, a imagem da impaciência, com as mãos na cintura, chutando a areia. Evitei o olhar dele, mas senti seus olhos pousados em mim enquanto eu subia a escada. Naquele momento, um tiro de rifle ecoou do bosque acima de nós. Não a explosão trovejante de uma espingarda, e sim o disparo seco de um .22.

— O que foi isso?— gritou Possuelo, levantando o olhar.

— Um disparo acidental — respondeu a voz de Welker, de dentro do mato.

— Quem foi? — exigiu Possuelo. — Tire a arma dele! Não podemos ter palhaços disparando armas no meio do acampamento!

— Adelino Marubo — respondeu Welker.

Possuelo relaxou a postura antes mesmo de falar.

— As .22 são um pouco mais difíceis de usar — concedeu, baixando a voz. — Os índios têm mais experiência com as espingardas. Vamos ver se podemos trocar a arma dele, mais tarde. Agora, precisamos nos mexer!

Dez minutos depois, Alfredo e eu descíamos a escada aos pulos, ainda enfiando coisas nas minhas bolsas. Os barcos estavam à espera, os motores ligados. Possuelo estava de pé no meio do seu, irritado. Sem fôlego, passei por cima da amurada e entrei na poderosa canoa de Puruya. Enquanto nos afastávamos pelo rio, olhei longamente para o nosso local de acampamento: a trave continuava amarrada às árvores onde minha rede estivera pendurada, a escada, o recuo onde eu tomara banho na noite anterior. Senti uma inquietação, uma sensação de perda. De alguma forma, não parecia certo abandonar as coisas tão pouco tempo depois de termos trabalhado tanto para construí-las. No entanto, ali estávamos, deixando tudo para trás: os abrigos, os bancos, as mesas construídas a não mais do que 12 horas. Mas não deixávamos nada que já não estivesse lá antes. Todo o material de construir veio diretamente da floresta, as alterações feitas pelos homens completamente efêmeras. Logo a floresta retomaria tudo novamente. Um Puruya com olhos cansados, o boné virado para trás por cima dos cabelos grisalhos despenteados, acionou os três cavalos de seu motor pec-pec e direcionou a canoa contra a corrente.

Foi um dia longo e monótono, com sol ofuscante e motores barulhentos, cochilando e acordando. Mais árvores atravessadas no rio, velhas e retorcidas, ressecadas e decaídas. Estavam em ângulos estranhos, algumas vezes arrastando várias outras no caminho, numa imensa confusão. Restos de canoas emaranhavam-se em seus galhos retorcidos, complicando o trabalho de Raimundo. O guincho da motosserra deve ter ressoado por quilômetros, e me perguntei se seus vitupérios poderiam chegar aos ouvidos dos flecheiros e se eles poderiam interpretá-los como um sinal de alarme, como uma sirene antiaérea, alertando para a nossa chegada iminente.

Encostamos os barcos no final da tarde, num barranco alto do lado esquerdo. Como na noite anterior, a vila materializou-se como mágica entre as sombras verdes da floresta. Novamente, os matises tomaram a frente na criação da própria subdivisão. Os demais grupos seguiram o exemplo, com os brancos num lado e os canamaris mais para dentro da floresta, afastados do rio. Como antes, os marubos ficaram perto de Possuelo e de Orlando, assim como Nicolas e eu. Com a ajuda de nossos carregadores, Alfredo e Wilson, erguemos nossos abrigos a apenas uma pedrada de distância da fogueira principal e da escada até os barcos. Uma vez acomodados, Possuelo me chamou.

— É aqui que a caminhada começa — disse ele.

— Então os barcos partem amanhã? — perguntei, fazendo o possível para disfarçar qualquer traço de ansiedade.

Pelos fragmentos de conversas de Possuelo que eu ouvira e concatenara nas duas últimas semanas, sabia agora com toda certeza que continuar na expedição significava dar adeus a qualquer esperança de estar com os meninos antes do fim do verão, ou mesmo de encontrar Sarah no Dia do Trabalho, que nos Estados Unidos é na primeira segunda-feira de setembro. Ela estaria procurando emprego durante o verão. Eu nem mesmo saberia por onde ela andaria. Mas tomei minha decisão.

— De nossa posição atual, estamos a apenas 6 quilômetros de uma aldeia de flecheiros — disse Possuelo. — Vamos desviar deles. Significa que o terreno será difícil, inclinado e montanhoso. É melhor você descansar um pouco.

Nicolas e eu levamos o telefone para a praia para fazer algumas ligações rápidas para o hemisfério norte. Um longo tempo poderia se passar até que encontrássemos outra área limpa de floresta com uma linha de visão clara para o satélite Inmarsat, orbitando em algum lugar lá no alto, no céu que anoitecia. Nicolas falou com a namorada em Paris, mas já era tarde demais na Europa para falar com Lily Fleur. Ele se recolheu subindo o barranco e me deixando sozinho.

Liguei para os meninos. Contei sobre as pegadas de onça que Ivan me mostrara na areia abaixo do acampamento e sobre o jacaré que os canamaris devoraram no café da manhã.

— Tenha cuidado, papai — advertiu Ian, o mais jovem, parecendo muito com um adulto.

— Eu te amo, papai — Mackenzie e Aaron gritaram.

Eu não sabia quando voltaria a falar com eles novamente. Por último, liguei para Sarah.

— Você sempre quis fazer isso — disse ela. — Não se preocupe com o que vai acontecer entre nós. Vejo você na volta. Vá em frente.

* * *

Vários passos além, eu ouvia o som dos gravetos sendo quebrados e o cochicho dos cozinheiros Mauro e Paulo Souza, depois o *vush, vush* dos abanadores para animar o fogo do café da manhã até as chamas começarem a crepitar. Arrastei-me para fora, para a manhã fria.

Todos começaram a arrumar a bagagem em silêncio. Paulo Welker supervisionou a distribuição final das provisões para o percurso terrestre. Os artigos pessoais representavam menos da metade da carga que cada homem tinha que carregar; o resto eram itens essenciais para a sobrevivência da expedição: alimentos, lâminas de machados, munição.

— Todo mundo verifica se tem uma lanterna! — gritou Welker.

Tinha os cabelos louros presos num rabo de cavalo e a camisa camuflada desabotoada. Pontos de barba malfeita cobriam-lhe o queixo. Ele espalhou as lanternas sobre uma mesa improvisada, além de alguns pares de botas de lona sem dono. Vi um par tamanho 44 e experimentei. Ficaram um pouco folgadas. Eram as mesmas botas, do mesmo tamanho, que eu recusara na loja em Manaus, duas semanas antes. Tomei uma decisão rápida, descartando as botas de couro duras pelo par de botas de lona, mais frágeis, mas muito mais confortáveis. Os olhos escuros sob as sobrancelhas grossas de Márcio Canamari iluminaram-se diante daquelas botas de couro brilhante abandonadas. Senti uma leve pontada de arrependimento quando as vi em seus pés, mas a sorte estava lançada. Apostei minhas chances na lona brasileira.

O que não seguiria com a gente para a mata seria enviado de volta com os barcos. A motosserra, tão vital em nossa empreitada rio acima, ia embora. Simplesmente era pesada demais para continuar com a expedição.

Não só devido a seu peso, mas porque Possuelo a considerava um instrumento barulhento e agressivo demais para o silêncio sagrado da mata onde estávamos prestes a entrar. Dali em diante, teríamos apenas facões e machados para limpar o caminho pela floresta virgem. Havia também algumas ferramentas de aço peculiares, parecendo um cruzamento de machado com enxada, com a lâmina perpendicular ao cabo. Eram os enxós, usados para escavar a madeira, especialmente úteis para a construção das canoas, e portanto essenciais para nós, uma vez que o plano para escapar da selva incluía construir canoas nas profundezas da mata e descer remando por um dos dois rios possíveis, de volta para a civilização.

Enquanto isso, Nicolas dirigia os canamaris numa sessão de fotos em torno de uma fogueira afastada do resto do acampamento. Os índios usavam pequenos cocares feitos de folhas de palmeira e entoavam um encantamento tradicional para marcar a partida de entes queridos. Alguns estavam nus; outros usavam apenas shorts de nylon. Nicolas estava agachado, disparando fotos, em seguida circulando ao redor deles para conseguir um ângulo novo.

Queria tirar uma foto "autêntica" dos índios, como seria se estivessem às vésperas de uma viagem ritual, sem nenhum estranho por perto, nenhum *kariwa*. Márcio e Remi, os dois canamaris mais novos, sorriam envergonhados, não totalmente à vontade com a presença da câmera. Assim como eu, mas este era o trabalho de Nicolas, não o meu. Talvez sua sensibilidade fosse mais sintonizada com o apetite do mercado por imagens exóticas de índios nus, sugerindo uma conexão com a misteriosa e profunda pré-história de nossa espécie.

Possuelo foi o primeiro a partir para a selva, em silêncio, sem qualquer anúncio. Nicolas seguiu logo atrás, enfiando a câmera na bolsa à prova d'água, a alça passando pelo peito. Com eles, foram Soldado e Raimundo, os facões desembainhados na mão, seguidos por Orlando. Desapareceram juntos em meio à folhagem, nos fundos do acampamento. Eu ainda tentava decidir o que deveria levar e o que deixar para trás; finalmente resolvi levar apenas a bolsa da câmera e minha mochila, contendo a lona, a rede, chinelos e a muda de roupa para dormir. Guardei-as num saco plástico grande e o fechei, esperando que, de algum jeito, se mantivessem secas. O resto iria com Alfredo.

A chuva ameaçou cair durante toda a manhã, e finalmente chegou: pesada e contínua, pingando através da copa da floresta, batucando e martelando as folhas no caminho até o chão. Não faria sentindo nem mesmo vestir um poncho; ficaríamos igualmente molhados pelo próprio suor no ar vaporoso. Guardei meu caderno de repórter, deixando-o de lado num plástico ziplock, e me preparei para a marcha.

Paulo Welker estava no alto da margem do rio e os barcos mais abaixo, no rio. Puruya e uma turma de índios canamaris contratados para levar os barcos de volta desceram o barranco escorregadio, carregando sacos e caixas com as coisas que não poderíamos carregar. Por todo lado, os homens faziam os ajustes finais de seus pertences, amarrando as botas às mochilas, enrolando e amarrando as lonas. Os matises colocaram seus enormes fardos nos ombros, oscilando sob eles até conseguirem se equilibrar. Partiram todos juntos, deixando os canamaris e os mateiros brancos para trás. Eu ainda não entendera a mecânica que regia o avanço de uma coluna de 34 homens pela mata virgem, mas não parecia que os retardatários que ainda estavam no acampamento tivessem alguma pressa para alcançar os demais.

— Ei, prestem atenção! — gritou Welker. — Vamos ficar na mata por três meses. As coisas de vocês têm que durar. Pode haver um abastecimento aéreo mais tarde, mas isso não está certo e, de qualquer modo, quando o avião descarregar, as coisas caem por toda parte — no alto das árvores, no rio, todo lado.

Essa última informação pareceu um tanto estranha e incerta, considerando o fato de que estávamos a semanas deste evento fantasma, que talvez sequer ocorresse. Agora que Possuelo tinha partido, Welker parecia disposto a afirmar sua autoridade, mas havia algo nele que fazia com que ninguém o levasse a sério. Ele queria muito ser um dos caras, e os homens tomavam liberdades com ele que não ousariam tomar na presença de Possuelo. Em meio a grunhidos e bocas estalando, ignorando a chuva que caía forte pela copa das árvores, começaram a se refestelar com o porco assado que sobrara da caçada de três dias antes. Rasgaram avidamente a carne gordurosa e pegaram a farinha com as mãos de dentro de um saco, enchendo as bocas como uma praga de gafanhotos. Quando acabaram, o saco de farinha jazia vazio no chão com pequenas poças de água da chuva se formando em suas dobras. O pernil do porco, descarnado até sobrar apenas o osso e o casco, estava coberto de moscas. Por ser muito gentil, Welker teria sofrido para manter o controle do grupo nas profundezas da selva por um dia, que dirá por semanas ou meses.

Alfredo ergueu minha mochila pesada sobre os ombros. Surpreendi-me ao ver que ele não se preocupou em usar as alças forradas originais. Em vez disso, criou o próprio sistema com longas fibras de casca de envira, e amarrou um saco de juta com as suas coisas por cima da mochila. Os outros pegaram os rifles, colocaram os fardos nos ombros e, um a um, desapareceram na floresta pela passagem que engolira Possuelo e os outros meia hora antes.

— Ei! — gritou Welker. — Precisamos de alguém para carregar essas panelas!

Ele ergueu uma pilha de brilhantes panelas de alumínio para acampamentos, leves e arredondadas, com uma alça móvel como a de um balde para que pudessem ficar facilmente penduradas sobre uma fogueira. Havia uma dúzia, no total.

— Se encontrarmos os flecheiros, teremos alguns presentes para eles.

O fato de ter sido necessário dizer isso era uma medida da inexperiência entre alguns dos brancos mais jovens e dos canamaris. A maioria deles jamais estivera envolvida numa campanha tradicional da Funai para atrair índios selvagens, nem com uma missão desse tipo para rastrear uma tribo isolada.

Entre os mateiros havia dois irmãos, Chico e José Bezerra, do mesmo povoado ribeirinho onde Soldado morava. O mais velho dos dois, José, era casado com a filha de Soldado. Eram corpulentos e alegres, sempre dispostos a ajudar. Ambos apresentaram-se como voluntários. Cada um passou um pedaço de corda pelas alças de algumas panelas e as amarraram firmemente na parte de fora de suas mochilas. Agora, penduradas nos ombros dos irmãos, as panelas estavam diretamente na minha linha de visão. Elas atraíam o olhar: novas, brilhantes e vistosas, recém-saídas da fábrica. E eram baratas, pouco mais do que uns trocados cada uma. A possibilidade abstrata de um encontro com os flecheiros subitamente assumiu uma forma mais concreta em minha mente enquanto eu examinava esses potenciais instrumentos de pacificação. Eram tão comprovados pelo tempo quanto as bugigangas que os holandeses ofereceram aos mannahattas em sua ilha paraíso.⁶ Ali estávamos nós, cerca de quatro séculos mais tarde e 5 mil quilômetros ao sul, homens brancos com cúmplices índios, mais uma vez batendo à porta, embora com um propósito completamente diferente. Não estávamos aqui para negociar ou enganar os nativos, mas sim nos aliar a eles, sem que eles sequer soubessem disso. Dificilmente poderia ser concebida missão mais paradoxal. No entanto, ainda que os interesses de Possuelo, de Nicolas e os meus se sobrepusessem, não eram idênticos. Também estávamos aqui pelo fascínio especial que as tribos exóticas ainda exercem sobre o resto do mundo, o mesmo sentimento de quando Colombo levou seis índios cobertos de penas de volta para a Espanha e desfilou com eles, ao lado de pepitas de ouro e papagaios, diante da corte de Fernando e Isabel, ao voltar de sua primeira viagem, em 1493.⁷ O objetivo, na perspectiva de Possuelo, era aproveitar o alcance da revista — e a crescente simpatia das metrópoles mundiais pelos apelos das tribos sitiadas e suas terras nas florestas tropicais — para obter medidas concretas de proteção que iriam proporcionar mais tempo, suspender a matança e garantir a sobrevivência deles por mais uma geração.⁸ Seria justo nos descrever como cúmplices deliberados dessa empreitada.

Voltei-me para ver Welker sentado sobre um toco, escrevendo em um livro com uma capa de pano, tentando proteger as páginas da chuva com a mão esquerda.

— O diário da expedição — disse ele. — O registro histórico. Se a expedição desaparecer, pode ser que isso aqui surja em algum lugar, algum dia.

Ou talvez não. Os registros de Fawcett nunca apareceram.

No rio abaixo, os barcos a motor ganharam vida. Do alto do barranco, observei os pilotos conduzindo-os para dentro do rio prateado, a superfície pontilhada e agitada pela interminável procissão de gotas de chuva. A grande canoa de Puruya ficou por último. Ele acenou para mim da popa com a mão sem polegar. Assim, uma a uma, as embarcações começaram a se mover rio abaixo, desaparecendo em sucessão por trás de uma cortina de ramos. A última ponte fora incendiada. Cingi minha pochete na cintura, coloquei a mochila nas costas e passei a alça da bolsa da câmera pelo ombro. Enfiei meu chapéu camuflado de pano na cabeça e segui com os outros para a mata. Não havia caminho de volta agora, só em frente.

PARTE II

Na terra dos flecheiros

CAPÍTULO 10

A floresta escura

Agora que estávamos viajando a pé, um novo mundo de perigos abriu-se ao nosso redor. As cobras encabeçavam a lista — corais, surucucus, jararacas —, mas havia também a presença constante das trepadeiras, prontas para enroscar-se em nossos calcanhares e nos jogar de cara no chão. A toca de um roedor podia engolir um pé inteiro, causando uma distensão debilitante ou um rompimento de cartilagem. Rios de formigas riscavam o chão da floresta e era melhor passar por cima delas para não ser tomado por essas criaturas liliputianas obsessivas, com mandíbulas que pareciam tornos e picadas venenosas.

Minhas roupas estavam completamente encharcadas. O suor escorria em torrentes pela testa, e era necessário me secar constantemente com um lenço para impedir que meus óculos ficassem embaçados a ponto de eu não enxergar nada. Rapidamente, aprendi a executar essa manobra sem cortar o passo; eu ficaria para trás se parasse para isso. Ainda assim, às vezes não havia outra opção a não ser remover os óculos e limpar as lentes. Era muito arriscado dar mais de um passo sem o benefício da visão corrigida.

Não bastava manter os olhos fixos no chão, pois havia muita coisa acima que demandava atenção. Os cipós arrancavam meu chapéu. Espinhos rasgavam minhas mangas. Moitas de bambu cercadas por hastes pontiagudas de 8 centímetros ameaçavam empalar um globo ocular num momento de distração. As cobras também se enroscavam nas árvores, cobras-papagaio mortais, camufladas com seu verde brilhante. Soldado advertiu-me para ficar atento a elas.

— Elas pulam dos galhos — disse ele, juntando os dedos e imitando o movimento de uma cobra saltando para sua jugular. — Você leva uma mordida, o sangue começa a sair pelos poros, por todo o corpo.

Os mesmos galhos ferviam com formigas-de-fogo, tão terríveis quanto suas irmãs do chão da floresta, e elas caíam dentro da camisa para morder a pele onde quer que a encontrassem, normalmente em algum ponto no meio das costas, onde era impossível alcançar. Passei a abotoar a camisa até o colarinho e até os punhos. Havia horríveis vespas escuras, com ferrões grandes como dardos, conhecidas por atacar em enxames ao menor ruído, e quando passamos por uma colmeia nas árvores, o aviso foi transmitido por mímica de um homem para outro por toda a fila indiana, apontando para lá e depois pressionando os lábios com o dedo sem emitir uma palavra.

* * *

Seguimos em meio a ravinas enlameadas e íamos tropeçando em troncos apodrecidos, cobertos de fungos. A chuva tinha parado, mas a água continuava a escorrer pela folhagem densa e carnuda, pingando das folhas sobre nós em gotas enormes. Mal dava para ver o céu em meio ao emaranhado da copa das árvores, mas a luz infiltrava-se, revelando sinais de que o tempo estava limpando. Os guias atacavam a mata com seus facões, mas a coluna serpenteava tão atrás que apenas um homem era visível a qualquer momento em meio às manchas de verde vivo e marrons intensos. Calculei que eu estava em algum lugar no meio da formação, atrás de Tepi Matis.

Mantive os olhos fixos em Tepi, ou na enorme mochila que ia às suas costas, mais alta que a cabeça. Em certo momento perdi-o de vista, e acelerei para voltar a vê-lo. Era muito assustador se perder ali, mesmo que por um minuto. Tepi tinha cerca de 1,60 m, sem qualquer sinal de gordura no corpo. Não devia pesar mais do que 55 quilos. Como a maioria dos outros homens, carregava seu fardo com uma faixa que passava pela testa, fabricada com uma grande tira esfiapada de casca de envira. Passava pelo alto da testa e era amarrada aos cantos da mochila, transferindo boa parte do peso para a cabeça e o pescoço. O recurso simples tinha uma longa história na América do Sul, onde os grandes animais de carga não existiam antes dos conquistadores e as caravanas incas cruzavam os Andes usando não só as lhamas como bestas de carga, mas também seres humanos.[1] Com a tira de casca de envira firmemente no lugar, no alto da testa, Tepi carregava algo que se aproximava de 80% do seu próprio peso. O mais impressionante, ele abandonou as botas e o Kichute doados pela Funai, parecendo ganhar tração extra no piso escorregadio da floresta com os dedos espalhados dos pés descalços.

Duas horas depois de deixarmos os barcos, subimos uma pequena elevação e seguimos por sua crista suave. Em meio a uma cortina de folhagem à esquerda, eu via a faixa prateada de um amplo igarapé a uns 9 metros abaixo. Segui os passos de Tepi pela trilha alta paralela ao rio. Logo alcançamos todos os outros, inclusive Possuelo. Os homens haviam se esparramado pelo chão, arriando-se sobre o matagal cerrado. Possuelo andava em meio aos homens espalhados com uma postura rígida, um Ahab perneta tropeçando em seu tombadilho. Ele não disse nada, e o silêncio parecia carregado com a onda de choque que se segue a algum tipo de altercação. Possuelo tinha o olhar arregalado sob o chapéu de pano que parecia encarar a todos e a ninguém ao mesmo tempo. A bermuda camuflada deixava as panturrilhas brancas à mercê de espinhos lacerantes e dos insetos sedentos de sangue, mas ele parecia não notar. Raimundo o olhava de frente, ao lado de um toco de árvore recém-cortado, com cerca de um metro e praticamente a mesma espessura. Seu peito arfava, e o suor escorria pelo rosto. Apoiava-se pesadamente num machado com cabo longo, após ter acabado de derrubar uma árvore atravessada perfeitamente ao longo do rio, a copa pousada na outra margem, cerca de 6 metros acima da superfície. Nicolas tirou algumas fotos de Raimundo, de peito nu, o machado na mão, a árvore caída e o rio largo atrás do ombro.

— De agora em diante, se você tiver algo a dizer, diga para mim — disse Possuelo entredentes, parando diante de Nicolas para se dirigir a Raimundo, que permanecia imóvel, a não ser pelos olhos, que fuzilavam sob as sobrancelhas pronunciadas. — Agora, vamos andando! — gritou, dando as costas para os homens espalhados pelos lados da trilha.

— O que foi isso? — perguntei a Nicolas.

— Nada, na verdade. — Ele deu de ombros. — Raimundo comentou alguma coisa sobre a dificuldade da trilha e Sydney ficou furioso.

Observei o longo tronco que Raimundo derrubara, mais de 20 metros até o outro lado.

— Vamos atravessar o rio *nisso*? — perguntei a Nicolas, baixando a voz para um sussurro. No silêncio carregado pelas reverberações da fúria de Possuelo, eu não queria ser visto — ou mesmo ouvido — como o tonto desajeitado.

— Isso! — Nicolas deu uma gargalhada. — Igual ao Indiana Jones.

Em meio à ramagem caída, vi Kwini Marubo agachado no tronco com seu facão, raspando o limo e fazendo talhos para evitar que nossos pés escorregassem. A árvore tinha cerca de um metro de diâmetro, embora a superfície arredondada proporcionasse uma área para caminhar que não passava de 40 centímetros de largura. Apesar do nome, Kwini na verdade era matis, e de todos os índios da expedição era o que tinha os mais belos adornos. Era evidente que ele fazia um grande esforço para se enfeitar, mesmo aqui no mato. Tinha o anel de uma concha de caracol num furo no nariz e as imitações de bigodes de onça saindo pelos lados das narina eram as melhores dentre os matises, brilhando com tanta vitalidade que pareciam ser reais, como se ele de fato fosse um felino.

Soldado correu pelo tronco e desapareceu na mata do outro lado. Pouco depois, voltou da floresta com uma longa estaca cortada. Após percorrer de volta cerca de um terço do tronco, ele a lançou direto para baixo, como um dardo, afundando-a no leito, mexendo para a frente e para trás para enfiar a ponta profundamente no lodo do fundo do rio. Txema, o mais velho dos matises, fez o mesmo pelo lado mais próximo. Um par de estacas mais finas foi rapidamente preso às estacas verticais com cipós, para improvisar um corrimão. Em dez minutos, a ponte estava pronta para ser cruzada. Um batalhão de sapadores do exército não teria feito um trabalho melhor.

Metade da expedição já atravessara para o outro lado, sem a menor hesitação, todos levando cargas de mais de 40 quilos, até chegar a minha vez. Txema Matis ficou na cabeça da ponte, um pé no toco e outro sobre o tronco, e me puxou. Ele tinha um rosto redondo com ar gentil, decorado no tradicional estilo matis, e braços incrivelmente fortes. Agarrei-me a sua mão para me apoiar, enquanto os meus pés patinavam em busca de equilíbrio. Ergui o olhar. O corrimão estava à direita, então passei a bolsa da câmera para o ombro oposto. Verifiquei novamente os sacos ziplock e bolsas impermeáveis que protegiam meus cadernos e câmeras.

— Não pense — disse Txema. — Apenas faça.

Com o coração disparado, avancei para o outro lado.

Era difícil imaginar quais seriam as consequências de uma queda. Talvez não passasse de um bom mergulho e da zombaria implacável pelo resto da viagem. Os índios ainda faziam piadas com o meu escorregão na última aldeia canamari.

— Scotchie cai, uuuuu! — Ivan Arapá daria risadas.

Mas um ferimento mais debilitante seria coisa séria.

— Uma pessoa ferida atrasa toda a expedição — disse-me Possuelo certa noite, quando ainda estávamos viajando no rio. Ele se lembrou de um incidente do início dos anos 1980, durante a tentativa de contatar bandos dispersos da tribo paracanã, bem ao leste do estado do Pará. Um dos batedores quebrou o tornozelo, obrigando a uma parada de dez dias até que o homem pudesse andar sozinho, ainda que mancando. À medida que a expedição caçava na mesma região, dia após dia, a caça diminuía. O tédio se instalou, além da inquietação.

Isso já seria bastante ruim, mas, aqui, uma parada prolongada estava fora de questão. Daria motivo para os flecheiros acharem que tínhamos vindo tomar as terras deles e tempo suficiente para reunirem forças para nos atacar. Por outro lado, uma evacuação rápida seria praticamente impossível; não havia qualquer lugar para pousar um helicóptero, nem mesmo a remota possibilidade de chamar algum. Entendi as palavras de Possuelo como uma advertência nada sutil: evite se machucar a qualquer custo. Respirei fundo e reuni todo o meu poder de concentração, sabendo que escorregar significaria mergulhar nas águas rasas e lamacentas, com uma série de possíveis resultados, poucos deles auspiciosos. Passo a passo, meus pés calçados com as botas avançaram pela superfície escorregadia do tronco. A meio caminho, segurei o corrimão, mas rapidamente percebi que não era firme o bastante para proporcionar qualquer apoio real; o suporte era mais psicológico.

— Bravo, Scott! — exclamou Possuelo, segurando minha mão quando cheguei do outro lado. — Você conseguiu!

Senti-me exultante como um jovem iniciado recém-aceito no primeiro círculo de uma ordem secreta. Depois que todos tinham cruzado a ponte e se reagrupado do outro lado da água, Possuelo consultou a bússola e apontou o caminho para Soldado e Raimundo. Mais uma vez, os facões foram erguidos e atacaram as vinhas e o mato denso. Não havia trilha a ser seguida, era preciso apenas ir em frente, abrindo caminho pela selva.

"Quando falamos em expedição, não estamos nos referindo a uma visita a alguma aldeia, cujo caminho é conhecido, cuja picada esteja aberta e o tempo de viagem previsto", escreveu Possuelo num memorando interno de 1981, que descrevia o básico da exploração em terras de tribos isoladas.[2] "Falamos em romper a selva densa e fechada, tendo por guia a ponta imantada de uma agulha a indicar uma direção geral." Estávamos seguindo a sua receita ao pé da letra, até mesmo este detalhe curiosamente poético do memorando, descrevendo a tensão emocional da caminhada: "Sentir que cada passo nos isola mais do conhecimento, transportando o coração pesado de saudades dos que amamos."

Na subida, após cruzarmos a ponte, fiquei atrás de Orlando, próximo à dianteira da coluna. Agora, desprovido de seus cachos esvoaçantes, ele usava um boné estranho virado para trás; parecia saído de uma farda militar para deserto, com copa alta e aba curta, como o de um oficial da divisão africana de Rommel. Os bíceps bronzeados explodiam das mangas curtas de uma camisa cáqui apertada, e ele carregava uma mochila lotada, além de uma .22.

Não levou muito tempo até nosso caminho ser bloqueado por outro rio. Seguimos pela margem, a coluna em fila indiana, procurando uma maneira de atravessar. O reflexo prateado da água brilhava à esquerda em meio aos ramos e trepadeiras pendendo do alto das árvores. Agora eu estava logo atrás de Nicolas, o sexto ou sétimo homem da coluna em cuja dianteira iam Soldado e Raimundo, cortando a mata. Subitamente, gritos abafados chegaram até nós vindos lá da frente, seguidos do trovejar de uma espingarda. Corremos para a frente, sem saber o que esperar. Encontramos Soldado, Possuelo e Raimundo no alto do barranco, olhando para uma enorme árvore que tinha caído por conta própria, atravessada no rio e criando uma ponte natural até o outro lado. Soldado tragava profundamente o cigarro, as mãos trêmulas. Sua advertência fora profética, ele acabava de se esquivar de uma jaracuçu mortal. A cobra deu o bote no momento em que ele descia a encosta para verificar a ponte. Quase o acertara no rosto. Enquanto ela fugia, Possuelo disparara contra ela com a arma de Raimundo e errara. Ele estava justamente devolvendo a espingarda para Raimundo quando nós chegamos.

— Essa passou perto — disse Soldado com um resmungo impassível. — O veneno mata. Conheci gente que morreu da picada dessa cobra.

Os artigos médicos da expedição incluíam um soro antiofídico genérico. Mas não seria de muito uso caso a cobra mordesse Soldado na jugular.

— Poderia ter sido bem ruim — disse Possuelo concordando com a cabeça.

A eficácia do soro antiofídico dependia da quantidade de veneno injetada pela cobra, mas mesmo uma cobra filhote teria toxina suficiente para matar um homem adulto. A jaracuçu é parente da jararaca, conhecida pela hiperagressividade e por ser a cobra que mais matou seres humanos na América do Sul.[3] Aquela foi a experiência mais próxima da morte que Soldado já vivera em seus 43 anos no mato, disse. Ele sacudiu os ombros e se juntou a Raimundo no tronco, limpando os galhos com golpes surdos de facão. Em seguida, começamos a atravessar, um a um. A árvore tinha caído junto à margem, mas o tronco aterrissara no alto da margem oposta, por isso a travessia equivalia a subir por uma longa rampa, cerca de 20 metros até o outro lado. Não havia corrimão. Eu acabara de juntar minhas coisas em cima do tronco quando gritos soaram do lado de lá da correnteza:

— *Mata a filha da puta!*

Mais uma vez, um tiro ecoou.

Segui pela ponte, ansioso para saber o que estava acontecendo. Quando cheguei do outro lado, uma outra cobra jazia numa moita de mato junto aos pés de Possuelo, o sangue escorrendo da cabeça. Seu corpo amarelo e marrom continuava a se contorcer com os últimos vestígios de vida. Tinha atacado no momento em que Possuelo desceu da ponte. Txema Matis a tinha visto com o bote armado e disparou um tiro preciso, na distância exata para desviar o disparo das pernas de Possuelo, perto o suficiente para deixar a cobra dentro da linha de tiro. Ele pensara incrivelmente rápido, e executara o tiro com destreza.

— Muito obrigado — ofegou Possuelo, secando o suor da testa e enfiando o chapéu de volta na cabeça.

Presumi que fossem cobras diferentes, a que atacara Soldado e essa outra, e fiz uma brincadeira dizendo que eram as "guardiãs da ponte". Mas Orlando disse:

— Era a mesma cobra, estou dizendo. Vi quando ela atravessou o rio e veio para cá, atrás da gente.

Pesquisadores já tinham descoberto algumas evidências preliminares sugerindo um vínculo evolucionário entre as cobras e algumas de nossas habilidades cognitivas mais avançadas.[4] Nossa visão aguçada, a habilidade de distinguir as cores primárias e a capacidade do cérebro humano de sentir medo evoluíram juntas ao longo de milhões de anos para sobreviver a cobras cada vez mais mortíferas, dizem, em algo parecido com uma "corrida armamentista biológica" entre primatas e serpentes. Eu estava inclinado a acreditar, a julgar pela descarga instintiva de adrenalina quando avistava qualquer forma que remotamente sugerisse uma serpente enrolada no chão da floresta. No quesito visão, provavelmente eu era um exemplo de espécie dependente de suporte vital, tão distante de nossas origens na floresta que não teria sobrevivido aqui por uma hora sem os óculos.

Após o episódio da cobra, resolvi me manter próximo à vanguarda da expedição. Eu precisava manter Possuelo sob constante observação, para captar seus comentários gerais e acompanhar suas reações à selva com toda a plenitude da imprevisibilidade. Quando retomamos a caminhada do outro lado do rio, me posicionei logo atrás de Possuelo. Serpenteamos por túneis claustrofóbicos de mato alto, ramos baixos e trepadeiras pendentes. Nicolas aproveitava meus menores lapsos para passar a minha frente. Trocamos de posição, ora na frente, ora atrás, numa trégua instável. Ele precisava estar junto a Possuelo também, insistiu, especialmente no caso de um contato súbito e inesperado com os flecheiros, no meio da floresta. Ele precisaria capturar esse momento histórico: a tentativa de Possuelo, a mão estendida, os índios com olhos arregalados, a tensão do contato.

Um encontro fortuito era improvável, mas não totalmente sem precedentes. Um dos "primeiros contatos" mais antigos de Possuelo havia se dado dessa forma, mais de 25 anos antes. Ele liderava um grupo de exploradores com o colega sertanista Wellington Gomes Figueiredo para investigar relatos sobre índios isolados no alto do rio Quixito, na ponta noroeste do Javari.[5] Os índios estavam entrando às escondidas nos acampamentos dos madeireiros e arrancando os botões das roupas dos lenhadores, aparentemente para usar como ornamentos. Isso foi ainda na época em que a diretiva da Funai era fazer contato, quando os madeireiros e outros exploradores das matas ainda tiveram fortes motivos para relatar esses encontros para a agência: os sertanistas eram despachados para tirar os índios bravos das matas e deixá-las seguras para suas operações. A equipe da Funai foi dar uma olhada. Encontraram pegadas na selva e as seguiram.

— Mais acima, encontramos um sujeito encostado numa árvore, segurando uma zarabatana comprida — contava Possuelo enquanto caminhava. — Nós nos aproximamos bem devagar. Você não sabe o que vai acontecer, se você está prestes a receber um dardo no peito ou não.

Havia cerca de 15 índios no grupo, todos completamente nus, exceto por braçadeiras de ráfia e protetores nos pênis, o traje tradicional para os homens protegerem suas partes íntimas enquanto correm pela selva. A equipe de Possuelo avançou com as mãos para cima, sorrindo e cantando; na floresta, apenas os inimigos se aproximavam em silêncio. O homem baixou a zarabatana lentamente. Eles tentaram se comunicar, mas apesar de terem índios de três tribos diferentes na equipe de contato, não conseguiram se entender. A única coisa que confirmaram era que esse era o mesmo grupo de índios a quem os madeireiros chamavam de mayá.

O contato foi pacífico, mas marcadamente diferente de uma clássica campanha de atração, projetada para atrair os índios lentamente até um posto da Funai. Os sertanistas estavam no meio da floresta selvagem, e os dois lados estavam temerosos. Temendo alguma traição, os mayás insistiram em dormir vigiando Possuelo e Figueiredo quando a noite caiu, braços e pernas a postos. Os sertanistas descobriram ser impossível extrair alguma história dos índios — se tinham parentes em algum lugar, se pertenciam a uma tribo maior sobrevivente ou se eram os únicos sobreviventes. Quando partiram, dois dias depois, lhes deram presentes: um facão, uma faca, alguns machados, um punhado de botões. Os mayás pareciam ter alguma familiaridade com as ferramentas, o que levou Possuelo a concluir que tinham pegado mais coisas além de botões dos madeireiros ao longo dos anos. Ele esperava que o encontro marcasse o início de um relacionamento duradouro.

— Quando nos despedimos, apontei para o céu e expliquei que voltaria depois que o sol nascesse e se pusesse trinta vezes e a Lua mudasse uma vez.

Mas, nesse ínterim, Possuelo entrou em choque com seu comandante, um militar que "enfiava o nariz em tudo", e foi transferido do Javari. Os mayás nunca mais foram vistos, apesar de rumores não confirmados sobre um massacre que pode tê-los dizimado.[6] Possuelo se lembrava de um rapaz entre os índios que não tinha um olho. Então, quando surgiram relatos vagos décadas mais tarde sobre um grupo de nômades vagando pelo alto Quixito que incluía um homem com um olho ferido, ele ficou se questionando.

— Poderia ser a mesma pessoa, agora mais velha? — perguntou Possuelo. — Às vezes penso nisso.

* * *

O meio da tarde se aproximava e comecei a pensar em quanto tempo levaria até Possuelo encerrar a marcha do dia. Eu estava exausto, encharcado da cabeça aos pés pelos lodaçais, chuva e suor. Nos arrastamos por igarapés com água pelos joelhos e nos embrenhamos de volta para a floresta sombria. O terreno ficava cada vez mais difícil: morros mais inclinados, descidas mais íngremes, mais lama, mais tombos.

E então, da maneira mais simples e inesperada, descobrimos ter entrado nas terras dos flecheiros. Numa pequena clareira, várias folhas de palmeira estavam espalhadas pelo chão sob uma grande árvore, algumas paralelas às outras, outras na perpendicular, de maneira tão intencional que era possível ver por trás do arranjo as mãos de seres humanos. As folhas estavam marrons, mas ainda não ressecadas, e marcadas na vertical, da maneira como um corpo deixa marcas no colchão de um hotel barato.

— Eles dormiram aqui — disse Possuelo, apontando para as folhas de palmeira.

— Há quanto tempo? — perguntei.

— Não muito. Alguns dias, provavelmente. Nesta estação, com certeza.

Enquanto estávamos lá, examinando o lugar onde estranhos haviam dormido, parecíamos policiais invadindo um local onde nenhum crime fora cometido. Não muito longe, encontramos os restos de um fruto de palmeira de cor preta avermelhada, chamado patauá, espalhados em meio às folhas secas no chão. Eram pequenos, com uma polpa carnuda em volta de um caroço do tamanho de uma azeitona. Havia vários mastigados e cuspidos.

— Devem ter trazido de algum outro lugar — disse Soldado, os olhos castanhos sondando os galhos acima de nós.

Ele enrolou um cigarro rapidamente e o enfiou na boca.

— Não tem pé de patauá aqui.

De algum lugar das copas, veio o grito agudo de quatro notas de um capitão-do-mato. O canto ecoou pelas árvores contra o zumbido surdo dos grilos e cigarras.

— Capitão-do-mato — confirmou Soldado.

O canto voltou a soar e, na distância, veio uma resposta idêntica, mais fraca, sobrepondo-se como um eco a se perder por um longo canhão.

— Ei, olha isso aqui! — chamou Ivan Arapá com voz abafada, a 10 metros de distância.

Com seu típico sorriso no rosto, Ivan estava em pé sobre o que parecia ser uma gaiola tosca, em formato de cone, feita com uma dúzia de varas de um metro cravadas na terra úmida e amarradas no alto com cipós.

— Para jabuti — sugeriu.

— Ou para qualquer tipo de bicho — Possuelo concordou com a cabeça. — Cutia, talvez, ou pequenas aves para levar para casa e criar.

O sol rompeu as nuvens, e uma suave luz amarela fluiu pelos ramos quebrados. Ele inspecionou o cenário ao redor, coçando a barba. Provavelmente, um acampamento noturno para uma família a caminho de um local de pesca mais permanente, supôs. Possuelo olhou para algum ponto além das árvores que nos cercavam, como se direcionasse o olhar através de um espelho, focalizando a uma grande distância, no tempo e no espaço.

— Esses índios estão muito próximos da situação em que Vespúcio os encontrou — declarou, a voz tomada por admiração e encantamento. — Vivem da caça, pesca e coleta.

Encontrar esses vestígios das tribos isoladas era a energia vital do trabalho de Possuelo, e era difícil não compartilhar seu entusiasmo. Se houvesse alguma coisa parecida com uma viagem no tempo, isso seria o mais próximo a que conseguiríamos chegar. Quinhentos anos de história do mundo não haviam tocado essas pessoas. E caso tivessem, fora apenas superficialmente. Aqui estávamos nós, no alvorecer do terceiro milênio, o mundo mais interligado a cada dia. Comunicações instantâneas, códigos de barras e indivíduos rastreados a partir de teclados, do nascimento à morte, câmeras de vigilância e antenas parabólicas brotando em todos os telhados. No entanto, aqui na floresta, os nômades andavam a pé, obtendo o sustento diário inteiramente da terra, das árvores e dos rios, como os seus antepassados tinham feito por milhares de anos, seus nomes desconhecidos para nós, mesmo o nome de sua tribo.

— São os flecheiros? — perguntei.

— É um grupo indígena que podemos presumir serem os flecheiros — afirmou Possuelo. — Estamos no território deles, agora.

Ou estávamos muito próximos de seus limites, de qualquer modo, à beira de sua "zona de perambulação", a região da floresta que consideravam como sua, pela qual andavam durante os meses de verão.

— Ao seguirmos em direção à maloca previamente marcada no GPS — explicou Possuelo —, sabemos quando chegamos à periferia do território deles, a ponto de encontrar os primeiros vestígios de presença. Em vez de prosseguir em direção à aldeia, vamos agora começar a desviar para o sul e para o leste, procurando traçar os seus limites ao longo do caminho.

Retomamos a marcha, eu nos calcanhares de Possuelo, mais alerta do que em qualquer outro momento do dia. Não estávamos mais andando pela terra de ninguém, como ele chamava. Tínhamos entrado numa floresta que pertencia a um outro povo. Ao lado de uma grande excitação, era difícil não nos sentirmos invasores cujo avanço nos colocava sob sérios riscos, talvez até com consequências fatais. Poucos minutos depois, Possuelo parou e pegou um galho fino que fora quebrado, mas não totalmente arrancado, a cerca de um metro do chão, mais ou menos no nível em que as mãos de uma pessoa ficariam ao caminhar. O galho, que já fora reto, estava virado quase em ângulo reto, como um cotovelo, mas eu jamais o teria visto se Possuelo não chamasse minha atenção.

— É uma *quebrada* — disse.

Ele aproximou o rosto para examinar o ramo partido com seus olhos arregalados. Era um galho jovem e tenro, quase um graveto. A *quebrada* era o ponto onde uma pessoa casualmente, mas de maneira intencional, dobrava o galho entre o polegar e o indicador, fazendo com que se partisse.

— Os índios as vão deixando enquanto caminham pela floresta — explicou Possuelo — como pontos de referência, para saber por onde passaram.

Ele imitou a ação, balançando os braços ao caminhar e quebrando alguns galhos em ramos baixos. De repente, fez muito mais sentido. Na verdade, Raimundo e Soldado faziam algo semelhante para marcar nosso próprio caminho. Eles não quebravam os galhos, mas usavam os facões para cortar os caules de brotos jovens que nasciam pelo caminho, com cortes precisos, em ângulos afiados. Faziam isso mesmo ao passar por trechos mais limpos, em terreno plano. Em parte, era por reflexo — com um facão nas mãos, o instinto manda usá-lo —, mas também era uma forma de deixar marcas claras à esquerda e à direita da trilha que estavam abrindo, para que mesmo os que vinham lá no final da coluna, que se estendia por 1 ou 2 quilômetros, pudessem se manter na rota. Nesse processo, estavam deixando um rastro de espetos afiados da altura do joelho, mas essa não era a questão.

Embora eu tivesse perdido quase todas as quebradas por que passamos no emaranhado confuso da folhagem, rastreadores experientes como Possuelo não só as identificavam, mas também determinavam com surpreendente precisão — pela cor da madeira, o ressecamento, o crescimento da casca sobre a área quebrada — há quanto tempo os galhos tinham sido quebrados. Possuelo avaliou que as quebradas tinham alguns meses.

— Não foram os mesmos índios que dormiram lá atrás. Um grupo diferente, em outro momento.

Até então, nenhuma das marcas era suficientemente fresca para indicar alguma proximidade dos flecheiros. Prosseguimos sem nos alarmar.

Com o passar do dia, cruzamos um terceiro grande igarapé, mas dessa vez a ponte de tronco começava a mais de 9 metros da água, e fazia uma curva para baixo quando a alcançava, portanto tínhamos água pelo tornozelo antes de percorrermos dois terços da travessia. Foi até relativamente fácil em comparação com os desafios anteriores, mas, depois de atravessar, encaramos um barranco de uns 10 metros, quase vertical e coberto de lama escorregadia. Devo ter proporcionado um belo espetáculo, pois ouvi muitas gargalhadas quando finalmente consegui chegar ao topo, içado pela mão de Soldado.

— *Escop!* — alguém gritou outra variação comum do meu nome entre os expedicionários. — O homem da selva!

A dose de ironia nessas palavras não era pequena, mas eu conseguira passar por três rios e chegara são e salvo ao final de nosso primeiro dia de marcha pela floresta. Entrei a passos largos no palco imaginário para receber os aplausos e me curvei profundamente diante dos gritos de prazer.

Mesmo no alto do barranco, a lama escorregava sob nossas botas.

— Toda esta terra estava debaixo d'água há pouco tempo — disse Possuelo.

Era difícil imaginar. Olhei para o rio, 10 metros abaixo. Significava que enormes pedaços da floresta ao redor de nós, incluindo o chão sobre o qual pisávamos, estavam cobertos por um vasto campo de água poucas semanas antes. Embora ainda estivesse úmido, Possuelo considerou o chão seco o bastante e suficientemente livre de insetos para montarmos a base noturna. Eram quase quatro da tarde. O sol já começava a se aproximar da copa das árvores, mas ainda faltavam umas duas horas para o crepúsculo.

Logo a floresta ressoou com as batidas surdas dos machados e o tinir dos facões dos homens limpando o mato, abrindo as lonas e pendurando as redes. Uma fogueira ganhou vida, a madeira úmida estalando e chiando, a fumaça penetrante subindo em rolos através dos galhos sobre nós. Os irmãos José e Chico, junto com Raimundo e o magricelo e agitado Amarildo, formaram uma equipe para construir os bancos em torno do fogo, usando estacas cravadas no chão como suportes verticais e depois amarrando traves horizontais com cipós. Tocos menores eram então posicionados para proporcionar uma superfície mais lisa para sentarmos.

Mas uma hora inteira se passou até que Alfredo e Wilson emergissem do mato com nossas bolsas, os últimos andarilhos a chegar da marcha diária. Nicolas e eu estivéramos andando por ali, estapeando mosquitos, incapazes de montar as barracas sem as nossas coisas. Possuelo, que acabava de pendurar seu mosquiteiro quando o par arrastou-se clareira adentro, olhou-os fixamente, mas não disse nada. Suas expressões de indiferença pareciam beirar o desafio.

— Alfredo, preciso de você aqui quando eu chego, não uma hora mais tarde — disse-lhe.

Seus olhos moveram-se de um lado para outro, praticamente sem encontrar os meus. Ele arriou a mochila, desembainhou o facão e começou a trabalhar. Com a ajuda de Alfredo, finalmente consegui ajeitar o meu espaço e desci para tomar banho. Uma escada já havia sido instalada, descendo até a água, que estava clara, com um tom sépia, carregada do ácido tânico da decomposição da vegetação. Minha pele brilhou com uma tonalidade laranja quando deslizei nu sob a superfície. A corrente era surpreendentemente rápida. Enxaguei-me para lavar o suor e a sujeira, ruminando sobre os eventos extraordinários do dia: as emoções das travessias das pontes, as cobras, as vespas, a lama. E o mais importante, os primeiros sinais de que tínhamos penetrado na terra dos flecheiros.

Mas o sentimento de realização era temperado por maus presságios. A marcha em si era extenuante e anunciava dificuldades. Possuelo e Raimundo haviam tido um conflito. Eu não tinha como deixar de me perguntar o que poderia resultar daquilo. Nada de bom, isso eu sabia. Havia também a lentidão dos nossos carregadores. É verdade que eles levavam cargas pesadas. Mas era assim com todos os outros. Não era apenas um inconveniente, envolvia uma questão mais ampla de segurança. Dois retardatários poderiam ser vítimas fáceis de índios bravos insatisfeitos com a invasão de seu santuário.

CAPÍTULO 11

As cabeceiras

Por mais cedo que eu acordasse, nunca era cedo o suficiente. Os homens já estavam desmontando o acampamento quando saí da minha rede. Senti um aperto no peito, remordendo como alguma doença que devorasse a carne. Mauro e Paulo Souza fizeram o chamado para o café da manhã, e uma fila se formara à espera de uma xícara de café adoçado e um naco de pão de milho fresco. Possuelo estava inteiramente vestido e praticamente terminara de arrumar suas coisas. Toda manhã, ele fazia seus preparativos de maneira deliberadamente resoluta e silenciosa, guardando a lona dobrada na mochila com um floreio extra, como se alguém pudesse estar assistindo. Ele olhou em volta e percebeu meu olhar, ergueu a sobrancelha numa espécie de saudação, mas não disse nada.

Alfredo apareceu por entre as árvores para soltar minha lona e trazê-la para baixo. Trabalhamos sem falar, e quando terminamos de dobrá-la, Possuelo chamou Alfredo. Prossegui com a arrumação, os ouvidos atentos às palavras de Possuelo.

— É perigoso ficar para trás — ouvi-o dizer.

Ele fingiu puxar uma flecha no arco e apontou para Alfredo.

— Os flecheiros podem matar você! De agora em diante, vocês precisam acompanhar o grupo! Entendeu?

Era impossível dizer se ele tinha registrado. Alfredo concordou com a cabeça, sua expressão prussiana inescrutável, os olhos jamais encontrando os de Possuelo. Ele se afastou indiferente, o tapete de folhas farfalhando sob seus passos. Possuelo colocou a mochila nos ombros.

— Paulo! — ele chamou Welker. — Vamos botar o pessoal para andar! Verifique se ficou tudo limpo por aqui! E cuidado com o final da coluna! Mantenha os canamaris na sua frente!

Seguíamos agora uma rota para o leste, via nordeste, e, após conferir a bússola, ele indicou o caminho para Soldado e Raimundo. Eles mergulharam na selva, os facões brilhando, e eu ia me arrastando logo atrás.

Na noite anterior, eu tinha mergulhado a camisa e a calça enlameada na água e passado um pouco de sabão, e depois ficara quase duas horas secando-as no fogo, junto com as botas. Cinco minutos após deixarmos o acampamento, já estavam encharcadas de suor novamente. Assim como meus pés, encharcados num riacho muito largo para ser ultrapassado com um salto. Começamos uma subida íngreme. O tapete de folhas sobre o chão foi rapidamente varrido para os lados pelos primeiros andarilhos, expondo uma perigosa trilha de terra vermelha lamacenta. Era impossível encontrar qualquer jeito de firmar o pé. Apoios para as mãos eram igualmente escassos. Avançando de quatro, apoiei-me numa árvore para me erguer, apenas para descobrir que era coberta de espinhos.

Levei meia hora para chegar ao topo da colina, onde a floresta ficava mais esparsa. O sol saiu, com raios brilhantes e dourados cobrindo o chão da mata. Recuperamos o fôlego e começamos a descida, por uma encosta igualmente íngreme, com cerca de sessenta graus de inclinação. Um a um, descemos cuidadosamente, segurando o impulso de árvore em árvore, ora segurando numa muda, ora num cipó ou num galho, buscando segurança em qualquer coisa que pudesse impedir nossa queda, rezando para que resistisse ao nosso peso e não fosse coberta de espinhos pontiagudos. Tarde demais, certa vez, agarrei-me a uma árvore e um espinho de 8 centímetros perfurou a pele entre o polegar e o indicador, saindo pelo outro lado. Amaldiçoei o dia em que Oliver Payne ligou para mim, lançando minha vida numa desordem total e me levando a este lugar tão remoto e inóspito que apenas pessoas totalmente desesperadas e determinadas a resistir a quinhentos anos de conquistas eram capazes de transformar num lar.

Acabamos chegando ao pé da colina, junto a um riacho suave de águas escuras. Era transparente na beirada rasa, onde o chão arenoso brilhava com uma cor laranja sob a correnteza agitada e gradualmente desaparecia nas profundezas obscurecidas. O ar estava pesado, com cheiro de fungos e decomposição. O chão era de uma umidade esponjosa, mas nos deixamos cair assim mesmo. Como já haviam feito em inúmeros regatos antes, os homens mergulharam suas canecas na água e beberam sofregamente. Agitei a água morna do meu cantil, tratada com comprimidos clorados, e desatarraxei a tampa. A garrafa exalou um odor químico, mistura de cheiro de piscina com instalação de tratamento de esgoto.

— É seguro beber água aqui? — perguntei a Possuelo.

— Estamos nas cabeceiras dos rios — respondeu ele. — Se existe um lugar na Terra onde é seguro beber água, é aqui. Não tem água mais limpa em nenhum outro lugar.

Estávamos no ponto onde nasciam quatro rios — o Itaquaí, o Jutaí, o Jutaizinho e o Jandiatuba. Todos acabavam por se juntar ao veio principal do Amazonas, cada um seguindo um curso tortuoso, serpenteando em diferentes graus para o norte ou nordeste até chegar lá. Os trechos que separavam a bacia de cada um, como peças interligadas de um confuso quebra-cabeça, cobriam as encostas e vales que estávamos cruzando.

As cabeceiras. Nascentes dos rios. Onde a vida surgia. Envoltas em mistério. Sagradas. Lugares remotos, de acesso quase impossível. O desafio de chegar à fonte original de qualquer rio sempre pareceu atrair os aventureiros para longe das planícies e de suas populações enlouquecidas, em viagens ao passado, rumo a selvagens alturas primordiais cobertas de névoa. No entanto, aqui, as águas não brotavam do degelo glacial, um fio de água deslizando entre pedras manchadas por liquens, por prados alpinos varridos pelo vento. Aqui, a água brotava da terra em torno de nós, acumulando-se em poças entre a camada de folhas marrons. Corria pela areia em pequenos regatos, formava poças maiores, que, por sua vez, alimentavam riachos tortuosos seguindo para outros maiores, onde eu agora mergulhava a caneca e a levava aos lábios. A água era fresca e doce.

— Esqueça aqueles comprimidos — prosseguiu Possuelo. — São uma perda de tempo. Na Amazônia, a gente bebe direto dos rios.

Ele não se incomodou em só me contar mais tarde, quando já não importava mais, que sofria de um problema gástrico incurável.

Uma borboleta brilhante e iridescente voejou por perto, do tamanho da minha mão aberta, a maior borboleta que eu já vira. Planou pelo ar, bateu as asas rapidamente, voltou a planar. Desceu pelo riacho, abrindo e fechando as asas hipnóticas a cada dois ou três segundos, depois deu a volta, como se brincasse conosco. Observamos, fascinados. A presença desta linda e frágil criatura aqui era tão prodigiosa que ela parecia ser uma emissária de outro mundo.

— É uma Morpho — disse Nicolas, a câmera nos olhos num esforço fútil para conseguir uma foto.

Ele começara a usar um boné amarelo desde que deixáramos os barcos, a aba virada para trás para que pudesse trabalhar com a câmera sem obstruções.

— Em Nova York, os colecionadores pagam até 100 dólares por exemplar.

Não eram apenas os índios que haviam encontrado um refúgio seguro nestes bosques; inúmeras outras espécies ameaçadas também se abrigaram lá. *O que os flecheiros poderiam esperar de nós*, pensei, *de uma civilização que profanava o sagrado, devastava a floresta e transformava em mercadoria uma obra de arte delicada e voejante como aquela?*

* * *

Encontramos mais sinais dos flecheiros à tarde, no momento em que cruzávamos outra ponte de tronco. Ivan Arapá e Tepi Matis decidiram atravessar por dentro da água, em vez de cruzar a ponte, e se depararam com rastros na praia.

— Vejam! — gritaram da praia, apontando para as pegadas que levavam a uma série de escavações com a areia acumulada ao lado. A praia parecia ter sido tomada por um cão bagunceiro, escavando ossos enlouquecido.

— Estavam procurando ovos de tracajá — disse Possuelo. — É a época do ano. Parece que já chegaram até aqui. Vamos torcer para não cruzar com eles.

A preocupação era real. Provavelmente, tinham desenterrado os ovos de tartaruga há pouco tempo, na semana anterior, no máximo. Basicamente, estávamos transeccionando seus domínios, cortando a terra dos flecheiros em linhas tão retas quanto permitia o terreno, do ponto A ao ponto B e em seguida ao ponto C, cada ponto representando um acampamento noturno. Desta forma, estávamos cruzando áreas anteriormente percorridas pelos flecheiros em pontos aleatórios. Podíamos estar interceptando as trilhas do mesmo grupo em diferentes intervalos, deparando-nos com rastros de grupos totalmente distintos que se movimentaram pela floresta em diferentes momentos do passado, ou as duas coisas. O truque, segundo Possuelo, era evitar uma interseção espacial e temporal — em outras palavras, um contato.

Eu suspeitava que todo mundo na expedição tinha sua própria ideia de como seria esse contato, caso ocorresse. Mas, por ora, mesmo os mais obscuros pensamentos sobre os flecheiros ficavam em segundo plano diante do terreno que nos castigava, do sofrimento crescente e do imperativo da sobrevivência. Os homens escorregavam, caíam sobre espinhos dilacerantes, sangravam, xingavam ao tomar pé de novo, trêmulos sob os fardos pesados. Nosso curso conduziu-nos por incontáveis morros escorregadios, cada um de nós agarrando-se pelo caminho para chegar ao topo, centímetro por centímetro, engatinhando, desesperados para firmar o pé, tentando nos segurar em qualquer coisa que suportasse nosso peso — uma raiz para fora, um broto — ou que pelo menos aguentasse por tempo suficiente para mais um passo antes de buscar outro apoio. Um passo em falso ou um erro de cálculo podia desfazer em segundos o que levara 15 ou 20 minutos para ser obtido, a gravidade arrastando-nos de volta ao ponto de partida, deixando-nos com a frente completamente coberta pela lama. Era como se estivéssemos nos agarrando ao caminho por um gigantesco terrário vaporoso, um enorme laboratório onde o processo evolutivo continuava a se desdobrar a cada minuto, fazendo brotar uma incessante variedade de estranhas criaturas mortais e plantas venenosas, todos encerrados num aterrorizante combate pela sobrevivência.

Até mesmo Possuelo se surpreendeu com a ferocidade do terreno.

— O pior que já vi — reconheceu, segurando-se para respirar após meia hora lutando para chegar à crista da montanha.

O que tornava o caminho tão tortuoso, explicou, era o fato de estarmos cruzando o divisor das águas — a área que separava os quatro diferentes sistemas dos rios. Ele pegou o mapa para se localizar. Por mais reto que nosso percurso pudesse parecer quando traçado entre os pontos dos acampamentos noturnos, a realidade era bem diferente. Ele secou a testa com a manga da camisa e examinou a floresta, como se tentasse decifrar os segredos ocultos por trás da folhagem que cobria todas as direções.

— Eu preferia estar trabalhando com um mapa melhor, na escala de 1:100.000, por exemplo.

Assim, disse ele, seria possível marcar um curso que contornasse as subidas mais árduas e algumas das descidas mais traiçoeiras. Nas circunstâncias, seu mapa com escala de 1:250.000 proporcionava detalhes suficientes apenas para uma boa suposição, mas não para uma decisão fundamentada sobre o caminho que deveríamos seguir.

— Poderíamos ter escapado disso tudo se pudéssemos ver os contornos.

Poderia ter sido um mero problema burocrático. Ainda assim, dava a medida do desprezo com que muitos membros do governo federal, especialmente entre os responsáveis pelos orçamentos, tratavam a Funai e sua missão de proteger as populações indígenas do país. Mas, no final, a conclusão era a mesma: não havia fundos suficientes nos cofres da agência para os equipamentos de que seus exploradores mais dedicados necessitavam para cruzar os domínios mais selvagens e menos conhecidos do continente.[1]

Mesmo o GPS de Possuelo, uma ferramenta essencial para a navegação na selva, fora pago com fundos da União Europeia, não pelos contribuintes brasileiros.[2] O fato de que funcionava apenas ocasionalmente, quando encontrávamos uma falha na cobertura da floresta grande o bastante para enxergar os satélites geoespaciais em órbitas distantes, não diminuía seu valor. Além do rádio de comunicação e do telefone via satélite, ambos igualmente inúteis sob a copa das árvores, aquele era o único outro equipamento com o qual contávamos que representava um progresso significativo em relação à tecnologia disponível para Lewis e Clark, os históricos exploradores que cruzaram a América do Norte de leste a oeste no início do século XIX. Na tarefa de proteger os índios afastados, o GPS era uma ferramenta indispensável; era preciso marcar as malocas e registrar suas coordenadas antes de uma zona de proteção ser estabelecida para impedir as invasões. Era igualmente importante para a atual missão de Possuelo poder rastrear a extensão de seus deslocamentos. O fato de que o financiamento de um equipamento tão importante viesse de fontes estrangeiras dava a medida do crescente compromisso da comunidade internacional com a proteção das florestas tropicais remanescentes em países com restrições orçamentárias e sinalizava a profunda ambivalência que dividia o Brasil na questão da preservação *versus* a exploração de seus recursos naturais. Também deixava Possuelo e seu quadro de sertanistas vulneráveis aos ataques dos interesses comerciais e da direita radical, que os viam como marionetes de interesses estrangeiros nefastos para manter o Brasil mergulhado na Idade das Trevas.[3]

Quaisquer que fossem as fontes de financiamento do GPS, ele de nada servia para aliviar a dureza da marcha. Os brancos pareciam estar passando pelas maiores dificuldades, começando a trocar olhares de esguelha longos e soturnos, bufando em meio à respiração ofegante.

— Não é justo — disse Raimundo. — Estou carregando esta merda toda e ainda abrindo a trilha.

Estava quase murmurando, como se estivesse indeciso entre falar consigo mesmo ou querer ser ouvido. Possuelo parou e arregalou os olhos, furioso.

— É um pouco tarde demais para voltar a Tabatinga a essa altura, você não acha? — disse, escarnecendo. — Se não quer ficar na frente, vá lá para trás! Troque de lugar com alguém que esteja levando uma carga *realmente* pesada. Você acha que está carregando muito peso? Você vai saber o que é uma carga pesada de verdade, eu juro!

Raimundo conteve a língua, mas seus olhos baixos e a sobrancelha contraída diziam tudo: *Eu matava esse filho da puta se tivesse como me safar.*

* * *

À medida que o segundo dia avançava, o desespero crescia. Precisávamos parar. Tínhamos comido todo o porco-do-mato na noite anterior e não sobrara nada para esta noite, portanto os homens precisavam de tempo para ir caçar antes do pôr do sol. A parada de que precisávamos — com chão relativamente plano e seco e uma fonte de água próxima — mostrava-se desesperadoramente evasiva. O avanço mostrava-se cada vez mais esmagador, até descermos a muito custo uma última encosta e nos deparamos com um ribeirão borbulhante, de água cristalina, que corria em meio a uma clareira fresca e verdejante. Uma árvore morta tombara através da ravina estreita, possibilitando uma travessia segura.

— Foi feito para nós! — disse Possuelo.

De fato, as fadas não poderiam ter conjurado um local mais perfeito. Aqui e ali, enorme troncos cobertos de limo erguiam-se como colunas góticas sustentando a abóbada lá no alto. Uma luz verde amarelada dançava pelo chão da floresta. Seguimos o regato por mais 20 metros, até uma piscina natural onde o riozinho fazia uma curva fechada para a esquerda.

— Vamos acampar aqui — anunciou Possuelo.

Os primeiros homens a chegar começaram a limpar o local. Soldado e Raimundo largaram as mochilas, pegaram as armas e desapareceram pela floresta em busca do nosso jantar.

O resto da coluna ainda estava chegando, os homens cambaleando sob suas cargas, quando o primeiro tiro abafado ressoou na distância: *BUM!* Foi seguido por outro e mais outro, ecoando pela floresta, novos disparos sobrepondo-se aos ecos. Ao autorizar Soldado e Raimundo a caçar com as espingardas, Possuelo devia pensar que os flecheiros estavam muito distantes para que o som da explosão dos disparos chegasse a seus ouvidos. Todos os índios isolados, disse ele, compreendiam o significado do barulho de uma arma: *Tem branco por aí*. Podiam saber por experiência direta — eles mesmos alvos das balas — ou pelo relato de outros. Tais eram as nuances sutis do que para uma tribo significava permanecer "sem contato". Não era que eles tivessem se mantido hermeticamente fechados para o resto do mundo, mas sim que tivessem vivido as invasões como uma forma de terror, do qual fugiram.

Escolhi um lugar para a minha rede entre duas árvores fortes, logo acima da piscina. Alfredo ainda não tinha chegado, então, sem esperar para montar minha barraca, despi-me e desci para o banho. A piscina era uma maravilha da natureza. Uma rede de raízes entrelaçadas formava uma parede vertical que descia sob a superfície, direto até o fundo de areia firme, um metro e meio abaixo. Entrei com a água na altura do peito, sabão e lâmina de barbear pousados na beirada da água, na altura dos meus olhos. A água era tão clara que eu via meus pés no fundo, com um tom rosado e alaranjado pelo tanino. Nunca em minha vida um banho foi tão bem-vindo.

Fiz a barba pela primeira vez em dias. Lavei a camisa, as botas, as duas bandanas, até mesmo o boné e as calças cobertas de lama, depositando os trajes limpos na beira d'água.

O acampamento principal ganhava forma dos dois lados do ribeirão, com a fogueira central do outro lado da ponte, oposto ao local que escolhi para a minha rede. Possuelo estava próximo, pendurando a rede e o mosquiteiro, cantarolando alegremente para si mesmo. Reconheci a melodia: "New York, New York". *Start spreading the news*. Se estava aborrecido com os acontecimentos do dia, não dava qualquer sinal disso. *I'm leaving today*. Parecia completamente alheio ao descontentamento que crescia entre os membros da expedição. O terreno inclemente, a obscuridade contínua da selva e as bizarras mudanças de humor haviam se associado para gerar um mal-estar generalizado entre os brancos, a impressão de estarem se afastando terrivelmente da rota, rumo a um local para onde não desejavam ir, liderados por uma pessoa que eles não queriam seguir. Sob as circunstâncias, não parecia totalmente descabido considerar a possibilidade de deserções, ou até mesmo de rebelião declarada.

O potencial de afastamento violento pelas mãos de descontentes dissimulados é uma realidade que assombra qualquer comandante que já tenha liderado expedições por rumos desconhecidos. Algumas vezes, a liderança é fraca, indulgente. Em outras ocasiões, o abuso tirânico é um convite para a conspiração. Fatores adicionais entram na equação: a magnitude da distância, a intensidade das privações e do isolamento, o clima extremo. Tudo combina para afrouxar as restrições que mantêm os homens unidos na sociedade civil. Como as pessoas, a expedição pode se romper sob a pressão e se autodestruir.

Eu me sequei, vesti o short e caminhei até a barraca de Possuelo, pensando em obter algumas impressões sobre suas ideias a respeito de motins — partindo do abstrato e trabalhando em direção ao contexto muito específico e premente da atmosfera lúgubre que baixara sobre a expedição. Encontrei-o sentado de lado na rede, tomando notas, envolto pela tela do mosquiteiro. Pareceu um pouco surpreso — e satisfeito — com a minha visita, olhando por cima dos óculos de leitura. Afastou a tela do mosquiteiro e saudou-me.

— Scott! A que devo a honra?

Conversamos um pouco sobre a caminhada, a lama, sua vaga esperança de que as condições melhorassem nos próximos dias. Ele estava tão gentil que eu quase esqueci o meu propósito. Acabei por mencionar o baixo moral que tomava conta dos brancos e questionei-me em voz alta se uma abordagem mais suave não se mostraria um fator de motivação mais eficaz.

Ele franziu os olhos profundamente, como se jamais tivesse considerado uma reflexão tão descabida.

— Não — disse secamente —, esta situação exige mão firme.

À exceção de Soldado, disse, todos esses brancos recrutados eram uma lamentável coleção de desajustados e chorões. Ele não tinha escolha. Longe iam os tempos em que era possível contar com um suprimento imediato de mateiros experientes e resistentes para preencher as fileiras de suas expedições. Mas apenas os brancos o incomodavam; os índios não eram problema. Faziam o que lhes era pedido e nunca se queixavam. Possuelo acreditava que eles tinham uma tolerância muito maior ao desconforto.

— Lembra daquele sujeito? Aquele que mandei embora no rio? — perguntou ele.

Referia-se a Francisco, o sujeito que revirava os olhos e fora demitido sumariamente e mandado de volta com o *Waiká* e o *Kukahá.*

— A melhor coisa que eu fiz — disse ele, como se tivesse amputado um membro gangrenado que colocava toda a expedição em risco. — Os homens mais perigosos são os que não nos confrontam diretamente. Falam pelas costas e espalham o descontentamento.

Certa vez, há muito tempo, um guia deliberadamente conduziu a expedição em círculos após ser admoestado por uma ofensa sem importância. Assim que Possuelo percebeu o que estava acontecendo, tirou a arma do homem e mandou-o para o final da coluna, pelo resto da jornada.

— Assim que você chama a atenção de um dissidente, tem que ficar de olho nele — disse num sussurro, como se me envolvesse num manto de cumplicidade. — Esse é o cara que vai tentar te sabotar.

Seus olhos fixaram-se nos meus como faróis percorrendo um naufrágio em busca de possíveis escolhos. Eu sabia o que ele ia dizer a seguir, antes mesmo de começar.

— Esse sujeito, Raimundo? Pode apostar que vou observá-lo bem de perto.

Ele se levantou da rede e se espreguiçou. Olhou para as sombras crescentes ao redor. Achei que a conversa estivesse encerrada e me virei. Mas ele fez com que tudo soasse razoável.

— Estar no meio da floresta é muito parecido com estar no meio do oceano — disse ele, a voz retornando aos níveis normais de decibéis, parando os meus passos. — Claro que existem diferenças. No mar, você pode ver a grandes distâncias. Você tem o horizonte, as estrelas, o sol.

A desorientação na selva era muito pior, disse, já que a maioria das vezes não se pode ver nenhum pedaço do céu.

— A pessoa tem a sensação de estar abafada, sufocada, claustrofóbica.

Esse era o sentimento exato. O que achei particularmente desconcertante foi o comportamento errático do próprio Possuelo, como ele mantinha toda a expedição no limite, carrancudo num momento e logo em seguida cantarolando "New York, New York", como um pássaro soltando seu canto.

No final, Possuelo considerou que no mar provavelmente era pior. Talvez nada fosse comparável ao terror absoluto de ser jogado para cima e para baixo por ondas de 30 metros, arrastado por ventos com a intensidade de furacões em pequenos botes salva-vidas, como os homens de sir Ernest Shackleton no oceano Antártico. Ainda assim, as expedições tropicais produziram sua própria cota de histórias de horror, desde o misterioso desaparecimento de Fawcett ao motim de Lope "El Loco" de Aguirre, há quatrocentos anos, que resultou numa orgia de sangue derramado.[4] Era difícil imaginar as coisas chegando a esse ponto no nosso caso. Mas bastaria uma fração de segundo em que a sede de sangue prevalecesse para que a situação saísse completamente do controle. Uma vez ultrapassado esse limite, não havia caminho de volta, e quem poderia prever os acontecimentos ou aonde a coisa iria parar?

Alfredo e Wilson finalmente adentraram o acampamento. As admoestações de Possuelo haviam sido novamente ignoradas, mas ele não disse nada. Alfredo largou minha mochila e começou a trabalhar. Preparou a trave e amarrou-a às árvores. Jogamos a lona por cima, esticamos e amarramos suas pontas. Desta vez tivemos algumas novidades: folhas de palmeira espalhadas sob a rede, formando uma espécie de tapete, junto com uma plataforma simples improvisada, consistindo em meia dúzia de gravetos dispostos lado a lado sobre o chão úmido, onde eu poderia deixar a bolsa da câmera. Agradeci a Alfredo. Ele acenou rigidamente com a cabeça e se afastou para se juntar ao companheiro canamari.

Eu tinha começado a secar minhas roupas numa pequena fogueira quando Nicolas chamou:

— Scott! Você tem que ver isto!

Olhei para a fogueira principal, do outro lado do regato. Os homens estavam reunidos em torno de Soldado e Raimundo e, a distância, pareciam estar vestindo casacos de pele.

— Vamos ter macacos para o jantar!

Peguei minhas câmeras e corri atrás de Nicolas, que já estava fotografando quando cheguei à ponte.

Havia sete macacos barrigudos ao todo, maiores do que qualquer outro que eu já tinha visto, com pouco mais de um metro, da cabeça aos pés. Tinham pelo marrom-claro brilhante, que ficava mais escuro ao longo dos membros e da cauda. Soldado e Raimundo seguravam-nos aconchegados, quase como se fossem crianças. Os braços longos pendendo frouxamente dos lados lembravam-me um bicho de pelúcia que comprei certa vez para Mackenzie. Tinham os rostos contraídos em caretas cheias de dentes afiados e pontiagudos, os olhos castanhos abertos, aparentemente fixos em algum lugar muito além da copa das árvores.

Os caçadores depararam-se com uma família inteira, algo entre quarenta e cinquenta, balançando nos galhos.

— Estavam lá no alto — disse Soldado. — Precisamos de alguns tiros para derrubá-los.

Mesmo após baleados, Raimundo acrescentou solenemente, dois dos macacos agarraram-se aos galhos, recusando-se a cair.

— Estavam gritando — disse-me, murmurando de lado.

Imaginei se poderia existir algo mais sobre Raimundo do que eu supunha, se ele poderia ser bem mais sensível do que as circunstâncias especiais de sua cultura machista de homem da fronteira amazônica permitiriam deixar transparecer com segurança.

Ele entregou os macacos aos matises. Ivan Arapá e Tepi mergulharam os animais em grandes caldeirões de água fervente, com pele e tudo. Deixaram que fervessem por um tempo, depois puxaram-nos para fora e começaram a raspar o couro. Puseram-nos de volta nas panelas, repetindo o processo diversas vezes. Por fim, os corpos estavam despelados, rosados e nus. Mauro tinha uma tarefa ainda mais horripilante. Com o facão, separava toscamente braços e pernas em pedaços grandes.

— Nunca me acostumei com isso, sr. Scotch — disse ele, torcendo o ombro de um animal para fora da articulação.

Um cigarro pendia dos lábios apertados, uma nuvem de fumaça envolvia seu rosto, como se tivesse cerrado uma cortina sobre si mesmo para se desconectar da carnificina para a qual tinha sido convocado. Era assustador — a visão daqueles macacos empilhados uns sobre os outros, parecendo meia dúzia de crianças nuas, desmembradas e colocadas para ferver. E nós iríamos comê-los.

Quando o jantar foi servido, já passava das 21h30. Muitos tinham se recolhido em suas redes. Agora, o chamado se espalhava pelo acampamento, em matis, canamari e português, junto com o bater de colheres nos pratos. Como zumbis em transe, os homens lentamente emergiram da escuridão, rostos mal-humorados e cansados no brilho pálido alaranjado do fogo. Fizeram fila para receber um naco de carne de macaco, servido por Mauro e Paulo Souza, acompanhado de arroz e farinha, coberto com uma concha de caldo. Comemos em silêncio. Com o polegar e o indicador, peguei do prato meu pedaço de primata, rasgando a carne com os incisivos. Era a única maneira de comer, pois não havia nenhum lugar onde se pudesse apoiar a tigela, o que permitiria usar as duas mãos para cortar o pedaço corretamente. A carne era dura e emborrachada. Tinha um sabor forte, penetrante, e o cheiro era nauseabundo. Mas eu não tinha comido quase nada durante todo o dia, aquilo seria o nosso sustento, não sabíamos de onde a próxima refeição poderia vir.

CAPÍTULO 12

Lições de biologia

O SOL DA TARDE JÁ ESTAVA BAIXO, e novamente lutávamos para encontrar um local adequado para acampar. O chão ou estava muito molhado ou não era suficientemente nivelado. Ou não era perto o suficiente de uma fonte de água. Era o nosso quarto dia na selva desde que deixáramos os barcos. Tínhamos atravessado mais rios e subido mais montanhas. Mauro mantinha a contagem: uma média de 16 morros por dia. Dezesseis cruéis subidas, 16 descidas traiçoeiras. Tínhamos visto mais sinais dos flecheiros, principalmente galhos partidos, ou *quebradas*, que sinalizavam o movimento de pequenos grupos pela floresta. Não víamos o sol, a não ser por uma luminescência difusa que mal conseguia penetrar até o solo da floresta. Estávamos molhados, sujos, exaustos, famintos. Finalmente, saímos do mato em uma ampla clareira cortada por um riacho sinuoso. Parecia bastante convidativo, com água abundante e solo relativamente sólido.

— Vamos parar aqui — Possuelo anunciou, com uma decisão que encerrava antecipadamente qualquer discussão.

Os homens largaram as mochilas, aliviados diante da perspectiva do final de mais um dia. Pegaram os facões e se puseram a trabalhar. Mas alguma coisa estava errada. Tepi e Ivan Arapá ainda não tinham se desfeito de suas cargas. Falavam de um lado para outro, apontando para as árvores.

— *Isamarop* — disseram em matis.

Depois, em português:

— Mal.

O restante dos matises se juntou a eles, o julgamento coletivo erguendo-se entre eles, como um coro:

Isamarop. Isamarop. Nada bom.

— Qual é o problema? — perguntei.

— *Tracuá* — disse Tepi, ainda apontando para o alto das árvores.

— *Tracuá* — repetiu Ivan.

Segui a direção para onde apontavam os dedos, mais de 20 metros até o alto das árvores, onde vários troncos eram engolidos por enormes protrusões bulbosas. Eram, como me foi dado entender, o ninho das tracuás, uma raça especialmente maligna de formiga carpinteira. As formigas tinham evoluído em um relacionamento simbiótico com diversas espécies de plantas aéreas — bromélias, orquídeas, filodendros — cultivando lindos jardins no alto das árvores.[1] Com uma substância semelhante a papelão que a tracuá produz pela digestão da madeira e do solo, ela constrói ninhos suspensos no alto das árvores, onde incrusta as sementes, que brotam e ancoram os ninhos nos troncos e galhos altos. As formigas obtêm um abrigo seguro bem acima do chão da floresta.[2] As plantas contam com jardineiros que as protegem tenazmente de qualquer tipo de distúrbio.

O que nós estávamos prestes a obter era um pequeno pedaço do inferno. Simplesmente amarrar a corda de uma rede ao tronco de uma árvore onde havia um ninho de tracuás era um convite ao tormento. Pelo que víamos, poucas árvores na clareira pareciam livres das pestes perniciosas.

Possuelo não se intimidou.

— Limpem o mato — ordenou. — Vamos ficar.

Realizei uma inspeção rápida e escolhi um par de árvores sólidas que pareciam livres da infestação. Passei as cordas da rede em torno delas, como se fossem postes numa doca, e amarrei-as. No momento em que me virei para pegar o resto das minhas coisas do chão, minha mochila fervia com as formigas pretas de cabeça grande. Chamei Alfredo de volta e fiz com que improvisasse uma mesa onde eu pudesse depositar minha bagagem, na esperança de que as formigas desistissem. Mas rapidamente elas iniciaram uma marcha determinada subindo pelas pernas da mesa. Pela primeira vez desde o início da caminhada, recorri à fonte preciosa de Repellex; a emergência que eu vagamente antecipara havia chegado. Apliquei o aerossol pelas pernas da mesa. Só então uma visão ainda mais angustiante chamou minha atenção: formigas em bando avançavam pelas cordas da rede, seguindo em fila única, como equilibristas numa corda bamba, com a intenção de invadir a própria rede. Corri para aplicar o repelente, encharcando uma faixa de quase 10 centímetros de corda de cada lado da rede, bombeando o spray. As formigas pararam, as antenas se agitando, hesitaram ao menos por um momento diante da barreira química. Em seguida, vi-as tomarem conta da trave, atravessarem a lona azul até passar para baixo dela e seguir por cima da rede. Rapidamente apliquei mais Repellex nas duas extremidades da trave. Alfredo acendeu um punhado de madeira fumarenta na base das árvores. A fumaça subindo pareceu retardar um pouco mais o avanço.

Em torno da fogueira, onde os homens aguardavam o jantar, todos se sentavam nos bancos com as pernas encolhidas para o alto, os calcanhares contra as nádegas. Com a disponibilidade de bancos limitada pelo pouco espaço, recolhi-me de volta à rede para esperar o chamado para o jantar. Quando chegou, baixei os pés nos chinelos, que o hábito me fizera deixar no chão, diretamente abaixo de mim. Imediatamente fui atacado por dezenas de formigas. Elas retribuíram meus esforços frenéticos para varrê-las com novos ataques nas mãos e pulsos. Fui aos pulos até a mesa de três pernas onde peguei meu prato e colher, as mãos e tornozelos começando a inchar.

O jantar foi um momento sinistro: macaco, uma vez mais, cozido em nacos cinzentos, duros e cartilaginosos. Todos comeram e se retiraram para suas redes. Até mesmo Possuelo chamou o lugar de inferno na manhã seguinte, enquanto se apressava para arrumar suas coisas.

* * *

Engolimos o café e enchemos a boca com o pão de milho ao mesmo tempo que executávamos novas ações evasivas, pisoteando e dançando para manter as formigas a distância. Isso me lembrou uma história que li quando criança, disse a Possuelo, que estava sentado perto do fogo, catando meticulosamente as tracuás nas pernas nuas e catapultando-as a esmo pela clareira. Chamava-se *Leiningen Versus the Ants* [Leiningen contra as formigas], uma daquelas primeiras experiências de leitura formativas que modelaram minha impressão da Amazônia como um lugar assustador, estranho, governado por forças inescrutáveis maiores do que a mente humana poderia conceber.³ Na história, um fazendeiro estrangeiro no Brasil enfrenta uma onda de formigas-correição se aproximando de sua propriedade. O gado era comido inteiro, as árvores, desfolhadas. Seus empregados, tomados pelo pânico, refugiaram-se na mansão de Leiningen, de onde ele ordenou que cavassem uma série de fossos concêntricos cheios de água. As formigas pararam na borda do primeiro fosso, uma massa enorme, se contorcendo. E então, como que possuídas por uma inteligência singular demoníaca, começaram a subir umas nas outras, criando uma ponte viva, segurando-se pelas mandíbulas e patas para que a horda pudesse passar. Continuaram a avançar. Quando tudo parecia perdido, o fazendeiro encheu o último fosso com óleo e incendiou-o. O flagelo foi interrompido e o desastre, evitado.

— É verdade — disse Possuelo, esmagando uma formiga atrás do antebraço. — Elas convergem em massa, como gafanhotos, e começam a se deslocar pela selva. Uma vez tive que abandonar uma casa no Xingu porque as formigas estavam chegando. Elas comeram tudo: baratas, sapos, plantas, tudo. Deixaram para trás apenas ossos e cascas.

Possuelo era assim. Não havia quase nada que disséssemos que ele já não tivesse experimentado, ou pelo menos afirmasse ter experimentado, em algum momento. Onças, sucuris, pestilências de todo tipo, Possuelo tinha dez histórias para cada uma que surgisse à noite, sob a luz bruxuleante da fogueira. Como algumas noites atrás, quando Orlando me chamou do outro lado do acampamento:

— Scott, vem cá!

Após quase três semanas juntos, eu sabia que, quando eu era convocado por Orlando, provavelmente era para ver algo muito estranho ou nojento: um escorpião descomunal, o ferrão do tamanho de uma agulha hipodérmica, ou um macaco que os índios tinham despelado da cabeça aos pés, deixando os olhos intactos dentro das órbitas.

Ao me aproximar, Orlando apontou para uma enorme aranha preta, peluda como um lobo. Só o corpo tinha cerca de 8 centímetros de comprimento, e, mesmo encolhidas, as pernas cobriam uma área do tamanho de uma laranja grande. Com um golpe do facão, Orlando cortou a aranha em dois e jogou os pedaços no fogo.

— É preciso cuidado com essas aranhas — disse Possuelo, que observava de sua rede nas proximidades. — São chamadas de aranhas-caranguejeiras. Basta tocar no pelo delas para pegar infecções muito feias, muito difíceis de curar.

Orlando ouvia atentamente, os grandes olhos castanhos fixos no pai. Certa noite, durante sua busca pelos índios paracanãs, vinte anos antes, na mesma viagem em que o batedor quebrou o tornozelo, Possuelo e seus homens foram assolados por uma invasão de aranhas-caranguejeiras.[4] Bandos dispersos de paracanãs tinham evitado contato depois que a rodovia Transamazônica começou a penetrar sua terra natal, trazendo uma enxurrada de fazendeiros e garimpeiros.[5] Mais de um terço do grupo sucumbiu à gripe e à malária. Os sobreviventes ficaram divididos. Alguns aceitaram o contato com a Funai e se submeteram aos medicamentos do homem branco. Mas outros desconfiaram de que as injeções na verdade eram a causa e não a cura para as doenças que se espalhavam.[6] Eles se viram espremidos por todos os lados, o avanço da fronteira empurrando-os para as terras de seus tradicionais inimigos, os caiapós e arauetés.[7] Os conflitos se seguiram. Em 1983, a situação era terrível. Ao longo das décadas, os caiapós haviam adquirido um arsenal formidável de Winchesters calibre .44, e estavam prontos para usá-lo.[8]

— Os paracanãs teriam sido aniquilados, não por brancos, mas por outros índios — disse Possuelo. — Era uma emergência.

Rapidamente ele partiu numa campanha para contatar os bandos errantes de paracanãs, antes que provocassem a própria destruição. A assim chamada Frente de Penetração perseguiu os índios profundamente pela várzea, as áreas inundadas ao longo do rio Iriri. As chuvas torrenciais já tinham aberto a estação. As águas subiam por todo lado.

Certa noite, acamparam num pequeno trecho de terreno elevado, uma ilha que encolhia sob o avanço das águas.

— Era um lugar horrível — lembrou Possuelo. — Todo tipo de criatura imaginável estava lá, tentando escapar do dilúvio.

Eles não perceberam até o anoitecer que, entre as criaturas, havia legiões de aranhas peludas.

— Ao anoitecer, elas começaram a descer das árvores, por todo o lugar, arrastando-se pelos troncos abaixo. Subiam pelas cordas de nossas redes. Era como um filme de terror.

Os homens as golpeavam, mas as aranhas continuavam vindo. Então eles amarraram panos embebidos em gasolina em torno dos troncos das árvores que seguravam as redes. Após uma noite sem dormir, mantendo as aranhas a distância, ficaram aliviados ao seguir em frente, na primeira luz, assim como nós agora.

Possuelo ergueu a mochila e partiu, desaparecendo na passagem entre a vegetação aberta por Soldado e Raimundo do outro lado do acampamento. Orlando e Nicolas os seguiram logo atrás. Eu estava ansioso para me juntar a eles na frente da coluna, mas, enquanto eu me apressava para partir, Paulo Welker entrou na minha frente, com o dedo pressionado nos lábios.

— Shhhhh! — sussurrou. — Escute!

A princípio, não ouvi nada além do coro do zumbido dos insetos. Então, meus ouvidos detectaram uma leve sugestão de melodia, cada vez mais alta. Parecia alguém tocando notas aleatórias em uma flauta, agudos intercalados com graves. A não ser pelo fato de que o que parecia aleatório repetia-se várias vezes, até eu discernir um padrão recorrente.

— É o pássaro uirapuru — disse Welker. — Ninguém nunca o vê. É muito raro até mesmo ouvi-lo. Os índios dizem que você vai ser abençoado no dia em que ouvir o uirapuru cantar.

Ao som da música evocativa do pássaro invisível, com uma intensa luz amarelada colorindo o chão da floresta, colocamos nossas cargas nos ombros e mergulhamos no matagal.

A exaustiva marcha morro acima e abaixo recomeçou. O esforço da subida era extenuante, mas havia pouco a se comemorar quando se chegava ao topo. Perigos ainda maiores nos esperavam na descida. Após cinco ou seis homens terem se arrastado ao longo do caminho na sua frente, a cobertura de folhas era desfeita e o chão virava uma sopa traiçoeira de lama vermelha escorregadia. Logo que iniciei a primeira descida do dia, escorreguei com os dois pés. Caí de costas sobre um caule cortado momentos antes, uma ponta afiada deixada por Soldado ou Raimundo enquanto marcavam a trilha. Senti a ponta afiada atravessar minha mochila e rasgar a camisa. Foi parar exatamente abaixo da escápula. Fiquei caído ali, atordoado. Nicolas voltou correndo colina acima.

— Sydney! — gritou. — Scott está ferido!

Meus olhos se arregalaram, sem piscar.

— Você está bem?

Ele puxou minha mochila de lado e levantou minha camisa.

— Parece tudo bem — disse.

Milagrosamente, o espeto mal perfurou a pele. Havia um machucado desagradável, que já começava a ficar azul-arroxeado. Naquele momento, Possuelo já estava lá, junto com Orlando. Cada um me pegou por um braço e me ajudaram a levantar.

— Scott! — exclamou Sydney. — Quase perdemos você! Consegue andar?

Minhas costas começavam a travar. Mas eu estava vivo, e apoiado em meus próprios pés. Abaixei-me para passar o polegar ao longo da borda do caule pontiagudo. Era um assassino de 3 centímetros de diâmetro, na altura do joelho, onde um corte limpo fora feito pelo facão afiado como um sabre. Se tivesse caído em um ângulo ligeiramente diferente, uma pequena fração de centímetro a mais, eu teria sido diretamente empalado através das costas. Senti um calafrio e decidi suportar toda a sujeira, o suor e os insetos. A partir de então, eu iria tolerar a fome, o cansaço e a privação, cerrar os dentes nas longas subidas, escorregar sobre meu traseiro nas longas e íngremes descidas. Sem queixas. Apenas faça-me chegar em casa em segurança, eu rezava. Poupe-me de um ferimento grave. Farei o que o Senhor quiser, o que quer que o Senhor diga. É uma promessa.

Surpreendi-me por meus pés estarem indo tão bem, sob as circunstâncias. As botas de lona eram muito grandes, mas estavam confortáveis. O mesmo não podia ser dito das botas de couro que eu tinha descartado, como descobri ao passar por Márcio Canamari. Ele baixou a mochila e tirou as botas, mostrando as bolhas de aparência desagradável nos dois calcanhares. Sorriu tristemente para mim, e eu encolhi os ombros, me desculpando. Ainda assim, sentia-me grato por não estar com elas nos pés. O desconforto já era suficiente.

Passamos por um trecho limpo de floresta, sem vegetação rasteira, apenas um tapete espesso de folhas em decomposição cobrindo o chão.

— Scott, olha só isso! — disse Nicolas com um grito abafado.

Olhei na direção que ele apontava, mas não vi nada. Forçando os olhos, percebi um movimento brusco nas folhas. Era um sapo do tamanho de um punho, mas a camuflagem era notável: chifres pontudos sobressaíam dos ombros e ancas, da mesmíssima forma e cor das folhas em que repousava.

— Se tivéssemos tempo suficiente, poderíamos estudá-lo e identificá-lo — disse Nicolas com uma risada.

Provavelmente estava certo, mas não tínhamos tempo. Seguimos em frente, nos esforçando para manter o ritmo na vanguarda da coluna.

Segui Nicolas por cima de uma árvore caída no meio do caminho. Ele a deixou para trás numa passada, mas tinha pernas mais longas que as minhas e considerei o movimento muito arriscado. Em vez disso, executei a manobra da cadeira giratória, sentando-me sobre o tronco, passando as duas pernas por cima e seguindo em frente. No momento em que empurrei o tronco para me afastar, senti um golpe na base do dedo. Droga! Sangue na palma da minha mão. Uma outra picada nas costas da mão. Olhei para o tronco. Estava tomado por formigas com a aparência mais bizarra que já vi: corpos de marfim, brilhantes cabeças vermelhas com grandes mandíbulas brancas que combinavam com o tórax. Talvez fosse outra espécie ainda não descrita pela ciência. O Javari continua a ser um dos maiores e mais ricos locais em variedade de espécies, e um dos pontos biológicos menos explorados da Terra.[9] Lamentei a ausência de um botânico ou de um entomologista que pudesse interpretar as maravilhas — e os horrores — biológicas que testemunhávamos por todo lado. Provavelmente, ele poderia ter feito numerosas descobertas para a ciência.

Tais descobertas ainda poderiam demorar muito a acontecer, enquanto Possuelo mantivesse sua influência na região. Ele teria gostado, imaginei, de deixar todo aquele território além dos limites da pesquisa científica para todo o sempre. Parecia guardar uma desconfiança inerente da ciência, ou talvez fosse mais correto dizer que depositava pouca confiança em seus praticantes. Com demasiada frequência, a investigação científica serviu para reforçar a dominação de poucos privilegiados em detrimento de muitos. Antropólogos submeteram sociedades tradicionais a estudos degradantes das práticas de parentesco e de acasalamento, como se fossem ratos de laboratório cujo comportamento poderia ser previsto, talvez mesmo controlado, uma vez que uma linha de base de dados empíricos fosse estabelecida e analisada.[10] O trabalho raramente beneficiava as tribos que colocavam sob o microscópio, se é que algum dia houve qualquer benefício. Os geólogos sondavam o subsolo com dispositivos acústicos em busca de riquezas petrolíferas e minerais, que acabariam sendo usurpadas dos índios, e suas terras saqueadas no processo. Sem dúvida, havia muitos cientistas dedicados à pesquisa desinteressada, pelo bem da humanidade. Mas como saber quem era amigo e quem era inimigo, quem estava procurando uma cura para o câncer a ser compartilhada com o mundo inteiro e quem estava querendo piratear os segredos biológicos da selva e pateteá-los com fins particulares?

Mas senti que havia algo mais: uma profunda e visceral desconfiança atuando na mente de Possuelo — algo que o fazia afastar qualquer um que pudesse ter um conhecimento mais profundo do que o dele. Possuelo realizava-se ao discorrer sobre os assuntos na presença dos subordinados. Fiquei com a impressão de que ele não queria por perto ninguém que pudesse desafiá-lo como quer que fosse: *Bem, Sydney, na verdade não é bem assim.* Ele não queria ouvir isso.

Não obstante, estávamos verdadeiramente no paraíso dos biólogos, ou estaríamos, caso houvesse um deles na expedição. Havia uma diversidade inesgotável de espécies, de todo e qualquer filo imaginável, no chão sob nossos pés, nas árvores crescendo sobre nossas cabeças — quem entre nós poderia dizer o que era e o que não era conhecido da ciência?[11] Isso valia tanto para a vida vegetal como para os insetos e animais. Cada acre [cerca de 0,4 hectare] da floresta amazônica ocidental tem uma média de 250 árvores de pelo menos oitenta espécies diferentes.[12] Em comparação, uma floresta típica da América do Norte raramente tem mais de vinte espécies em um único acre.[13] Havia árvores baixas, com folhas carnudas e palmares que esbarravam em nós como mãos esticadas, samaúmas gigantes sustentadas por enormes raízes entre as quais famílias inteiras poderiam se abrigar, e cipós enroscados que liberavam toxinas usadas pelos nativos por suas capacidades psicotrópicas e médicas. Não estávamos tão longe dos pés da cordilheira dos Andes, onde os biólogos evolucionários acreditavam que a súbita elevação das montanhas provocara uma diversificação desenfreada de espécies, única na história natural do planeta.[14] Assim como o sapo que parecia ter chifres semelhantes a uma folha morta, muitas espécies evoluíram com camuflagens elaboradas que as tornavam praticamente invisíveis.

Outras tinham desenvolvido peles venenosas, além de cores berrantes, para afastar os predadores. Algumas criaturas ainda apresentavam as mesmas cores, mas sem o veneno, como a imitação deliberada de suas contrapartes exuberantes, ainda que mortais. Lagartas cabeludas com brilhantes desenhos pretos, brancos, amarelos e vermelhos palmilhavam ao longo dos troncos e galhos.

— Não toque! — alertou Soldado. — Os pelos são venenosos. Não tem cura.

Uma minúscula perereca verde fluorescente com patas enormes e aspecto desajeitado agarrava-se à beira de uma folha, os dedos equipados com o que pareciam ser ventosas em miniatura.

— Tenha cuidado — disse Possuelo. — Nunca se sabe o que pode acontecer quando se toca uma dessas.

Um pesquisador que ele conhecera havia manuseado uma perereca das árvores com as mãos nuas durante explorações nas selvas do Pará.[15] Voltou com uma doença debilitante que o levou à morte.

Possuelo podia desconfiar dos cientistas, mas havia uma semelhança inegável entre o seu trabalho e o de um biólogo que procura proteger o habitat de uma espécie ameaçada. O movimento de conservação, principalmente o renomado biólogo George Schaller, há muito tempo usa a "megafauna carismática" — mamíferos de grande apelo, como leões ou pandas, que capturam a imaginação do público — para galvanizar o apoio à criação de santuários de proteção. Possuelo não estava usando os flecheiros para um efeito semelhante, aproveitar uma espécie rara e exótica com uma finalidade similar? Eu esperava que ele rejeitasse a pergunta, mas a ideia pareceu deixá-lo intrigado.

— Nós criamos parques nacionais para salvar os animais, por que não fazê-lo para os seres humanos? — perguntou. Mas, em essência, acrescentou, esta não era uma luta por animais, mas pelos direitos dos seres humanos. — Esse é o fundamento do meu trabalho — disse. — Luto pelos direitos humanos daqueles que sequer sabem que direitos humanos existem.

De qualquer modo, a ideia não era isolar os índios para sempre do mundo exterior, mas permitir que escolhessem se e quando queriam fazer contato. Eles poderiam fazer contato se quisessem, disse Possuelo. Bastava descer qualquer rio para encontrar o caminho da civilização. O fato de os flecheiros, assim como outras tribos, não terem feito isso era uma mensagem bastante clara: queriam ser deixados em paz.

* * *

O ar estava pesado com o cheiro de podridão e decomposição. Logo abaixo da cobertura de folhas, uma massa intrincada de fios brancos colados ao solo fino entremeava-se por todos os lugares com as raízes das árvores. Os micélios de fungo, como são chamados, oferecem um gasoduto de minerais cruciais para as árvores que, de outro modo, seriam lavadas pelas chuvas.[16] São uma das razões pelas quais os solos dessas florestas são tão pobres, totalmente impróprios para agricultura em grande escala, mas ainda assim capazes de sustentar árvores gigantes, que nos fazem parecer anões enquanto tropeçamos em suas raízes. Em outro tronco caído, dezenas de cogumelos em forma de funil brotaram na madeira podre, cheios de água da chuva como delicadas taças de champanhe. Era como se uma mesa de banquete estivesse posta para uma festa de elfos. Aqui e ali, fachos de luz atravessavam a escuridão como um projetor em uma sala escura, iluminando com seus raios redemoinhos de partículas suspensas no ar. Eu me perguntava o que estaríamos respirando, e se algum dia, no futuro distante, eu iria parar numa cama de hospital cheio de tubos, cercado por equipes de especialistas pulmonares intrigados com a minha rara condição. Os próprios pronunciamentos de Possuelo de pouco serviam para dissipar minhas fantasias paranoicas.

— Tem muitos fungos perigosos aqui — disse ele, enquanto uma trepadeira puxava meu chapéu, soltando uma nuvem de esporos cinza. Fiz o possível para não respirar até nos afastarmos da zona.

— As pessoas ficam muito doentes. Não se sabe quase nada sobre eles. Ainda estão por ser estudados.

Uma coisa era certa: os habitantes da floresta entre nós detinham um amplo conhecimento da flora que encontramos. Pouco mais à frente, Soldado agarrou um cipó espesso, com uma casca grossa que pendia do alto, como uma enorme jiboia. Era cipó titica, disse ele, descendo da copa para enfiar suas raízes no chão da floresta.

— Ele nasce quando a tucandeira morre. As patas dianteiras crescem lá do alto até o chão — disse, com absoluta convicção da verdade. Uma infusão feita com esse cipó, acrescentou, cura a maioria das mordidas de cobra. — Você conta nove nós, corta e coloca para ferver. Bebe e a febre vai embora.

A tucandeira, que em inglês é conhecida como *bullet ant*, ou formiga-bala, é a mais desagradável de todas, pior do que as temíveis tracuás.[17] Medindo cerca de 4 centímetros, essa criatura é equipada não só com afiadas mandíbulas em forma de foice, mas também com um ferrão na ponta do abdômen que injeta uma toxina capaz de colocar um homem adulto em choque, tomado pela febre. As formigas são usadas por várias tribos em ritos sagrados de passagem, em que os iniciados são expostos a dezenas de picadas nos braços, peito e rosto. As mandíbulas em pinça da formiga também são objeto de uma utilização engenhosa para suturas em campo, lacerações fechadas por uma série de picadas da tucandeira. Uma vez que uma formiga trava suas pinças sobre a ferida, sua cabeça se solta do tórax, deixando a sutura no lugar.

Provavelmente não foi por acaso que as propriedades curativas do cipó titica passaram a ser associadas à tucandeira. Nas sociedades pré-letradas, ricas em tradição oral, como as habitadas por índios e até mesmo por alguns ribeirinhos, onde o conhecimento é transmitido de uma geração a outra codificado em fábulas, faria sentido achar que a poderosa tucandeira poderia combater o veneno mortal da serpente — e que informações vitais como essas viriam envolvidas em relatos claros, facilmente disponíveis para serem lembradas.[18]

Quase todos os anciãos e xamãs matises morreram nas epidemias que se seguiram ao contato, levando com eles grande parte do saber armazenado da tribo.[19] Mesmo assim, os matises haviam salvado ao menos parte do conhecimento das plantas medicinais e psicotrópicas.

— Ah, o que os matises estão fazendo por lá vale a pena observar — disse Possuelo, quando fizemos uma pausa para um almoço leve de macaco defumado e farinha de mandioca, ao meio-dia.

— Vamos dar uma olhada.

Em uma clareira atrás de nós, os matises estavam agachados em um círculo ao redor de Kwini Marubo, que moía raspas de casca sobre uma folha de palmeira verde. Com água, preparou uma massa maleável, como massa de pão. Enrolando a massa sobre a folha, acrescentou mais água. A folha foi então dobrada e amarrada com uma trepadeira fina. Quando terminou, Kwini segurava um conta-gotas caseiro, carregado com uma infusão que escorria pela ponta afiada como uma agulha esperando por uma veia aberta.

Um a um, os matises se ajoelharam diante de Kwini. Ele levantou uma pálpebra e depois a outra, espremendo uma gota de cada vez do suco contido na folha em seus olhos arregalados. Cada um que recebia o tratamento apertava os olhos e fazia uma careta, esfregando alternadamente as coxas e cantando de maneira entrecortada e convulsiva para os espíritos da floresta: *Grande veado correndo, formigas rápidas no chão.* Tepi assumiu o procedimento quando Kwini se ajoelhou para receber as gotas e continuou administrando a poção para todos os canamaris, marubos, vários dos brancos, até mesmo Possuelo. Enquanto eu observava as contorções faciais e ouvia os gritos de agonia ressoando pela floresta, descartei qualquer intenção de participar. Era uma coisa dos índios, pensei, e parecia doloroso demais para valer a pena. Eu duvidava de que os corredores lineares desta mente ocidental pudessem ceder a ponto de se beneficiar desse antigo ritual indígena. Além disso, eram os *meus* olhos, o que eles estavam fazendo parecia arriscado demais para ser considerado. Mas os matises não aceitariam um não como resposta.

— Scotchie, venha! — acenou Tepi.

— Scotchie, Scotchie! — ecoou o outro matis, com os olhos agora abertos, as lágrimas escorrendo pelo rosto.

Eu não tinha escolha. Prostrei-me diante de Tepi, fitando um rosto absolutamente sereno. As estrias tatuadas, os falsos bigodes de onça, os ternos olhos castanhos, tudo saiu de foco quando o conta-gotas surgiu em primeiro plano, suspenso como a espada de Dâmocles sobre meu olho. As gotas caíram como fogo líquido. Deixei escapar um rugido. Parecia que meus olhos haviam sido queimados com ácido sulfúrico. Todos uivaram, às gargalhadas. Vários minutos se passaram até a queimação diminuir. Abri os olhos e olhei em volta. Para além do círculo de rostos sorrindo para mim, vi uma floresta diferente daquela por onde eu caminhara nos últimos quatro dias. Não era mais uma tela bidimensional, monocromática de marrons e verdes maçantes. Tudo se destacava com um relevo nítido, quase psicodélico. Percebi a profundidade onde antes não havia nenhuma. As cores pareciam vibrar, verdes elétricos, marrons contrastantes. Havia tons de cinza, roxo e laranja que antes me haviam escapado. Eu não estava exatamente alucinando; era mais como observar a mata através de uma lente 3D.

— *Buchité* — disse Ivan Arapá, apontando para o conta-gotas. — É assim que chama. Bom para caça. Matis ver macaco, ver anta. Matar eles. Bom.

Fez um gesto, como se apontasse um rifle para as copas das árvores e puxasse o gatilho. Também era bom para marchar por longas distâncias, explicou.

— Não fica cansado.

De fato, ao retomarmos a marcha, senti o movimento voltar aos meus cansados quadris e tendões das pernas. Meus passos estavam mais firmes, meu equilíbrio estável. Eu conseguia passar sobre enormes troncos caídos com surpreendente agilidade.

— O que a Merck não faria para pôr as mãos nisso! — gritei para Nicolas, que estava logo à minha frente.

Eu estava brincando, mas ele disse:

— A Merck já se envolveu com vários casos de biopirataria na Amazônia.

O mais famoso talvez tenha sido o que envolvia um anticoagulante da tribo uru-eu-uau-uau, em Rondônia, extraído da casca da árvore tiki uba.[20] Embebido na ponta das flechas, o extrato pode derrubar quadrúpedes de grande porte com um único disparo. Os pesquisadores da Merck rapidamente perceberam o potencial econômico do anticoagulante após verem as imagens de uma anta sangrando até a morte após levar uma flechada, num artigo da *National Geographic* de 1988, "Last Days of Eden" [Os últimos dias do paraíso], uma celebração do conhecimento tribal e um lamento pelo rápido desaparecimento de um modo de vida.[21]

— Além de toda esta mortal sabedoria da selva — dizia uma legenda da revista —, o conhecimento sobre alimentos e drogas potencialmente úteis se acumulou por milhares de anos e pode ser perdido para sempre se a floresta e seus habitantes desaparecerem.

Após ser contatado pelo laboratório farmacêutico, o fotógrafo Jesco von Puttkamer concordou em enviar amostras de tiki uba para a Merck, acreditando que a empresa poderia ajudar a evitar que esse conhecimento, com o potencial de salvar vidas, fosse esquecido.[22] Desta forma, a empresa ficou em condições de explorar o antigo conhecimento dos uru-eu-uau-uau sem qualquer obrigação de compensar a tribo. No final, o desenvolvimento comercial aparentemente fracassou após os testes não conseguirem encontrar os níveis seguros de dosagem para seres humanos, mas não sem antes agravar o cada vez mais tenso cabo de guerra entre os direitos sobre a propriedade intelectual, bioprospecção e a alegada pirataria do conhecimento tradicional pelas multinacionais farmacêuticas.[23]

Eu poderia pensar em diversas aplicações práticas para a poção *buchité*, mas não tinha qualquer interesse particular em facilitar o acesso a ela para uma empresa estrangeira de biotecnologia, e certamente não pretendia acabar em uma prisão brasileira sob a acusação de biopirataria. Para mim, era suficiente experimentar algumas horas de sua magia para melhorar a visão e saltar com firmeza sobre a miríade de perigos da selva.

Um quarto de todos os medicamentos tem origem em florestas tropicais, em grande medida devido às elaboradas defesas das plantas e animais (sobretudo rãs), que evoluíram para afastar uma infinidade de possíveis predadores.[24] Os cientistas não têm dúvida de que outras curas importantes aguardam por ser descobertas.[25] O que ainda resta saber é se a pesquisa científica pode avançar na atmosfera superaquecida de desconfiança mútua entre governos, comunidades indígenas e as companhias farmacêuticas, em disputa sobre como dividir equitativamente os custos e recompensas do desenvolvimento de novos produtos.

* * *

Não víamos muito do céu, mas podíamos ouvi-lo. Os trovões rugiram sobre nós. Os primeiros pingos de chuva escorreram das folhas. E, de repente, o céu se abriu num dilúvio.

— Parem aqui! — gritou Possuelo, as mãos em concha para ser ouvido acima do barulho da chuva batendo na folhagem.

Aqui e ali, os mateiros tiraram as lonas de suas mochilas e se encolheram debaixo delas, tremendo. Os matises produziram guarda-chuvas com folhas de bananeiras.

O *buchité* estava perdendo efeito. À luz cinza e baça, a floresta monocromática e bidimensional reassumia o controle, asfixiando as passagens visuais que tão breve e vividamente tinham se aberto entre os troncos das árvores e os cipós asfixiantes que pendiam de seus ramos. No entanto, eu ainda tinha o torque extra nas pernas meia hora depois, quando a intensidade da chuva diminuiu e retomamos a marcha. Estávamos completamente encharcados. Eu mal podia ver através dos óculos embaçados e molhados pela chuva. As condições não podiam ser piores. Eu já não me importava. Minha vida podia ter chegado ao fim no início do dia. Mas eu ainda estava inteiro, ainda podia colocar um pé encharcado diante do outro, ainda acompanhava o ritmo desta improvável comitiva, seguindo na única direção que nos levaria de volta — para a frente.

Com o fim do dia se aproximando e a chuva parando de cair, fizemos uma pausa junto a um córrego transbordante.

— Vejam só — disse Soldado, apontando ao longo do chão da floresta, além do regato.

— Uma trilha! — disse Tepi Matis.

Eu via apenas as folhas espalhadas sobre a lama.

— Uma trilha! — Tepi repetiu.

Possuelo contemplou a cena, o queixo apoiado na palma da mão direita, o cotovelo do braço apoiado na esquerda. Era a primeira indicação de que realmente havíamos penetrado profundamente na terra dos flecheiros, por suas próprias trilhas. Ainda assim, não vi nada além de lama e folhas.

— Como vocês sabem que há um caminho lá? — perguntei. — Não vejo nada.

— Não dá para explicar isso — retrucou Possuelo. — Você vê ou não vê. Se você está familiarizado com o que procura, você vê, se não, não vê.

Ele tinha os olhos esbugalhados e a boca franzida, como se houvesse acabado de comer um limão. Sustentei o olhar. Seu tom suavizou-se.

— Boa parte disso depende das condições. Quando as folhas estão secas, por exemplo, elas se quebram quando alguém pisa sobre elas. Assim, você consegue perceber. Mas quando o solo está molhado, como agora, ficam pegadas e outros sinais. São compensações, uma coisa substitui a outra.

Tive que aceitar sua palavra, pois ainda não conseguia discernir a trilha que parecia tão óbvia para ele e os índios. Possuelo conferiu rapidamente a bússola.

— Achei que eles iam para as cabeceiras do Jutaí apenas para caçar — disse. — Mas agora vejo que vão mais longe do que eu pensava.

Ele tirou a mochila dos ombros e pegou o mapa. A partir dos escassos vestígios observados até agora, ele já havia expandido os limites anteriormente considerados para os flecheiros.

— Se você olhar aqui — disse, apontando entre os rios Ituí e Itaquaí —, vai ver que os corubos estão bem protegidos contra intrusos, bem no centro da reserva.

Seu dedo seguiu pela direita e para baixo, para o flanco sudeste do Javari, onde a fronteira era tomada por florestas sob o cerco crescente de madeireiros.

— Aqui, onde estamos agora, é terra dos flecheiros. Você pode ver que eles estão muito mais vulneráveis. Para defendê-los, é preciso proteger essas periferias.

Fiquei ali, olhando por cima de seu ombro, para a trilha enlameada que desaparecia em uma cortina de mato encharcado pela chuva. Com esta evidência mais do que indistinta, Possuelo declarou que havíamos chegado ao coração das terras dos flecheiros.

CAPÍTULO 13

Um exército de guerrilha

SENTÍAMOS FOME, tendo chegado ao acampamento com o crepúsculo já caindo. Possuelo considerou muito arriscado enviar os homens para caçar. Uma dor contínua e surda dava nós em meu estômago. A única caça que se conseguira encontrar nos últimos seis dias foram os mesmos macacos cujos pelos pareciam casacos de pele excepcionalmente belos, cruelmente fatiados pelo facão de Mauro e os pedaços jogados num caldeirão com água fervendo. Fosse pelas dores implacáveis da fome ou pela sugestão subliminar de canibalismo presente em nossa monótona e pobre dieta, o jantar se transformara num momento sombrio e utilitário. Chegávamos à fogueira, comíamos em silêncio e voltávamos para as redes. Mas era o afável Mauro que sofria os efeitos mais estressantes de nosso triste repasto.

No meio da noite, fomos acordados por seus gritos desesperados. O amanhecer não poderia ser esperado com mais ansiedade depois disso, não só para Mauro, mas também para todos os outros. Com os olhos turvos, os cabelos pretos grossos emaranhados, ele respondia às piadas com seu enorme sorriso desdentado enquanto nos servia o café junto à fumaça da fogueira matinal.

— Ei, Mauro, o que aconteceu ontem à noite? Teve um encontro com um casal de macacos?

Mas quando os outros se afastaram e ficamos sozinhos, ele segurou minha manga e me puxou para perto.

— Foi um pe-pe-pesadelo, sr. Scotch — sussurrou. — Eu estava andando pe-pe-la floresta, quando de repente fiquei cercado por macacos, muitos macacos. Eu estava nu, tentei fugir, mas não conseguia.

Os macacos o arrastaram e o amarraram a uma árvore pelos pulsos. Então um deles puxou uma faca e se aproximou.

— Eles queriam cortar o meu pênis, sr. Scotch. Foi quando eu gritei.

Ele olhou para mim com olhos selvagens, suplicantes, como se tivesse sobrevivido ao horror de um evento real, mas sem tanta certeza se conseguiria da próxima vez.

Parecia haver pouco alívio à vista. Pelo meio da manhã, Possuelo disse: procurem comida.

— Se alguém vir algum macaco no alto das árvores, atire — ordenou.

Em condições normais, os homens caçavam após encontrarmos um local para acampar ao anoitecer; animais mortos aumentariam o peso já excessivo de nossas cargas. Mas a comida estava em risco hoje, com precedência sobre tudo o mais.

Segui nos calcanhares de Possuelo por um trecho de terreno plano. Pelo menos o terreno começava a ficar mais fácil. Estávamos a cerca de cinco ou dez minutos da frente da coluna, conversando ocasionalmente sobre assuntos variados, fazendo comentários casuais, quando ouvimos um disparo lá na frente, seguido por uma cacofonia de gritos.

— Cobra? — perguntei.

Lembrei do tiro que anunciou o encontro de Soldado com a jaracuçu alguns dias antes. Possuelo não respondeu. Ouvimos um segundo disparo e aceleramos o ritmo, subimos por uma inclinação suave e começamos a descer por uma grande depressão sem vegetação rasteira, onde vários homens estavam agrupados, apontando para o alto, as mochilas espalhadas pelo chão atrás deles. Raimundo estava lá, junto com vários dos matises. Orlando estava no meio do grupo, o fuzil apontado para o céu, os músculos tensos, o boné esquisito da divisão africana de Rommel de lado na cabeça.

— Scotchie, olha lá em cima! — disse Tepi quando me aproximei. Ele apontou para a copa, mas tudo o que eu via era a bruma branca e leitosa escoando pelo alto da floresta.

— Lá! — disse, apontado o ar com o dedo, como se também fosse uma arma.

Meu foco finalmente pousou sobre a silhueta de um macaco movendo-se ao longo de um ramo, a cerca de 20 metros do chão. Não parecia estar com muita pressa, mais parecendo subir tranquilamente pelas árvores. Olhando com mais atenção, enfim discerni o que os outros homens, aparentemente, tinham visto o tempo todo: um bebê agarrado às costas da fêmea.

Com a visão agora ampliada, vi mais alguns deles, talvez uma dúzia no total, espalhados pela copa das árvores. Todos, exceto a mãe e o bebê, bateram em retirada, trapezistas graciosos balançando-se pela cauda preênsil, de árvore em árvore, subindo com as mãos de galho em galho, a folhagem farfalhando, anunciando sua partida iminente.

Tepi se inclinou:

— Melhor zarabatana para caçar macaco — sussurrou para mim.

Fazendo mímica, ele apertou os lábios e pressionou-os pelo cano de uma zarabatana imaginária e soprou. Seus bigodes de onça pareceram vibrar na misteriosa luz etérea, enquanto ele olhava para as árvores. Zarabatanas eram silenciosas, disse, a melhor arma para derrubar uma presa do alto das árvores. Vários animais poderiam ser atingidos antes que o resto do bando percebesse e fugisse. Os matises há muito tinham incorporado os rifles a sua cultura de caça, mas continuavam a considerar os antigos métodos mais eficazes para determinadas tarefas, e sempre mais acessíveis.[1]

Os outros macacos tinham se mudado, mas a mãe não estava indo a lugar nenhum. Em breve, ficaram apenas ela e o bebê, e os homens no chão, 20 metros abaixo. Orlando estava no meio deles, ajeitando a mira, o rifle apoiado no ombro.

— Não atire! — implorei. — Ela está carregando um bebê.

— Você não pode matar uma mãe carregando seu filhote! — ecoou Raimundo.

Orlando baixou a arma, parecendo inclinado a desistir. Mas seu pai, que estivera observando em silêncio perto do grupo, deu um passo à frente, os olhos arregalados e selvagens.

— O que é isso, Disneylândia? — ele resmungou. — Não me venham com essa porcaria sentimental! Isso é a sobrevivência na selva! Atire! Vamos comer o filhote também!

O efeito sobre Raimundo foi imediato. Ele pegou sua mochila e se afastou, a sobrancelha franzida sobre os olhos, como um soldado furioso prestes a detonar seu comandante.

BANG! O tiro disparou do rifle de Orlando com um barulho seco. Agora, a mãe começou a se mover, forçando-se ao longo do ramo sobre as quatro patas, ainda em um ritmo dolorosamente enrijecido. Eu rezava para que ela conseguisse escapar de alguma forma.

— Aquele acertou a árvore — disse Orlando timidamente, ainda mantendo a mira. Disparou de novo. — Ela não quer morrer. — Ele não estava mais com o coração naquilo, dava para perceber, mas não poderia desistir agora, não com o pai assistindo, de braços cruzados sobre o peito.

O drama avançou em câmera lenta, com a terrível inexorabilidade de uma tragédia grega, os atores presos a papéis que não desejavam e dos quais não podiam escapar. A mãe soltou um grito agonizante e percebi que ela já estava ferida, provavelmente desde que eu e Possuelo ouvimos os primeiros tiros, alguns minutos antes. Ela emitiu uma sucessão de gritos curtos e hesitou para a frente e para trás, ao longo do mesmo galho, como se não pudesse decidir que caminho percorrer. O laço estava se fechando e parecia que finalmente ela percebia todo o perigo que a cercava.

O resto da coluna se aproximava, os homens se arrastando ladeira abaixo até a clareira, as folhas secas quebrando-se sob seus pés. Alguns davam uma olhada e apenas continuavam, outros pararam para assistir ao espetáculo comovente. Eles se deixaram cair no chão, ainda com as mochilas sobrecarregadas, conversando em voz baixa.

A mãe agora fez uma última e desesperada tentativa de fugir, pulando pelo ar e agarrando-se a um galho da árvore mais próxima, o bebê pendurado nas costas tentando salvar sua preciosa vida. Orlando a perseguiu pelo chão da floresta, mantendo os olhos fixos no alto enquanto corria. Tepi e Damã Matis o seguiram, e fui tropeçando atrás deles. Chapinhamos por um regato, escalamos um barranco e paramos debaixo de uma árvore gigantesca.

Orlando mirou e disparou novamente. A mãe não se mexeu, mas deve ter sido atingida. Ela começou a pender, como se tivesse ingerido uma dose fatal de veneno. Lentamente, começou a soltar o galho. Entrou em queda livre, caindo de cabeça das alturas, batendo num galho, depois noutro, finalmente caindo no chão, de 20 metros de altura, com um baque terrível.

— Vamos lá, Scott, vamos ver! — gritou Orlando. Ao nos aproximarmos, ele disse:

— Tenha cuidado. Ela pode estar viva.

Era um macaco barrigudo, como todos os outros que os caçadores tinham matado, um bolo de pelo castanho e vistoso, espalhado pelo chão. Incrivelmente, o bebê ainda estava agarrado às suas costas. Damá pegou um pedaço de pau e a cutucou.

— Tá morta — disse ele.

Mas, enquanto ele falava, a mãe levantou a cabeça e olhou para cima. Damá cutucou novamente. Ela se segurou em alguns ramos finos com as duas mãos e ergueu-se até se sentar, mostrando os dentes, a saliva borbulhando nos lábios. Olhou em volta, atordoada.

— Mate-a! — alguém gritou do outro lado do córrego.

Orlando levantou um pesado bastão sobre a cabeça. Eu estremeci e me virei. Houve um som desagradável de ossos esmagados. Tepi arrancou o bebê das costas dela. Era um macho e ainda estava vivo, tremendo. O sangue escorria de um ferimento na parte interna da coxa. Ele soltou um gemido lamentável. Tepi colocou-o sobre um galho baixo, e ele instintivamente enroscou o rabo ao redor, pendurando-se de cabeça para baixo.

— Você não pode deixá-lo sozinho aqui — eu disse a Orlando. — Ele é completamente indefeso. Você deve matá-lo.

— Eu não vou matá-lo — disse, com o tom de um estudante que se recusa a aceitar um desafio. — Será que ele vai viver? — perguntou, voltando-se para Damá e Tepi. Eles encolheram os ombros.

— Os matises não comem filhote? — Sim, eles concordaram com a cabeça. Eles comiam. — Então por que vocês não o matam?

Orlando entregou o bastão para Tepi. Mas eles recusaram.

— Matar filhote não é bom — disse Tepi.

— Merda! — exclamei, e peguei a espingarda calibre .22 de Orlando. — Eu mato. Orlando puxou a arma de volta, o que estava igualmente bem, eu não precisava do assassinato de um bebê na minha consciência.

— Há alguma chance de que ele sobreviva? — Orlando repetiu a pergunta, buscando uma resposta que o satisfizesse.

Tepi olhou para o bebê pendurado no ramo, na altura de seus olhos, tremendo. Talvez, ele acenou com a cabeça com esperança.

— Os outros podem voltar para buscá-lo?

— Sim, buscam — concordou Tepi.

Parecia duvidoso, o resto da expedição já ia longe. Mas os caçadores indígenas são peritos em imitar a linguagem dos pássaros e animais, até mesmo o chamado dos filhotes de macacos caídos do alto das árvores, para atrair as vítimas para suas flechas.[2] Talvez ele estivesse certo. Talvez os outros pudessem voltar para buscá-lo. De qualquer modo, era tudo o que Orlando precisava ouvir para aliviar sua consciência. Quando voltamos para pegar nossas mochilas, seu pai estava longe demais para ser visto. Orlando não queria nem levar a fêmea morta. Estava se sentindo mal, disse, febril, e não tinha certeza se poderia aguentar a carga extra.

— Você não pode deixá-la aqui depois de tudo isso — falei.

Damã pareceu concordar, pois, sem dizer uma palavra, começou a amarrar a fêmea no alto da mochila de Orlando com tiras de casca de envira. Partimos para alcançar a coluna. Eu segui Orlando de perto, hipnotizado pela pelagem castanha lustrosa da fêmea presa às costas dele, ainda pensando no filhote tão feliz em cima dela até meia hora antes, quando invadimos seu paraíso idílico e o destruímos para sempre.

* * *

Ao final do calvário com os macacos, Soldado e Txema, que havia assumido o lugar de Raimundo na frente da coluna, encontraram pegadas frescas ao longo da margem de um igarapé onde acampamos pouco depois. As pegadas pertenciam a uma mulher e uma criança pequena, Soldado e Txema informaram, e não tinham mais do que alguns dias. Possuelo ouviu e concordou calmamente. Ele enviou um grupo de seis matises e alguns dos canamaris para caçar. A fêmea de macaco de Orlando era apenas um começo.

— Precisamos comer — disse aos índios, enquanto eles carregavam suas armas. — Encontrem porcos selvagens, macacos, cobras, qualquer coisa.

Abrimos as lonas e amarramos as redes, ao mesmo tempo que afastávamos enxames de abelhas sem ferrão, atraídas pelo cheiro de suor e pelo sabor do sal. Foi o primeiro dia em que as encontramos, uma indicação de que estávamos descendo para altitudes mais baixas. Tentei expulsá-las enquanto entravam descaradamente pelo meu colarinho aberto, cobriam meu rosto, zumbiam para dentro dos meus ouvidos. Tinha que manter a boca fechada para não inspirá-las. Agarravam-se como desagradáveis carrapichos amarelos em qualquer lugar com o menor sinal de suor, mochilas, bolsa da câmera, camisas. Nossos chapéus, encharcados pela marcha do dia inteiro, eram o alvo principal. Pendurados nos galhos para secar, as abelhas se lançaram sobre eles às centenas.

Enquanto isso, os ribeirinhos decidiram onde montar a infraestrutura do acampamento, cavaram o buraco da fogueira, montaram os bancos, limparam os caminhos e prepararam a escada até a água. Ao limpar a área em torno da fogueira principal, o esquálido Amarildo deixou seu machado junto ao pé de uma árvore semiapodrecida e achou um ninho de abelhas produtoras de mel.

— Mel! — gritou.

Todos pararam para olhar. Com alguns poucos golpes, uma placa de madeira se soltou. Raimundo esticou a mão e pegou um ninho marrom escuro, escorrendo mel. Paulo Souza trouxe uma panela grande. Raimundo torceu o ninho como uma esponja, o mel escorrendo no recipiente como âmbar líquido, as mãos e rosto escuros, cobertos por abelhas zumbindo. Mas não tinham ferrões e apenas enxameavam inofensivamente enquanto seu ninho era saqueado. Os homens convergiram animados para a panela, mergulhando os dedos e copos de estanho para pegar o que pudessem, ignorando a sujeira, pedaços de ninho e cera, e os insetos em agonia, suspensos no néctar. Era o primeiro doce que tínhamos no que pareciam semanas.

Um tiro soou a distância.

— Ah! — entusiasmou-se Possuelo. — Jantar!

Foi seguido por um segundo disparo, minutos depois.

— Macaco — afirmou Soldado.

Ele precisava apenas contar os tiros e os intervalos entre eles para dizer qual era a caça, mesmo a quilômetros de distância. Enjoado com a perspectiva de enfrentar outra ceia de símios, perguntei se não haveria porcos selvagens por lá, qualquer outra coisa para variar um pouco o cardápio.

— Só mais adiante, na direção dos rios — disse. — Agora que o verão chegou, é onde eles vão procurar alimento. Só vêm para cá quando são forçados pelas inundações a voltar para a floresta, para os igarapés.

— Já teremos comido tanto macaco até lá que teremos criado rabos — brincou Possuelo.

Ele estava de bom humor, e quando ele estava de bom humor, todo mundo também estava. Acampar cedo, com o sol ainda alto, parecia um dia de descanso, como um sábado. Eu estava perdendo toda a noção dos dias da semana; distinções que não tinham o menor significado aqui. Consultava meu Casio no início do dia, ao datar uma nova folha no caderno, mas raramente pensava sobre o que significava uma quarta-feira ou uma segunda-feira. Tais convenções teriam significado apenas quando eu voltasse para o mundo que havia deixado para trás, que parecia cada vez mais remoto, uma outra realidade cuja influência sobre mim parecia mais tênue a cada dia.

Claro que atirar em macacos e nas diversas aves e animais que acabaríamos comendo teria sido completamente ilegal, não fosse esta uma expedição do governo, que incluía os índios da reserva. Legal ou não, era difícil escapar da impressão de que éramos um exército de guerrilheiros refugiado na mata devido à perseguição das autoridades — pelo modo como buscávamos alimentos e construíamos nossos acampamentos inteiramente a partir de materiais obtidos da floresta, para não mencionar nossa aparência desgrenhada com os trajes camuflados fornecidos pela Funai. Avançávamos pela floresta em silêncio e ocultos, em fila única, como numa formação militar, precavendo-nos contra emboscadas.

Isso fazia-me lembrar das vezes em que estive nas selvas da Nicarágua com o Exército Popular Sandinista, na década de 1980. Apesar de os sandinistas estarem realmente no poder na Nicarágua, seu exército operava de maneira muito semelhante a tropas irregulares, defendendo a pátria de um ocupante estrangeiro, que, de certa forma, eles eram.[3] Havia um tipo semelhante de *esprit de corps* e sentimento igualitário, com tudo sendo dividido fraternalmente, das barras de chocolate aos cigarros compartilhados entre as tropas, assim como o tabaco vagabundo que tínhamos levado para enrolar com as páginas do meu caderno, ou as colheres de leite em pó, que surrupiávamos quando Possuelo não estava olhando. Naquela época, quando nossas rações C búlgaras chegaram ao fim, os sandinistas começaram a caçar das árvores com seus fuzis AK, e a pescar nos riachos com granadas de mão. Éramos um flagelo que nenhum trecho de mata poderia suportar mais de uma vez a cada geração.

Obviamente, nossa expedição de 34 homens acarretava um impacto bem mais leve do que um batalhão de oitocentos homens. Mas ainda éramos capazes de infligir perdas significativas sobre a fauna local. Felizmente, para os animais, estávamos em movimento todos os dias, nossas escalas de uma única noite acarretavam o abate de relativamente poucos exemplares em qualquer localidade. Assim como acontecia com os sandinistas, uma espécie similar de idealismo também prevalecia. Ao menos no caso da liderança, se não mesmo por todas as fileiras, havia uma sensação de que algo transcendental estava em jogo, que os membros eram convocados para uma missão de importância muito maior do que eles mesmos. Era quase como se o ideal socialista contra o qual os Estados Unidos tinham investido centenas de milhões de dólares na América Central na década de 1980 tivesse ressurgido duas décadas depois, bem mais ao sul. Ele poderia ter sido despojado de todo o seu estridente antiamericanismo e do contexto da Guerra Fria, mas não era menos oposto à mesma concentração de riqueza e poder que tinha roubado a dignidade dos camponeses da Nicarágua e as terras e culturas dos índios da Amazônia.

* * *

— Ei, Scott, tenho um aperitivo para você — chamou Possuelo da fogueira.

Ele veio em minha direção, brandindo um espeto de churrasco com pedaços retorcidos de carne escura e crepitante:

— Uma especiaria da Amazônia, fígado de jabuti!

Eu tinha visto a tartaruga quando ainda estava viva. Um dos índios trouxe-a da caçada, os membros e a cabeça encolhidos dentro de um casco verde e laranja, com um belo desenho geométrico. Tinha quase 60 centímetros de comprimento. Agora, o casco estava vazio, cheio de sangue, descartado junto ao fogo. Não fosse pelas contrações de fome no meu estômago e por não aguentar mais carne de macaco, eu poderia ter recusado. Mas, naquelas circunstâncias, tirei um pedaço do espeto e comi avidamente. Foi uma das coisas mais deliciosas que já experimentei: uma carne macia, saborosa e suculenta.

O fígado de tartaruga veio seguido por outra especialidade: mutum, uma ave de penas pretas, do tamanho de um peru pequeno. Tufos arrancados de suas penas voaram pelo acampamento quando Mauro colocou a ave para ferver numa panela pequena. O aroma flutuou pelo ar como uma brisa soprando de um outro mundo, do qual mal conseguíamos nos lembrar. Era como se os caçadores tivessem chegado de um açougue com uma bela galinha. Ainda assim, havia muitas bocas para alimentar e apenas uma ave. Ganhei um pequeno pedaço da carne suculenta, suficiente apenas para aguçar o apetite para o prato principal: macaco.

Voltei para minha rede logo depois de jantar. Notavelmente, ao atravessarmos a difícil região das cabeceiras, os minúsculos piuns que deixavam nossas vidas tão miseráveis perto do rio desapareceram completamente. No entanto, havia incontáveis mosquitos e outras pragas voadoras, para as quais a rede era o único refúgio. Era notável como algo tão leve e fino proporcionava uma membrana tão eficaz para nos proteger de tantos perigos.

A única coisa da qual a rede não poderia nos defender era do frio noturno, algo com que eu não contara. Eu tinha esquecido que, assim como num deserto, a temperatura num planalto de floresta tropical podia variar descontroladamente entre o dia e a noite, em até 10 ou mesmo 15 graus. Meu pijama fino de poliéster não era páreo para o frio úmido da noite amazônica. Acordei com os dentes batendo. O poncho impermeável que peguei para usar como cobertor tinha escorregado. Conferi o mostrador luminoso do meu Casio: 3h18. Pingos de chuva intermitentes batiam sobre a lona. Em algum lugar muito distante, um avião cruzava a noite, os motores roncando com uma reverberação fraca mas insistente, como um trovejar distante que ia se perdendo. O som me levou de volta para as selvas do norte de Jinotega, onde aviões também zumbiam pelo céu na calada da noite. Eles eram parte do que mais tarde soubemos se tratar de aeronaves clandestinas da CIA: Caribous C-7 voando baixo, recheados de AKs recém-lubrificadas e munição para serem entregues aos contras por paraquedas. Chamados viriam da escuridão: *Flechero! Flechero!* A palavra quase idêntica em espanhol. Curiosa a ligação entre aquela época e agora. Naquela época, o flecheiro era um atirador de uma ordem diferente, treinado para lançar um míssil antiaéreo guiado por calor: *la flecha*. Sem jatos interceptadores, os sandinistas tinham que confiar em mísseis SAM-7 apoiados no ombro para derrubar o avião que invadiu o espaço aéreo da Nicarágua.

Convocado, o portador do míssil teria que tentar obter um tiro direto. Na maioria das vezes, a copa da floresta era muito espessa para sequer se abalar.

Agora, ouvindo os motores do jato rugindo no céu da Amazônia, eu me perguntava de onde o voo vinha, para onde podia estar indo: Santiago com destino a Madri? São Paulo para a Cidade do México? Imaginei os passageiros em suas cadeiras estofadas, cochilando à luz esmaecida da cabine, alguns vestindo aquelas máscaras ridículas para proteger os olhos, as pernas esticadas pelos corredores, todos completamente alheios à realidade 11 mil metros abaixo, no chão da floresta. Aninhei minha cabeça no pequeno travesseiro confiscado do voo para Tabatinga, uma das aquisições ilegais mais úteis que eu já tinha feito. Lembrei-me da visão diurna pela janela, a floresta abaixo, uma cobertura de brócolis cortada por rios marrons serpenteantes. Agora, aqui estava eu, no meio dela. *Se eu estivesse naquele avião*, pensei, *poderia me levantar neste segundo, ir até a cozinha, pedir qualquer coisa que eu quisesse à aeromoça, qualquer bebida que me desse vontade.* Seria uma Coca-Cola, com muito gelo. Eu podia estar tremendo, mas, após semanas de água morna do rio, tinha começado a sonhar com garrafas de Coca-Cola gelada e com o sopro fugaz de vapor que saía quando era destampada em um dia quente de verão. Eu gostaria de pensar que estava acima desses desejos consumistas superficiais, mas estava aprendendo que não era assim.

O que pensavam esses flecheiros, os das flechas reais, sobre essas perturbações noturnas? Algum tipo de presságio obscuro, um sinal de que nem tudo estava bem em seu mundo? Ou talvez os roncos distantes significassem algo muito diferente, uma rotina reconfortante, talvez uma espécie de garantia, como a bênção permanente de um espírito benigno.

Eu queria abordar Possuelo sobre o assunto antes de levantarmos acampamento de manhã. Mas isso teria que esperar. Quando a primeira luz atravessou os galhos, as gotas de orvalho ainda tamborilando nas folhas, Possuelo convocou o acampamento: todos em volta da fogueira em cinco minutos. Ele tinha um anúncio urgente a fazer, e queria ter certeza de que todos ouviriam.

CAPÍTULO 14

Nos passos de Rondon

A FUMAÇA SUBIA EM ROLOS PREGUIÇOSOS quando nos reunimos em torno do fogo. Oito dias haviam se passado desde que deixáramos os barcos para trás e entráramos na selva, oito dias subindo e descendo morros cobertos pela floresta, atravessando desfiladeiros íngremes, lama que prendia nossas botas e vegetação espinhosa. A maioria dos índios não parecia alterada, mas de resto estávamos todos pálidos, magros e exaustos, nossos rostos emaciados e cobertos de barba, os uniformes sujos, malcheirosos e esfarrapados. Nos arrastamos para a clareira quando os primeiros raios de sol roçaram a copa das árvores lá no alto, espalhando uma difusa luz amarela pela selva.

— Vimos rastros frescos ontem — Possuelo começou.

Ele usava as bermudas camufladas que haviam se transformado em sua marca registrada e a camisa cáqui, um conjunto confortável há apenas uma semana, agora pendendo frouxamente do corpo abatido.

— Agora estamos atravessando uma área por onde os flecheiros se movimentam durante o verão. Eles devem estar à procura de ovos de tracajá.

Era difícil acreditar que uma simples tartaruga de rio, com suas migrações sazonais e hábitos reprodutivos, pudesse ditar as andanças de tribos inteiras.[1] Mas os ninhos na beira dos rios, cheios de dezenas de ovos de casca coriácea, representavam uma bonança de proteína e nutrição em meio à escassez.

— Os caçadores e madeireiros vêm pelo Juruá e entram ilegalmente nas terras indígenas — prosseguiu Possuelo. — Eles também vão procurar os ovos de tartaruga.

Ainda que as águas do Juruá correndo para o leste não proporcionassem uma rota direta para a reserva, os invasores estavam abrindo caminho pelas montanhas para penetrar no Javari. Os ovos serviriam como seu sustento, enquanto iam em busca de troféus maiores — madeiras valiosas ou talvez peles de onça que renderiam dinheiro nos mercados da fronteira.[2]

— Eles veem os índios, eles atiram, sem perguntas.

Fez uma pausa e ajeitou o chapéu. Mechas dos cabelos grisalhos apareciam sob a aba. Seus cabelos pareciam estar crescendo cada vez mais selvagens, como se fosse um pequeno pedaço da selva desgrenhada que nos envolvia.

— Se os índios nos virem, vão pensar que somos exatamente como os outros brancos que viram antes — continuou Possuelo. — Os que atiraram neles.

Mais uma vez, ele estava falando devagar, deliberadamente em português, certificando-se de que suas palavras chegassem ao alvo.

— Devemos estar preparados para um ataque nos próximos dias.

Os sussurros e empurrões cederam ao vozeirão de Possuelo e ao pulso elétrico dos insetos.

— Se as flechas voarem, não entrem em pânico — disse ele. — Se formos atacados, ninguém atira de volta. Vamos atirar para o ar, para fazer barulho e assustá-los. É assim que vamos nos defender.

Era uma proposta duvidosa; poucos de nós haviam recebido qualquer tipo de treinamento militar. Sob as circunstâncias, tal restrição parecia presumir um nível de disciplina e compromisso com nobres ideais que não estavam plenamente claros aqui. Ainda assim, eram as mesmas ordens emitidas pelo coronel Rondon a seus homens, quase cem anos antes.

— Estamos aqui para proteger os índios — disse Possuelo —, não para atacá-los.

* * *

Quando Cândido Rondon assumiu a liderança do recém-criado Serviço de Proteção aos Índios, ou SPI, em 1910, já tinha passado anos explorando vastas regiões do Brasil para instalar linhas estratégicas de telégrafo pelo interior.[3] Seus encontros com dezenas de tribos, algumas hostis e outras nem tanto, levaram-no a se tornar um defensor dos índios como os verdadeiros donos da terra e seus guardiões mais dedicados, com quem os brasileiros tinham "uma grande dívida moral".

Segundo a concepção de Rondon, o SPI iria salvaguardar as vidas e os direitos dos nativos do Brasil, especialmente contra a rapina dos senhores da borracha.[4] Eles deveriam ser gradualmente assimilados pela cultura dominante. A implementação foi imperfeita, para dizer o mínimo. As primeiras equipes de contato chamavam as tribos selvagens do alto das árvores usando megafones, acreditando ingenuamente que os índios responderiam à chamada da "civilização."[5] Mas uma vez que as tribos eram subjugadas ou seduzidas, os funcionários muitas vezes continuavam impotentes para defendê-las dos grileiros e massacres que se seguiam, ou eram eles mesmos coniventes com o abuso.[6] Fracassaram completamente na questão dos cuidados diante das epidemias que se seguiram.[7] *Assimilação*, por si só, era um termo equivocado. Os índios não foram assimilados, foram segregados, relegados para os patamares mais baixos da sociedade. No entanto, os princípios ficaram em claro contraste com o tratamento dispensado aos índios em toda a América, principalmente na revogação em série de tratados e políticas de terra queimada aos quais os nativos foram submetidos durante a expansão dos Estados Unidos para oeste no século anterior.[8]

Quisera os sioux, comanches, cheyennes ou arapahos tivessem contado com um homem da estatura e combatividade de Rondon do lado deles. Em vez disso, tiveram que lidar com tipos como o coronel Ranald "Três Dedos" Mackenzie e o general Philip Sheridan, comandantes brilhantes, mas cruéis, que elevaram os ataques genocidas durante a madrugada contra aldeias indígenas inocentes a uma forma de arte.[9] Suas campanhas de extermínio estenderam-se até mesmo aos búfalos, considerando o abate dos rebanhos como a "única maneira de trazer uma paz duradoura e permitir o avanço da civilização".[10] O que significava, em linguagem comum, submeter os índios pela fome.

O boom da borracha representou para a Amazônia ocidental o mesmo que a invasão da cavalaria dos EUA para os planaltos centrais da América do Norte e as Montanhas Rochosas. A busca desenfreada pelo látex atraiu legiões de invasores para o interior das distantes florestas do Alto Amazonas, para pilhar e coagir. Quando a indústria da borracha entrou em colapso às vésperas da Primeira Guerra Mundial, toda a fronteira ocidental da Amazônia havia sido virada de cabeça para baixo, tribos inteiras desapareceram e outras mal conseguiram sobreviver. À medida que o século XX avançava, dezenas de tribos desapareceram completamente em toda a Amazônia, muitas antes mesmo de terem a existência documentada, vítimas de doenças, massacres ou contatos agressivos por fazendeiros, madeireiros, empresas de petróleo, e até mesmo missionários, que colocaram a sobrevivência das tribos em risco para "salvá-los".[11]

Mas, ao contrário das amplas planícies do oeste norte-americano, as densas florestas da Amazônia proporcionaram um grau incomum de proteção para os nativos que conseguiram fugir das devastações causadas pela indústria da borracha. Essas mesmas florestas, com seus solos finos e pobres, enormes distâncias e infinitos perigos, ofereciam pouco incentivo para que os colonos brancos lá se instalassem. Quando o preço do látex bruto começou a despencar nos mercados globais em 1910, milhares de forasteiros que buscavam fortuna na Amazônia ocidental foram embora. Os índios acabaram por perceber gradualmente, como vítimas aterrorizadas de um assalto escondidas dentro do armário de casa muito tempo depois de os assaltantes terem ido embora, que seus algozes já tinham partido. O boom da borracha chegara ao fim. Pouco a pouco, começaram a recolher os fragmentos de suas vidas despedaçadas. Décadas se passariam antes que os brancos voltassem em grande número. Da próxima vez, seria com motosserras, em busca de madeiras nobres.

No início do terceiro milênio, muitos grupos indígenas estavam se recuperando. Cerca de 400 mil índios de aproximadamente 270 tribos ocupavam 11% do território nacional.[12] As terras e reservas indígenas surgiram como redutos de preservação ecológica, impedindo que um "arco de fogo" de 800 quilômetros avançasse pelo leste e sul da Amazônia para abrir espaço para lavoura e pasto.[13] Em redutos remotos e enevoados e em baixios pantanosos e sufocantes, precariamente ainda fora do alcance das motosserras e retroescavadeiras, o departamento de Possuelo confirmou a existência de no mínimo 17 tribos isoladas dentro do território brasileiro.[14] Relatórios sobre dezenas de outros grupos aguardavam investigação. Os ideais de Rondon resistiram, continuaram a ser uma inspiração e persistiram como a lei da terra. E a mais incontestável evidência desta verdade era a nossa presença aqui, por mais frágil que pudessem ser as convicções íntimas de cada um de nós, reunidos em torno de Sydney Possuelo, no coração da terra do Povo da Flecha.

* * *

— Agora, quando acamparmos, cuidado com o lugar onde penduram suas redes — prosseguiu Possuelo. — Os flecheiros podem observar a disposição das redes para voltar à noite e disparar flechas contra elas. E cuidado com as suas lanternas. Elas podem transformá-lo em alvo. Reduzam o uso ao mínimo.

Então ele levantou um apito de aço brilhante sobre a cabeça.

— Se eu apitar com isso, significa que a situação é grave. Significa: Todo mundo fica junto. Absolutamente ninguém deve correr para a floresta por conta própria.

Suas advertências foram recebidas com sorrisos e gargalhadas entre os brancos reunidos no fundo do grupo.

— Chico é viado — alguém riu. — Claro que ele vai sair correndo.

— *Fauk you* — respondeu Chico, usando a única expressão em inglês que transmiti com sucesso a meus companheiros de expedição, mesmo com a pronúncia um pouco massacrada.

— Já dá para ver uma flecha espetada na bunda do Chico!

— Isso não é brincadeira — retrucou Possuelo. — Eu vi o que essas tribos podem fazer! Já tive companheiros mortos e feridos. Não é que os índios sejam maus, estão fazendo o que precisam para defender a sua terra.

Não era nada incomum que as expedições fossem atacadas.[15] Francisco Meirelles, um renomado sertanista do SPI e um dos primeiros mentores de Possuelo, perdeu 11 homens em três anos, vítimas de emboscadas violentas nas mãos de uma única tribo, os pacaás-novas. Muitos outros foram feridos. Fiel ao lema de Rondon, Meirelles nunca retaliou. O contato finalmente foi feito, após Meirelles deixar as mesmas flechas que os índios haviam disparado contra seus homens junto com outros presentes na trilha, onde os homens da tribo poderiam encontrá-los.

Possuelo teve suas próprias experiências com a violência indígena. Em 1980, os índios araras soltaram uma chuva de flechas sobre o posto avançado que ele tinha criado para retirar a tribo do isolamento. Dois dos homens de Possuelo foram atingidos no ataque, somando-se a outros três feridos no ano anterior.[16] A tentativa de pacificar os araras foi complicada pela pressão incessante de uma fronteira que avançava rapidamente. Quando a rodovia Transamazônica cortou a Amazônia central na década de 1970, a tribo se dividiu, alguns fugindo para o norte da estrada, outros, para o sul. Levaram o que podiam carregar nas costas, transformando-se da noite para o dia de uma sociedade de agricultores sedentários a fugitivos em disparada, sobrevivendo como caçadores nômades.[17]

Não obstante sua disposição assassina, os madeireiros e grileiros que seguiram o caminho para as florestas dos araras diferiam pouco de nós quanto à compreensão dos índios cujas terras eles usurparam. Aqueles que não tinham sido atacados consideravam os araras em fuga uma "invenção da Funai", forjada para deter o desenvolvimento.[18] Vítimas ou não, consideravam os índios "selvagens", nômades primitivos inferiores na escala evolutiva que tendia na direção de hierarquias sociais mais complexas e da acumulação de conforto material.[19] Espiamos por entre as sombras nos limites da floresta e vemos coletores e caçadores nus, ainda distantes do advento da agricultura que deflagrou a revolução neolítica, há dezenas de milênios.[20] Raramente nos ocorre que essas sociedades primitivas podem já ter sido alteradas profundamente por nossa presença, antes mesmo de termos posto os olhos nelas.

Tal era o caso do povo arara. Assim como as comunidades em fuga no Mato Grosso descritas por Paulo Welker, como os marimãs no estado do Amazonas, e inúmeras outras, os araras fugiram das motosserras, das escavadeiras e dos homens que as operavam.[21] Para se manter um passo à frente dos invasores, abandonaram suas lavouras e aldeias a fim de buscar alimento na floresta.[22] Incapazes de distinguir entre os brancos que queriam ajudá-los e aqueles que queriam vê-los mortos, os araras fugiram de batedores bem-intencionados da Funai, por vezes virando-se para lançar suas flechas. Os esforços da Funai para desarmar os araras estavam se perdendo. Em 1979, Possuelo foi chamado para fazer alguma coisa. Ele começou por sobrevoar a região para identificar as malocas, os acampamentos dos madeireiros e áreas desmatadas. Entrevistou colonos e funcionários locais. Elaborou um plano para uma prolongada campanha de atração, com uma metodologia, organização e logística. Era a época da ditadura e ele se reportava a um comandante do exército.

— Ok, agora você vai colocar em prática — disse-lhe o general.

A estratégia de Possuelo inspirava-se intensamente no trabalho pioneiro de Curt Nimuendajú, etnógrafo alemão contratado pelo SPI em 1922 para pacificar os beligerantes parintintins em Mato Grosso.[21] Possuelo expulsou todos os invasores das terras dos araras e cancelou a busca agressiva da Funai pelos índios. Em seguida, ergueu um posto de atração fortificado no interior do território indígena, a partir do qual iniciou o seu "namoro" com os araras. Para que a campanha funcionasse, era fundamental que os índios pudessem diferenciar o pessoal da Funai dos outros brancos com quem tinham mantido hostilidades por tanto tempo. Para começar, Possuelo vestiu os membros da frente de contato com uniformes estampados com uma logomarca, que também foi pintada visivelmente na parede do posto.[22] Em segundo lugar, os membros da equipe tinham que se abster de qualquer ação que os índios pudessem interpretar como hostil. Nem mesmo sob uma chuva de flechas eles poderiam atirar de volta. Ao mesmo tempo, Possuelo erigiu um "tapiri de brindes", uma cabana de presentes coberta de palha bem na beira da clareira, onde as ofertas foram deixadas para que os araras pegassem facas, facões, barras de rapadura, até mesmo flautas de bambu. A corte havia começado.

Sessenta anos antes, Nimuendajú acabou por perceber que faltava um ingrediente crítico em sua estratégia de não agressão.[23] Os parintintins evidentemente confundiam sua contenção com fraqueza e estavam promovendo ataques ao posto com crescente ferocidade. Um banho de sangue — de brancos, índios, ou ambos — parecia inevitável. Ele precisava mostrar para os índios que seus homens poderiam matá-los à vontade, mas que tinham escolhido não fazê-lo, mesmo em face de repetidas provocações. Possuelo fez o mesmo. Mandou que os homens praticassem tiro ao alvo, com tiros estrondosos ressoando pela floresta. Portavam rifles o tempo todo, de forma que os índios, espiando-os do mato, pudessem vê-los.

Como os parintintins antes deles, os araras acabaram sucumbindo aos apelos, e ao fascínio irresistível dos presentes de aço. O que outros sertanistas não conseguiram realizar em anos, Possuelo resolveu em nove meses. Batedores do primeiro grupo dos araras passaram então a ajudar os agentes a contatar os outros dois grupos. Mas, uma vez que os araras estavam domesticados, a fonte de presentes secou.[24] Burocratas incompetentes assumiram o posto da Funai e a invasão total das terras indígenas foi retomada, desta vez por madeireiros ávidos pelas ricas reservas de mogno.

Possuelo ficou revoltado com o resultado final.[25] Os outrora orgulhosos guerreiros, que deixaram os construtores da estrada tremendo dentro das botas, agora cambaleavam bêbados junto às margens empoeiradas da Transamazônica, esmolando. Os agentes da velha escola do SPI acreditavam que isolar os índios do resto da sociedade era racismo, para não dizer impraticável, considerando que o avanço da civilização sobre as terras indígenas era inevitável.[26] Mas a decadência vertiginosa dos araras serviu como um chamado às armas para uma nova geração de agentes de campo.[27] Em 1987, uma equipe de contato da Funai pacificou os últimos araras selvagens.[28] Em junho do mesmo ano, em meio a debates controversos na sede da Funai em Brasília, Possuelo reuniu seus colegas para apoiar uma mudança radical na política do Brasil para as tribos ainda isoladas.

"Nunca poderemos nos esquecer de que, quando estamos em processo de atração, estamos na verdade sendo pontas-de-lança de uma sociedade complexa, fria e determinada; que não perdoa adversários com tecnologia inferior", dizia a petição dos sertanistas, que tinha a inconfundível mão de Possuelo.[29] "Estamos invadindo suas terras por eles habitadas, sem seu convite, sem sua anuência. Estamos lhes incutindo necessidades que jamais tiveram. Estamos lhes desordenando organizações sociais extremamente ricas. [...] Estamos, muitas vezes, os levando à morte."

O então presidente da Funai, Romero Jucá, mais tarde foi implicado em um escândalo de corrupção, assinou as recomendações para que se tornassem lei, ao mesmo tempo criando a Coordenadoria de Índios Isolados para implementar as mudanças.[30] A partir daquele momento, o governo seria aliado de tribos que esperava jamais vir a conhecer, assumindo uma defesa radical e sem precedentes de suas terras e modo de vida. A nova unidade seria liderada por Sydney Possuelo.

* * *

Um longo silêncio seguiu-se à admoestação de Possuelo. Um fio de fumaça subia preguiçosamente da fogueira moribunda. Encostados contra as árvores e esparramados nos bancos, os homens tinham as cabeças baixas. Já estávamos cansados, e a marcha do dia sequer tinha começado. O sol rompeu a névoa, lançando raios poderosos de luz através da copa das árvores. O canto das cigarras ia num crescendo até um pulsar semelhante a uma serra, gradualmente reduzindo para subir de novo. Possuelo percorreu o círculo com os olhos, à procura de dissidência ou confusão.

— De agora em diante — disse ele — temos que ficar alertas.

Avançamos tropegamente por lodaçais encharcados, a água escorrendo para dentro de nossas botas. Não fazia diferença passar duas ou três horas todas as noites secando nossas roupas e botas diante do fogo; minutos após levantarmos acampamento, tudo estava encharcado e sujo novamente. Ainda assim, valia a pena apenas poder vestir algo seco e limpo um pouco antes de sair de manhã.

Marchamos acompanhados pela assustadora e incessante trilha sonora dos gritos do capitão-do-mato. O canto estridente tinha uma estranha qualidade de ventríloquo, como se viesse de toda parte e de lugar nenhum, duas notas deslizando em tons agudos, seguidas por uma queda na mesma medida. Parecia um assobio demente para atrair uma mulher passando, em um tom mais baixo, mas era impossível identificar a origem exata. Um chamado próximo poderia provocar uma resposta distante e idêntica de um outro pássaro mais adiante, os gritos por vezes sobrepondo-se. Era a mesma pontuação monótona que acompanhou os conquistadores condenados em *Aguirre: a cólera dos deuses*, e havia momentos em que parecíamos estar no verdadeiro cenário do filme, com um enlouquecido Klaus Kinski no comando. Era estranho como por vezes Possuelo podia irradiar calor e inspirar confiança absoluta, só para em seguida afundar em escuros e explosivos acessos que davam à marcha a sensação de uma colônia penal itinerante da qual não havia escapatória.

Escalamos um barranco quase vertical com unhas e dentes, para sairmos num local coberto de lama escorregadia e pontuado pelas bizarras paxiúbas, também conhecidas como "palmeiras ambulantes". Pareciam algo saído de um conto de fadas, a casca coberta de espinhos e um luminoso líquen azul-pastel, que parecia pulsar nas sombras da floresta, cada tronco equilibrando-se em cima de uma dúzia de raízes semelhantes a palafitas que se projetavam por cerca de um metro pelo ar até mergulhar no solo escuro. As raízes formavam uma estrutura semelhante a um domo, como uma grande gaiola, uma estratégia evolucionária que permitia que as árvores resistissem por meses com as raízes debaixo d'água na estação das cheias. Em tempo seco, o estranho sistema radicular criava um inesperado refúgio para animais fugindo de predadores famintos.

— As antas se escondem aqui quando estão sendo perseguidas por onças — disse Soldado, fazendo uma pausa para acender um cigarro.

— A onça fica presa entre essas barras aqui — bateu nas raízes com o facão — e a anta vai embora.

Um exemplo de saúde apenas algumas semanas antes, Soldado agora parecia esgotado. A pele tinha sido tomada por uma palidez esverdeada, os olhos afundados profundamente nas órbitas. Era torturado pela febre e começou a cuspir sangue. Malária, ele tinha certeza. Até então, não dissera nada a Possuelo.

Nós enfrentávamos um mundo silencioso, coberto por uma luz sobrenatural, ao longo de um amplo trecho plano e sem vegetação, navegando entre enormes árvores que erguiam-se como colunas romanas a partir do chão da floresta. Uma luz vaga e difusa filtrava-se em tons verdes e amarelos através da copa. No silêncio absoluto da floresta ao meio-dia, parecíamos andar pelo fundo do oceano.

Ao nos aproximarmos de um colossal mogno com raízes reforçadas, nossa coluna se dividiu — alguns pela direita, outros pela esquerda. As raízes largas permitiam que as gigantescas árvores se mantivessem equilibradas sobre o solo fino da Amazônia, alcançando grandes alturas para chegar à luz do sol, praticamente igualando-se aos arranha-céus urbanos. Também proporcionavam esconderijos perfeitos para potenciais emboscadas, motivo pelo qual a coluna seguiu pelos dois lados. Mas, acima de tudo, a presença imponente do mogno exigia respeito. Estiquei o pescoço para olhar para cima e fiquei boquiaberto.

O tronco alçava-se para o céu, um mastro perfeito desaparecendo na cobertura da floresta. Sua textura avermelhada, a densidade da madeira e resistência a pragas fizeram do mogno um dos materiais de construção mais cobiçados do planeta, colocando-o na mira dos madeireiros ao longo de toda a floresta alta nos limites oeste e sul da Amazônia. Empreendimentos criminosos e sombrios tinham construído centenas de quilômetros de estradas clandestinas, praticamente indetectáveis por ar, pela selva profunda para chegar aos bosques das árvores preciosas.[31] Máfias da madeira tornaram-se a ponta de lança da nova invasão da floresta, ameaçando tribos isoladas e abrindo enormes faixas de floresta primária para ondas posteriores de colonos, fazendeiros e grileiros. Entre 1982 e 1996, as terras indígenas perderam uma média de 250 caminhões de mogno por mês, com a conivência de corruptos chefes tribais ou simplesmente através de pilhagem.[32] O grupo ambientalista Greenpeace acabara de liderar uma bem-sucedida campanha para proibir a derrubada do mogno em todo o Brasil.[33] Mas para o sudoeste, do outro lado da fronteira peruana, quadrilhas fortemente armadas estavam cortando as árvores em florestas protegidas nas cabeceiras dos rios Purus e Envira, forçando a fuga de bandos isolados de mashco-piros, nahuas e amahuacas, com consequências potencialmente catastróficas para os índios.[34] As comunidades asháninkas dentro do Brasil haviam denunciado uma invasão contínua de bandidos madeireiros peruanos em suas terras, e estavam em busca da polícia ou do exército para intervir.[35] Sob tais circunstâncias, era um alívio encontrar essa majestosa árvore ainda de pé, em segurança, ao menos por enquanto, protegida dos homens com as armas e as motosserras, cujo desprezo pela vida era comparável apenas a sua avidez pelo lucro.

Deparamo-nos com uma série de quebradas recentes pelo bosque. Paulo Welker virou-se para mim sem dizer uma palavra. Ele colocou o dedo junto ao olho: *Atenção!* Atravessamos uma trilha. Eu não poderia dizer se era um caminho dos flecheiros ou se tinha sido aberto por infiltrados do Juruá. Paulo colocou os dedos nos lábios. *Silêncio!* Avançamos com cautela, com cuidado para abafar nossos passos. Cruzamos outra trilha. Espere um segundo. Por que Paulo não estava cuidando da retaguarda, como Possuelo havia ordenado? Isso significava que o fim da coluna podia estar em qualquer lugar, sem dúvida, onde quer que Wilson e Alfredo estivessem andando. Mas foi apenas um flash momentâneo, não passou de um instante. Eu estava bem mais focado no aqui e agora. Subitamente, um grito horripilante ecoou de algum lugar atrás de nós. Ficou suspenso no ar, oscilando e mudando o tom, como se alguém estivesse sofrendo torturas indescritíveis. Congelamos em nossos passos. Outro grito se seguiu. Possuelo deu de ombros e continuou, como se nada tivesse acontecido. Virei para Tepi.

— O que foi isso? — perguntei, o coração disparado.

— Macaco preto — respondeu, casualmente.

Objetando-se à nossa intrusão talvez, ou então emitindo um chamado de acasalamento. De qualquer modo, teve sorte por estarmos passando cedo, antes da hora de sair para caçar o jantar.

A luz clara e ofuscante espalhou-se por uma enorme abertura na floresta, algumas centenas de metros de diâmetro. Não era exatamente uma clareira; toda a área estava tomada pelos destroços de árvores caídas. Não era possível saber qual das árvores tinha precipitado o evento, mas não importava, o resultado era o mesmo. Na selva, quando uma árvore que forma a abóbada enfraquece e morre, leva várias outras com ela, pois suas copas são totalmente entrelaçadas por cipós grossos e tenazes. Essas clareiras espontâneas são um sonho para os botânicos e entomologistas.[36] Sem precisar subir por alturas vertiginosas, eles podem examinar colônias de insetos, bromélias floridas, todo um espectro de flora e fauna que evoluíram nos microclimas da abóbada. As clareiras também criavam excelentes áreas de plantação a céu aberto para as tribos primitivas que não dispunham de machados. Mas, para nós, a pilha confusa representava uma pista de obstáculos cheia de perigos — armadilhas e sombras profundas, onde surucucus poderiam estar à espreita, penduradas em galhos fervilhando com formigas e ninhos de vespas furiosas. Levamos meia hora para escolher nosso caminho ao longo das muralhas de árvores caídas ao acaso para chegar do outro lado. Com uma estranha sensação de alívio, mergulhei de novo na escuridão da selva.

O terreno começou a mudar. Temendo que a paisagem acidentada estivesse exigindo um preço alto demais dos homens, Possuelo tinha ajustado a nossa rota. Agora seguíamos por um curso mais a leste, desviando pelas bordas das encostas enlameadas em vez de subir e descer as encostas. Gradualmente, o chão começou a ficar nivelado, o que apresentou uma nova variedade de desafios: mais córregos, mais travessias angustiantes por troncos escorregadios, mais cruzamentos a vau de pântanos com água pelo joelho que sugariam nossas botas para fora dos pés caso não estivessem amarradas em torno de nossos tornozelos com laços duplos.

Possuelo fez uma pausa no alto de um barranco e enxugou a testa com uma manga da camisa encardida. Sob o sol brilhante do final da manhã, ele segurou o GPS com o braço esticado, como um fotógrafo lendo seu fotômetro.

— Hmmm — disse. — Provavelmente somos os únicos a já ter caminhado por aqui. Nós e os índios.

Por índios, ele se referia aos flecheiros. Era algo incrível a se considerar. Na verdade, o terreno era tão inóspito, tão impenetrável, que teria sido lógico concluir que nenhum outro ser humano houvesse passado por ali antes. Exceto por uma pegada fresca com a qual nos deparamos um pouco mais tarde.

A pegada era bem definida, afundada em um pedaço de terra vermelha escorregadia, coberta por folhas frágeis. Eu me abaixei e medi-a com a mão aberta, do polegar ao dedo mínimo. Era pouco maior, tamanho 39, aproximadamente. Não tinha mais do que um ou dois dias. O que significava que as chances de um encontro fortuito pareciam gradualmente maiores.

— Estamos a apenas 7 quilômetros da aldeia mais próxima — disse Possuelo, uma vez mais conferindo o GPS.

Até então, havíamos desviado de uns três ou quatro assentamentos. Mesmo assim, ele tinha certeza de que os flecheiros estavam alheios à nossa presença.

— Se soubessem que estamos aqui, ficariam em cima de nós, ao menos para nos manter sob observação.

Quando paramos para almoçar num local alto, espalhei-me sobre as folhas úmidas, apertado entre um par de mudas finas. Abri minha sacola plástica com carne de macaco defumada e farofa grossa de mandioca. Enfiei os dedos nas migalhas gordurosas. Meus dedos estavam cobertos de sujeira, mas os padrões normais de higiene há muito tinham perdido o sentido. Minhocas na sopa? Sem problema, tire e continue comendo. Uma mosca andando em um pedaço de carne? Nada demais.

Uma pequena avalanche de migalhas úmidas amarelas caiu do meu colo, e quase que imediatamente, uma trupe de formigas pretas apareceu e começou a carregá-las. Observei fascinado quando içaram suas cargas pelas folhas, avançaram sobre as marcas de escorregões na lama deixadas por nossos passos errantes e, mais impressionante ainda, pelo emaranhado de musgo que cobria o tronco podre onde eu estava recostado. Como uma frota de minúsculas empilhadeiras, carregavam pedaços tão grandes quanto elas mesmas, parecendo desafiar as leis da resistência e da gravidade. De fato, sua determinação parecia superar a nossa com grande vantagem; era uma simples questão de escala.

* * *

Perdi a trilha de vista mais de uma vez ao longo da marcha da tarde. Ou melhor, perdi de vista o sujeito imediatamente à minha frente — fosse Possuelo, Orlando ou um dos matises —, pois eu não tinha outra forma de saber onde estava a verdadeira trilha. Agora que o terreno era plano, a trilha escorregadia criada pelos passos dos primeiros quatro ou cinco homens quase desaparecera. Contra o fundo confuso de verdes e cinzas borrados, tentar encontrar as marcas cortadas pelos guias era praticamente impossível. Em certo momento, olhei para baixo, para a toca de algum roedor, e quando olhei para cima de novo, a coluna diante de mim tinha desaparecido. Prossegui mais um pouco, confiante de retomar o caminho. Porém, alguns passos depois, estava cercado por uma muralha contínua de folhagem. Tentei voltar atrás e rapidamente percebi que não tinha ideia de por onde tinha vindo. Gritei:

— Onde estão vocês?

Lembrei das palavras de Possuelo: *A selva abafa os gritos.* Gritei mais alto, com mais urgência. Mas, numa terra de índios hostis e onças famintas, gritar tinha suas desvantagens. Senti o pânico crescendo em meu peito. Neste momento, Alcino e Adelino Marubo apareceram em meio a uma cortina de cipós pendurados, as tiras de envira passando pelas testas, espingardas na mão.

— Por aqui, Scotch — eles apontaram. — Segue a gente.

A marcha do dia culminou com a perigosa travessia de um largo igarapé, que desembocava em outro ainda maior. No momento em que montamos o acampamento, as águas de três rios juntaram-se para formar um canal único, com cerca de 12 metros de largura, permitindo a visão de meia distância, como há dias não tínhamos. Meus olhos mergulharam na luminosidade plena da tarde, o azul profundo do céu, as nuvens fofas de alabastro. A floresta fechada havia imposto uma espécie de claustrofobia da qual eu estivera vagamente consciente até agora.

Ainda que o moral entre nós estivesse exaurido sob o peso da marcha e o desânimo tivesse tomado conta, os matises mantinham uma excelente disposição que às vezes os fazia parecer numa excursão de colegiais. Brincavam entre si, gritos agudos pontuados por gargalhadas, passando rapidamente a falar em português em atenção aos de fora, mesmo que estivessem se referindo à pessoa em termos pouco lisonjeiros, o que era bem frequente.

— *Scotchie Chui Wassá?* — disse Ivan Arapá quando passei pelas tendas baixas dos matises a caminho do banho.

Ele exibia o sorriso habitual, e os outros matises estavam rindo.

— O que é isso? — perguntei.

— *Scotchie Chui Wassá* — ele repetiu, desta vez afirmando, não era uma pergunta.

Eles tinham um novo nome para mim, explicou. Scotchie Pinto Branco. Parecia que meu hábito indecente de tomar banho sem bermuda — não queria ter que secá-la ao fogo — tinha atraído sua curiosidade e zombaria bem-humorada. Voltei para a minha rede e peguei uma cueca.

A camaradagem, junto com os ritmos e rituais diários, conspirou para criar um clima de familiaridade no meio da selva, talvez uma falsa sensação de segurança. No decorrer deste convívio contínuo com os elementos, eu estava começando a ver como a mente humana — ou pelo menos a minha — lutava insistentemente para traçar coordenadas mentais em uma paisagem geográfica, mesmo sem perceber, tentando impor ordem ao caos. Por isso a perspectiva de ficar perdido na floresta era tão aterrorizante. A pessoa se volta para uma massa uniforme de vegetação e não encontra nada em que se fixar. Em um instante, aquela sensação de segurança era desfeita.

A ameaça de solidão absoluta parecia estar sempre murmurando sob a superfície, no zumbido indiferente dos insetos, no coaxar dos sapos — o que tornava a montagem diária do acampamento e a gargalhada musical dos matises ainda mais reconfortantes. Pelo avançado da hora e por algumas qualidades especialmente convidativas — um riacho transparente nas proximidades, árvores resistentes —, um trecho da selva poderia ser considerado digno de um acampamento. Em minutos, o local era transformado, como que por magia, em uma comunidade nitidamente humana, repleta de pequenos bairros, caminhos sinuosos, uma área de banho, um refeitório. As modificações eram fugazes, o tempo logo começaria a apagar todas as provas da nossa presença, assim que o último de nós partia na manhã seguinte. Mas as alterações ao local que ocorriam na mente eram mais definitivas, de forma que a memória se esforçava por imaginar como era o sítio em seu estado natural, momentos antes de lá chegarmos. Como a membrana fina da rede que nos protegia dos elementos e das doenças parasitárias, a própria comunidade proporcionava uma espécie de bolha invisível que operava em um nível mais profundo do subconsciente para assegurar que estávamos sãos e salvos. Se de fato estávamos, era uma outra questão.

Uma sucessão de tiros soou a distância, os disparos seguindo um atrás do outro no crepúsculo: *Bum. Bum. Bum.* Soldado aguçou o ouvido.

— Porco — anunciou.

Porco selvagem. Eu estava impressionado com sua incrível capacidade de interpretar os tiros distantes. Os matises e marubos enviados à caça logo chegaram ao acampamento carregando nove queixadas, amarradas pelos cascos e penduradas nos ombros com longas tiras de casca de árvore. Eu estava saindo do rio quando Alcino Marubo veio cambaleando pela margem com membros sangrentos de carne de porco pendurados nas costas. Saí antes que ele mergulhasse, provocando uma ondulante maré vermelha na água. Junto à fogueira, grandes pedaços de fígado e carne de porco foram empilhados em folhas de palmeira. As abelhas se juntaram ao redor da carne sangrenta. Eu estava me secando quando Nicolas veio correndo.

— V-você ouviu? — gaguejou. — Os matises acharam um acampamento dos flecheiros! Venha, vamos lá!

— Depressa! — gritou Txema.

Não havia tempo para me vestir. Pulei atrás deles pela vegetação, vestindo apenas uma cueca molhada e chinelos. Cinco minutos viraram dez e depois 15. Eu estava começando a achar que estava completamente fora de mim. Duas ou três semanas antes, eu estaria morto antes de estar aqui, correndo quase com as nádegas de fora pela selva profunda. Comecei a ficar para trás, meus pés escorregando pelos lados das sandálias molhadas. Apressei-me, desesperado para manter meus companheiros à vista enquanto saltavam pela mata fechada.

CAPÍTULO 15

O significado do contato

Finalmente chegamos a uma samaúma gigante, as raízes tabulares abrindo-se a partir do tronco, espalhando-se pelo chão da floresta. Ao redor de toda a árvore, folhas de palmeira apodrecidas estavam espalhadas pelo chão, entre duas de suas poderosas raízes. Ali perto havia uma gaiola primitiva feita de pedaços de pau, muito parecida com a que tínhamos visto dias antes. Ainda mais notável, ranhuras em forma de V foram cortadas em duas das raízes do contraforte, a cerca de um metro e meio do chão. As ranhuras provavelmente sustentavam uma trave que, embora não estivesse mais lá, teria sustentado uma cobertura de folhas de palmeira para cobrir o espaço entre as raízes, que tinham o aspecto de aletas de foguete. Os entalhes, cada um com cerca de 4 centímetros de profundidade, só poderiam ter sido feitos por uma lâmina de aço.

Afastando as folhas com o pé, Paulo Welker descobriu cerca de meia dúzia de estacas finas, não mais do que 3 centímetros de diâmetro. Ao que tudo indicava, também tinham sido cortadas com ferramenta de aço. A julgar pelas extremidades esgarçadas das estacas, a lâmina devia estar bem cega; vários golpes foram necessários para cortá-las. Um facão recém-afiado poderia ter cortado qualquer uma delas de forma limpa, com um único golpe.

— Usaram isso para pendurar suas redes — disse Paulo, segurando uma estaca com as duas mãos.

Era difícil acreditar que as estacas poderiam ter suportado muito peso, as pessoas que as usaram deviam ser muito magras ou muito pequenas. Welker considerou que o acampamento tinha cerca de dois anos.

Mas teria sido um erro concluir que estávamos mantendo distância dos flecheiros. No burburinho animado com que fomos recebidos ao voltar para nosso acampamento, Alcino Marubo disse que tinha visto uma cabeça de queixada decepada enquanto caçava, a apenas vinte minutos de distância. A cabeça, disse, não tinha mais do que alguns dias.

Jantamos uma sopa deliciosa de porco selvagem com macarrão e farinha de mandioca. Todos puderam repetir, até três vezes. Havia muito mais carne do que Mauro e Paulo Souza poderiam cozinhar. Fogueiras adicionais foram acesas pelo acampamento com suportes de madeira para defumar a carne de porco. Logo, o ar estava tomado pelo aroma denso de churrasco.

Sorvendo ruidosamente o saboroso caldo de porco, contei a Possuelo sobre os cortes grosseiros feitos com ferramentas de metal que vimos no acampamento dos flecheiros. Ele não ficou nem um pouco surpreso.

— Eles roubam machados e facões dos madeireiros e pescadores — disse, dando de ombros com naturalidade. — É o que provoca muitos conflitos. Um madeireiro percebe que seu machado sumiu e vai atrás dos índios para recuperá-lo.

Era um relato bastante similar ao de Ivan, sobre como os matises obtiveram seu primeiro machado nos dias anteriores ao contato. A lâmina cega, evidenciada pelos golpes repetidos, insinuava possibilidades mais elaboradas. Podia ter sido objeto de uma sucessão de trocas entre diversas tribos, ao longo de grandes intervalos de tempo e espaço, durante os quais os flecheiros não tiveram qualquer contato com os donos originais. Ou podia ter sido subtraída de um campo de exploração madeireira, como sugeriu Possuelo. Mas ele supôs que isso tivesse acontecido há bastante tempo, uma vez que a lâmina estava muito cega, e, provavelmente, em algum lugar mais distante, próximo às terras baixas, junto a uma via navegável utilizada por madeireiros e outros invasores como rotas de penetração na floresta. Embora estivéssemos começando a descer para essas terras baixas, ainda não víramos nenhum sinal — nenhum toco de árvore cortada — indicando a presença de madeireiros por estas bandas nos últimos anos.

* * *

Para uma tribo, o que significa — e o que não significa — ser "não contatada" tornou-se uma questão de acalorado debate entre antropólogos, defensores dos direitos indígenas e até mesmo empresários, que acusam seus inimigos de forjar um conceito de índios puros e inalterados a fim de evitar o desenvolvimento. Alguns capitães da indústria chegaram a acusar alguns sertanistas de "plantar índios" em suas propriedades, vestindo-os com penas de arara, arcos e flechas para cercar suas terras e sequestrar a madeira para o lucro da própria Funai.[1] A posse de lâminas de metal servia apenas para comprovar sua opinião: como poderiam dizer que um bando de índios era "não contatado" se eles tinham produtos da sociedade industrial e os utilizavam em suas rotinas diárias?

Mesmo muitos dos que eram simpáticos à questão dos índios perseguidos consideram equivocado o termo "não contatado", evocando imagens de selvagens da Idade da Pedra habitando uma espécie de Mundo Perdido fictional.[2] Preferem chamá-los de "povos indígenas em isolamento voluntário" para realçar a determinação obstinada, ou melhor, a autodeterminação, que parecia estar presente em todas as tribos isoladas ainda vagando pelas florestas da Amazônia, quer no Brasil, no Peru, no Equador ou na Bolívia. Os grupos indígenas em isolamento estão isolados porque fizeram esta escolha. Não é pela total falta de contato, mas precisamente pelas experiências anteriores de contato com o mundo exterior, que se mostraram tão negativas.

No Brasil, o termo "índios isolados" constitui um conceito jurídico que define as sociedades indígenas "sobre as quais há pouca informação disponível", que evitam o contato regular com o mundo exterior e que dependem inteiramente da floresta intata para sobreviver.[3]

O isolamento, até mesmo de outras tribos, parece ser um fenômeno relativamente recente, nascido da imposição violenta do invasor branco.[4] Os grupos indígenas que se espalharam por remotos santuários em cabeceiras distantes já não podiam mais manter relações comerciais intertribais, que às vezes remontavam a séculos. Em muitos casos, seus parceiros comerciais desapareceram totalmente. Em outros, a colonização branca e o domínio sobre grandes corredores de transporte teriam tornado o contato entre entidades tribais muito arriscado para ser mantido. Motivo pelo qual, por exemplo, os flecheiros reconheceriam o significado de tiros distantes ou porque se podia esperar razoavelmente que fugissem dos tiros de advertência disparados sobre suas cabeças. Em outras palavras, não era como no interior da Nova Guiné, em torno de 1930, completamente fechado para o mundo exterior, onde os habitantes das terras altas recusavam-se a acreditar que os "paus de fogo" dos prospectores australianos poderiam matar seres humanos até encontrarem seus irmãos mortos, espalhados pelo chão.[5] Tampouco havia qualquer semelhança com o que aconteceu na Amazônia ocidental em 1892, quando guerreiros mashcos, nas cabeceiras do rio Madre de Dios, no Peru, zombaram dos cartuchos de Winchester aparentemente inofensivos que o notório "rei da borracha", Carlos Fermín Fitzcarrald, mostrou para eles quando pediram para ver suas flechas, apenas para matá-los, momentos depois, com esses mesmos cartuchos.[6] Até agora, os povos indígenas em todos os lugares, mesmo nesses redutos mais profundos da selva, haviam se tornado pós-graduados no que se referia a tiros. Para muitas tribos, o fato de o homem branco possuir armas de fogo tinha implicações práticas bem maiores do que a cor de sua pele. Algumas línguas indígenas até mesmo tinham desenvolvido nomes para os brancos que nada tinham a ver com seus rostos pálidos, mas eram sobretudo onomatopeias que reproduziam o estampido de uma arma.[7] Em meio a gritos de guerra e flechas chovendo sobre o posto de Nimuendajú, os bravos parintintins gritavam imitando a explosão dos tiros.[8] Se os índios cujos vestígios estávamos procurando e analisando eram conhecidos por nós como flecheiros, o Povo da Flecha, nós poderíamos, em contrapartida, ser chamados de o "Povo do Tiro".

Todavia, a simples posse de um facão cego ou a habilidade de reconhecer um tiro de espingarda caracterizava um "contato" com a sociedade moderna, em qualquer sentido? Mesmo quando homens da tribo matis ou mayá roubavam botões ou machados de mateiros brancos, isso os tornava mais próximos do abraço envolvente de nossa aldeia global? Talvez sim. Ou talvez não. Poderia marcar o início de uma sedução gradual, uma crescente dependência dos produtos manufaturados que, invariavelmente, fascinavam os indígenas tecnologicamente primitivos. O fascínio por nossos objetos mágicos — espelhos, fósforos, fonógrafos, câmeras — ocupava o núcleo estratégico das campanhas travadas ao longo de décadas para atrair incontáveis tribos de índios bravos do mato, não apenas pelo SPI e a Funai, mas também pelos missionários, empresas petrolíferas, construtores de estradas, aventureiros.[9] Os índios uitotos, do rio Putumayo, sofreriam abusos terríveis durante o reinado do barão do látex Julio Arana, inicialmente adorando machados de aço como objetos divinos que concediam fertilidade e abundância, e de bom grado trocando órfãos ou membros de baixo status social de seus clãs para obter esses bens dos traficantes de escravos.[10]

Mas a maioria das tribos isoladas, que agora caberia a Possuelo proteger, estivera em transações bem mais superficiais: encontros fortuitos envolvendo furto, acompanhados talvez por uma troca de balas e setas.[11] É por isso que os índios permaneceram, em essência, isolados. A ausência de contato pacífico significava que eles ainda eram "populações de solo virgem", tão vulneráveis às doenças transmissíveis que evoluíram ao longo dos milênios no continente da Eurásia — sarampo, gripe, tuberculose, pneumonia, até mesmo o resfriado comum — como os primeiros tainos, encontrados por Colombo em Hispaniola.[12] Em sessenta anos do desembarque de Colombo, os tainos foram extintos, reduzidos a zero a partir de uma população que os modernos estudos demográficos indicam poder ter chegado a 8 milhões.[13] Neste aspecto, a *maneira* como uma tribo podia ter obtido uma faca, um facão, ou mesmo um rifle, revelaria mais sobre o seu grau de contato com o mundo exterior do que a simples posse de tais coisas. No que dizia respeito aos flecheiros e outras tribos não contatadas, essas histórias — histórias de *como* — continuariam em grande parte desconhecidas enquanto Possuelo estivesse no comando.

No entanto, havia algumas pistas tentadoras. Nos anos entre 1980 e 1984, madeireiros fortemente armados avançaram por caminhos cada vez mais profundos até o igarapé São José, provocando ataques repetidos dos flecheiros contra seus acampamentos.[14] Repetidas vezes, os índios conseguiram fugir com ferramentas e outros itens. Embora a foz do São José estivesse semanas atrás de nós, estávamos de fato bem próximos de suas cabeceiras, após traçarmos um longo arco em forma de C para chegar à nossa localização atual. O terreno era decerto muito difícil, mas o alto São José provavelmente estava a menos de uma semana para nômades de passo rápido. Será que as lâminas denunciadas pelos cortes cegos que tínhamos visto nestes bosques eram as mesmas obtidas nos acampamentos dos madeireiros anos atrás?

Embora se pudesse esperar que os flecheiros reconhecessem o som de uma arma, isso não significava que eram capazes de compreender a enormidade do mundo além de sua selva natal, ou de ter uma vaga ideia de que os brancos eram uma tribo particularmente numerosa que se espalhou por toda a Terra. Quanto ao que pensavam sobre coisas como jatos cruzando os céus, quem poderia dizer? Eu pretendia perguntar sobre isso a Possuelo de manhã. Agora eu tinha a oportunidade. A princípio, ele não disse nada. Levantou-se entorpecido junto ao fogo para se espreguiçar. A noite estava caindo, e das sombras crescentes vinha o zumbido agudo dos insetos, pulsando em uníssono. A maioria dos homens se recolhera em suas barracas, embora alguns dos matises — Tepi, Txema, Ivan Arapá — ainda estivessem presentes. Possuelo jogou mais um pedaço de lenha no fogo, provocando uma chuva de faíscas na escuridão, piscando e se afastando para o alto como estrelas cadentes. Risos abafados e arrotos chegavam até nós das fogueiras afastadas na floresta, onde filés de porco selvagem fumegavam e os canamaris continuavam com a festa. Possuelo voltou a se sentar no banco.

— Eu não sei — disse ele hesitante, olhando para o fogo como que perdido em seus pensamentos. — Mas isso me faz lembrar de uma coisa que ouvi de um índio txicão.

Os txicões eram uma tribo guerreira de Mato Grosso e foram contatados por Orlando e Cláudio Villas-Bôas em uma ousada missão na década de 1960.[15] Há muito que os txicões se mantinham em conflitos contínuos com tribos vizinhas, mas, no início dos anos 1960, doenças antes desconhecidas anteciparam-se ao avanço da fronteira, aumentando a necessidade imperativa das tribos de raptar mulheres e crianças das aldeias rivais para repovoar suas fileiras.[16] As invasões eram seguidas por vinganças sangrentas. Os irmãos Villas-Bôas tentaram contatar os txicões anos antes, quando souberam por informantes nativos que inimigos da tribo planejavam um ataque maciço contra sua aldeia.[17] Os txicões sobreviveram ao ataque, mas agora estavam caindo como moscas devido a doenças, e não sabiam por quê. Suspeitavam de bruxaria dos inimigos. Não era novidade ouvir histórias de xamãs mortos por seu próprio povo por não conseguirem expulsar a estranha doença.[18]

— Orlando e Cláudio decidiram fazer alguma coisa — disse Possuelo. — Eles sobrevoaram a vila e os bombardearam com panelas de alumínio, bolas de futebol, fotografias deles mesmos, barras de rapadura e outros presentes. Não havia tempo para uma longa campanha de atração; o bombardeio aéreo foi feito para "amolecer" os nativos para a ousada missão de contato que logo se seguiu. Diante do rugido do monstro voador bombardeando a aldeia, os índios fugiram em pânico para todos os lados.[18] Mulheres e crianças se refugiaram dentro de suas cabanas. Os homens dispararam inutilmente suas flechas contra a besta alada. Estranhos pacotes caíam pela traseira da aeronave, aterrissando com uma pancada na beira da clareira. Os mais corajosos se aproximaram com cautela, farejando um odor maléfico, cutucando os pacotes com lanças longas.

— Eles acharam que um grande pássaro tinha despejado merda na aldeia deles — disse Possuelo.

Ele me contou isso com muita vergonha, como se devesse ter pensado melhor na época. Os txicões logo foram vencidos pela curiosidade e abriram os pacotes. Experimentaram o açúcar e descobriram que era doce. Mas ficaram abismados com as fotografias.[19] Jamais tinham visto pessoas representadas bidimensionalmente em detalhes tão vívidos, ficaram virando as fotos, querendo descobrir onde estavam as costas.

Os missionários evangélicos americanos no Equador tentaram uma tática semelhante como prelúdio para entrar em contato com os índios waorani, nos anos 1950.[20] Os waorani ficaram igualmente perplexos com as imagens, mas interpretaram o seu significado de maneira muito mais obscura. Acreditando que as fotos fossem os cartões de convocação duma força diabólica, mataram os missionários com lanças quando seu avião caiu no rio distante na semana seguinte. A maior parte da tribo waorani acabou aceitando o contato e foi evangelizada. A outra parte permanece na floresta até hoje, evitando a interação com o mundo exterior.[21]

Poucos dias depois de despejar os presentes para os txicões, os Villas-Bôas pousaram com seu próprio monomotor num descampado pouco além da aldeia.[22] Eles correram para fora dos aviões para cumprimentar os índios, segurando facões e espelhos no ar como símbolos da paz. Foi um ataque fulminante, carregado com os mesmos riscos que os missionários tinham corrido, diferente de qualquer outra coisa tentada antes no Brasil. Talvez por contarem com uma vasta experiência e sensibilidade aos modos indígenas adquiridas em anos de trabalho, eles foram bem-sucedidos onde os americanos fracassaram. Nos meses que se seguiram, os irmãos convenceram os txicões a se mudar para dentro dos limites do Parque Indígena do Xingu, mais a leste. Foi numa noite muitos anos mais tarde, na nova aldeia dos txicões, que um homem contou para Possuelo a história do monstro voador que lançou sua sombra pela primeira vez sobre a *maloca*, mudando suas vidas para sempre.[23]

Quando Possuelo chegou ao fim de sua história, o círculo em torno da fogueira estava praticamente vazio. Mas Ivan Arapá continuava sentado, observando as brasas se apagando.

— Antes, os matises achavam que os grandes aviões eram os nossos ancestrais mortos, *xokeke* — disse. Ele apontou para o alto, indicando o espaço para além das copas das árvores. — Nós os víamos passar beeeeeem lá em cima. E a gente dizia: "Lá se vão os nossos ancestrais."

Como os txicões, os matises acreditavam que os ensurdecedores monomotores fossem algum tipo de ave de grande porte, de pássaros assustadores.

— A gente pensava: Deve ser um demônio poderoso. A gente fez alguma coisa para provocá-lo?

Ele repetiu a palavra em matis: *binkeke*.

Eu conseguia entender por que uma tribo isolada veria jatos voando lá no alto como um fenômeno totalmente diferente dos teco-tecos zumbindo sobre suas aldeias. Se eles nunca os tinham visto decolar ou pousar, como poderiam fazer a conexão? Em pleno voo, um Jumbo aparece no céu como não mais que uma partícula, enquanto o rasante de um Cessna pode fazer a terra tremer e apagar o sol. Somente anos mais tarde, quando Ivan viajou para os jogos indígenas em Campo Grande, ele aprendeu que os jatos comerciais eram de fato muito maiores do que os monomotores, não o contrário. Os matises atribuíram poderes sobrenaturais aos aviões voando em grandes altitudes: a presença reconfortante, ainda que distante, dos entes queridos que já tinham partido. Mas o Cessna, com seus rasantes invasivos e rugidos aterrorizantes, era uma criatura imediata e terrível, muito mais deste mundo que do outro.

Esse foi certamente o caso dos índios cintas-largas, no estado de Rondônia, bombardeados com bananas de dinamite atiradas por garimpeiros de um monomotor voando baixo em 1963.[24] Segundo os relatos, eles passaram uma primeira vez sobre a aldeia jogando pacotes de açúcar para atrair uma multidão à praça central. Depois deram um segundo rasante, lançando TNT sobre os índios reunidos. Ninguém sabe quantos cintas-largas podem ter morrido naquele dia. Os corpos foram enterrados na beira do rio, e a vila foi abandonada para sempre.[25]

* * *

De volta ao nível do solo, fui para a minha rede apenas para descobrir que, mais uma vez, tinha escolhido um local cheio de desagradáveis formigas negras. Comecei a pular, sacudindo-as para fora dos pés e pernas. Subi para a cama, tirei os chinelos e os pendurei na corda aos pés da rede. Se precisasse me levantar à noite, pensei, teria sandálias sem formigas para calçar com alguma facilidade. Quando chegou a hora, em torno das três da manhã, escorreguei para os pés da rede, tentando alcançar os chinelos. Recuperá-los estava se mostrando uma operação mais delicada do que eu imaginara. Eu estava contorcido, me virando para tentar alcançar os chinelos, quando a rede virou completamente, deixando-me voltado para baixo, os braços presos para trás, o nariz e a boca pressionados contra a tela do mosquiteiro. Hesitei em pedir ajuda, especialmente com o anúncio de Possuelo de que o dia começaria cedo. Estávamos no coração das terras dos flecheiros; um grito na noite seria uma quebra extrema das medidas de segurança. Mas quanto mais eu me debatia para me soltar, mais enrolado ficava. Estava indefeso como uma mosca em uma teia de aranha. Finalmente, esqueci minha coragem.

— Orlando, Orlando! — implorei. — Me ajude!

Ele estava dormindo a apenas dez passos de distância, e percebi que provavelmente era a única pessoa ao alcance da minha voz que viria em meu socorro. A princípio, minhas súplicas não deram em nada. Chamei novamente, desta vez mais alto. Enfim ouvi Orlando se mexendo nas proximidades.

— Que merda, Scott! — disse, a voz pastosa e sonolenta.

Mas quando viu a situação ridícula em que eu me encontrava com o feixe de sua lanterna, explodiu em risos histéricos.

— Como você conseguiu isso?

Ele me levantou com um braço enquanto soltava a rede com o outro. Minha inépcia rendeu-me uma bronca ao amanhecer, não de Possuelo, mas de Nicolas. Enquanto eu me apressava para arrumar minhas coisas, vi a aproximação dele com o canto dos olhos, caminhando determinado em minha direção. Estava magro e pálido, linhas graves ao redor dos olhos e da boca, tensos com a raiva reprimida.

— Estamos em território índio agora — criticou. — É perigoso aqui fora! Os flecheiros atacam as pessoas! Você teria feito aquela barulheira na selva da Nicarágua com os contras por todo lado?

Ele se afastou de mim sem esperar resposta. Eu não tinha certeza se teria alguma.

Além do imperativo de defender suas terras, alguns membros da tribo também eram conhecidos por promover ataques para obter bens manufaturados dos quais gostavam e que não conseguiriam por outros meios. Os caiapós atacavam colonos repetidamente durante os anos 1950 com o propósito expresso de tomar suas armas e munições, que usavam por sua vez para obter vantagem sobre seus inimigos tradicionais.[26] Os ataques somente cessaram após o sertanista do SPI Francisco Meirelles inundar os caiapós com espingardas e cartuchos, em vez da cota normal de facas e facões. Quando tomavam os bens dos colonos ou dos madeireiros, os índios às vezes deixavam flechas ou bordunas para trás, involuntariamente semeando o pânico entre aqueles com quem desejavam negociar: *Meu Deus, índios selvagens!*[27] Através da fronteira com o Peru, guerreiros nahuas rotineiramente atacavam os madeireiros e os assentamentos dos machiguengas, índios civilizados, para pôr as mãos em produtos industrializados.[28] Quando saquearam os postos de uma equipe de pesquisas sísmicas da Shell, em 1982, partiram com os capacetes dos trabalhadores.

Discernir o objetivo geral de um capacete de construção é tão simples quanto colocá-lo na cabeça. Mas, para as tribos isoladas da sociedade moderna, os usos e funcionamento interno da maioria dos artigos industriais estão longe de serem óbvios. Quando os povos das terras altas da Nova Guiné viram o brilho das lanternas na noite pela primeira vez, acharam que os homens brancos tinham engarrafado o luar.[29] Durante o contato com os araras, certa noite, Possuelo deixou por engano sua própria lanterna no tapiri de brindes, onde acabara de pendurar os machados e facões regulares de uma campanha de atração.³⁰ Pela manhã, encontrou pegadas frescas. Os presentes tinham sido levados. Assim como a sua lanterna. Anos mais tarde, soube que os jovens bravos haviam retornado para sua aldeia naquela noite com os facões e uma outra coisa que nunca tinha visto antes: um cilindro metálico brilhante com um olho de vidro numa das extremidades. O homem que pegou a lanterna ficou mexendo nela, sacudindo e batendo. Subitamente, na escuridão da *maloca*, a lanterna acendeu, como que por vontade própria. Os índios espantados pularam sobre ela, quebraram-na com as bordunas e jogaram os pedaços no fogo. Quando as pilhas explodiram minutos depois, fugiram da casa comunal em pânico, convencidos de que a lanterna era uma criatura demoníaca que ainda estava bem viva.

Era fácil achar graça da perplexidade dos índios sobre coisas como aviões e lanternas; de fato, olhando em retrospectiva, eles eram os primeiros a rir de si mesmos. Mas outra questão era confundir as maravilhas tecnológicas da nossa sociedade — ou os produtos bacanas que eu possuía como um de seus membros privilegiados — com algum tipo de superioridade moral ou intelectual. Ao longo dos 18 dias depois que deixáramos os barcos, comecei a perceber como estaria totalmente perdido sem os meus companheiros — estraçalhado por uma onça, talvez, mordido por uma surucucu, comido até os ossos por formigas, ou deixado para trás, desorientado, para morrer de fome. Eles carregaram minhas coisas, me levantaram quando caí, afastaram-me de perigos imediatos, caçaram para eu comer. Dividi o fogo à noite com homens que, nesta vida, acreditaram que um avião a jato fosse um ser sobrenatural. Mas seus antepassados cresceram em um estilo de vida perfeitamente adequado para este ambiente hostil. Sabiam como sobreviver nele, até mesmo como prosperar, sem nada de nossa tecnologia complicada. Cada um deles, em um momento ou outro, estivera cara a cara com uma onça na floresta, armado apenas com uma flecha ou um pedaço de pau, e sobrevivera. Será que um atirador com um míssil SAM-7, que com o movimento de um dedo podia derrubar um daqueles espíritos ancestrais, possuía mais inteligência do que um flecheiro, que sabia perseguir uma presa silenciosamente nas florestas e cujo povo conseguira chegar ao terceiro milênio ainda livre, apesar dos incansáveis esforços da civilização para subjugá-los, expulsá-los e tomar seus recursos?³¹

* * *

Uma claridade branca atravessava a folhagem quando a manhã recebeu meus primeiros passos pela floresta. Como começara a fazer nos últimos dias, fiz o sinal da cruz e recitei uma oração silenciosa que começara a ganhar voz dentro de mim, como se por vontade própria, fruto das exaustivas circunstâncias da caminhada. Eu não rezava desde a infância, quando então me ajoelhava ao lado da cama para rezar o pai-nosso, sob os olhos atentos de meu pai. Eu nem mesmo tinha certeza se ainda sabia a oração. Mas agora, todas as manhãs, quando a marcha começava, as palavras apareciam para mim. A oração parecia evoluir diariamente, à medida que eu me tornava mais sensível à crescente litania de perigos que nos aguardava: *Proteja-me hoje, Senhor, dos perigos da selva. Proteja-me das cobras, das aranhas e dos escorpiões, das onças e dos outros predadores da floresta. Proteja minhas articulações: meus joelhos, meus ombros, meus pés. Proteja meus olhos, minhas mãos, meus tornozelos.* Passei do específico para uma abordagem mais ampla, sem descartar qualquer eventualidade: *Proteja a minha saúde, proteja-me de lesões desfigurantes, de doença grave ou estranha. Dai-me a força elevada da percepção para fazer o bem, tomar decisões rápidas, segurança nos meus passos, resistência e energia. Proteja a nós todos, Senhor, das flechas daqueles que não sabem que viemos em paz. Deixai-nos chegar em segurança ao final do dia.*

Com toda a certeza havia um viés supersticioso nesta fé recém-encontrada, provavelmente o motivo pelo qual procurei depressa cobrir os perigos mais imediatos. Já estávamos avançando quando enunciei este encantamento, e cada novo passo representava um novo perigo, algo potencialmente ruim a ser evitado. Os matises evocaram seus espíritos animais; meu deus era bem mais flutuante e abstrato. Mas, basicamente, queríamos a mesma coisa: sobreviver, alguma dose de segurança, e o bem-estar das pessoas amadas. Com isso em mente, a minha oração continuou: *Abençoe Mackenzie, Aaron e Ian, preencha seu dia com amor e felicidade e desafios que os façam crescer. Abençoe a mãe deles, Jennifer, e toda a sua família. Abençoe mamãe e papai. Que eles tenham um dia saudável e pequenas coisas pelas quais possam ser gratos. Por favor, que tenham uma boa vida, proteja-os até eu voltar para casa em segurança para vê-los novamente.*

Se havia também um tom de melodrama nesta invocação, sem dúvida tinha a ver com um sentimento crescente de isolamento e mau augúrio. A copa fechada da selva tinha inutilizado nosso telefone Inmarsat por duas semanas inteiras, e quando finalmente encontramos uma brecha na cobertura na noite anterior, o telefone não funcionou, não importava para onde apontássemos a antena. Estávamos desconectados, desta vez, definitivamente. Soubéssemos antes que ficaríamos completamente fora de alcance por semanas ou meses, teríamos ao menos nos preparado, e a nossas famílias, para o silêncio. Em vez disso, só nos restava pensar neles, e eles, em nós, e nós, pensando neles pensando em nós. Era para este vazio que eu agora lançava minha oração diária, uma mensagem numa garrafa.

Nossa rota acompanhava o curso d'água de maneira incerta. De tempos em tempos, o rio aparecia serpenteando em nossa direção através das árvores, o reflexo prateado como um oásis para os nossos olhos privados de luz. O ribeirão, disse Possuelo, iria ficar mais largo à medida que o seguíamos, levando-nos ao Jutaí — o rio que nos devolveria à civilização. Era uma perspectiva irresistível a ser considerada, ainda que sem uma meta clara. Ainda estávamos a semanas de lugar nenhum, nosso contato com o resto do mundo totalmente impossível. Eu me esforçava para manter o foco no aqui e agora, colocando um pé diante do outro. Era a única maneira de chegar em casa, de voltar para todos aqueles que importavam para mim e que eu desejava ver de novo.

Paramos para almoçar perto do meio-dia, mas não havia comida. Nos espalhamos em grupos de três e quatro pelo chão úmido da floresta. A maioria dos ribeirinhos se manteve a distância, fumando cigarros, conversando entre si. Mas os índios giravam ao redor de Possuelo como os planetas em torno do sol, um público que passara a esperar alguma grande história ou dissertação em momentos como este. Ele não decepcionou, estava na hora de uma história de onça.

— Eu estava na selva, com fome e sozinho — começou Possuelo. — Finalmente, acertei um mutum com a minha .22 de cano longo. Amarrei a ave numa árvore e fui até o rio, pegar água.

Quando ele voltou, o pássaro tinha desaparecido.

— Estranho, pensei, achei que parecia a árvore certa. Bem, de qualquer modo achei que um gato selvagem tinha levado. Então, olhando ao redor — ele apontou para um espaço de uns 15 metros —, vi as costas e os ombros do "gato" levando o pássaro embora. Era uma onça!

Neste ponto, Possuelo tinha capturado a atenção de todos.

— Resolvi que ia fazer aquele bicho pagar pelo pássaro, por isso peguei o rifle e fui atrás dele. Eu estava talvez uns 10 metros atrás quando o perdi de vista. Procurei e procurei, mas ele foi embora. Finalmente, decidi voltar para a cabana. Quando fui guardar o rifle, vi que a arma nem estava carregada! Imagine só o que teria acontecido se eu tivesse alcançado aquele animal!

Os índios irromperam em gargalhadas satisfeitas. Era uma história que sabiam apreciar; todos já tinham enfrentado onças. As onças eram fundamentais para a sua sabedoria e seus mitos, e os ataques muitas vezes eram entendidos como tentativas calculadas de assassinato de xamãs inimigos que mudavam de forma.[32]

Pouco depois de retomar a marcha, chegamos a uma árvore gigante, a casca riscada por dúzias de marcas verticais paralelas. A marca da onça.

— Veja como ela veio aqui para limpar as garras — disse Soldado.

Do outro lado, a maioria das marcas eram mais próximas do chão, apenas umas poucas mais acima.

— Aqui foi onde a onça se pendurou nas patas da frente para limpar as de trás.

Conjurei a imagem de uma criatura com tamanho e força para dar um bote daquela altura. Imaginei a escada do vizinho de Soldado jogada para o lado, o balde de látex voando e o horror daquele momento, quando sua vida chegou abruptamente ao fim, estraçalhada por uma fera com garras daquele tamanho. Os sulcos na casca eram frescos, ainda escorrendo uma seiva branca avermelhada, um lembrete claro de que tínhamos entrado não só na terra dos flecheiros, mas também no domínio da onça-pintada.

* * *

No meio da tarde, o sol rompeu as nuvens. Raios dourados fluíram pela folhagem num caleidoscópio deslumbrante de verdes e amarelos dançando pelo chão da floresta. Soldado liderou o caminho em meio a um emaranhado de cipós, abrindo passagem com o facão. Saímos numa clareira dominada por uma enorme envira. Longas tiras de sua casca esfiapada tinham sido arrancadas do tronco. Um buraco fora escavado no chão, no pé da árvore.

— *Índios bravos* — declarou gravemente Soldado, os olhos encovados estudando a floresta além. — Eles estiveram aqui.

Marchamos pesadamente através do que parecia ser uma plantação abandonada de bananeiras, as árvores baixas espalhadas por uma área de capim alto, curvadas sob o peso das pesadas e largas folhas. Muitas tinham sido golpeadas várias vezes na base, com o que devia ser um machado muito cego.

— Capoeira — disse Soldado, olhando ao redor. Um pomar abandonado.

Ivan Arapá abriu caminho à nossa frente para além da clareira, subitamente cochichando alto:

— Pegada!

Uma pegada impressa na lama. Era tão clara que dava para distinguir cada um dos dedos. Ainda assim, era velha o bastante — de anteontem, Ivan calculou — para presumir uma margem mínima de segurança entre nós e quem a deixara. Os homens então se espalharam em todas as direções, como um grupo de busca vasculhando os bosques atrás de uma criança perdida, levantando as folhas em busca de pistas.

Por quase três semanas, abríamos caminho com facões pela floresta primitiva para chegar a um dos lugares mais remotos da Terra, o que fez a descoberta seguinte de Soldado ainda mais surpreendente: uma trilha bem marcada serpenteando de volta para a floresta. Diferente da trilha quase invisível que Possuelo apontou para mim dias antes, esta estava clara como o dia, como a trilha dos apalaches, no leste dos Estados Unidos.

Atravessamos a vegetação densa e saímos numa clareira iluminada pelo sol, diante de uma dezena de tapiris cobertos por folhas de palmeira. Parecia um acampamento de caça temporário, provavelmente do ano anterior.

— Os indígenas nem sempre viajam em grandes grupos — disse Possuelo. — Às vezes apenas uma família sai, um homem, uma mulher, três filhos, um cunhado; seis ou sete pessoas. Podem ficar aqui por uma semana mais ou menos e depois ir embora.

Ajoelhei-me com as mãos no chão para olhar no interior de um dos tapiris. Eram baixos, como que para crianças, mais adequados para hobbits do que para humanos adultos. Na beira da clareira, um par de mandíbulas em forma de V pendia da forquilha de uma árvore baixa. Os ossos estavam cobertos por uma fina camada de musgo, mas os molares mantinham-se intactos no lugar, brancos como marfim. Os dentes da frente formavam um ângulo agudo para fora do osso, como os de um focinho de burro.

— Anta — disse Ivan Arapá.

Ele se aproximou para olhar mais de perto. Por que as mandíbulas da anta foram deixadas daquele jeito, aninhadas na forquilha da árvore, ninguém podia adivinhar. Talvez algum tipo de totem, supôs Possuelo.

Do outro lado dos tapiris, Tepi e Biná Matis descobriram uma grande panela de cerâmica enterrada em um monte de folhas secas. Eles a ergueram para que todos vissem. Era perfeitamente redonda, escurecida pela fuligem, grande o bastante para uns 5 litros. Sua parede era habilmente moldada, uniformemente fina, nenhum pedaço de barro jogado ao acaso.

— Esta é a primeira vez que vejo uma de suas panelas — disse Possuelo.

Ele a segurou com as duas mãos.

— Pesada — disse. — Difícil de carregar.

Isso suscitava novas perguntas sobre os flecheiros, atestando talvez uma existência mais sedentária do que imaginávamos. Seriam os flecheiros os simples caçadores-coletores inalterados desde Vespúcio, que Possuelo sugerira antes? Ou seriam eles descendentes de uma sociedade agrária mais fragmentada — desfeita e removida como os marubos, que fugiram para os rincões mais distantes da floresta tropical? Assim, escondidos nesta cidadela na selva, teriam desde então conquistado uma certa estabilidade, marcando o retorno a uma existência mais acomodada, fruto talvez do trabalho do próprio Possuelo para protegê-los?

E um outro sinal promissor: a aparente ausência de armadilhas. As tribos isoladas, pressionadas por intrusos, muitas vezes enchiam as trilhas com armadilhas de lanças, escondidas sob finas camadas de folhas e galhos.[33] Para se proteger contra desagradáveis ferimentos nos pés, o pessoal da Funai em locais como Rondônia, onde grupos dispersos de índios viviam sob assédio contínuo, forrava as botas com placas de PVC.[34] Aqui, os únicos espetos que encontramos foram aqueles deixados por nossos próprios batedores ao cortarem as mudas para limpar o caminho pela frente.

Retomamos a trilha onde ela avançava entre duas árvores altas. Pouco depois, encontramos um pedaço de cana-de-açúcar mastigado jogado no chão. Ali perto, vários chumaços de fibra branca — possivelmente algodão, possivelmente o recheio de um fruto da samaúma.

— Zarabatana! Zarabatana! — exclamaram os matises animadamente.

Os chumaços serviam como bucha para envolver os dardos na câmara da zarabatana — explicou Tepi.

Foi assim que descobrimos que os flecheiros de fato tinham outras armas, não apenas flechas, em seu arsenal.

— Onde estão os outros? — perguntou Possuelo, num sussurro alto.

— Mais para trás — os matises responderam em uníssono, apontando por cima dos ombros.

— Eles precisam nos alcançar — reclamou Possuelo. — Todos devem ficar juntos agora.

Pouco mais adiante, um pedaço de cipó retorcido estava caído aos pés de uma árvore. Era um recurso simples, usado pelos povos da floresta para atar os calcanhares com uma alça e escalar até o topo das árvores. A árvore tinha reentrâncias superficiais, onde a faixa pressionava a casca macia.

Apenas alguns passos adiante, encontramos mais pegadas frescas na lama.

— Estas são de agora — disse Soldado.

Possuelo analisou as marcas e disse:

— Ele subiu na árvore, nos viu, desceu e fugiu correndo.

Nós seguimos em frente, em silêncio. Possuelo virou-se para trás e sussurrou:

— Mantenham contato visual com o homem à sua frente, o tempo todo. Passe este aviso para trás!

Logo à frente de Possuelo, Soldado apontou para a frente e à direita com o facão, na direção de uma abertura no capim alto que dava para o rio.

— Eu vi alguma coisa, lá! — murmurou. — Como uma sombra se movendo!

Paramos, aguçamos os ouvidos. Possuelo deu um passo incerto para a frente, colocou as mãos em concha em torno da boca e chamou:

— *Uuuáá! Uuuáá!*

Apenas o grito desesperado do capitão-do-mato respondeu.

Seguimos pela trilha por mais vinte passos e Possuelo sibilou:

— Vamos virar aqui!

Ele instruiu Txema a deixar um sinal claro de "Virar à direita" para os outros — um punhado de ramos arrancados que deixaria evidente a direção seguida. Cinco minutos depois, chegamos à beira de um igarapé, com cerca de 12 metros de largura. Uma árvore cruzava o canal, a maior parte do tronco submerso, apenas alguns centímetros sob a água. Com a ajuda de uma sucessão de varas longas de um lado e de outro para nos equilibrarmos, cruzamos o tronco, a água correndo rápida sobre as botas, empurrando nossos calcanhares.

Pisamos na vegetação rasteira no alto da margem, banhados pelo sol do final da tarde. Uma nuvem ofuscante de borboletas amarelas, marrons e laranja dançou ao redor de nós. Parecíamos ter entrado numa terra de magia. Mas a expressão de Possuelo era sombria.

— Eles agora sabem que estamos aqui — disse. — Sem dúvida alguma.

Pela primeira vez desde o começo da expedição, ele pendurou o revólver na cintura.

CAPÍTULO 16

Nossas armas, nossos germes e nosso aço

O S MATISES LIDERARAM O CAMINHO adiante. Subitamente, interromperam os passos e apontaram para a frente, na direção de um grupo de árvores além do mato. Possuelo levantou a mão, pedindo silêncio. Da distância veio um som abafado de vozes agitadas, ininteligíveis, mas inequivocamente humanas. Comandando em voz baixa, Possuelo chamou os canamaris para a frente da coluna. As ordens foram transmitidas pela mata e logo Márcio e Remi apareceram.

— Chame-os em canamari — instruiu Possuelo. — Diga que somos amigos e que não lhes faremos mal.

Os índios colocaram as mãos em concha em torno da boca e gritaram na direção das árvores. Aguçamos os ouvidos para escutar. O murmúrio distante cessou. Possuelo sinalizou para que os matises seguissem o exemplo. Eles chamaram, mas não houve resposta. Finalmente, os marubos fizeram uma tentativa. Novamente, nada além do grito do capitão-do-mato.

Subitamente, sem comando ou explicação, nossas fileiras se romperam. Todo mundo disparou para a frente, saltando pelo mato alto em perseguição. Na empolgação de vislumbrar os índios selvagens, toda a disciplina e senso de razão se foram. A luz do sol dançava como ouro líquido pelo rio enquanto corríamos, ricocheteando de lado em clarões ofuscantes ao longo das silhuetas de troncos e galhos. Soldado e Paulo Welker cortaram para a esquerda e foram direto para o rio, que estava a cerca de 200 metros de nós. Possuelo seguiu em linha reta, paralelo ao curso. Eu fiquei dividido: quem seguir? Em uma fração de segundo, decidi seguir Possuelo. Má escolha. Instantes depois, ouvimos gritos atrás de nós, vindo da direção da água. Era Paulo Welker.

— Aqui! — gritou. — Por aqui, estão cruzando o rio!

Soldado e Paulo Welker ofegavam profundamente, as mãos sobre os joelhos, quando chegamos à ribanceira do rio. Atrás deles, erguiam-se as raízes arrancadas de uma enorme árvore que havia caído na água. Outra árvore de dimensões semelhantes caíra na margem oposta, a cerca de 30 metros de distância, e os dois troncos encontravam-se na metade do rio, formando um trecho contínuo na forma de um V raso, como uma ponte que havia levado um golpe bem no meio e despencara na água. Cipós tinham sido amarrados entre os ramos nus que se projetavam na vertical a partir dos troncos caídos para formar um corrimão improvisado. Nitidamente, era um ponto de passagem regular dos flecheiros.

— Eu vi um! — ofegou Welker, ainda tentando recuperar o fôlego. — Estava nu, tinha cabelos compridos. Ombros largos. Forte. Correu pela ponte. Desapareceu na floresta.

Ele apontou para o outro lado do rio.

— Eram dois — corrigiu Soldado. — Estavam nus, a não ser por uma corda amarrada na cintura.

Como tinha feito antes, Possuelo mandou que os índios chamassem em direção às árvores altas do outro lado do rio. Ele colocou as mãos em torno da boca e imitou um piar de pássaro, os índios chamaram, mas não houve resposta.

— Quem está carregando as panelas que trouxemos para dar de presente? — perguntou Possuelo.

José, o genro de Soldado, deu um passo à frente.

— Pegue três e deixe-as brilhando para eles — disse Possuelo. — Amarre aqui na cabeceira da ponte. Será nossa maneira de agradecer.

Soldado arrancou uma trepadeira de uma árvore próxima e passou-a pelas alças das panelas. Ele e José puxaram o cipó esticado e amarraram as pontas nos galhos baixos. As panelas penderam convidativas, na altura da cintura.

Quando se tratava de presentear os índios "selvagens", a apresentação podia ser tão importante quanto os próprios presentes.[1] Posicioná-los acima do solo deixava claro que se tratava de presentes de fato, oferendas de paz para seus destinatários, não objetos simplesmente descartados. Era também um sinal de respeito, uma maneira simbólica de *entregar* os presentes sem a presença física. Para Possuelo, todos os presentes que já deixara em exposição num altar ou em uma trilha na mata distante situavam-se em um contexto histórico que remontava ao primeiro encontro do navegador português Pedro Álvares Cabral com os nativos brasileiros em 1500.[2]

"O ato de dar presentes [...] talvez seja o meio mais antigo de demonstrar intenções pacíficas, especialmente quando povos de diferentes línguas se encontram cara a cara", Possuelo escreveu em seu relatório aos colegas da Funai sobre os fundamentos de uma campanha de atração bem-sucedida. "Desde o primeiro contato na época do Descobrimento até hoje, tudo o que temos feito tem sido uma repetição, com variações impostas pelo tempo e pelas circunstâncias, do gesto inicial de Cabral."

As panelas brilhantes de alumínio deixadas na ponte apontavam para uma nova direção. O objetivo agora era simplesmente evitar o ataque, não fazer contato — demonstrar amizade, mas não para seduzir os índios e fazê-los desistir de seu modo de vida.

— Vai funcionar? — perguntei.

— É difícil dizer — respondeu Possuelo. — Muitas vezes eles destroem os presentes para demonstrar a raiva que sentem do homem branco.

A raiva sinalizava alguma atrocidade perpetrada anteriormente contra os índios, pela qual a equipe da Funai não tinha qualquer culpa além do fato de serem emissários do mesmo mundo exterior.[3] Atrair os nativos do mato exigia sutileza, os sertanistas precisavam decifrar as diferentes respostas aos apelos iniciais e encontrar os métodos para se ajustar de acordo. Os índios podiam levar facas e facões, por exemplo, mas recusar um saco de açúcar, insinuando a possibilidade de que, no passado, brancos mal-intencionados pudessem ter envenenado os doces com arsênico.[4] Às vezes deixavam restos toscos de machados ou tesouras feitas de madeira para sinalizar o desejo por mais coisas daquele tipo. Os parintintins rotineiramente acompanhavam a coleta dos presentes com gritos de guerra e chuvas de flechas, sugerindo a Nimuendajú a necessidade de dar um aspecto de pilhagem ao processo, para que os objetos que estavam pegando não fossem vistos como doações, mas como troféus de guerra.[5] Além de destruir os presentes, os índios podiam demonstrar um repúdio decidido, deixando animais mortos na tenda de presentes, até mesmo um macaco, pela semelhança óbvia com a forma humana, o coração atravessado por uma flecha como um boneco de vodu.⁶

Após deixar as panelas no lugar, Possuelo se levantou. Ele queria abrir uma distância entre nós e os índios o mais rápido possível.

— Vamos embora! — gritou.

Seguimos o rio, entrando e saindo da floresta por entre manchas de sombra e a deslumbrante luz do sol. Atravessamos o leito arenoso de um riacho através de uma nuvem rodopiante de borboletas alaranjadas e amarelas. Disparamos para subir os barrancos e seguimos aos tropeços de volta para a penumbra da floresta ao crepúsculo. Seguimos em marcha acelerada por meia hora até Possuelo ordenar que a coluna parasse numa curva do rio que dava para uma longa praia branca.

— Os flecheiros têm três malocas mais à frente, lá, lá e lá — disse, apontando para o outro lado do rio em intervalos espalhados ao norte e nordeste. — Poderíamos continuar andando por horas e não ficaríamos nem um pouco mais distante deles. É melhor acampar aqui mesmo.

Ele tinha certeza de que os dois índios que haviam atravessado a ponte nos seguiam do outro lado do rio, acompanhando cada movimento nosso. Não tinha dúvida de que seguiriam de volta para a aldeia a fim de relatar cada detalhe do que tinham visto.

— Escutem! — gritou para todos ouvirem. — Todo mundo desce para a praia, em duplas! E tragam suas armas!

No voo de reconhecimento aéreo sobre a área antes da expedição, Possuelo anotou as localizações de cada clareira observada e quantas cabanas havia em cada uma. Extrapolando a partir do número de cabanas e de seus tamanhos relativos, imaginou que cada aldeia não tinha mais do que cinquenta ou sessenta pessoas. Isso significava sete ou oito homens fortes em cada assentamento, um número provavelmente muito pequeno para arriscarem um ataque. A preocupação maior era a possibilidade de os flecheiros conseguirem arregimentar forças de diversas outras malocas distantes para um ataque mais ordenado e mortal. Isso levaria mais tempo, mas o relógio estava correndo.

— Não há nada que os impeça de armar uma emboscada para nós rio abaixo — disse.

Possuelo esperava antecipar essa possibilidade agora, mostrando aos índios o que tínhamos em termos de homens e armas.

Vestidos como espantalhos com nossos trajes esfarrapados, saímos tropegamente da floresta, os expedicionários portando seus fuzis.

— Espalhem-se pela praia — ordenou Possuelo. — Deixem que vejam que somos muitos.

Caminhamos pela beira da água, os pés escorregando na areia solta. Nos viramos para encarar a parede alta de árvores da margem oposta, não mais do que 30 metros além.

— Fiquem em pé, demonstrem força! Segurem as armas no alto! — ordenou Possuelo. — Deixem que vejam como estamos bem armados.

Os rifles foram levados à frente, apontando para os tufos pardos de nuvens que vagavam no céu do anoitecer. É claro que Possuelo não tinha qualquer intenção de descarregar nossos rifles contra eles. Preferiria morrer a disparar nos flecheiros. Mas precisava fazê-los acreditar que seríamos capazes disso. Era uma estranha combinação: presentes numa mão, armas na outra. Um jogo de morde e assopra. Olhamos para o outro lado do rio, para as árvores além da margem distante. Não vimos nada além da parede alta da floresta, mas sentíamos seus olhos sobre nós. Tudo o que ouvíamos era o rumorejar incessante da água e o pulsar do sangue em nossos ouvidos.

* * *

Montamos o acampamento no barranco acima da água. Possuelo comunicou a proibição do uso de armas.

— Nada de caça — anunciou.

Ele despachou os índios, os canamaris seguiram rio acima, os matises e marubos, rio abaixo, para pescar nosso jantar.

— Fiquem ao longo das margens do rio! — gritou para eles. — Levem os rifles e munição! — Se houvesse algum problema, instruiu, deveriam dar tiros de advertência para pedir socorro.

Em seguida Possuelo ordenou que Tepi e Remi — um deles falante do pano, o outro um canamari falante do catuquina — ficassem de vigia na praia, caso os índios aparecessem na margem oposta.

— Se vierem, não os convidem para nos visitar — disse. — Não diga que temos facões e presentes. Digam: "Estamos apenas de passagem. Vamos embora, não se preocupem."

Os dois grupos de pescadores voltaram em menos de uma hora, carregando dezenas de piranhas de barriga laranja. Além dos peixes pendurados nos ombros em cipós, Wilson e Alfredo traziam os bonés camuflados nas mãos, transbordando de ovos de tracajá. Possuelo ficou lívido.

— Eu não disse para pegarem ovos de tartaruga! — repreendeu-os. — Os canamaris não gostam quando os brancos chegam em suas aldeias e roubam os ovos de suas praias. É a mesma coisa aqui. Estamos na casa dos flecheiros. Temos que respeitar o que é deles.

Eles se esgueiraram para dentro da floresta do outro lado do acampamento, onde tinham deixado suas redes, ainda carregando os chapéus cheios de ovos roubados.

Jantamos a carne escamosa das piranhas — muito saborosa, mas cheia de espinhas. Em nosso estado faminto, o risco de engasgar com uma espinha de piranha era o que havia de mais perigoso nelas. Era seguro mergulhar nas águas ligeiras dos rios, mesmo com as piranhas ao redor. Elas atacariam apenas se sentissem cheiro de sangue de um ferimento aberto, ou se estivessem presas sem comida numa lagoa parada após o recuo das águas. Nossa própria fome era tão intensa que era preciso uma extrema disciplina para não engolir as espinhas junto com a carne.

— Muito bem, todo mundo ouvindo!

Paulo Welker ficou de pé diante de nós enquanto sorvíamos as últimas gotas do caldo. Sentinelas ficariam a postos durante a noite, em turnos, disse ele. Parecia exausto. As maçãs do rosto estavam encovadas, a pele tinha um tom pálido, pastoso. Os cabelos louros, caídos e oleosos, pendiam sobre os ombros. Levantou o mesmo apito que Possuelo nos mostrara no outro dia.

— Se houver um ataque, as sentinelas vão apitar com isso. — Martelou um prego na árvore atrás dele, onde pendurou o apito. — Se você ouvir o apito, jogue-se no chão imediatamente. Pegue sua mochila e use-a como escudo.

Em seguida, nos mostrou uma pistola de sinalização.

— Também tenho este sinalizador.

Em caso de ataque, dispararia aquilo para afugentar os índios. Mas, com a selva pesadamente fechada sobre nós, era difícil entender como a arma faria alguma outra coisa a não ser causar um incêndio ao nosso redor.

De sua prancheta, Welker leu os nomes das equipes e a distribuição dos horários: *Odair/Amarildo: nove às dez; Remi/Márcio: dez às onze; Damã/Tepi: onze à meia-noite*; e assim por diante. Matises em par com matises, canamaris com canamaris, brancos com brancos. Quando acabamos, Paulo Welker disse:

— Agora, deem uma boa olhada em torno. Verifiquem o caminho de volta até suas redes, vejam se não há raízes ou qualquer coisa onde tropeçar no escuro. Se houver, registrem o lugar. Lembrem-se, sem lanternas. Elas transformam vocês em alvos. Para quem estiver de vigia, confira a lista agora para ver quem vem imediatamente depois. Veja onde a pessoa está dormindo, para saber onde encontrá-la.

Quando a última luz desapareceu no céu, Welker fez a ronda pelo perímetro do acampamento, conversando com os homens em murmúrios. Por fim, acabou parando na minha rede.

— Se eles atacarem, provavelmente virão por este lado — disse-me, apontando para as sombras à minha direita — ou de lá. Agitou o dedo na direção oposta, como uma faca cortando a escuridão.

Eram más notícias para mim; acabei ocupando a posição mais exposta de todo o acampamento. Mas com a noite já tomando conta da mata, era tarde demais para desmontar minha rede e ir para outro lugar. Da direção do rio vinha o coro reverberante e assustador dos sapos-cururus: um crocitar titubeante que surgia e desaparecia repetidamente, algo entre o tema horripilante do seriado *A quinta dimensão* e o apito longo e solitário de um trem noturno passando ao longe.

— Fiquem alerta! — disse Paulo Welker, e desapareceu nas sombras.

Fiquei deitado na minha rede, pensando no que Possuelo havia dito sobre as três malocas do outro lado do rio. Teriam os batedores espalhado a notícia em todas elas, e talvez pelos assentamentos mais distantes? Estariam os flecheiros reunidos agora diante da luz bruxuleante de suas próprias fogueiras, debatendo intensamente sobre como reagir à invasão sem precedentes? Imaginei os jovens guerreiros imponentes na penumbra, avisando com gestos nervosos sobre o perigo iminente, exigindo um ataque prévio, enquanto os anciãos e anciãs mais velhos e sábios, em tons suaves e comedidos, pediam uma aproximação mais cautelosa, aguardando os acontecimentos.

Passamos a noite com um sono intermitente, os ouvidos aguçados para o estalar de um graveto ou o farfalhar das folhas, qualquer coisa que pudesse sinalizar a aproximação dos flecheiros. Algumas vezes, pouco antes da alvorada, despertei de um cochilo nervoso ouvindo uma melodia animada vindo da selva. Parecia alguém tocando uma flauta de bambu, subindo e descendo a escala, por vezes tão baixa que mais parecia um suspiro espontâneo da floresta. Quando eu achava que tinha parado, o som começava de novo. Imaginei se isso poderia ser uma forma de sinalização, anunciando um possível ataque. Aprendizes dos animais e aves que caçavam, os índios eram capazes de imitar, com surpreendente precisão, os gritos, chamados de acasalamento ou melodias de praticamente qualquer criatura da floresta, usando os sons para atrair presas, coordenar movimentos, despertar o temor no coração dos inimigos e até mesmo disfarçar os gritos de suas vítimas.[7] Mas as sentinelas estavam a postos, tentei me assegurar. A não ser que já tivessem sido silenciosamente capturados, ou então, dormido. Acabei conseguindo afastar os pensamentos paranoicos e mergulhei num sono inquieto.

O acampamento começou a se agitar bem antes da primeira luz cinzenta se filtrar pela folhagem. Eu ouvia as vozes sussurrantes de Mauro e Paulo Souza, gravetos quebrados e o familiar *vup-vup* que faziam ao abanar o fogo com a tampa de uma panela. Todos se levantaram cedo. Sorvemos um café preto sem açúcar e mordiscamos nossa ração de dois biscoitos salgados. O leite em pó tinha acabado havia muito tempo. Assim como o açúcar. O pão de milho de Mauro era uma lembrança distante. Estávamos continuamente famintos. Muitos sofriam de disenteria aguda. Alguns, como Soldado e Raimundo, estavam tomados pelos arrepios febris da malária. Seus rostos tinham adquirido uma pátina esverdeada, como se cobertos por uma fina camada de musgo da floresta. Mas a fome era o maior sofrimento. Eu fizera algumas contas básicas e estimei que estávamos queimando cerca de 6 mil calorias por dia. Nossas parcas rações tinham em média não mais do que 800. Havia uma notável exceção. Orlando. Ele se mantinha rigorosamente tão robusto quanto no primeiro dia em que o vi. O peito largo e os bíceps musculosos pareciam sugerir que ele se alimentava bem, e rumores maliciosos começaram a circular de que ele tinha um sortimento particular de leite em pó, com a conivência do pai.

— Você não reparou? — cochichou Soldado. — É o único que não perdeu peso algum. Está até mesmo mais gordo do que antes.

Com a fogueira em brasas fumegantes, Possuelo chamou todo o grupo. Provavelmente, não havia ninguém que não achasse que ele falaria dos graves perigos que enfrentávamos e anunciaria novas medidas. Mas ele tinha algo mais pessoal a dizer.

— Orlando faz 18 anos hoje — começou a dizer. — É um motivo de grande satisfação para mim...

Sua voz falhou. Tinha os olhos molhados como o orvalho da manhã que gotejava das folhas. Houve uma pausa. Orlando observava do outro lado da clareira, onde estava sentado em um tronco podre. Possuelo se recompôs, e então continuou:

— Orlando está aqui. Tem 18 anos. Isso é ótimo. — Ele abriu a boca novamente. Nada saiu. Orlando, com as lágrimas escorrendo pelo rosto, atravessou a clareira e atirou os braços em volta do pai. Cantamos "Parabéns pra você" para Orlando, um coro de zumbi em camuflagens esfarrapadas, vários dos homens repetindo os movimentos, batendo palmas ritmicamente para a nossa música desafinada. Possuelo deu um presente para Orlando, um simples pedaço de chocolate, embrulhado em uma folha verde.

— Perdoem a fraqueza — disse para nós, enquanto limpava as lágrimas com a manga da camisa do uniforme.

Entusiasmo e simpatia não eram coisas que estivessem sobrando entre os convidados presentes; expressões debochadas e olhares de esguelha abundavam. Ainda assim, fiquei tocado pelo momento: o pai compartilhando um aniversário muito especial com o filho. Eles se lembrariam para sempre, desde que sobrevivessem. Se Orlando de fato contava com alguma fonte secreta de alimentos, eu não sabia. Não havia nenhuma prova, além de sua boa forma. Eu nem mesmo tinha certeza se ficaria contra Possuelo caso estivesse separando alguma provisão extra para Orlando, disfarçadamente. A apenas dois dias do meu próprio aniversário, eu não conseguia deixar de pensar nos meus próprios filhos e no que estaria disposto a fazer por eles nas mesmas circunstâncias. Mas eu não faria esse tipo de comentário; não parecia justo.

Os homens arrumaram as coisas, aguardando o sinal de Possuelo para partir. Olhei em volta enquanto o local era esvaziado: a solidão desesperada das estruturas das tendas, despidas das lonas, os bancos nus em torno da fogueira que em breve se extinguiria. Não deixávamos nada para trás que não tivesse sido encontrado lá, ou que pelo menos não tivesse sido retirado da floresta. Ainda assim, entre os flecheiros, havia muito o que considerar: a estrutura das tendas, os bancos, a escada com corrimão até o rio, a plataforma de troncos finos construída sobre a água, onde tomávamos banho e lavávamos nossas coisas.

— Você acha que os flecheiros virão olhar depois que sairmos? — perguntei a Possuelo.

— Estarão aqui em dez minutos.

— Virão espionar, procurando pistas sobre nós, assim como fazemos com os acampamentos deles?

— Com certeza — respondeu ele.

— O que você acha que eles vão pensar?

Possuelo fixou-me com um olhar grave, e disse:

— Imagino que vão achar que os inimigos já chegaram.

Havia de fato apenas uma única razão de o nosso acampamento — ou o que sobrou dele — parecer diferente do deles: aço. Nossos machados e facões bem afiados permitiam transformar a selva em minutos, como que por mágica, criando uma pequena aldeia, com um alpendre, escada e mobília. O aço era precioso. Sem ele, o mesmo trabalho levaria dias, até mesmo semanas. Por esse motivo, Possuelo virou-se para Paulo Welker e o orientou a deixar um facão e uma faca de caça novos de presente para os flecheiros.

— Não é muito — disse Possuelo, dando de ombros. — Uma faca e um facão para oito ou nove homens. Mas vão cumprir a finalidade.

Observei Paulo tirar as lâminas embainhadas da mochila e apoiá-las em um tronco junto às brasas moribundas da fogueira.

— Se você quer deixá-los sozinhos — perguntei —, por que está dando essas coisas para eles? Você não estaria contaminando sua sociedade?

Era uma provocação, mas também uma pergunta legítima.

— A questão não é alterar seu modo de vida — respondeu. — E sim demonstrar nossas intenções pacíficas. Uma faca e um facão não vão alterar a ecologia deles.

Uma escolha interessante de palavras: *alterar sua ecologia*. Era uma ideia nova, ao menos para mim, a noção de que as pessoas *tinham* uma ecologia, da mesma forma que poderiam ter um modo de vida ou uma rotina diária. Sugeria que os seres humanos eram *uma parte* do sistema complexo de interações entre os organismos vivos que formavam um ecossistema, e não algo separado desse sistema, ou oposto a ele; que as pessoas realmente tinham um papel no equilíbrio do sistema, que não incluía destruí-lo. De fato, era possível que pedaços significativos da floresta pelos quais caminhávamos fossem "antropogênicos" — previamente administrados ou alterados em alguma medida por humanos.

Mas havia algo mais significativo na abordagem de Possuelo: rompia com quinhentos anos de história de atração, engodo, pacificação, submissão ou, ainda, manipulação das populações aborígenes, não só da Amazônia, mas de toda a extensão das Américas. Os conquistadores buscavam a pilhagem; os missionários, a conversão das almas. Os colonos desejavam suas terras, os garimpeiros, seu ouro. Os antropólogos queriam desvendar suas cosmologias e genealogias, e vasculhar o que imaginavam ser as distantes origens da sociedade humana. Quando não usavam a força para abater os nativos, todos usavam presentes que pareciam ter origem divina — objetos de metal, espelhos, roupas, contas — para seduzi-los. Possuelo não desejava nada e, em troca, oferecia pouco. Estava apenas de passagem. Não queria incomodar os nativos, não queria descobrir seus segredos, não queria saber muita coisa a respeito deles, a não ser se estavam bem. E, se não estivessem, veria o que poderia fazer a respeito. O que oferecia não era nada e era tudo, algo tão grande e intangível que eles jamais saberiam que ele lhes havia dado aquilo — a chance de resistir, de sobreviver mais um dia, de replicar seu estilo de vida, um meio de vida que havia desaparecido de todo o resto do planeta.

Ele não sabia a etnia dos flecheiros, não sabia a língua que falavam, ou os deuses que adoravam. Não queria saber. Aquilo era assunto dos antropólogos, e só poderia ser vislumbrado pela via do contato, motivo pelo qual tantas vezes ele se opunha à sua prática.

— Uma vez feito o contato — disse-me —, você inicia o processo de destruição do universo deles.

No ano anterior mesmo, eu visitara as aldeias isoladas dos ianomâmis na Venezuela, no alto Orinoco, para avaliar o impacto duradouro entre os nativos de um único antropólogo em especial. Napoleon Chagnon, natural de Michigan, afirmava ter feito diversos "primeiros contatos" entre as aldeias dos ianomâmis, ou *shabanos*, encravadas nas terras altas de Siapa, ao longo da fronteira com o Brasil, desde os anos 1960.[8] Chagnon tornou-se um astro pop com a publicação, em 1968, de seu inovador estudo etnográfico denominado *Yanomamö: The Fierce People* [Ianomâmis: o povo feroz], que virou leitura obrigatória em diversos cursos universitários. Chagnon morou com os ianomâmis por meses a cada expedição, enfeitando-se com pintura de guerra e plumas, inalando alucinógenos com os xamãs, insinuando-se em seu tecido social. Ele convencia os relutantes informantes da tribo oferecendo-lhes machados e facões em troca dos nomes dos *kamakari* — seus parentes mortos — para poder construir as genealogias necessárias para sua pesquisa.[9] Era um tabu pronunciar os nomes dos mortos, mas Chagnon dizia aos homens da tribo: "Eu pagarei por sua tristeza."

As genealogias formaram a base da afirmação neodarwinista mais controversa de Chagnon: de que os homens mais violentos tendiam a ter mais filhos, com o maior número de mulheres, assim propagando seus genes com mais sucesso.[10] Habitando um mundo cão hobbesiano de magia negra e guerras implacáveis, os ianomâmis tornaram-se os representantes de uma sociedade primitiva praticamente intacta na visão de Chagnon — "nossos ancestrais contemporâneos", em suas palavras — que pareciam oferecer um vislumbre do nosso passado mais remoto, com implicações sombrias para o debate atual sobre a natureza da humanidade.

Aqueles que questionavam a visão pugilista de Chagnon sobre os ianomâmis pareceram encontrar uma contestação pós-Vietnã perfeita em notícias que chegaram das Filipinas, no início anos 1970. Uma equipe de antropólogos e jornalistas relatou a "descoberta" sensacional de uma tribo primitiva chamada tasaday, que supostamente habitava uma rede de cavernas nas isoladas florestas de Mindanao. Tão dóceis eram os tasadays, diziam os relatos emocionados dos visitantes, que seus membros não tinham nenhuma palavra para guerra, tampouco o conceito de inimigo ou qualquer ideia de que suas ferramentas de pedra podiam ser usadas como armas contra outras pessoas.[11] O mundo estava desesperado por notícias assim. Os tanques soviéticos haviam esmagado a Primavera de Praga. Os B-52 americanos estavam arrasando as terras da Indochina. A descoberta dos tasadays parecia reconfortante, uma história das origens humanas a sugerir que éramos, em essência, criaturas decentes e bondosas.[12] Os gentis tasadays. Os nobres selvagens. Os homens das cavernas prediletos dos pacifistas.

Os críticos de Chagnon atacaram-no dizendo que sua simples presença entre os ianomâmis fomentou as disputas que ele afirmava observar — uma variação antropológica do princípio da incerteza de Heisenberg.[13] Os jovens ianomâmis, dispostos a revelar os segredos tribais para Chagnon em troca de facões e outras mercadorias, procuravam acumular riquezas sem precedentes e avançar diretamente para posições de poder, derrubando um contrato social que mantivera sua sociedade unida por centenas de anos. Na época em que visitei os ianomâmis, três décadas mais tarde, eles zumbiam para cima e para baixo do Orinoco e seus afluentes em barcos com motores de popa. As espingardas rapidamente substituíram o arco e flecha como a arma preferida entre os caçadores da tribo. Aldeias inteiras se deslocavam das terras altas para postos de missões ribeirinhas a fim de obter acesso a mercadorias e remédios para os surtos mortais de malária que seus próprios *shaporis* não conseguiam curar.

Os jovens sabiam um pouco de espanhol e desenvolveram um gosto por tênis Nike, óculos Ray-Ban e os bonés rubro-negros dos Chicago Bulls. Tão fervorosa era sua busca pelos artigos do homem branco — e tão disseminada a convicção de que haviam sido cinicamente explorados durante anos para ganho pessoal de outros — que o velho informante de Chagnon, agora um líder idoso, exigia nada menos do que um novo motor de popa, preferencialmente um Yamaha 40, como pagamento por uma entrevista. Imagine só falar em alterar sua ecologia!

A mesma história desdobrou-se com deprimente familiaridade em todos os pontos da Terra onde a cultura ocidental avançou pelo domínio das milenares sociedades indígenas — nas Américas, na África, no Ártico, na Austrália. Os detalhes específicos podiam variar, mas o tema central era o mesmo. No nordeste da Austrália, a introdução dos machados de aço por missionários entre os aborígenes yir-yoront levou ao colapso total de sua antiga cultura em uma geração. As relações comerciais rompidas, os tabus violados, os mitos destruídos e o papel dos gêneros subvertidos — este é o poder de transformação de nossa tecnologia.

Nossas armas, nossos germes e nosso aço. Era o bastante para pensar duas vezes antes de deixar um único facão para os flecheiros.

CAPÍTULO 17

O dia da maloca

Saímos em uma manhã nebulosa, com vislumbres de um céu leitoso vazando pela copa. Possuelo instruíra Paulo Welker a deixar os presentes, mas, por outro lado, parecia estar esquecido da delicada situação em que nos encontrávamos. O único assunto tratado durante a convocação em torno da fogueira fora o aniversário de Orlando. Não houve qualquer instrução especial para o dia, nenhum lembrete sobre como responder a uma possível emboscada. Talvez o velho homem se sentisse cansado. Já estivera lá antes, no fio da navalha do contato, e talvez simplesmente achasse que todos já tinham passado por isso também. Agora, dez minutos após deixarmos o acampamento, com meu encantamento diário para trás, pensei em dizer algo para ele, especificamente sobre Wilson e Alfredo: *Não deveríamos garantir que eles permanecessem na frente da coluna hoje?* Eles continuavam a ficar para trás, todos os dias, apesar das admoestações de Possuelo. Paulo Welker, aparentemente, também optara por ignorar as ordens de aproximar o final do resto, o que, por sua vez, tornava inócuas as outras ordens de Possuelo para que todos mantivessem contato visual ao longo de toda a extensão da coluna.

Parecia-me que todas essas ordens deveriam ser repetidas. Mas quem era eu para falar alguma coisa? Segurei minha língua, confiando na experiência de Possuelo, imaginando que ele faria um juízo bem melhor sobre o que precisava ou não ser dito. Vagamos pelo solo plano da região de alagamento do Jutaí, com Soldado e Txema liderando o caminho, desbastando o matagal. Ainda que o rio se revirasse em seu curso serpenteante em direção ao tronco principal do Amazonas, nós procurávamos manter uma rota direta, seguindo a bússola de Possuelo. Perdemos o curso d'água de vista quando desviou-se para longe de nós, apenas para reaparecer vinte minutos mais tarde, após uma curva trazê-lo de volta, uma ampla faixa prateada espalhando reflexos luminosos entre as árvores.

Saímos da mata fechada para uma trilha bem batida. Possuelo parou para conferir a bússola.

— Hmmm — disse. — Vai na mesma direção que nós. Vamos seguir por um tempo.

Passáramos semanas abrindo caminho com o facão por uma selva praticamente impenetrável, mas esta trilha era notavelmente reta e limpa, como uma autoestrada. Cortando o caminho duas vezes mais rápido, era impossível escapar da impressão de que olhos invisíveis estavam pregados em nós. Pássaros gritavam de um lado para outro das profundezas da selva. Soldado parou.

— Não é pássaro — disse sombriamente. — Estão sinalizando entre si. Estão nos observando.

Minutos depois, encontramos pegadas frescas. Os rastros estavam profundamente marcados no chão macio de terra vermelha. Seguiam na mesma direção que nós, entre norte e nordeste, e desapareciam em uma curva distante. As laterais profundas das marcas na lama e a distância entre elas sugeriam as passadas de um corredor levando notícias urgentes.

Continuamos, perseguidos pelo sentimento inquietante de olhos invisíveis sobre nós. Possuelo parou bruscamente. Um ramo recém-cortado pendia através da trilha diante de nós, preso a um pedaço de casca a cerca de um metro e meio do chão. Parecia que alguém quebrara a muda de árvore com as mãos e a torcera para que ela ficasse atravessada pela trilha. Por si só, o portão improvisado não deteria uma criança pequena, muito menos nossa coluna de 36 homens bem armados. Mesmo assim, transmitia sua mensagem — e advertência —, que Possuelo reconheceu instantaneamente.

— Esta é a língua universal na selva — sussurrou. — Significa "dê o fora. Não ultrapasse". Devemos estar perto da aldeia deles.[1]

Ele girou e, com um dramático aceno silencioso, direcionou a coluna para sair do caminho em ângulo reto, direto para o mato denso ao nosso lado.

— Isso é o mais longe que chegaremos pela estrada deles — disse. — Soldado, marque a trilha para que os outros sigam.

Chafurdamos por um trecho de lama que sugava nossas botas, desviando de galhos fervilhantes de formigas vermelhas, abrindo túneis pelo mato cerrado. Chegamos aos barrancos íngremes de um curso d'água escuro e estreito, onde Possuelo mandou-nos parar para que os retardatários nos alcançassem. Muitos pularam o riacho e subiram o barranco do outro lado, deixando-se cair no chão, observando a chegada dos retardatários do lado oposto da ravina, em grupos de dois ou três de cada vez, arriando-se sob suas cargas. O riacho era igual a centenas de outros pelos quais chapinháramos nas últimas três semanas. Tinha cerca de 2,5 metros, raso junto às margens cor de âmbar, onde se via o fundo de areia, ondulado como um tanque de lavar roupa pela ação da correnteza suave, e desaparecendo num torvelinho no poço formado por um tronco caído. Um a um, escorregamos pela terra escura, mergulhamos nossas canecas na água cor de mel e bebemos.

Possuelo sentou no chão da floresta, oposto a mim. Um fino fio de sangue escorria de um pequeno corte abaixo de seu joelho. Ele continuava com as mesmas bermudas cáqui do início da caminhada, expondo as pernas nuas a todos os arranhões, picadas de insetos e lacerações que a floresta tropical tinha a oferecer. Orlando levou-lhe uma caneca d'água.

— O que você achou do ramo quebrado? — perguntou, o estranho boné alemão enfiado ao contrário na cabeça. — Parece que a pessoa não tinha como cortá-lo.

— Foi o jeito deles de se comunicar com a gente — disse Possuelo, estapeando um mosquito no braço. — Não nos querem nem um pouco perto de lá. Devem estar muito amedrontados. E nós queremos fazer exatamente o que eles dizem.

Afinal, pessoas amedrontadas podem ser as mais perigosas: encurraladas, pressionadas a ponto de partir para o ataque.

Com o avançar da hora e após Possuelo contar as cabeças, ficou claro que algo estava errado. Faltavam dois homens: Wilson e Alfredo. A princípio, atribuímos isso à usual lerdeza dos dois; em breve estariam chegando.

Mas uma hora inteira se passou. As piadas grosseiras e as brincadeiras deram lugar a um silêncio tenso enquanto Possuelo olhava o relógio insistentemente, com uma crescente expressão de raiva que rivalizava com a atmosfera sombria da floresta.

— Droga! — bufou. — Esses caras estão nos atrasando! Uma falta total de disciplina!

Ele se virou para Welker:

— Paulo, pegue Chico, José e outro canamari e vá encontrá-los.

Nicolas foi com eles e eu corri para alcançá-los. Mas eles partiram muito antes de mim. Em um minuto, eu estava sozinho, a floresta pressionando de todos os lados. Chamei uma vez. Uma segunda. Nada. O mato era tão fechado que eu sequer conseguia ver meus próprios pés se olhasse para baixo. Desenvolvi uma admiração instantânea pelas quebradas que os flecheiros deixavam para marcar a trilha. Um minuto a mais e eu teria a oportunidade de alcançar a equipe de resgate ou, o que era muito mais provável, me perder completamente. Sabendo mais ou menos de onde tinha vindo, preferi retornar. Soltei um suspiro de alívio ao ver Orlando e os outros homens ao longo das ribanceiras.

Mais vinte minutos se passaram. Embora nos aproximássemos do meio-dia, e estivéssemos a apenas alguns graus do Equador, comecei a tremer no uniforme encharcado de suor. Aonde fora o grupo de busca? Por que *eles* não tinham voltado? Teriam encontrado o mesmo destino de Alfredo e Wilson? Metade dos homens de um lado do riacho, metade do outro, oferecíamos uma imagem espelhada chocante uns dos outros, em posições opostas na ravina: homens pálidos e abatidos, rostos marcados pela fome, os olhos cansados só agora começando a registrar um medo incipiente formando-se dentro de cada um de nós.

— Tepi, Txema — disse Possuelo em voz alta. — Peguem cinco matises e vão ver o que está acontecendo.

Os índios pegaram os fuzis e bolsas de munição e desapareceram por um borrão de folhagem.

— Se eles realmente virem os... — comecei a dizer, mas Orlando me cortou.

— Eles não vão vê-los — disse. — Mesmo que cheguem até a maloca, ela vai estar vazia. Todo mundo vai ter fugido para a floresta.

— É o sistema de segurança deles — concordou Possuelo. — Eles se espalham pela floresta. Não tem ninguém na maloca agora. Nós representamos um grande perigo para eles. Eles têm nos observado. Estavam bem na nossa frente, observando tudo.

Parecia que Orlando absorvera muitos ensinamentos do pai, tanto nesta expedição quanto em outras. Possuelo coçou a barba e lançou um olhar vazio para a floresta ao lado.

— Pense nisso — disse. — Por que esses índios fogem de nós? Por que não nos dão as boas-vindas, com gentileza e de braços abertos, como fizeram quando os primeiros europeus chegaram? É porque o contato com o homem branco invariavelmente significava a ruína.

Era uma tecla na qual Possuelo vinha batendo há uns bons vinte anos.[2] "Hoje, todos esses povos, por mais isolados que ainda estejam, sabem das consequências do nosso avanço", escreveu ele no documento de 1981. "E a ação que aos nossos olhos parece ser a mais civilizadora, é sentida em suas vidas como uma agressão. Acerbada a belicosidade, tornam-se ainda mais resistentes ao contato."

Quando Francisco Pizarro e os espanhóis subiram os Andes a cavalo pela primeira vez há quinhentos anos, os incas desnorteados os consideraram *viracochas* — imortais, seres divinos de outro mundo.[3] Ainda recentemente, na década de 1930, os habitantes das terras altas da Nova Guiné acharam que os australianos brancos que chegaram lá pelos rios em busca de ouro eram seus próprios ancestrais mortos.[4] O punhado dos mashcos e seus descendentes, que sobreviveram aos massacres de Fitzcarrald, permanecem na clandestinidade até hoje, aparentemente sem alimentar ilusões.[5] Como se o medo estivesse entranhado em seu DNA tribal, seus sucessores continuaram a evitar o contato com os forasteiros mais de um século depois.[6] O mesmo podia ser dito das tribos isoladas, como se tivessem desenvolvido uma elevada desconfiança do contato, recusando todos os presentes, desprezando qualquer aceno, fugindo cada vez mais para as profundezas da floresta. O que fariam quando tivessem ido o mais longe que poderiam chegar, quando achassem que não tinham mais espaço e não poderiam avançar mais? Talvez os flecheiros tivessem acabado de chegar a este ponto. É verdade, a selva ao nosso redor era muito vasta, mas talvez nós, inadvertidamente, os tivéssemos empurrado para um canto. E agora, com nossa força fragmentada em quatro grupos distintos, a superioridade numérica destinada a dissuadi-los de atacar tinha evaporado.

Houve um farfalhar na mata. Chico apareceu, sem fôlego. Ele e os outros voltaram até o ponto onde antes tínhamos saído da trilha dos flecheiros. Foi lá que encontraram os rastros de Wilson e Alfredo.

— Foi fácil ver as pegadas — ofegou Chico. — Eles estão usando os Kichutes.

Referia-se aos tênis distribuídos no início da expedição. Os rastros, disse, passavam direto pela barreira improvisada e continuava em frente.

Ou os dois carregadores não tinham visto as nítidas marcas nas árvores deixadas por Soldado, onde deixáramos a trilha, ou tinham preferido ignorá-las. As pegadas seguiam em frente, atravessando uma grande roça — uma horta na floresta — onde crescia cana, algodão, mandioca e banana.

— Foi incrível — disse Chico. — Uma roça grande como nunca vi.

Os rastros avançavam até o centro da aldeia, mais de uma dúzia de cabanas cobertas de palha numa grande clareira. As pegadas dos Kichutes atravessavam toda a aldeia até o outro lado, onde desapareciam na mata. Como Orlando previra, nenhum dos flecheiros permaneceu na aldeia; aparentemente, todos tinham fugido. Possuelo ouvia silenciosamente o relato de Chico, até o momento em que explodiu.

— Que merda é essa? — disse com raiva. — Não dá para acreditar, porra! Nunca mais trabalho com um canamari. Nunca mais!

Com isso, agarrou Soldado e disse:

— Vamos lá descobrir o que está acontecendo. Todo mundo fica aqui.

Talvez fosse o tom definitivo de Possuelo para nós, ou talvez o medo de caminhar sob uma chuva de flechas com pontas envenenadas. Qualquer que fosse o motivo, fiquei exatamente onde estava em vez de seguir com eles. Estava com frio, molhado e tremendo no crepúsculo da floresta, compartilhando uma sensação de tragédia iminente com os demais que tinham ficado.

— Paulo Welker está ansioso por fazer contato — lançou Orlando após a partida de Soldado e seu pai. — Será ótimo para a carreira dele, uma pluma em seu chapéu.

Ninguém disse uma palavra.

— Eles podem ter chegado à maloca, não encontrado ninguém e resolvido, *Vamos um pouco mais adiante, ver o que descobrimos.*

Falava com a voz cheia de sarcasmo.

— Mas quem sabe até onde se pode ir antes que as flechas comecem a voar?

Na verdade, pelo que sabíamos, aquele momento já tinha chegado.

Ficamos em silêncio, apreensivos, molhados e com frio, pelo que pareceu mais de uma hora, ainda que, provavelmente, não tivessem se passado mais do que vinte minutos. O tempo começando com seus truques.

José saiu então de um emaranhado de cipós, brandindo diversos artefatos subtraídos da maloca. Entre eles havia uma flecha quebrada, a ponta afiada como uma lâmina, feita de bambu endurecido no fogo.

— Achamos essas na maloca — disse.

Também mostrou uma peneira feita de fibras entrelaçadas numa moldura de madeira do tamanho de um pandeiro, usada para fazer caiçuma. Por fim, José mostrou um pedaço de 60 centímetros de uma zarabatana quebrada, além de um dardo, confirmando a opinião de Tepi de que os flecheiros também usavam aquela arma. *Mais com o que nos matar*, pensei.

— Agora ficou perigoso — concluiu José. — As pegadas dos canamaris simplesmente desapareciam do outro lado da maloca. E nós pegamos os pertences deles. Invadimos suas casas. Eles têm flechas, têm veneno. Se sentem violados.

E até onde sabíamos, tinham Wilson e Alfredo.

* * *

Quando por fim Possuelo chegou à maloca dos flecheiros, seus piores temores se confirmaram.[7] Não só Wilson e Alfredo tinham desaparecido, mas metade da expedição desfilava por entre as casas, pegando as coisas para examinar, como se fossem curiosos numa loja de artigos exóticos. As cabanas eram significativamente maiores do que as habitações de hobbits do campo de caça abandonado. Os picos dos telhados de palha tinham 3 metros de altura, as paredes vinham até o chão. Cada uma poderia acomodar confortavelmente uma família de cinco ou seis pessoas. Várias fogueiras ainda ardiam perto do centro da clareira, obviamente abandonada às pressas. Os flecheiros deviam ter disparado minutos antes da chegada de nossos homens, deixando pilhas de carne moqueada para trás — anta, capivara, jacaré, porco-do-mato, preguiça e diversos tipos de macacos. Havia frutos de palmeiras, ovos de tartaruga e lagartas assadas. Nove máscaras cerimoniais, do tamanho de um homem, feitas de tiras longas de casca de envira, estavam colocadas em cima de um tronco caído com o mesmo cuidado que se poderia ter com um vestido de noiva. As cabeças de diversos porcos selvagens foram posicionadas no alto de um grande toco, cobertas de moscas. Chumaços de cabelos pretos recém-cortados espalhavam-se sob outro toco, além de manchas de urucum, a tintura vermelha usada pelas tribos amazônicas nas faces e no corpo para ocasiões especiais, como festas e guerra. Dentro de várias casas, cabeças de macaco chamuscadas aninhavam-se entre as vigas.

— Não tirem nada da aldeia! — gritou Possuelo.

Ele sabia que estavam invadindo, como se estivessem ocupando a casa de um estranho.

— Olhe aqui, Sydney! — gritou Paulo Welker da entrada de uma das cabanas.

Ele queria mostrar o que José mencionara para nós: uma grande vasilha de barro, transbordando de curare, o veneno negro e viscoso que, embebido na ponta de uma flecha ou de um dardo, asfixiava a vítima, induzindo-a à paralisia. Estava escondido sob um monte de folhas, evidentemente, era pesado demais para ser carregado em uma fuga. E outra coisa: um par de pesados cajados de madeira esculpidos à mão. Cada um tinha pouco mais de um metro e era afunilado na base. Possuelo reconheceu imediatamente o que eram: cabos de machado. As preciosas cabeças dos machados não estavam lá, mas os cabos foram deixados. Poderiam ser substituídos facilmente, o que não era o caso das lâminas de aço. Como e onde haviam adquirido os machados era um mistério, mas ficou imediatamente claro como os índios tinham conseguido abrir uma clareira tão grande na coberta da floresta. Dezenas de tocos de árvores espalhavam-se pela clareira. A maioria não tinha mais do que 30 centímetros de diâmetro, mas havia alguns maiores — mais de um metro de espessura — cuja remoção tornara possível todo o assentamento. As armas também tinham desaparecido. Nenhum arco ou aljava, apenas a flecha quebrada e aquela zarabatana danificada. Quanto às redes, não havia uma sequer em nenhuma das casas. Parecia que eles estavam preparados para ficar a distância, dormir na florestas, até mesmo abandonar a aldeia, se necessário. Provavelmente não era a primeira vez que fugiam para proteger suas vidas. Possuelo sofria ao pensar nas famílias encolhidas nas matas próximas, na angústia dos homens com a proteção de suas famílias, no desespero das mulheres tentando silenciar as crianças e os bebês. De onde ele estava, no centro da pequena aldeia, era capaz de sentir seu cheiro. Era o cheiro de fumaça da madeira sobre a pele humana. E o cheiro do medo. Medo de serem encurralados. Foi quando percebeu o que podia acontecer a qualquer momento: uma barragem de flechas mortais. Os pelos da nuca se arrepiaram. De fato, o medo era mútuo.

O destino de toda a expedição, especialmente os de Wilson e Alfredo — se ainda estivessem vivos — dependia de acalmar as coisas agora. Os marubos e os matises gritaram para a floresta:

— Por favor, não matem nossos amigos com suas flechas!

Possuelo tinha que colocar todo mundo para fora da aldeia. Mas, primeiro, olhou em torno em busca de sinais de luta, qualquer sinal que pudesse revelar o paradeiro dos desobedientes canamaris. Estranho, ele pensou, que nenhum deles tivesse disparado o rifle para pedir ajuda. Ivan Arapá levou Possuelo até a trilha do outro lado da maloca, apontando para os pontos onde as pegadas de Kichute desapareciam. Era um mistério. As pegadas estavam ali e logo desapareciam. Nenhum sinal de terem escorregado. Era como se tivessem sido arrancados da trilha e engolidos pela mata. Possuelo pensou nas famílias dos homens em Massapê e em sua promessa de levá-los de volta em segurança para as mães. O que diria a elas agora? Pior de tudo, toda a missão estava em risco. Um incidente como aquele era tudo de que seus inimigos, em toda parte, precisavam para tirar proveito: *Qual é o problema com todos aqueles selvagens nus, com seus arcos e flechas? Está na hora de civilizá-los, cobri-los com algumas roupas, tirá-los do caminho. Tornar as terras produtivas.*

— Volte para onde estão os outros — Possuelo ordenou a Welker. — Parece que os canamaris foram mortos. Talvez tenham sido capturados. Volte e avise os outros. Diga para se prepararem para um ataque. Quem sabe o que pode acontecer a essa altura? Irei logo atrás de vocês.

* * *

Paulo Welker aproximou-se agora através da folhagem, abatido e fantasmagórico, as roupas pendendo como sacos vazios. Trazia novas ordens de Possuelo. Todos passaram para o lado oposto do rio, limparam o mato e formaram um perímetro de defesa. Um perímetro de defesa? Com a visibilidade reduzida a quase zero pelos verde e marrom monocromáticos ao nosso redor, a noção de posição defensiva era absurda, até mesmo risível. Só que ninguém estava rindo. Imaginei os flecheiros avançando de árvore em árvore, os passos descalços abafados pelas batidas do meu coração, disparando a distância antes mesmo que pudéssemos ver o que nos atingira.

— Quem achar que isso é uma brincadeira, dê uma olhada nas coisas que trouxemos da aldeia — disse Paulo Welker.

Ele pegou a flecha quebrada de José e mostrou para todos.

— E eles têm grandes quantidades de curare.

Desta vez, prestei mais atenção na ponta farpada. Estava de fato manchada de preto pelo veneno. Se iriam usá-lo contra nós era uma questão a ser debatida, caso houvesse tempo para esse tipo de detalhe. Aplicado na ponta de um dardo ou flecha, o poderoso asfixiante torna até mesmo um arranhão superficial fatal o bastante para derrubar um macaco do alto das árvores ou um porco em disparada pela floresta. Ao entrar na corrente sanguínea, o poderoso princípio ativo do veneno, a tubocurarina, bloqueia a transmissão dos impulsos nervosos para os músculos, precipitando a paralisia e suspendendo a capacidade da vítima de respirar.[9] A sobrevivência dependeria de uma traqueostomia seguida de pelo menos três horas de respiração artificial, até que o efeito do veneno se esgotasse. Nas atuais circunstâncias, no meio da selva, eu até preferia morrer pela ação do curare. Mas além dos temíveis e talvez fantasiosos relatos que se espalhavam desde os primeiros exploradores da Amazônia sobre a "morte voadora", há poucos registros do uso do curare como arma de guerra.[10] O que não quer dizer que nunca tenha sido usado com este fim, tampouco que os flecheiros não recorreriam a ele agora, se necessário; eles podiam ter deixado a vasilha na aldeia, mas as flechas que levaram consigo para a floresta já podiam estar perfeitamente embebidas do veneno.

Membros dos outros grupos de busca chegaram aos poucos pela abertura no mato, todos comentando o destino dos canamaris desaparecidos e o que tinham visto na aldeia: as fogueiras enfumaçadas, o estoque tentador de carnes, as máscaras colocadas no tronco, os traços de urucum. Todos de acordo que os flecheiros estavam preparando algum tipo de festa.

— Talvez uma festa de guerra — disse Paulo Welker, sarcástico — para nós.

— Isso é coisa séria — disse Soldado, quando finalmente voltou com Possuelo.

Era especialmente enervante ouvir o inabalável Soldado fazer tais pronunciamentos. Seus olhos exaustos tinham perdido todo o brilho. Era quase como se olhassem pelas órbitas de um crânio vazio, tão gasta estava sua carne. O mais perturbador, disse, era a maneira como os rastros de Alfredo e Wilson simplesmente desapareciam. Um passo, estavam lá, e em seguida, não estavam mais.

Ivan Arapá deu um passo à frente para demonstrar, cobrindo a boca com uma mão e passando um cipó imaginário em torno do pescoço com a outra, sugerindo o que os flecheiros poderiam ter feito, agarrando-os por trás, amordaçando-os, e arrancando-os direto da vegetação rasteira. Ele não disse palavra, nem era preciso; a gesticulação dizia tudo.

— Ou mataram nossos homens ou os levaram prisioneiros — disse Possuelo, concordando.

Estava claramente abalado. Examinou a selva fechada ao nosso redor e viu uma armadilha mortal. Se os flecheiros tivessem matado os dois canamaris, já poderiam estar se movendo para nos cercar em um ataque total, antes que pudéssemos vingar suas mortes. A vingança era a última coisa em nossas mentes, mas eles tinham todos os motivos para esperar por isso.

— Temos que sair daqui — disse Possuelo. — Talvez os índios os tenham deixado partir. Mas não podemos esperar por eles aqui. Temos que ir para algum terreno mais vantajoso e aguardar. Vamos montar acampamento perto do rio e ver se eles aparecem. Alguém tem alguma ideia melhor?

Foi a primeira vez em cinco semanas que ouvi Possuelo pedir algum conselho. Ninguém tinha nada a dizer. Ele colocou uma mão no ombro de Márcio Canamari. Tinha os olhos cheios de lágrimas.

— Tínhamos seis canamaris e agora temos quatro — disse Possuelo. — E estou muito, muito triste.

Márcio baixou a cabeça e não disse nada. Então, repentinamente, como se saísse de um transe, Possuelo vociferou:

— Vamos dar o fora daqui, agora!

Ficamos em pé, pegamos nossas coisas e saímos correndo. A selva passava rápido, um borrão, o sol sumindo e voltando enquanto corríamos pela mata. Nenhuma palavra foi dita. Nossa exótica missão em busca de fatos subitamente se transformou numa corrida por nossas vidas, os caçadores transformados em caça. Tropeçamos nas raízes, nos arranhamos nos galhos, tudo para evitar a possível linha de visão de um índio mirando sua flecha — com ponta envenenada ou não.

Ninguém sabe ao certo se o arco e flecha migraram da África com os primeiros *Homo sapiens*, transformando-se numa arma universal para nossa espécie, ou se a assim chamada "tecnologia de projétil de ponta" desenvolveu-se mais tarde nos continentes separados, à medida que os homens espalhavam-se pelo globo.[11] Os estudiosos teorizavam há tempos que o arco e flecha poderia ter se desenvolvido nas estepes da Ásia central e se espalhado para leste e oeste a partir de lá.[12] Os registros arqueológicos não são claros, com pontas de flecha aparecendo em camadas profundas de escavações por todo o mundo, para desaparecer e então reaparecer em épocas subsequentes. Poucas culturas parecem ter se desenvolvido sem eles. Mas se o uso do arco e flecha não era inteiramente universal para a condição humana, era, no entanto, exclusivamente humano. O uso dos projéteis afiados deu a nossos antepassados a vantagem para superar os outros hominídeos, como os neandertais, e expandiu significativamente o número de animais que podiam matar. Permitiu aos nossos ancestrais entrar em novos habitats desconhecidos — desertos, tundras, montanhas e planícies — e surgir como os supremos predadores da cadeia alimentar. A flecha lançada do arco, em resumo, virou o jogo, com grandes consequências para nossa espécie.

A tecnologia de projéteis com ponta foi particularmente adequada à sobrevivência humana nas florestas fechadas da Amazônia, sobretudo em combinação com as diversas misturas que os curandeiros herboristas das tribos descobriram para paralisar suas presas ou causar hemorragias mortais: zarabatanas para disparos verticais contra pássaros e macacos no alto das árvores, flechas para disparos laterais entre as árvores, contra animais de quatro patas.[13] E os de duas também. As flechas podiam não ser páreo

Acima: Sydney Possuelo

À direita: Criança canamari, rio Itaquaí

Abaixo: Os barcos da expedição subindo o Itaquaí

Após os barcos grandes voltarem, a expedição continua nos barcos pequenos com motor pec-pec

Os membros da Expedição Alípio Bandeira (*o autor na fila de baixo, à esquerda*)

cima: Um jacaré pronto para ser estrinchado numa aldeia canamari

direita: Os canamaris retornando da caça (*Márcio no centro, Wilson à direita*)

abaixo: O piloto do barco da Funai, Adelson Pereira Brás

À esquerda: Ivan Arapá, mateiro matis

Abaixo: Kwini Marubo, mateiro matis

Adelino (*à esquerda*) e Alcino (*à direita*), mateiros marubos

À direita: Soldado

Abaixo: Txema, mateiro matis

Kwini Montac,
mateiro matis

Acima: Alfredo Canamari com piranhas

Acima à direita: Wilson Canamari com um bagre de cauda vermelha

À direita: Os cozinheiros Mauro Gomes (*à esquerda*) e Paulo Souza (*à direita*)

À esquerda: Possuelo e Orlando plotando as coordenadas para a expedição

Tepi e Soldado, com a alça na cabeça, preparam-se para partir

À esquerda: Mesa para hobbits: cogumelos cheio até a borda, como taças de champanhe

Abaixo: Ivan Waça, mateiro matis, antes de cruzar um rio por uma árvore derrubada

À esquerda: Raimundo (*à esquerda*) e Soldado (*à direita*) com macacos para o jantar

Abaixo: Típico acampamento da selva

À direita: O autor atravessando um córrego na reserva indígena do vale do Javari

À esquerda: Ivan Arapá descobre uma mandíbula de anta deixada em uma forquilha pelos flecheiros

Abaixo: Bina (*à esquerda*) e Tepi Matis (*à direita*) com um pote de cerâmica deixado pelos flecheiros

Abaixo: Cercado por mateiros matises, Possuelo confere o GPS

Uma canoa primitiva dos flecheiros

Acima: O acampamento principal

As botas brasileiras para selva do autor

À direita: Tepi trabalhando na canoa dos matises

Kwini Marubo alimenta o fogo sob a canoa

Forçando a abertura do casco enquanto a madeira está quente

Os homens arrastam a canoa do "estaleiro" para o rio

À direita: As canoas
recém-lançadas
no rio Jutaí

Abaixo: Canoa matis
com cobertura de palha

Acima: Possuelo a
bordo da
canoa Matis

À esquerda: Canoas
seguem rio abaixo sob
a luz da manhã

À esquerda: Kwini Marubo com uma cabeça de porco selvagem

Abaixo: Soldado (*à esquerda*) e Raimundo (*à direita*) com pirarucu

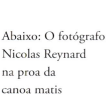

Abaixo: O fotógrafo Nicolas Reynard na proa da canoa matis

À direita: Membro da tribo tsunhum-djapá, recentemente contatada por índios canamaris

Abaixo: A draga de ouro *Gabriel*, apreendida pela expedição no rio Jutaí

Abaixo: Aldeia canamari no rio Jutaí

Pôr do sol na Amazônia

Wallace entrevista Sydney Possuelo

para os rifles de repetição nas clareiras das aldeias e pelas praias onde os exércitos da borracha atacavam. Mas os homens armados com espingarda perseguindo índios em fuga pela floresta logo se viam envolvidos por um mundo aterrorizante de sombras em movimento ao qual não pertenciam, sendo derrubados um a um por um inimigo que não conseguiam ver ou ouvir.[15] Daí talvez o impulso dos brancos de derrubar a floresta em qualquer fronteira colonial.

Peitos arfantes, corações disparados, mergulhamos em meio ao emaranhado enlouquecedor da mata densa. Cruzamos uma sucessão de córregos, alguns estreitos e rasos, outros largos e fundos, exigindo pontes para as travessias. Em um deles, um tronco escorregadio formava um ângulo em relação à água, subindo pela barranca do outro lado, com cerca de 4 metros de altura. Orlando perdeu o apoio quando começou a atravessar. Soltou um gemido e caiu com água pela cintura. Ainda de pé, arrastou-se de volta, passando por mim e indo de encontro ao barranco, provocando uma avalanche de terra solta sobre sua cabeça e ombros e por dentro da gola aberta da camisa. Ele me encarou com um olhar atordoado, os olhos arregalados, e eu olhei para baixo, quase esperando encontrar uma flecha atravessada em sua barriga. Recuperou-se sem dizer uma palavra e cruzou a água para o outro lado.

Arrastamos os pés por um tapete de folhas secas, avançando em silêncio ritmado. Então Nicolas soltou um grito e caiu no chão diante de mim.

— Merde!

Tinha tropeçado numa toca de roedor escondida. Segurando o joelho, seguiu mancando, mas pouco depois tivemos que parar. Ele estava tremendo. Ajudei-o a se deitar de costas, dei-lhe um pouco de água. Enquanto esperávamos, esparramados sobre as folhas, chegou pelas fileiras a notícia de que pegadas de Kichute haviam sido avistadas ao longo do rio. Possuelo despachou um grupo de busca de matises para verificar, que logo voltou de mãos vazias. Os rastros voltavam sobre si e parecia haver alguma dúvida se tinham sido deixados por nosso próprio grupo, por Wilson e Alfredo ou por alguém totalmente diferente. Quem quer que tivesse deixado as pegadas, estava com bastante pressa.

— Soldado — chamou Possuelo. — Vá atrás deles. Se não conseguir alcançá-los, dispare o rifle para sinalizar.

O tiro poderia provocar ainda mais os flecheiros, mas, diante das circunstâncias, era um risco que Possuelo estava disposto a correr. Ele juntou as mãos e voltou o rosto para cima, para a luz que se filtrava agora entre a copa das árvores, como se suplicasse a Deus.

— Os flecheiros podem ter tirado as roupas de Wilson e Alfredo depois de matá-los — escarneceu Chico, sombriamente. — Podem ter pegado suas coisas e calçado os tênis. Seria algo novo para eles, algo a experimentar.

A sugestão era suficientemente plausível para não ser questionada; ninguém disse nada. O barulho abafado de um tiro soou a distância. Depois outro. Soldado sinalizando para os nossos camaradas perdidos.

— Se alguma vez na vida já tive vontade de surrar alguém com uma vara, foi agora — disse Possuelo. — Rondon costumava fazer isso, castigar fisicamente os homens desobedientes. Mais tarde, foi proibido.

Nicolas tinha parado de tremer. Já se sentia em condições de retomar a marcha, e foi o que fizemos. Em uma elevação que dava para o rio, Possuelo gritou:

— Vamos parar aqui para passar a noite!

Em seguida, chegou a notícia de que Soldado tinha realmente encontrado Alfredo e Wilson, mas a incerteza se manteve. Onde estavam eles? Por que demoravam tanto? A maior parte da infraestrutura do acampamento já estava montada quando Soldado apareceu por entre as árvores, seguido por Alfredo, de cabeça baixa e ar arrependido. Wilson veio atrás, os passos leves e o sorriso alegre, sem sugerir qualquer traço de contrição ou remorso. Possuelo fulminou-os, as mãos na cintura, mas não disse nada. Estava nitidamente muito mais aliviado do que furioso. Mas o que percebi imediatamente, e Nicolas também deve ter visto, foi que eles carregavam apenas seus rifles. As mochilas — *nossas* mochilas — tinham desaparecido. Parecia inadequado perguntar, mas Alfredo carregava todas as minhas notas de campo naquela bolsa. E os duzentos rolos de filme que Nicolas já fotografara ao longo da viagem estavam na bolsa sob os cuidados de Wilson.

Em pé diante de Possuelo, olhando para o chão como estudantes chamados à sala do diretor, fizeram um relato breve, cujas frases entrecortadas mal se podia ouvir. Aparentemente, começaram a pensar que os flecheiros poderiam ser parentes distantes, separados dos canamaris em tempos antigos. Vindo na esteira da coluna, decidiram romper o bloqueio dos flecheiros e seguir até a aldeia. A primeira sugestão de problemas ocorreu na roça. Eles se surpreenderam com o tamanho, com a diversidade das culturas. Não era como as hortas que seu pessoal cultivava. Quando chegaram à aldeia, ouviram os flecheiros gritando da floresta. E então, entraram em pânico. Subitamente, se deram conta de que dezenas de flechas podiam estar apontadas direto para seus peitos. Apavorados e perdidos, desviaram-se da trilha e meteram-se no mato para despistar qualquer possível perseguidor. A manobra certamente enganou nossos rastreadores. Uma vez fora da trilha, enterraram as mochilas e saíram correndo.

— Eles acharam que estavam sendo perseguidos por flecheiros — riu Soldado. — Quando atirei para o ar, finalmente perceberam quem era.

— E nossas bolsas? — Nicolas finalmente tomou coragem para perguntar. — Tenho coisas muito importantes lá. Todo o meu filme. Se for perdido, seria muito ruim para nós.

— Uma grande encrenca — concordei.

— Nós escondemos — disse Alfredo. — Cobrimos com folha. Pegamos amanhã.

— Vamos buscar as bolsas amanhã — Possuelo concordou. Podia parecer frieza perguntar sobre nossas coisas logo após Wilson e Alfredo terem retornado da morte, e, em certa medida, era mesmo. Mas se todos os nossos filmes e anotações das últimas cinco semanas desaparecessem, não teríamos uma reportagem. Todo o sofrimento teria sido em vão. Ainda a semanas de lugar nenhum, estaríamos condenados a terminar a viagem sem qualquer perspectiva de publicar o trabalho quando voltássemos. Pensar sobre nossas coisas abandonadas durante a noite no meio da floresta, não muito longe da maloca dos flecheiros, era demais para suportar. Eu imaginei os índios vasculhando nossas mochilas, expondo os filmes fora das caixas, tentando decifrar os garranchos nos meus cadernos. Mas não havia nada que se pudesse fazer por agora. Pelo menos, ainda estávamos todos vivos. E eu tinha tudo de que precisava para passar a noite: minha rede, uma muda de roupa, a lanterna.

Pouco depois veio a convocação para nos reunirmos em torno da fogueira principal, e descemos até lá. A fumaça perdia-se por entre as árvores.

O peixe chiava nos espetos. A água começou a ferver nos caldeirões suspensos sobre as labaredas. Possuelo estava de pé, de costas para o fogo, de camisa e bermuda cáqui. Pela primeira vez, percebi como emagrecera desde o início da viagem. Ainda assim, comparado aos esqueletos desajeitados reunidos ao redor dele, ainda mantinha uma constituição sólida e uma impressionante vitalidade.

— Quero dizer aos nossos amigos canamaris que vocês nasceram de novo hoje — começou ele. — Os flecheiros poderiam ter matado vocês. Poderiam ter varado vocês com as flechas.

Ele fixou o olhar em Alfredo e Wilson.

— Nunca saberemos exatamente quão perto da morte vocês estiveram hoje, mas posso garantir que foi por pouco.

Um tronco estalou na fogueira, provocando uma chuva de fagulhas. Possuelo olhou para os rostos ao seu redor.

— Não estamos aqui para vê-los ou conhecê-los, ou chamá-los — disse, referindo-se aos flecheiros.

Ele falava devagar, com uma dicção clara, que usava em momentos como aquele.

— Estamos aqui para verificar se eles usam esta terra. Estamos aqui para garantir que os madeireiros, pescadores e caçadores não venham para cá. Eu vim para registrar a localização deles e levar essas informações para Brasília. Para que ninguém mais volte a entrar aqui, nunca mais!

O silêncio caiu sobre o grupo, pontuado pelo estalar da fogueira e pelo zumbido pulsante dos insetos. Possuelo começou a relembrar os acontecimentos extraordinários do dia. A incursão fora uma violação flagrante das ordens. Assim como a remoção de determinados artefatos da maloca, mesmo os quebrados. Ele não mencionou o nome de Paulo Welker, não precisava. Aquilo equivalia a pilhagem, disse Possuelo, e os flecheiros se sentiriam duplamente violados — primeiro pela invasão da aldeia, e depois pelo roubo de seus pertences.

Possuelo devia saber que sua carreira podia ter chegado a um fim abrupto e vergonhoso naquele dia. Um incidente violento na aldeia poderia apagar o trabalho de uma vida inteira e, além disso, deixar seu legado em frangalhos. Talvez por essa razão ele estivesse tão visivelmente exaltado ali, diante de nós, à beira da fogueira. Apesar disso, o quase desastre gerou uma grande quantidade de informações, todas muito positivas, que de outro modo teriam permanecido desconhecidas.

— Aqui, os flecheiros estão vivendo bem — disse ele. — Deu para ver isso na aldeia. Eles caçam, pescam, cultivam alimentos. Devem ser saudáveis. Seus bebês provavelmente são gordos, as mães devem ter muito leite. Fazem festas. São felizes. Não pedem nada ao homem branco. Não precisam de nós!

Algumas coisas que os homens observaram levantaram mais perguntas do que respostas. Como os flecheiros aprenderam a cultivar cana-de-açúcar e bananas, duas culturas originárias do sul da Ásia, trazidas para o Novo Mundo pelos europeus? Os primeiros exploradores fizeram descobertas semelhantes, surpresos ao encontrar espécies não nativas florescendo nas roças dos índios isolados. As plantas eram objeto de troca entre as tribos, descobriu-se, usadas para o comércio em áreas remotas jamais vistas por forasteiros. Os flecheiros, dessa forma, poderiam tê-las adquirido de outros grupos, há várias gerações. Ou poderiam ter invadido as roças de colonos, em tempos mais recentes. De qualquer modo, para Possuelo, as lavouras sinalizavam a extensão de seus recursos.

A ideia de equivalência entre cultura primitiva e atraso era tão entranhada na mente popular que até mesmo os assim chamados índios civilizados, nas fileiras mais baixas e marginais da sociedade, invariavelmente se acreditavam superiores aos seus irmãos isolados que se mantinham no mato. Mas Possuelo estava colocando toda essa construção em xeque. Os flecheiros não eram, de forma alguma, inferiores a qualquer tribo. Pelo contrário! Sua independência quase completa do mundo do homem branco devia ser admirada, até mesmo reproduzida.

— Vocês mesmos viram, o índio não precisa do homem branco para viver — prosseguiu. — Ele sabe fazer flecha, zarabatana, cerâmica, curare. Tem tudo de que precisa para viver bem. Quando o homem branco entra, os índios esquecem como fazer as coisas do seu jeito, do jeito antigo.

Os eventos do dia mostraram-se uma afirmação da política de Possuelo, destacando o vínculo inextricável que ele via entre habitat intocado e tribos isoladas. As duas coisas andavam juntas, lado a lado. O que permitia às tribos prosperar no isolamento da economia global era um ambiente saudável e intacto do qual derivavam seus meios de vida. Ao proteger as tribos isoladas, Possuelo estava protegendo uma enorme extensão de floresta primordial.

Precisei de alguns minutos para processar o significado do que tinha acontecido.

Não conseguia me livrar de uma vaga decepção por não ter havido mais, por não termos visto os flecheiros, por não termos, eu ousaria dizer, feito contato. Mas a euforia de Possuelo era contagiosa como as doenças que poderíamos ter transmitido para a tribo. E exatamente por isso o contato teria significado um fracasso colossal, levando à destruição daqueles que viéramos salvar. Tínhamos nos mantido fiéis à missão. Após flertar com o desastre, tínhamos triunfado.

Por trás de Possuelo, os últimos traços do dia escoavam pelo céu. Mariposas luminescentes riscavam o espaço entre as árvores, como minúsculas naves espaciais navegando entre arranha-céus sombrios e futuristas de uma ficção científica de Ridley Scott. As rãs começaram seu tenebroso coro noturno.

— Nosso trabalho aqui é belo pois eles nem ao menos sabem que estamos aqui para ajudá-los — disse Possuelo. — O melhor que podemos fazer é ficar fora de suas vidas.

Ele olhou para o fogo. Todos olhamos para o fogo.

— Agora vamos continuar trabalhando e prosseguir com a nossa viagem. Vamos todos sair vivos daqui.

PARTE III

O imperativo da sobrevivência

CAPÍTULO 18

Reabastecidos

O QUASE ENCONTRO NA ALDEIA convenceu Possuelo da necessidade de nos afastarmos o mais rápido possível dos flecheiros. Ele queria que percebessem que estávamos apenas de passagem, sem qualquer intenção de ficar por lá. Uma marcha forçada de três dias se seguiu. No primeiro dia, Alfredo e Wilson nos levaram direto para nossas mochilas. Felizmente, ainda estavam lá, mas tão mal escondidas, com apenas uma folha de bananeira sobre cada uma, que era surpreendente que continuassem intocadas. Na tarde do dia seguinte, nos deparamos com sinais desconcertantes de que os flecheiros não só estavam nos seguindo, como talvez já tivessem nos ultrapassado. Olhando para baixo, através dos galhos, vimos uma canoa primitiva amarrada à margem. A *coshu* era feita de três troncos ocos de paxiúba, amarrados juntos pela proa e pela popa com fortes cipós. Os múltiplos troncos pareciam proporcionar equilíbrio, além de espaço para um contingente razoável. Era similar a uma embarcação que se dizia ter sido usada por guerreiros corubos recentemente para cruzar um rio e atacar uma tribo rival.

Desci até a beira da água para olhar mais de perto. Os troncos da palmeira tinham cerca de 2,5 metros, rudemente abertos pelo topo para criar diversos cascos. As estacas verticais que prendiam o barco ao barranco também serviam como propulsores, segundo Possuelo. O piloto da canoa ficava em pé e usava as varas longas para empurrar a embarcação contra o fundo do rio. Por que os flecheiros não tinham remos era um mistério. Aparentemente, tinham aço para esculpi-los. Talvez fosse uma questão de know-how; se jamais tinham visto um remo, a ideia de produzir um poderia não lhes ter ocorrido. Pela aparência, a canoa chegara ali recentemente, no princípio do dia, ou talvez no dia anterior. Não havia muita dúvida sobre isso: eles teriam que saber que viríamos por esse caminho, também.

Mais preocupante, disse Possuelo, era a localização de três outras malocas ao longo do rio que desaguava no Jutaí mais abaixo, na margem oposta. Acabaríamos tendo que atravessar por uma passagem estreita lá, facilmente ao alcance das flechas deles. Na verdade, não estaríamos realmente fora de seu território, e de uma possível emboscada, até deixarmos aquela última passagem para trás em nossas próprias canoas, uma perspectiva ainda distante.

Os flecheiros estavam longe de ser nossa única preocupação. A vegetação era muito densa, como sempre. Os homens estavam doentes, desanimados. Soldado continuava à frente da coluna, mas mal tinha força para cortar o mato diante de si. Em certo momento, saltou para trás de repente.

— Cobra! — gritou.

Corremos para olhar. Uma grossa surucucu, uma das cobras mais mortais da Amazônia, estava encolhida sob um galho, a pouco mais de um metro de distância.

— Orlando, atire! — gritou Possuelo.

Orlando colocou a .22 no ombro e mirou. A ocasião realmente pedia uma espingarda, mas Possuelo parecia querer dar a honra a Orlando.

— Mire bem na cabeça! — o pai instruiu o filho.

PAM! O rifle de Orlando disparou. Ele errou. Agora, o rabo da cobra vibrava furiosamente, como uma labareda negra e raivosa. A surucucu não tinha chocalho, mas seu sibilo era igualmente audível, o rabo vibrando contra o mato. Orlando disparou um segundo tiro. Errou de novo. De olhos arregalados, Possuelo olhou em torno, agarrou um galho seco e desceu com ele na víbora. Ainda no alto, o galho ficou preso na vegetação. Possuelo puxou com força e bateu com vontade. Por fim, subjugou a cobra com um golpe de misericórdia, enfiando a ponta do pedaço de pau na cabeça triangular.

Aquele último dia de marcha guardava um último teste para nós, uma ponte de tronco escorregadia cruzando um grande igarapé que alimentava o Jutaí. Estávamos quase na boca do igarapé, onde era ainda mais largo, quase 15 metros até a outra margem. Como de praxe, Soldado e Txema atravessaram para limpar o caminho. Colocaram três varas balouçantes em intervalos regulares ao longo do trajeto. Uma outra árvore crescia na margem próxima em um ângulo tortuoso, descendo para perto de nossa ponte. Poderia proporcionar equilíbrio extra no trecho inicial, até firmarmos o pé para atravessar. Possuelo, à frente de Nicolas e de mim, abaixou-se para apoiar a mão na árvore, mas logo a puxou de volta.

— Porra! — xingou.

Estava coberta por ferozes formigas vermelhas.

— E você achando que era só atravessar uma ponte — disse Nicolas virando-se para mim, com um sorriso levemente maníaco. Parecia ter se recuperado plenamente do tombo de alguns dias antes. — Mas não, ela também está coberta de formigas! Depois disso, dá para ser um ótimo participante daquele programa, como é que se chama? *No limite*?

Quando chegamos ao outro lado, eu tremia descontroladamente. Passáramos por cerca de uma dúzia de pontes igualmente perturbadoras nas últimas três semanas. Mas aquela foi a última que tivemos que enfrentar. Uma hora mais tarde, ao nos agacharmos na folhagem pesada voltada para o rio, Possuelo gritou:

— Limpem o mato! Vamos acampar aqui!

Como Possuelo tinha imaginado desde o início, havia chegado a hora de construir as canoas que nos levariam para fora da selva. A construção seria aqui, no local que passamos a chamar de "acampamento principal", um ponto central que marcava o início da próxima fase da expedição. A caminhada estava encerrada. E já não era sem tempo. Os homens estavam cada vez mais inquietos. Raimundo e os demais ribeirinhos estavam recolhidos em um pequeno grupo mal-humorado. Há muito que todo e qualquer brilho se fora de seus olhos ardentes. Se ele, ou qualquer um dos outros, ainda tivesse a energia, ou ousadia, ou caso se unissem o suficiente para agir, a situação poderia piorar e dar início a uma rebelião. Talvez isso acontecesse se Francisco, o dos olhos revirados, ainda estivesse entre nós. Ainda bem que não estava.

Os machados e facões entraram em ação; o mato foi limpo e jogado pelo barranco. Árvores enormes foram derrubadas. Os homens atacaram a floresta com vigor renovado. Rapidamente, uma longa faixa junto ao rio foi liberada de toda a vegetação. Os homens limparam as margens, cortando as árvores caídas. Levaram os galhos enormes para dentro do rio. Mergulhados até o peito, às vezes até mesmo o pescoço, puxaram os ramos para longe da margem. Árvores inteiras foram lançadas na correnteza. Enormes massas de folhagem eram levadas pelo rio. Como barcos de brinquedo lançados na corrente, foram arrastados pelas águas, desaparecendo em uma curva, inexoravelmente puxados em direção ao poderoso Amazonas — o mesmo curso que nós seguiríamos em alguns dias.

Com as árvores caídas ao longo da margem, fomos inundados pelos poderosos raios do sol da tarde, banhando-nos com uma claridade e calor que não sentíamos havia semanas. As nuvens colossais receberam a luz rosada do sol que começava a se pôr. Fiquei no alto da margem, maravilhado pelos tons sobrenaturais do crepúsculo. Resisti à vontade de começar a chorar. Era avassaladora. Após todas as dificuldades que enfrentamos e perigos aos quais sobrevivemos, tínhamos conseguido! Todos vivos, nenhum ferimento grave, todos os membros da expedição a salvo. Era realmente extraordinário.

A euforia não durou muito. Entre o humor azedo de Possuelo e os perigos contínuos que enfrentamos, o moral evaporou rapidamente em meio a uma sensação de total isolamento. Talvez também fosse o alívio das pressões intensas da caminhada. Por piores que fossem as condições da marcha, as demandas diárias mantinham todos concentrados. Além disso, a configuração da coluna em fila única era ideal para manter distância de quem quer que se quisesse evitar. Para a maioria dos homens, Possuelo. Agora, não havia escapatória.

* * *

— Base, base, base. Expedição, câmbio! — Paulo Welker tentava se comunicar com a base em Tabatinga pelo rádio. — Expedição para base, expedição para base, câmbio!

Em torno dele, os homens continuavam a fazer melhorias no acampamento. Este seria diferente dos outros, mais permanente, uma vez que a previsão era ficarmos lá por até duas semanas. O chão de toda a área havia sido varrido. Toda a vegetação fora arrancada ou cortada, à exceção das árvores maiores. Os troncos restantes erguiam-se verticalmente como colunas gigantes suportando um telhado enorme sobre nós.

O acampamento tinha o comprimento de um campo de futebol ao longo da margem direita do Jutaí, estendendo-se por cerca de 30 metros para dentro da floresta. Nossas redes foram dispostas em um semicírculo ao longo do perímetro externo. Com estacas bifurcadas enfiadas no chão e uma estrutura quadrada de galhos, Chico e Amarildo montaram uma pequena mesa para mim sob o abrigo da minha lona. Agora que chegáramos ao final da caminhada, Alfredo quase não aparecia, com os canamaris ocupando uma área na outra extremidade do acampamento. Decidi não pedir a ele qualquer coisa que não fosse absolutamente necessária. Pela primeira vez em três semanas abri e espalhei todo o conteúdo da minha bagagem — câmeras, cadernos, filmes, estojo de primeiros socorros, roupas.

O lugar fervia com a atividade. Troncos foram transformados em bancos e instalados em torno da fogueira principal, em número suficiente para acomodar toda a expedição. Um abrigo redondo, coberto com folhas de palmeira e que mais parecia o rabo de um enorme peru, foi erguido sobre o fosso da fogueira. Os homens construíram um posto de comando — um telhado de palha oblíquo sobre uma mesa sólida e tosca — voltado para o rio. Paulo Welker estava sentado lá agora, gritando no microfone do rádio, tentando alcançar a base através de mais de 300 quilômetros de mata fechada:

— Expedição para base, expedição para base, câmbio!

A antena de arame do rádio fora esticada até o alto de um mastro de quase 10 metros. O aparelho fora absolutamente inútil nas últimas três semanas. Agora, com a vasta abertura na copa da floresta junto ao Jutaí, esperava-se que conseguíssemos estabelecer uma tênue conexão com o posto de controle e com a base da Funai em Tabatinga.

Possuelo andava por perto, gritando ordens. Ele se mostrava uma figura risível, usando apenas a sunga Speedo, os tufos emaranhados de cabelos brotando das têmporas. Só que ninguém achava graça. Aquele deveria ser um momento alegre, com o fardo da caminhada retirado de nossos ombros. Mas o humor de Possuelo estava péssimo e todos estavam tensos, procurando evitá-lo. Mesmo quem não tinha nada para fazer tentava parecer ocupado, para não despertar a ira de Possuelo com sinais de aparente preguiça.

— Todo mundo ouvindo! — gritou ele. — Temos um aviso importante!

Agucei meus ouvidos. *Ah*, pensei, *agora é momento do discurso motivacional, da reflexão sobre onde estivemos e o que ainda nos aguarda pela frente. É agora que ele apresenta o plano para a próxima fase de nossa jornada.* Nós nos reunimos.

— Temos duas áreas de banheiro — começou. Ele apontou para as duas extremidades da clareira. — Não é possível ficar mijando por toda parte. Isso atrairia muitos vermes.

Antes, quando começávamos a nos movimentar de manhã, isso não importava muito. Mas Possuelo ainda não estava satisfeito.

— Se eu pegar alguém mijando perto do acampamento, vou pessoalmente humilhar a pessoa em público! Está claro?

Parecia que estávamos no primário, com um professor carrasco percorrendo as fileiras procurando a próxima vítima. Teríamos rido de sua cara caso houvesse algum meio de escapar, um barco ou um avião: *Ah, é? Foda-se! Estou dando o fora daqui.* Mas não havia escapatória.

Tampouco era possível fugir da impressão de que despertáramos de um pesadelo para acordar em outro ainda pior, aprisionados numa colônia penal concebida por Franz Kafka. O fato de estarmos construindo instalações temporárias cercadas pelos muros da selva dava credibilidade à ideia. Em meio às estruturas cobertas de palha havia o toco de uma enorme árvore que fora derrubada. Não era preciso uma imaginação muito fértil para visualizar um tronco de flagelos onde Possuelo aplicaria a justiça.

Considerando nossa localização, a apenas três dias de caminhada da maloca dos flecheiros, eu também esperava que Possuelo dissesse algo sobre a nossa segurança. Afinal, os flecheiros ainda poderiam estar reunindo forças para um ataque. Era provável que tivessem nos seguido por este lado do rio ou vindo atrás de nós desde a parte mais distante. Alcino Marubo até mesmo reportou ter visto pegadas frescas numa praia próxima ao acampamento. Muito provavelmente, estavam observando todos os nossos movimentos.

Precisávamos sair de lá o mais rápido possível. Mas estávamos cansados demais para continuar a caminhar e muito longe rio acima para que um barco de qualquer tamanho viesse nos resgatar. Estávamos em plena estação seca, no segundo mês do "verão". As águas do Jutaí baixavam alguns centímetros por dia. Havia a possibilidade de ficarmos presos pela redução das águas. Seja como for, quanto mais tempo levasse para as canoas ficarem prontas, mais teríamos que remar até que um barco, mesmo de baixo calado, pudesse nos alcançar.

Possuelo mandou que as lâminas de machado fossem recolhidas. Ainda que alguns machados tivessem sido usados diariamente durante a marcha, a maioria foi transportada sem os cabos, no fundo das mochilas. Seis lâminas foram colocadas sobre uma lona aberta diante de Possuelo, junto com um número igual de enxós. Chico e José se puseram a trabalhar, preparando longos cabos para as ferramentas.

Um tal estoque de ferramentas mágicas ainda poderia se tornar uma atração irresistível para os flecheiros.

— Se eles puserem as mãos neste aço — disse Possuelo —, ficarão felizes pelo resto de suas vidas.

Quanto a nós, poderíamos ficar presos lá pelo resto das nossas. Para impedir que isso acontecesse, foi construída uma barraca para o equipamento perto da fogueira central.

— Todos os machados e enxós devem ser devolvidos à barraca ao final do dia! — gritou Possuelo. — Sem exceção.

De volta ao posto de comando, Possuelo e Welker fizeram alguns cálculos rápidos e traçaram alguns diagramas. Para transportar 34 homens e todo nosso equipamento, Possuelo estimou que seriam necessárias duas canoas, cada uma entre 15 e 18 metros de comprimento.

— Vamos dividir os homens em duas equipes — disse Possuelo. — Matises e marubos numa, canamaris e ribeirinhos na outra.

A primeira seria comandada por Txema; a segunda, por Soldado.

— Vamos fazer uma corrida para ver que lado constrói a melhor canoa mais rápido. Onde está Soldado?

Seus olhos percorreram a clareira.

— Soldado! Txema! Venham cá!

Cada equipe bateria a floresta em busca de uma árvore adequada e retornaria em seguida.

— Nada muito valioso — advertiu Possuelo. — Algo decente, mas não precioso. E as árvores não podem estar longe da água. Não queremos ter que construir uma estrada de cinco quilômetros para levar a canoa até o rio. Agora, escolham alguns homens e vão embora! Possuelo virou-se para Paulo Welker e disse: — Vamos descobrir o que sobrou das provisões.

O tom de sua voz era frio. Nicolas me puxou de lado.

— Ele está furioso com o Paulo por ter pegado as coisas da aldeia — cochichou. — Você sabe, a ponta de flecha e a zarabatana. Sydney não queria que ninguém pegasse nada das casas.

Para tentar suavizar as coisas com os flecheiros, disse Nicolas, Possuelo deixou mais algumas panelas de alumínio para trás, empilhadas no mesmo tronco onde as máscaras de casca de árvore estavam deitadas.

Paulo Welker espalhou sobre uma única lona tudo o que restava dos alimentos secos. Era uma visão lamentável: seis sacos furados de café, 8 quilos de farinha de mandioca, 12 pacotes de espaguete, o celofane das embalagens rasgado. Estava na hora do abastecimento aéreo.

Quando Paulo Welker finalmente conseguiu entrar em contato com a base pelo rádio, transmitiu a lista do que iríamos precisar: açúcar, sal, margarina, fumo, feijão, arroz, farinha, leite em pó. *Isso!*, pensei. Já se tornara monótono demais tomar apenas café preto. Assim como a água morna do rio.

— Sydney, seria possível incluir alguns pacotes de refresco em pó? — pedi — Eu ficaria feliz em pagar.

Possuelo tirou o microfone das mãos de Welker e transmitiu nossas coordenadas. O lançamento foi combinado para a tarde seguinte. Refresco incluído. Reduzidos a restos irrisórios, deveríamos achar a perspectiva de um abastecimento aéreo nada menos do que um milagre. E, em certa medida, foi o que sentimos. Mas logo descobriríamos que este óbvio salvamento era também uma maldição; assim que estivéssemos abastecidos com mantimentos, qualquer senso de urgência que Possuelo pudesse ter para nos levar para casa se esvairia.

— Positivo, positivo! — disse em voz alta no microfone. — Está certo, o bastante para durar seis semanas.

Seis semanas? Estávamos apenas no fim de julho. Isso significava que não poderíamos ter esperanças de chegar a Tabatinga antes de meados de setembro! O verão já estaria completamente encerrado, isso eu sabia. Mas agora, aparentemente, os meninos começariam um novo ano escolar sem mim. E eu não estaria presente em nenhuma das escolhas importantes que Sarah teria que fazer sobre onde trabalhar e morar, sobre o que aconteceria conosco. Eu sequer sabia se ainda haveria *nós*. Os dias e semanas pareciam se estender por um futuro indefinido, como uma miragem desaparecendo continuamente na direção de um horizonte inatingível.

Assentados junto à margem de um grande rio nas terras baixas da floresta, estávamos novamente sujeitos a um catálogo de insetos: formigas, moscas, mosquitos, vespas e os insaciáveis piuns. Minha rede era o único santuário contra a carnificina. No entanto, sua inexpugnabilidade parecia cada vez mais duvidosa. Nossas coisas haviam sido forçadas muito além dos limites do uso previsto. Tudo estava se desfazendo. Tive sorte de as botas terem resistido por toda a caminhada, mesmo que precariamente. As solas estavam se soltando da parte de cima; minhas palmilhas ortopédicas tinham se desfeito. A mochila estava em farrapos e a bolsa da câmera reduzida a tiras de lona. E o mais estressante, a rede exibia sinais de desgaste profundo, desfiando na parte de baixo, paralelamente ao velcro do fecho. Eu estava cobrindo o rasgo com um poncho para manter os insetos de fora. Era apenas uma questão de tempo até que a rede cedesse completamente.

A estação chuvosa já ficara para trás, mas as pancadas de chuva ainda caíam diariamente, muitas vezes sem qualquer aviso. As trovoadas soavam e, subitamente, o céu ficava preto como breu, com raios relampejando por todos os lados. O vento varria todo o acampamento. Pedaços de palmeira eram arrastados pelo ar.

— Scotch, cuidado com árvores caídas — gritou Mauro em meio à agitação da floresta, as árvores dobrando-se com violência.

Levantei minha rede freneticamente e enfiei a cabeça sob a lona. Os relâmpagos estalavam sobre o rio, a luz pulsando fantasmagoricamente, como uma linha de alta tensão rompida e descontrolada. A chuva caía com um barulho ensurdecedor, as folhas da mata subitamente reunidas em um enorme conjunto de percussão, um milhão de tambores em contraponto com o tinir dos címbalos dos relâmpagos. Eu mal conseguia ver Mauro através da torrente, a não mais do que cinco metros de mim, segurando seu abrigo enquanto sua camisa era agitada pelo vento, como um marinheiro enfrentando a ventania, agarrado ao mastro para salvar a pele. Os trovões finalmente diminuíram, permitindo-nos soltar nossas amarras e olhar estupidamente para a confusão gotejante em que o dilúvio nos deixara ao partir.

* * *

A equipe de Soldado encontrou uma imponente samaúma, a dez minutos de distância, voltando pela mata atrás do acampamento.

— Vamos dar uma olhada — disse Possuelo.

Apesar de seu porte majestoso, como uma das árvores que formavam a abóbada da floresta, a madeira da samaúma não era considerada valiosa. Era suscetível à infestação e acabava apodrecendo. Mesmo assim, fora pesadamente devastada por toda a Amazônia em anos recentes, após os madeireiros terem esgotado a madeira mais preciosa e se voltado para as espécies menos desejáveis, que poderia ser transformada em tábuas ou polpa barata.[1] Ela também oferecia excelente flutuação, o que a tornava ideal para nossa finalidade. Nicolas e eu seguimos Possuelo para a floresta.

Acima das dispersas raízes em contraforte, a árvore tinha quase um metro e meio de espessura e alçava-se até os limites da copa da floresta. Para atingir o tronco principal acima das raízes, os homens já tinham construído um andaime de 3 metros feito de traves amarradas com cipós em torno de toda a base da árvore. Possuelo sinalizou sua aprovação e Wilson e José subiram ao topo da plataforma instável e se posicionaram em lados opostos do tronco. Os golpes começaram entrecortados, enquanto a dupla, descalça e sem camisa, tentava se equilibrar no andaime precário. Logo, encontraram o ritmo, golpeando sucessivamente o colosso, as grandes lascas de madeira voando em todas as direções. As costas brilhando com o suor, os dois chegaram a um ritmo hipnótico: *ka-tchunk, ka-tchunk.*

Duas horas mais tarde, quando José e Wilson retalharam o tronco a um fio do ponto de queda, Soldado virou-se para mim e disse:

— Com uma motosserra, teríamos derrubado em meia hora.

Os machados manuais podiam representar o retrocesso para uma era passada, antes que o motor de combustão interna houvesse ampliado imensamente nossa capacidade de construção — e destruição. Mas ainda estavam anos-luz à frente da tecnologia rudimentar disponível para a maioria das tribos isoladas. A árvore não teria cedido jamais a outro instrumento que não fosse um machado de aço. Não era de admirar que o aço se mostrasse uma tentação tão irresistível; não surpreendia que as tribos atribuíssem a eles propriedades sobrenaturais.

A árvore soltou um lento e terrível gemido ao se dobrar sobre o toco. José e Wilson pularam do andaime enquanto todos corriam para se proteger. A árvore caiu com um estrondo sísmico. Arrastou diversas árvores vizinhas e liberou nuvens de mofo e enxames de abelhas, as asas brilhando ao sol que subitamente inundou a clareira, como se o telhado de um cinema às escuras despencasse durante a matinê. Apenas momentos depois alguém ousou quebrar o terrível silêncio que se seguiu. E então, empunhando facões e machadinhas, os homens subiram no gigante caído, limpando seus ramos como uma horda de liliputianos subjugando sua presa conquistada.

*   *   *

A descarga aérea aconteceu no dia seguinte, interrompendo temporariamente a construção da canoa de Soldado. O campo aberto próximo ao acampamento, pontilhado de mudas e palmeiras, deveria servir como área de descarga. Brancos e canamaris foram convocados a acender fogueiras de sinalização para guiar o avião até a marca. Duas fogueiras ardiam em cada extremidade do campo no momento em que cheguei lá. Chico e José alimentavam o fogo na extremidade distante da clareira. Na ponta de cá, Amarildo e Alfredo cobriam a pira com ramos verdes. Nuvens espessas de fumaça subiam através das árvores. Raimundo estava deitado no chão ali perto, apenas de short e bota, alheio às formigas passeando por seu peito. Era preciso um esforço para lembrar do aventureiro robusto que eu conhecera seis semanas antes, no Itaquaí. Seus músculos estavam flácidos, os olhos mortiços encovados no fundo do crânio. Paulo Welker encostou-se numa árvore.

— Olhe só para mim, Paulo, estou acabado — disse Raimundo. — Se eu soubesse que seria assim, jamais teria vindo. Isso é uma escravidão.

Ele faz o que quer com a gente. Nunca fui tão humilhado na minha vida como por esse sujeito.

Raimundo não parecia se importar com quem estivesse ouvindo. Paulo Welker assentiu.

— Ei, Amarildo! — chamou. — Mais galhos verdes. Mais fumaça!

Raimundo tirou uma formiga do ombro.

— Deus sabe que outra merda ele está preparando para nós — continuou. — Eu queria que esse avião tivesse uma rede pendurada para eu me agarrar. Eu iria embora agora mesmo.

O fato de Raimundo expressar sua insubordinação tão claramente era uma medida de como as coisas haviam se deteriorado. Pelos menos, provisões frescas estavam a caminho.

Da distância, veio o ronco fraco do avião se aproximando.

— Mais fumaça, mais fumaça!

Paulo Welker gritou para o outro lado da clareira. Amarildo e Alfredo amontoaram os ramos verdes na fogueira, abanando freneticamente com longas folhas de palmeira. Atiçaram o fogo a tempo de enviar densos rolos de fumaça flutuando por entre as árvores, assim que o avião se aproximou. *Vruuuuuum!* A folhagem bloqueou minha visão, mas, pelo barulho, achei que passava próximo à copa das árvores.

— Disparem os sinalizadores! — gritou Paulo Welker.

Amarildo correu para o centro da clareira e disparou. O disparo saiu oscilante pelo cano e explodiu, vermelho, acima das árvores.

— Abanem as fogueiras! Mais folhas, mais fumaça! — gritou Welker. Dava para ouvir o avião sobrevoando de volta. O vento mudou, carregando a fumaça pelo meio das árvores. Era difícil imaginar como o avião localizaria o alvo.

— Atenção! Protejam-se!

Até mesmo Raimundo levantou-se do chão e se escondeu atrás de uma árvore.

— Essas descargas podem ser perigosas — disse Paulo Welker, enquanto observávamos a clareira.

Ele conhecera um batedor da Funai que morreu durante uma daquelas operações.

— O pacote aterrissou direto na cabeça dele.

Ouvimos o estrépito violento do primeiro pacote de encontro aos galhos. Foi seguido por um baque surdo, um segundo fardo aterrissando do outro lado da clareira.

— Bem no alvo! — gritou Amarildo.

Estávamos colados a um tronco imenso, espiando para fora como meninos nas dobras da saia da mãe. O avião deu mais uma volta. Parecíamos estar sendo bombardeados por tiros de festim. Desta vez, vi o pacote vir girando como uma bomba até acertar uma árvore, explodindo com o impacto e espalhando uma carga de embalagens plásticas do tamanho de tijolos.

— Parece margarina — disse Amarildo.

— Isso mesmo — disse Welker. — Estava na lista que passamos para Tabatinga.

Consegui vislumbrar o avião na passagem seguinte: um monomotor Cessna, azul, vindo em rasante junto ao topo das árvores. Cheguei até mesmo a ver a silhueta do piloto na bolha de vidro da cabine, ou achei que tinha visto. No estado semidelirante de privação e isolamento, imaginei-me pilotando aquele tapete mágico, livre desta selva sufocante, voando pelo céu de volta para Tabatinga, a não mais de uma hora de distância. Olhei para Raimundo, agarrado a uma árvore próxima. Seus olhos varriam as frestas entre as árvores, procurando vislumbrar o avião uma vez mais. Reconheci o anseio naquele olhar que, assim como o meu, percebia no avião um emissário de um mundo distante que parecia ter nos esquecido completamente.

A cada novo rasante, o avião soltava mais dois ou três pacotes, alguns aterrissando intactos na clareira, outros espatifando-se nos galhos com estrondo. O que estariam os flecheiros pensando de tudo isso: as fogueiras de sinalização, o assobio agudo da aeronave em seus rasantes, as múltiplas excreções? Certamente, aquilo não lhes passou despercebido. O avião passou de novo, soltou mais dois pacotes e seguiu seu caminho para o norte. O ronco do motor afastou-se até se transformar em um zumbido distante. Desta vez, não retornou. O ruído fraco finalmente desapareceu completamente, engolido pelo canto ritmado dos insetos, deixando-nos entregues a recolher a carga e às nossas ânsias.

* * *

De volta ao acampamento, Mauro estava agachado na doca, limpando os macacos para o jantar. Cortou seus membros e os lançou na corrente, com um movimento banal de jardineiro livrando-se de ervas daninhas. Uma dúzia de urubus acomodou-se na curva do rio, cerca de 100 metros além do acampamento, empoleirada sobre a folhagem como ornamentos medonhos. Logo, um exemplar branco como a neve juntou-se a eles e achei que fosse albino.

— O urubu-rei — disse Mauro.

Não que fosse um rei de verdade; era o nome da espécie, todo branco com algumas penas com pontas pretas. Como seus companheiros inteiramente negros, exibia um bico parecido com um abridor de latas, perfeitamente adequado para perfurar carcaças e chegar até a carne macia no interior. Mas, quanto a isso, Mauro já os poupara do trabalho.

No alto do banco, Paulo Souza colocava os últimos artigos do lançamento aéreo nas prateleiras da despensa construída para essa finalidade. Ele desempenhava suas funções com precisão meticulosa, usando a lona dos pacotes para forrar as prateleiras toscas onde os produtos seriam armazenados: tudo, de latas de goiabada a sacos de arroz.

— Scotch, olha! — disse, abrindo um saco para mim. — Refresco!

Examinei o interior. Uma visão incrível. Devia haver cerca de uma centena de envelopes, num arco-íris de sabores: uva, laranja, limão — todos com a logomarca do jarrão sorridente.

— Vou preparar alguns no jantar, hoje à noite!

Ele baixou a voz num tom de conspiração.

— Scotch — disse. — Olha isso aqui!

Uma pasta amarelada escorria de um saco de juta caído no chão atrás dele, a margarina das embalagens plásticas que tinham arrebentado com o impacto. Pedaços de plástico branco apareciam no meio da substância gordurosa, como dentes quebrados. Ele recebera ordens de resgatar a margarina, recolocando-a em sacos com fechos plásticos. Olhou para mim furtivamente, enfiou o dedo na margarina e depois dentro da boca.

— Vai lá! — insistiu. — Experimente!

Mergulhei meu dedo sujo na essência mole e dourada e o enfiei todo na boca. Jamais experimentei nada tão gostoso.

Essa era a questão com a descarga aérea. Ela nos trazia arroz e feijão, café e leite, fumo e até refresco. Proporcionava-nos uma sensação fugaz de conexão com o mundo exterior. Mas abria caminho para novos acessos de intriga profunda e subterrânea, dos quais eu tivera apenas um pequeno gosto. E não alterava a equação fundamental de que estávamos presos na selva distante, isolados do mundo exterior, sujeitos ao temperamento errático de um impiedoso em potencial. De certa forma, deixara-nos ainda mais desanimados, como se o ruído do avião indo embora tivesse provocado uma sensação de abandono definitivo, como o último e silencioso adeus de uma amante.

CAPÍTULO 19

Estaleiros na selva

Enquanto isso, os matises tinham encontrado uma árvore adequada, a cerca de vinte minutos do acampamento principal, rio abaixo. Rapidamente, suas idas e vindas até o local deixaram uma trilha batida e nítida. Circundava por entre paredes de bambu, fechadas dos dois lados, como um túnel verde, emergindo diante de uma elevação voltada para o rio. A trilha voltava então para a mata, cruzando um córrego estreito e cortando um trecho sob gigantescas samaúmas e cedros. Alguns dias de descanso fizeram com que eu sentisse as pernas pesadas e incertas ao seguir Possuelo em nossa primeira visita à canoa dos matises.

Ouvimos o *tump, tump* oco dos machados ao nos aproximarmos de uma clareira onde um enorme angelim, com a madeira marmorizada de vermelho e branco, jazia de lado, com toda a casca removida, como uma carcaça nua. O toco da árvore, com cerca de 4 metros, estava de um lado da clareira, ainda cercado pelo andaime da selva como uma sentinela vigiando seu próprio corpo derrubado. Do outro lado, jazia a copa da árvore e uma massa de galhos e pequenas árvores menores arrastadas pela queda do majestoso angelim.

— Scotchie! — exclamou Ivan Arapá, machado na mão, ao nos ver chegar à clareira.

Olhou para mim com o sorriso que era sua marca registrada e me entregou o machado.

— Scotchie veio trabalhar?

Eu ri.

— Eu seria completamente inútil — respondi. — Pior do que inútil.

Era verdade; não havia qualquer sentido em eu oferecer ajuda. Tudo o que eu poderia fazer seria estragar a canoa ou me machucar, ou talvez as duas coisas. Ivan estava cortando o tronco numa incisão cônica onde seria a proa. Ele se virou para Possuelo e disse:

— Escolhi esta árvore porque é alta e bonita, boa para canoa.

Possuelo assentiu, aprovando.

— É boa — disse. — O angelim resiste na água, e aos insetos. Vai ser uma canoa muito boa.

Ele pegou uma fita métrica, fixou em uma extremidade e começou a esticá-la ao longo do tronco. A extensão tinha cerca de quatro vezes a medida da fita, 18 metros no total, quase tão longa quanto a canoa haida, no Museu Americano de História Natural, em Nova York.

Tepi caminhou ao longo da parte superior do tronco carregando uma velha broca de mão. Apoiou a ponta no casco e enfiou até a bronca atingir uma profundidade de 8 centímetros. Repetiu a operação em três filas paralelas, em intervalos de um metro ao longo de toda a extensão do tronco. Após virarem o tronco e o pessoal começar a escavá-lo, Possuelo explicou, os furos sinalizariam onde deveriam parar de escavar. As perfurações assegurariam uma espessura uniforme do casco e que ninguém iria atravessar o tronco até o outro lado. Depois, os buracos seriam fechados com pinos e piche.

Nicolas resolveu tirar algumas fotos aéreas do processo de construção da canoa. Dentro da mochila que Wilson carregava, ele tinha um arnês e ascensores para se erguer até o alto das árvores para uma ocasião como aquela. Maká Matis, prendendo um laço de trepadeiras entre os tornozelos, agilmente subiu em uma árvore próxima, carregando no ombro um longo cipó enrolado. Em segundos, estava a mais de 20 metros do chão, no ponto onde os galhos principais se bifurcavam do tronco. Ele deixou o cipó cair. Nicolas amarrou sua corda nele e Maká içou o cipó e a corda até o alto, passando ambos pela bifurcação, e desceu rapidamente de rapel.

Com Maká no chão, Nicolas vestiu o arnês e começou a subir. Logo estava balançando lá no alto. Enquanto os matises trabalhavam para virar o tronco para cima, a presença de Nicolas e o zunido do motor da máquina tiveram um efeito eletrizante. Era como se, subitamente, eles subissem em um palco muito maior do que este pedaço isolado de florestas, percebendo que pessoas que jamais conheceriam veriam o que estavam fazendo, que aquilo tinha um significado muito maior do que eles jamais tinham atribuído, ou, pelo menos, um significado de outro gênero, não totalmente intrínseco ao processo.

— *Quan!* — gritou Txema.

— *Quan!* — gritou Ivan. — Agora!

Entre gemidos altos, os homens fizeram força em uníssono. A cada pequeno avanço, enfiavam cunhas sob o tronco para firmá-lo. Finalmente, conseguiram virá-lo completamente. Nicolas desceu da árvore.

— Uau, ótimas fotos! — disse.

A meia hora de caminhada, o trabalho ia a pleno vapor na canoa de Soldado. O cheiro agridoce de seiva e madeira recém-cortada misturava-se ao odor de umidade e podridão ao nos aproximarmos. A samaúma caída estava aninhada em meio a montes crescentes de lascas e serragem de madeira ocre em toda a sua extensão. Alfredo, Odair e Soldado distribuíam-se no alto do leviatã a intervalos de 3 metros, escavando seu interior com machados e enxós. Músculos contraídos, machados para o alto e depois para baixo. Tão seguros eram de suas miras que não se preocupavam em calçar botas, mesmo quando as lâminas afiadas golpeavam a poucos centímetros dos pés. Os que não estavam em cima do tronco tinham as pernas afundadas até os joelhos nos restos de madeira ao lado, escavando, aplainando, esculpindo. Lentamente, a canoa ia ganhando forma neste estaleiro na selva. Era uma visão impressionante, mateiros e índios juntos, engajados numa arte antiga que praticamente desaparecera da face da Terra. Eu não pude deixar de pensar nos meus filhos. Eles ficariam impressionados. Era um pensamento cada vez mais frequente em minhas viagens, a sensação de arrependimento afetando o deslumbramento ocasional que surgia em minhas jornadas por regiões desconhecidas.

* * *

Acordei de um sonho no meio da noite. Tentava desesperadamente ligar para Sarah por um orelhão. O telefone estava com defeito. Eu batia com o fone no gancho e corria para a rua, abordando estranhos, dando o telefone dela para eles, implorando para que lhe telefonassem. Foi quando acordei, suando. *Jesus.* Abri o fecho de velcro e saí para urinar. A luz prateada da lua cheia era filtrada pelas árvores, lançando sombras compridas pelo acampamento. Fui em direção ao canto onde a trilha levava até o banheiro. Contornei uma árvore grossa, que demarcava o local, e segui o caminho entre as sombras profundas da floresta. Neste momento, parei de chofre, aguçando os ouvidos. Ouvi algo vindo do outro lado do rio. Uma batida clara, como se alguém golpeasse uma árvore com um pedaço de pau. Parou e depois recomeçou. O que era? Será que alguém mais estava ouvindo? Parecia tão real. Estaria alucinando?

Passei pela rede de Soldado. Nenhum movimento ali. Dormia profundamente, supus. A meio caminho pela trilha, decidi já estar longe o suficiente. A floresta estalava e gemia, como se tudo estivesse crescendo tão rápido que era possível ouvir as cascas se esticando. Um graveto quebrou. As folhas se agitaram. Fiz o caminho de volta sob o luar pálido, passando pela rede de Soldado novamente. Fiz a curva no canto do acampamento, passando a mão e o braço em torno do tronco, como se balançasse segurando numa trave. Eca! Algo molhado e mole. Virei-me para iluminar com a lanterna de cabeça. A árvore estava coberta de milhares de cupins. Dezenas estavam esmagadas na manga da minha camisa, partes de seus corpos debatendo-se entranhadas no tecido.

Fui direto para o rio. Agachei-me na plataforma instável, construída sobre a água, e mergulhei minha manga. Imediatamente, os peixes agitaram a água, engolindo os insetos esmagados. Assim era a terrível competição pela vida aqui na Amazônia.

Levantei e olhei a superfície do Jutaí. Na luz fraca, a vista tinha um efeito tranquilizante, o perfeito quadro da serenidade: o cricrilar dos insetos, a lua de prata suspensa sobre as árvores, sua imagem espelhada nas águas ondulantes da correnteza, o marulhar incessante. Era um convite à contemplação e à conversa tranquila, e comecei a me imaginar no cais à beira do lago George nesta época do ano, ajeitando um par de cadeiras espreguiçadeiras, os copos largos com uma ou duas doses de uísque. Uma ilusão agradável. A mesma lua estaria pendurada no céu, a mesma luz misteriosa dançando sobre a água. Na minha mente, a silhueta escura da selva alta na margem oposta transformou-se nas montanhas além da baía. Agosto no lago, não havia nada igual. Por que, perguntei-me, não desci até aqui antes, nessa hora silenciosa?

Então, de algum lugar atrás de mim, ouvi um farfalhar fraco e um barulho leve na água. Meu cabelo se arrepiou. Um pensamento me ocorreu: *sucuri!* Dividindo um cigarro com Soldado em sua rede mais cedo, ele me advertiu para ficar atento:

— Cuidado por onde anda à noite. Depois da chuva, a sucuri sai.

— Sucuri? — perguntei.

— Anaconda, sucuri — disse Soldado, olhando-me com uma expressão terrível, de quem sabia do que estava falando.

Naquela altura, eu já ouvira diversos relatos de meus companheiros sobre como a sucuri percorria as margens dos rios em busca de presas, especialmente animais solitários distraídos na beira da água. Como a menina corubo, capturada em plena luz do dia, em frente à base da Funai, na praia onde Sobral tinha sido morto. E os adultos de forma alguma eram poupados na lista de alvos da cobra, disse Soldado. As serpentes podiam chegar a mais de 10 metros. Atacavam como um raio, agarrando suas vítimas, arrastando-as para o fundo da água para afogá-las e esmagá-las entre seus anéis poderosos. Depois, escancaravam as mandíbulas e lenta e obscenamente engoliam sua presa. Com o coração disparado, subi pela margem, jurando nunca mais ser pego sozinho no meio da noite.

Mas era mais fácil falar do que fazer. A disenteria tinha me pegado e nunca se sabia quando seria necessário correr para o banheiro. Em qualquer circunstância, especialmente nos surtos de imaturidade colegial que não raro acometiam às reuniões masculinas, peidos gordurosos e corridas desesperadas para a latrina seriam motivo de hilaridade. Agora, representavam uma praga que ameaçava nos reduzir a esqueletos repugnantes. Meus comprimidos de purificação da água há muito tinham se acabado. Soldado evacuava jatos de sangue. Meia dúzia dos outros sofria com febres debilitantes. Praticamente todos sofriam. A descarga aérea trouxera suprimentos essenciais, mas eles não estavam chegando às nossas refeições. Dezenas de latas grandes de leite em pó Nestlé foram incluídas nas provisões. Quando nos alinhamos no dia seguinte, na friagem da alvorada, para Mauro nos servir o café, estava puro.

Naquelas primeiras noites após a chegada dos mantimentos, a perspectiva de tomar o refresco instantâneo no jantar deixara todos animados no acampamento. Mas a mistura rosada que deveria ter sabor de uva era tão rala que mal dava para começar a disfarçar o gosto lamentável de lama e folhas podres.

— Foi assim que Sydney me mandou fazer, senhor Scotch — disse Mauro mais tarde para mim. — Dois envelopes por panela.

Um oitavo da medida normal. Talvez Possuelo estivesse apenas querendo que durasse. Mas em poucas noites o refresco desapareceu completamente, sem explicação. Estávamos de volta à água pura e inalterada do rio.

No meio da caminhada, parecia que aquilo nunca ia terminar: o esforço para acordar no frio antes de o sol nascer, arrumar as coisas apressadamente, começar mais um dia incerto. As únicas coisas de que tínhamos certeza eram o suor e o perigo, a sujeira e o cansaço. Imaginávamos que *qualquer coisa* seria uma melhora. Mas com o imperativo da marcha atrás de nós, éramos importunados não apenas por enxames de insetos e pela decadência física, mas também pelo tédio e por intrigas incansáveis.

O acampamento estava tomado por rumores de roubo e mantimentos escondidos. Os estoques desapareciam das prateleiras da despensa. Os canamaris acreditavam que os brancos tinham monopolizado injustamente os suprimentos do horrível fumo Coringa, que chegara pelo avião. O leite tinha desaparecido. Dizia-se que Orlando tinha se apossado de diversas latas. Paulo Welker parecia ser a fonte de boa parte da fofoca, especialmente quando os alvos eram Possuelo ou Orlando. Possuelo, por sua vez, dizia que Paulo Welker era quem estava por trás. Ele não fazia nenhuma acusação direta, mas as coisas escapavam, principalmente através de Nicolas.

— Não diga nada para ninguém, mas Paulo Welker está roubando leite — me disse Nicolas uma manhã, como se me contasse um grande segredo. Ele deve ter percebido o ar de surpresa no meu rosto, pois adicionou: — É o que diz Sydney.

Era interessante obter essas saborosas migalhas de intriga de Nicolas. Ele abriu uma janela para os pensamentos de Sydney que, de outro modo, teriam se mantido fechadas. Meu relacionamento com Possuelo não era nem de longe tão próximo, nem eu queria que fosse. Tentei me manter a meio caminho das facções. Se eu pudesse evitá-lo completamente, provavelmente teria feito isso naquele momento. Mas ainda precisava de sua cooperação, não só para a minha própria sobrevivência, mas para a reportagem que eu estava lá para escrever. Como os mapas topográficos da terra que estávamos cruzando, havia vastas áreas não identificadas em meu conhecimento de Possuelo. Era preciso captar mais de suas ideias, de sua história pessoal, dos motivos para as escolhas que fizera e para as que ainda estava fazendo. Aquilo se tornou uma fonte de ansiedade. Mas quando eu tentava fixá-lo, ele frequentemente se retraía e era elusivo.

A maioria dos rumores e calúnias parecia girar em torno da questão dos mantimentos — quem estava obtendo quanto do quê. Mas havia outras dúvidas: quanto tempo duraria a expedição, que missões não reveladas ainda nos aguardavam rio abaixo e quando poderíamos esperar chegar a Tabatinga. Possuelo recusava-se a divulgar mesmo os prognósticos mais vagos, alimentando as suspeitas de que tinha planos para privações adicionais que poderiam até mesmo deflagrar a revolta, caso viessem a ser conhecidos entre as fileiras.

— Prefiro não fazer previsões ou seguir um calendário fixo — dizia. — Não há data definida para nada.

— Pense nisso por um segundo — disse-me Paulo Welker uma tarde, puxando-me para dentro do mato, onde não seríamos vistos. — Nós encontramos todos os vestígios para comprovar onde estão os índios. Ele tem todas as informações de que precisa para levar à Brasília e justificar sua opinião. Então, por que não vamos direto para Tabatinga?

Estávamos tomados por uma epidemia de sonhos recheados de angústia. O gotejar da chuva durante uma noite marcara o ritmo de um pesadelo do qual Nicolas despertou, acreditando que chovia tracuás, as detestáveis formigas, alagando tudo em volta. Macacos vingativos, empunhando facas, voltavam para atormentar os sonhos de Mauro. E Possuelo sonhou estar sendo estrangulado no rio, nas mãos de estranhos sem rosto.

— Nunca tive pesadelos. O último foi quando eu era adolescente — reclamou de manhã, com um ar surpreso.

Reconheceu que estava no limite.

— Fiquei deitado na minha rede, pensando sobre muitas coisas. Estamos numa área arriscada. Este é um lugar perigoso.

Sua franqueza era surpreendente. Assim como a revelação. Eu achava que o perigo já tinha passado. Mas os flecheiros ainda estavam por perto, disse, "observando tudo o que fazíamos".

Será que eu tinha algo no meu kit médico que pudesse ajudá-lo a dormir melhor?

Meus próprios sonhos eram tão atormentados que eu não sabia dizer o que era pior — estar dormindo ou acordado. Eu chegava à minha velha casa no dia de Natal e ninguém, nem mesmo meus filhos, notavam a minha presença. Em outro sonho, uma antiga chefe ridicularizava minha decisão de partir em uma longa viagem. "Você nunca vai conseguir ter sucesso", dizia ela. Duas noites depois, eu apertava o botão da secretária eletrônica na casa de um amigo e ouvia uma mensagem de Sarah que não era para eu ouvir. Ela tinha concordado com os planos da mãe de se casar com um outro sujeito em Ohio. Eu procurava freneticamente o código de área de Columbus no catálogo quando acordei. O mais enervante de todos foi um sonho que, por seu simples conteúdo, deveria ter sido reconfortante: Sarah em pé diante de uma porta usando um quimono preto que eu lhe dera de aniversário. O cabelo era louro e brilhava, o sorriso amável e radiante, e ela olhava daquela porta com uma serenidade angelical. Outras pessoas poderiam se sentir reconfortadas por uma imagem assim. Mas, nas circunstâncias, a emoção era oposta, pois se parecia muito com aquelas experiências paranormais, que as pessoas sempre dizem ter, de ver as pessoas amadas em sonhos para se despedirem no exato momento de suas mortes, em algum lugar distante, como para dizer: "Não se preocupe comigo. Está vendo? Eu nunca me senti melhor. Nos veremos mais tarde, quando você chegar ao outro lado." Seria uma afirmação de seu amor ou uma premonição de que algo terrível tinha acontecido com ela? Afastei o sentimento e voltei a me concentrar na colônia penal, cercado como estávamos pelas altas muralhas da selva, erguida logo atrás de nós e do outro lado do rio, como uma gigantesca maré verde prestes a desabar sobre todos.

Continuamos a trabalhar e a fazer as refeições como um grupo unido. Mas os laços de sangue exerceram uma maior influência sobre a vida no acampamento à medida que o tempo passava. Os matises eram a mais coesa e inabalável de todas as facções. Nada parecia aborrecê-los. Construíram seus abrigos em fila, um ao lado do outro. Caçavam juntos e compartilhavam sua alegria numa conversa estridente, que continuava ininteligível para o resto de nós. Agora, até mesmo estavam construindo sua própria canoa juntos. Os dois índios marubos, Adelino e Alcino, eram primos em primeiro lugar, além de cunhados. Absolutamente inseparáveis. Os canamaris, da mesma forma, mantinham-se juntos em sua própria irmandade. Os brancos eram os mais fragmentados. Tinha os ribeirinhos amazonenses, como Soldado, Raimundo, Amarildo e os demais. Paulo Welker cada vez mais se ligava a esse grupo, tendo perdido a confiança de Possuelo. E depois havia o inseparável triunvirato: Possuelo, Orlando e Nicolas. Eu flutuava entre as várias facções, trocando piadas, colhendo as fofocas. Mas, essencialmente, estava sozinho. Profunda e irremediavelmente sozinho.

Os homens voltavam dos locais de construção no final da tarde, deixavam os machados e enxós na cabana e reuniam-se para o jantar. Depois, seguíamos para a beira do rio para lavar os pratos e colheres. A "doca", feita de traves de 5 centímetros de diâmetro colocadas lado a lado e sustentadas por estacas enfiadas no fundo do rio, só dava para dois ou três homens de cada vez. Uma camada gordurosa se formava na superfície, onde a água fervilhava de peixes atacando os pedaços de arroz levados pela corrente.

Quando a noite envolvia a floresta e as rãs começavam com seu coro sobrenatural, Possuelo tomava conta da fogueira para oferecer suas explanações sobre os destinos do universo para quem quer que se prestasse a ouvir. Normalmente, apenas os matises e marubos permaneciam após o jantar. Brancos e canamaris recolhiam-se às redes para fumar, fazer planos ou falar nostalgicamente de casa na companhia de membros de seus clãs. Eu ficava mais um pouco, não muito ansioso para me deitar cedo demais.

— Você pode ver hoje como as coisas são bonitas aqui — começou a falar Possuelo certa noite. — Tem muito peixe. Muitos animais. Tudo é bonito. Você lembra como era antes, quando os brancos vieram aqui e levaram tudo? Quando ninguém os impedia de fazer o que quisessem?

Os índios concordaram, as faces brilhando na luz alaranjada do fogo. Sua roupa camuflada em farrapos, os brincos de caramujo, o bigode de farpas de bambu e a selva profunda que pesava ao nosso redor, tudo parecia dar ao momento um ar de intemporalidade, como se a cena pudesse estar ocorrendo em algum tempo no passado distante, duzentos ou trezentos anos antes, aqui ou em algum outro lugar, bem mais ao norte, nas cabeceiras do rio Connecticut ou do rio Missouri, ou ao sul, em direção à Argentina. Possuelo se levantou, agitou as cinzas e alimentou as chamas com outro pedaço de lenha. O fogo estalou. As fagulhas subiram pelos galhos curvados sobre nós, parecendo se misturar com as estrelas que brilhavam pelas fendas entre a copa das árvores. Ele se voltou para onde os matises estava sentados, mas continuou de pé.

— Vocês precisam dizer NÃO ao homem branco! — Possuelo implorou, o tom subitamente adquirindo um toque de desespero. Os olhos arregalados brilhando diante do fogo. — Digam a ele: "Não queremos madeireiros, não queremos pescadores, não queremos caçadores aqui! Os peixes são nossos para comer! A carne é nossa para comer! Os ovos de tracajá são nossos para comer! Para nós, matises, marubos, canamaris, corubos e, sim, flecheiros também! Os macacos são para a gente! O porco, a anta, os mutuns — são para nós!" Digam ao homem branco para não entrar! Digam a ele: "Não queremos mais vocês aqui!"

Era curioso que Possuelo sentisse necessidade de fazer esse tipo de politicagem. Afinal, a terra indígena do vale do Javari era um negócio resolvido. Não era como outros lugares da Amazônia, onde frotas industriais de Manaus e de Belém espalhavam dragas por grandes extensões dos rios, sugando até o último peixe.[1] Não era como se comunidades inteiras estivessem fugindo por aqui do barulho das motosserras, como era o caso em diversos locais de Rondônia e do Maranhão.[2] Além disso, havia um movimento efetivo de raízes sendo plantadas pelos indígenas no vale do Javari. A reserva, na verdade, fora estabelecida em parte como resposta pela agitação dos próprios indígenas.

Ainda assim, os mesmos líderes indígenas que exigiram a expulsão dos brancos há dez ou vinte anos não eram mais tão jovens. Muitos já tinham partido. O fascínio das luzes brilhantes rio abaixo — os aparelhos de som, os tênis Nike, as risadas nas mesas dos bares servindo churrasco na calçada — exerceu uma atração sobre as gerações mais jovens tão inexorável quanto a correnteza que passava por suas aldeias distantes.[3] Alguns até mesmo podiam se sentir tentados a conspirar com os brancos para traficar as riquezas do Javari.

E, no entanto, Possuelo tinha outra preocupação ainda maior: de que um dia as proteções que ele e outros ativistas haviam lutado tanto para implantar — não só no Javari, mas nas terras dos ianomâmis e dos caiapós, dos cintas-largas e dos zoés — fossem derrubadas por uma mudança de governo em Brasília, abrindo as comportas para a fúria reprimida de trabalhadores desempregados e patrões inescrupulosos. Ele procurava incutir a vontade de resistir entre os índios, a disposição de lutar por aquilo que era deles, até esse dia chegar.

Desci até o rio para escovar os dentes antes de ir deitar, com a certeza de que meus companheiros estavam acordados e por perto. Dava para ver o brilho do fogo iluminando as árvores em cima da barranca e ouvir o murmúrio das vozes. Agachei-me na plataforma e, quando estava mergulhando meu copo no rio, algo bateu na água — *kaploft!* — com o mesmo som e respingar que uma bola de golfe faria. Ondulações se formaram pela superfície. A princípio, achei que fosse algum tipo de fruta caindo de uma árvore. Então, veio outro, ainda mais perto. *Ka-ploft!* E outro e mais outro. Muitos, muito próximos, muito rápidos. Não podiam ser cocos ou frutos caindo aleatoriamente das palmeiras no rio. Era como se alguém estivesse dando tacadas de golfe do outro lado do rio e acertando as bolas cada vez mais perto. *Plunk.*

Seriam os flecheiros? Um índio solitário, ou seriam vários? Estariam tentando me assustar? Ou estariam brincando? Talvez as duas coisas. Uma coisa parecia clara: se quisessem me matar, conseguiriam facilmente. Quem quer que estivesse jogando aquelas pedras ou coquinhos, ou o que quer que fosse, certamente estaria perto o suficiente para acertar uma flecha no meu peito. O rio tinha apenas uns 30 metros de largura, eu estava bem ao alcance do outro lado. O que estavam tentando dizer nesta linguagem não falada? Se quisessem me assustar, poderiam ter tomado medidas mais drásticas. Talvez fosse uma espécie de batida divertida na porta: *Estamos de olho em vocês!* O que quer que estivessem tentando comunicar, não achei prudente prolongar por mais tempo.

De volta ao redor do fogo, decidi guardar para mim o que tinha acontecido, pelo menos naquele momento. Eu não estava inteiramente certo de que realmente tinha visto e ouvido os arremessos. Era como os tantos relatos de avistamentos de índios selvagens que abundavam pelo

Javari, vislumbres de corpos pintados e sombras em movimento na borda da floresta, desaparecendo num instante, deixando as testemunhas em dúvida sobre o que tinham visto, se é que tinham visto alguma coisa. No entanto, quanto mais eu pensava nisso, mais me convencia de que tinha, de fato, passado por um estranho tipo de contato com os flecheiros.

— Já vi esse tipo de coisa antes — disse Possuelo de manhã, quando resolvi mencionar os estranhos acontecimentos da noite. — Só que não estavam atirando pedras. Era um tipo de coquinho. Pode ser que estivessem tentando nos assustar, mas sem nos ferir. Poderia ser sua maneira de dizer: "Ok, vocês já ficaram aqui por tempo demais. Vão andando, já está na hora de irem embora."

Ele passara pela mesma coisa no acampamento da frente de contato com os araras, no início dos anos 1980. Os nativos aguardavam até o pôr do sol, e então atiravam uma enxurrada de cocos de babaçu na equipe de Possuelo, reunida em torno da fogueira.

— As sementes de babaçu são muito duras e pesadas — disse. — Se uma delas te acertar, você não vai esquecer. A intenção era nos machucar, para irmos embora. É claro que não fomos.

Não foram porque o objetivo era fazer contato, quisessem os índios ou não.

— Ou — disse Possuelo, fazendo uma pausa para refletir — eles poderiam estar tentando chamar nossa atenção.

Esta última possibilidade era especialmente intrigante, e levantava uma série de novas questões. Desde que fugiram de nós — pela ponte, abandonando a aldeia —, ficou claro que havíamos despertado temores profundos nos flecheiros. Mas agora que tínhamos cruzado suas terras sem incendiar suas casas ou disparar nossas armas contra eles, será que o temor tinha sido substituído pela curiosidade? E se eles, na verdade, quisessem um alívio para seu isolamento? Talvez os flecheiros não fossem tão alegres, vibrantes e livres como Possuelo gostava de imaginar. E se o paraíso não estiver no aqui e agora para os índios que ainda tinham a sorte de estar vivendo em isolamento, como Possuelo acreditava?[4] E se, como alguns críticos alegaram, eles na verdade estivessem mergulhados num crepúsculo brutal de sofrimentos, suportando um isolamento torturante do qual buscavam escapar?[5] Será que o projeto de Possuelo — impor este tipo de *apartheid* invertido do mundo exterior — não implicava uma abordagem de superioridade sacra que lembrava os missionários cujo zelo proselitista ele tanto desprezava? Não teria ele a pretensão de saber, com a mesma arrogância cultural dos catequistas, o que era melhor para os nativos dos quais era o encarregado?

Isso podia ser verdade, concedeu Possuelo, mas ele não estava tirando qualquer escolha dos índios. Se quisessem entrar em contato com o mundo externo, tinham uma estranha maneira de fazer isso. Tudo o que faziam sugeria uma decisão deliberada, um ato de autodeterminação de se fechar para o restante de nós. O ponto era deixar que decidissem se queriam o contato, em seus próprios termos, no próprio tempo, e não forçá-los garganta abaixo. Mesmo assim, não era uma escolha que ele estaria inclinado a incentivar. O contato era uma caixa de Pandora, cheia de calamidades que poucos dos índios sequer podiam começar a imaginar. Mas, quem sabe, talvez pudessem. Talvez fosse isso que tornava as últimas tribos tão decididas a recusar o contato. Os araras e os parintintins, que fugiram com facas, facões e machados do tapiri de brindes, não tinham ideia de aonde aquilo os levaria no final.[6] As epidemias eram apenas o começo. Uma vez debilitados pelo choque demográfico, suas terras eram facilmente tomadas. Muitas vezes, faltava-lhes a vontade ou a força até mesmo para se alimentar, quanto mais para resistir. Os sobreviventes logo foram encurralados em áreas marginais, desprovidos das tradições e do conhecimento que os sustentaram por milhares de anos, desprezados pela sociedade que os tinha ludibriado com um fluxo ilimitado de presentes e promessas de uma vida melhor.[7] Na esteira do contato, os paracanãs suportaram 11 realocações nas mãos do SPI e, posteriormente, da Funai, à medida que suas terras eram devoradas por invasores e sua população caía para um terço do que era antes do contato.[8]

Para diversos sertanistas, o contato tornou-se não um triunfo, mas uma tragédia.[9] Wellington Figueiredo tinha a marca de oito "primeiros contatos" liderados por ele. Fora o responsável pela Coordenadoria de Índios Isolados durante o reino de dois anos de Possuelo na presidência da Funai. Perto do fim de sua carreira, ele começou a se sentir "aterrorizado" com a perspectiva de um primeiro contato. Durante uma expedição, um colega sugeriu que eles deveriam esconder os índios em vez de contatá-los. Ele concordou. Se ao menos isso fosse possível. O contato deixava os sertanistas tão perturbados e traumatizados quanto veteranos de guerra que precisassem lidar não só com o espetáculo da morte em massa, mas também, em alguns casos, com o conhecimento quase certo de que tinham sido os portadores das doenças mortais.[10] Na verdade, os desastres ocasionados pelo contato poderiam sobrepujar até mesmo os agentes mais experientes e bem preparados.

— Então, o que fazer quando se sabe de antemão que eles vão ficar doentes? — perguntou Possuelo. — Se sabe que vão acabar com pneumonia, inflamações nos olhos, diarreia? Você se prepara para atendê-los. Você acha que vai conseguir cuidar deles.

Possuelo fizera esses preparativos para os araras — médicos de prontidão, enfermeiros, medicamentos, até mesmo um helicóptero para evacuar os mais fracos. Mas houve uma coisa na qual ele não pensou.

— Não tive a cooperação dos índios — disse, fixando o olhar nas árvores além do rio.

Os índios adoeceram, como previsto, mas não vieram buscar ajuda com Possuelo. Em vez disso, fugiram para a floresta, propagando as doenças ainda mais.

— Nem sempre é suficiente ter tudo à disposição se não houver a cooperação dos índios. Porque, sem isso, não sabemos se vamos conseguir ajudá-los. A preparação não significa sucesso.

Mesmo que isso pudesse significar a diferença entre a extinção imediata e a simples dizimação.

Não era apenas a mortandade em massa que pesava na consciência dos agentes da Funai. Havia também inúmeros casos de descuidos inadvertidos e falta de sensibilidade por parte deles mesmos, momentos que eles gostariam de poder voltar atrás e apagar, coisas para as quais os pedidos de desculpas seriam totalmente inadequados. Como a ocasião em que Figueiredo fez com que um menino guajá apagasse a chama da tribo — a tocha que usavam para acender as fogueiras. A equipe de Figueiredo corria contra o relógio, tentando levar o pequeno grupo dos guajás, que tinham acabado de contatar, até um posto da Funai para receberem tratamento médico. Mas o garoto estava retardando o avanço, ficando para trás para alimentar a brasa preciosa — soprando os carvões gentilmente, protegendo-os do vento. Com a noite se aproximando, Figueiredo exasperou-se.

— Diga a ele para apagar — disse para seu intérprete guajá. E virou-se para o menino.

— Aqui — disse. — Olha!

Ele tirou um Zippo do bolso e abriu. A chama pulou diante deles. Os índios recuaram, com medo. Não era preciso tradução. *Se vocês podem levar o fogo no bolso e invocá-lo magicamente com um estalar de dedo, por que se preocupar com a tocha desajeitada?*

Sem uma palavra, o menino apagou seu graveto em Brás, e a marcha foi retomada em ritmo mais rápido. Mas a cada passo o menino parecia se recolher cada vez mais em si mesmo. Quando chegaram ao posto, todo seu espírito havia desaparecido. Apenas mais tarde Figueiredo se deu conta da enormidade do que havia feito. Aquela chama fora transmitida de uma geração para outra, uma confiança sagrada que ligava a tribo ao seu passado, a seus ancestrais, e ao futuro, quando o menino teria passado a tocha para seu próprio filho. Num instante, Figueiredo se dera conta de tudo isso. Suas intenções eram puras, pelo menos ele pensava assim, ele queria que os índios recebessem atendimento médico rapidamente. Mas quanto mais pensava sobre isso, mais ele percebia a arrogância inconsciente que jazia em seu próprio gesto: *Está vendo? O nosso jeito é muito melhor do que o seu.* Desavisadamente, ele iniciara o ataque aos valores e à identidade dos guajás, uma praga que acometia todas as tribos após o contato. Tais incidentes acabaram assombrando muitos sertanistas até os dias de suas mortes, disse Possuelo; tentando salvar os índios, o que tinham conseguido foi acelerar suas mortes. O próprio Figueiredo chegou a acreditar que os sertanistas não eram agentes de contato, mas sim "da tragédia".[11] Quando Possuelo propôs reunir todos os sertanistas em Brasília em 1987 para traçar um novo rumo para a profissão e uma nova política para as tribos isoladas, Figueiredo estava entre os seus mais fervorosos defensores.

*   *   *

— Vamos dar uma olhada nos matises — sugeriu Possuelo, cansado da conversa.

Ainda era estranho andar pela floresta em pé, sem cargas nas costas, sem cipós enroscando-se nos tornozelos, por uma trilha agora bem batida pelo ir e vir repetido. Não havia como se perder. A trilha pela mata era clara como o dia, lembrava aquelas raízes retorcidas e agulhas de pinheiro cor de cobre que margeavam o lago George.

Nicolas apareceu de repente através de uma cortina de hera, vindo da direção contrária. Era quase como se estivéssemos caminhando casualmente num fim de semana, esbarrando uns nos outros pela trilha, só que, numa das mãos, Nicolas brandia um machado.

— Os matises me deram — disse, praticando golpes no ar. — Disseram que tem uma onça procurando comida por aqui.

Ele sorriu envergonhado.

— Não sei se vai me servir para alguma coisa, mas eu queria ir embora e ninguém quis me emprestar uma espingarda.

Quando Possuelo e eu chegamos à clareira, cinco ou seis matises estavam dentro da canoa, raspando e escavando a madeira com machados e enxós.

— Mais uns quatro dias para acabar — prometeu Ivan Arapá.

Ele me convidou para sentar dentro do tronco escavado. Meus olhos mal ultrapassavam a borda. O casco era estreito. Mesmo no centro, eu mal conseguia afastar os cotovelos. Não fazia sentido. Como tanta gente caberia naquela nau em forma de torpedo? Adivinhando meus pensamentos, Ivan disse:

— Depois, vamos alargar com fogo. Fazer canoa larga.

Eu não entendi o que ele quis dizer. Mas logo entenderia.

CAPÍTULO 20

O ponto da virada

Os DIAS ERAM INDISTINTOS. Eu acordava na friagem antes de clarear, ouvindo os murmúrios de Paulo Souza e Mauro. O ar estava frio e úmido e a névoa pairava sobre o rio quando eles começavam a bater em uma panela vazia, gritando:

— *Venham comer! Venham comer!*

Como presidiários na fila do grude, nos alinhávamos desanimados para esperar nossas rações. Às vezes, um par de araras passava voando, quebrando momentaneamente o silêncio com seus gritos. A algaravia das aves agitadas na mata — os gritos dos tucanos e a tagarelice dos periquitos — enchia nossos ouvidos e sugeria uma ligação direta com os dinossauros. Na verdade, tudo na floresta — das aves barulhentas aos peixes vorazes e o musgo que gotejava das árvores como barbas anciãs — parecia reforçar nossa condição de seres insignificantes em um mundo primitivo, de dimensões colossais, que acabaria finalmente por engolir a todos nós, no momento em que escolhesse. O último elogio de Possuelo a Percy Fawcett, algumas noites antes, continuava fresco em minha mente: *Não seria melhor simplesmente desaparecer?...* Era difícil dizer se Possuelo tentava nos assombrar ou se genuinamente acreditava que sumir na mata ajudaria a assegurar a proteção deste lugar nos templos de exaltação dos grandes exploradores brasileiros. Se essas indagações noturnas sugeriam alguma coisa, talvez fossem as manias insidiosas de um velho homem obcecado por seu legado. Se ele estava simplesmente tentando nos afrontar com um pouco de humor, os olhares de soslaio ao redor do fogo deixavam bem claro que suas piadas nunca eram recebidas com graça.

Nicolas e eu tentamos enviar mensagens para o mundo exterior pelo rádio, apenas para que nossas famílias soubessem que estávamos vivos. Cada um de nós escreveu uma mensagem simples em português e entregou a Paulo Welker. Ele, por sua vez, leu nossas palavras pelas ondas aéreas tênues para Tabatinga. E então, nós esperávamos que alguém soubesse como fazer uma ligação internacional a cobrar e transmitir nosso recado. Depois de ouvir o intercâmbio excruciante entre Welker e Siqueira, ou quem quer que estivesse do outro lado, cheguei a lamentar o esforço, imaginando qual poderia ser o resultado caso a mensagem algum dia chegasse aos Estados Unidos, como numa brincadeira de telefone sem fio. Exceto que, neste caso, os resultados poderiam não ser tão engraçados. Imaginei meus pais angustiados, sentados nas poltronas da sala, tentando falar com o consulado para recuperarem meus restos mortais.

No quinto dia de construção, Soldado supervisionou o delicado processo de rolagem da canoa de sua equipe. Entre um coro de gemidos, os homens deslocaram a besta, centímetro por centímetro, por cima de seu próprio leito de lascas e serragem na altura do joelho. Quando conseguiram que ficasse de borco, toda a equipe de Soldado pulou para cima de seu casco cinza e começou a arrancar a casca furiosamente a machadadas. A canoa tinha quase 15 metros de comprimento, 3 metros mais curta que a dos matises. Mas o resto do tronco não seria desperdiçado. Nas margens da clareira, Raimundo e José trabalhavam com seus facões, esculpindo pedaços de 1,5 metro de comprimento da madeira clara em remos elegantes, com pás redondas afunilando-se até formarem uma ponta afiada. Amarildo e Chico, da mesma forma, esculpiam tábuas lisas e bem acabadas que serviriam de bancos a serem encaixados dentro da canoa.

Na hora do almoço, três dias depois, Soldado anunciou que iriam atear fogo sob sua canoa, naquela tarde, um procedimento que poderia amolecer a madeira e permitir que os homens forçassem o casco para que se abrisse, o que era essencial para a criação de uma embarcação flutuante e equilibrada. Era um evento que eu não queria perder. Mas eu já tinha prometido aos matises que iria verificar o progresso deles. Assim, achei que correria até lá primeiro e depois os acompanharia até a canoa de Soldado. Certamente eles viriam ajudar. Rapidamente engoli um pedaço de porco defumado e um gole de água do rio e fui apressado pegar as botas na rede.

Eu ainda estava dando o laço nos cadarços quando vi Tepi e Arapá pegarem os machados e desaparecerem na floresta.

— Ei, rapazes, esperem! — gritei para o outro lado do acampamento.

Quase correndo pela trilha, achei que rapidamente alcançaria os matises.

— Tepi! Ivan! — gritei.

Ninguém respondeu. Continuei em frente, abrindo caminho pelo túnel verde que marcava metade do caminho até a canoa dos matises. Coloquei as mãos em concha em torno da boca e gritei mais uma vez. Nenhuma resposta. Segui adiante. Senti um alívio quando cheguei à descida que levava até a clareira. *Estranho*, pensei. Nenhuma voz. Nenhum bater dos machados na madeira. Nada.

A canoa estava sozinha no meio da clareira, o casco longo e elegante, como um submarino de madeira em um estaleiro naval de Groton. Merda! Eu entendi errado. Os matises deviam ter ido direto do almoço para ajudar Soldado! Eu teria que refazer meus passos de volta. Até alguém falar da presença da onça, eu não hesitava em andar sozinho pela trilha até a canoa dos matises. Com chances nulas de me perder na trilha bem batida, fui tomado por uma sensação de segurança nada adequada para as circunstâncias. Claro que um medo subjacente estava sempre em ação, medo de que algo terrível pudesse estar à espreita, esperando para atacar. Mas o medo se mantinha em grande medida afastado, especialmente com tantos companheiros bem armados por perto. Não mais.

Sozinho e desarmado, comecei a voltar. Procurei alguma pedra para quem sabe arremessar para me defender, mas percebi que não encontraria nenhuma nessa mata. Lembrei do encontro com Nicolas naquela mesma trilha, alguns dias antes, e como ele se agarrava à machadinha na vã esperança de se proteger das onças.

— São animais inteligentes — disse Possuelo após nos afastarmos de Nicolas. — Sabem que estamos por aqui, indo de um lado para outro.

Voltar pela mesma trilha apenas aumentava o perigo. Tendo me visto sair do acampamento, um predador poderia ter ficado à espera, preparando um emboscada para quando eu voltasse.

O vento roçava a copa das árvores — o disfarce perfeito para abafar o avanço de um animal pelas folhas secas do chão da floresta. Acelerei o passo, aproveitando a rajada para disfarçar meus próprios passos. Espiei por entre a mata cerrada e a vertiginosa combinação vertical de troncos, mudas, trepadeiras penduradas por todo lado, como num salão de espelhos. Ocorreu-me que ultimamente eu vinha relaxando com a minha prece da mata. Talvez eu tivesse perdido um elemento crucial de proteção. Olhei ao redor em busca de algum tipo de arma e finalmente vi um galho de boa espessura e ponta afiada que fora deixado de lado por um golpe de facão dos matises. Muito provavelmente, aquilo seria completamente inútil nas minhas mãos. Mesmo assim, era alguma coisa. O vento soprou de novo e agitou os galhos altos. Meus passos aceleraram. Lá em casa, tínhamos um jogo de tabuleiro educativo que eu jogava com os meninos chamado Predador ou Presa. Mas aqui era uma educação muito diferente. *Meu Deus*, pensei, *que jeito de passar uma tarde de domingo!*

Quando cheguei à canoa de Soldado, uma dúzia de homens estava espalhada de cada lado. Todos estavam presentes — matises, marubos, canamaris e brancos. Riram quando lhes contei o que tinha acontecido.

— Scotchie andando sozinho na floresta? — Ivan balançou a cabeça, me reprovando com deboche. — Nada bom. Scotchie ficar aqui, com a gente.

Nunca me senti tão feliz por vê-los.

Quadris flexionados e bíceps contraídos, os homens empurraram o casco alguns centímetros de cada vez pela floresta, em direção ao rio. Uma estrada de 4 metros de largura fora aberta até o acampamento principal e depois até o rio — no total, uma distância de uns 500 metros. As árvores altas, manchadas de musgo, que nos fechavam de cada lado e os tocos recém-cortados jogados pelo caminho me lembraram uma antiga estrada romana nos limites distantes do império, talvez nas terras do interior do norte da Gália. Borrando a visão e afastando o calor tropical, poderíamos estar na Europa, dois mil anos atrás.

— Vamos acender a fogueira aqui! — gritou Soldado.

A limpeza da trilha tinha gerado um monte de lenha que os homens empilharam ao longo do caminho. Às braçadas, amontoaram a lenha sob o casco virado da canoa. Soldado foi andando ao longo da embarcação, acendendo o fogo. Logo, toda ela estava envolvida por uma espessa fumaça cinza. Brilhantes labaredas cor de laranja lambiam as beiradas da canoa.

— Precisamos de vento! — gritou Soldado.

Amarildo e José desapareceram entre as árvores e voltaram pouco depois arrastando folhas de palmeira de 3 metros.

Silhuetas contra as nuvens crescentes de fumaça, três ou quatro homens espalharam-se pelos dois lados do barco, abanando o ar com as folhas enormes. Labaredas gigantes ergueram-se e os homens pularam para trás. O calor cortava o ar como o bafo de uma fornalha. Parecia que toda a canoa seria incinerada. Mas as labaredas diminuíram, dando lugar a uma fumaça acre, como de uma torrada queimada. Trabalhando em uníssono, nivelando a árvore com varas resistentes de cada lado, os homens viraram a canoa para cima. Seu interior estava completamente queimado. Exalava o calor em ondas fumegantes. Vestindo apenas short e botas, Soldado pegou uma enxó e começou a raspar as brasas para o chão. Agora eu entendia por que tinham deslocado a canoa antes de atear fogo. Os monturos de lascas e serragem no local da construção poderiam queimar por dias, até mesmo causando um incêndio furioso capaz de arder fora de controle.

O momento da verdade havia chegado. Com a madeira amolecida pelo calor abrasivo, os homens começaram a abrir o casco, usando dois galhos bifurcados — como enormes diapasões invertidos — para firmar as laterais opostas. Segurando cipós grossos amarrados à ponta de cada forquilha, quatro ou cinco homens puxaram em direções opostas com toda a força de seus corpos. Pouco a pouco, o casco estalou, se abrindo. À medida que iam avançando em sua extensão, outros homens juntavam-se a eles, encaixando tocos no local para manter a abertura.

— Calma, calma! — dizia Possuelo.

Um pouco mais de força poderia partir a canoa, um resultado desmoralizador que teria profundas implicações negativas para toda a expedição e para nossa própria segurança.

Gradualmente, com relutância, a madeira foi cedendo. Rachaduras abriram-se ao longo com gemidos torturados, mas nenhuma suficientemente profunda para danificar a integridade do casco. As cordas se afrouxaram, os músculos relaxaram. Diante de nós estendia-se uma enorme canoa escavada — coberta de marcas toscas e escurecida pela fuligem, mas, a não ser por isso, intacta. A largura do casco havia duplicado. A seção central era ainda mais larga, com espaço suficiente para acomodar três homens lado a lado. O conhecimento de eras combinado com os músculos coletivos produzira a embarcação que nos levaria de volta às nossas pessoas amadas e aos confortos da civilização. Ou assim esperávamos. Em comparação com a estranha jangada que os flecheiros tinham deixado na beira do rio mais acima, era quase um navio de guerra.

Uma cena semelhante desdobrou-se no dia seguinte, na outra canoa, com uma pequena variação. Primeiro os matises viraram o casco de lado, depois acenderam várias fogueiras no seu interior. Em meio ao rugido do fogo e aos gritos incompreensíveis vindo de toda parte, viraram o barco para baixo. Tepi pulou sobre ele, seu vulto quase desaparecendo na espessa cortina de fumaça. O fumo perdia-se por entre as copas, fragmentando a luz do sol em colunas cintilantes. Os homens olharam para o céu, embevecidos.

Com a nossa partida iminente, começamos os preparativos para uma nova fase da viagem. Grupos de caça foram enviados. Os canamaris mataram uma anta tão grande que tiveram que cortá-la em oito partes antes de voltar para o acampamento. A carne saborosa chiou nos espetos, liberada para quem quisesse. Alfredo voltou com duas dúzias de grandes piranhas, numa fieira que passava por suas guelras e boca. Novas fogueiras ganharam vida, mais lenha foi derrubada, suportes para defumar a carne e o peixe foram montados. O ar fervia de expectativa. Mal podíamos esperar para ir embora daquele lugar.

O trabalho prosseguiu nas duas embarcações. Mais remos precisavam ser esculpidos, mais bancos precisavam ser instalados. A canoa de Soldado ficou pronta para ser lançada. Apenas 300 metros ainda a separavam do rio. Ao ritmo de machados e gritos de advertência, as árvores estalaram e caíram. Os troncos tiveram seus ramos arrancados e atravessados no caminho, para que o casco poderoso pudesse ser rolado por cima. Alinhados dos dois lados da canoa, como carregadores de caixão sem camisa, os homens a arrastaram pelo caminho ao longo das árvores, deslizando entre a sombra e a luz do sol.

— Embora! — gritou Soldado.

Os homens contraíram-se em uníssono. A canoa avançou com um solavanco, rolando por cima dos troncos e atravessando o acampamento principal como uma fera gigante e canhestra. Continuou seu caminho, passando pela barraca de ferramentas e pelo posto de comando até a barranca, onde sua proa seguiu avançando até que 5 metros da extensão da canoa projetaram-se no ar sobre a inclinação. Subitamente, atingindo o ponto de equilíbrio, a proa mergulhou e toda a canoa seguiu, avançando barranca abaixo e caindo no rio com uma explosão tremenda. Seu fundo encheu-se de água. Os homens mergulharam, agarraram as bordas e moveram o barco para a frente e para trás. Cortinas de água espirraram para fora, lavando a fuligem que escurecia seu interior. A água finalmente foi drenada e a canoa começou a boiar por inteiro, flutuando magnífica sobre as águas resplandecentes do rio iluminado pelo sol. Os 14 homens pularam a bordo, os remos na mão. Sob um coro de uivos e gritos, a canoa de Soldado fez a viagem inaugural até a metade do caminho antes da curva, rio acima, e de volta, os homens remando com entusiasmo irrefreado. Após longos dez dias, subitamente tínhamos uma canoa de 15 metros em nossa praia, sob o acampamento. Encontrar um Mercedes-Benz estacionado ali não seria mais surpreendente.

Na manhã seguinte, os matises estavam prontos para lançar sua enorme embarcação. Nicolas e eu chegamos à clareira no meio da manhã, no momento em que Ivan Arapá gritou:

— *Quán!*

A maior parte da expedição estava lá, incluindo todos os matises, brancos e canamaris. Oito homens de um lado arrastaram a embarcação por uma passagem estreita coberta de tocos. Tiveram que parar contra uma grande palmeira. Maká desceu vacilante pela colina, um tronco de 40 quilos nos ombros, que encaixou sob a proa. Os homens retomaram o esforço. A canoa libertou-se subitamente e veio rolando pela colina, dispersando-nos em todas as direções. Ninguém sobreviveria a um atropelamento por aquele gigante, que deveria pesar tanto quanto um pequeno caminhão. Ela acabou parando junto a um grupo de árvores a 15 metros do rio. Kwini, elegante como sempre com seus bigodes de onça e brilhantes brincos brancos, pegou um machado e foi para o meio das árvores intrometidas. Um terço da canoa pendia precariamente sobre o rio. Com as árvores finalmente retiradas do caminho, os matises moveram o casco para os lados, posicionando-o para uma trajetória diagonal da margem até a água. Era uma operação delicada. Ao contrário da canoa de samaúma flutuante de Soldado, a madeira do angelim era tão densa que não iria flutuar, caso submergisse. Se a canoa atingisse a água em um ângulo muito agudo, iria direto para o fundo, perdida para sempre.

— Quán! Quán!

Os homens liberaram a embarcação. Ela disparou barranco abaixo, a uma velocidade de tirar o fôlego. Atingiu a água com uma força tremenda, provocando um pequeno tsunami que cobriu a proa. A água correu pelo seu interior, bateu contra a popa e ricocheteou de volta à proa. Mas logo se acalmou, refletindo uma faixa da claridade triste do céu sobre nós. Quando finalmente se equilibrou, um terço de seu interior estava cheio de água, mas o barco sustentava-se sozinho. Ivan Waça pulou a bordo com um remo recém-esculpido, largo como uma pá, usando-o para jogar lâminas de água para fora. Em dez minutos, a embarcação foi esvaziada. Todos os matises subiram a bordo e se sentaram.

— Scotchie, venha! — gritou Ivan Arapá, vendo-me hesitar na margem. — Suba!

Ele chegou para o lado para abrir espaço. As últimas ferramentas foram colocadas a bordo, os remos distribuídos e todos atacaram a água com entusiasmo. Ao olhar para as árvores, percebi que esta seria minha saída final do local de construção da canoa dos matises. Jamais retornaria ao acampamento pela trilha bem batida que já conhecia tão bem: a escarpa com vista para o rio, o túnel de bambu alto, o matagal que facilmente poderia servir de esconderijo para uma emboscada dos flecheiros ou para o ataque de uma onça.

A água corria sob o casco enquanto remávamos rio acima. Uma sensação de expectativa crescente tomou conta de mim quando demos a volta na última curva e avistamos o acampamento. Imaginei uma chegada triunfante, com gritos animados na praia. Não houve nada. Possuelo mal ergueu os olhos de seu posto de comando. Apenas Orlando mostrou interesse, correndo para o rio, a câmera na mão, para tirar algumas fotos.

Subi pela barranca para encontrar Possuelo com sua sunga Speedo, curvado sobre o rádio. Seu humor estava péssimo. Soldado estava deitado numa rede atrás dele. Os calafrios de malária tinham se intensificado e ele estava virado do avesso pela disenteria. Sua capacidade para viajar era questionável. Possuelo passara as últimas duas horas, disse, tentando entrar em contato com a base em Tabatinga. Aparentemente, Siqueira tinha feito um intervalo de almoço mais longo.

— Filho da puta — Possuelo murmurou. — Ninguém leva esse trabalho a sério. Filho da puta!

Antes de o rádio ser empacotado, ele precisava confirmar nosso possível encontro com o *Kukahá*, um dos quatro barcos grandes que nos levara até o Itaquaí. Dessa vez, disse Possuelo, teríamos todos que nos apertar em um único barco.

Ele abriu o mapa sobre a mesa enquanto os homens reuniam-se ao seu redor. Se tudo saísse de acordo com o plano, o barco nos encontraria mais de 300 quilômetros rio abaixo, onde um afluente, chamado Curuena, encontrava o Jutaí. Traçou com o dedo uma linha tortuosa de voltas e curvas. A data planejada para o resgate: 18 de agosto. Estávamos no primeiro dia de agosto.

Partiríamos na manhã seguinte.

— Vamos retomar a mesma rotina de antes. Em torno das duas ou três da tarde, acampamos na margem do rio. Vamos caçar, comer, fazer farofa para levar conosco para o dia seguinte.

Havia três lugares de interesse especial rio abaixo que ele planejava verificar. Primeira parada: a fronteira da reserva do Javari, onde abriríamos uma clareira dos dois lados do rio para criar a ilusão de vigilância, ao menos por alguns meses, até que as margens fossem reclamadas pela selva. A ideia era desencorajar possíveis invasores de ultrapassar aquele limite. Uma esperança um tanto vã, reconheceu Possuelo, até que um posto avançado pudesse ser erguido no Jutaí. Segunda parada: os assentamentos dos canamaris, de onde vinham rumores de que os membros da tribo estavam fazendo contato, e possivelmente escravizando, membros da tribo isolada dos tsunhuns-djapás. Possuelo precisava investigar e desencorajar esforços adicionais dos canamari de "domesticar" grupos isolados que pudessem estar nas proximidades. Por último, ao encontrarmos o *Kukahá*, Possuelo planejava uma expedição lateral ao Curuena, que fazia uma volta para o interior da terra indígena do vale do Javari, para expulsar um homem e sua família, que se recusaram a partir quando a reserva foi criada. Ele precisava ver se ainda estavam lá, e caso estivessem, retirá-los.

— Mas antes de qualquer coisa — disse Possuelo — um grande igarapé encontrará o tronco principal do rio, daqui a mais ou menos uma hora. Esse rio leva a três malocas dos flecheiros. Precisamos estar atentos ao passar. Se os índios tiverem planejado alguma coisa para nós, será neste ponto que irão agir.

Por ora, tudo aquilo tinha um ar de irrealidade. Fixei meu olhar rio abaixo, para além dos urubus empoleirados, onde o rio fazia uma curva para a esquerda e desaparecia por trás de uma muralha alta de selva. Agora, era apenas uma questão de horas até começarmos a nos mover novamente, seguindo o fluxo inexorável da correnteza. Ansiosos como estávamos para sair de lá, isso significava abrir mão dos diversos confortos da rotina. Quem saberia o que nos aguardava além daquela curva e das centenas de outras pelas quais passaríamos nos próximos dias e semanas? Que renovadas dificuldades, que encontros improváveis? Ainda assim, tínhamos conseguido. Suportáramos o pior do isolamento. Agora tínhamos nosso transporte, nossos meios de escapar da selva. Dali para a frente, estaríamos seguindo adiante, para casa. Com o pôr do sol atrás das árvores, mergulhando o rio nas sombras, ansiosamente retornei à rede para empacotar minhas coisas.

CAPÍTULO 21

Para o leste, com o rio

UMA NÉVOA CINZENTA PAIRAVA SOBRE A ÁGUA. Mais abaixo, os barcos estavam carregados e prontos para partir. A canoa dos matises media 18 metros, 3 a mais do que a de Soldado, o que significava que levariam mais homens e uma carga maior. Os matises acrescentaram uma cobertura de palha na seção central, para proteger os equipamentos e provisões, efetivamente dividindo a canoa em duas seções separadas, cada uma com quatro ou cinco fileiras de remadores.

Nos reunimos no posto de comando, remos nos ombros, aguardando as ordens de Possuelo. Atrás de nós, o acampamento jazia despido e vazio.

— Olha que tristeza quando as pessoas vão embora de um lugar — disse Possuelo, olhando para o local uma última vez. — É interessante, a presença humana, o que ela faz.

Seria de imaginar que passáramos o melhor tempo de nossas vidas ali. Ainda assim, as palavras de Possuelo soavam verdadeiras. Sequer tínhamos partido e aquele já parecia ser o posto avançado mais solitário e esquecido por Deus na face da Terra, como uma colônia em um planeta perdido, abandonada em um clima por demais inóspito para ser tolerado.

— E quanto aos flecheiros? — ponderei. Eles não viriam inspecionar o lugar em breve?

— Assim que sairmos — disse Possuelo.

Imaginei os índios invadindo a área, estudando as estruturas com intensa curiosidade, passando a ponta dos dedos nas pontas afiadas das estacas e tábuas, onde lâminas de aço, recém-saídas da fábrica, tinham deixado suas marcas. Caminhariam pela pequena doca, balançando de um lado para outro sobre ela. Examinariam a cobertura de palha do posto, com a mesa e a parede de troncos. Deitariam sobre os bancos longos que circundavam o buraco da fogueira. Talvez fizessem tudo em pedaços. Talvez resolvessem mudar a maloca para lá.

Sentei-me junto à popa da canoa dos matises, no último banco sob a cobertura de palha. Isso me deixava voltado para trás, de costas para o abrigo, sem um remo, olhando direto para o rosto de sete matises distribuídos pelas últimas quatro fileiras da canoa. Soldado estava deitado sob a cobertura, atrás de mim, gemendo. Sentia-se muito fraco para viajar a bordo do barco construído por ele. Aqui, pelo menos, poderia esticar-se na sombra, entrando e saindo de seu sono febril.

Começamos a remar e seguimos até o meio do rio. A correnteza colheu a proa e puxou o barco. Dezenas de borboletas amarelas dançavam ao longo da margem. Os homens mergulharam os remos e logo entraram em um ritmo sincopado. Olhei uma última vez para o acampamento — a cabana de ferramentas vazia, o posto de comando equilibrado no alto da barranca, a proteção de palha da fogueira, que parecia um rabo de peru, por onde a fumaça de uma fogueira moribunda subia por entre as árvores. No ritmo das remadas, circundamos a curva e o acampamento principal desapareceu de nossa vista para sempre.

Deslizamos ao longo da praia branca, onde algumas pegadas, presumivelmente dos flecheiros, tinham sido vistas pelos marubos no nosso primeiro dia de acampamento. Passamos pela rocha do lado oposto, onde Possuelo e eu havíamos ficado durante uma hora, numa tarde de ócio, jogando gravetos para um cardume de animados peixes com focinhos de agulha. Passamos pelo corte na floresta, por onde esta mesma canoa rolara ao ser lançada no rio, apenas no dia anterior. Era como se estivéssemos vendo nossa história recente passar por um diorama dinâmico. E então, adentramos por território desconhecido. Araras gritaram do alto das árvores. Um martim-pescador sobrevoou as águas, batendo as asas. Paramos para descansar em um banco de areia mais abaixo, a canoa roçando o fundo quando pulamos para a terra. Os batedores marubos dispararam duna acima e voltaram momentos depois, com os bonés cheios dos coriáceos ovos de tracajá, enquanto as gaivotas olhavam desoladas para os ninhos assaltados.

Nosso caminho logo foi bloqueado por uma enorme árvore que caíra da margem esquerda, em um ângulo de 45 graus. Apesar do ângulo, ainda estendia-se por toda a largura do rio. O tronco pedia a ação rápida do machado de Wilson, em golpes administrados da proa da canoa de Soldado. Ele precisava cortar apenas metade do tronco para criar um canal com profundidade suficiente para a passagem das canoas.

Às nove horas, o sol estava a pique — intenso, ofuscante, escaldante. Nos aproximamos da beira do rio, onde os galhos ofereciam um refúgio na sombra. Um pássaro preto cacarejou no alto das árvores. Um casal de estridentes bicos-de-agulha — pretos, peitos brancos e longos bicos negros — dispararam num rasante sobre a água. Galhos de árvores submersas esticavam-se das profundezas como dedos em garra retorcidos, enquanto longos fios de musgo pendiam sobre as águas do rio. Enormes teias de aranha brilhavam ao sol. Um tucano negro com um enorme bico laranja levantou voo mais abaixo para pousar na copa de uma árvore distante.

Remamos pela boca de um curso d'água largo, que entrava no rio por noroeste. Do alto do rio, veio o miado familiar de um capitão-do-mato, o primeiro que ouvíamos desde que deixáramos as cabeceiras, semanas antes. Seu canto desafinado vinha das profundezas da mata cada vez que passávamos pela confluência de um igarapé, como se os regatos abrissem um canal fugaz para um local agora distante na memória, que conhecêramos intimamente em outra vida, mas que desde então recolhera-se por trás das intransponíveis paliçadas ao longo do rio, recusando-se a revelar novos segredos. Navegamos para além do ponto em que o rio se estreitava, sem qualquer incidente: nenhum flecheiro nos dando adeus, tampouco esperando escondido entre as macegas, com arcos retesados. Apenas a mata e sua absoluta indiferença à nossa presença. Um adeus sem cerimônias, como fora nossa chegada semanas antes, ao nos depararmos com os primeiros sinais de sua existência. Sob o grito tristonho do esganiçado capitão-do-mato, deixamos as terras dos flecheiros de uma vez por todas.

Nuvens de formas fantásticas juntaram-se sobre o rio, proporcionando um alívio do sol abrasador. Após semanas sob a floresta sombria, minha pele perdera toda a pigmentação. Na mata, eu mantinha golas e mangas abotoadas como proteção contra os insetos; agora, voltava a fazer isso para proteger a pele das bolhas causadas pelas queimaduras do sol. Antecipando essa possibilidade, eu trouxera um único frasco de protetor solar, que agora aplicava às saliências expostas — nariz, orelhas, nuca e mãos — com absoluto comedimento. Ivan Arapá me observava intensamente. Ele acenou para o frasco com a cabeça. Eu não tinha como recusar. Logo, o tubo estava percorrendo toda a canoa, cada um dos matises passando uma camada no rosto e no pescoço, antes de passá-lo adiante. Quando finalmente retornou para mim, o recipiente estava praticamente vazio.

A bombordo, vimos uma velha estrutura de madeira curtida pelo sol do meio-dia.

— Canamari — informou Ivan Arapá. — Para secar peixe.

A armação era feita de tábuas processadas, obviamente não eram produção dos flecheiros. Os canamaris há muito tinham aberto uma série de trilhas que levavam de suas aldeias até o Itaquaí passando por este trecho e até os assentamentos no Juruá. Os índios ainda podiam usar os caminhos legalmente para entrar e sair da reserva. Mas as vias também ofereciam rotas prontas para a penetração por invasores brancos — madeireiros, pescadores, caçadores em busca de peles de onça — marginais por definição, cuja disposição de atirar contra "selvagens" indesejados ou lançar ataques punitivos contra suas malocas jamais deveria ser subestimada.[1] Essa era uma das principais preocupações de Possuelo, ainda que tudo o que víramos até então apontasse para a estabilidade e segurança do Javari e de seus habitantes indígenas.

Ivan Waça espremeu-se para passar por mim e abaixou-se sob a cobertura de palha. Soldado gemeu e rolou para o lado. Ivan saiu segundos depois com uma folha de bananeira escurecida, cuidadosamente dobrada como o invólucro do *tamale*, uma espécie de pamonha mexicana. Ele abriu a folha para revelar uma gosma gelatinosa branco-amarronzada.

— *Dendo* — disse em matis. — Peixe elétrico.

Enguia. Provei um bocado. Tinha uma consistência líquida de caviar e um gosto de peixe defumado, parecido com salmão. Era delicioso. As enguias são bem comuns na Amazônia, ainda que não fosse muito fácil localizá-las. Tínhamos visto algumas nos últimos dias da caminhada, flutuando perto da superfície em um vale sombrio à beira do Jutaí.

— Vejam! — apontou Possuelo para dentro da água certa vez. — Peixe elétrico!

Eu me abaixei com o rosto a 30 centímetros da superfície, mas não vi nada.

— Está cego? Bem aqui!

Finalmente vislumbrei uma cauda ondulante. Havia dois deles, perfeitamente camuflados no lodo suspenso nas águas rasas, escuros, com cabeças quadradas, um metro de comprimento, grossos como galhos, que era exatamente com o que se pareciam.

— Muito perigosos — disse Possuelo. — Se um deles se enroscar na sua perna, o choque pode te matar.

Um total de 600 volts. Mas mortos e cozidos, os peixes eram uma absoluta especiaria. Peguei um punhado com meus dedos sujos e enfiei tudo vorazmente na boca. Eu não tinha certeza de como classificaria a refeição em condições mais civilizadas, à mesa de um restaurante, coberta por uma toalha de linho, digamos, mas, sob as circunstâncias, a enguia amazônica era um deleite, uma variação radical de nossas refeições usuais.

Encostamos o barco no final da tarde. Equilibrei-me para fora da canoa e imediatamente levei um tombo na areia molhada e escorregadia. Os matises uivaram. Levantei-me do chão e subi pela barranca. Precisei de alguns minutos para os olhos se ajustarem à escuridão da floresta, com se tivesse saído direto de uma geleira para dentro de uma cabana sem janelas e sem luz. A construção do acampamento ia a todo vapor. Os facões limpando o mato. Árvores derrubadas. Após um interlúdio de duas semanas, estávamos de volta à rotina de montar acampamentos de uma noite. Ao menos, podíamos fazer isso sem a sujeira e a exaustão. Não havia roupas para lavar, botas para esfregar, e depois secar junto ao fogo, menos angústia obscurecendo nossas mentes.

O sentimento era o de reféns recém-libertados de um longo cativeiro. Os ovos de tartaruga foram distribuídos, quatro para cada. Ganhei um quinto quando Paulo Welker brincou, "adivinhe em qual mão está?", e eu acertei. Coloquei minha parte numa panela para ferver com dúzias de outros. Postas de fígado de porco pingavam suculentas sobre a fogueira. Espetos de peixe assavam sobre as brasas vivas. Paulo Souza mexia no caldeirão. Estava cheio de porco cozido. Nas sombras, entre as árvores, os índios acendiam fogueiras ancestrais para defumar o peixe, a carne e a enguia.

— O Scotchie viu jacaré? — perguntou Ivan Arapá depois do jantar.
— Está lá embaixo perto da água, espera Scotchie.

Já tinha escurecido há algum tempo, eu estava pronto para ir para a rede. Em vez disso, calcei o chinelo e segui Ivan até a margem. As pilhas de minha lanterna estavam fracas, o feixe mal chegava a 5 metros.

— Lá! — gritou Ivan.

Eu dei um pulo. Nos limites externos da capacidade da lanterna, a uma pedrada de distância, estava o crocodilo, os olhos vermelhos brilhando, a boca em curva, com um sorriso maligno.

Os relâmpagos piscavam intermitentemente entre as árvores enquanto eu voltava para minha rede, o ribombar dos trovões quase em contínuo. Eu acabara de entrar na rede quando um coro de gritos irrompeu dos abrigos dos matises. Fui tropeçando novamente pelo escuro, percebendo os trechos do caminho à luz dos relâmpagos sucessivos. Ao me aproximar, os gritos transformaram-se em apupos e risadas. A cena era surpreendente. Kwini estava na base de uma árvore, descalço e quase nu, brandindo um galho em chamas. Três metros acima dele, um animal desgrenhado, com membros vigorosos, do tamanho de um macaco grande, subia lentamente pela árvore. Seu ritmo glacial sugeria uma tentativa desanimada para escapar do alcance Kwini. Os outros matises, deitados em suas redes, colocavam a cabeça para fora da lona de seus abrigos baixos, os rostos reluzentes à luz do fogo, provocando o amigo.

— *Pusen* — disse Ivan Arapá, respondendo em matis ao meu olhar intrigado. Depois, acrescentou: — Preguiça, em branco.

Era como os matises e muitas tribos do Brasil referiam-se ao português — "a língua do homem branco".

Com certeza, à luz do próximo relâmpago, eu conseguiria distinguir seus pés largos de três dedos. De alguma maneira, ela tinha se separado do filhote, que chamava lastimosamente na escuridão, com um desespero de partir o coração. A mãe tentava descer da árvore para encontrar o filho, mas Kwini não queria nada com a história. Ele estava curando um pedaço de carne de porco e não queria que nada, nem ninguém, chegasse perto.

Os princípios da decência teriam ditado que se abrisse caminho para que a mãe resgatasse o filho. Mas não era o caso com Kwini. A preguiça começou a descer novamente, desta vez com a cabeça primeiro, dobrando o pescoço para olhar em volta, com olhos tristes e inteligentes. Ela quase chegou ao pé da árvore, e achei que finalmente conseguiria, mas Kwini agarrou um galho em chamas e a afugentou para cima da árvore de novo, as fagulhas voando enquanto golpeava o tronco.

— Pare! — gritei.

Tarde demais. Ela já estava em plena retirada — tanto quanto uma preguiça era capaz —, arrastando-se de volta pelo tronco acima, em câmera lenta. As primeiras gotas de chuva começaram a cair através das copas. Fiquei com a esperança de que a preguiça tentasse mais uma vez. Desta vez, eu me interporia fisicamente para que ela pudesse passar em segurança. Mas o céu então se abriu para um dilúvio. Eu ainda ouvia o bebê choramingando quando cheguei a minha rede, mas o choro foi logo afogado pelo dilúvio trovejante. Rezei para que o bebê conseguisse sobreviver à noite alagada e à nossa invasão importuna. Talvez, depois que finalmente fôssemos embora, mãe e filho se reencontrassem. Fiquei deitado na minha rede com a chuva batendo, recordando as cenas horríveis de semanas antes, quando Orlando atirou na mãe macaca e abandonou o filhote para cuidar de si mesmo. Misericórdia, ao que parece, era artigo em baixa na Amazônia.

Acordamos para uma manhã cinzenta e fria. Não havia nenhum sinal da mãe ou do bebê preguiça. Torci para que tivessem conseguido se encontrar no meio da noite. A bruma pairava sobre o rio quando subimos a bordo das canoas e começamos a remar. Reassumi minha posição na parte traseira da canoa dos matises, ainda sentindo repulsa pela provação da noite anterior. Pelo menos, não tinham matado a preguiça. Imaginei o motivo. Fiz a pergunta para a galeria diante de mim:

— Os matises não comem *pusen*?

— Sim, come — respondeu Damá.

Ivan Arapá assentiu. Gostavam de carne de preguiça.

— Então, por que vocês não mataram a preguiça ontem à noite?

Eles encolheram os ombros. Foi tudo o que consegui tirar deles. Acabei descobrindo que Possuelo emitira uma ordem semanas antes proibindo matar preguiças. Era uma espécie ameaçada, explicou-lhes, e praticamente indefesa. Só poderiam matar uma preguiça se estivessem a ponto de morrer de fome.

O sol forçou a passagem por entre as nuvens e espantou a neblina para fora do rio. Troquei de lugar com Ivan Arapá e peguei o remo. Era revigorante deslizar rio abaixo em uma embarcação com aquela escala: dez remadores de cada lado, todos remando em ritmo único e hipnótico. As pás dos remos mergulhavam e subiam, mergulhavam e subiam, brilhando à luz do sol, trazendo pequenas gotas que escorriam em cachos na água e desapareciam. Chegamos a um trecho reto e nos deixamos levar, contemplando o céu, azul e enorme, suas dimensões duplicadas pelo reflexo idêntico na superfície do rio.

Como se surgisse do nada, a canoa rival se aproximou e a corrida teve início. O brado ressoou:

— *Quán! Quán! Quán!*

Arrancados de nosso estupor, atacamos a correnteza com uma enxurrada de remos. Logo, ambas as canoas entraram no mesmo ritmo e continuamos lado a lado, exultantes com a certeza de que estávamos no caminho para fora da selva. Levaria tempo para chegarmos, mas cada remada nos levava mais longe rio abaixo, cada vez mais perto do *Kukahá* e da foz do Jutaí, onde ele encontraria o poderoso Solimões — o Amazonas, propriamente dito. Lá, seguiríamos contra a corrente, na rota de casa, rumo a Tabatinga e ao final da jornada. Mas ainda havia centenas de quilômetros de rio pela frente.

A popa da canoa dos matises era uma galeria independente, separada da proa por uma seção de 5 metros coberta de sapê. Chegar à proa, onde os demais matises dividiam o espaço com Possuelo e Nicolas, era um desafio formidável, que exigia atravessar a cobertura de palha engatinhando por cima das montanhas de bagagem cobertas de lona, com vários pontos para se dar uma topada ou quebrar um dedo, dar uma canelada ou abrir um corte na mão. Uma excursão a ser evitada, se possível, o que apenas aumentava a sensação de isolamento entre a proa e a popa. Sete dos matises estavam na parte de trás, junto comigo, Chico e Soldado — que continuava a definhar no ambiente fétido da coberta.

Imprensado contra a cobertura de sapê e encarando quatro fileiras de matises durante horas, todos os dias, pude observar seus traços nos mínimos detalhes, como resultado do que se tornou, essencialmente, um interminável jogo do sério. Eu não pude deixar de observar as maçãs do rosto salientes com barbas esparsas e ralas, e as dobras epicânticas dos olhos amendoados, com traços inconfundíveis de uma linhagem que remontava à estepe mongol. Com os esfarrapados bonés para selva e roupas camufladas, pareciam um bando perdido de guerrilheiros do Hmong, entre a China e o Vietnã, no alto Mekong, em torno de 1965.

Acabei por me habituar ao fluxo incessante de piadas tolas que eram trocadas por toda a popa da canoa. Sete pares de olhos me observavam continuamente, estudando todos os meus movimentos, sorrisos sempre presentes no canto da boca, antecipando o próximo movimento. Quando tirei a camisa para pegar cinco minutos de sol, Ivan Arapá já tinha um comentário pronto.

— *Scotchie pusen shitaro* — disse, apontando para os pelos no meu peito. — Scotchie tem peito de preguiça.

Encostamos em outra praia, os índios estavam ansiosos para caçar ovos de tracajá. Percorreram a areia aos pares, cada um vindo de um lado da praia, andando em direção um ao outro lentamente, pisando primeiro com os calcanhares. Onde a areia cedia levemente sob seus pés, eles paravam e começavam a cavar. Ivan Arapá e Tepi, além de Alcino Marubo, tiveram êxito. Voltaram para os barcos com sorrisos estampados no rosto e bonés transbordando de ovos.

Quando nos preparávamos para partir, Possuelo me chamou:
— Scott, sente comigo um pouco.

Bateu com a mão no banco ao lado dele. Estava de bom humor. Pegou uma tábua de cortar carne e um pedaço de porco defumado. Cortou um pedaço e me passou a faca. Mesmo fria, a carne era magra e úmida, como um churrasco do sul.

— Agosto é a melhor época do ano para se viajar por aqui — disse Possuelo, estudando a selva que passava ao largo. — É o mês da transição para o verão. As chuvas pararam, a água ainda está suficientemente alta para viajar de canoa. A vida é boa.

Assim parecia, em comparação com o que tínhamos passado. Para o leste, bem acima do rio, as nuvens se juntaram em grandes massas brancas.

Chegamos a uma curva do rio. Possuelo apontou para a esquerda, onde uma longa duna branca espalhava-se ao longo da margem.

— Observe como quase sempre tem uma praia do lado interno da curva e uma barranca alta na parte externa.

De repente, aquilo fez sentido, uma vez que as enchentes avançavam a jusante na estação das chuvas, canalizadas nas curvas pelos taludes íngremes, às vezes com mais de 10 metros de altura. Uma vez que o barranco não conseguia mais resistir à investida, acabava cedendo e lançando gigantes de 60 metros para dentro da corrente. Alguns bloqueavam o curso ao cair. Outros eram arrastados rio abaixo, até se amontoarem ao acaso, criando obstáculos que impediam qualquer forma de navegação.

Livres das encostas íngremes onde tinham suas nascentes, os rios da Amazônia ocidental serpenteavam por vastas extensões de território predominantemente plano. O próprio rio Amazonas tinha um declive com cerca de apenas 80 metros de Tabatinga até o Atlântico. Todos os afluentes tinham tamanha infinidade de idas e voltas que era necessário navegar quase 3 quilômetros para, na verdade, percorrer apenas um, conforme o mapa.[2]

— Mas você verá, à medida que descermos o rio — disse Possuelo —, que quanto mais cresce o volume da água, mais suaves ficam as curvas e mais longos os estirões, os trechos em linha reta.

Nesta parte do mundo, disse ele, ribeirinhos e índios não mediam as distâncias por quilômetros, mas pelo número de curvas do rio, ou pelo número de praias.

— Então você pergunta: "Quantas praias daqui até sua casa?" É a mesma coisa que perguntar quantas curvas do rio. Se você perguntar quantos quilômetros, vão responder que não sabem.

A descida do Jutaí equivalia a uma espécie de imagem espelhada da incursão anterior, na subida do Itaquaí. Observei o que Possuelo quis dizer com o aumento do volume das águas. A cada novo ribeirão ou igarapé que se juntava à corrente, mais largo e profundo o rio ficava. No Itaquaí, ocorria o processo inverso: quanto mais subíamos o rio, mais estreito e coberto pela mata ele ficava. Os assentamentos dos canamaris rareavam, até sumir totalmente. Agora, cada curva e estirão do Jutaí nos levavam para mais longe dos domínios isolados dos flecheiros, por um território similar a uma terra de ninguém, rumo às margens do mundo civilizado e seus melancólicos assentamentos fronteiriços. Como no Itaquaí, aqueles minguados entrepostos nas distâncias do Jutaí também eram ocupados pelos canamaris.

— Deixamos os flecheiros para trás — disse Possuelo. — Mas eles ainda se aventuram por aqui, em suas pequenas *coshus*. Aqui é onde começamos a encontrar os canamaris. É um território de transição, não pertence nem a um grupo, nem ao outro.

Mal tinha dito essas palavras quando fizemos uma curva e, na nossa frente, não mais do que uns 200 metros além, encontramos um pequena canoa, oscilando na correnteza. O remo brilhando no sol, a pequena embarcação disparou, tentando se distanciar de nós.

Mas foi um esforço inútil. Os matises remaram acelerados, puxando os remos com vigor renovado. Rapidamente, alcançamos a canoa menor.

— Dá para ver que a primeira reação por aqui é fugir — disse Possuelo, protegendo os olhos contra a luz do sol.

Podíamos divisar um único adulto na frente da canoa. Três crianças estavam sentadas atrás dele, rígidas e imóveis, como que resignadas a um destino cruel.

— Dá para sentir o medo deles daqui.

Nos aproximamos.

— Boa tarde! — Possuelo se levantou, as mãos na cintura.

O pai olhou de sua pequena canoa, um sorriso hesitante no rosto magro e enrugado. Não havia dúvida de que era um canamari. Não usava camisa, apenas um short grande demais, amarrado na cintura com um pedaço de corda. As crianças eram desmazeladas, igualmente vestindo shorts esfarrapados. Estimei suas idades em cerca de 6, 9 e 12 anos — aproximadamente as mesmas dos meus filhos. Olharam para nós sem disfarçar o espanto.

— A g-gente só estava procurando ovos de tracajá — gaguejou o homem, esforçando-se para recuperar a compostura.

Ele apontou para cima do rio com a cabeça.

— Tem os índios selvagens lá em cima. As cabeceiras são deles. Não querem amansar.

Parecia um pouco estranho um índio falar de outros índios dessa forma, com um reconhecimento tácito de que seu próprio povo já havia sido "amansado". Ele soltou um soluço silencioso, sem lágrimas.

— Achamos que vocês fossem... — Sua voz falhou e então ele conseguiu completar o pensamento: — Os flecheiros.

Nós rimos. Seguiu-se uma conversa casual. Estavam acampados um pouco mais à frente, rio abaixo. Olhei o interior da pequena canoa. Não havia muito: uns poucos ovos de tartaruga sobre uma folha de palmeira, um machado velho, uma lança de 1,5 metro com uma ponta farpada de aço.

— Você sabe quem eu sou? — perguntou Possuelo bruscamente.

— Sim — respondeu ele. — Você é Sydney.

Além de um vislumbre rápido dos flecheiros na ponte, eles eram as primeiras pessoas que víamos além de nós mesmos desde que deixáramos Pedras, seis semanas antes. Estávamos no meio do nada, a meio dia de viagem até o entreposto mais remoto do Jutaí, e um dos mais isolados de toda a Terra. No entanto, mesmo aqui, os canamaris conheciam Sydney Possuelo.

O nome do homem era Renato. Estava acampado com os filhos, a mãe e alguns parentes algumas curvas adiante, rio abaixo, e se ofereceu para nos levar até lá. Ele remou do nosso lado, pilotando a pequena embarcação pela proa, a amurada rente à água. A lâmina do remo era larga como uma pá de neve, e, com ela, Renato mantinha um ritmo surpreendente.

— Isso é uma importante transmissão de conhecimento — disse Possuelo, indicando o pai e os filhos com a cabeça. — Saem juntos, aprendem a pescar, aprendem a caçar. Suas histórias são transmitidas oralmente.

Possuelo tinha certeza de que nossa aparição entraria para as narrativas tribais daquele dia em diante.

— É uma experiência fantástica em suas vidas. Mais de trinta pessoas estranhas aparecendo de repente na curva, em duas canoas enormes? Eles nunca vão esquecer.

Ainda em junho, no Itaquaí, já estava perfeitamente claro: estávamos subindo o rio, vindo do mundo civilizado, enviados da metrópole, recebidos como heróis. Mas a materialização do outro lado da fronteira tinha um efeito completamente diferente, tão desconcertante quanto se estivéssemos retornando de nossas sepulturas. Vindos do alto do rio, o tamanho das canoas, o número de pessoas a bordo, com a estranha mistura de roupas camufladas e adornos indígenas, tudo se combinava para provocar uma reação que talvez não fosse muito diferente da produzida pela aparição dos compridos navios vikings na costa francesa, mil anos antes.

Gritos histéricos dispararam da margem quando demos a volta na próxima curva. Abanando os braços, duas mulheres empurraram um grupo de crianças nuas para fora da praia, lançando olhares de pânico por cima dos ombros. A fumaça subia lentamente de um abrigo de sapê no alto do barranco, sugerindo a tranquilidade doméstica que acabávamos de desfazer. Renato remou sua pequena canoa para diante da praia, colocou as mãos em concha na boca e gritou em canamari. O mato alto se agitou. Cabeças apareceram aqui e ali, olhando em volta. Finalmente, seguros de que não lhes faríamos mal, as mulheres e as crianças saíram do matagal e nós desembarcamos em meio a ondas tremulantes de calor e zumbidos de moscas. As peles de uma dúzia de pirarucus gigantes estavam esticadas em torno de nós, na praia, brancas e fantasmagóricas sob a luz ofuscante. Um dos maiores peixes de água doce do mundo e um dos mais ameaçados de toda a Amazônia, o pirarucu é uma criatura antiga, com um focinho estreito que se alonga em um corpo esguio, finalizando numa cauda simples.[3] Quando adultos, podem chegar a medir 3 metros e render 70 quilos de carne suculenta. Os que jaziam aos nossos pés — destripados e abertos como borboletas postas para secar — tinham pouco mais de 2 metros de comprimento.

A areia soltou-se sob nossos pés ao subirmos as dunas até a cabana simples, onde o pessoal de Renato estava acampado. As redes pendiam languidamente das estacas. Grandes pedaços de peixe assavam em três fogueiras diferentes. Libélulas, do tamanho de beija-flores, voejavam ao redor. Um a um, os índios foram se aproximando devagar: mulheres seminuas, com os rostos vermelhos de urucum, homens magros com shorts esfarrapados, crianças de pés descalços, os cabelos manchados pelo sol e barrigas saltadas.

— Achei que vocês fossem índios bravos — riu Renato. — Achamos que iam matar todo mundo.

Os outros concordaram com as cabeças, em meio a risos nervosos. Ficaram surpresos de ver canamaris entre nós. Wilson, Alfredo e os outros se afastaram para além da cabana, para trocar confidências com os membros de sua tribo. Estavam igualmente surpresos pela presença de um americano. Recusaram-se a acreditar que eu era dos Estados Unidos, mesmo depois de eu atender aos seguidos pedidos para falar em minha língua nativa. Por fim, convenceram-se de que eu estava falando inglês, ou de que pelo menos não era a "língua do homem branco, o português".

— É muito pirarucu só para vocês — disse Possuelo, indicando o peixe curando na praia.

O tom era o de uma leve reprovação, como um inspetor escolar dando bronca num aluno desobediente.

— Pirarucu para a comunidade, bom. Pirarucu para vender, nada bom.

Os índios tinham autorização para caçar e pescar dentro dos limites da terra indígena o quanto quisessem, mas para seu próprio consumo. Estocar o excesso para vender nos centros comerciais fora da reserva era ilegal.

— É só para a comunidade — hesitou Renato. — Eu juro, sr. Sydney.

O pirarucu já tinha desaparecido das áreas mais vastas da Amazônia, vítima da gigantesca demanda por sua carne saborosa e escamada.[4] É um peixe que respira ar e precisa subir à superfície a cada 15 minutos, mais ou menos, o que o torna uma presa fácil para os pescadores munidos de arpões. Além da carne deliciosa, o peixe é altamente procurado pela língua e escamas duras e ásperas, aproveitadas como excelentes lixas para uso geral ou para unhas. Em 1975, foi incluído na Convenção Internacional de Comércio para Espécies Ameaçadas da Fauna e Flora Silvestres (Cites), mas apenas recentemente o Brasil iniciou algum movimento para sua proteção. A pesca do pirarucu foi proibida em praticamente toda a Amazônia, e agentes disfarçados fiscalizavam restaurantes em Manaus e Belém, onde o peixe era oferecido entre os pratos do dia. Como a maioria dos recursos da Amazônia — madeira, minério ou animais exóticos —, os maiores repositórios do peixe podiam ser encontrados nas terras dos índios. A tentação era praticamente irresistível para os nativos dependentes do dinheiro, que secavam e salgavam o peixe para contrabandear para fora das reservas.

— Estão mentindo — cochichou Possuelo, enquanto descíamos a encosta e subíamos de volta nas canoas. — É claro que eles vão vender. Eu não aprovo, mas compreendo. Foram completamente abandonados pela Funai. Não têm qualquer outro meio de ganhar o dinheiro de que precisam para comprar uma faca ou facão.

Alguns dos canamaris nos seguiram em suas canoas pequenas, como filhotes atrás da mãe.

— Querem participar do evento — disse Possuelo. — Talvez ganhar um presente.

Só que não temos mais quase nada para dar. Ao contrário de nossa jornada subindo o Itaquaí, quando os suprimentos sobravam, agora não sobrara praticamente mais nada para facilitar nossa passagem pelas comunidades rio abaixo.

Nuvens de tempestade formavam-se sobre as árvores ao sul, com ventres escuros e inchados. Os relâmpagos mostravam seus clarões. Trovões ribombavam. Os canamaris se despediram e deram a volta, deixando-nos sozinhos para enfrentar o aguaceiro. O vento aumentou e a chuva teve início. Começamos a ouvi-la primeiro caindo sobre a floresta, além do rio, e depois aproximando-se, numa linha reta como uma régua, avançando pela água. Fomos chicoteados por torrentes geladas, como se uma mão oculta, em algum lugar lá no alto, entornasse infinitos baldes de bolas de gude líquidas e gélidas, varrendo a superfície do rio e transformando-a em uma agitada espuma perolada. Chegamos a um largo afluente que desaguava no Jutaí pela esquerda e entramos por ele.

Remamos por uma terra cinzenta e esquecida, sem nenhuma cor, passamos por margens arenosas, cobertas de árvores caídas. Grupos desordenados de galhos erguiam-se imponentes das águas, como barricadas contra tanques protegendo o litoral de uma invasão iminente. Eu jamais imaginei que a Amazônia pudesse ter aquele aspecto.

Possuelo estava sentado sem camisa, encharcado, a água pingando do chapéu de campanha.

— Olhem lá!

Ele apontou para alto de umas árvores à esquerda. Um bando de uma dúzia de macacos — as silhuetas recortadas contra o céu cinzento — balançava pelos galhos. Ver os macacos por este ângulo lateral proporcionava uma perspectiva muito diferente de espiá-los de sob as árvores. Eles lançavam-se pelo ar sem medo, em alturas vertiginosas, com a exuberância de trapezistas experientes. As folhas agitavam-se como maracás quando saltavam de um galho para outro, de uma árvore para outra, avançando juntos pelas copas, aparentemente a caminho de nenhum lugar em especial.

Os matises estudaram a trupe com interesse vivo. Achei que fossem encostar a canoa a qualquer momento e desembarcar com as espingardas na mão. Mas as remadas prosseguiram, coletivamente nos levando para longe do alcance dos descuidados primatas, para o meu alívio. Quando paramos para montar o acampamento noturno, vinte minutos mais tarde, foi na margem oposta. Seria trabalho demais para um grupo de caçadores cruzar a água e depois voltar. Os macacos foram poupados. A chuva não diminuiu e fomos forçados a montar o acampamento em meio ao aguaceiro, tremendo de frio e desconfortáveis.

Entramos pelo igarapé Davi, um ribeirão de águas escuras que penetrava por um território que foi objeto de hostilidades acirradas entre brancos e índios isolados de etnia desconhecida até o estabelecimento da reserva. Foi só no jantar, quando batíamos os dentes sob o teto de sapê erguido junto à fogueira, que Possuelo revelou o motivo de estarmos ali: descobrir se a população nativa — flecheiros ou quem quer que fosse — havia repovoado as cabeceiras do Davi.

No dia seguinte, Paulo Welker partiria com um grupo de dez homens na canoa dos matises para explorar o Davi e procurar sinais de índios isolados: as quebradas de ramos marcando trilhas, abrigos, esse tipo de coisa. Era para ser uma batida rápida, nada exaustivo.

— Estejam de volta em quatro dias — disse Possuelo para Paulo Welker.

O restante de nós ficaria esperando.

Enquanto isso, algum tipo de infestação de insetos tinha atacado a canoa de Soldado. Possuelo ordenou que os canamaris a submergissem no rio, esperando que a imersão eliminasse as pragas.

* * *

O grupo de Paulo Welker retornou inesperadamente na tarde do terceiro dia, quando o sol começava a baixar. Tucanos gritavam do alto das árvores. Araras azuis voavam em formação. E a canoa trazendo Welker e sua turma apareceu na curva, rio acima. Pareciam surpreendentemente descansados.

— Achamos algumas capoeiras velhas — disse Paulo Welker, subindo a barranca para se reportar a Possuelo. — Só isso. Nada recente.

Ele não fez qualquer esforço para explicar como conseguiram cobrir uma área tão grande em tão pouco tempo.

Possuelo sequer desviou os olhos da fogueira.

— Foi? — disse friamente. — Achei que os índios estariam usando a área novamente.

Não tinha mais perguntas. Não parecia nem um pouco curioso. A verdade surgiu mais tarde, naquela noite, passada para Possuelo pelos índios que foram na missão. Tinham subido o Davi por apenas algumas horas, escolheram um lugar para montar acampamento e ficaram dois dias banqueteando-se com os suprimentos do lançamento aéreo. Além dos falsos registros que fez no diário para cobrir seus rastros, aquilo era uma irregularidade que custaria o emprego de Paulo Welker. Não ficou claro por que Possuelo não o enviou — ou algum outro — de volta para uma investigação adequada. Muito provavelmente por nossas condições desesperadoras e pela necessidade de continuar andando. De qualquer forma, não havia garantias de que ele obteria resultados melhores se não fosse ele mesmo a subir até lá, o que, aparentemente, não estava disposto a fazer.

Partimos na manhã seguinte, à primeira luz. Foi um alívio voltar a avançar. Cada remada ritmada representava mais 10 metros rio abaixo, mais perto de casa. Os dois dias de imersão na água pareciam ter afastado as pragas da canoa de Soldado. O próprio Soldado parecia apresentar ao menos uma recuperação parcial, ainda que continuasse a bordo da canoa dos matises conosco, alternando entre cochilos e seções rápidas de remadas.

Três dias se passaram desde que tínhamos encontrado Renato e sua família, cinco dias desde que o acampamento principal ficara para trás. Uma manhã perfeita aproximava-se do meio-dia. Grupos de nuvens fofas e brancas espalhavam-se à luz do sol diante de um céu azul-cobalto. Enrijecido por horas sentado no banco duro da canoa, levantei-me para me espreguiçar. Olhei em torno: os paredões altos da floresta, as águas barrentas do rio desaparecendo numa curva mais acima, uma outra idêntica ficando para trás. E então, por cima da cabeça dos remadores da popa, acima das árvores, divisei um pequeno risco branco no azul profundo do céu.

Logo foi possível distinguir um jato comercial, deixando um duplo rastro de condensação atrás de si. Como o avião vinha em nossa direção, a curvatura da Terra provocava a ilusão de que seguia verticalmente para cima, através do firmamento.

— *Olha!* — gritei.

O jato agora cortava o céu bem em cima de nós. Os matises protegeram os olhos para ver. O próprio avião não passava de um pequeno ponto cinza, movendo-se como que por mágica pelos ares. Não fosse pelas linhas de vapor no seu rastro, certamente teria passado despercebido. Desapareceu num aglomerado de brilhantes nuvens brancas para reaparecer do outro lado.

— É muito grande, não é, Scott? — perguntou Soldado.

Fui surpreendido pela pergunta. Só então me ocorreu que Soldado jamais vira um jato comercial de perto.

— Cabem umas duzentas pessoas — respondi, concordando.

O aparecimento casual do avião — e as fantasias que o acompanhavam — proporcionou-me um breve alívio deste mundo inóspito onde eu era o novato desajeitado há semanas diante desses homens curtidos pela selva. Ele era como um emissário do *meu* mundo, algo sobre o qual eu sabia um pouco mais a respeito.

— Está viajando a cerca de mil quilômetros por hora — disse a eles. — De onde estamos, aqui embaixo, até lá em cima, são cerca de 10 mil metros, 10 quilômetros.

Todos olhavam assombrados.

— Logo você vai estar num desses aviões, não é? — perguntou Soldado.

Sabe como é, cara: uma dessas incríveis espaçonaves vai me levar para casa, foi o pensamento momentâneo e impulsivo que me ocorreu. Mas percebi a ansiedade na voz de Soldado e vi a tristeza em seus doces olhos castanhos. Pela primeira vez, entendi que essa viagem, aparentemente interminável, de fato chegaria ao fim. E que, provavelmente, por mais que eu tivesse acabado conhecendo alguns desses homens, apesar das experiências inesquecíveis que havíamos compartilhado, jamais voltaríamos a nos encontrar.

— Sim — respondi. — Igual a esse.

Soldado olhou novamente para o avião.

— Deve ser bonito voar num desses — disse ele.

Ele olhava para mim inquiridoramente, como se vislumbrasse ideias que nunca se permitira alimentar, ou sequer cogitar — a possibilidade de escapar desta vida, quem sabe iniciar algo novo em algum outro lugar. Não que realmente fosse atrás disso. Esta era sua terra. Seu povo morava aqui. Ele estaria tão perdido no meio das buzinas e da velocidade do tráfego da Broadway quanto eu estaria aqui, sem ele e o resto da equipe.

— Então, como você vai para casa daqui? — ele queria saber. — Para onde vai o avião?

Primeiro eu voaria de Tabatinga para Manaus, expliquei. Duas horas. Depois, um avião de Manaus para Caracas, quatro horas. Eu trocaria de avião em Caracas e pegaria um com destino a Nova York, oito horas. Tudo somado, cerca de 14 horas em três aviões diferentes. Os matises tinham parado de remar, ouvindo atentamente.

Parecia ridículo, desafiava qualquer senso de proporção. Sentados neste antigo meio de transporte — nenhuma outra propulsão a não ser os remos, os músculos e a correnteza — poderíamos esperar percorrer, nas próximas 14 horas, vinte curvas do rio, avançando cerca de 16 quilômetros ao longo do mapa. Nova York, por outro lado, ficava a 8 mil quilômetros de distância.

O avião desapareceu além das copas das árvores, sabe-se lá indo para onde, o rastro de vapor dispersando-se no vento.

— E quanto isso custa? — perguntou Soldado. — Quanto custa daqui até Nova York?

Eu sabia antes de responder que era aqui que a mágica acabava.

— Ida e volta são 3 mil reais — disse. Cerca de 1.500 dólares.

— Isso é mais do que a gente ganha em um ano — disse ele, cuspindo no rio. — Não dá para comprar nada com o nosso salário. É uma miséria.

O avião poderia perfeitamente ter acabado de despencar do céu. Num esforço de desencorajar pensamentos de que eu era um desocupado obscenamente rico, voando ao redor do globo conforme os caprichos do coração, apressei-me em adicionar:

— Mas não sou eu que pago. É a empresa.

Parecia ter escapado do anzol. Os homens voltaram a remar e eu me juntei a eles. Era a única maneira de chegar a algum lugar. No meu caso, de sair daqui do rio e chegar ao céu, a bordo de um enorme pássaro que me levaria para casa.

— O Scott vai esquecer tudo sobre a gente — disse Soldado, e suspirou.

Ele parou de remar para acender um cigarro. Devia estar pensando que a minha vida era incrivelmente glamorosa. Comparada à dele, achei que podia ser. Mas não consegui evitar o sentimento de que a dele era a mais nobre. Tinha os pés firmemente plantados aqui, nestas florestas. Eu estava apenas de passagem, no entanto, um viajante casual. Ele tinha que ficar e lutar por tudo o que possuía; eu simplesmente podia pegar um avião.

— Não — respondi. — Nunca vou esquecer.

As palavras saíram titubeantes, como se eu, na verdade, não acreditasse em mim mesmo. Gostaria de ter conseguido responder de uma maneira menos reservada, mais adequada à ocasião: *Está brincando, Soldado? Você acha que algum dia vou esquecer essa porra toda?* Mas o momento passou e eu o deixei para trás.

CAPÍTULO 22

Terras da fronteira

Estávamos em boa velocidade, se é que se pode dizer isso de canoas a remo em um rio plano e sinuoso. No mapa, avançávamos cerca de 24 quilômetros por dia, mas, na verdade, eram quase 50 quilômetros pelo curso do rio, cheio de curvas e voltas. Logo chegamos ao primeiro assentamento permanente dos canamaris, bem nos limites da fronteira do Jutaí: meia dúzia de cabanas de sapê no alto da margem esquerda. As notícias de nossa chegada iminente evidentemente nos haviam precedido, pois os moradores não demonstraram medo algum, enchendo a praia para nos dar as boas-vindas.

Muitos tinham pintado o rosto de vermelho, com urucum, bolinhas pretas floreadas e desenhos de espirais. Do alto da aldeia, veio o canto meloso de boas-vindas das mulheres: uma vasilha de caiçuma espumosa estava a caminho. Os índios entraram em fila para tomar sua dose. Eu me escondi — já sobrevivera a vários dias e noites de disenteria e não tinha mais nenhum remédio para aliviar qualquer retomada das turbulências digestivas.

Subimos as barrancas com esforço até a comunidade, chamada Yarinal, lar de aproximadamente dez famílias. As precárias cabanas cobertas por folhas de palmeiras equilibravam-se sobre estacas plantadas num chão liso de areia, coberto de mato e tomado por bichos do pé. Um homem baixo, o rosto pintado de vermelho brilhante, nos observava em silêncio de um tronco entalhado que servia de escada para uma das cabanas. Vestia um calção de nylon frouxo e uma camisa cáqui de manga curta com um escudo vermelho na altura do peito. *Boy Scouts of America*, dizia em inglês.

— Escoteiros da América? — perguntei a ele. — Você sabe de onde veio essa camisa?

Ele sorriu para mim, com um olhar confuso. Não falava português. Um homem magro aproximou-se da clareira, a aba do boné deixando seu rosto queimado na sombra. As calças de poliéster estavam cortadas na altura dos joelhos e toscamente remendadas com uma variedade de fios e pedaços de pano coloridos.

— Sou Geraldo — disse —, um dos mais velhos da aldeia.

Ele disse a Possuelo que a comunidade fora "completamente abandonada" pela Funai.

— Não fizeram nada por nós aqui.

O Ministério da Saúde era ainda pior.

— São ladrões. Embolsam o dinheiro e ficam de vida boa, lá embaixo, na cidade. Nunca vêm aqui.

Ficamos na clareira, sob a luz ofuscante, espantando moscas e ouvindo. Nenhum convite para sentar, ou para sair do sol. Geraldo fez uma lista de itens do que a comunidade precisava desesperadamente: cartuchos de espingarda, remédios, diesel, facões, panelas, anzóis, sal.

— Vi bastante sal lá em cima — disse Possuelo, com um tom desconfiado, apontando rio acima com o queixo, na direção do acampamento de pesca onde Renato e seus parentes estavam secando pirarucu.

— A gente deixa sal lá em cima do rio para os índios bravos. Anzóis também — disse Geraldo. — Eles pegam o sal, mas deixam os anzóis.

Então era verdade: esses canamaris estavam fazendo contato com as tribos isoladas. Enquanto Geraldo falava, um terceiro homem se aproximou, trazendo um punhado de flechas de bambu e um arco de madeira longo. Tinha uma aparência espectral, a estrutura emaciada sobrando dentro de uma camisa cinco vezes o tamanho dele. Uma juba preta e grossa ia até os ombros e a franja era reta na testa. Um bigode fino cobria seus lábios e uma barba de fios compridos, igualmente rala, descia até o queixo. Estimei que teria cerca de 40 e poucos anos. Andava com as pernas arqueadas, os dedos dos pés enlameados e chatos, típico de um morador da floresta que nunca tinha usado um par de sapatos na vida.

— Esse é um deles — anunciou Geraldo, como o zelador de um zoológico exibindo uma espécie rara. — Um dos índios bravos. Ele agora é manso. A gente amansou ele.

O índio concordou com um sorriso tímido, sem entender nada. Possuelo estava incrédulo.

— Alguns anos atrás, quando estive aqui, eles me falaram: "Sr. Sydney, tem um grupo de índios bravos lá no alto do rio, todos nus" — disse Possuelo. — Me perguntaram se eu queria vê-los e eu respondi "Não!". Agora, olha só o que aconteceu.

Ele deu um tapa no lado da cabeça, como se dissesse: *Como pude ser tão estúpido?*

O homem se chamava Aruá, vivia ali com a esposa e dois filhos. Havia outros também, incluindo o homem com a camisa de escoteiro que eu inicialmente tomara por canamari. Eu poderia passar horas — até mesmo dias — imaginando vários cenários para explicar como um índio recém-saído do mato, nos limites do mundo civilizado, poderia ter a camisa de uma tropa de escoteiros de algum lugar lá dos Estados Unidos.

O escoteiro tinha se afastado, mas Aruá permaneceu, os olhos escuros com uma expressão atordoada de incompreensão. A única coisa que ele parecia entender era que Geraldo falava sobre ele.

— Eu fui o chefe da domesticação — disse Geraldo, com orgulho indisfarçável. — Nós os atraímos para fora da floresta.

Com uma série de gestos e palavras ininteligíveis, Geraldo ordenou que Aruá trouxesse sua família para nos mostrar.

— Eles caçam e pescam para a gente — vangloriou-se Geraldo.

E também cultivavam hortas para a comunidade. Sua língua era suficientemente similar para ele ser compreendido pelo povo de Geraldo.

Eram, de fato, da mesma tribo tsunhum-djapá de que ouvíramos falar quando ainda estávamos no Itaquaí. Os canamaris os chamavam de tucanos, e ficou claro que ocupavam uma posição completamente subserviente na aldeia. A maior parte da tribo — não se sabia ao certo quantos — permaneceu no meio do mato, provavelmente nas cabeceiras do Jandiatuba. Na verdade, não havia nenhuma maneira de saber se esses tsunhuns-djapás também poderiam ser membros do famoso grupo a que chamávamos flecheiros. Era difícil dizer. Ninguém sabia ainda a verdadeira etnia dos flecheiros, sobrava espaço para especulações. Orlando observou uma notável semelhança entre as penas negras nas setas de Aruá e as penas nas caudas das flechas quebradas que havíamos retirado dos flecheiros.

— Exatamente as mesmas — disse.

Nicolas ocupou-se em posicionar Aruá e a família diante da porta da cabana de Geraldo.

— Ouvi dizer que os brancos ganham muito dinheiro tirando fotos dos índios para vender lá fora — disse Geraldo.

A observação me pegou desprevenido. Aquela atitude começava a se tornar comum entre as tribos mais informadas, e começaram a exigir pagamento dos jornalistas antes de autorizarem as filmagens e fotos. Em alguns *shabanos*, ou aldeias, dos ianomâmis, não era permitido entrar sem presentear o chefe com um relógio Casio ou uma boa quantidade de tabaco.[1] Os caiapós e panarás começaram a cobrar taxas fixas, de centenas de dólares, para permitir o acesso a suas comunidades. Mas me surpreendi ao ouvir isso aqui, onde os jornalistas eram artigos mais raros do que os produtos que Geraldo esperava de Possuelo. Nicolas ignorou-o e continuou tirando fotos. Quando acabou, pedi para que Aruá se sentasse à porta novamente. Eu queria minha própria fotografia para consagrar a ocasião.

A presença dos tsunhuns-djapás na aldeia não era o pior pesadelo de Possuelo, mas não ficava longe disso. Um olhar superficial em torno revelava a saúde precária da situação: crianças com nariz escorrendo, adultos com acessos de tosse, reclamações de febres, poças de água parada, ideais para a propagação do mosquito da malária. Renato dissera-nos que a doença era endêmica nas aldeias canamaris; cinco índios tinham morrido no alto Jutaí somente nas últimas semanas. Aruá e seus parentes tinham 50% de chance de seguir o mesmo destino nos próximos meses, uma vez que eram vulneráveis aos mesmos contágios que devastaram dezenas de tribos antes deles.

— Vou fazer um trato com você — disse Possuelo a Geraldo. — Vou mandar um barco com faca, anzóis e combustível para vocês. Vou enviar munição, remédios, panelas, redes, mosquiteiros. Sou seu amigo, minha palavra é boa. — Ele colocou uma mão no ombro de Geraldo. — Mas, em troca, você vai ter que me ajudar. Seu povo deve parar de tentar contatar os tucanos. Deixem eles em paz. Não permita que ninguém suba lá. Eles estão melhores sem nós. Eles conhecem a selva, sabem caçar. Não precisam de nada da Funai. Se vocês deixarem eles virem, logo vão começar a pedir tudo.

— Foi o que aconteceu com a gente — disse Geraldo, com um gesto de resignação.

— Deixem eles em paz — repetiu Possuelo. — Quando são bravos, todo mundo respeita. Depois que são amansados, ninguém mais respeita.

Os argumentos de Possuelo eram frágeis, ele sabia disso. Mas esperava que a mensagem tivesse algum efeito. Fazia anos que ele não visitava o lugar e era improvável que retornasse tão cedo. Podia enviar um barco carregado de coisas para os canamaris, mas isso não garantia nada. As distâncias eram vastas, os recursos eram escassos. Mais objetivamente, todo o diálogo entre Geraldo e Possuelo parecia reforçar o dilema central de tribos como os canamaris, presos entre os modos antigos, que rapidamente iam sendo esquecidos, e um mundo de barcos, aviões e comércio acelerados que passavam sobre eles. Já não sabiam mais caçar de arco e flecha, muito menos fabricá-los. Estavam reduzidos à absoluta dependência do paternalismo da Funai para bens manufaturados, tais como espingardas e munição. E agora que não tinham mais cartuchos, recrutavam os tsunhuns-djapás para caçar por eles. Presos na linha divisória entre civilização e vida selvagem, os canamaris não pertenciam nem a uma nem a outra.

Antes de partirmos, Possuelo fez um último pedido à multidão reunida:

— Se os brancos vierem aqui, não façam comércio com eles. Eles vão levar todo o peixe dos rios, todos os animais da floresta. Logo, vocês ficarão sem nada. Se o homem branco vier, peguem tudo deles, todas as coisas deles, e digam para ir embora.

Os canamaris urraram de alegria, como se compartilhassem uma deliciosa cumplicidade com o sr. Sydney. Afinal, houve uma época, antes das imposições legais da terra indígena, quando os *kariwa* pisavam arrogantemente nas comunidades do Jutaí, como Possuelo os lembrou. Os brancos pilhavam à vontade; os índios eram impotentes para impedi-los. Mas a piada se virou contra Possuelo. Dois dias depois, descobriríamos que, mesmo com as preleções de Possuelo para os canamaris sobre a incorrigível voracidade do homem branco, eles estavam escondendo um comerciante ribeirinho — o "Capitão", era seu apelido — que viera comprar o pirarucu salgado para contrabandear para fora do território.

Ele passou ao longo da margem, sob nosso acampamento, descendo o rio na noite seguinte, a canoa carregada de peixe seco, acompanhado de uma mulher canamari que tínhamos visto na aldeia. Paulo Welker falou com eles rapidamente. O Capitão reconheceu que estivera escondido na comunidade durante a nossa visita. Possuelo balançou a cabeça com desgosto quando Welker contou-lhe o ocorrido na manhã seguinte.

— Vou cumprir minha parte do acordo, de qualquer maneira — disse ele.

Não ficou claro por que Welker nada fez para confiscar o peixe ou punir de alguma maneira o Capitão. Talvez ele estivesse dispensado de qualquer atividade oficial, sabendo que seus dias de Funai estavam contados.

A corrente nos levou ao longo de diversos assentamentos canamaris, parando em alguns, seguindo adiante em outros. Era importante para Possuelo ao menos conferir e trocar algumas palavras, uma vez que a Funai raramente dava as caras por ali. Além disso, Possuelo estava ansioso por trocar um machado ou facão por alguns sacos de mandioca, ou qualquer outra coisa que se qualificasse como comida. Tínhamos bastante carne para seguir adiante, mas quase tudo o mais que chegara pelo avião já tinha acabado. Desembarcamos em Nova Queimada, uma aldeia que apenas começava a tomar forma em uma clareira com tocos recém-cortados e um amontoado de árvores derrubadas. As cabanas de sapê eram novas, ainda com a cor dourada da palha, sem as implacáveis manchas cinzentas do sol inclemente. Os moradores tinham deixado Queimada, a aldeia antiga, havia pouco tempo, para fugir de uma doença misteriosa que matava o seu povo.

As crianças juntaram-se ao redor. No curto período em que ficamos lá, esculpiram câmeras de brinquedo em blocos de madeira, imitando as nossas e fingindo tirar fotos. Na porta de uma cabana, um filhote de coruja, branco como a neve, piscava para nós na luz ofuscante, com uma expressão infeliz, uma das patas amarradas a um poleiro. Uma mulher saiu do interior com um cacho inteiro de bananas, três dúzias, talvez, e ofereceu-nos. Engoli a minha em dois bocados, o primeiro gosto de fruta em dois meses.

Como as tropas de Sherman marchando rumo ao mar, nosso estado de espírito era o mesmo de uma tropa faminta em busca de alimento. Claro que, dentro dos limites de nossas capacidades, estávamos dispostos a pagar, uma circunstância que levou Possuelo a diversas negociações tortuosas. Ele trocou uma enxó por mandioca com um homem que nos disse que poderíamos colher de sua roça, três praias rio abaixo, apenas para descobrir que o que ele quisera dizer eram três praias rio acima. Agora, seis praias além, engolimos o prejuízo e seguimos em frente.

As restrições às atividades comerciais na reserva pareciam estar compensando para a vida selvagem. Lontras brincavam de esconde-esconde com a gente, mostrando suas cabeças redondas fora d'água, sumindo quando nos aproximávamos e reaparecendo em nossa esteira. Fomos seguidos por botos cor-de-rosa, com filhotes em fila. Capivaras desgrenhadas, criaturas que pareciam hamsters gigantes, com focinhos curtos e orelhas minúsculas, observaram nossa passagem do alto de um barranco. Uma cutia, com cabeça de esquilo e patas traseiras poderosas como as de um coelho, disparou pela margem acima ao nos aproximarmos. Manadas de porcos selvagens, os queixadas, comiam no interior da floresta, fora de vista. Os matises foram os primeiros a detectá-los, farejando o ar, ouvidos atentos, olhos penetrando a mata como faróis. As remadas foram interrompidas. O tagarelar vibrante dos porcos chegava das profundezas da floresta, com um estouro distante, pontuado pelo estalar das temíveis mandíbulas. Leitões podiam ser ouvidos, seus gritos agudos em meio aos roncos dos adultos. Muito depois de os matises terem sentido o cheiro, eu finalmente percebi uma aragem almiscarada emanando da selva.

Normalmente, nada acontecia nessas ocasiões. Em geral, Possuelo era avesso a parar; ou era muito cedo para caçar, ou já tínhamos carne a bordo. Continuávamos avançando, deixando os índios inquietos em seus bancos, como fuzileiros ancorados na costa, aflitos para combater. Até que, em certa manhã já avançada, o cheiro penetrante de porco-do-mato chegou até nós. Possuelo deu sinal verde, precisávamos de comida. As canoas seguiram rápidas para a margem esquerda. Os matises correram para pegar as armas e munição.

— Scotchie, vem com a gente? — perguntou Ivan Waça, e mandou que eu amarrasse minhas botas.

Os canamaris já estavam desembarcando da outra canoa quando a nossa entrou de lado sob um denso salgueiro cujas folhas pendiam sobre a água. Saltamos no meio dos ramos pesados, que formavam uma espécie de passagem por montes de lama até o solo firme no alto da barranca.

Segui os índios para a floresta. O chão estava coberto de pegadas de porco-do-mato, padrões circulares gravados na terra macia. Eu não saberia dizer em que direção apontava a confusão de rastros, mas os índios não hesitaram. A selva estava tomada por seu cheiro. Avançamos em silêncio. Makã Matis e Orlando cercariam o bando pelos lados. Uma vez posicionados, abririam fogo e levariam os animais na nossa direção. Orlando disse:

— Scott, se a manada for na sua direção, suba numa árvore, lembra do que te falei? Uma altura suficiente só para sair do chão.

— Os queixadas são muito perigosos — disse Ivan Waça. — Quando estão apenas andando por aí, não tem problema. Mas quando estão zangados, cuidado! Tem que prestar atenção.

Os caçadores separaram-se em grupos de dois ou três. Fiquei colado aos calcanhares de Ivan, subindo pelo matagal, agachado como um felino, a autêntica incorporação do ideal arqueológico do "superpredador" — oculto, inteligente, portando armas de fogo. Ouvíamos os animais fuçando no mato, as mandíbulas estalando como milhares de castanholas. Devia ser uma grande manada.

Do fundo da floresta, ouvimos os estampidos abafados das espingardas, seguidos de um tropel crescente de cascos em disparada. Os porcos de pelos eriçados vinham correndo por entre as árvores, como uma onda cinza.

— Estão vindo para cá! — gritou Ivan Waça.

A carga vinha direto na nossa direção, cabeças baixas, dentes à mostra. Escolhi uma árvore e me preparei para subir e ficar fora do alcance do estouro da manada. Logo antes de nos alcançar, a onda de porcos se dividiu como por milagre. Um grupo desviou para a direita, outro, para a esquerda.

— Por aqui, Scotchie! — gritou Ivan.

Fugimos em disparada, saltando raízes, desviando dos galhos. Os animais passavam por nós, pela esquerda e pela direita, a não mais do que uns 8 metros de distância. Centenas. Ivan fez mira com o rifle e disparou em meio à torrente de porcos em fuga. Os disparos pipocaram de todos os lados. Foi um pandemônio. Os porcos caíam aqui e ali, em meio à trilha da manada, que seguia desabalada. Nos juntamos à perseguição. Ivan parou, carregou a arma e disparou de novo. Outro animal caiu. Mais tiros soaram à frente e atrás. Finalmente, uma última dezena de animais passou por nós, grunhindo e guinchando, seus traseiros saltitantes desaparecendo numa cortina de mata cerrada.

Acabou em menos de dois minutos. Os ouvidos ainda zunindo devido aos tiros, o coração disparado, fui com Ivan recuperar as carcaças, oito, no total. Começava a entender como Soldado conseguia reconhecer, pelo som dos tiros, a um quilômetro de distância, que tipo de presa estava sendo caçada. Uma grande porca jazia aos nossos pés, o sangue escorrendo de um buraco no lado. Tinha cerca de um metro e meio de comprimento e pesava cerca de 25 quilos. O pelo era uma trama de cerdas grossas, pretas e brancas, que a certa distância pareciam ter um tom cinza de carvão. Seus olhos castanhos e vítreos nos fitavam, vazios. Um canino amarelo saltava sobre o lábio inferior. Ivan enfiou o indicador no ferimento e o puxou de volta coberto de sangue, como se fosse uma vareta para medir o óleo. Enterrou a faca no peito do animal e fez um corte em direção à barriga, abriu com as duas mãos, puxando rolos de entranhas cinza.

Os outros caçadores apareceram por entre as árvores, os porcos amarrados pelos cascos com cipó e pendurados nos ombros, prontos para voltar aos barcos. Fomos recebidos como heróis nas canoas, quando nos viram chegando da mata, trazendo o toucinho à casa. Tínhamos saído havia vinte minutos e retornado com comida suficiente para alimentar a todos pelos próximos três dias.

* * *

Quando descemos um pouco mais pelo rio, Ivan Arapá limpou a garganta para falar.

— Scotchie, como é lá de onde você veio? — perguntou. — Conta de novo, dos carros que vão para cima e para baixo.

Semanas antes, eu descrevera as ruas de Nova York e os arranha-céus pela primeira vez, à noite, junto à fogueira.

— A cidade é absolutamente enorme — comecei, abrindo os braços ao máximo para mostrar como era grande. — Existem milhares de carros nas ruas. Milhares. As casas são altas como as árvores.

Seus olhos seguiram meus dedos apontando para a copa da floresta.

— São tão altas que é preciso usar um carro especial para subir até em casa e descer para a rua.

Assobios atônitos soavam pela popa da canoa. Soava um pouco como ficção científica, tipo *Os Jetsons*, mas eu não conseguia pensar em nenhuma maneira melhor para descrever. Os dois mundos às vezes pareciam tão excludentes que não havia nenhum ponto de contato, nenhuma referência comum a partir da qual iniciar uma comparação significativa. Cada um detinha alguma espécie de qualidade fantástica, ou mítica, aos olhos do outro. Eu me tornei um tipo de viajante involuntário do tempo, cruzando realidades diferentes, e me senti suscetível ao mesmo sentimento de assombro que meus amigos sentiram quando descrevi o lugar distante de onde viera. Eles pediram que eu repetisse a história muitas e muitas vezes depois. A resposta era sempre a mesma. Sorrisos se formavam nos cantos da boca e eles ficavam ouvindo, de olhos arregalados pelo assombro, pareciam nunca se cansar.

Ocorreu-me, um pouco tarde, que eu estivera pisando em um terreno perigosamente próximo à mistificação do mundo do homem branco que, no final, leva à dissolução das sociedades indígenas. No caso de Nova York, do roubo inicial dos índios mannahattas em troca de um punhado de moedas brilhantes até a cidade colossal que tentei lhes descrever. Eu não dizia nada que não fosse verdadeiro, mas, da mesma forma, Wellington Figueiredo não mentiu ao acender o isqueiro diante dos olhos dos recém-contatados guajás. Se Possuelo estivesse acompanhando a conversa, certamente teria acrescentado uma advertência: "Isso, e o ar é tão sujo que mal dá para respirar. E a água é envenenada. Todos os dias, ocorrem dezenas de assassinatos."

— Vocês têm rios como este lá? — perguntou Damá Matis. — E florestas, com árvores assim?

Não tinham me perguntado isso antes e tive que pensar na resposta. Não há nada mais importante para os índios do que a floresta, e eu não queria ser inconsequente. Olhei em volta. Havia o rio, a nossa estrada pela floresta, a mata turbulenta, com a monotonia enfadonha de tons verdes e marrons, o sol intenso castigando lá do alto.

— Sim, mas a floresta não é verde o ano inteiro. Eu expliquei a eles as mudanças de estação, que as árvores eram verdes apenas no verão. Então, disse, começa a ficar frio e as folhas ficam de todas as cores, amarelas, vermelhas, laranja. Depois, começam a cair e todos os galhos ficam nus. Em seguida, prossegui, fica tão frio que começa a cair um negócio branco do céu, chamado neve — tanto que toda a terra fica branca.

Percebi que os homens tentavam imaginar com os olhos da mente como seria uma floresta branca. Eles riram, balançando a cabeça.

— Não pode ser — disse Ivan.

E então fica tão frio, eu disse, que os rios viram gelo, tão sólidos que dá para caminhar por cima. Eles trocaram olhares de total incredulidade. Era uma declaração tão absurda que eu não poderia estar inventando.

— Nós temos sapatos especiais — acrescentei — com lâminas parecidas com facões presas nas solas. Dá para deslizar sobre o gelo bem rápido.

Eles riram, deliciados. A partir de então, era algo que queriam ouvir novamente, várias vezes, como se pudesse deixar de ser verdade caso eu não conseguisse repetir a história ao menos uma vez por dia.

* * *

Na manhã seguinte, sob um brilhante céu azul, chegamos à confluência do Jutaizinho, vindo da direita. Suas águas eram turvas como as do Mississippi, comparadas às do Jutaí, mais escuras e limpas; e, onde os rios se encontravam, as águas se misturavam em galáxias espiraladas em tons de marrom e preto. Tínhamos chegado à fronteira da terra indígena do vale do Javari, segundo uma placa descascada pregada em uma árvore no alto da barranca.

GOVERNO FEDERAL
Ministério da Justiça
Fundação Nacional do Índio
(Funai)
ÁREA PROTEGIDA
Terra indígena do vale do Javari
Acesso proibido para pessoas estranhas
Art. 231 da Constituição Federal
Art. 18, Seção 1 da Lei 6.001/73
Art. 161 do Código Penal

Gostei da parte sobre pessoas estranhas. Imaginei um barco carregado de caçadores subindo o rio e parando na entrada para ler a placa: *Você é estranho? Acho que não. Nem eu. Vamos continuar!* Claro que, essencialmente, significava "Proibida a entrada", mas, por si só, uma placa não impediria a passagem de ninguém com intenções criminosas, de qualquer maneira. Nem iria deter os contrabandistas, como Capitão, que simplesmente desviava os olhos e seguia rio acima, fingindo que nunca tinha visto a placa e alegando ignorância, caso fossem pegos: *Eu não vi a placa, seu guarda.* Ou talvez estivessem convencidos da justeza da sua missão, em primeiro lugar: *Ei, os índios estão implorando por nós aqui. De que outra forma eles vão conseguir o que precisam?* Um pouco de ferrugem corroía as beiradas da placa, mas, de resto, ela estava intacta. Era uma surpresa não estar cheia de buracos de tiros. A munição era preciosa demais, imaginei. Mas o crescimento desenfreado do mato a cercava, ameaçando sua visibilidade e o potencial de impedir a passagem ao menos daqueles que respeitavam a lei.

— Desembarquem aqui! — gritou Possuelo, com as mãos em concha para a outra canoa.

Desviamos para a margem esquerda e desembarcamos na água rasa.

— Vamos trabalhar um bocado. Peguem os facões!

Os homens atacaram a folhagem como um exército de peões derrubando um muro alto de cana-de-açúcar. As costas nuas brilhavam sob o sol escaldante e vespas raivosas circulavam em torno. O lugar fora limpo apenas uma vez, disse Possuelo, quando as fronteiras da reserva foram fisicamente demarcadas, um ano antes. Se ele tivesse verba, construiria ali um posto de controle semelhante ao construído na confluência Ituí-Itaquaí. Até lá, ele esperava que a distância fosse suficiente para desencorajar a vinda da maioria dos intrusos para esses lados. Isso e a disposição dos índios de defender o que era seu, o que era mais problemático.

— Os índios deviam vir aqui de tempos em tempos para manter a área limpa — disse Possuelo, observando os homens avançarem pelas moitas, os facões brilhando ao sol. — Eles precisam se organizar e compreender a importância de proteger esse lugar.

Com um gesto, indicou que falava de toda a terra indígena, em cujas vastas florestas estivéramos imersos nos últimos dois meses. Ele tirou o chapéu camuflado e olhou dentro dele, como se pudesse encontrar uma resposta ali depois, recolocou-o gentilmente sobre a cabeça.

— O único problema é que, quando conseguirmos que o índio compreenda isso, ele terá deixado de ser índio.

Voltei a pensar no momento, três semanas atrás, quando chegamos a um ramo partido cruzando a trilha no fundo da floresta. A mensagem, em essência, era a mesma: *Acesso proibido a pessoas estranhas*. Foi um gesto simples, feito às pressas, sem letras estampadas em uma chapa de metal, sem alusões a estatutos, constituições ou códigos penais. Mas a cancela de estrada improvisada não era uma iniciativa menos humana. Era uma questão de escala e, talvez, uma medida de como a nossa sociedade se tornou deselegante, complexa e abstrata, por comparação. Julguei ter detectado nas palavras de Possuelo um reconhecimento do paradoxo central de seu trabalho: ele queria que os índios transcendessem seus estreitos interesses tribais e se considerarem não apenas matises ou marubos, canamaris ou tsunhuns-djapás, mas índios em uma luta comum, em primeiro lugar. Mas, por mais que desejasse isso, esse ainda era o *seu* desejo, não necessariamente o desejo deles, uma abstração que, por mais marcante e benéfica que fosse para os próprios interesses dos índios, trazia a marca indelével da mente de um homem branco. Afinal, foram os canamaris que resolveram ignorar o sinal dos flecheiros. Eram os canamaris que estavam fazendo contato com os tsunhuns-djapás, apesar de seus métodos serem pouco diferentes dos utilizados pelos sertanistas. Talvez fossem os canamaris que um dia viessem a fazer contato com os flecheiros. Talvez esta viagem servisse para lhes mostrar o caminho. O que impediria os canamaris, entediados com a vida da aldeia e à procura de aventura, de refazer os nossos passos por conta própria em alguma data futura? Possuelo só podia esperar que absorvessem as lições certas, não podia garantir isso. O mundo se tornara complicado e ele estava ficando cansado.

* * *

Antes de partirmos, Possuelo ordenou que Paulo Welker montasse o rádio e colocasse a antena. Ele precisava falar com Siqueira e ordenar que a tripulação do *Kukahá* se preparasse para a partida iminente. O barco deixaria Tabatinga na manhã seguinte, em direção ao leste, descendo o Solimões até sua confluência com o Jutaí, a cerca de 500 quilômetros. Ali, viraria para o sul, subindo o Jutaí e vindo ao nosso encontro, que aconteceria ainda em uma semana. Era bom saber que o barco estava a caminho, assim como já estarmos no rio, descendo a correnteza. Os brancos tinham chegado aos próprios limites, às fronteiras de sua resistência, e subir a bordo das canoas em meio às brumas de cada manhã ao menos renovava suas esperanças de chegar a casa. Proporcionava uma espécie de válvula de segurança, talvez a única coisa que impedisse a expedição de se desfazer em meio ao isolamento, à privação e à monotonia.

Até mesmo Soldado, um mateiro curtido, estava a ponto de explodir.

— Ainda temos latas de leite — Soldado sussurrou para mim um dia, repetindo um rumor que chegara a ele. — Dá para imaginar? Quarenta latas? Quando foi a última vez que bebemos leite?

Ele fixou-me com os olhos baços.

— Sydney diz que sou o melhor mateiro, que não conseguiria sem mim — prosseguiu. — Mas quando estou fraco e doente, ele sequer pergunta como estou.

Esta era, na avaliação de Soldado, a mais longa e miserável expedição que já tinha enfrentado. O que ele se esqueceu de dizer foi que pelo menos Possuelo estava curando sua malária, dando a ele comprimidos de quinino.

— Quer saber de outra coisa? — perguntou, baixando a voz. — Os índios também podem estar sofrendo, só que eles não falam. Não reclamam. É por isso que ele gosta deles.

Circulavam boatos de que Possuelo também estava retendo 50 quilos de açúcar. Mesmo assim, a cada manhã, bebíamos café preto e amargo. O racionamento parecia desafiar a lógica, alimentando a fofoca de que Possuelo planejava outras missões que se recusava a divulgar, que talvez não estivéssemos indo para casa tão cedo, afinal. Na ausência de informações concretas, sobravam especulações, estimuladas pelas contínuas incursões de Possuelo por um sombrio mundo paralelo, cujos tormentos ocultos ele parecia determinado a infligir sobre o resto de nós.

Remamos pela tarde, enquanto nuvens de tempestade formavam-se sobre as árvores. Trovões ribombavam. Passamos por diversos locais que pareciam perfeitos para um acampamento. Do meio do rio, os matises viam esses pontos, onde as árvores não eram infestadas de tracuás, o solo era firme e a bancada do rio suportaria uma escada até a água.

— *Burrá* — diziam e apontavam para a floresta.

Bom. Mas continuávamos indo. As trovoadas estalavam no alto, com raios fulminantes. O vento derrubava a copa das árvores. Ainda assim, Possuelo não dava qualquer sinal de parar.

Então a chuva caiu, atingindo a floresta com um rugido ensurdecedor. Veio subindo o rio em nossa direção, um dilúvio branco aproximando-se em diagonal. As rajadas de vento jogavam a torrente em cortinas para a frente e para trás ao longo do rio. A canoa estava se enchendo de água rapidamente. Ivan Arapá estendeu-me uma bota de borracha.

— Tira a água, Scotchie — disse.

Quando Possuelo finalmente ordenou que saíssemos do rio, saltei com lama pelos joelhos, e perdi meus chinelos imediatamente. O acampamento foi montado em meio ao aguaceiro.

Após conseguir me situar, procurei abrigo sob a grande lona da cozinha, onde Paulo Souza preparava o cozido. Ele me ofereceu um pedaço de macaxeira cozida. Senti um arrepio. Estava fumegante, mas branca e mole, não muito apetitosa. Ele olhou de forma furtiva em torno e abriu a tampa de outra panela, dessa vez para exibir uma grande porção de margarina.

— Scott, rápido! — sussurrou. — Antes que chegue alguém!

Enfiei meu pedaço de mandioca na margarina e, de lá, direto para a boca. Queimei a língua, mas engoli de qualquer modo, para ocultar as provas. Estava faminto demais para sentir qualquer vergonha ou remorso. Só não queria ser pego.

— Scott, preciso contar uma coisa. Promete não falar com mais ninguém?

Ele me olhou com ar de quem sabia das coisas, sempre aquele jeito vulgar de jogador da fronteira.

— Paulo Welker roubou vinte envelopes de refresco para ele, depois da entrega aérea.

Aquele maldito refresco tinha se transformado numa fonte de problemas muito maior do que o seu preço poderia alcançar.

— E mais uma coisa — continuou Paulo Souza. — Ainda temos um monte, uns cinquenta ou sessenta pacotes. Sydney disse para Mauro não servir mais. Disse que aquilo estragaria os homens, os deixaria fracos.

Parecia o auge do absurdo, uma espécie de crueldade gratuita. Não me ocorreu de momento que Possuelo pudesse estar tentando evitar que os índios tomassem gosto pelo refresco e ficassem frustrados ao voltar sem ele para o isolamento de suas aldeias.

* * *

No meio do dia seguinte, desembarcamos em uma clareira na margem direita, onde uma solitária casa de sapê sustentava-se sobre palafitas com uma escada até o piso. Uma mulher estava no quintal, pendurando a roupa lavada. Meninos de olhos arregalados amontoaram-se na porta.

— Bom dia, senhora! — gritou Possuelo, da canoa. — Seu marido está em casa?

Um homem suado, de peito nu, apareceu de trás da casa e se apresentou:

— José Pereira. Prazer em conhecê-lo.

Ele nos convidou para subir os degraus e entrar em sua casa, uma única sala com um chão de tábua, de dez por dez. Pereira tirou o boné, revelando um rosto marcado pelo tempo, com rugas profundas e sobrancelhas cerradas. Vestiu o que podia se passar por uma camisa, a parte de cima de um pijama de flanela, com mangas vermelhas grosseiramente costuradas para aumentar as originais, que eram curtas. Proteção contra a prodigiosa proliferação de insetos da selva.

Os Pereira eram os primeiros brancos que encontrávamos desde o início da viagem. Marido e mulher viviam ali com quatro filhos. Um menino de 3 anos com olhos verdes luminosos, surpreendentemente belos, sentou-se ao meu lado e colocou a mão na minha. O muco escorria das duas narinas. Resisti ao impulso de limpá-lo para não constranger os pais.

— Todas as crianças estão resfriadas.

Pereira encolheu os ombros, desculpando-se. As idades iam de 1 a 7 anos, todos magricelas e com expressões tristes. Nenhum deles jamais vira um médico. Nem mesmo Pereira. Na verdade, em seus cerca de 25 anos (ele não tinha certeza da idade), jamais fizera uma única viagem rio abaixo, até o município de Jutaí, a única cidade em todo o rio, localizada na confluência com o Solimões.

— É muito longe — disse.

Viajando direto, dia e noite, com um barco a motor, disse ele, levaria pelo menos sete dias, saindo dali. Sua mãe idosa, que morava com eles, foi ao médico uma vez, em Eirunepé, no Juruá. Levou duas semanas a pé e de barco para chegar lá, e duas semanas para voltar. Isso já tinha 15 anos.

Esses encontros, primeiro com os canamaris e agora com a família de ribeirinhos, alimentaram a ilusão agradável de que os confortos da civilização estavam ao alcance da mão, de que em poucos dias estaríamos chegando, abrindo Coca-Colas geladas em volta de uma mesa sobre a qual poderíamos realmente apoiar nossas garrafas. Mas ali, com Pereira, a realidade afirmou-se como uma bofetada. Praticamente 500 tortuosos quilômetros, escassamente povoados, ainda nos separavam da boca do Jutaí e das luzes brilhantes da cidade do mesmo nome, Jutaí, com suas 25 mil almas.

Possuelo esperava poder trocar um machado por alguma farinha de mandioca, mas Pereira não tinha nenhuma sobra.

— O senhor vai voltar por aqui? — perguntou ele.

— Não, vamos descer o rio até o fim — respondeu Possuelo. — Um longo caminho, certo?

— Longe mesmo — concordou Pereira, pronunciando as palavras e assentindo lentamente com a cabeça, como se fosse tão inacreditavelmente longe que era preciso puxar pela imaginação.

Estava na hora de partir.

CAPÍTULO 23

O reencontro

O PROCESSO DE TRANSIÇÃO para a estação seca estava em andamento ao longo de todo o rio. O nível das águas continuava a baixar, deixando linhas consecutivas de lama seca ou úmida pelas margens, como anéis em uma banheira. As árvores também caíam, dos dois lados do rio, só que, no caso do Jutaí, ele era largo demais para que uma única árvore obstruísse a navegação. Alguns dos gigantes haviam caído durante as cheias mais recentes, outros, anos antes, com a casca esbranquiçada, os ramos esticando-se para fora da água como membros mutilados. Soldado apontou para uma marca amarela numa estaca no alto da margem.

— Aquilo ali é usado para marcar a linha da água nas cheias — explicou. Estava cerca de 12 metros acima de nossas cabeças.

O ar estava pesado com a umidade, a claridade era ofuscante. Uma cabana de sapê, velha e murcha, apareceu na parte superior do barranco. Dois pirarucus gigantes secavam sobre uma armação de madeira, a carne branca ao calor do sol escaldante.

— Vamos dar uma olhada! — gritou Possuelo.

Remamos para a praia. Alcino Marubo, de pé sobre a proa da canoa, como um arpoador, espetou uma estaca de 5 metros no fundo raso de areia. Assim ancorada, a embarcação girou lentamente levada pela corrente, voltando-se para o alto do rio enquanto saíamos com água pelos tornozelos.

Um homem velho com um chapéu de palha arrastou-se para fora da cabana, com andar hesitante.

— Não tenha medo — gritou Possuelo da margem, percebendo a desconfiança do homem. — Viemos em paz.

Diferente do Itaquaí, onde a Funai controlava o acesso e a presença de estranhos era uma raridade, aqui parecia prevalecer a lei do punho mais forte. A chegada de estranhos muitas vezes significava a chegada de problemas. Os funcionários do governo eram recebidos com igual reserva, ou por participarem da pilhagem ou por serem agentes incorruptíveis, dispostos a realmente fazer valer o código penal.

— Será que você tem macaxeira para nos vender? — perguntou Possuelo.

— Nada. — O homem encolheu os ombros. — Um bando de porcos atacou e comeu toda a plantação.

Ele então chegou à praia e estendeu a mão para Possuelo. Chamava-se José Santos e morava no alto deste barranco há quarenta anos.

— Envelheci aqui — disse Santos, com um sorriso cansado, os olhos escuros semicerrados em duas fendas estreitas sob o sol ofuscante e sobrancelhas brancas, tão longas que pareciam coladas.

Possuelo desviou o olhar pelo morro até a casa, onde um par de pirarucus estava pendurado, fantasmas curando em vigas na varanda, e várias crianças olhando apreensivas para fora, pelas aberturas entre as tábuas toscas do barraco. Disse:

— E sal? Quem sabe um pouco do seu peixe? Temos alguns machados. Santos disse que não poderia dispor de nada, tinha bocas para alimentar. Ele tinha limões maduros, se quiséssemos enviar uma turma de volta, rio acima, para pegá-los.

— Cinco praias acima — disse.

Possuelo refletiu um pouco. Muito longe, concluiu.

O peixe estava ficando escasso, explicou Santos, desde que um sujeito gordo chamado Carlão começou a aparecer por lá.

— Ele traz vários homens em barcos com frigoríficos. Cobrem o rio inteiro com redes, daqui direto até o outro lado. Levam tudo.

Carlão também estava comprando dos canamaris, disse ele. Não apenas peixe, mas madeira também.

— Os canamaris cortam cedro para ele — contou. — Eles sobem os igarapés para cortar as árvores e depois as trazem flutuando na época da cheia.

A equipe de Carlos juntava os troncos nas margens e os serrava em toras de 15 metros, que eram reunidas em jangadas enormes para flutuar rio abaixo até as serrarias de Jutaí.

— Quando chegamos aqui para fechar o Javari e expulsar os brancos — contou Possuelo — encontramos trezentas toras em um único igarapé, esperando para serem levadas. Isso em um único igarapé!

Santos concordou.

— Era assim mesmo.

Santos disse que Carlão estava comprando pirarucu dos canamaris por meros 20 reais, cerca de 7 dólares por cada peixe inteiro. Não parecia possível. Uma das criaturas mais antigas e magníficas da Amazônia estava sendo dizimada por uma ninharia. As madeiras nobres da floresta estavam sendo saqueadas por centavos. A delimitação da terra indígena ajudara a estancar a hemorragia até aqui, mas a pressão era constante, sempre corroendo pelas bordas. A fiscalização, por si só, não era suficiente; as distâncias eram muito grandes e os recursos e pessoal eram escassos. Era preciso haver outra forma, alguma alternativa que possibilitasse aos povos da Amazônia ávidos por dinheiro — índios ou não — se envolver com sua preservação.

— A que distância estamos do Curuena? — perguntou Possuelo.

O nome tinha adquirido uma aura mítica para nós, como se fosse a Terra Prometida, onde estava programado o encontro com a nossa salvação, o *Kukahá*. Santos olhou demoradamente para nossas canoas, os remadores esfarrapados, nossas mãos cheias de bolhas. Ele contraiu a testa.

— Remando da manhã à noite, uns três dias.

— Você conhece um velho chamado Heleno?

— Sim — concordou Santos. — Não conheço de verdade. Já ouvi falar.

— Ele ainda mora lá em cima no Curuena?

— Pelo que eu sei... — respondeu Santos.

— Bem, vamos lhe fazer uma visita. Ele está invadindo a terra dos índios e vou tirá-lo de lá.

Santos ajeitou a aba do boné.

— Boa sorte — disse.

* * *

Os dias pareciam intermináveis, remando por horas sem fim ao longo da muralha da selva, castigados pelo sol escaldante. A canoa fora tomada por um odor nauseabundo. Éramos atacados por nuvens de insetos tão densas que voltei a vestir calças e camisas de manga comprida, além de botas, o tempo todo. As noites também eram provações. Acampamos em um local tomado de tracuás, após Possuelo evitar diversos outros lugares ideais. Ele sequer se incomodou em aparecer junto à fogueira naquela noite, deixando-nos todos dançando em torno do fogo para afastar as formigas enquanto tentávamos comer.

— Ele fez isso na noite passada de propósito — Soldado cochichou para mim, na manhã seguinte. — Viu quantos lugares bons ignorou?

Que Possuelo pudesse estar deliberadamente nos infligindo aquele sofrimento era um pensamento perturbador, mas não parecia haver outra explicação.

Finalmente chegamos ao Curuena, como Santos antevira, três dias depois de deixarmos sua praia. Os trovões ressoavam por um céu escuro, ao final da tarde, e uma chuva torrencial parecia a caminho. Foi quando vimos um longo banco de areia projetando-se da margem estreita à esquerda, marcando o encontro com o afluente. Ele entrava pelo Jutaí com um ângulo oblíquo, a correnteza tão forte que empurrou nossas canoas de lado ao passarmos diante da embocadura. A margem direita do Jutaí pairou sobre nós, uma encosta de quase 15 metros encimada por árvores altíssimas que seguiam ao longo do rio por um percurso que parecia eterno.

Não havia sinal do *Kukahá*. Remamos ao longo da muralha, Possuelo em pé no banco, as mãos na cintura, estudando as elevações como um velho marinheiro procurando um ponto de desembarque em litoral estrangeiro. Os remos mergulhavam em uníssono e seguíamos rio abaixo com seu pulsar ritmado, sob o rumor dos trovões. Um a um, Possuelo rejeitava potenciais ancoradouros. "O solo é muito baixo" ou "Árvores demais bloqueando a praia". No ponto onde uma enorme samaúma caíra diagonalmente pela margem, mergulhando no rio, Tepi e Kwini saltaram, subiram pelo tronco enorme e atravessaram o emaranhado de ramos até o alto da barranca.

— *Burrá kimo!* — gritaram pouco depois. — Perfeito!

Subimos de quatro pelo barranco, carregando nossas bolsas até o topo, e ficamos à beira de uma floresta fechada. A chuva tinha parado e agora, na hora mágica logo antes do final do dia, as nuvens se abriam para dar passagem a uma luz dourada, com aspecto de caramelo, que atravessava os ramos. Onze dias após nossa partida do acampamento principal, chegáramos ao ponto de encontro. As canoas cumpriram seus propósitos.

Ao menos estávamos secos, em solo plano, sem tracuás e com muitas árvores para pendurar nossas redes. Nossas barracas individuais espalharam-se em grupos sob as samaúmas gigantes. O meu local ocupava um nicho em uma árvore com raízes em contraforte, na extremidade de um beco sem saída, logo depois de onde se instalaram Possuelo, Nicolas e Orlando, a cerca de 30 metros da fogueira central. Ao pôr do sol, o caminho até o rio estava concluído, um feito de engenharia que incluía lances em zigue-zague na escada, todos com corrimão, e um total de 43 degraus escavados na encosta. Uma longa passarela sobre a lama levava da escada até uma robusta plataforma construída sobre a água, onde a roupa era lavada.

Do alto do barranco, era possível enxergar pelo menos 3 quilômetros rio abaixo e quase a mesma distância na direção oposta. Era difícil acreditar que estávamos olhando para o mesmo curso d'água que várias semanas antes era apenas um estreito e sinuoso igarapé no meio da mata fechada, um igarapé que tínhamos atravessado pé ante pé por um tronco escorregadio certa manhã e que contemplamos mais tarde com olhos temerosos, fitando a outra margem com os corações em disparada, certos de que olhos invisíveis devolviam nosso olhar da floresta do outro lado. O mesmo rio que agora espraiava-se diante de nós, uma vasta lâmina de prata com quase 300 metros de largura, correndo em linha reta como uma rodovia vazia perdendo-se na distância.

A linha de visão desobstruída para o outro lado do rio e por cima das árvores na margem oposta permitia a recepção clara do rádio pelo norte e noroeste e, portanto, a comunicação tanto com a base de Tabatinga quanto com o posto avançado no Ituí-Itaquaí. Um quiosque de sapê foi construído às pressas no alto do barranco, e o rádio foi posicionado sobre uma mesa alta com a antena esticada para o alto das árvores. Foi ali que Possuelo se instalou, um pé apoiado num toco de árvore, o cotovelo apoiado na mesa, enquanto berrava seus comandos pelo microfone.

O *Kukahá* tinha começado a subir o Jutaí apenas naquela manhã, pelo que Possuelo conseguiu entender. Ele suspeitou que os pilotos do barco, Pedro Lima e o velho ticuna, Adelson, fizeram mais na cidade de Jutaí do que simplesmente reabastecer, conforme suas instruções. Caso contrário, teriam partido na noite anterior.

— Cretinos — rosnou. — Nunca fazem o que eu mando.

Mas estava de bom humor mesmo assim, disposto a nos entreter. Observá-lo trabalhar no rádio era como sentar na primeira fila de uma comédia de improvisação. Ele pediu a Orlando o boné da divisão africana do exército alemão e o colocou de lado na cabeça, a aba comicamente torta. Revirou os olhos, fingindo exasperação ao falar com Danilo, a bordo do *Kukahá*, e fazia piadas terríveis, fora do microfone, às custas de Siqueira, na linha de Tabatinga, que acabava de repetir algo absolutamente óbvio pela terceira vez. Xingou Francisco, no comando do entreposto na confluência, por perder tempo com alguma irrelevância ou então por não entender nada. Este era o outro lado de Possuelo — engraçado, charmoso, envolvente, até mesmo compassivo.

Um par de bancos longos foi instalado ao lado do posto de comando, voltado para a jusante do rio. Quando não estavam caçando ou cortando lenha, os homens ficavam por ali, entretidos com as palhaçadas de Possuelo. Mas eu tinha perdido todo o interesse pelo convívio, recolhendo-me em uma introspecção sombria. Jamais tinha sentido o tempo passar em um ritmo tão dolorosamente glacial. Tinha a impressão de que minha vida estava se fazendo em pedaços que eu sequer poderia começar a juntar ou tentar reencaixar antes de chegar em casa. Casa? Eu nem sabia onde ficava isso. Não sabia onde estava Sarah, se tinha se decidido por um emprego em outro lugar, se eu me mudaria para lá para ficar perto dela. Pensava nos meninos constantemente. Não sabia como conseguiria me manter em suas vidas, nem como me sustentaria quando voltasse. Tudo parecia tão absurdamente complicado que eu sequer poderia começar a explicar a alguém. Então, guardei para mim mesmo.

A angústia era, sem dúvida, exacerbada por uma fome atroz, que parecia nunca se dissipar, não importando a quantidade de porco gorduroso ou de espinhentas piranhas defumadas que eu tentasse engolir. O menu tinha ficado tão monótono que eu mal conseguia tolerar tanta repetição.

Mesmo apertando meu cinto até o fim, era difícil manter as calças presas na cintura.

Na metade do dia seguinte, estávamos languidamente sobre os bancos no alto do barranco, os homens ocupados com brincadeiras tolas, quando alguém gritou:

— *Kukahá!*

Todos se calaram. Aguçamos os ouvidos. Subindo o rio, chegou o ronco distante de um motor. Nos levantamos, olhando para o grande trecho reto, a água lisa como um espelho, refletindo o profundo céu azul e as nuvens brancas muito altas. O barco parecia distante rio abaixo, uma minúscula partícula boiando no meio da vasta convergência entre céu e água. Tinha a silhueta clássica de um barco da Amazônia, cortando a água como uma faca, a proa pontiaguda abrindo uma esteira que formava um V perfeito, estendendo-se por toda a largura do rio. Era uma visão impressionante.

Mal podíamos conter nosso entusiasmo, mas, com a aproximação do barco, vimos que era uma embarcação pequena, de um único convés, muito parecida com o rasteiro *Sobral*. Um emblema de aspecto oficial adornava a lateral da cabine, mas não era o da Funai. Tratava-se da Funasa, a odiável agência de saúde pública. Três homens barbudos estavam na porta aberta do barco, a bombordo, braços cruzados, olhando para o rio. Passaram sem dizer palavra, os olhos mal parecendo registrar nossa existência. Sequer um aceno.

— Idiotas — disse Possuelo. — Poderiam parar para ver se tem alguém doente, ou morto.

Morto parecia mais provável, considerando nossos olhos fundos e aparência espectral. O que provavelmente foi a razão para o barco continuar em seu caminho rio acima, indiferente ao nosso destino, sua esteira tomando toda a amplitude da superfície vítrea do rio. Talvez ajudasse se tivéssemos oferecido mesmo um simples gesto de boas-vindas aos homens da Funasa, um sorriso ou um aceno, em vez dos olhares de desprezo, frios como pedras, com que os saudamos.

Mais dois dias se passaram até o *Kukahá* aparecer. Mais duas noites em volta da fogueira com Sydney Possuelo. Justiça seja feita, se não fosse por sua habilidade oratória, nossas noites teriam sido ocupadas por bate-papos inconsequentes, pontuados por longos silêncios. Em vez disso, tínhamos Possuelo. Suas diatribes antiocidente e antibranco eram o tema recorrente das palestras noturnas: a ladainha das atrocidades perpetradas pelos europeus, a busca sórdida do homem branco pela riqueza e status, as desigualdades e injustiças gritantes, o nosso desprezo arrogante pelo planeta, o consumo excessivo dos recursos.

Os brancos se afastavam depois do jantar, sem dúvida sentindo-se inadequados para a tarefa de conversar sobre tais abstrações. Talvez também suspeitassem que Possuelo os estivesse atacando implicitamente, que esses desvarios noturnos fossem uma extensão camuflada da intimidação mais evidente imposta nas horas diurnas.

Mas apesar de todo seu discurso pesado, Possuelo não era um ideólogo, pelo menos não no sentido comum da palavra. Suas críticas sociais eram *sui generis*, de sua própria lavra; ele era por demais iconoclasta para aderir à qualquer linha partidária que não fosse a dele mesmo. Tampouco fui escolhido para o papel de vilão devido à minha nacionalidade. Brasileiro, norte-americano, português, espanhol ou inglês — não fazia diferença; éramos todos parte de uma mesma praga nociva que acometia o planeta. Entre os tons do branco, Possuelo não fazia discriminação. As pessoas eram julgadas por ele por seus méritos e fraquezas; em geral, eram submetidas a um prolongado exercício de achatamento de ego.

Mas ele tinha um argumento forte: os americanos originais, sem dúvida alguma, estavam melhores antes de nossos antepassados europeus chegarem às suas praias. E se ainda havia alguns redutos, como o dos flecheiros, que se recusavam a se juntar ao resto do mundo, eles não tinham o direito de serem deixados em paz, para viver da mesma maneira que seus ancestrais? É claro que muita gente não pensava assim: autoridades que acreditavam que Possuelo negava aos nativos o "direito" de serem assimilados; garimpeiros que afirmavam estar trazendo os "benefícios da civilização" para as florestas que saqueavam; evangelizadores que lamentavam a partida das almas dos índios para uma "eternidade sem Cristo", mesmo apressando sua partida da Terra ao introduzir epidemias mortais, inadvertidamente ou não. Juntos, constituíam um inimigo implacável que despertava as iras mais profundas de Possuelo.

— Se os índios declarassem guerra aos brancos amanhã — disse Possuelo para mim naquela noite, depois que todo mundo foi se deitar —, eu ficaria do lado dos índios. É o que está no meu coração.

Fiquei com a impressão de que até mesmo era favorável à perspectiva, se o resultado desastroso não fosse tão evidente.

Quando o *Kukahá* chegou, dois dias depois, foi sem comemorações. Observamos do alto do barranco enquanto Pedro Lima apontava a proa para a praia, alinhado com a plataforma. Danilo e Adelson baixaram a prancha e subiram pela longa escada.

— Com licença — disse Danilo, fingindo formalidade quando chegou ao topo.

— Queira entrar — respondeu Paulo Welker.

Era o bom e velho Danilo, roliço e jovial. Mas ao olhar para nossas faces acabrunhadas e peitos encovados, parecia mal nos reconhecer. Era como se estivesse contemplando um grupo de homens totalmente diferente daquele que deixara dois meses antes no rio Itaquaí. O sorriso desapareceu de seus lábios.

— Quantos barcos a motor você trouxe? — perguntou Possuelo, olhando para o *Kukahá* e para as lanchas que ele rebocava.

— Dois.

— Eu pedi três.

— Conseguimos apenas dois com motores funcionando.

— Incrível — disse Possuelo, com desdém. — Ninguém faz o que eu peço.

Dificilmente se poderia imaginar uma recepção mais blasé para uma equipe de resgate.

Adelson apareceu no alto da escada. Olhou em torno, como se procurasse um rosto familiar no meio de estranhos. Quando nossos olhos se encontraram, ele piscou duas vezes.

— Meu Deus! — exclamou. — Olha só o Scott! Como está magro!

Ele me olhou de cima a baixo.

— N-nossa! — gaguejou. — Parece que vocês passaram um mau bocado!

Nós nos abraçamos. Era bom ver Adelson. Eu gostava de nossas longas conversas na cabine de comando do *Waiká*, enquanto subíamos lentamente o Itaquaí. Estava ansioso para renovar nossa amizade descendo o Jutaí. Os trajes não tinham mudado em nada, as bermudas jeans velhas e o típico chapéu camuflado, o mesmo cavanhaque ralo no queixo.

Descemos as escadas e subimos no barco. O balcão da cozinha estava cheio de ovos em bandejas grandes de papelão, quatro dúzias por embalagem. Sobre o fogão, havia uma panela de cenouras, um saco de cebolas num canto. As primeiras verduras que eu via em mais de dois meses. Possuelo tinha subido para a cabine principal, onde o ar-condicionado gelava o ambiente. Tentava acionar o telefone Globalstar, mas o sinal era muito fraco e caía continuamente. Ao passar pela cozinha, Paulo Welker me puxou de volta pelo braço. Sem uma palavra, empurrou uma colher de chocolate em pó em minha boca. Como eu poderia recusar? A sensação era intensa, como se as papilas gustativas, há muito adormecidas, de repente fossem reavivadas. Welker colocou o dedo nos lábios para indicar silêncio; aquilo deveria ser o nosso pequeno segredo. Eu já vira aquele gesto antes. Ah, então eu lembrei: lá na floresta, na trilha dos flecheiros, quando ele me fez um sinal para ficar em silêncio. Já tínhamos percorrido uma longa viagem desde então. A que ponto chegara a sua desgraça.

Por todo lado, o lugar estava tomado de atividade. Os homens remaram com as canoas para o outro lado do rio, onde foram viradas, submergidas e esfregadas. Possuelo planejava levá-las de volta para o posto na confluência Ituí-Itaquaí; até lá, ordenou que seus interiores fossem escovados, secos e cobertos com óleo queimado de motor, para eliminar a infestação. Os motores pec-pec dos barcos pequenos roncaram, com Amarildo e Pedro transportando homens de um lado para o outro até as canoas, onde Soldado supervisionava a restauração. Em uma questão de minutos, um trecho adormecido da mata tinha sido transformado em um centro movimentado.

Apesar da chegada do *Kukahá* com a despensa cheia de mantimentos, o menu do jantar manteve-se inalterado: porco defumado e macaxeira. Mas isso não parecia importar. Os ânimos tinham clareado, o ar estava carregado de expectativa. Risos animados pontuavam as brincadeiras durante a refeição. Enquanto os homens engoliam os últimos pedaços do jantar, Possuelo bateu na tigela de metal com a colher.

— Sei que todos estão querendo saber o que vai acontecer agora — disse. — Isso é o que vamos fazer. Tem um homem, chamado Heleno, que mora com a família no alto do Curuena. Alguns de vocês me ouviram perguntando sobre ele, rio abaixo.

Os homens prestaram atenção.

— Ele ainda está morando dentro da terra indígena. Vou levar um pequeno destacamento comigo amanhã. Vamos até lá para ver o que conseguimos fazer para ele sair.

O rio Curuena serpenteava pelas profundezas da reserva do Javari, e suas cabeceiras abrigavam diversos grupos indígenas isolados, incluindo pelo menos uma maloca dos flecheiros. Heleno Teixeira e a mulher ocupavam terra pública há cinquenta anos, disse Possuelo, e sua família agora incluía filhos, netos e bisnetos. Ele adquiriu reputação como desbravador independente, cuidando de um posto avançado solitário em uma selva repleta de índios indomáveis. Heleno e seus parentes eram os únicos brancos que tinham conseguido escapar da expulsão quando a reserva do Javari foi decretada. Aparentemente, ainda esperavam receber a devida compensação pela casa e pela lavoura, e não sairiam antes disso.

— Não são pessoas más — disse Possuelo, com o cuidado de olhar os índios nos olhos. — Mas estão morando em terras indígenas. Pertence a vocês, os índios. Enquanto continuarem lá, outros brancos vão pensar que podem ir também. Vão dizer: "Heleno está lá com a família dele. Por que não podemos ir também?"

A casa de Teixeira poderia se tornar um foco de violência, continuou Possuelo, alvo de um ataque de índios, podendo provocar represálias.

— Enquanto permanecerem lá, o contato pode ocorrer a qualquer momento. Quer esse contato seja violento ou pacífico, o resultado será o mesmo para os índios: a ruína! Estava na hora de cercar a crescente família do velho e levá-los para fora de lá.

CAPÍTULO 24

O velho e o rio

Carregamos as lanchas pela popa do *Kukahá*, sob a neblina do amanhecer. Não eram os mesmos barcos longos e finos que nos levaram até os extremos do Itaquaí. Tinham os mesmos motores pec-pec para navegar em águas rasas, mas eram mais curtos e resistentes, com extremidades quadradas como barcos normais de fundo chato. Com apenas dois barcos, em vez dos três que Possuelo solicitou, ele selecionou um destacamento de tamanho reduzido, dez homens ao todo para a missão no Curuena. A lista incluía Soldado; o magro e animado Amarildo; os dois marubos; os canamaris Márcio e Remi; o barqueiro-jogador-cozinheiro Paulo Souza; e o piloto do barco, Pedro Lima. Nicolas e eu completamos o grupo. Eu carreguei o essencial: uma muda de roupa, minha rede e a lona. Deixei o resto das minhas coisas penduradas na viga do meu barraco. Estaríamos de volta em quatro ou cinco dias, estimou Possuelo.

Enquanto isso, Possuelo queria que os matises e canamaris ficassem para trás, prosseguindo com a confraternização intertribal, o que seria melhor para construir a consciência pan-indiana que ele tentava incutir.

— Vocês devem ir pescar juntos, caçar juntos, continuar a aprender palavras na língua do outro — disse aos índios, que se reuniram para nos ver partir.

— Isso é importante. Unidos — matises, canamaris, marubos — vocês são fortes. Podem manter o homem branco longe e ter bastante para comer e viver felizes. Divirtam-se juntos, tornem-se bons amigos. Estão entendendo?

Os índios assentiram.

— E outra coisa...

Eu não esperei para ouvir qual era a outra coisa. Disparei escada acima até a cabine principal, no convés superior, onde o Globalstar de Possuelo estava carregando no suporte sobre a mesa. Disquei para a casa no lago George. Os meninos estariam lá agora, e meus pais também. Atendeu a secretária eletrônica; muito cedo para alguém já estar de pé. Deixei uma mensagem, avisando que estava bem. Fiz outra chamada, para Sarah. Meu coração disparou quando ouvi o telefone chamar do outro lado. E então, uma resposta automática. A linha tinha sido desconectada. Ela tinha ido embora de Nova York.

— Cadê o Scott? — ressoou a voz de Possuelo lá embaixo.

Não havia tempo para outra chamada, eu teria que esperar. Desci rapidamente pelos degraus e encontrei todos esperando por mim, os botes carregados e prontos para a partida: mochilas, mantimentos, armas, combustível. Até mesmo a velha motosserra. Equilibrei-me até um lugar na proa, ao lado de Adelino Marubo. Nicolas e Paulo Souza estavam bem atrás de nós, seguidos de Márcio e Remi. Lá no final, Pedro Lima pilotava o motor de popa. O outro bote era pilotado por Amarildo, com Possuelo e Alcino Marubo no banco do meio e Soldado na proa.

Entramos pelo Curuena, a água estável como um espelho. Estávamos animados e relaxados, principalmente porque Possuelo estava no outro barco. Enchemos nossas canecas com café fumegante de uma garrafa térmica. A lata de chocolate em pó circulou pelo barco, cada um enchendo a boca com uma colherada cheia, abaixando-se para se proteger do vento e da linha de visão de Possuelo.

— Cuidado para Sydney não ver! — disse Nicolas.

Ele descascou uma cenoura e me deu metade. Mastiguei com gosto.

O sol irrompeu de trás das nuvens. Araras-azuis estridentes voavam lado a lado sobre as águas, os peitos amarelos brilhando em reflexos na superfície. Ficamos atrás do outro bote e seguimos em sua esteira. A superfície brilhante do rio oferecia uma imagem espetacular das altas muralhas da selva e de um céu pontilhado de nuvens que parecia estender-se pela eternidade. Após dias de remadas laboriosas, em ritmo de lesmas, era uma emoção irresistível deslizar sem o menor esforço sobre o vasto espelho d'água, sentindo o vento no rosto, vendo a floresta passar rapidamente ao largo, e observar os reflexos do céu e da selva em constante mudança nas águas diante de nós.

Nos aproximamos de uma brilhante praia branca e vimos as primeiras sugestões de presença humana: pegadas indo de um ninho saqueado de tartaruga para outro.

— *Nawa*, homem branco — disse Adelino.

— Como você sabe? — perguntei.

— Não sei — respondeu ele, com um sorriso vago.

Mas, provavelmente, estava certo. Tão perto da boca do rio, era improvável que fosse outra pessoa. Adelino tinha bochechas marcadas, separadas por um grande nariz de batata, os cabelos negros e lisos penteados em tufos desordenados, como se tivesse sido cortado por um tesourão de jardim. Ao contrário de muitos dos índios que nos acompanhavam, ele sabia sua idade, 30 anos. Até mesmo sabia ler e escrever um pouco, graças aos missionários de Rio Novo, que achavam que saber ler era uma parte fundamental para se conhecer a palavra de Deus.

Eu não tinha conversado muito com os marubos nos últimos dois meses. Em sua maioria, eram silenciosos e taciturnos, mantendo-se quase sempre recolhidos. Mas sentar com Adelino na proa do bote permitiu que nos conhecêssemos melhor. Como todo mundo, ele estava ansioso por voltar para casa.

— Vai ter uma festa grande — disse. — Todo mundo vestindo pena de arara, faixa no braço, colar. A caiçuma é muito doce. Todo mundo dança.

O nome verdadeiro de Adelino, o que ele usava entre seu povo, era Washakama. Não era estranho que os índios tivessem nomes tribais e nomes "brancos", usados para lidar com o mundo externo. Era a sua maneira de manter distância, talvez protegendo seus espíritos de influências nocivas. Os matises usavam menos esses apelidos, que eram uma prática comum entre os marubos e canamaris. Possuelo jamais usava seus nomes indígenas, sempre os nomes brancos. Eu compreendia isso como uma demonstração de respeito por suas fronteiras. Seguindo o exemplo dos irmãos Villas-Bôas, Possuelo era enfático em sua recusa de "tornar-se nativo", em qualquer aspecto. Ele mantinha distância. Jamais participava das cerimônias sagradas dos índios ou tentava descobrir segredos das tribos. Em se tratando dos nomes nativos, segui seu exemplo. Acabei aprendendo os nomes indígenas de nossos companheiros, mas não os utilizava.

Adelino já estava pensando em receber sua remuneração e nas compras que faria em Tabatinga e em Leticia. Além de munição para a espingarda, planejava comprar artigos domésticos, panelas, pratos, colheres, sabão, anzóis; além de presentes para a mulher e dois filhos. Os cartuchos para espingarda eram essenciais para que pudesse prover a família. Apenas os anciãos marubos ainda sabiam fazer os firmes — e ao mesmo tempo flexíveis e longos — arcos e as setas de bambu com os quais os homens da tribo caçaram por eras.

Adelino disse que gostava de Possuelo, especialmente por ele ter expulsado os brancos da terra indígena.

— Antes, havia muitos brancos — madeireiros, pescadores, caçadores. Pegavam tudo, os animais, a madeira, o peixe. Cortavam as samaúmas e o cedro. Agora tem muitos animais, porco, tracajá, macaco. Agora o rio tem muito peixe.

Obviamente, no que se referia a Adelino, as lições de Possuelo não tinham sido em vão. Sem a floresta intacta, os índios não tinham nada. A proteção ambiental era fundamental para sua sobrevivência.

* * *

No início da tarde, uma grande casa de madeira apareceu à esquerda, no alto de uma encosta suave saindo do rio e com a floresta por trás. Desligamos os motores e deslizamos em direção à margem, saudados por um bando de vira-latas ameaçadores.

— Esses cachorros mordem? — gritou Possuelo em direção à casa.

— Sim, mordem — respondeu uma voz de algum lugar lá do alto.

Um homem hirsuto, de short e camisa frouxa, saiu de trás de um varal cheio de roupa lavada. Veio em nossa direção em passos largos e preguiçosos, como se tivesse todo o tempo do mundo. Os cachorros latiam e mostravam os dentes. Possuelo pousou a mão no coldre.

— A gente pode ter que meter uma bala num animal desses — disse — se você não vier aqui para controlá-los.

— Meu nome é Marinaldo — disse o homem chegando à praia e chamando os cães.

Eles se viraram e saíram em disparada. Marinaldo tinha uma constituição sólida. A camisa aberta revelava um abdômen bem definido. Veias saltadas envolviam os antebraços. Possuelo ficou no barco, arrancando informações: Havia caçadores rio acima? Madeireiros? Os troncos flutuavam rio abaixo?

— Não muitos — disse Marinaldo, dando de ombros. — Está tudo calmo.

Havia mais três casas rio acima, reportou. A última delas era a de Heleno.

— O aleijado? — perguntou. — Sem um pedaço da perna?

— Esse mesmo — confirmou Possuelo, com um aceno de cabeça.

Marinaldo olhou para os nossos barcos.

— Vocês não vão chegar lá hoje — disse. — Talvez nem mesmo amanhã.

Partimos a toda velocidade, desviando de um lado para outro por um labirinto de árvores submersas, em disparada por uma sucessão de praias brilhantes. Passamos por uma casa pintada de branco, idilicamente em contraste com a floresta. Quando o sol começou a baixar, passamos pela segunda casa. Restava apenas a de Heleno. Continuamos em frente, correndo para subir o rio o máximo possível antes de escurecer.

Acampamos naquela noite numa clareira encantada, com chão de areia macia e estranhas árvores baixas, com troncos crescendo para os lados, nos quais penduramos nossas redes. Vagalumes piscavam e mariposas luminescentes voavam em meio ao crepúsculo. Das profundezas da floresta, veio o guincho de um gavião noturno, lúgubre e monossilábico, como um filhote de gato. De repente, um homem com uma camisa branca brilhante apareceu das sombras, vindo em nossa direção como uma aparição fantasmagórica.

— Boa noite! — cumprimentou.

Chamava-se José. Tinha um aperto de mão firme. Era um dos filhos de Heleno Teixeira, disse, voltando para a casa da família. Ouvira que íamos na mesma direção. A conversa foi educada.

— Ninguém nunca veio medir a casa, ou conferir a lavoura para estabelecer nossa indenização — disse.

Possuelo convidou-o para passar a noite, mas ele recusou.

— Preciso ir andando — disse. — Mas nos encontramos lá em cima em breve.

Ele seguiu seu caminho, em pé numa pequena canoa de tronco, empurrando-a rio acima palmo a palmo, desaparecendo na noite.

Após uma refeição simples de porco e macaxeira, voltei à beira do rio para me lavar. Chapinhei por ali, a água pelos pés, alheio a qualquer perigo oculto. Ouvi uma voz atrás de mim:

— Cuidado com o jacaré.

Era Possuelo.

Ele moveu a lanterna. Jesus! Um par de olhos vermelhos brilharam direto sobre mim, a não mais do que uns 5 metros de distância. Era um monstro, a julgar pela distância entre os olhos.

— Cuidado, Scott — disse Possuelo. — Ele poderia ter te jantado.

Estávamos de volta ao rio ao amanhecer. Uma hora depois, encontramos uma canoa coberta vindo com a corrente. Dois jovens estavam a bordo, na proa e na popa, empurrando-a com uma vara pelos baixios. Um motor, envolto em plástico, estava preso à popa.

— Sem gasolina — explicou o rapaz de trás.

Possuelo os pressionou: o que estavam fazendo? Aonde estavam indo? Algum caçador mais para cima? E o sujeito que mora na bifurcação do rio, estava lá?

— O aleijado? — perguntou o de trás. — Sim, ele está lá.

O aleijado. Ele começava a adquirir um status lendário em minha imaginação: Heleno Teixeira, o grotesco vilão aleijado, dirigindo sua luta pela dominação global de um refúgio proibido nas profundezas da floresta.

O canal continuava a se estreitar, o caminho à frente bloqueado por árvores caídas a cada curva, os ramos nus em contorções estranhas. Na confluência de um córrego de águas escuras que vinha da direita, passamos por uma placa marcando a fronteira da terra indígena, virando à direita onde o rio se bifurcava. Estávamos de volta ao território índio. Passamos muito lentamente entre os galhos enormes que pendiam junto à água, todos se abaixando com o rosto para baixo com os ramos secos raspando e se quebrando em nossas costas. Deslizamos sobre troncos submersos logo abaixo da superfície, Pedro levantando o eixo habilmente, no momento certo para salvar a hélice.

Já tínhamos avançado por 150 quilômetros Curuena acima, de acordo com o mapa, o dobro disso em distância real, e ainda nada de Heleno.

— Dá para ver como é difícil ficar de olho nas coisas por aqui — disse Possuelo quando paramos numa praia para esticar as pernas. — A área é maior do que muitos países da Europa.

Por que uma pessoa resolveria viver tão longe dos confortos da civilização, num isolamento tão radical do resto do mundo, era algo fora da minha compreensão, especialmente sem nada entre ela e as tribos isoladas do alto do rio.

E era exatamente por isso que Possuelo queria que saíssem. Havia uma boa chance de os Teixeira estarem coletando madeira além da casa, rio acima, aproximando-se cada vez mais de um conflito violento com os flecheiros ou algum outro grupo, como os tsunhuns-djapás, talvez.

— Para obter madeira valiosa, é preciso ir cada vez mais fundo e mais longe, para o alto do rio. Quanto mais longe, maiores as chances de um choque com os índios.

Talvez ainda mais problemática fosse a possibilidade de a família de Heleno subitamente se ver nas mãos do crime organizado — traficantes de drogas fortemente armados ou máfias de madeireiros tomando conta da casa deles como uma ponta de lança para penetrar mais profundamente na selva.

* * *

O complexo dos Teixeira revelou-se bem mais modesto e muito mais espetacular do que eu imaginara. De manhã cedo, no terceiro dia, chegamos a uma bifurcação do rio, e seguimos para o sul. Logo à frente, apareceu a casa principal, na margem esquerda, uma estrutura com telhado de sapê plantada bem no alto, à sombra de uma luxuriante mangueira. A casa sustentava-se sobre dez estacas grossas, e atrás dela crescia uma moita majestosa de palmeiras de açaís. Seis canoas estavam amarradas na praia, como carros na entrada da garagem de casa. Uma delas estava cheia até a borda de macaxeira descascada — mandioca doce — mergulhada em água, o início do processo para moer e produzir farinha. A casa era ladeada por uma plantação de bananeiras de um lado e uma roça de fileiras de mandioca do outro, as folhas cheias na altura do joelho, indo até a beira da floresta. Galinhas cacarejavam. Crianças corriam de pés descalços pelo quintal, entre gritos e risadas. José estava em pé diante da casa, vestindo a mesma camisa branca e brilhante de dois dias antes.

— Bem-vindos ao igarapé Lobo! — saudou. — É assim que chamamos. Podem entrar!

O covil do mal é que não era.

— Pedro, pegue os marubos e os canamaris para dar uma olhada por aí, rio acima — disse Possuelo, em voz baixa. — Veja se tem alguma coisa estranha. Volte em uma hora.

Um tronco entalhado servia de escada até a porta da frente. Segui Possuelo pelos degraus. Um homem diminuto, de cabelos grisalhos despenteados, estava agachado no meio do chão de tábuas, uma única perna dobrada sob si. A barba de quatro dias cobria o rosto magro. Óculos tortos de aro de osso pendiam num ângulo incerto do nariz, lentes grossas ampliando um par de tristes olhos castanhos. Dos ombros caídos, pendia uma camiseta roxa esfarrapada estampando a expressão em inglês FREE LOOK. Parecia ter uns 70 anos de idade.

— Vocês chegaram na hora do café da manhã — disse Heleno Teixeira.

Nós nos aproximamos para receber seu aperto de mão, com cuidado para pisar em cima das vigas sem cair através do piso precário. Um couro endurecido de veado e um velho violão pendiam das vigas sobre sua cabeça. Camisas, sapatos e uma velha máquina de costura Singer estavam enfiados nos nichos de uma divisória na altura da cintura, separando os quartos atrás dele.

— Então vocês vieram nos expulsar? — disse uma mulher bonita, usando um vestido de algodão desbotado, elevando a voz da cozinha, à esquerda, diante de uma panela fumegante.

— O governo só existe para uma coisa, tirar tudo o que é da gente.

Chamava-se Amazoninha e era a mulher de Heleno há cinquenta anos. Serviu um prato de panquecas soltando fumaça, cobertas com mel silvestre, junto com uma xícara cheia de café com leite. Era como mágica, tínhamos viajado aos extremos da Terra para comer um prato de panquecas fumegantes. Enquanto eu comia, um pássaro sarnento, com pernas e pescoço longos — um jacamim de asas cinza —, pressionava a cabeça contra as costas da minha mão, com insistência cativante. Se eu parasse de afagá-lo por um segundo, ele forçava a cabeça contra mim com sua crista felpuda. Há muito tempo que eu não me deparava com tanta ternura.

— A autoridade virá aqui, vão pagar vocês — disse Possuelo de uma vez. — Vão medir a casa. Medir o tamanho da plantação. Vocês serão compensados de acordo: um metro quadrado de macaxeira plantada vale tanto. Mas vocês terão que sair. Não serão compensados pela terra, porque é propriedade da União. Vocês só precisam se mudar para antes da placa, fora da terra indígena, viver lá por cinco anos e a terra será de vocês.

Essa era apenas uma interpretação da lei bastante nebulosa sobre a questão dos direitos dos posseiros, origem de feudos e de conflitos de terra por toda a Amazônia.

— Estamos aqui há 48 anos — disse Amazoninha.

Ela não precisava completar: *E olhe como estamos bem*. Tinham 40 mil pés de macaxeira prontos para a colheita e mais 3 mil recém-plantados. Em outra época e lugar, os Teixeira seriam exaltados como cidadãos-modelo, guardiões do meio-ambiente, justamente o tipo de colono decente e trabalhador que uma freira nascida em Ohio, chamada Dorothy Stang, estava organizando mais para o leste, no estado do Pará, para resistir aos poderosos criadores de gado que arrasavam a mata para plantar pastagens, uma cruzada pela qual acabaria pagando com a própria vida. Infelizmente para os Teixeira, eles não tinham como saber que, ao se instalarem aqui, neste pequeno trecho de floresta no qual investiram toda uma vida de trabalho duro, um dia seriam declarados invasores e qualquer argumento que tivessem seria declarado nulo e sem valor.

Atrás de Amazoninha, o teto da cozinha era todo manchado pela fuligem do fogo de incontáveis refeições. Dezenas de latas de leite em pó enfileiravam-se junto ao teto escurecido. Enfiadas no revestimento de palha, havia colheres e escovas de dente. Frigideiras, panelas e grandes bacias de metal pendiam pelas alças das vigas sobre a mesa, coberta por uma toalha de mesa xadrez preta e vermelha e bem engomada. Páginas amareladas de jornal e calendários antigos de farmácias forravam as paredes da cozinha. Parecia uma versão tropical das fotografias de Walker

Evans, que retratou a miséria de agricultores brancos no Alabama na década de 1930.

Heleno instalara-se aqui vindo do Juruá, um colono jovem, contou, chamado para extrair látex para um certo Mario Ferreira, que afirmava ser dono de toda a extensão ao longo do Jutaí naquela época. Heleno trouxe junto Amazoninha e o primogênito, que tinha apenas alguns meses.

— Todos os outros nasceram aqui — disse, ainda acocorado no meio do chão.

Quando os meninos cresciam o bastante para trabalhar, acompanhavam Heleno na rotina diária de ir tirar o látex das seringueiras. Ele contratou índios locais para reforçar o trabalho. Mais de uma vez, tivera conflitos com índios indomados rio acima.

— Da última vez, foi há mais de dez anos — disse Heleno.

— Mais de vinte — interrompeu José, que estivera sentado em silêncio no canto. — Morreram quatro de cada lado, quatro deles, quatro nossos.

Era uma confissão surpreendente, seguida por um longo silêncio. Se Possuelo desejava mais algum motivo para expulsar os Teixeira, acabara de ouvir. Não importava há quanto tempo tinha acontecido. Sem a expulsão definitiva de todos os brancos, a violência surgiria novamente; era apenas uma questão de tempo. A história demonstrava muito claramente, no alto Amazonas, e por toda a América, que um único ataque organizado de retaliação era capaz de eliminar uma aldeia inteira, fazer com que os últimos remanescentes de toda uma tribo desaparecessem, e ninguém do mundo exterior sequer iria saber. Todos os gritos eram abafados, as provas desapareciam na vastidão profunda da selva. Não que os Teixeira fossem fazer isso. Mas eles poderiam se tornar cúmplices inadvertidamente. A simples presença dos brancos, por si só, era uma ameaça.

Os índios ainda se aproximavam?, Possuelo queria saber. Heleno balançou a cabeça.

— Os índios não atacam os brancos apenas porque gostam ou porque é da natureza deles, vocês sabem — disse Possuelo, dando uma rápida aula de civismo. — Fazem isso porque, no passado, os brancos queimaram suas aldeias e destruíram suas plantações. E matavam os índios que não iam embora.

Ele falava em termos estritamente gerais, não queria que os Teixeira achassem que estavam sendo acusados.

Estava claro, de qualquer modo, que os dias de luta de Heleno havia muito tinham ficado para trás. Sete anos haviam se passado desde que seu pé fora atingido por um tiro disparado acidentalmente por um neto enquanto limpava a espingarda. Eles levaram dez dias e noites num barco a motor para chegar ao hospital, em Jutaí. Quando Heleno chegou lá, a gangrena já tinha se espalhado pela maior parte da perna. Não havia opção a não ser amputar.

Os netos e bisnetos começavam a ficar inquietos, pulando nos colos dos adultos, fixando-nos com sorrisos brilhantes e alegres. Eram jovens demais para compreender a maré negra que trazíamos para sua família e seu futuro.

Após tudo ser dito, perguntei quantas pessoas moravam ali.

— Hmmm. Deixa eu ver — respondeu José.

Ele tirou uma calculadora do bolso. Parecia estar forçando o cérebro ao digitar os números no teclado, murmurando continuamente. Por fim, levantou o olhar e disse:

— Dezessete.

Talvez fosse o melhor mesmo, disse Heleno, com um suspiro. Mudarem-se para a cidade; os jovens poderiam ir à escola.

— Sabíamos que isso ia acontecer um dia — disse, com uma resignação abjeta. — Que teríamos de ir embora.

Mas a ideia parecia aterrorizá-lo.

— A cidade é para quem tem um emprego. Ninguém vai me contratar. Uma pessoa como eu pertence à floresta.

Ofereceu-me um cigarro. Peguei um e olhei em torno, em busca de um isqueiro. Antes que pudesse interrompê-lo, ele pulou em sua única perna e se aproximou, o isqueiro estendido para mim. A gentileza daquele homem parecia não ter fim.

— Foi bom demais aqui — disse.

Melhor do que qualquer outro lugar que ele conhecera ou iria conhecer. Ao olhar pela porta aberta, para além da mangueira, além do quintal, até o rio, pude ver tudo refletido em seus óculos de fundo de garrafa. Seu pequeno pedaço do paraíso. Ainda assim, sua voz não transmitia qualquer amargura.

— Oi, Sydney! — chamou Pedro da praia.

Ele acabava de voltar com os outros.

Possuelo se levantou.

— O pessoal do governo virá em breve — disse Possuelo. — Estejam preparados para partir.

Ele foi em direção à porta e depois voltou-se.

— Vocês precisam de combustível? Troco quarenta litros por dois sacos de farinha e um cesto de macaxeira.

Heleno concordou. Negócio fechado.

Inclinei-me para me despedir dele. Ele não desceria para se despedir de nós.

— Adeus, meu querido — disse, segurando minha mão calorosamente entre as suas. — Toda a felicidade do mundo para você.

Meu querido — eu tinha ouvido direito? Foi um daqueles encontros: uma hora na companhia de um completo estranho, que eu nunca mais encontraria, mas que toca a vida da gente de uma forma inesquecível.

Aos pés do tronco escavado, Amazoninha pousou a mão ossuda no meu braço.

— *Felicidade pra você* — disse, ecoando os sentimentos do marido.

Não consegui deixar de imaginar de onde viria toda aquela boa vontade. Eles não desejavam nada além do melhor para nós. Poderiam querer nos ver mortos.

Subimos nos barcos e voltamos para a correnteza. Pedro acelerou o motor. O barco de Amarildo seguiu na nossa esteira. A esposa de Heleno, os filhos, netos e bisnetos espalharam-se diante da porta, pela escada e até a praia, acenando enquanto desaparecíamos na curva. Nos reunimos pouco mais abaixo, na praia arenosa do igarapé Lobo.

— Assim que voltar para Brasília, vou preparar a papelada para tirá-los de lá.

Retomamos a viagem, desviando dos troncos submersos, galhos estendidos acima das águas e troncos flutuantes. Quando a família Teixeira deixasse o igarapé, e não houvesse mais ninguém para remover as árvores caídas, o canal logo ficaria bloqueado e a navegação, impossível. O acesso ao mundo exterior se fecharia, e os índios, uma vez mais, reinariam supremos sobre a floresta.

CAPÍTULO 25

A draga de ouro

Logo após deixarmos a terra indígena para trás, passamos acelerados por um barco coberto, onde dois homens dormiam, ou fingiam dormir, deitados em redes. Não prestamos maior atenção até que, poucas horas mais tarde, nos deparamos com uma enorme criatura — longa e retorcida, amarela e verde — boiando na superfície. Flutuava com a barriga para cima, enroscada em torno de si mesma como uma grossa mangueira de incêndio, e tinha cerca de 10 metros. Nas laterais exibia grandes manchas amarelas, delineadas em preto, e estava inchada na parte média do corpo, como se inflada de ar.

— É uma anaconda! — gritou Nicolas. Soldado pulou no rio, com água pela cintura, para desenroscar a serpente morta, abraçando o corpo escamoso e virando-o para cima. A cabeça se soltou, revelando um grande buraco de bala. Um odor nauseabundo nos envolveu como uma nuvem tóxica.

— Foram aqueles dois idiotas lá atrás — disse Possuelo.

— Uma sucuri — disse Soldado, lutando com o monstro desajeitado, alheio ao fedor que deixava todos engasgados. — Esse tipo de sucuri vira uma canoa facilmente e depois esmaga a pessoa até a morte. Já vi isso acontecer.

Não que tenha sido o caso desta. Estava com a barriga cheia, muito provavelmente estendida na margem, digerindo uma presa de tamanho considerável quando foi baleada.

— Qual é a vantagem de se matar uma criatura magnífica como essa? — perguntou Possuelo, incrédulo. — Não era nenhuma ameaça para eles.

Agora ele desejava ter parado para descobrir no que os dois sujeitos estavam metidos e por que passeavam tão perto da fronteira da reserva. Não gostou daquilo. Atos de violência tão gratuitos pareciam revelar um desprezo subjacente mais profundo pela vida, na opinião dele, e eram especialmente inquietantes quando seus perpetradores estavam às portas da área protegida.

— Vamos dar o fora daqui — disse.

Quando retornamos ao acampamento no Jutaí, Orlando e Paulo Welker estavam junto à fogueira, discutindo uma notícia que tinham visto na televisão a bordo do *Kukahá*. A CNN obtivera um vídeo supostamente mostrando Osama bin Laden em um acampamento de terroristas, em local não revelado, realizando experiências mórbidas com cães para demonstrar o poder mortal de um veneno que agia sobre os nervos, do qual ele se apossara. Lá estava o perverso Bin Laden, um sorriso sádico recortado no rosto como o Pinguim ou o Coringa, de alguma história em quadrinhos, ameaçando envenenar o suprimento de água de Gotham. Atrás dele, os cães se contraíam e caíam, imóveis.

Ao longo dos anos e das décadas, Possuelo achou melhor se isolar do mundo exterior durante as expedições. Nunca levava um rádio de ondas curtas, jamais se preocupava em se manter atualizado com os eventos mundiais.

— Para quê? — perguntou. — O que me interessa saber que a Índia e o Paquistão estão se ameaçando mutuamente com armas nucleares?

Essa pequena nota certamente reforçava seu argumento; era difícil imaginar uma conversa de boas-vindas mais deprimente na volta ao mundo lá de fora. Seria realmente possível que estivéssemos todos conectados, todas as pessoas do planeta, por seis graus de separação? Tudo parecia tão distante daqui, um salto tão gigantesco a ser considerado. Mas, estranhamente, a "minha" conexão com Bin Laden era claramente identificável: um amigo próximo o entrevistara numa caverna afegã, em 1996. Estávamos separados, portanto, por meros dois graus. E quanto aos flecheiros? Onde estava o rastro com seis pontos que poderia me ligar a eles? Seguimos por um caminho que ia direto para a aldeia deles, mas eles fugiram a tempo de preservar a fronteira fluida e invisível que os separavam de nós. Era a mesma linha que cruzava as sombras e o leito dos rios, e talvez passasse bem diante da porta do solitário posto avançando de Heleno, rio acima. Estivéramos a poucos passos dos flecheiros, possivelmente, mais de uma vez; é provável que até mesmo tenhamos ficado sob a mira de seus arcos retesados. No entanto, num sentido muito real, os flecheiros continuavam mais distantes do que aqueles homens barbudos entocados nas cavernas de Hindu Kush. Talvez houvesse uma conexão via Wura, o canamari lá do Itaquaí que afirmava ter visitado um clã que ele chamou de Capivara, há muito tempo. Talvez via Aruá, dos tsunhuns-djapás, ou de seu amigo que vestia a camisa dos escoteiros e cujo nome eu não sabia. Mas, por outro lado, talvez não. Seis graus talvez não nos aproximassem dos flecheiros; nem mesmo trinta, quem sabe. Talvez fosse necessário voltar duas mil gerações, ao tempo dos nossos ancestrais africanos comuns, para localizar a ligação. Talvez isso fosse a essência do significado de se manter isolado: ser totalmente desvinculado da aldeia global. Tantos graus de separação a serem considerados. Não era possível encontrá-los de onde estávamos.

* * *

Uma grande agitação chegou ao alto da margem, lá da beira do rio. Soldado e Raimundo acabavam de atracar com uma canoa trazendo um enorme pirarucu. Traziam-no pendurado pela boca, preso a uma estaca, erguida sobre suas cabeças para não arrastar sua cauda pelo chão. Soldado o acertara com um tiro, mais acima do rio, quando subiu à superfície para respirar. Mas assim que suspenderam o peixe num par de forquilhas, veio o comando: estávamos de partida. O peixe teria que ser carregado a bordo para ser cortado mais tarde. Junto ao fogo, Paulo Souza desfazia caixas de papelão e as jogava numa pilha, sobre o braseiro. Ele parecia alheio ao perigo de espalhar o fogo pela coberta de palha que cobrira a fogueira nesses últimos dias.

Quando os motores roncaram e o *Kukahá* começou a se afastar da praia, o monte de lixo de Paulo Souza ardeu súbita e espetacularmente, as labaredas saltando para o telhado de palha numa bola de fogo cor de laranja, extinguindo-se rapidamente. Há dias, uma dúzia de urubus permanecia em sombria vigília nas árvores próximas. O rufar de suas asas produzira um contraponto inquietante ao zumbido agudo dos insetos durante o crepúsculo e ao alvorecer. A hora deles tinha chegado. Baixaram sobre a margem com uma ousadia insolente, como se zombassem de nossas corridas inúteis, e tomaram conta do cais abandonado sem ao menos esperar que saíssemos de vista.

Subi para o convés superior para me esticar no chão firme. Era a primeira vez que eu conseguia deitar de costas, sobre uma superfície plana, em mais de dois meses. Fui para a parte da frente da cabine de comando, onde algumas cadeiras plásticas reclináveis estavam espalhadas. Sentado ali, olhando para a água abaixo, com a selva deslizando ao largo, senti como se viajasse num tapete mágico.

No andar de baixo, os canamaris tinham adormecido no chão, num único grupo, indiferentes à pulsação do motor, que fazia o chão vibrar, reverberando incessantemente. Na proa, Orlando e Pedro jogavam pôquer no laptop de Possuelo. Paulo Welker estava sentado sozinho na popa do andar de cima, os fones de um walkman enfiados nos ouvidos, tomando chimarrão. As duas canoas e os botes de alumínio vinham rebocados, e os matises tinham se recolhido sob a sombra do santuário coberto de sua canoa. Pareciam tão apegados à embarcação que tinham construído e remado rio abaixo que não conseguiam ficar longe dela.

* * *

Mais para o fim da tarde, passamos por uma cabana de sapê na margem esquerda. Soldado, Pedro e José pularam numa lancha, afastaram-se do *Kukahá* e foram dar uma olhada, esperando poder comprar tabaco ou trocar por alguma coisa. Voltaram de mãos vazias.

— Eles fugiram — disse Soldado. — Correram para a floresta.

A medida de seu pânico eram as coisas que deixaram para trás: a mesa posta com seis lugares, com travessas servidas com carne, peixe e ovos de tartaruga.

— Provavelmente acharam que era o Ibama — disse Soldado. — Acharam melhor deixar suas coisas serem confiscadas do que irem presos.

Tudo o que tinha na mesa era proibido, nas palavras de Soldado, das grandes postas de pirarucu aos montes de ovos de tracajá.

— É incrível — Possuelo balançou a cabeça. — Todo mundo se esconde de todo mundo por aqui. Os índios se escondem do homem branco.

O homem branco se esconde dos outros homens brancos. Ninguém confia em ninguém. É uma confusão dos diabos.

Mal tinha pronunciado essas palavras quando passamos por outra cabana solitária, com o mesmo aspecto de abandono às pressas, nem um só par de olhos espiando pela janela, nem uma sombra recortada na porta aberta.

Viajamos noite adentro, Soldado e eu conversando com Adelson na cabine de comando, no convés superior. Relâmpagos piscaram no horizonte. Dois homens mirrados estavam descalços, em pé, no mato a bombordo, do lado oposto a uma praia branca. Sua pequena canoa, amarrada à margem, balançou ao passarmos.

— Estão vigiando a praia — disse Soldado. — O tracajá vai botar ovos esta noite.

Eu não tinha ideia de como ele poderia saber disso, ou de como os homens na margem sabiam. Mas Soldado tinha certeza absoluta de suas palavras.

Isso explicaria por que tantos jacarés também patrulhavam os baixios. Seus olhos brilhantes ardiam como brasas na escuridão, quatro ou cinco pares a cada curva, iluminados pelo farol de Adelson.

— Muito jacaré — disse Adelson, o nariz adunco e a barba iluminados pelo rastro da luz. — Parecem famintos.

Um tombo noturno na água devia ser evitado a qualquer custo; as chances de chegar vivo à margem eram mínimas. E era algo que poderia ocorrer facilmente; as grades em torno do convés superior mal chegavam ao joelho.

Os barcos fluviais eram a espinha dorsal do sistema de transporte público da Amazônia, e era surpreendente que não houvesse mais notícias sobre acidentes assim nos jornais. Provavelmente eles ocorrem todos os dias, sendo por demais comuns para merecer virar notícia, a não ser quando um barco absurdamente superlotado vira e centenas de pessoas desaparecem. Conheci uma enfermeira do serviço de saúde pública da aldeia caiapó de Gorotire cujo filho de três anos caiu do barco no Xingu quando ela estava a caminho do posto. Preparava o jantar no convés, como todo mundo faz nos barcos públicos, quando o menino saiu correndo.

— Tchau, mamãe — disse a ela.

Ela achou que ele estivesse apenas brincando, mas, quando se virou para procurá-lo, um segundo depois, ele tinha desaparecido. Ela procurou por todo o barco, com pânico crescente, gritando seu nome. O capitão se recusou a dar a volta, dizendo que era inútil. Ela saltou na parada seguinte e voltou pelo caminho, mas nunca o encontrou, nem mesmo o corpo. Ela continuou até Gorotire; tinha assinado um contrato.

— E não tinha nenhum outro lugar para ir — acrescentou.

* * *

Na cozinha, Mauro e Paulo Souza estavam preparando o jantar. Um jato de vapor assobiava saindo da panela de pressão, misturando-se ao ronco do motor de 125 cavalos do *Kukahá*. Estávamos navegando a quase 12 nós. Risadas e cotoveladas se espalhavam pela fila da comida que serpenteava pelo convés principal. Todos tinham um ar renovado e limpo, resultado de um banho de balde com sabão de verdade e xampu, seguido de uma troca de roupas. Alfredo, de fardas limpas e cabelo raspado, poderia se passar por um recruta do exército indo para casa de licença. Em meio a risos e gargalhadas, esperamos pelo arroz fumegante e o pirarucu suculento que seriam servidos.

Mais tarde, perdi a chance de conseguir um lugar para pendurar a rede e acabei no chão, vibrando a noite toda com o bater do motor. Levantei no meio da noite e encontrei Mauro ainda trabalhando na cozinha, tirando bandejas de biscoitos frescos do forno.

— Aqui, sr. Scotch — disse ele, piscando e me estendendo um bolinho fumegante.

— Rápido, a-a-antes que alguém veja.

Parecia não haver fim para a conspiração e a intriga.

A viagem rio abaixo prosseguiu monotonamente, a selva deslizando ao longo, o rio ficando mais largo. Ainda havia riscos à navegação — fortes correntezas cruzadas, bancos de areia ocultos, enormes troncos flutuando logo abaixo da superfície, como minas flutuantes explosivas ao contato. Acertamos um com tanta força que o barco tombou e começou a adernar, forçando-nos a parar numa praia remota. Os homens mergulharam sob o casco e voltaram com sua hélice enorme. Uma das lâminas tinha entortado em um ângulo forçado. Danilo montou uma fundição improvisada na praia, batendo a lâmina de volta para o lugar com uma marreta.

Entramos por um redemoinho ladeado por caniços altos na embocadura do rio Mutum, que entrava no Jutaí por uma curva acentuada ao longo da margem direita. Possuelo saiu num bote com Pedro Lima para visitar uma cabana diante da confluência, em cima de um barranco varrido pelo vento. Voltaram vinte minutos depois, com relatos de que dezenas de dragas de ouro ilegais estavam operando no rio Mutum. Estavam lá há semanas, segundo os moradores locais, sem qualquer sinal da lei. Era exatamente o tipo de informação que tentava Possuelo a entrar em ação. Uma atração aparentemente patológica pelo ouro tinha atraído onda após onda de exploradores e aventureiros, que se embrenharam cada vez mais fundo pela Amazônia ao longo de quinhentos anos de história, a um custo ambiental e social incalculável.[1] Inúmeras tribos foram varridas do mapa, escravizadas ou levadas a lutar umas com as outras. Rios foram envenenados, florestas, arrasadas. Possuelo tinha visto as consequências com os próprios olhos entre os ianomâmis — a morte e a doença, a confusão total e absoluta de um povo oprimido pela corrida do ouro. As dragas eram apenas a manifestação mais recente do flagelo: plataformas flutuantes que devastavam enormes trechos das margens, vomitando efluentes tóxicos diretamente nos rios. Eram tão destrutivas que era praticamente impossível obter uma autorização de uso.[2] Mas isso não impedia que centenas, talvez milhares de máquinas estivessem em operação ilegalmente ao longo dos cursos d'água mais distantes e fora do alcance do governo. Raramente alguém tentava detê-los.

Tecnicamente, as dragas operavam fora da jurisdição de Possuelo, mas esse fato pouco significava para impedi-lo de agir.

— Podem estar por aqui hoje — disse ele —, mas não há nada que os impeça de entrar na terra indígena amanhã.

Ele subiu para pegar o Globalstar. Precisava apenas de uma liberação da Polícia Federal. Para Possuelo, parecia uma oportunidade por demais propícia para deixar passar. Ele estava suficientemente perto, em termos relativos, tinha mais de trinta homens, armados, uniformizados e efetivamente nomeados — certamente, força suficiente para lidar com os garimpeiros, notoriamente violentos. Estávamos a centenas de quilômetros de lugar nenhum; anos poderiam se passar antes que uma força da lei tivesse recursos suficientes para voltar a desafiar os foras da lei do Mutum. Mas o *Kukahá* estava avariado, a hélice mal funcionava. E, como não conseguiu contato com a PF pelo telefone via satélite, Possuelo relutantemente decidiu abortar a missão.

Mas houve um consolo. Seus informantes confirmaram o que Danilo já lhe tinha dito: uma draga estava operando a meio dia de viagem rio abaixo, junto à margem direita do Jutaí. O *Kukahá* tinha passado por ela encoberto pela escuridão, quando veio a nosso encontro. Danilo tinha certeza de que ninguém na draga os tinha visto. Além disso, ao contrário do que Possuelo suspeitara antes, o *Kukahá* permaneceu na cidade de Jutaí apenas o tempo necessário para reabastecer. Era de noite e pouca gente na cidade teria visto o barco atracado, com poucas chances de que a notícia da presença da Funai no rio se espalhasse. O cenário estava pronto para um ataque surpresa.

* * *

As lonas das janelas do *Kukahá* foram levantadas numa manhã cinzenta, a bruma flutuando como fumaça por entre as árvores. A campainha de aviso soou e o motor ganhou vida. As redes foram recolhidas e nos lançamos na correnteza veloz. Havíamos parado junto à margem na noite anterior para evitar qualquer golpe inesperado contra a hélice ou o leme. Agora, mal passara das 5h30, a lua brilhava forte e baixa no céu, derramando-se entre os galhos como que enredada nos ramos confusos.

A draga, afinal, não estava a mais de vinte minutos rio abaixo. Contornamos uma curva e, de repente, ela apareceu diante de nós através da névoa: uma geringonça estranha, como que saída de *Mad Max*, algo entre um vagão de carvão e um caminhão de lixo, flutuando sobre um casco enferrujado de barcaça. Possuelo ordenou que Danilo levasse o *Kukahá* para a margem, na esperança de ainda não nos terem visto. Ele colocou a pistola no coldre.

— Pedro, vamos pegar a lancha!

Pedro Lima pulou no bote e puxou o cabo de partida. O motor ganhou vida.

— Quero dois matises! Vocês, Tepi, Ivan! Vamos embora!

Eles subiram a bordo.

— Ei! — Possuelo gritou enquanto a lancha se afastava. — Quero todo mundo de uniforme! Canamaris, matises, marubos! Todos os ribeirinhos! Todo mundo! Fiquem espertos! Sigam a gente em cinco minutos!

A draga não dava qualquer sinal de vida diante da aproximação de Possuelo de sua enorme broca pendurada de um guindaste alto, a vegetação presa entre seus dentes como pedaços apodrecidos de carne. Um velho barco rebocador de aço estava atracado a um nicho na parte traseira da barcaça, uma relíquia decrépita da Segunda Guerra que parecia ter sobrevivido precariamente ao ataque de Pearl Harbor. A monstruosidade era coberta por um barracão cinza castigado pelo clima, os aposentos dos garimpeiros, cheio de buracos de bala e tiros de espingarda no andar superior, um lembrete eloquente, como se Possuelo precisasse de algum, dos problemas que invariavelmente ocorriam no negócio da exploração do ouro de aluvião na Amazônia.

— Fundação Nacional do Índio, Funai, Ministério da Justiça! — gritou. — Estamos subindo a bordo!

O convés principal estava vazio. Possuelo subiu a escada de aço tramado até o convés superior, onde encontrou a tripulação, quatro homens e uma mulher, deitados em redes numa espécie de sala aberta comum, bocejando e esfregando os olhos, como que despertando de um sono profundo. Mas estalos do metal quente das máquinas, recém-desligadas, delatavam a farsa.

Não tinham qualquer permissão ou documentação de qualquer natureza para a draga.

— Isso é completamente ilegal — disse Possuelo. — Considerem-se presos.

Os homens eram um bando desgrenhado: roupas manchadas de óleo que mal cobriam as barrigas pronunciadas, cabelos sujos, olhos turvos. Seguiram Possuelo escada abaixo, notando a presença dos índios com roupas camufladas e espingardas calibre .20, com as expressões mais indiferentes que conseguiram produzir. Mesmo assim, incapazes de se conter, sorrisos ocasionais ou olhares de viés traíam os verdadeiros sentimentos em relação a esses invasores impudentes. Agora, a draga estava tomada por índios uniformizados portando rifles, enquanto Pedro e Danilo continuavam a transportar reforços do *Kukahá* para a cena do suposto crime.

O encarregado identificou-se como Antonio e nitidamente era o mais inteligente do bando. Tinha mais de 30 anos, barba e cabelos desgrenhados, mal cobertos por um boné gasto. Os cansados olhos castanhos traíam apenas levemente a má disposição que os demais membros pareciam sentir em relação a nós. A surrada camisa cáqui estava coberta de manchas de comida e óleo. A calça de poliéster era marrom, a cor de um fígado doente, e estava presa à cintura por um cinto com uma grande fivela de metal. A sujeira de uma vida inteira entranhava-se sob as unhas das mãos calosas.

Parecia um anfitrião animado, como que disposto a provar que nada tinha a esconder. O supervisor da draga era um homem misterioso chamado Paraíba, disse ele.

— Vem e vai num barco grande, acompanhado de dois guardas com metralhadoras. Não sabemos o nome verdadeiro dele.

— Normalmente, é assim que funciona — concordou Possuelo. — Eles se escondem no anonimato.

Passadas algumas semanas, nunca no mesmo dia, nem na mesma hora, Paraíba aparecia com mantimentos frescos e levava os ganhos. A última carga, quando ele veio na semana anterior, tinha pouco mais de 28 onças de ouro. Parecia claro que Antonio não sentia qualquer afeição pelo homem a quem chamava de Paraíba, tampouco pelo tipo de trabalho que exigia longos períodos enfiado na selva, longe de casa. Ele e a tripulação estavam escavando nesta jazida havia dois meses. Ele tinha mulher e dois filhos adolescentes em Jutaí.

— Eu ia ficar mais um mês e depois ir embora, de vez — disse, com o ar dúbio de contrição de um homem que não conseguia acreditar em sua falta de sorte.

Antonio nos guiou pela draga, chamada *Gabriel*. Diante da barcaça, havia o braço de aço ao qual era presa a broca, um par de grandes flutuadores enferrujados, um depósito fétido de água, refugos de metal e árvores arrancadas empilhadas sobre a praia arrasada. A draga havia devorado mais de 15 metros da barranca, ao longo de uma faixa de centenas de metros. A pedido de Possuelo, Antonio foi para a cabine e acionou o motor. Toda a barca tremeu. A fumaça do diesel tomou conta de nossas narinas. Antonio moveu a broca para a frente e para trás, com a força dos 315 cavalos do motor da plataforma, tentando liberar os feixes de mato de seus dentes. Com os efluentes jorrando por um cano no alto, caindo como uma cascata em gigantescas peneiras e descarregados em torrentes arenosas para o rio, foi possível descortinar uma imagem mais clara do poder destrutivo da máquina, um quadro que Possuelo parecia ansioso para que os índios pudessem observar.

— É isso que acontece com a floresta quando os índios vendem seus recursos para o homem branco! — gritou ele, mal se ouvindo sua voz sob o rugido ensurdecedor.

Ainda mais preocupante era o processo de separação, em que mercúrio e cianeto eram usados para extrair o ouro do minério, e depois jogados direto nos rios e córregos, envenenando os peixes e a água potável. Nos assentamentos indígenas rio abaixo, onde quer que chegasse a corrente contaminada das jazidas, úlceras e feridas supuradas eram a ordem do dia. Assim como defeitos de nascença. A consternada enfermeira de Gorotire fizera o parto de dois bebês natimortos em seus primeiros três meses no posto.[3] Os cérebros dos fetos cresciam por fora de seus crânios. Os caiapós de Gorotire tinham feito um acordo com o diabo; recebiam uma parte da produção da mina de ouro de Maria Bonita rio acima, mas, em troca, seu rio de águas cristalinas foi arruinado para sempre.[4]

O apito em nossos ouvidos só desapareceu muito tempo depois de as máquinas serem silenciadas.

— Estou vendo que vocês são apenas trabalhadores — disse Possuelo, por fim. — Mas já pararam para pensar no que realmente estão fazendo? A destruição e a poluição que estão causando?

Antonio achou que o melhor era permanecer em silêncio. Possuelo apontou um dedo trêmulo para a broca, balançando sobre um amontoado de árvores e mato triturados.

— Observem — proclamou — o grande estuprador da Amazônia!

— Possuelo! — gritou Pedro, segurando o Globalstar. — PF na linha!

Possuelo pegou o telefone de Pedro e desapareceu do outro lado, voltando minutos depois.

— Minhas ordens são para apreender a draga e acompanhá-la até o Jutaí — disse, baixando a antena telescópica do telefone e guardando o aparelho no bolso. — Vou entregá-los para a Polícia Militar em Jutaí. A Polícia Federal chegará depois para assumir a custódia.

Possuelo lançou um olhar penetrante para a tripulação. Apenas alguns minutos antes, estavam todos alegremente empregados, contando seus 4% de participação enquanto dragavam a margem e lixiviavam o ouro em pepitas douradas do tamanho de bolinhos. Essa participação chegava a 650 dólares por mês, uma pequena fortuna para trabalhadores sem qualificação neste pedaço do mundo. Agora, estavam efetivamente presos, seus meios de produção sequestrados, índios com rostos tatuados ocupando o convés com armas carregadas.

— É a primeira vez que uma dessas dragas é confiscada no Jutaí! — disse Possuelo, com ar triunfante.

Uma vez entregue à Polícia Federal, poderia ser mantida em custódia, sob litígio, por anos. Uma gota no oceano, mas, ainda assim, uma vitória, o resultado de pegar a draga com a mão na massa.

— Encontrei-os em pleno ato ilegal.

Ainda que, tecnicamente, não fosse bem assim. A máquina estava quente quando subimos a bordo, mas Antonio conseguira desligá-la a tempo. Seja como for, era raro chegar tão perto. Os operadores piratas quase sempre conseguiam detectar a aproximação das autoridades com bastante antecedência, trabalhando com uma rede de informantes por rádio, muitas vezes contando com infiltrados na polícia.[5] Os agentes poderiam aparecer repentinamente, após dias ou mesmo semanas viajando pelo rio, apenas para encontrar as dragas boiando inocentemente no meio do rio, as tripulações relaxando no convés como se estivessem de férias. Sem provas concretas, havia pouco que a polícia pudesse fazer.

Desta vez era diferente. Um pouco. Havia certos detalhes de sua conversa com a Polícia Federal que Possuelo achou melhor não compartilhar com Antonio, como o fato de ter entrado num campo minado legal. Sem a força policial presente, Possuelo ultrapassara seus limites; ele não tinha autoridade real para efetuar uma prisão, muito menos uma apreensão. Foi autorizado a prosseguir, mas, do ponto de vista judicial, nenhuma ação poderia ser contemplada até que a tripulação e a draga fossem entregues à custódia policial. Enquanto isso, estaríamos navegando pelo limbo legal ao longo de todo o caminho até a cidade de Jutaí.

O único membro da tripulação que não parecia nem um pouco perturbado pelos procedimentos era Jéssica Sampaio, a cozinheira de 26 anos. Atraente, com cabelos curtos castanhos avermelhados e um corpo enxuto, ela se mantinha casualmente distante, bebericando café e fumando na mesa da cozinha no andar de cima. Em Jutaí, dirigia um mototáxi, disse, e fora atraída para aquele trabalho no último minuto, com a promessa de fazer um bom dinheiro. Foi uma decisão que logo acabou por lamentar: a solidão, os insetos, as investidas grosseiras e indesejáveis de certos membros da tripulação.

— Eu realmente não queria vir para cá — disse ela, com uma risada leve. — Vai ser bom voltar para casa.

Não que ela não pudesse dar conta, me fez entender. Crescera no rio Javari, cortara madeira com o padrasto no meio da floresta e até mesmo tivera um encontro arrepiante com os "índios selvagens" nas margens do Ituí, quando ainda era menina.

— Estavam todos pintados de vermelho — disse. — Lembro que todos tinham bordunas nas mãos.

Os madeireiros pularam nos barcos e foram para o meio do rio no mesmo instante. Os índios seguiram ao longo da margem, chamando e acenando, indicando que queriam trocar uma de suas meninas por Jéssica.

— Foi assustador — disse ela. — Jamais vou esquecer.

A descrição do episódio deixava pouca dúvida de quem poderiam ser os índios: os corubos, esmagadores de cabeças, do rio Ituí. Ela tivera sorte, e talvez os corubos também — os dois lados escapando incólumes do quase encontro. Como atestava o encontro fatal de Sobral, nem sempre as coisas corriam daquele jeito.

— Vamos embora, pessoal! — chamou Possuelo.

Estava na hora da draga e do *Kukahá* descerem o rio.

— Uma coisa — disse Antonio, pigarreando. — Esta máquina é grande e difícil de manobrar. Meu piloto não conhece o canal. É muito perigoso viajar de noite. Teremos que parar todos os dias antes de escurecer.

Possuelo concordou.

— Vamos no seu ritmo — disse ele.

Com a força da correnteza do Jutaí por trás, somada à aceleração máxima do rebocador sucateado, a draga *Gabriel* deslizou rio abaixo a uma velocidade notável. Navegávamos atrás dela.

— Não perca essa coisa de vista! — gritou Possuelo para Adelson, na cabine de comando.

O rio abriu-se numa vasta lâmina de água, com enormes paisagens líquidas abrindo-se na direção das silhuetas distantes das árvores. As enormes superfícies ofereciam um espelho imaculado para um céu aparentemente infinito, cuja visão era hipnótica. Ocasionalmente, a margem recuava a ponto de quase desaparecer, as árvores ao longo das barrancas reduzidas a uma fina linha verde separando a água do céu. Peixes voadores planavam sobre a água em saltos de prata desesperados, perseguidos por botos cor-de-rosa.

Durante o pôr do sol espetacular que se seguiu, as nuvens passaram de cinza para roxo e de roxo para rosa-shocking. Relâmpagos piscaram no horizonte, como uma artilharia distante. Sob a obscuridade do crepúsculo, a draga rumou para a margem direita, atracando para a noite. Nós avançamos um pouco mais e paramos 500 metros rio abaixo.

Despertamos ao soar do alarme que anunciava o acionamento do motor do *Kukahá*.

— A draga está indo embora! — soaram os gritos vindos do alto. — Vamos, vamos!

As lonas das janelas foram levantadas quando a *Gabriel*, guindaste e polias brilhando com as luzes de sinalização, avançou sobre nós a montante, como se conduzida não por mão humana, mas pela própria vontade, com a intenção de nos atropelar, ou, diante de uma segunda escolha, ultrapassar-nos. Ficamos para trás da barca, na meia-luz do amanhecer, avançando por uma linha reta que parecia seguir para sempre, uma lua prateada ainda brilhando sobre as formas indefinidas das árvores.

* * *

Todos pensavam em suas casas. Os índios falavam das festas grandiosas que aguardavam seu retorno, os ribeirinhos, do plantio de suas lavouras e da renovada rivalidade do futebol de domingo entre suas pequenas aldeias de

São Rafael e São Gabriel. Iam ganhar de goleada uns dos outros, prometiam com tapas nas costas. Mas olhares temerosos e sobrancelhas franzidas pareciam desmentir a aparente animação dos brancos. Uma sensação ameaçadora e de temor silencioso jazia logo abaixo da superfície. Afinal, eles tinham ido trabalhar para uma das agências mais desprezadas de toda a Amazônia, perdendo apenas para o Ibama, o serviço de proteção ambiental. Enfrentariam o ressentimento, talvez até mesmo represálias, quando voltassem para casa. Como dissera Possuelo, todos poderiam se considerar homens marcados após o regresso.

O efervescente Amarildo estava especialmente melancólico e retraído.[6] O fato é que ele estava entre as vítimas do angustiante assalto no rio, perto de Tabatinga — o mesmo incidente que Francisco tinha relatado na primeira manhã, ainda em junho, quando nos apressávamos rio acima para alcançar a expedição. Ele voltava de uma pescaria de 15 dias com um irmão, um primo, um tio e uma tia. Apressados para chegar em casa, pegaram um atalho pelo canal isolado, onde foram interceptados por três homens em uma lancha.

— Nos levaram de volta lá pro fundo do furo. Pegaram todas as nossas coisas, o peixe, as espingardas, os motores — disse Amarildo. — Apontaram as armas para a gente e nos mandaram baixar a cabeça.

Os bandidos pretendiam nos matar, mas a gente implorou para não fazerem isso.

— Dissemos que éramos pobres, que tínhamos filhos para criar.

Os assaltantes os deixaram ir.

Assim que chegaram a Tabatinga, Amarildo e o tio foram para a polícia. Mas os policiais deram de ombros, disseram que "não tinham condições" de ir atrás do caso. Por isso, eles contrataram dois policiais civis, a 300 reais cada um, para "quebrar" os bandidos e pegar as coisas deles de volta. Senti algo estranho no jeito como ele baixou a voz e olhou para os lados ao contar isso.

— O que você quer dizer? "Quebrar" os bandidos? — perguntei.

— Matar — respondeu.

— *Matar?*

— Isso, porque, se não fizer isso, eles escapam e vêm atrás da gente.

Os policiais de aluguel prenderam os culpados dois dias depois quando tentavam vender o motor pec-pec no mercado ao lado do rio. Mas, com várias pessoas ao redor, não tinham como "quebrar" os suspeitos. Exatamente como Francisco descreveu, os assaltantes falaram em espanhol durante o ataque, disse Amarildo. Mas na verdade eram brasileiros, de uma quadrilha chamada "Metralhas", que operava impunemente na região das três fronteiras.

— A polícia tem medo deles.

Como para provar o ponto de Amarildo sobre a vingança dos criminosos, o acusado disse ao tio dele, na delegacia, que iriam atrás dele e o matariam no dia em que saíssem da cadeia, o que provavelmente não demoraria a acontecer. Foi nessa época que Amarildo se juntou à expedição e saiu do circuito. Ele não tinha ideia do que poderia ter ocorrido ao tio enquanto isso.

— Tenho medo de voltar — disse ele. — Ficou perigoso para mim em Tabatinga. Sou bem conhecido lá.

Pobre Amarildo, pensei. *Tão jovem e tendo que envelhecer tão rapidamente.*

* * *

Na cabine refrigerada do andar de cima, Possuelo estava deitado no beliche, considerando suas opções. Quatro dias tinham se passado desde que prendêramos a draga *Gabriel*. Chegaríamos a Jutaí na manhã seguinte. A essa altura, a notícia já tinha descido o rio. A Polícia Federal teria avisado o comandante local da Polícia Militar, que operava como uma autoridade regional. As notícias já teriam vazado para toda a comunidade. Provavelmente o proprietário, quem quer que fosse, já estaria a par de tudo. Na verdade, provavelmente o comandante da PM o teria avisado.

— Esses caras são íntimos da polícia. No final do ano, dão 300 reais para o comandante, uma piscada de olho e dizem: "Compre um presente bonito para a tua mulher." É assim que eles trabalham. É assim que conseguem informações privilegiadas.

O que preocupava Possuelo era o que o proprietário poderia fazer com aquela informação. Não era difícil imaginar o sujeito arregimentando um grupo armado para assumir o controle da draga no meio da noite, antes que pudéssemos entregá-la para a polícia.

— Ou simplesmente podem vir numa lancha, dar a partida na draga e a levar embora?

Ele coçou a barba, pensando.

— Ele pode saber que você não tem autoridade policial aqui — disse Orlando, que estava deitado na outra cama do beliche, os braços cruzados sobre o peito.

— Certo, mas eu tenho os homens e as armas — disse Possuelo. — Ele pode não saber disso. Mas seria melhor se soubesse.

Melhor, pela força de dissuasão, ainda que isso pudesse servir apenas para incitá-lo a aumentar a aposta.

— De qualquer modo, se ele aparecer por aqui, vai precisar trazer dez homens armados até os dentes, com Uzis ou Kalashnikovs, ou terá que trazer uma força duas vezes do tamanho da nossa.

Levantou-se, foi até a porta e gritou para a escuridão:

— Paulo Welker! Venha cá!

Ordenou que Welker colocasse sentinelas aos pares, em turnos durante a noite, exatamente como tínhamos feito no coração da terra dos flecheiros, semanas antes. O que era muito irônico, considerando que estávamos às vésperas de retornar à "civilização". Era como se estivéssemos entrando em território inimigo.

* * *

— Então — perguntei depois que Welker se retirou — a mineração é realmente a atividade mais destrutiva da Amazônia?

Era uma daquelas perguntas direcionadas e insípidas às quais os jornalistas recorrem ocasionalmente, sem outra finalidade a não ser extrair uma citação saborosa que de algum modo pode avivar uma reportagem aborrecida, ou então ocultar suas próprias convicções nas palavras de outra pessoa.

— Não gosto desta maneira de pensar — disse Possuelo, os olhos se estreitando. — É o mesmo que perguntar: o que é mais fedorento? Um pedaço de merda ou dois? Considere o desmatamento. Você derruba as florestas e destrói a flora, a fauna e os rios. A extração do outro se concentra ao longo dos rios. Polui a água, mata os peixes. É tudo a mesma bosta. Tudo é igualmente fedorento.

No dia seguinte, ao descermos o rio, disse Possuelo, encostaríamos na draga para amarrar o *Kukahá* diretamente nela, no caso de um possível confronto.

— Vamos estar amarrados a eles, mas vamos continuar no nosso barco. Se o proprietário aparecer, eu mando os homens para assumi-lo.

Ele bateu as mãos sonoramente, mostrando como a operação seria executada de maneira decisiva. Alguns anos já haviam se passado desde a tentativa de assalto ao posto de controle, mas a lembrança era fresca na mente de Possuelo. Trezentos homens, no total. Ninguém sabe como aquilo poderia ter acabado naquele dia caso a polícia não estivesse lá para desbaratar a multidão com o helicóptero. Aquela raiva não diminuíra nem um pouco nas comunidades da fronteira. Pelo contrário, continuara a crescer, como o vapor numa panela de pressão, esperando ser liberado.

Às primeiras luzes filtradas pela neblina, ouvimos o motor da draga rio acima, engasgando até ganhar vida com um ronco abafado.

— Adelson, ligue o motor! Vamos embora! — gritou Possuelo do teto, onde supervisionava os reparos da antena do barco. A besta desajeitada veio em nossa direção em meio à bruma. Adelson acelerou fundo e nos juntamos à perseguição. Possuelo intimou Paulo Welker.

— Pegue a lancha, vá até lá e desmonte aqueles barcos. Ele apontou para um par de botes a motor rebocados pela draga.

— Tire-os da água. Tire os motores e deixe-os emborcados. Não quero que pensem que podem se livrar de nós.

Jamais saberíamos se Antonio e sua tripulação teriam fugido, se tivessem a oportunidade. Jamais tiveram chance. Possuelo mandou colocar o plano em prática. Encostamos ao lado da draga e amarramos o barco. No meio da manhã, nos aproximávamos da cidade de Jutaí, o *Kukahá* e a draga amarrados juntos, lado a lado. A excitação reinava no convés, temperada com apreensão. Como a cidade nos receberia? Os captores de seus concidadãos? Muito provavelmente, imaginamos, não seria de braços abertos.

Possuelo desceu de sua cabine, onde estivera preparando a papelada para a polícia.

— Vamos pegar a lancha rápida e ir na frente — disse para Nicolas e para mim.

Ele queria dar início ao processo judicial e encontrar alguém para consertar a hélice. Subimos na lancha e Danilo acelerou. Não demorou e víamos os primeiros sinais de habitações humanas a distância: hortas verdes, ranchos espalhados e, por fim, os tetos de zinco dos armazéns brilhando ao sol do meio-dia.

CAPÍTULO 26

Civilização e nossos descontentes

Troncos boiavam nos baixios, forçando Danilo a fazer um grande desvio para se aproximar das docas, feitas de grandes balsas ligadas à margem por pranchas. Serrarias e depósitos amontoavam-se no alto da barranca. Enquanto subíamos pela escada de tábuas que levava à cidade, máquinas guinchavam de uma serraria aberta, um ataque direto aos ouvidos e nervos. No alto da escada, um portão de madeira dava para a sala dos fundos de um restaurante vazio, com ventiladores de teto e mobília plástica barata. Atravessamos o restaurante e saímos para a rua. Era uma maneira estranha de fazermos nossa entrada na civilização por uma porta dos fundos.

Caminhamos em silêncio ao longo de uma fileira de quiosques, mercearias, um prédio recém-envernizado das testemunhas de Jeová. Uma caminhonete passou rapidamente. Minhas pernas estavam fracas e bambas. Há vários dias eu não pisava em terra firme. Passamos por casas de tábua com tetos de zinco, portas escancaradas, os moradores balançando em redes nas varandas. Devíamos estar com um aspecto lamentável — rostos encovados, botas em frangalhos, roupas manchadas e rasgadas.

Eu sentia uma alegria muda. Ali estávamos: o Mundo Exterior!

Jutaí era um pequeno ninho de ratos perdido no mundo, mas alguns meses na selva eram capazes de alterar os padrões. Eu quase cheguei a esperar fanfarras e confetes. Quis gritar: "Ei, todo mundo, vejam! Estamos aqui! Conseguimos!"

A porta da delegacia de polícia estava trancada.

— Ele já sabia que estávamos vindo — disse Possuelo. — Provavelmente desceu até o rio.

Começamos a voltar. Mas ao passarmos tranquilamente diante do pátio de uma lanchonete, o cheiro de bife com fritas pairando no ar, Danilo disse:

— Sydney, vamos parar e beber alguma coisa, pelo menos. Vocês não sabem o que é isso há meses.

Puxamos as cadeiras. Chegara a hora de saciar minha obsessão. Quando a garçonete veio anotar o pedido, pedi uma Coca-Cola estupidamente gelada.

Bebendo sofregamente quase que num único gole, fiquei com um vago sentimento de insatisfação — não chegou nem perto de atender as expectativas. Pedi uma outra. A mesma coisa. Meus companheiros — Nicolas, Possuelo e Danilo — conversavam casualmente. A batida animada da música brega brasileira explodia no aparelho de som. Mesmo com toda a ilusão de liberdade promovida por nossa cultura, raramente temos a oportunidade de nos afastar por tempo suficiente para poder ganhar alguma perspectiva. Para além das conversas ilusórias sobre liberdade e o alto preço pago por nossos patriarcas para obtê-la, eu me perguntava: que liberdade é essa em que dependemos tanto dos confortos produzidos pela indústria a ponto de não podermos passar sem eles? Que homem livre era eu cujo primeiro e mais ardoroso desejo ao longo de todas aquelas semanas fora uma bebida doce e gasosa, cor de caramelo, com um rótulo vermelho e que se intitulava "A Coisa Real", conforme um de seus slogans?

Que os flecheiros jamais viessem a conhecer isso. Enquanto tivessem rios livres de mercúrio e vastas matas cheias de animais, poderiam continuar fora do nosso alcance, além do vórtice vertiginoso da sociedade de consumo e das máquinas que fabricavam nossos objetos de desejo, criavam nossas necessidades e nos serviam cerveja gelada. Que eles jamais viessem a conhecer a sordidez de seus irmãos, não só no Brasil, mas por todas as Américas, sugados, surrados e abandonados, a vagar por ruas empoeiradas de cidades fronteiriças, ou abandonados em reservas, desesperados, viciados em *crack*, imundos e destituídos, objeto de escárnio e zombarias. O que eles tinham não poderia ser medido em dólares ou em reais brasileiros. Jamais poderiam ser adequadamente compensados se algum dia perdessem sua liberdade. Eu não podia imaginar motivo melhor para aplaudir os esforços de proteção brasileiros — por mais falhos, débeis ou sem financiamento que fossem. Como os sertanistas liderados por Possuelo destacaram na proposta de poupar os índios isolados do contato gratuito com a civilização, as tribos não eram patrimônio apenas da nação, mas de toda a humanidade.[1]

* * *

Meia hora nos braços da civilização e eu já começava a sentir a velha ansiedade apertando o meu peito. A música batia sem parar. Eu queria sair de lá. Pagamos a conta e descemos o quarteirão até a margem. Do outro lado do Jutaí, a selva contínua perdia-se na distância. Nuvens claras e onduladas, suspensas no céu como se por um passe de mágica, pairando sobre as infinitas planícies verdes. Mais próximas, logo após os telhados de zinco alinhados ao longo da margem, as águas escuras do Jutaí abriam-se num vasto canal marrom vivo, limitadas por uma fina linha de árvores distantes. O Solimões. O Amazonas, finalmente!

Encontramos o *Kukahá* e a *Gabriel* amarrados na doca flutuante ao lado de nosso bote com motor de popa. Um homem gorducho, em seus 30 e poucos anos, com cabelos engomados e óculos de aviador, espreitava do convés da draga, olhando para o relógio de pulso com aborrecimento evidente. Animou-se à nossa chegada, apresentando-se com um leve sorriso e aperto de mão firme:

— Dr. Alysson Silva, delegado, a seu serviço.

Possuelo conduziu-o pelo cotovelo até a broca, na parte da frente da draga.

— Você realmente pode avaliar o impacto dessas coisas lá no alto do rio — disse Possuelo. — Toda a margem está destruída. Existem bancos de areia e canais artificiais, toneladas de terra deslocada!

Como se estivesse dando uma lição de civismo a um semianalfabeto estúpido, acrescentou:

— Isso seria enquadrado na categoria de crime ecológico.

O delegado pediu para ver os documentos de Possuelo — um mandado da PF, talvez, ou uma ordem de algum juiz federal.

— Estamos vindo direto do meio da selva, homem.

Ele estava se esforçando para manter a calma.

— Esta draga foi apreendida em flagrante delito. Não tínhamos nenhuma ordem anterior de apreensão. Entendo que não precisávamos de uma.

Silva coçou a cabeça coberta de gel, como se a incumbência estivesse acima de seu nível salarial. Os rumores diziam que a draga pertencia a um empresário inescrupuloso de Manaus chamado Moysés Israel.[2] Ele raramente vinha para esses lados, disse Silva, embora afirmasse "ser dono de toda Jutaí". Uma alegação bastante expressiva, considerando o tamanho do município — 70 mil quilômetros quadrados estendendo-se até os limites da terra indígena.[3] O efetivo de Silva consistia de apenas cinco agentes e uma caminhonete. Sem um único barco para patrulhar a miríade de cursos d'água do município, seus agentes não iam, efetivamente, a lugar nenhum; toda a rede rodoviária da cidade esgotava-se em ruas de terra esburacadas logo além do centro.[4]

Relativamente novo na cidade, Silva muitas vezes ia se aconselhar com o prefeito, Asclepíades de Souza, um político astuto que tinha conquistado a admiração local por seu estilo franco e direto. O prefeito me expôs a situação em seu escritório cavernoso na prefeitura.

— Moysés Israel tem a mão em tudo — disse Asclepíades. — Ele controla todo o negócio de madeira ilegal no rio. Qualquer um que cortar uma árvore terá que vender para ele.

O prefeito era afável e articulado, um homem elegante, em seus 40 e poucos anos, com cabelos crespos castanhos, nariz aquilino e sobrancelhas grossas. Fiel à sua reputação, não parecia nem um pouco intimidado pelos poderosos negociantes da região. Talvez seu próprio poder fosse tão limitado que não representava nenhuma ameaça real para as grandes operações. O município nunca fora capaz de recolher um centavo de impostos de Israel, disse ele.[5] Uma de suas empresas reclamava a propriedade de dezenas de milhares de hectares de floresta que foram confiscados e incorporados à terra indígena do vale do Javari, e ele buscava restituição.[6]

Do ponto de vista da governança, o delegado pintou um quadro sombrio dos seus domínios: dragas de ouro infiltrando-se rio acima, ocultadas pela escuridão, para alimentar seu comércio ilícito, barcos processadores de peixes que contaminavam as águas com cabeça e vísceras, traficantes de drogas do Peru com maços de dinheiro atracando no porto para abastecer suas lanchas velozes. Os bandidos, segundo ele, eram tão evasivos quanto os guerrilheiros.

— Se você for atrás deles, vai perder tempo e gasolina. Eles têm rádios, telefones Globalstar. Sabem mais do que nós.

A criação da terra indígena complicou tudo, disse Asclepíades. Por um lado, privou os criminosos do acesso a reservas incalculáveis de madeira e de ouro. Por outro, estrangulou a economia local, empurrando os moradores a se unirem às organizações criminosas.

— É o paraíso dos traficantes aqui — lamentou, acompanhando-me até a porta.

Encontrei a maior parte da tripulação nas mesas, no mesmo pátio onde havíamos bebido mais cedo. Amarildo, Soldado e Adelson estavam lá. Os dois Ivans — Waçá e Arapá —, Tepi, Txema, Nicolas, Paulo Souza, o jogador, e Mauro, com seu bigode cheio e bochechas coradas. Remi e Márcio Canamari tinham puxado cadeiras. Os passantes olhavam com os olhos arregalados. Não era todo dia que viam esse espetáculo: os índios com os seus bigodes de gato e brincos, vestidos com uniformes camuflados, bebendo Coca-Cola na companhia de homens brancos. Bem menos benevolentes eram os olhares gelados e insultos ameaçadores que vinham do bar ao lado. Um grupo barulhento de homens bebendo cerveja reunira-se ali. No meio deles estava a desgrenhada tripulação da draga de ouro.

— O que eles querem que eu faça agora? — gritou um dos suspeitos, a voz cheia de sarcasmo. — Roubar para viver?

A grande barriga saltava da camisa desabotoada e era grosseiramente apertada contra a beira da mesa. Os olhos eram verdes como esmeraldas e olhavam diretamente para mim, injetados pelo álcool. O sujeito não tinha dito uma palavra na manhã em que abordamos a draga. As cervejas, aparentemente, tinham soltado sua língua.

— Somos gente honesta, correta — disse ele, sem jamais desviar os olhos de mim. — Mas não podemos trabalhar para viver. Vou ter de começar a assaltar as pessoas para alimentar minha família.

Uma mototáxi parou para descarregar o passageiro: o delegado Alysson Silva. Então, como se saído de um roteiro de novela ruim, o piloto desceu e tirou o capacete, soltando os cabelos castanho avermelhados. Era Jéssica Sampaio, a cozinheira do *Gabriel*. Ela continuou junto à moto, sem se aproximar do nosso grupo ou dos cada vez mais ruidosos membros da tripulação da draga.

— Más notícias — disse Silva, sentando-se. Ele estivera vasculhando a cidade em busca de alguém para vigiar a draga até que a PF aparecesse para assumir o comando. Tinha falado com cinco homens diferentes, todos decentes, cumpridores da lei, cidadãos sem trabalho precisando de dinheiro. Mas, apesar do bom pagamento oferecido, todos declinaram.

— Medo — disse Silva. — Todos têm medo.

Estava tocando Tracy Chapman: *Baby, can I hold you tonight? Maybe if I told you the right words....* [Querido, posso te abraçar esta noite? Talvez se eu disser as palavras certas...] Fui tomado pela emoção, feliz por ter chegado às portas da civilização. Mas que tipo de civilização era essa para a qual eu voltara? E meus amigos, essas pessoas reunidas ao redor da mesa, que eu acabara por conhecer tão bem, a quem confiei minha vida, que me protegeram de perigos mortais, o que seria deles? Quais eram as chances de eu voltar a ver qualquer um deles novamente? Começou a tocar Crowded House: *There is freedom within, there is freedom without, try to catch the deluge in a paper cup* [Há liberdade aqui dentro e lá fora, experimente conter o dilúvio num copo de papel]. A música estava numa fita compilada por um amigo holandês, 15 anos atrás, em Manágua. Pouco tempo depois, ele foi baleado e morto enquanto nos protegíamos de um tiroteio num município em El Salvador. *Hey now, hey now, don't dream it's over* [É agora, é agora, nem sonhe que acabou]. A música me pegou desprevenido. Por que eu ainda estava aqui e ele não? Eu sobrevivi. Sobrevivi para contar a história. Uma lágrima se formou no canto do olho. Segurei-a antes que descesse pelo meu rosto, antes que alguém percebesse. *Hey now*.

Recebemos a notícia de que a hélice estava consertada e Possuelo, que já tinha descido para o barco, queria ir embora. Então todos levantaram. O clima tinha se tornado decididamente tóxico. Uma garrafa de cerveja se quebrou. Suas famílias podiam estar passando fome em casa, mas os garimpeiros ali do lado não tinham problemas para manter os copos cheios.

A proprietária lamentou nossa partida. Tínhamos proporcionado bons negócios, ao menos por um dia.

— Quando vocês voltam? — ela perguntou quando acertei a conta.
— Não tenho certeza — respondi. — Pode demorar um pouco.

* * *

Viramos para oeste e entramos no Solimões, o motor se esforçando contra a corrente. No convés, Possuelo e eu observamos as luzes de Jutaí diminuindo a distância. Ele deixara a draga nas mãos de Silva, com a esperança de que o delegado demonstrasse alguma autoridade.

— Gosto do fato de ele ser novo na cidade — disse Possuelo. — Não teve tempo de se comprometer com os interesses locais.

Se fosse capaz de segurar por tempo suficiente, a Polícia Federal chegaria e tomaria conta. Ainda assim, a pressão para liberar a draga com certeza seria intensa. Dizia-se que o próprio proprietário estava a caminho em seu jatinho particular, podendo chegar de manhã.

Adelson estava na cabine de comando, dirigindo o *Kukahá* para o oeste, rumo a Tabatinga, ainda a cinco dias de distância. A hélice fora consertada, mas o leme também fora severamente danificado. A condição do barco era delicada. Se voltasse a encalhar, poderíamos ficar presos num lodaçal, longe da ajuda.

— É sempre interessante viajar pelo Solimões — sorriu Adelson com ar brincalhão. — Nunca se sabe o que esperar.

O mesmo poderia ser dito de qualquer outro lugar da bacia amazônica, pensei.

Atrás de nós, as luzes da cidade se transformaram num brilho pálido além do horizonte, como se a lua fosse nascer naquele ponto. O rio era largo e amplo, muito diferente dos sinuosos Itaquaí ou Jutaí. Ainda que muito largo, Adelson seguia mais próximo à margem norte, onde o canal era mais profundo. Ele dirigiu o farol para a barranca e percorreu a escuridão com o facho circular.

O rio estreitou-se a menos 100 metros.

— Um canal entre as ilhas — disse Adelson calmamente.

Fiquei ao lado dele, em silêncio, satisfeito por poder observar o capim deslizando ao longo da margem e sentir o movimento do barco contra a corrente sob meus pés. Um céu enorme abria-se diante de nós, despovoado das sentinelas da floresta. Subíamos o rio a 7 quilômetros por hora. No Jutaí, navegávamos rio abaixo três vezes mais rápido. Adelson tinha sido escalado para o turno noturno e planejava ficar acordado por toda a noite.

— Vá descansar, Scott — disse ele. — Vou ficar bem.

No convés principal, abaixo, as redes apertavam-se em cada centímetro quadrado, os corpos suspensos uns sobre os outros, entrecruzados. Esgueirei-me de lado até a minha rede, com cuidado para não esbarrar e não acordar ninguém, e adormeci sob o ruído branco do motor.

Fomos acordados no meio da noite por gritos vindos da cozinha:

— *Nãaooooo! Aaaaaaaah!*

Os gritos eram de arrepiar, como se tivéssemos sido despertados por um assassinato em andamento. Era Mauro, que pendurou a rede na cozinha, a poucos passos. Os homens acharam graça: são apenas os macacos cortando o pinto dele novamente.

— Ele está morrendo! — veio uma voz na escuridão.

— Já morreu — disse outra.

— São os macacos — disse uma terceira.

— Não, os macacos não — disse um quarto. Reconheci a voz: Ivan Arapá. — São os flecheiros!

Todo mundo riu. Eu também achei graça. Logo, os outros mergulharam de volta no sono, embalados pelo ronco incessante do motor. Fiquei deitado no escuro, o coração ainda disparado. Mauro fora um dos melhores companheiros de toda a viagem — sempre de bom humor, sempre demonstrando uma preocupação genuína com os outros. Sempre cuidara para garantir minha porção nas incontáveis refeições em que me atrasei enquanto os outros formavam a fila em segundos.

— Aqui, sr. Scotch — dizia com um piscadela enquanto servia minha parte.

Os cabelos eram sempre uma massa desfeita, o bigode caído, os olhos privados de sono. Era impossível não sentir uma simpatia especial por ele e sua simpática gagueira, não apreciar sua bondade essencial. Há semanas que não esquartejava macacos. Mas, em seus sonhos, os animais persistiam, virando a mesa de seus açougueiros num sangrento golpe de Estado, que se repetia toda noite. A paz de espírito de Mauro, aparentemente, estava na crescente lista de perdas de nossa viagem ao além.

* * *

Acordei cedo e levei uma xícara de café para Adelson, na cabine de comando. Um rosado nascer do sol cobria o rio, nem sinal da bruma cinzenta que cobria os rios menores de manhã cedo. Com os olhos vermelhos, Adelson parecia pronto para o fim do turno. Até o boné para selva parecia murcho. Tínhamos voltado ao canal principal, ao que parecia, pois estávamos a uns 5 ou 6 da margem norte, afastados da vegetação aquática a bombordo. Um bando de periquitos amarelos atravessou o rio, misturando-se estridentemente à vegetação cerrada.

Logo, a luz do sol tornou-se intensa e ofuscante, o brilho duplicado pelo vasto reflexo nas águas. Adelson apoiou-se na roda do leme e virou o *Kukahá* totalmente para a direita. A força da correnteza empurrou o barco para o lado, rio abaixo.

— Bancos de areia perigosos — disse com um leve sorriso. Ele flexionou os dedos como um gato mostrando as garras. — É preciso ser capaz de sentir o rio.

O rio Amazonas — ou Solimões, como os brasileiros chamam o trecho de Manaus até a fronteira com o Peru — está em constante transformação, alterando continuamente a paisagem de suas margens.[7] Ilhas aparecem no meio do curso, onde antes não havia nada. As cheias sazonais abrem novos canais no leito do rio e fecham outros. Aldeias inteiras desaparecem onde enormes pedaços da margem desmoronam subitamente. Navegar pelo Amazonas é mais uma arte do que uma ciência, a habilidade de saber ler a correnteza é muito mais útil do que a familiaridade com cartas náuticas. Seguindo um palpite, Adelson cruzou o rio perpendicularmente ao fluxo e procurou uma passagem rio acima, em meio a um labirinto de ilhas.

Em comparação à linha contínua das gigantescas torres que sombreavam nosso trajeto pelos afluentes mais acima, as árvores não passavam de reduzidos anões, com não mais de 15 ou 18 metros. As melhores já haviam sido cortadas eras atrás. Imaginei como teria sido quando os primeiros europeus deitaram os olhos nelas pela primeira vez. Se for possível dar crédito a suas crônicas, deve ter sido uma visão impressionante: flora e fauna espetaculares, comunidades nativas de tamanho e densidade surpreendentes.

O frade Gaspar de Carvajal, narrando a descida do conquistador renegado Francisco de Orellana e seu bando de espanhóis em 1542, descreveu aldeias e mais aldeias lotando as margens do rio, a população sedentária tão densa que a distância entre os assentamentos não passava da percorrida por uma flecha.[8] Muito diferente de hoje, quando os aglomerados esparsos de cabanas decrépitas pontuam as margens a longos intervalos de florestas e vegetação fechada. Em anos recentes, os arqueólogos e antropólogos reavaliaram suas estimativas sobre a população pré-contato em vários milhões de habitantes nativos, antes que a doença e a conquista esvaziassem os rios e as matas.[9]

A dois ou três dias de viagem rio abaixo de onde estávamos, a tropa de Orellana deparou-se com uma legião de arqueiras de ferocidade mítica — todas mulheres, segundo Carvajal, ele mesmo ferido pela chuva de flechas. Apenas o troar espantoso das armas europeias e a precisão devastadora de suas arbalestas conseguiram deter os atacantes.[10] Um pouco mais abaixo, um dos homens de Orellana foi atingido por uma flecha com ponta de curare. A visão chocante do companheiro engasgado, lutando para respirar, semeou o pânico entre os sobreviventes e marcou a primeira vez em que um tal incidente foi registrado — um homem branco sucumbindo pela temível "morte voadora". Guerreiras ferozes, flechas envenenadas, bestas monstruosas que devoravam homens inteiros: tudo parecia maior do que a própria vida. Dessa forma, a massa d'água tornou-se conhecida pelo resto do mundo como o "Rio das Amazonas".

Passamos o dia num estado semiconsciente, como num delírio, as mentes embotadas pelo calor vaporoso e o ronco incessante do motor. Flutuamos por aquele estranho período em suspensão, rumo ao final de uma longa jornada, quando a mente já partiu, mas o corpo ainda não é capaz de acompanhar. Vaguei pelos conveses, espremendo-me para passar entre os companheiros de viagem, com um sorriso de desculpas, soltando alguma piada obscena diante da falta de qualquer conversa significativa. Para todos os fins e finalidades, já tínhamos nos despedido. Apenas o barulho do motor dominava o silêncio constrangido de não se ter mais nada a dizer.

Cortamos o largo Solimões rumo ao poente. Para o norte, nuvens de tempestade erguiam-se sobre a selva. O rio estreitou-se diante de nós, aqui e ali margeado por penínsulas estreitas, vindas da direita e da esquerda.

Diversos abrigos passavam ao largo: fileiras únicas de cabanas encravadas entre a floresta e a margem. No centro de cada uma, havia uma igreja de tábuas pintadas de branco, com uma torre simples encimada por uma cruz de madeira. Uma das aldeias contou com a boa fortuna de ser protegida por um alto pé de açacu, cujos galhos abriam-se sobre a barranca como um enorme guarda-chuva. Uma multidão juntou-se sob suas adoráveis flores alaranjadas para observar o curioso espetáculo do *Kukahá* e sua tripulação fantasmagórica esforçando-se rio acima.

Depois, um pôr do sol espetacular se seguiu. Faixas estreitas de nuvens brilhavam com um tom de laranja neon contra o azul cada vez mais profundo do céu. Essa sempre foi a minha hora favorita do dia, especialmente na Amazônia. O calor sufocante desaparecia e uma brisa fresca varria o convés. As luzes elétricas ainda não tinham sido ligadas, o que teria obliterado o crepúsculo e nos fechado em nosso pequeno mundo. O sol, a caminho de algum outro lugar, fazia-nos um convite para olharmos em direção ao horizonte distante e ponderar sobre os mistérios ocultos pela distância.

— É como um sonho, não é mesmo? — disse Possuelo, que se juntara a mim na proa do convés superior. — Na verdade, toda esta história logo vai parecer um sonho. Acho que as experiências intensas dessas expedições guardam uma qualidade de sonho. A gente fica pensando depois: Aquilo realmente aconteceu? Eu realmente passei por isso?

Não tínhamos ainda chegado ao final, mas entendi sobre o que ele falava. As situações eram tão divorciadas de nossas vidas cotidianas que a mente precisava de um esforço para acreditar que de fato tinham ocorrido. A viagem já começava a adquirir um aspecto irreal. Como o tempo se arrastava nas profundezas da selva. Eu sabia que chegaria o dia em que tudo aquilo pareceria ter acontecido num estalar de dedos, não mais do que numa fração de segundo.

* * *

No convés principal, Kwini jazia numa rede, pálido e apático, ardendo em febre. Ao longo dos anos, Possuelo já vira inúmeros índios sucumbirem desnecessariamente a doenças tratáveis; ele não deixaria que o acaso se encarregasse do destino de Kwini. Parou o barco em San Antonio Içá, na boca do rio Içá, logo ao cair da noite. Acompanhamos Kwini para fora do cais, ao longo de uma rua coberta de lixo que seguia diagonalmente barranca acima, passamos por lojas de discos tocando forró e brega, lojas de eletrodomésticos com as vitrines tomadas por telas de televisão, todas no mesmo canal. Entramos numa rua atulhada de motonetas e carros buzinando e finalmente chegamos ao hospital, do outro lado da quadra principal.

Um médico apareceu trinta minutos depois. Um homem atarracado, com cabelo crespo, vestindo um jaleco encardido que ia até o tornozelo. Mastigava uma maçã. Possuelo teve uma sensação de *déjà vu*, a frustração de ficar em salas de espera de hospitais com índios trazidos da mata para se defrontar com o racismo declarado que tantas vezes acompanhava essas experiências — a recusa do tratamento, a negligência deliberada. Certa vez chegou a puxar a arma para os seguranças de um hospital que tentaram expulsar uma guajá gravemente doente de uma sala de emergência. Em outra ocasião, agarrou pelo pescoço um servente que se recusou a atender o membro de uma tribo.

— Acho que posso ser violento às vezes — disse Possuelo, com um toque de surpresa na voz, como se o pensamento jamais tivesse lhe ocorrido antes.

Ainda bem que, desta vez, a consulta ocorreu sem altercações. Após examinar Kwini, o médico ordenou a aplicação de antibióticos intravenosos.

— Infecção intestinal — disse.

— Esse pode ser o diagnóstico para todos nós — disse Possuelo, sem o menor tom de piada.

Estava indubitavelmente certo. Ao passar por uma velha balança com peso deslizante no corredor, resolvi subir: 76 quilos. Eu tinha perdido 15 quilos desde o início da viagem.

Deixamos San Antonio Içá com tempo nublado, na manhã seguinte. Na cabine de comando, Soldado fumava e bebia café com Adelson. Não havia nada além de biscoito para o café da manhã; Mauro e Paulo Souza tinham passado a noite na cidade e terminaram numa terrível e indescritível bebedeira. Só depois de voltarmos ao tronco principal do Amazonas lembrei de algo que estivera em minha cabeça: a mãe de Soldado. Estávamos a não mais do que poucas horas do vilarejo religioso de Igarapé Juí, onde ela morava. Por que Soldado não desembarcou e foi visitá-la?

— Muito complicado — disse, dirigindo os olhos tristes para a floresta.

Deu uma tragada profunda e soprou a fumaça para o vento.

— Além disso, não tenho dinheiro. Só vou receber quando chegarmos em Tabatinga. Outra hora eu vou.

Já tinham se passado 13 anos. Eu não imaginava quando "outra hora" poderia vir a acontecer. O pai havia sido sequestrado quando ele tinha 9 anos e nunca mais foi visto; ele mesmo fora arrancado de casa pelos parentes aos 11 para seguir a cruzada de um fanático carismático; e anos depois, forçado pela Funai a abandonar a casa que levara anos tentando reconstruir. A vida de Soldado fazia a minha parecer a epítome da estabilidade.

As coisas estavam chegando ao ponto de ebulição no convés principal, abaixo. Primeiro, Paulo Welker ordenara que os homens devolvessem o material da expedição: rifles, munição, mochilas, facões.

— Coloquem tudo em pilhas! Mochilas aqui, lonas ali, as roupas camufladas lá no canto!

Houve reclamações, os homens esperavam poder ficar com algumas coisas, como as lonas e uniformes. Mas, pior ainda, Welker então anunciou uma busca nos pertences pessoais. Algumas coisas tinham desaparecido, disse, e tinham que ser procuradas. Os brancos ficaram ofendidos. A expedição estava à beira de se desfazer por completo. Não estivéssemos na contagem regressiva para chegar, represálias de algum tipo certamente teriam ocorrido.

Aquele acabou sendo o último ato oficial de Paulo Welker como chefe da Frente de Proteção Etnoambiental do vale do Javari. Após a inspeção, ele foi chamado à cabine de Possuelo no andar de cima. Retornou minutos depois.

— Assim que eu chegar a Tabatinga, está tudo acabado — disse, e suspirou. — O filho da puta me demitiu.

Lamentei por ele. Era um sujeito decente. De disposição um pouco fraca, talvez, não era a pessoa para o cargo. Servindo de ligação entre Possuelo e o resto da expedição, especialmente os outros brancos, estava numa posição extremamente difícil. Mas era bem-intencionado. Estivera planejando discretamente uma festa para a nossa última noite, para comemorar a longa e ilustre carreira de Possuelo. Mauro e Paulo Souza iam preparar um jantar especial, assar um grande bolo. Todos iríamos assinar uma camiseta para Possuelo, em comemoração à Expedição Alípio Bandeira, uma das mais ambiciosas da história da Funai. Seria o encerramento de meses desgastantes passados juntos e uma afirmação final de nossa amizade.

— Aliás — disse Paulo Welker —, a festa foi cancelada.

A inspeção fora ordenada por Possuelo. Os matises reclamaram que alguém estava roubando seus bens pessoais. Se alguma coisa fora de fato roubada, o culpado havia escondido muito bem, pois a inspeção não resultou em nada além de má vontade.

O próprio Possuelo se manteve fora de vista, em sua cabine, um recluso capitão Queeg, saído do romance de Herman Wouk, *The Caine Mutiny*. Naquela noite, mandou que Orlando convidasse Nicolas e eu para jantar com ele no convés superior. Possuelo dispôs a mesa com as cadeiras atrás da cabine de comando e serviu um prato preparado por ele mesmo, usando o pirarucu seco que Soldado e Raimundo tinham pescado no Curuena. A carne estava macia e saborosa; a conversa, nem tanto.

— Não suporto olhar para a cara deles — disse Possuelo, sobre os ribeirinhos brancos. — Jamais quero vê-los novamente na vida.

Palavras especialmente duras eram dedicadas a Paulo Souza, que ele flagrara roubando um ovo da cozinha. Souza negara, dizendo que era um ovo de tartaruga que ganhara dos índios.

— Senti a gema na colher — disse Possuelo e sibilou —, e sabia que era de galinha. Aquele mentiroso filho da mãe, não consigo mais olhar para a cara dele. Não vou deixar nem que ele me sirva.

O sarcasmo era chocante. Toda a retidão se perdera; todo e qualquer senso de proporção se fora. Apenas dois dias nos separavam de Tabatinga e caixas de ovos ainda lotavam o balcão da cozinha. Logo se estragariam, caso *alguém* não os comesse. Já ia longe a manhã de 15 de julho, quando Orlando fez 18 anos e Possuelo se permitiu revelar alguma emoção diante dos homens. Eu sequer poderia imaginar aquele tipo de sentimentalismo agora.

O clima espelhava o humor a bordo. Nuvens cinzentas pairavam pouco acima do rio à medida que avançávamos contra o vento forte na manhã seguinte. Mais adiante, a carcaça de um jacaré de mais de 2 metros boiava de barriga para cima no meio do rio. Um urubu banqueteava-se ostensivamente sobre a barriga inchada, levantando voo no último minuto, ao nos aproximarmos.

Adelson me chamou para a cabine do leme no meio do dia.

— Scott, quero que você veja uma coisa — disse ele, apontando para uma fila de casas na boca de um grande afluente, à direita. — Lá é Vendaval. Lembra da história que contei a você sobre Quintino Mafra? O barão que mandava nos ticunas como um senhor feudal? A casa dele era ali.

Adelson acenou com a cabeça em direção a um barranco onde havia uma escola e uma torre d'água.

— Onde está a casa? — perguntei.

— Não existe mais — respondeu Adelson.

Após décadas de mando, soldados e agentes da Funai atacaram o complexo no início dos anos 1980.[11] O próprio pai de Adelson desempenhou um papel importante, indo a Manaus denunciar os abusos. A casa foi incinerada durante o ataque furioso que se seguiu à prisão de Mafra. Agora, dezenas de cabanas com tetos de zinco povoam a beira de uma grande lagoa, ornada com bananeiras, mamoeiros e grandes palmeiras ondulantes. Uma família cruzou a água numa pequena canoa, o pai em pé, empurrando o barco com uma longa vara. Era o perfeito quadro da serenidade. Nitidamente, algumas coisas tinham mudado para melhor.

* * *

Três bandeiras ondulavam na brisa sobre uma doca flutuante amarela a bombordo: a brasileira, verde e amarela, a tricolor, do estado do Amazonas, e a preta e dourada, da Polícia Federal. Um forte de cimento, também pintado de amarelo berrante, ocupava o alto da barranca de pouco mais de 10 metros. Chegáramos a Anzol, o posto de controle da Polícia Federal para todo o tráfego de barcos entrando e saindo pela fronteira com a Colômbia e o Peru, a apenas um dia de distância.

Um sargento com boa aparência, Fradique Queirós, estava de serviço. Tinha pouco mais de 30 anos, a farda bem engomada, barba aparada e olhos verdes. Havia uma pequena gaiola no balcão perto dele. Dois papagaios verdes estavam empoleirados no seu interior, cabeças viradas, olhando-nos com curiosidade inocente. Os agentes tinham acabado de apreender os pássaros de uma dupla de homens numa canoa com motor. Será que nós poderíamos entregar os papagaios ao Ibama, em Tabatinga?, ele indagou. As asas tinham sido aparadas, eles não poderiam ser devolvidos para a selva.

Teria sido muito problemático prender os homens, explicou Queirós. Eram caçadores ocasionais, não valia a pena sequer preencher a papelada. A polícia simplesmente apreendera os pássaros. Organizações bem mais sinistras percorriam as águas do alto Amazonas, traficando de tudo, de cocaína a animais exóticos e madeiras preciosas. Pontos de controle, como o Anzol, eram essenciais para os esforços de estancar o fluxo e cargas ilícitas. Mas Queirós queixava-se de ter apenas um punhado de agentes para inspecionar dezenas de barcos que chegavam à sua doca todos os dias. Aquilo soava lamentavelmente familiar.

— Nós só podemos fazer alguma busca se tivermos motivo de suspeita — disse.

Oferecendo salários atraentes, a PF começara a fazer rodízios de agentes de postos distantes, em turnos de trinta dias. O próprio Queirós era do Maranhão, a 3 mil quilômetros de lá.[12]

É claro que os policiais esperavam prender, ou ao menos deter, os grandes barões do crime e os grandes carregamentos de drogas, madeira ou animais. Mas, como atestava o caso dos filhotes de papagaio, a pobreza e o desespero abasteciam boa parte dos crimes ambientais na Amazônia. Doze milhões de pássaros e animais selvagens eram traficados no Brasil anualmente, segundo o Ibama.[13] Intermediários — como Moysés Israel, Carlão e "Capitão" — podem ter prosperado com os negócios. Mas os desesperados, atacando os ninhos e derrubando a madeira, como os canamaris de Queimada, ou os dois caçadores insignificantes interceptados por Queirós, eram movidos por imperativos mais básicos, como a necessidade de botar comida na mesa.

Levamos os papagaios. Mas, assim que saímos, Possuelo disse:
— Não vou devolvê-los para o Ibama. Eles vão vendê-los.

Ele os levaria para o posto de controle do Javari, onde os pássaros certamente seriam mascotes satisfeitos.

O dia passou tranquilamente. Os homens estavam subjugados, falando em cochichos. Todos prontos a seguir em frente, como se as boas-vindas já tivessem durado demais. Nosso último jantar foi delicioso — um cozido de carne que Mauro amaciara, com arroz, feijão e farinha. Foi servido sem qualquer cerimônia, sem o mais remoto ar de nostalgia. Era para ser a noite da festa para Possuelo. Ele sequer desceu as escadas para comer. Na proa, os ribeirinhos comeram em silêncio.

O tempo finalmente abriu ao cair da noite, e navegamos através de uma paisagem etérea de árvores, água e céu desimpedido. Mantive os olhos voltados para a proa, buscando o brilho fraco no horizonte que sinalizaria a aproximação de Tabatinga. O firmamento ardia com o pulsar das estrelas em constelações desconhecidas. Reconheci apenas uma: o confiável Cruzeiro do Sul, bem baixo, a bombordo da proa.

*   *   *

Fui acordado por um esbarrão horas antes do amanhecer: homens passavam por minha rede, grandes passadas pelo convés, chamados sussurrados. O motor estava em silêncio. Consultei meu relógio: 3 de setembro, 3h20. Uma luz fraca vinha da cozinha. A maioria das redes tinha desaparecido. Apenas os canamaris ainda dormiam. Encontrei os matises na proa, olhando para além das silhuetas das árvores e galpões, em direção ao brilho das luzes da cidade. Nas sombras, reconheci nossa localização: o galpão flutuante da Funai de onde partíramos semanas antes.

Ao voltar para arrumar minhas coisas, encontrei Soldado. Nicolas já tinha disparado para um hotel na cidade.

— O hotel Anaconda, em Leticia — anunciou.

Era de se imaginar. Eu o encontraria mais tarde. A maioria dos brancos já tinha feito as malas e partido. Não haveria despedidas. Além de Soldado e Danilo, só restava Paulo Souza, que já pegava sua bolsa.

— Vou embora! — disse.

Apertamos as mãos e ele se foi. Voltei para dentro e juntei minhas coisas apressadamente. Subi a escada até a cabine de Possuelo, onde deixara meu dinheiro e câmeras. Achei que ele pudesse estar dormindo, e bati de leve na porta antes de abrir.

— Entra! — ouvi a voz cansada de Possuelo na escuridão.

Tateei atrás da bolsa sob seu beliche e peguei minhas coisas.

— Até logo mais — disse, sabendo que nos encontraríamos mais tarde na cidade.

Juntei-me a Soldado e Danilo na proa. Nicolas, de algum jeito, conseguira uma carona, mas Danilo me disse que ainda era muito cedo para conseguir um táxi; eu teria que esperar o amanhecer.

— Para onde foram todos? — perguntei.

— Pegaram seus salários e foram embora — disse Soldado.

— Más notícias — disse eu.

— Muito ruim — concordou Soldado.

Um desastre. O pior que ele já vira.

Os índios ainda estavam todos lá, muitos ainda adormecidos. Teriam que esperar mais um ou dois dias para que o *Kukahá* os levasse para casa. Isso lhes daria tempo para fazer compras na cidade. Alfredo estava na popa, conversando com Wilson e Márcio.

— *Bak!* — ele soltou alegremente. Bom!

Puxei Alfredo para o lado e contei seu salário entregando-lhe as notas. A mesma quantia que Possuelo pagou a todos os outros: 640 reais, cerca de 320 dólares.

— Não vá gastar tudo num só lugar — adverti.

Ele concordou e enfiou o dinheiro no bolso. Ocorreu-me que talvez ele precisasse de alguma orientação quando fosse fazer compras. Mas eu não queria parecer paternalista. Continuávamos, mesmo ainda neste estágio final, presos a nossos papéis.

Lá fora no rio, famílias remavam pela escuridão em suas pequenas canoas. Um rebocador no mesmo estilo do *Kukahá*, com as mesmas linhas e amuradas, empurrava uma barcaça rio acima, os motores lutando contra a correnteza invisível e inexorável. Barcos partiam das docas flutuantes para se juntar ao fluxo crescente do tráfego pelo Amazonas. Esquadrões de periquitos gritavam pelo céu nublado, celebrando a alvorada de um novo dia com sua algazarra desordenada. Terminei meu café, fumei um último cigarro com Soldado e fiquei pronto para partir.

Estávamos em cima da prancha de desembarque. Olhei uma vez mais para aqueles olhos castanhos, tristes e nobres. Não fosse por Soldado, eu poderia ter morrido na selva. Certamente, a viagem teria sido muito mais difícil de suportar.

— Vamos nos ver de novo — disse a ele quando nos abraçamos.
— Promete? — perguntou.
— Prometo.

* * *

Após tomar um banho e devorar um café da manhã adequado no Anaconda, entreguei dois sacos de roupa suja na recepção.

— Diga para deixar essas roupas fervendo por uma hora — falei à recepcionista. — Você não faz ideia de por onde elas passaram.

O telefone tocou no momento em que voltei para o quarto. Era Possuelo no saguão, com Orlando. Tinham vindo encontrar com Nicolas e comigo.

— Scott — disse Possuelo —, vamos dar uma olhada por aí e almoçar.

Eu não imaginava outras três pessoas com quem eu menos desejasse estar naquele momento.

— Certo, já vou descer — respondi, sem saber muito bem por que estava aceitando aquele sacrifício.

Vagamos pelas ruas, entre o barulho das buzinas e a fumaça negra dos carros. Pedestres se empurravam e se acotovelavam pelas calçadas cheias. Compramos o jornal da manhã e paramos num bar agitado. A manchete principal: guerrilheiros das Farc tinham atacado uma aldeia ticuna chamada Puerto Nariño, meia hora rio acima, matando dois e ferindo outros dois. A guerra tripla da Colômbia, colocando os rebeldes de esquerda contra o exército do governo e paramilitares de direita, transformara-se numa campanha brutal com ares de pesadelo.[14] Com a guerra espalhando-se pelos vales mais remotos da Amazônia colombiana, os remanescentes das últimas tribos isoladas do país estavam sendo expulsos das matas, perdendo-se e passando fome.[15]

Entramos numa lanchonete para almoçar. A conversa foi sem graça e artificial. Após semanas juntos, não havia mais nada a dizer. Eu apenas queria sair correndo de lá. Compramos *sundaes* numa sorveteria. Quando fui pagar, meu coração disparou no momento em que percebi que meu caderno tinha desaparecido. Devia ser uma medida do meu incômodo, pois eu perdia coisas importantes — como o celular, em Nova York — apenas quando me sentia excepcionalmente estressado. Mas em mais de vinte anos de reportagens, em momentos de extrema dificuldade, eu jamais perdera ou extraviara um único caderno. As notas de campo são a moeda de um repórter, mais valiosas do que a carteira, ou mesmo o passaporte. Essas coisas podem ser mais ou menos repostas; as anotações, não.

O que era pior, eu não lembrava quando fora a última vez que o tivera nas mãos, se em Tabatinga ou aqui em Leticia. Saí de perto dos outros para refazer meus passos. Parei na cafeteria, na banca de jornal, na lanchonete. Nada. Ouvi um grito por trás do ombro:

— *Bak!*

Olhei para trás.

Márcio Canamari sorria do outro lado da rua. Usava roupas novas e uma bandana branca e brilhante em torno da cabeça. Mesmo a distância, pude ver que estava radiante. Eu teria gostado de parar e ouvir sobre suas aventuras na cidade grande. Mas eu tinha que achar aquele caderno. Acenei e dobrei a esquina. Foi a última vez que o vi.

O recepcionista do hotel foi simpático.

— Vá até a estação de rádio, *señor* — disse-me. — Eles podem colocar uma nota no ar. O senhor oferece uma recompensa, pode ser que alguém apareça.

A rádio ficava pouco mais adiante, na mesma rua. No balcão, preenchi um formulário de classificados com todos os detalhes: "Scott Wallace (que eles pronunciavam *Escote Guálas*), escritor da *National Geographic*, perdeu suas preciosas anotações da expedição pela selva. Por favor, leve o caderno ao hotel Anaconda para uma recompensa de cinquenta dólares. Mas a rádio Caracol só transmitia para o público de língua espanhola, em Leticia. Como eu poderia alcançar os falantes de português, em Tabatinga? — perguntei a um dos motoristas de táxi na rua, achando que ele poderia me responder.

— Conheço um sujeito lá que tem um caminhão com alto-falantes — disse. — Vive de publicidade. Campanhas políticas e propaganda de produtos, essas coisas. Você poderia pagar para ele passar pelo mercado de Tabatinga lendo seu anúncio.

Estacionamos diante de uma casa modesta numa rua de terra fora do centro. Uma caminhonete Toyota estava estacionada diante dela, com dois grandes megafones sobre o teto da cabine. Entreguei a mensagem ao sujeito, paguei e mandei que percorresse as ruas de Tabatinga.

Quando voltei para o Anaconda, uma mulher de meia-idade com uma expressão gentil e envelhecida esperava por mim no saguão. Chamava-se Blanca e vendia bilhetes de loteria nas ruas do centro. Ela achou o caderno no batente da janela da cafeteria.

— Parecia algo importante — disse —, mas eu não sabia exatamente o que era.

Então, ela ouviu o anúncio no rádio.

— *Gracias, mi amor* — disse, enfiando o dinheiro por baixo do avental.

* * *

Eu estava mais do que pronto para ir para casa. Mas Possuelo queria visitar os corubos, que tinha contatado seis anos antes. Eles agora ocupavam uma maloca perto do posto de controle da Funai, na entrada do Javari. Cruzamos de volta para Tabatinga na manhã seguinte, debaixo de uma garoa deprimente. A escada pela barranca do rio estava escorregadia. Seguimos pela mesma prancha do galpão de barcos da Funai que marcou o início de nossa jornada, quase 12 semanas antes. Wilson e Alfredo estavam lá dentro, sentados no chão. Ao lado deles, um aparelho de som Sony, do tamanho de uma mala grande, pulsava com luzes verdes e vermelhas na batida do brega. Representava a totalidade dos ganhos de Alfredo, detonados num instante.

Imaginei a cena na loja de eletrodomésticos no dia anterior, enquanto vagávamos inutilmente pelas ruas de Leticia. Alfredo fora deixado por conta própria num mundo estranho. Deve ter se deslumbrado com a batida surda dos alto-falantes do aparelho de som, as luzes piscando, e a promessa que parecia oferecer de bons momentos em casa. *Bak!*, ele deve ter pensado, enfiando a mão no bolso. *E olha só, eu tenho o dinheiro certo para pagar por isso!*

— *Burrá?* — disse Ivan Arapá, balançando a cabeça com desgosto em direção ao aparelho estéreo. — O que sua mulher vai dizer? Nenhum presente para ela. Nada para as crianças.

Alfredo deve ter despertado para o grande erro que cometera, pois estava olhando para o espaço vazio pela porta do galpão, como se estivesse em um estado de estupor catatônico.

— Alfredo — chamei. Ele não levantou os olhos.

— Alguém deveria tê-lo orientado — disse Danilo no meu ouvido.

Sem brincadeira. Amaldiçoei-me por ter me deixado levar por Possuelo e Nicolas. Certamente, esse tipo de coisa deve ter acontecido no final de outras expedições. Por que Possuelo não tinha dado algumas orientações? Ou por que não tinha organizado algum tipo de passeio de compras? Talvez tivesse a ver com a hora da noite em que chegáramos a Tabatinga e com o fato de que alguns já tinham partido, enquanto outros ficaram por ali. Talvez ele apenas estivesse muito irritado, como todo mundo. Extremamente irritado.

Para piorar a situação, o aparelho de som de Alfredo funcionava com eletricidade, sequer usava pilhas. Seria absolutamente inútil em Massapê, onde não havia rede elétrica.

— Alfredo, me ouça — implorei, apoiando a mão em seu ombro. — Você tem que levar isso de volta para a loja. Veja se consegue o dinheiro de volta.

Isso parecia extremamente improvável.

— Ao menos, veja se consegue trocar por outro que funcione com pilha.

Ele concordou. Olhei em volta.

— Alguém deveria ir com ele — disse eu, elevando a voz.

Mas eu não poderia. Possuelo, Orlando e Nicolas já tinham tomado os seus lugares na lancha. Danilo ligou o motor.

— Alfredo, pegue isso.

Coloquei meu canivete suíço em sua mão.

— Muito obrigado. Obrigado pelo bom trabalho. Boa sorte.

Não era muito, mas parecia ter desanuviado as coisas, pelo menos por um momento. Subi no barco, e Danilo acionou a ré. Alfredo ergueu a mão lentamente, em uma espécie de adeus. Conseguiu sorrir levemente. E então, nós partimos.

CAPÍTULO 27

Conhecendo os caceteiros

As nuvens se dispersaram ao navegarmos rio acima, entre manchas de sol. Os canais além de Tabatinga estavam praticamente irreconhecíveis — as águas tinham baixado muito nos últimos meses. Os furos, onde Amarildo e sua família foram assaltados, já não eram transitáveis. Tivemos que seguir pelo caminho mais longo. Os filhotes de papagaio ficaram na popa, ao lado do motor Yamaha 85, apavorados com o estrondo do motor, enfiando as cabeças em desespero pelos espaços da gaiola de vime, procurando uma saída.

Chegamos à base no meio da tarde. Antônio Carlos nos cumprimentou com um grande sorriso no alto da escada. Ele apontou para os pés de feijão e para as gordas melancias crescendo sob a passarela.

— Eu disse que teríamos feijões e melancias aqui — disse.

Agora que as águas tinham recuado, era muito mais fácil apreciar plenamente a posição estratégica da base, na confluência dos dois rios e da longa praia do outro lado, onde Sobral perecera cinco anos antes.

Trovoadas soavam a distância. Nuvens escuras ameaçavam chuva. Mas Possuelo queria seguir viagem. Colocou as mãos em concha e chamou:

— Vamos embora, pessoal! Vamos visitar os corubos!

Descemos a escada com cuidado e subimos de volta para o barco. Antônio Carlos e um médico da Funai chamado Oliveira foram com a gente. Os dois matises que trabalhavam na base, Chapu e Tumin Tucum, empurraram o barco e pularam a bordo. Ambos carregavam espingardas.

— Eles têm relações familiares com os corubos — disse Possuelo. — Por isso estão indo conosco.

Matises e corubos falam dialetos parecidos do pano, e os batedores matises foram fundamentais para ajudar Possuelo a fazer contato pacífico com o pequeno grupo dos corubos em 1996. A mistura de sangue também ocorreu devido a um incidente no período anterior ao contato, quando os matises sequestraram duas meninas corubos.[1] Elas foram criadas na tribo e acabaram por dar à luz os próprios filhos. Os matises sempre serviram como intérpretes e intermediários entre os corubos e a Funai, ajudando a manter uma atmosfera de confiança.[2]

A subida do Ituí foi um passeio curto. Em 15 minutos, paramos junto a um jovem índio completamente nu em uma canoa, encostado a uma vara.

— Aquele é Te-oh — disse Oliveira, que vinha fazendo excursões diárias para tratar os corubos de diversas enfermidades.

Saltamos do barco na lama macia e seguimos por uma trilha flanqueada por altos troncos de samaúma, de enorme circunferência. Uma vez mais, estávamos nos domínios da floresta primordial. Te-oh liderou o caminho, seguido de perto pelos matises com seus rifles. Desde que os corubos mataram Sobral, ninguém estava autorizado a visitar os corubos sem uma escolta armada.[3] Oliveira, logo na minha frente, carregava uma grande caixa plástica de ferramentas onde levava seu kit médico.

— Ei-ei, ho-ho — cantamos alto, avançando pela trilha à sombra dos altos monólitos.

Uma resposta veio pelo caminho:

— Ei-ei, ho-ho!

Trovões ribombavam. Os cães latiam. Entramos numa ampla clareira dominada por uma enorme cabana coberta de sapé do alto de seus 6 metros até o chão, o que lhe dava a aparência de um enorme monte de feno. Entramos curvados pela entrada baixa e estreita — uma proteção contra ataques surpresa — e saímos na escuridão profunda da maloca. O ar estava pesado com o cheiro de fumaça da madeira. Quando meus olhos se ajustaram ao escuro, distingui uma mulher balançando numa rede perto da entrada. Alguma coisa esbarrou na minha perna: um filhote de queixada. Dois pequenos macacos agitavam-se no chão de terra cuidadosamente varrido. A mulher na rede tinha grossos cabelos pretos, cortados em cuia, com a franja no meio da testa. Estava completamente nua, e não mostrou nenhuma vergonha por isso. A metade superior de seu rosto redondo e matronal estava pintada com urucum em torno dos olhos e no nariz. Um bebê sugava seu peito exposto. Era robusta, com a constituição de um atleta, e estimei que deveria ter pouco mais de 40 anos.

— Sydney! — ela vibrou. — Adoro você!

Tumin ficou de lado, arma na mão, traduzindo para português. Era Maya, e, em essência, era a chefe do clã.

— Todos ouvem Maya — disse Possuelo.

Ele se certificou de que Tumin traduzia tudo o que ele dizia aos corubos, assim os índios saberiam que nós não guardávamos segredos. Possuelo ajoelhou-se ao lado dela, que agarrou sua barba divertidamente, acariciando-o com carinho. Ele segurou seu braço e fingiu que ia comê-lo. Uivos de risadas vieram das sombras. Agora eu podia ver que várias outras pessoas estavam reunidas ao redor, adultos e crianças. Alguns se balançavam em redes amarradas às estacas que sustentavam o telhado. Outros se agachavam pelo chão. Um homem segurava uma criança no colo. Uma mulher ao seu lado segurava um bebê mais novo nos braços.

— Washmä — disse ela, apontando para si mesma.

Ela era a filha mais velha de Maya e a mãe da criança morta pela sucuri, na praia da margem oposta à base. Aparentemente, conseguira reconstituir a família nos anos que se seguiram. As crianças cutucavam-se sem fazer barulho. Um macaco subia e descia por seus braços, em suas cabeças e pelos ombros. Quando meus olhos se ajustaram um pouco mais à escuridão, pude apreciar as dimensões verdadeiramente cavernosas da cabana, com seu topo nas alturas e o ambiente único que se estendia por 15 metros até a extremidade mais distante, onde a luz infiltrava-se por uma abertura baixa, como a outra por onde entramos.

Possuelo falou de nossa expedição, dos índios bravos e da aldeia em que entramos. Descreveu as roças grandes, as casas, os diferentes tipos de carne que os índios tinham preparado, como se estivessem se preparando para uma grande festa. Ele não queria entrar na aldeia, disse a Maya, mas não teve escolha; dois dos homens, também índios, desapareceram e precisavam ser encontrados.

— Eles tinham bordunas? — perguntou Maya.

— Não — respondeu Possuelo. — Apenas flechas e zarabatanas.

Ela pareceu decepcionada. Compreendi por quê. Maya tinha levado seu grupo para longe da tribo principal dos corubos, muitos anos antes, após um conflito violento em que seu primeiro marido foi morto.[4] Alguns guerreiros opuseram-se ao seu casamento subsequente com Shi-shu — um homem pequeno, sentado em silêncio ao seu lado — e foram forçados a partir por conta própria.[5] Mas o clã era pequeno, apenas 23 membros, insuficiente para assegurar a longevidade e viabilidade do grupo. Apesar das animosidades que persistiam, o grupo de Maya provavelmente tentaria voltar à tribo principal em algum momento futuro. As crianças mais velhas estavam entrando na puberdade e precisariam de parceiros para além do confinamento de sua única maloca. Sem notícias deles desde a altercação, anos atrás, Maya naturalmente ansiava por notícias da comunidade principal. Mas os índios que nós visitamos não tinham bordunas; não eram corubos.

— Vamos lá para fora — disse Maya com um suspiro, levantando-se da rede.

Passamos abaixados pelo pequeno portal e saímos na luz ofuscante do dia. Sentamos num par de troncos grossos, gigantes abatidos colocados à sombra de um bananal descuidado. Maya perguntou meu nome novamente e começou a repeti-lo com um grande sorriso:

— Scotchie, Scotchie.

Agora, todos os caceteiros começaram a entoar meu nome em uníssono, caindo na risada como se fosse a coisa mais engraçada que já tinham ouvido. De onde eu era, perguntaram.

— Estados Unidos — respondi em português.

— *Stassos Nidos* — repetiram.

Possuelo perguntou-lhes sobre o incidente que os canamaris tinham relatado durante a viagem, sobre a vez em que os madeireiros mataram índios corubos numa praia qualquer e os perseguiram pela floresta.

— *Nanutita* — disse Maya, contando nos dedos.

— Os madeireiros brancos mataram três no rio — traduziu Tumin.

Os outros adultos começaram a falar, todos juntos, agitados. Eram quatro mulheres e o mesmo número de homens, todos praticamente nus, com cabelos em cuia, como o de Maya, as franjas retas na metade da testa. De qual incidente Sydney estava falando, perguntaram. Há quanto tempo?

— Quando ele tinha essa altura — respondeu Possuelo, primeiro apontando para Orlando, depois para uma criança de uns três anos, há cerca de 15 anos.

— *Mepewe shawakayno* — disse Maya. Ela não lembrava.

— Você devia ser muito jovem — disse Possuelo, fazendo um cumprimento. — Ou pode ter sido com outro grupo dos corubos.

— *Aí* — disse ela. — Já estávamos morando separados dos outros.

Agora ela lembrava: o incidente no Itaquaí, quando os brancos mataram os corubos. Na época, como o resto de seu povo, ela pensava que os brancos não passavam de um punhado de gente e propôs acabar com eles de uma vez.[6] Não esteve presente naquele incidente mencionado por Possuelo, mas ouvira falar dele. Ela e todos os adultos haviam sobrevivido a ferimentos por bala. Aproximaram-se de mim, um a um, para mostrar as cicatrizes, nas costas, nas nádegas e nos membros.

— Isso foi onde nossos médicos removeram as balas encravadas — disse Possuelo. — Os madeireiros chamam os índios para a praia. Dizem: "Ei, temos comida para vocês! Aqui, peguem um pouco de farinha!" Os índios vão e os brancos atiram neles.

Pelo menos numa ocasião, a própria farinha estava envenenada.[7]

— *Aí, aí* — disse Maya, concordando. É isso mesmo.

Cerca de 15 anos deviam ter se passado desde que Jéssica Sampaio fugiu de índios brandindo bordunas numa praia do Ituí. Não era necessariamente o mesmo incidente, mas fiquei pensando se ela não preferira omitir certos detalhes sobre as operações madeireiras de seu padrasto neste rio, assim como Maya estaria inclinada a não entrar em detalhes sobre a conduta menos cordial de seu próprio povo. Cerca de 26 brancos tinham sido mortos nas mãos dos índios caceteiros desde o final da década de 1960 ao longo dos rios Ituí e Itaquaí.[8] Outros três foram sequestrados.[9] As perdas dos corubos certamente tinham sido bem maiores, mas, como sempre, ninguém contara.

Foi nessa atmosfera contenciosa que Possuelo entrou para bloquear o acesso de forasteiros ao Javari e então iniciar uma série de expedições para entrar em contato com o pequeno grupo de índios corubos de Maya. Assim como todas as tentativas de contatar tribos isoladas, a expedição era cheia de riscos. Como os flecheiros, os corubos não tinham como distinguir os "brancos bons" daqueles que pretendiam prejudicá-los. Desde os dias de Rondon e de Nimuendajú, ajudar os índios a fazer essa distinção fora um princípio fundamental do manual do sertanista. Possuelo e sua equipe rastrearam os corubos com persistência, seguindo seus rastros pelo fundo da floresta.[10] Encontraram plantações devolutas e malocas abandonadas, depararam-se com armadilhas camufladas deixadas para eles pelos índios.

— Passei muito tempo procurando por vocês — disse Possuelo para Maya, com um movimento brincalhão do dedo, lembrando-a daquelas semanas e dos últimos dias até o contato. — Deixei uma panela e um facão em sua roça na primeira vez, lembra? Você estava dentro da maloca. A gente cantou para vocês.

— Nós estávamos ouvindo — disse Maya, com sua voz aguda, rindo. — Eu disse para os outros: "Estão nos chamando." Alguns tinham medo. Eu não tinha. Eu disse: "Estão cantando para nós. Devem ser amigos."

— *Es nano Cho!* — gritou Washmä, evidentemente repetindo o que dissera naquele dia, escondidos na cabana, a equipe de Possuelo do lado de fora.

Tumin traduziu:

— Eu disse: "Vocês vêm aqui!" Eu queria que vocês viessem até nós.

Possuelo começou a cantar uma canção de ninar simples. Pelo sorriso radiante que se espalhou pelo rosto de Washmä, compreendi que era a mesma canção que eles cantaram no dia do encontro, seis anos antes. Foi a música que os tranquilizou e desarmou pelo tempo necessário para que Possuelo fizesse sua aproximação. E aqui estavam eles agora, reunidos como velhos amigos, relembrando aquele momento especial quando se encontraram pela primeira vez. A não ser que, nessa instância, o encontro fora de uma ordem diferente de magnitude: aquele momento nos limites da história quando pessoas completamente estranhas, de universos separados, ficavam frente a frente, olhavam-se nos olhos e reconheciam sua humanidade comum. Fora o primeiro contato.

Possuelo estava mais animado do que eu vira em semanas. Ele envolvia os índios arregalando os olhos e contorcendo o rosto, recorrendo ao seu vasto repertório artístico de melodrama cômico e de palhaço de *vaudeville*, um humorista nato. Por sua vez, ouvia o que eles tinham a dizer e eles sabiam que estavam sendo ouvidos. Ele tinha a habilidade de encontrar pontos comuns de referência e de evocar memórias compartilhadas. Não importava que os corubos habitassem uma realidade completamente diferente, Possuelo tinha uma habilidade fascinante de entrar em suas mentes e corações. Ele não mencionou seu velho amigo, Sobral, tampouco perguntou sobre o assassino, um guerreiro chamado Ta-van, notadamente ausente no encontro.

Oliveira abriu a caixa de ferramentas. Serviu xarope para tosse em copos descartáveis e andou pelo círculo, pessoalmente ministrando cada dose.

— Eles estavam com 100% de malária aqui — disse Possuelo. — Havia vinte pessoas na maloca e vinte casos de malária. Pneumonia, malária, febre, tosse, gripe... 'tinham tudo.

— Com um surto desses, é preciso vir aqui todos os dias — disse Oliveira.

Ele vinha visitando os corubos diariamente nos últimos 45 dias. Afortunadamente, os corubos estavam próximos o suficiente para serem tratados. O grupo de Maya tinha plantado roças de milho e de mandioca em clareiras dispersas pela floresta e migrava de uma maloca para outra conforme as plantações amadureciam. Logo estariam de mudança.

Maya pegou um punhado de frutos vermelhos de urucum de uma vasilha a seus pés, esmagou-os nas palmas das mãos e cuspiu na massa. Levantou-se e começou a espalhar a tinta vermelha pela minha testa, bochechas, por todo o rosto.

— Isso significa que ela gosta de você — gargalhou Possuelo.

Maya voltou-se para Possuelo e aplicou o mesmo tratamento depois para Nicolas.

— *Guantá* — disse ela, com um aceno das mãos. — Vocês vão agora.

Seu marido, Shi-shu, levantou-se, a filha mais nova agarrada às costas dele. Acompanharam-nos pelo caminho, sob as árvores imponentes, cuja majestade e atemporalidade despertavam respeito. Fui tomado por uma sensação de assombro, algo que desafiava as palavras, como se estivesse diante de uma presença sagrada.

Nos despedimos no alto do barranco.

— Tchau, Scotchie! — disseram.

Voltamos descendo pelo rio, com as luzes diminuindo no céu. As nuvens pareciam ter saído das ilustrações de um livro, tinham um brilho amarelo na distância, os reflexos perfeitos nos acompanhando enquanto deslizávamos pelas águas lisas do Ituí. E então, num esplendor de laranjas e roxos, o sol desapareceu por trás da silhueta das palmeiras. Seria o nosso último pôr do sol na selva. A essa hora, no dia seguinte, estaríamos de volta a Letícia.

De volta à base, ficamos no deque, observando o rio ao escurecer. As cigarras iniciaram seu zumbido pulsante e contínuo.

— Ele foi atingido duas vezes — soltou Possuelo.

A visita do dia devia ter feito com que algo se afrouxasse; ele sempre manteve a boca fechada sobre a questão de Sobral.

— O primeiro golpe o matou. A cabeça explodiu. Morreu na hora.

Possuelo não estava lá na época. Caso estivesse, tinha certeza de que o incidente jamais ocorreria. Num momento de preguiça, os homens ignoraram as normas de conduta que ele estabelecera na base: carregar os rifles o tempo todo na presença dos corubos e exibi-los ostensivamente; jamais cruzar o rio para visitar os índios em menor número que o deles; e jamais se deixar cercar, sempre deixando dois ou três homens a distância, vigiando.[11]

Ocorreu-me que essas foram as mesmas precauções adotadas ao longo de toda a nossa incursão pelas terras dos flecheiros. Havia nossa força pelo número, a ostentação de nossos rifles. Mesmo a nossa disposição usual em fila única servia para prevenir que fôssemos cercados pelos índios.

Quando os corubos apareceram naquele dia, na praia do outro lado, cantando e dançando de braços dados, Sobral e os outros cruzaram o rio, ansiosos, levando bananas e farinha para presenteá-los.[12] Pegaram suas câmeras para conseguir algumas lembranças fotográficas para suas famílias, em casa. Parecia um daqueles momentos únicos, quando índios recém-contatados demonstram novos patamares de confiança e amizade. Não viram as bordunas de guerra ocultas na grama, aos pés dos guerreiros. Para Possuelo, o ataque podia ser compreendido apenas no contexto de uma longa história de perseguições nas mãos dos brancos da região, que vinha desde pelo menos 1928, quando seringueiros teriam matado quarenta índios corubos. Eles podiam ser perdoados na cabeça de Possuelo, pois ainda não sabiam avaliar a fundamental diferença entre a equipe da Funai e os outros brancos que haviam encontrado no passado, aqueles para quem disparar nos índios era um esporte.

Foi exatamente naquele mesmo lugar, do outro lado do rio, disse Possuelo, que a filha de 5 anos de Washmä foi morta — estrangulada e arrastada em segundos por uma sucuri monstruosa. Os corubos voltaram, meses depois do incidente com Sobral, para ser tratados de malária. Acamparam no terreno acima da praia. A menina caminhava pela água. Era no meio da tarde, dia claro.

— Todos estavam olhando — disse Possuelo. — De repente, *vush*! Do nada, a sucuri a agarrou. Bem diante de todo mundo. Pegou a menina e desapareceu na água. Eles ficaram lá durante oito dias, direto, chorando.

Havia uma estranha simetria entre as duas mortes, o fato de que um era branco e a outra, índia; de que um morrera por motivos históricos, a outra levada pela mão da natureza, e por isso os corubos identificavam a ação de poderes sobrenaturais no ataque fulminante da sucuri. A tragédia de uma vida jovem interrompida, ampliada pelo número minúsculo de membros da tribo — um povo lutando para se manter viável e sobreviver ao futuro. No entanto, em certa medida, a morte de Sobral não fora menos trágica, pois ele também pertencia a uma raça em extinção — os mateiros que viviam entre o avanço da civilização e suas vítimas mais indefesas. Ambos pereceram numa fração de segundos, quando menos esperavam. Surpresa. É o que faz a vida na Amazônia tão intensa e, por vezes, aterrorizante. Nunca se sabe quando a morte vai chegar. Basta apenas um golpe.

CAPÍTULO 28

O sobrevoo

O VENTO CHICOTEAVA PELA PORTINHOLA, entrando na cabine do Cessna, que sacolejava por um trecho de nuvens esfumaçadas. A floresta espalhava-se sob nós, a copa das árvores parecendo folhas de brócolis de um verde cinzento, entremeada pelas águas marrons do Itaquaí serpenteando 300 metros abaixo. Pelos diversos tons de marrom, era possível distinguir os baixios e os canais mais profundos nas acentuadas curvas em S, e o branco brilhante das margens marcadas por suas praias.

Partíramos do hotel Anaconda, em Leticia, uma hora antes, a caminho do aeródromo para uma última missão: um voo de reconhecimento para percorrer a rota da expedição. Em uma questão de minutos, olhávamos casualmente para baixo, para locais que levamos meses para percorrer arduamente pelo chão. A porta traseira do avião, do lado direito da fuselagem, fora removida para a ocasião, permitindo uma visão desobstruída para nossas câmeras.

Com o cinto preso à cintura, Nicolas inclinava-se com a metade do corpo pela porta aberta, o vento atacando seu cabelo, o colarinho batendo descontroladamente. Sem o cinto de segurança, ele teria sido lançado diretamente no vazio. A manhã estava deslumbrante — sol brilhante, nuvens esparsas. Passamos por lagos com formato de coração, ferraduras e riscos que seguiam paralelos ao rio, velhos canais separados pelo recuo da enchente. As águas dentro deles redemoinhavam como chocolate quente num tonel.

Entrando e saindo das nuvens, circulamos a base, onde o Ituí juntava-se ao Itaquaí. Um barco afastava-se rápido da doca flutuante — o *Kukahá*! Os índios estariam em casa em breve. Seguimos o Ituí. Um barco menor subia o rio, deixando uma esteira de espuma pela água marrom.

— Deve ser o nosso pessoal! — gritou Possuelo acima do rugido do vento e do motor. — Olha, ali está a maloca dos corubos!

Cortamos em direção ao sul, retomando a rota pelo Itaquaí. Aqui e ali, pequenos assentamentos de cinco ou seis cabanas espremiam-se na margem. Uma grande aldeia apareceu na margem direita, com um tronco servindo de escada do rio até diversas construções com teto de sapê. Reconheci instantaneamente: Massapê. Foi onde conheci Alfredo e Wilson, onde nós os recrutamos para a expedição. Que diferença estar planando lá em cima, sabendo que voltaríamos para a cidade em uma hora, em vez de seguir para a mata por três meses. Era ao mesmo tempo decadente e excitante estar voando tão alto, livres do calor sufocante e do torpor que tomou conta de boa parte de nossa jornada terrestre.

Viramos para o oeste do Itaquaí, levados pelas correntes aéreas. Mais abaixo, os igarapés serpenteavam de um lado para outro, refletindo o brilho do sol por um segundo antes de saírem de vista novamente por trás da floresta. Leves ondulações na copa da floresta, quase invisíveis para os olhos, marcavam as infinitas colinas e elevações que tanto nos castigaram. Eu conseguia saber onde estavam os rios mesmo antes de realmente vê-los. Podia distinguir onde os estreitos igarapés se contorciam e faziam curvas sem ao menos vê-los. Eu jamais contemplara a Amazônia dessa maneira antes. Em inúmeros voos que fiz sobre a floresta tropical — em jatos comerciais, monomotores e até mesmo em helicópteros —, sempre olhara para uma massa contínua de verde, entremeada por rios ondulantes, perdendo-se no infinito. Agora, eu via algo semelhante a um mapa em relevo, uma síntese única das perspectivas terrestre e aérea. Era como se olhasse para a mata sob nós com olhos totalmente novos, minha visão do alto informada pelos passos que dera lá embaixo.

Atingimos uma corrente de ar cruzada e senti uma descarga de adrenalina quando o avião perdeu altitude subitamente. Viramos para o leste então, ao longo das cabeceiras do Jutaí.

— Olha! — gritou Possuelo. — Índios bravos!

Ele apontou para baixo, para o que parecia uma grande cicatriz marrom espalhada sobre o tapete da floresta. No centro, havia um grupo de diversas cabanas em meio a várias árvores derrubadas, terra escurecida e o que pareciam plantações de bananeiras. Fumaça saía pelos tetos de sapê em espirais preguiçosas. E subitamente, lá estavam eles: o Povo da Flecha!

Figuras escuras apressadas, como formigas entre as cabanas, sem dúvida espantados com a aparição desse monstro zumbindo lá no céu. Não pude evitar um sentimento de ironia, até mesmo de absurdo, diante da situação. Três meses na selva e jamais pusera os olhos nos flecheiros. A quarenta minutos de Tabatinga e lá estávamos nós, olhando-os do alto.

— Vamos mais baixo! — gritou Nicolas, metade para fora da porta.

Circulávamos no sentido horário sobre a aldeia, a 600 metros de altura, o avião fortemente inclinado, a melhor forma de obter uma vista desimpedida. Mas estávamos alto demais para distinguir qualquer detalhe das formas humanas abaixo.

— Não vamos baixar mais do que isso! — gritou Possuelo. — Mais perto e eles vão ficar apavorados. Não vou permitir isso.

As figuras no chão aparentemente pararam sua movimentação frenética. Ficaram imóveis agora, como em transe, olhando para nós. Como era estranho, estar olhando para eles aqui do alto e eles olhando de volta através da distância. Era quase como se habitássemos universos totalmente separados. Não tinham absolutamente qualquer ideia sobre nós, sequer sabiam que havia seres humanos a bordo dessa criatura alada, cuja sombra escurecia-lhes o céu. Sobre eles, não sabíamos muito mais. Descobríramos que eram caçadores hábeis, que dominavam a tecnologia dos projéteis com pontas, o que lhes permitia usufruir da riqueza generosa da floresta. Sabíamos que percorriam a floresta sazonalmente, ao ritmo da chuva e das águas. Cultivavam mandioca, banana e cana-de-açúcar, e algum tipo de algodão, também. Em algum ponto do caminho, tinham conseguido um ou dois machados de aço, como atestava a grande clareira, com eloquência. O mais importante, no que dizia respeito a Possuelo, é que aparentemente prosperavam em todos os aspectos. O isolamento, longe de asfixiá-los, deixara-os fortes. Para Possuelo, a vitória consistia nisso: os flecheiros seguindo em frente, em seu reino paralelo. Sem contato. Indomados. Não conquistados.

Ainda assim, eu questionava se ele achava a situação plenamente satisfatória. Possuelo não gostaria de conhecer aquelas pessoas lá embaixo, não queria ser conhecido por eles, que tocassem em sua barba, que dessem risadas e o chamassem pelo nome? Em meio ao assobio do vento e barulho do motor, fiz a ele a pergunta:

— Você não gostaria de conhecê-los, encontrá-los, trocar apertos de mão e se tornar amigo deles?

— Prefiro deixar as coisas como estão — ele gritou de volta. — Que eles fiquem lá e eu aqui, que estejamos separados pela distância e que jamais nos conheçamos.

Ele olhou para baixo quando o piloto nivelou o avião e a aldeia desapareceu de nossas vistas, ficando para trás.

— Estou satisfeito em saber que eles estão se cuidando, e que nós, a distância, estamos cuidando deles.

Seguimos adiante, agora para o leste, seguindo o Jutaí. Passamos direto sobre onde devia ser o acampamento principal, mas não vi a doca. Talvez já tivesse começado a se desfazer, ou então os flecheiros a tinham destruído. Ou eu simplesmente não a vi. Olhei para baixo, para o alto das árvores. Em algum lugar ali embaixo estava a trilha por onde andamos todos os dias, por quase duas semanas, para visitar o local onde os matises construíam sua canoa.

Na última tarde antes de partirmos rio abaixo nas canoas escavadas, segui Possuelo de volta ao acampamento principal, por aquele caminho bem conhecido. Chegamos ao local onde grossos bambus formavam uma parede alta que parecia prestes a se quebrar sobre nós, como uma onda. Parei e perguntei a ele quanto tempo levaria para que a trilha por onde andávamos desaparecesse, para que as coisas retornassem ao seu estado natural.

— Em dois anos, não estará mais aqui. Será possível encontrar alguns desses cortes — disse, segurando uma muda cortada por um facão.

Depois apontou para a floresta que nos ladeava.

— Mas as árvores começarão a crescer por aqui. Vão crescer por todo o lugar. A trilha vai sumir. Em cinco anos, não será possível saber que estivemos aqui.

Era improvável que os flecheiros nos esquecessem tão facilmente. Talvez, nos anos seguintes, recontassem para seus filhos, e para os filhos de seus filhos, a história de quando seus inimigos chegaram, no momento em que preparavam uma grande festa. Contariam sobre como se dispersaram, em pânico — os guerreiros protegendo as mulheres, as crianças, os bebês —, e como observaram aqueles estrangeiros de cheiro estranho, que entraram na aldeia com suas armas mortais. Talvez mencionassem as ofertas de amizade — as facas e facões, os machados e as panelas — e como aqueles presentes reforçaram as vozes de cautela e acalmaram os que se dispunham a defender com firmeza sua selva natal. Ou talvez dissessem que fora o medo de uma represália devastadora que segurara suas mãos. Eu esperava que isso jamais fosse descoberto, mas as respostas a tais questões permaneceriam para sempre nos domínios de nossa imaginação.

De qualquer modo, era igualmente duvidoso que algum dia apagássemos de nossas memórias as maravilhas e horrores que encontramos nessa floresta pela qual nos arrastamos, sem mencionar o povo invisível que ela abrigava. Tampouco esqueceríamos os rios que tínhamos atravessado, as dificuldades a que tínhamos sobrevivido, a amizade e a amargura que compartilháramos ao longo da exploração desse bastião indomado, um dos últimos existentes no mundo. Sim, poderíamos simplesmente ter sobrevoado a região. Mas jamais a conheceríamos. Viemos, vimos e a deixamos sozinha, da maneira como era desde tempos imemoriais, e se Sydney Possuelo e os que seguiam seus passos tivessem alguma voz sobre o assunto, as coisas ainda seriam assim por muito e muito tempo.

Epílogo

A DIPLOMACIA NUNCA FOI SEU MELHOR TALENTO. Era apenas uma questão de tempo até que Possuelo se indispusesse irremediavelmente com os escalões mais altos por atos de insubordinação. Esse momento chegou em janeiro de 2006, quando ele desancou publicamente Mércio Gomes, então em seu terceiro ano como presidente da Funai.

O noticiário citava Gomes dizendo que, de fato, os índios brasileiros estavam exigindo mais terra do que era razoável receberem.[1]

— É muita terra — disse Gomes, segundo uma nota distribuída pela Reuters.

Ele ainda sugeriu que o Supremo Tribunal Federal brasileiro estabelecesse limites para as reivindicações de terras dos índios.

Um repórter conseguiu encontrar Possuelo para saber sua reação. Ele estava no interior da mata na época, visitando a tribo dos zoés. Sequer tinha visto a notícia; o jornalista a leu para ele pela instável conexão via rádio. Não importa. Possuelo não engolia nada.[2]

— Já ouvi esse discurso de fazendeiros, latifundiários, garimpeiros e madeireiros — gritou ele de volta pelo rádio, para o repórter de *O Estado de S. Paulo*. — Mas do presidente da Funai, é a primeira vez. É assustador.

Possuelo disse que a posição de Gomes era semelhante a de um "ministro do Meio Ambiente convocando as pessoas a derrubar árvores", e intimou o presidente Luiz Inácio Lula da Silva a esclarecer: seria essa uma posição pessoal do presidente da Funai ou era a posição oficial do governo federal?[3]

A resposta veio em menos de uma semana. Possuelo foi demitido. Mas recusou-se a retirar o comentário.

— Nunca fui um desses trabalhadores gentis que concordam com tudo o que o governo faz — disse.[4]

De fato, *gentil* não era a primeira palavra que vinha à mente quando o nome de Possuelo era mencionado. Mas ele podia ser muito gracioso. Ficou à minha disposição todos os dias, por mais de uma semana, quando o visitei em Brasília, em dezembro de 2009. Passamos longas horas em sua casa e na rua. Conversamos sobre sua carreira, seus anos na selva, suas opiniões sobre os índios isolados e falamos bastante sobre o período que passamos juntos na mata.

Num esforço para se manter no jogo, Possuelo criou sua própria ONG, o Instituto Indigenista Interamericano, dedicado a criar alianças transfronteiras entre as federações indígenas e os grupos defensores dos direitos dos índios. Era rotineiramente convidado para palestras no exterior. Mas era óbvio que sentia saudade dos velhos tempos e do papel central que exercera sobre o modelo e a prática das políticas indigenistas brasileiras. Afastado das florestas amazônicas, do grito primordial dos papagaios e dos índios aos quais dedicara a vida, Possuelo parecia um animal enjaulado pelos prédios envidraçados de Brasília e seus jardins bem cuidados. Estava fazendo o possível para prosseguir com sua vida, mas parecia exasperado sob a superfície.

Possuelo podia encontrar conforto no fato de que outros levavam adiante o trabalho iniciado por ele. A Coordenadoria de Índios Isolados, entidade para cuja criação ele fora essencial, continuava ativa na proteção dos povos brasileiros não contatados. Fossem quais fossem suas falhas, e eram muitas, o sistema de identificação, proteção e vigilância instaurado por Possuelo estava fazendo diferença. O número de tribos não contatadas cuja existência o departamento havia confirmado crescera para 26, e a entidade continuava a descobrir e compilar provas de grupos indígenas até então desconhecidos.[5]

Mas tendências perturbadoras pairavam no horizonte. Uma seca mortal na Amazônia ocidental, em 2005, reduzira o nível dos rios em 12 metros, isolando centenas de comunidades.[6] Bilhões de árvores murcharam e morreram. Os cientistas a consideraram um "evento único a cada cem anos", mas uma seca ainda mais devastadora voltou a ocorrer em 2010.[7] Outros bilhões de árvores se foram, liberando suas reservas de carbono. Pela primeira vez, a Amazônia tornara-se uma produtora significativa de gases do efeito estufa, em vez de o mais importante filtro de carbono do mundo.[8] Os climatologistas atribuíram a tendência de seca ao aquecimento da superfície do Atlântico Norte e alertaram que estávamos "jogando roleta-russa com a maior floresta do mundo". A Amazônia corria o risco de atingir seu limite, diziam, além do qual seu papel como proteção contra o aquecimento global poderia se perder.

O apetite mundial pela madeira tropical representava uma ameaça mais imediata às tribos não contatadas. A exploração ilegal de madeira em áreas protegidas do Peru empurrava os índios para o Brasil, aumentando o atrito entre comunidades contatadas e não contatadas nas cabeceiras dos rios Envira e Jordão. Ávido por gerar empregos e aumentar a receita sobre a exploração da madeira e de hidrocarbonetos, o presidente do Peru, Alan García, abriu seus territórios amazônicos aos madeireiros e prospectores de petróleo e gás.[9] Citando a falta de provas, ele escarnecia da noção de tribos não contatadas. Um diretor da estatal de petróleo comparou as tribos ao monstro do lago Ness, uma mera fabulação do imaginário concebida por ambientalistas para sabotar o crescimento econômico do Peru.[10]

A presença de índios isolados, se confirmada em qualquer área, de fato representava um sério obstáculo e um potencial comprometimento à exploração lucrativa dos recursos, criando o espectro de um desastre político e de relações públicas.[11] Com a receita de bilhões de dólares do petróleo pesando na balança, abundavam os boatos de que o Peru poderia estar fechando os olhos para a exploração ilegal da madeira, permitindo que os madeireiros efetivamente varressem as matas dos índios bravos, para "resolver o problema dos índios" de uma vez por todas.

Desesperado para chamar atenção para os pleitos dos índios, o sertanista veterano José Carlos Meirelles levou um fotógrafo para uma pesquisa aérea na região da fronteira em 2008. Possuelo indicara Meirelles muito antes para ser o diretor da Frente de Proteção Etnoambiental de Envira, com jurisdição sobre a região mais a oeste do Brasil, no estado do Acre. Seu monomotor sobrevoou a maloca de uma tribo não contatada, levando os índios a lançar flechas contra o avião. As imagens de guerreiros nus brandindo arcos e flechas eletrificaram o mundo. Manchetes entusiasmadas anunciavam a descoberta de uma "tribo perdida", mas rapidamente denunciaram toda a operação como um "golpe", quando Meirelles explicou que ele monitorava os índios havia duas décadas.[12] Mas não era golpe algum. Os índios eram muito reais. Na verdade, os veículos da mídia confundiam-se; não compreendiam que uma tribo podia ser observada a distância e se manter sem contato.[13] Meirelles jamais afirmara que tratava-se de índios "perdidos". Jamais usou essa expressão.

Dois anos mais tarde, Meirelles voltou a sobrevoar as florestas no alto Envira com uma equipe de filmagem da BBC, esperando que, dessa vez, não restasse qualquer dúvida sobre a existência de povos não contatados na região da fronteira. Os madeireiros tinham invadido as reservas estabelecidas para as tribos isoladas no Peru, e os esforços das autoridades peruanas para impedi-los pareceram um tanto tímidos, para dizer o mínimo.[14] Talvez apenas uma campanha da mídia que capturasse a atenção mundial, pensou Meirelles, poderia impedir o desastre iminente.[15]

Equipada com lentes de zoom estabilizadas, a equipe de televisão capturou imagens surpreendentes da mesma tribo que fora fotografada em 2008, mas dessa vez de alturas bem maiores. No vídeo, os índios são vistos olhando do meio das bananeiras em torno de suas cabanas, curiosos, mas sem demonstrar medo, apontando para o distante avião, admirados.

— Eu penso que são a lembrança viva de que é possível viver de outra forma — disse Meirelles à BBC, enquanto olhavam os índios lá embaixo, com o avião voando em círculos. — São os últimos povos livres deste planeta.

Quando o filme foi ao ar em fevereiro de 2011, tornou-se uma sensação global instantânea.

Comparações com o arrasa-quarteirão *Avatar* foram inevitáveis. De fato, nas semanas e meses que se seguiram ao lançamento do filme, em 2009, grupos de defesa dos direitos indígenas saudaram a resistência dos ficcionais Na'vi contra os interesses dos garimpeiros como uma representação fiel das lutas dos povos indígenas do mundo. O diretor James Cameron viajou ao Brasil em 2010 para prestar apoio à luta dos índios caiapós para impedir grande projeto de hidrelétrica, Belo Monte, planejado para o rio Xingu.[16] Mas, nas imagens da tribo não contatada, a vida real parecia imitar a arte. A câmera de alta definição da BBC conferiu uma qualidade cinematográfica de sonho à cena: as árvores altíssimas, a fumaça redemoinhando sobre os tetos de sapê da maloca, os nativos com corpos pintados com cores brilhantes caminhando pela floresta esmeralda. Nada de imagens granuladas, este vídeo tinha aparência de cinema, como se os índios espiassem o mundo de um dos cenários do próprio Cameron.

O efeito foi imediato. As autoridades peruanas prometeram reprimir a extração ilegal de madeira.[17] Pela primeira vez, comprometeram-se a trabalhar em estreita colaboração com os seus equivalentes brasileiros para proteger os *habitats* sensíveis dos índios isolados. Não obstante essa boa notícia, as últimas tribos não contatadas da Amazônia estão sob ameaça crescente, com o laço fechando-se em torno delas. Poucos dias após sua posse, em janeiro de 2011, a nova presidente do Brasil, Dilma Rousseff, assinou a licença para a gigantesca e controversa hidrelétrica de Belo Monte.[18] O projeto não apenas inundará território caiapó, mas também poderá atingir uma população de indígenas nômades avistada há pouco, forçando-os a fugir para terras colonizadas, onde apenas encontrarão hostilidade e violência.

A Funai está em meio a uma grande reorganização, iniciada no ano anterior. Com a escassez de sangue novo e a aposentadoria de muitos dos sertanistas de barbas grisalhas, que envelheceram com Possuelo, a viabilidade da agência a longo prazo como defensora eficaz dos índios do Brasil está em questão. No final de 2010, Possuelo escreveu uma carta aberta em defesa dos povos indígenas isolados, convidando simpatizantes ao redor do mundo a levantar suas vozes para protestar contra os ataques crescentes às tribos sitiadas da Amazônia e a suas terras.[19]

— A situação é crítica — escreveu. — Os índios isolados devem sobreviver. Eles são a nossa mais pura essência, o nosso impulso mais vital.

Não haverá perdão para nós, disse Possuelo, se permitirmos que desapareçam.

Pós-escrito

Em 11 de novembro de 2004, o fotógrafo Nicolas Reynard foi morto quando o avião em que ele fotografava caiu no rio Negro, perto de Manaus. Antes do acidente, o veterano piloto Paulo Miranda Corrêa havia pousado e decolado repetidamente do rio para permitir que Nicolas fotografasse com a porta aberta do lado da aeronave.

Entre as coisas que ele fotografava naquele dia estava o hidroavião particular *Sertanejo*, da Embraer, de Margi e Gérard Moss, um casal do Rio de Janeiro que trabalhava num projeto para recolher amostras de água de lagos e rios de todo o Brasil. O piloto Corrêa e o casal Moss alternavam posições, à frente e atrás, um pousando o avião enquanto o outro circulava por cima, a melhor maneira para Nicolas conseguir fotos dramáticas do *Sertanejo*. Os Moss ficaram preocupados quando o avião que transportava Nicolas não apareceu ao lado deles ao se dirigirem para o oeste, sobrevoando a floresta do rio Negro. Após darem a volta, eles avistaram os destroços na superfície do rio e desceram com o próprio avião para olhar mais de perto.

Rapidamente deduziram que a outra aeronave tinha atingido a água em alta velocidade. Tinha se partido e afundado rapidamente. Gérard mergulhou nas águas escuras, tentando desesperadamente libertar as vítimas do acidente. Era tarde demais. O avião já havia afundado demais para ele chegar à porta da cabine. Após repetidas tentativas, os pulmões estourando, Moss foi forçado a desistir.

E, então, algo ao mesmo tempo notável e horrível aconteceu. Das profundezas do rio, várias caixas de filme 35 mm subiram para a superfície.

Gérard as recolheu. Quando os Moss revelaram os filmes mais tarde, descobriram as belas imagens daquela manhã fatídica, incluindo uma fotografia impressionante, mostrando seu avião mais abaixo enquanto decolava do rio Negro. A foto enfeita a capa de seu livro *Brasil das águas*, publicado em 2005.[1] Foi o derradeiro disparo de Nicolas Reynard. Ele morreu como viveu, fazendo o que mais amava, no lugar onde havia corajosamente deixado sua marca, a Amazônia.

Carta aberta em defesa dos povos indígenas isolados

Brasília, 15 de dezembro de 2010

TRABALHEI MAIS DE QUATRO DÉCADAS na selva amazônica. Faz cinco anos, organizei o primeiro encontro internacional em defesa dos povos indígenas isolados. Reunimo-nos em Belém do Pará e propus a criação de uma Aliança Internacional para sua proteção. Afirmo sem angústia, mas com clareza: avançamos muito pouco nesse sentido. Sinto que a urgência de então se tornou hoje uma ameaça definitiva: os povos isolados e seus territórios estão em risco como nunca antes estiveram.

Nos últimos cinco anos, vi interesses na transferência dos povos isolados para permitir assim a invasão de empresas petroleiras ou mineradoras; vi como se assinam decretos e se outorgam concessões para explorar recursos naturais nas zonas onde vivem esses seres humanos; vi indígenas mortos ou perseguidos por defender seus direitos; percebi que continuamos a considerar a Amazônia e os indígenas um obstáculo às estratégias de desenvolvimento, como a que constitui a Iniciativa de Integração da Infraestrutura Regional Sul-Americana.

Represas, estradas, pontes estão sendo construídas na Amazônia, sem propor ações que de maneira efetiva protejam os direitos desses povos, e, se persistirem essas atitudes, o destino dos isolados já está determinado: eles desaparecerão.

Não podemos permanecer indiferentes diante desse drama. É tempo de reagir e de os estados, os governos, as empresas, os organismos internacionais, as igrejas, as organizações não governamentais, todos, fornecerem garantias de atenção aos direitos humanos dos povos isolados da Amazônia. É um dever de consciência e um imperativo moral. Não peço que detenham seus planos de governo; cobro, sim, que uma parte do que gastam em obras de infraestrutura e os investimentos em indústrias extrativas sejam usados para preservar verdadeiramente os isolados de toda violência.

Se, como os governos dizem, esses planos e obras são para vivermos bem e termos bem-estar, que incluam os isolados dentro de tais benefícios. Eles apenas querem assegurar seus territórios. Protejamos isso. Que eles não paguem com a vida ou com o desterro, como sempre tem acontecido, pela falta de ações sinceras de proteção a seus direitos que, além do mais, estão consagrados nas leis e nos tratados internacionais.

A primeira rodovia interoceânica da América do Sul através da selva está a ponto de ser inaugurada e, se os povos indígenas não fossem mais perseguidos ou retirados de seu território, seria a melhor prova de responsabilidade e respeito que poderíamos dar. No trecho entre Assis Brasil, no Acre, e Puerto Maldonado, em Madre de Díos, no Peru, uma zona fronteiriça com Pando, na Bolívia, os caminhões passarão incessante e perigosamente muito próximos a territórios povoados por eles. O que faremos para que isso não signifique mais ameaça à vida e mais devastação das matas? É a nossa oportunidade de mudar para sempre a história e evitar que chegue a hora fatal, a hora 25, quando já não se pode fazer mais nada.

A situação é crítica e todos deveríamos nos unir. Não podemos permitir que uma parte da humanidade desapareça. As tribos indígenas isoladas devem seguir existindo. São nossa essência mais pura, nossa chama mais viva. Um mundo sem eles não valeria a pena e no futuro não haveria perdão para uma tragédia tão grande que impomos contra nós mesmos e o planeta.

Sincera e afetuosamente,
Sydney Possuelo

Agradecimentos

A GRADECIMENTOS MUITO ESPECIAIS ao meu editor na Crown, John Glusman, por seu olhar clínico e compromisso inabalável com este projeto, para não mencionar sua paciência infindável e hábil revisão, e à Domenica Alioto, pelo cuidado e dedicação. Obrigado à minha agente, Deborah Grosvenor, que acreditou neste livro desde o começo.

Tenho uma dívida de gratidão com Oliver Payne, o extraordinário editor da *National Geographic*, e também com Peter Miller, assim como Chris Johns e Bernard Ohanian. Enormes agradecimentos a Stephen Byers e John Rasmus da *National Geographic Adventure*. Todos eles, em certa medida, se arriscaram ao me enviar para a Amazônia, confiando que eu voltaria para casa com uma incrível história para contar. Sou grato a Keith Bellows, Scott Stuckey e Jayne Wise da *National Geographic Traveler* por seu apoio e a Mary Anne Potts, da *National Geographic Digital*.

Um grande número de pessoas ofereceu ajuda e impressões generosas sobre a Amazônia e seus povos indígenas ao longo dos anos. No Brasil, contei com a hospitalidade e amizade de Deocleciano Bentes de Souza e sua família. Paulo Adario, sua esposa, Amélia; e toda a equipe do Greenpeace em Manaus — incluindo David Logie, Nilo D'Avila, Marcelo Marquesini e Coca Coelho, que abriram suas portas para mim, compartilharam suas vidas e seu conhecimento da floresta tropical e seus povos, e ofereceram a inspiração de seus exemplos de coragem fria e discreta. Outros brasileiros que proporcionaram lições valiosas e ofereceram uma mão solidária incluem Matthew Shirts, da *National Geographic Brasil*, Mauro Sposito da Polícia Federal, José Leland do IBAMA, Lilian Newlands, José Batista da Comissão Pastoral da Terra, Paulo Barreto, Márcio Santilli, Moacir Melo, Enrico Bernard, Pingo Jerozolimski, Marco Lima, Haroldo Castro, Juliana Arini, Felício Pontes Jr., a ilustre Marina Silva, padre Ricardo Rezende, bispo Erwin Kräutler e as bravas irmãs Jane Dwyer e Katya Webster, que levaram adiante o trabalho de Dorothy Stang, morta ao enfrentar homens armados que saqueavam a floresta.

Claro que este livro jamais teria sido feito sem a coragem e cooperação de Sydney Possuelo, que não só me trouxe de volta, em segurança, dos extremos amazônicos, como também me recebeu de braços abertos em inúmeras ocasiões em sua casa em Brasília e generosamente compartilhou suas ideias e amizades. Nem sempre nos encaramos olho no olho, mas conheci poucas pessoas mais inteligentes, destemidas, dedicadas e íntegras. Por tudo isso e muito mais, Sydney, sou-lhe verdadeiramente grato. Obrigado também à sua esposa, Soraya, e a Orlando Possuelo, um grande companheiro que manteve o bom humor mesmo nas horas mais sombrias da expedição. Também devo uma grande parte de minha compreensão sobre a história da Funai e da mística de seus sertanistas a Wellington Figueiredo, ao falecido Apoena Meirelles, a Marcelo Santos, José Carlos Meirelles, Antenor Vaz, Jair Candor e Elias Biggio. Fabrício Amorim compartilhou seu entusiasmo, assim como sua excelente pesquisa sobre as tribos isoladas do vale do Javari. Devo muito a Leonêncio Nossa, um verdadeiro companheiro e um dos melhores jornalistas brasileiros, e a Felipe Milanez, um grande amigo, repórter investigativo e defensor das tribos brasileiras sitiadas. Inês Fraga forneceu generoso auxílio nos arquivos do Museu do Índio, no Rio de Janeiro.

Muitas pessoas extraordinárias proporcionaram as informações que enchem as páginas deste livro com seu conhecimento e sabedoria, incluindo Thomas Lovejoy, Adrian Cowell, Dan Nepstad, Adrian Forsyth, Vincent Carelli, Mari Corrêa, Fiona Watson, Pepe Álvarez no Peru e Barbara Bramble. Muitos ativistas ousados viajaram para a Amazônia sob considerável risco pessoal para documentar a destruição da floresta e de suas tribos indígenas. Entre esses, os que merecem menção especial são David Hill, Chris Fagan, David Salisbury, Gregor MacLennan, Andrew Miller, Scott Paul, Aaron Goldzimer, Trevor Stevenson, Andrea Johnson, Aliya Ryan e o jornalista Willow Murton.

Esta jornada começa realmente com a publicação de *Darkness in El Dorado*, de Patrick Tierney, e a erupção, em meados dos anos 2000, da chamada controvérsia Chagnon. Como produtor da CNN naquela época, liderei uma equipe de televisão ao norte do Michigan para entrevistar Napoleon Chagnon sobre sua suposta má conduta entre os índios ianomâmis, e mais tarde viajei à terra dos ianomâmis, na Venezuela, contratado pela *National Geographic Adventure*. A cooperação de Chagnon e dos ianomâmis — para não mencionar os antropólogos Terence Turner e Leslie Sponsel — foi vital para a publicação da minha história sobre a controvérsia. Ainda em 1992, viajei para o território caiapó com Terry Turner, um guia hábil em meus primeiros esforços para compreender as complexidades das culturas indígenas da Amazônia. Stephan Schwartzman gentilmente proporcionou uma grande quantidade de informações valiosas ao longo dos anos. Ele também me levou à Terra Indígena para conhecer os panarás, antes conhecidos como a temível tribo crenacore, uma experiência que jamais vou esquecer. Philippe Erikson, Silvio Cavuscens, Barbara Arisi, Luiz Antonio Costa e Javier Ruedas produziram excelentes trabalhos antropológicos e históricos sobre as tribos do Javari e seus escritos fundamentaram este livro. Devo muito a Carlos Augusto da Rocha Freire por seu exaustivo estudo sobre a história dos sertanistas do século XX e a Beatriz Huertas Castillo por seu trabalho sobre as populações indígenas isoladas do Peru.

Devo ao Blue Mountain Center, nas Adirondacks, e ao Mesa Refuge, e ao Instituto Sacatar em Itaparica, Bahia, na Califórnia pela preciosa dádiva do tempo e pelo santuário para escrever em meio à adorável paisagem e maravilhosa companhia. Sou grato ao International Center for Journalists e a Rob Taylor pelo suporte ao meu trabalho no Brasil com uma bolsa da Ford Environmental Reporting; ao Woodrow Wilson International Center for Scholars, em Washington, D.C., por oferecer um auxílio valioso como pesquisador de políticas públicas; a Paulo Sotero, do Brazil Institute, que faz parte do Woodrow Wilson International Center for Scholars; e às assistentes de pesquisa Kathleen Chalk, Laura Fassak e Jasmine Heiss.

As palestras no Explorers Club em Nova York, nas universidades de Yale e Georgetown, na Gettysburg College e no CRITTER Salon em San Francisco ajudaram-me a reenquadrar minhas ideias em momentos críticos do processo.

Contei com a generosa orientação de outras pessoas enquanto me digladiava com as diversas questões levantadas por este trabalho: o antropólogo e etnobotânico Wade Davis, o antropólogo e geneticista Spencer Wells e os arqueólogos John J. Shea, Rusty Greaves e Michael Heckenberger. Também recebi a ajuda valiosa do antropólogo Glenn Shepard, do especialista em direitos de propriedade intelectual Graham Dutfield e dos naturalistas Mark W. Moffet, Matt Finer, Ted R. Kahn e Enrique Ortiz. O compositor David Monacchi compartilhou seu brilho e conhecimento da ecologia acústica e dos sons da floresta tropical. Devo desculpas a Carrie Regan por apropriar-me do título de seu incrível romance, *Rumors of Savages*, para o meu capítulo de abertura.

Os irmãos Jon Lee Anderson e Scott Anderson foram muito generosos com seus conselhos, amizade e apoio moral. Devo mais aos dois do que jamais serei capaz de pagar. Scott leu parte do manuscrito nos primeiros momentos e seus comentários ajudaram-me a traçar o curso para o resto do trabalho. Pela camaradagem e apoio durante todo este projeto e antes, tenho uma série de amigos e colegas incríveis a quem agradecer, entre eles Bob Nickelsberg; Crary Pullen; Bobby Block e sua falecida mulher, Donna; Bill e Esther Gentile; Clifton Wiens; Carl Hoffman; Peter Bergen; Tresha Mabile; Margaret Bergen; Geoffrey O'Connor; Webster; Aaron Huey; Les Stone; Beth Wald; Ingrid Arnesen; David Sullivan; Richard Chetwynd; Steve Nettleton; Rich Gorby; Stephen Cushman; John Fielding; Andrew e Leslie Cockburn; e Frank Smyth. Um assunto tão complicado quanto culturas indígenas não contatadas produz centenas de horas de conversa, durante as quais as ideias foram desafiadas, moldadas e transformadas.

Jesús Pérez Calderón foi o primeiro a me mostrar a Amazônia. George Schaller ensinou-me a apreciar os sons do silêncio. Bobby Coffey merece um reconhecimento especial por seu encorajamento diário quando parecia que eu jamais conseguiria chegar ao final da história.

Vários outros amigos leram o original, no todo ou em parte, e merecem meus agradecimentos efusivos por seu esforço: Tamara Stonebarger, Amanda Carter, Andrew Cockburn e Peter Bergen. Clif Wiens e Arthur Allen fizeram leituras especialmente cuidadosas do original e elevaram meu espírito com seu entusiasmo e sugestões. Jill Rothenberg e Mia Gallagher ajudaram a organizar minhas ideias bem no início do processo, e Margaret Knox e Meehan Crist ofereceram um valioso auxílio editorial. Jerome Cookson desenhou um mapa incrível.

Fui abençoado com diversos mentores realmente notáveis, sem os quais nada disso teria sido possível. Albert Bildner, um homem de mente penetrante e grande coração, foi o primeiro a me apresentar à mágica do Brasil e acompanhou o avanço de minha carreira com apoio inabalável. Um pesquisador da Amazônia destaca-se dos demais — o historiador e pioneiro John Hemming. Seu livro *Die If You Must* [Morra se for preciso] mostrou-se um recurso incrível e suas abrangentes histórias da Amazônia continuam a ser um farol e uma referência para todos nós que tropeçamos atrás dele, no escuro.

Uma série de ONGs dedicadas à luta pelos direitos indígenas ajudou com documentos e informações importantes: Instituto Socioambiental (ISA), Amazon Watch, Cultural Survival, Environmental Defense Fund, Save America's Forests, Conservation International, World Wildlife Fund e Survival International. A Survival tomou a liderança em uma campanha contínua, de anos, em nome das tribos não contatadas do mundo. Mais informações sobre essa campanha podem ser encontradas em www.uncontactedtribes.org.

Jamais esquecerei meus companheiros de expedição — matises, marubos, canamaris e ribeirinhos —, que compartilharam as alegrias e dores de uma longa jornada. Sem eles, eu certamente teria sucumbido ao longo do caminho. Soldado, Ivan Arapá, Alfredo Canamari e Tepi Matis merecem uma menção especial. Espero poder vê-los novamente algum dia. Saúdo os povos indígenas da Amazônia, e a periferia distante do planeta, encerrados numa luta diária por suas vidas e terras. É uma luta, em essência, pela preservação da Terra e de nossa própria humanidade.

Minha gratidão profunda a meus falecidos pais, Robert e Flora Wallace, os primeiros a despertar minha curiosidade sobre o mundo e a me proporcionar os recursos para sua exploração. Eu gostaria apenas que estivessem aqui para ler isto. Obrigado também aos meus irmãos, Christopher e Bruce, a suas esposas, Martha e Paula, a suas famílias e a todos os meus primos e seus filhos.

Gratidão, afeto e amor aos meus meninos — Mackenzie, Aaron e Ian —, que sempre foram uma fonte de prazer e inspiração, uma boa fonte de perguntas difíceis e observações astutas, e à mãe deles, Jennifer. Finalmente, minha mais profunda gratidão a Margaret Walsh, leal amiga e leitora, aliada e companheira, que jamais hesitou no curso de todo este processo em seu amor e fé neste livro. Obrigado.

Notas

Prólogo

1. Sydney Possuelo, entrevista. Presumia-se, com base em incontáveis e bem documentados encontros com tribos não contatadas, que surtos de epidemias mortais ocorreriam em caso de contato próximo com a tribo.
Observação: Estive com Possuelo a cada dia, minuto a minuto, hora a hora, de 17 de junho a 7 de setembro de 2002. A menos que indicado em contrário, todas as citações ou informações atribuídas a Possuelo vieram de nossas conversas diárias durante esse período.

1. Um rumor de selvagens

2. Fui correspondente internacional em El Salvador, na Nicarágua, e na Guatemala, entre 1983 e 1990, para a CBS News Radio e uma série de jornais impressos, incluindo *Cox Newspapers*, *Newsweek* e os diários britânicos *The Independent* e *The Guardian*.
3. Não é seu nome verdadeiro.
4. William R. Long, "A New Call for Indian Activists", *Los Angeles Times*, 9 fev. 1993. Disponível em: <http://articles.latimes.com/1993-02-09/news/wr-13801latin-america/7>.
5. Ronald Wright, *Stolen Continents: The "New World" Through Indian Eyes* (Boston: Houghton Mifflin, 1992), p. 86, 123; David E. Stannard, *American Holocaust: The Conquest of the New World* (Nova York: Oxford University Press, 1992), p. 102, 129. Pesquisas recentes sugerem que os primeiros exploradores do interior do Novo Mundo, como de Soto e Cartier, na América do Norte, e Orellana, na América do Sul, inadvertidamente espalharam doenças epidêmicas em suas incursões. Acredita-se que deixaram perdas colossais em seu rastro, sem sequer perceberem, criando a impressão, nas levas seguintes de novos exploradores, décadas ou séculos mais tarde, de que as vastas regiões internas dos continentes eram esparsamente povoadas, prontas para a colonização.

6. Bruce Gellerman, "REDD Path to a Green Planet", *Living on Earth*, 11 set. 2009. Disponível em: <http://www.loe.org/shows/segments.htm?programID=09-P13-00037&segmentID=6>.
7. "Satellites Show Amazon Parks, Indigenous Reserves Stop Forest Clearing", *Science Daily*, 27 jan. 2006. Disponível em: <http://www.sciencedaily.com/releases/2006/01/060i26200i47.htm>.
8. Vincent Brackelaire, "Situación de los últimos pueblos indígenas aislados en América Latina (Bolívia, Brasil, Colombia, Ecuador, Paraguay, Peru, Venezuela): Diagnóstico regional para facilitar estrategias de protección" (manuscrito não publicado, jan. 2006), arquivo PDF. Disponível em: <http://www.ibcperu.org/doc/isis/687.pdf>, p. 12.
9. Kirkpatrick Sale, *The Conquest of Paradise: Christopher Columbus and the Columbian Legacy* (Nova York: Knopf, 1990), p. 291.
   Nancy Rockafellar, "The Story of Ishi: A Chronology", University of California, San Francisco, última atualização em 2010. Disponível em: <http://history.library.ucsf.edu/ishi.html>.

2. Amazônia acima

1. Wellington Gomes Figueiredo (sertanista e ex-chefe da Coordenadoria de Índios Isolados, Funai), entrevista, Brasília, 19 set. 2002.
2. John Hemming, *Die If You Must: Brazilian Indians in the Twentieth Century* (Londres: Macmillan, 2003), p. 24.
3. Figueiredo, entrevista.
4. Hemming, *Die If You Must*, p. 286.
5. decreto do presidente da Funai n. 1901/87, 6 jul. 1987.
   Nota sobre *maloca*: A palavra refere-se especificamente a uma moradia coberta de sapê, típica das comunidades indígenas da Amazônia. Visto que comunidades inteiras muitas vezes vivem em uma habitação comum, a palavra frequentemente é usada como alternativa à aldeia.
6. Carlos Augustino da Rocha Freire, *Sagas sertanistas: práticas e representações do campo indigenista no século XX* (tese de doutorado, Universidade Federal do Rio de Janeiro, 2005), p. 206. Disponível em: <http://teses.ufrj.br/PPGAS_D/CarlosAugustoDaRochaFreire.pdf>; Apoena Meirelles (sertanista aposentado), entrevista, Rio de Janeiro, 21 set. 2002.
7. Fabrício Amorim, "Povos indígenas isolados da terra indígena vale do Javari" (relatório interno, Brasília: Funai, Coordenação Geral de Índios Isolados, 2008), p. 9.
8. Centro de Trabalho Indigenista (CTI), "Isolados", última atualização em 2004. Disponível em: <http://www.trabalhoindigenista.org.br/programa_isolados.asp>. A ONG CTI é parceira e direciona fundos internacionais para a Coordenadoria de Índios Isolados para manter o Projeto de Proteção Etnoambiental para os Povos Indígenas da Amazônia Brasileira.

"Faz 18 anos...", Leonêncio Nossa, "Expedição amazônica busca tribos desconhecidas", *O Estado de S. Paulo*, 10 jun. 2002.
9. "Just Saying Yes", *Brazzil*, jan. 1997. Disponível em: <http://www.brazzil.com/cvrjang7.htm>; Erling Söderström, "The White Triangle: AntiCocaine Operations in the Javari Forest", Korubo, última atualização em 2001, acesso em 21 jul. 2009. Disponível em: <http://www.korubo.com/AMAZONDOC/coca.htm>.
10. Kátia Brasil, "Eleição colombiana motiva ação na fronteira, diz general brasileiro", Folha.com, 22 maio 2002. Disponível em: <http://www1.folha.uol.com.br/folha/mundo/ultg4u41603.shtml>. Os militares brasileiros estavam tão preocupados com a guerrilha colombiana e com os narcotraficantes que o exército iniciou uma grande operação na região da fronteira tripla em maio de 2002.
11. Michael Goulding, Ronaldo Barthem e Efrem Jorge Gondim Ferreira, *The Smithsonian Atlas of the Amazon* (Washington: Smithsonian Books, 2003), p. 15-19; "Andes Formation Was a 'Species Pump' for South America", *Science Daily*, 11 jan. 2009. Disponível em: <http://www.sciencedaily.com/releases/2009/01/090109083451.htm>.
12. Eduardo Neves, "Amazônia-Ano 1000", *National Geographic Brasil*, maio 2010. Disponível em: <http://viajeaqui.abril.com.br/national-geographic/edicao-122/antigas-civilizacoes-amazonia-552374.shtml>; John Hemming, *Amazon Frontier: The Defeat of the Brazilian Indians* (Londres: Macmillan, 1987), p. 11.
13. Hemming, *Die If You Must*, p. 544.

3. Além do bloqueio

1. Amorim, "Povos indígenas isolados", p. 9.
2. Meriwether Lewis e William Clark, *The Journals of Lewis and Clark*, org. Bernard DeVoto (Boston: Houghton Mifflin, 1953); Possuelo, entrevista.
3. Barbara Maisonnave Arisi, *Matis e Korubo:* contato e índios isolados, relações entre povos no vale do Javari, Amazônia (dissertação de mestrado, Universidade Federal de Santa Catarina, 2007), p. 41-42. Disponível em: <http://tede.ufsc.br/teses/PASO0186.pdf>.
4. Possuelo, entrevista.
5. Arisi, *Matis e Korubo*, p. 17.
6. Possuelo, entrevista.
7. Possuelo, entrevista.
8. Arisi, *Matis e Korubo*, p. 39.
9. Possuelo, entrevista.
10. Hemming, *Die If You Must*, p. 1-13.
11. Scott Wallace, "Into the Amazon", *National Geographic* 204, n. 2 (ago. 2003, p. 10).
12. memorando, "Primeiro encontro de sertanistas, documento final", arquivos da Funai, Brasília, 27 jun. 1987, p. 3-4.
13. decreto presidencial da Funai n. 1901/87, 6 jul. 1987.
14. Scott Wallace, "Last of the Amazon", *National Geographic* 211, n. 1 (jan. 2007, p. 49).

15. Eriverto da Silva Vargas (coordenador do Civaja, o Conselho Indígena do Vale do Javari), entrevista, Atalaia do Norte, Brasil, 9 set. 2002.
16. Hemming, *Die If You Must*, p. 10.
17. ibid.
18. Paul Raffeale, "Out of Time", *Smithsonian*, abr. 2005. Disponível em: <http://www.smithsonianmag.com/travel/Out_of_Time.html>.
19. ibid.
20. Alcida Rita Ramos, *Indigenism: Ethnic Politics in Brazil* (Madison: University of Wisconsin Press, 1998), p. 19.

4. Numa curva do rio

1. Charles W. Domville-Fife, *Among Wild Tribes of the Amazons* (Filadélfia: J. B. Lippincott, 1924), p. 169.
2. Elsje Maria Lagrou, "Kaxinawá", *Povos indígenas no Brasil*, última atualização em nov. 2004. Disponível em: <http://pib.socioambiental.org/en/povo/kaxinawa>. Acesso em: 19 nov. 2010.
3. "The Amazon Ambassador", *TIME for Kids*, 26 out. 1998. Disponível em: <http://www.time.com/time/reports/environment/heroes/tfk/0,2967,tfk_possuelo,00.html>.
4. ibid, p. 63.
5. Possuelo, entrevista.
6. Freire, *Sagas sertanistas*, p. 144.

5. Uma topografia do conflito

1. Brackelaire, "Situación de los últimos pueblos", p. 4.
2. Glenn H. Shepard Jr. et alii, "Trouble in Paradise: Indigenous Populations, Anthropological Policies, and Biodiversity Conservation in Manu National Park, Peru", *Journal of Sustainable Forestry* 29 (14 jun. 2010), p. 253.
3. Centro de Trabalho Indigenista (CTI), "Isolados".
4. Freire, *Sagas sertanistas*, p. 239.
5. Possuelo, entrevista; Figueiredo, entrevista.
6. Hemming, *Die If You Must*, p. 133-34.
7. ibid, p. 170-72.
8. Possuelo, entrevista; Moacir Melo (técnico indigenista e ex-agente da Fundação Brasil Central), entrevista, Tabatinga, Brasil, 4 set. 2002.
9. Jan Rochas, "Orlando Villas-Bôas", obituário, *Guardian*, 14 dez. 2002. Disponível em: <http://www.guardian.co.uk/news/2002/dec/14/guardianobituaries.brazil>.
10. Wallace, "Last of the Amazon", p. 68.
11. Freire, *Sagas sertanistas*, p. 306.

12. ibid, p. 326.
13. ibid, p. 299.
14. Kim MacQuarrie, *The Last Days of the Incas* (Nova York: Simon & Schuster, 2007), p. 48.
15. Stannard, *American Holocaust*, p. 47, 53.
16. Hemming, *Die If You Must*, p. 638.
17. Funai, "Projeto Javari", Ministério da Justiça, última atualização em 2007. Disponível em: <http://www.mj.gov.br/data/Pages/MJD0E56FE7ITEMIDF544570BEB04459887 04857DFB7815A4PTBRIE.htm>. Acesso em: 7 jul. 2009.
18. Hemming, *Die If You Must*, p. 574, 640; Freire, *Sagas sertanistas*, p. 153.
19. Freire, *Sagas sertanistas*, p. 227.
20. Amorim, "Povos indígenas isolados", p. 9.
21. Possuelo, entrevista.
22. Funai, "Projeto índios isolados", Ministério da Justiça, última atualização em 2007. Disponível em: <http://www.mj.gov.br/data/Pages/MJD0E56FE7ITEMIDE686F244540E-4961BC3786AD6E76BE6FPTBRNN.htm>. Acesso em: 7 jul. 2009; Amorim, "Povos indígenas isolados", p. 9.
23. Fabrício Amorim, correspondência por e-mail, 27 maio 2010.
24. Constituição Federal, Artigo 231. Além disso, o direito a não assimilação está garantido na Declaração das Nações Unidas sobre os Direitos dos Povos Indígenas, adotada pela Assembleia Geral, em 2007, com 143 votos a favor (incluindo o Brasil), 11 abstenções e 4 contra: Estados Unidos, Canadá, Nova Zelândia e Austrália. O Artigo 8:1 da Declaração estabelece que "os povos e pessoas indígenas têm direito a não sofrer assimilação forçada ou a destruição de sua cultura".
25. Monte Reel, *The Last of the Tribe: The Epic Quest to Save a Lone Man in the Amazon* (Nova York: Scribner, 2010), p. 37.
26. Adam Hochschild, *King Leopold's Ghost: A Story of Greed, Terror, and Heroism in Colonial Africa* (Boston: Houghton Mifflin, 1998), p. 158-59.
27. F. Bruce Lamb e Manuel Córdova-Rios, *Kidnapped in the Amazon Jungle* (Berkeley: North Atlantic Books, 1994), p. vii-viii.
28. Michael Edward Stanfield, *Red Rubber, Bleeding Trees: Violence, Slavery, and Empire in Northwest Amazonia, 1850-1933* (Albuquerque: University of New Mexico Press, 1998), p. 40.
29. "Bolivian Natives Tortured", *New York Times*, 13 jul. 1912. Disponível em: <http://query.nytimes.com/mem/archive-free/pdf?res=9C00E1DF1630E233A25750C1A9619C9463 96D6CF>.
30. Beatriz Huertas Castillo, *Indigenous Peoples in Isolation in the Peruvian Amazon* (Copenhague: IWGIA, 2004), p. 145.
31. Lamb e Córdova-Rios, *Kidnapped in the Amazon Jungle*, p. 104, 123.
32. Stanfield, *Red Rubber, Bleeding Trees*, p. 56-57.
33. ibid, p. 21.
34. ibid, p. 97.
35. ibid, p. 105.

36. "Saw Wholesale Murder in the Amazon Rubber Fields", *New York Times*, 4 ago. 1912.
37. Jordan Goodman, *The Devil and Mr. Casement: One Man's Battle for Human Rights in South America's Heart of Darkness* (Nova York: Farrar, Straus & Giroux, 2010), p. 186.
38. Michael F. Brown e Eduardo Fernandez, "Tribe and State in a Frontier Mosaic: The Asháninka of Eastern Peru", in: *War in the Tribal Zone: Expanding States and Indigenous Warfare*, org. R. Brian Ferguson e Neil L. Whitehead (Santa Fe: School of American Research Press, 1992), p. 184-85.
39. Fritz W. Up de Graff, *Head Hunters of the Amazon: Seven Years of Exploration and Adventure* (Nova York: Duffield & Co., 1923), p. 57.
40. Goodman, *The Devil and Mr. Casement*, p. 258-59.
41. Huertas Castillo, *Indigenous Peoples in Isolation in the Peruvian Amazon*, p. 21; Wallace, "Into the Amazon", p. 10.
42. Possuelo, entrevista.
43. Brackelaire, "Situación de los últimos pueblos indígenas", p. 15-17.
44. Figueiredo, entrevista. Figueiredo descreveu um grupo composto por 15 a vinte índios em uma "situação de conflito constante" que ele e outro sertanista vinham tentando contatar antes de serem eliminados por madeireiros: "Encontramos malocas abandonadas, juntamente com arcos e flechas, cerâmica, cestas, redes. Muito característico de um grupo em fuga." Ele explicou a dinâmica que leva uma tribo fragmentada à extinção: "As mulheres param de ter filhos. Nessas condições, por que procriar? Os mais velhos perdem a capacidade de correr, escalar montanhas, cruzar rios. Os mais jovens são os mais fortes, mas estão em estado de desmoralização total. É contraditório. Por um lado, não querem viver; por outro, não querem se entregar."
45. Spencer Wells (geneticista e antropólogo), entrevista, 15 mar. 2010. Uma população humana requer um mínimo de cinquenta a cem pessoas para manter a diversidade genética e a viabilidade futura, de acordo com Wells, que lidera o Projeto Genográfico na National Geographic Society.
46. Brackelaire, "Situación de los últimos pueblos indígenas", p. 15-17; Amorim, "Povos indígenas isolados", p. 36.
47. Fabrício Amorim (Departamento de Índios Isolados, Funai), entrevista, Brasília, 9 dez. 2009; Amorim, "Povos indígenas isolados", p. 19, 24.
48. Claude Lévi-Strauss, *Tristes Tropique: An Anthropological Study of Primitive Societies in Brazil*, trad. John Russell (Nova York: Atheneum, 1972).
49. Scott Wallace, "Napoleon in Exile", *National Geographic Adventure* 4, n. 3 (abr. 2002), p. 52-61, 98-100.
50. Silvio Cavuscens, *Pela sobrevivência dos povos indígenas do vale do Javari* (Manaus, Brasil: CEDI, 1986), p. 9.
51. ibid, p. 57; Amorim, "Povos indígenas isolados", p. 19.
52. Valdeci "Soldado" Rios (mateiro), discussão com o autor, a bordo do *Waiká*, rio Itaquaí, Brasil, 19 jun. 2002.
53. Wallace, "Into the Amazon", p. 11.
54. Hemming, *Die If You Must*, p. 638.

6. Rio branco, noite negra

1. testemunhei o esquadrão de demolição da Polícia Federal plantando dinamite e explodindo uma pista de pouso clandestina, Fazenda Limão, estado do Pará, Brasil, 8-9 fev. 2006.
2. Mauro Sposito (coordenador de operações especiais, Polícia Federal) e Antonio Ricardo Villaça (agente especial, Esquadrão de Demolição da Polícia Federal), em conversas com o autor, Fazenda Limão, Pará, Brasil, 9 fev. 2006.
3. Villaça, entrevista.
4. Possuelo, entrevista.
5. Apoena Meirelles, entrevista. Esta não era a opinião pessoal de Apoena Meirelles; ele relatou o que outros na Funai diziam sobre o Departamento de Índios Isolados sob o comando de Possuelo.
   Apoena era filho do renomado sertanista do SPI Francisco Meirelles, e um dos mais completos sertanistas modernos da Funai, reconhecido por estabelecer vários "primeiros contatos". Foi morto em um assalto à mão armada em um caixa eletrônico de Porto Velho, em 2004, durante uma viagem a Rondônia para mediar uma disputa entre índios cintas-largas e mineiros que garimpavam diamantes em suas terras. Em função da natureza delicada da tarefa e dos altos riscos envolvidos, os amigos suspeitaram que sua morte pode ter sido politicamente motivada, travestida de crime comum. Ele não era relacionado com o sertanista José Carlos Meirelles.
6. Sposito, entrevista.
7. David Grann, *The Lost City of Z: A Tale of Deadly Obsession in the Amazon* (Nova York: Doubleday, 2009), p. 130.
8. ibid, p. 153-55.
9. Hemming, *Die If You Must*, p. 83.
10. Stan Anonby e David J. Holbrook, *A Survey of the Languages of the Javari River Valley* (Dallas: SIL International, 2010). Disponível em: <http://www.sil.org/silesr/abstract.asp?ref=2010-003>.
11. Arisi, *Matis e Korubo*, p. 81.
12. Cavuscens, *Pela sobrevivência dos povos indígenas*, p. 55.
13. ibid, p. 55.
14. ibid, p. 55.
15. ibid, p. 55, 57.
16. Adelson Pereira Brás (piloto de barco), entrevista, 24 ago. 2002.
17. João Pacheco de Oliveira, "Sobre índios, macacos, peixes: narrativas e memórias de intolerância na Amazônia contemporânea", *Etnográfica* 5, n. 2 (2000), p. 290-91.
18. Geoffrey O'Connor, *Amazon Journal: Dispatches from a Vanishing Frontier* (Nova York: Dutton, 1997), p. 1-3.
19. Pereira Brás, entrevista.
20. Possuelo, entrevista.
21. Possuelo, entrevista.
22. Hemming, *Die If You Must*, p. 527.

23. ibid, p. 554.
24. ibid, p. 128.
25. Rios, entrevista.
26. Juan Carlos Galeano, *Folktales of the Amazon*, trad. Rebecca Morgan e Kenneth Watson (Westport, Conn.: Libraries Unlimited, 2009), p. 19-29.
27. Bradley Brooks, Associated Press, "Amazon River Dolphins Being Slaughtered for Bait", *U.S. News & World Report*, 12 jul. 2010. Disponível em: <http://www.usnews.com/science/articles/2010/07/12/amazon-river-dolphins-being-slaughtered-for-bait.html>.
28. Lamb e Córdova-Rios, *Kidnapped in the Amazon Jungle*, p. 61.

7. Governo de um só

1. James Owen, "Vampire Bats Attacking Cattle As Rain Forest Falls", *National Geographic News*, 20 ago. 2007. Disponível em: <http://news.nationalgeographic.com/news/pf/49980020.html>.
2. Nicolas Kozloff, *No Rain in the Amazon: How South America's Climate Change Affects the Entire Planet* (Nova York: Palgrave MacMillan, 2010), p. 60-63; Andrés Schipani e John Vidal, "Malaria Moves in Behind the Loggers", *Guardian*, 23 out. 2007. Disponível em: <http://www.guardian.co.uk/world/2007/oct/30/environment.climatechange>.
3. W. F. Laurance et alii, "The Future of the Brazilian Amazon", *Science* 291 (jan. 2001), p. 438-39.
4. Stephen Buckley, "Brazil Fears Fallout of Drug Crackdown", *Washington Post*, 1 out. 2002.
5. "Brazil Spies on Illegal Loggers", BBC, 26 jul. 2002. Disponível em: <http://news.bbc.co.uk/2/hi/americas/2151222.stm>.
6. Ivan Arapá (mateiro matis), conversa com o autor, Vale do Javari, 18 jun. 2002.
7. Arisi, *Matis e Korubo*, p. 1-54.
8. relatório, 17ª Reunião Anual do Programa de Meio Ambiente da USAID (Belém, Pará, Brasil: USAID, out. 2009), p. 10. Disponível em: <http://brazil.usaid.gov/files/Report_Env_17th_USAID_2009.pdf>.
9. Amorim, "Povos indígenas isolados", p. 31; Possuelo, entrevista.
10. Freire, *Sagas sertanistas*, p. 252.
11. Cavuscens, *Pela sobrevivência dos povos indígenas*, p. 44.
12. Luiz Antonio Costa, *As faces do jaguar:* parentesco, história e mitologia entre os Kanamari da Amazônia Ocidental (tese de doutorado, Museu Nacional da Universidade Federal do Rio de Janeiro, 2007), p. 63-64. Disponível em: <http://www.slideshare.net/anandex/as-faces-do-jaguar-parentesco-histria-e-mitologia-entre-os-kanamari-da-amaznia-ocidental>.
13. ibid, p. 113-15; Darcy Ribeiro, *Os índios e a civilização:* a integração das populações indígenas no Brasil moderno (São Paulo: Companhia das Letras, 1996), p. 44. O ano de 1910 marcou o início do fim do Ciclo da Borracha na Amazônia. Os preços começaram a despencar, à medida que a borracha produzida nas colônias europeias no

Sul da Ásia inundava os mercados globais. A domesticação da borracha, iniciada com o roubo das sementes de *Hevea brasiliensis* do Brasil em 1876, começou a produzir látex barato, de alta qualidade, em 1909. Em 1906, a borracha extraída da Amazônia e da África representava 99% da produção global. Em 1920, essa produção caíra para apenas 10%, e as plantações do Sul da Ásia representavam praticamente 90%. Ver Goodman, *The Devil and Mr. Casement*, p. 153, 266; Stanfield, *Red Rubber, Bleeding Trees*, p. 164.
14. Costa, *As faces do jaguar*, p. 57.
15. James Owen, "Fighting for the Survival of Uncontacted Tribes", *NatGeo News Watch*, 29 abr. 2010. Disponível em: <http://blogs.nationalgeographic.com/blogs/news/chiefeditor/2010/04/fighting-for-the-survival-of-uncontacted-tribes.html>; Fiona Watson et alii, *Disinherited: Indians of Brazil* (Londres: Survival International, 2000), p. 9-10, 12.
16. Possuelo, entrevista.
17. Norman Lewis, "Genocide", *Sunday Times Magazine* (Londres), 23 fev. 1969, p. 44; Glenn H. Shepard Jr. (antropólogo e etnógrafo, Museu Emilio Goeldi, Belém, Brasil), entrevista por telefone, 8 set. 2010.

8. Entre dois mundos

1. Costa, *As faces do jaguar*, p. 42.
2. ibid, p. 119-20; Lagrou, "Kaxinawá".
3. Possuelo, entrevista.
4. Possuelo, entrevista.
5. Stanfield, *Red Rubber, Bleeding Trees*, p. 56; Lagrou, "Kaxinawá", p. 3.
6. Possuelo, entrevista.
7. Hemming, *Die If You Must*, p. 79-80.
8. Possuelo, entrevista.
9. Costa, *As faces do jaguar*, p. 23.
10. Possuelo, entrevista.
11. Costa, *As faces do jaguar*, p. 128-29; Sebastião Kurha, conhecido como "Wura" (ancião canamari), em discussão com Possuelo e o autor, Pedras, Brasil, 28 jun. 2002.
12. Possuelo, entrevista.
13. "Earth at Night" (mapa), *National Geographic* 206, n. 5 (nov. 2004).
14. Possuelo, entrevista.
15. Wade Davis, *One River: Explorations and Discoveries in the Amazon Rain Forest* (Nova York: Touchstone, 1996), p. 153.

9. O ponto sem volta

1. Costa, *As faces do jaguar*, p. 121n.

2. Javier Ruedas, "Variability in Marubo Politics", *Tipití: Journal of the Society for Anthropology of Lowland South America 2*, n. 1 (jun. 2004), p. 23.
3. Javier Ruedas (antropólogo social e pesquisador associado da Universidade de Nova Orleans), entrevista por telefone, 30 jul. 2010.

   A fusão entre os marubos descrita por Ruedas se reflete na história de outro grupo indígena que se autodenominava huni kui, possivelmente de índios caxinauás ou amahuacas. O chefe Shumu relata: "Nas nossas aldeias, no rio Honowa-ia onde vivemos, nosso povo foi atacado pelos seringueiros. Muitos foram mortos e as crianças levadas. Tivemos que fugir de novo e nos esconder na floresta. Os ishabos e shabos vieram para o interior da floresta antes de nós. Nós encontramos eles, e eles nos deixaram ficar. Agora somos um, os Donowan (povo boa)." Lamb e Córdova-Rios, *Kidnapped in the Amazon Jungle*, p. 104.

   Os críticos levantaram dúvidas sobre a veracidade do relato de Lamb e Córdova-Rios, em particular a identidade dos membros da tribo que supostamente sequestraram Córdova-Rios, entre os quais ele viveu por vários anos após o rapto. Para a discussão, ver F. Bruce Lamb, "Wizard of the Upper Amazon as Ethnography", *Current Anthropology* 22, n. 5 (out. 1981), p. 577-80. Disponível em: <http://www.jstor.org/stable/2742293>.

   Uma história semelhante ocorreu com a tribo nahua. "Uma possibilidade é que os *X-nahua* surgiram como grupo coerente no final do século XIX e início do século XX [sic] como um amálgama de sobreviventes de uma série de grupos panos dizimados pela violência e as atividades escravizantes do ciclo da borracha." Lev Michael, "How 'We' Became 'White People': A Tale of Indigenous Onomastic Strategies", *Greater Blogazonia*, 8 nov. 2007. Disponível em: <http://anthroling.wordpress.com/2007/11/08/how-we-became-white-people-a-tale-of-indigenous-onomastic-strategies>.
4. Ruedas, "Variability in Marubo Politics", p. 34.
5. ibid, p. 39-40.
6. Sale, *The Conquest of Paradise*, p. 314.
7. ibid, p. 126.
8. Freire, *Sagas sertanistas*, p. 144.

10. A FLORESTA ESCURA

1. Terrance N. D'Altroy, *The Incas* (Oxford: Blackwell Publishing, 2002), p. 225.
2. memorando de Sydney Possuelo (traduzido pelo autor), "Frentes de atração: A última fronteira", arquivos da Funai, 27 ago. 1981.
3. Ted R. Kahn (herpetologista, perito em répteis e anfíbios neotropicais), entrevista pelo telefone, 11 dez. 2010.
4. "Good Eyesight? Thank Snakes", *ABC News*, 30 ago. 2006. Disponível em: <http://abcnews.go.com/Technology/DyeHard/story?id=2371692&page=1>.
5. Figueiredo, entrevista; Possuelo, entrevista.
6. Amorim, "Povos indígenas isolados", p. 12; Hemming, *Die If You Must*, p. 546.

11. AS CABECEIRAS

1. Watson et alii, *Disinherited: Indians of Brazil*, p. 3.
2. Possuelo, entrevista.
3. Reel, *The Last of the Tribe*, p. 149.
4. Anthony Smith, *Explorers of the Amazon* (Chicago: University of Chicago Press, 1990), p. 104-5.

12. LIÇÕES DE BIOLOGIA

1. Mark W. Moffet, *Adventures Among Ants: A Global Safari with a Cast of Trillions* (Berkeley: University of California Press, 2010), p. 121-22.
2. ibid, p. 121.
3. Carl Stephenson, "Leiningen Versus the Ants", *Twenty-one Great Stories*, org. Abraham H. Lass e Norma L. Tasman (Nova York: Mentor, 1969).
4. Possuelo, entrevista.
5. Luiz Filipe de Figueiredo, *Índios isolados: atração e sobrevivência, eis a questão* (Cuiabá, Brasil: 2ª Superintendecia da Funai, 1987), p. 15-16.
6. Hemming, *Die If You Must*, p. 278.
7. memorando de Sydney Possuelo, "Sugestões para contato com grupo arredio Parakanã", arquivos da Funai, 1983.
8. Hemming, *Die If You Must*, p. 112-13.
9. Arisi, *Matis e Korubo*, p. 48.
10. Possuelo, entrevista.
11. "Amazonian Amphibian Diversity Traced to Andes", *Science Daily*, 10 mar. 2009. Disponível em: <http://www.sciencedaily.com/releases/2009/03/090309205313.htm>.
12. Manuela Carneiro da Cunha e Mauro Barbosa de Almeida, orgs., *Enciclopédia da floresta: O Alto Juruá: Práticas e conhecimentos das populações* (São Paulo: Companhia das Letras, 2002), p. 73.
13. "Ecuador: A World Apart", *Ecuaworld*. Disponível em: <http://www.ecuaworld.com/discover/oriente.htm>.
14. ibid.
15. Possuelo, entrevista.
16. Adrian Forsyth e Ken Miyata, *Tropical Nature: Life and Death in the Rain Forests of Central and South America* (Nova York: Touchstone, 1995), p. 18-19.
17. ibid, p. 116-17.
18. David Abram, *The Spell of the Sensuous: Perception and Language in a More-Than-Human World* (Nova York: Vintage, 1996), p. 181.
19. Arisi, *Matis e Korubo*, p. 54.
20. Darrell Addison Posey, "Biodiversity, Genetic Resources, and Indigenous Peoples in Amazonia: (Re)Discovering the Wealth of Traditional Resources of Native Amazo-

nians" (trabalho acadêmico, conferência Amazônia 2000, Instituto de Estudos Latino-Americanos, Universidade de Londres, 1998), p. 9.
21. Loren McIntyre e W. Jesco von Puttkamer (fotógrafo), "Last Days of Eden: Rondonia's Urueu-Wau-Wau Indians", *National Geographic* 174, n. 6 (dez. 1988), p. 807.
22. Posey, "Biodiversity, Genetic Resources, and Indigenous Peoples in Amazonia", p. 9.
23. Graham Dutfield (professor de governança internacional, especialista em direitos de propriedade intelectual, Faculdade de Direito da Universidade de Leeds), entrevista pelo telefone, 6 set. 2010.
24. Gellerman, "REDD Path to a Green Planet"; Mark J. Plotkin, *Tales of a Shaman's Apprentice: An Ethnobotanist Searches for New Medicines in the Amazon Rain Forest* (Nova York: Penguin, 1993), p. 6-7.
25. Graham Dutfield, "Why Traditional Knowledge Is Important in Drug Discovery", *Future Medicinal Chemistry* 2, n. 9 (set. 2010), p. 1409.

13. Um exército de guerrilha

1. Arisi, *Matis e Korubo*, p. 61.
2. Abram, *The Spell of the Sensuous*, p. 140-41; Lamb e Córdova-Rios, *Kidnapped in the Amazon Jungle*, p. 48.
3. Scott Wallace, "Hunting Down the Sons of Reagan", *Independent*, 13 maio 1987.

14. Nos passos de Rondon

1. Nigel J. H. Smith, "Aquatic Turtles of Amazonia: An Endangered Resource", *Biological Conservation* 16 (1979), p. 165-76. Disponível em: <http://www.clas.fl.edu/users/nsmith/pub/Aquatic%20turtles%20of%20Amazonia%20Biological%20Conservation%201979%20Nigel%20Smith.pdf>.
2. Possuelo, entrevista.
3. Hemming, *Die If You Must*, p. 5-12.
4. Freire, *Sagas sertanistas*, p. 326.
5. Domville-Fife, *Among Wild Tribes of the Amazons*, p. 79.
6. Norman Lewis, "Genocide", p. 41; Hemming, *Die If You Must*, p. 229-31.
7. Hemming, *Die If You Must*, p. 118, 129.
8. Dee Brown, *Bury My Heart at Wounded Knee: An Indian History of the American West* (Nova York: Bantam, 1971).
9. ibid, p. 162-64, 258.
10. ibid, p. 254.
11. Watson et alii, *Disinherited*, p. 3.
12. Hemming, *Die If You Must*, p. 636-38.
13. Wallace, "Last of the Amazon", p. 68.

14. Possuelo, entrevista. À época da expedição em 2002, o Departamento de Índios Isolados havia confirmado a existência de 17 tribos não contatadas no Brasil. Havia relatos não confirmados — "pontos de referência", como eram chamados no departamento — de até 42 outras tribos que esperavam investigação. Em dez. 2010, os sertanistas haviam confirmado a presença de 26 tribos não contatadas no Brasil, o país com o maior número de grupos deste tipo na Amazônia e, portanto, no mundo. O Peru, com 14 a 15 povos indígenas "vivendo em isolamento voluntário", apresenta o segundo maior número de tribos isoladas.

    Com a penetração cada vez maior de madeireiros e membros das equipes de exploração de petróleo na floresta peruana, há relatos de que as tribos não contatadas do Peru estão cruzando a fronteira, fugindo para o Brasil, aumentando as tensões entre as comunidades indígenas. As florestas tropicais do Equador e da Bolívia também apresentam números menores de tribos não contatadas. Os relatos do Equador descrevem conflitos esporádicos e sangrentos entre madeireiros ilegais e membros de tribos isoladas no Parque Nacional de Yasuní e seus arredores. Bandos dispersos de nômades ainda podem ser encontrados nas florestas da Colômbia e da Venezuela. Fora da Bacia Amazônica, também há um grupo isolado, chamado ayoreo, cujo povo vive nas florestas de carvalho do Chaco paraguaio. Os ayoreos enfrentam a pressão dos fazendeiros que destroem suas florestas. Para obter uma lista mais completa desses grupos, ver Brackelaire, "Situación de los últimos pueblos".

    A Survival International, baseada em Londres, está realizando uma campanha organizada em apoio às tribos não contatadas: Disponível em: <http://www.survivalinternational.org/uncontactedtribes>.
15. Hemming, *Die If You Must*, p. 294.
16. memorando de Sydney Possuelo, "Resumo histórico do povo arara", arquivos da Funai, out. 1980.
17. Richard Hering e Stuart Tanner, *Plunder for Profit: The UK and Brazilian Mahogany Trade* (Londres: Friends of the Earth, 1998), p. 46. Disponível em: <http://www.foe.co.uk/resource/reports/plunder_for_profit.pdf>.
18. "Os Arara saem da mata."
19. o antropólogo Wade Davis observa que a disciplina na antropologia nasceu de um modelo do século XIX da evolução que vislumbrava as sociedades posicionadas em um contínuo ascendente dos caçadores-coletores primitivos rumo à civilização moderna avançada. Presumia-se que todas as culturas progrediriam até atingir os mesmos estágios, em uma sequência semelhante. Ver Wade Davis, *The Wayfinders: Why Ancient Wisdom Matters in the Modern World* (Toronto: Anansi Press, 2009), p. 64.
20. Charles C. Mann, 1491: *New Revelations of the Americas Before Columbus* (Nova York: Knopf, 2005), p. 304.
21. Freire, *Sagas sertanistas*, p. 216.
22. Hering e Tanner, *Plunder for Profit*, p. 45-46.
23. Ribeiro, *Os índios e a civilização*, p. 184-87. Observação: Nascido Curt Unkel na Alemanha, Nimuendajú adotou como sobrenome oficial o honorífico a ele conferido pelos ín-

dios guaranis, que significa "aquele que vive entre nós", quando eles o aceitaram em sua tribo (Hemming, *Die If You Must*, p. 64).
24. Possuelo, entrevista.
25. Ribeiro, *Os índios e a civilização*, p. 187-88.
26. "Arara" (boletim de ação), *Survival International*, jun. 2004. Disponível em: <http://assets.survivalinternational.org/static/files/related_ material/45_22_160_arara_bulletin_june_04_pdf>.
27. Possuelo, entrevista.
28. Hemming, *Die If You Must*, p. 103.
29. Figueiredo, entrevista.
30. Hemming, *Die If You Must*, p. 290.
31. Memorando (traduzido pelo autor), "Primeiro encontro de sertanistas, documento final", arquivos da Funai.
32. Decreto Presidencial da Funai n. 1901/87, 6 jul. 1987.
33. Wallace, "Last of the Amazon", p. 49.
34. American Indian Program, Universidade de Cornell, *Brazil: Hot Spots* (American Indian Program, Cornell University: Akwe:kon Press, 31 dez. 1996).
35. José Leland Barroso (inspetor chefe, Ibama), em conversa com o autor, rio Iriri, Brasil, 10 mar. 2002; "Our Role in Stopping the Illegal Brazilian Mahogany Trade", *Greenpeace News and Blogs*, 15 out. 2003. Disponível em: <http://www.greenpeace.org/usa/en/news-and-blogs/news/our-role-in-stopping-the-illeg>.
Acompanhei Leland Barroso em uma grande operação para apreender o mogno cortado ilegalmente no rio Iriri em março de 2002. A apreensão foi possível graças a equipamentos e informações sobre a madeira ilícita que o Greenpeace compartilhava com Leland e seus agentes da polícia ambiental no Instituto Brasileiro do Meio Ambiente e dos Recursos Naturais Renováveis.
36. Txai Terri Valle de Aquino e Marcelo Piedrafita Iglesias, "Entrevista com o sertanista Meirelles (parte VIII)", *Papo de Índio*, 21 jul. 2008, p. 20. Disponível em: <http://www.landcoalition.org/cpl-blog/wp-content/uploads/08_papo_meirelles_viii.pdf>.
37. José Pimenta, "Ashéninka: Encroachment by Loggers", *Povos indígenas no Brasil*, última atualização em 2005. Disponível em: <http://pib.socioambiental.org/en/povo/ashaninka/152>. Acesso em: 17 nov. 2010.
38. Forsyth e Miyata, *Tropical Nature*, p. 36-38.

15. O SIGNIFICADO DO CONTATO

1. Reel, *The Last of the Tribe*, p. 148, 214.
2. Glenn Shepard Jr., *Informe 1: Los grupos indígenas aislados del río Las Piedras* (relatório apresentado para a Mobil Exploration Peru, Lima, 1996), p. 3-4.
3. Brackelaire, "Situación de los últimos pueblos", p. 10.

4. Glenn Shepard Jr., entrevista.
5. Bob Connolly e Robin Anderson, *First Contact: New Guinea's Highlanders Encounter the Outside World* (Nova York: Penguin, 1988), p. 68-70.
6. Euclides da Cunha, *The Amazon: Land Without History*, org. Lúcia Sá, trad. Ronald Sousa (Nova York: Oxford University Press, 2006), p. 48-49. O cronista e ensaísta Euclides da Cunha (1866-1909) escreveu sobre a Amazônia durante os principais anos do período da extração da borracha. Seu relato do massacre que Fitzcarrald impôs aos guerreiros mashcos no rio Madre de Dios merece ser reproduzido aqui:
"[A] única resposta do mashco foi perguntar sobre as flechas que Fitzcarrald trouxera consigo. E Fitzcarrald, sorrindo, entregou-lhe um cartucho de Winchester.
"O selvagem o analisou cuidadosamente, absorto com a pequena dimensão do projétil. Ele tentou, em vão, ferir-se, empurrando a bala com força contra seu peito. Sem conseguir o que desejava, pegou uma de suas próprias flechas e a mergulhou dramaticamente em seu outro braço. Ele então sorriu, indiferente à dor, contemplando com orgulho o seu próprio sangue que esguichava... e sem dizer uma palavra virou-se e, deixando o explorador atônito para trás, voltou para sua aldeia com uma ilusão de superioridade que em breve desapareceria. De fato, meia hora depois, cerca de cem mashcos, entre eles o ingênuo e recalcitrante chefe, jaziam mortos à beira do rio."
7. *Pirinop:* meu primeiro contato, dirigido por Mari Corrêa e Karané Ikpeng (Olinda: Vídeo nas Aldeias, 2007), DVD.
8. Ribeiro, *Os índios e a civilização*, p. 185-86.
9. memorando de Possuelo, "Frentes de atração: A última fronteira", arquivos da Funai, 27 ago. 1981.
10. Stanfield, *Red Rubber, Bleeding Trees*, p. 44.
11. Watson et alii, *Disinherited: Indians of Brazil*, p. 21.
12. Wallace, "Napoleon in Exile", p. 98; Sale, *The Conquest of Paradise*, p. 159.
13. Sale, *The Conquest of Paradise*, p. 160-61.
14. memorando de Carolina M. Bori a Dante Martins de Oliveira, "Grupos indígenas arredios do Vale do Javari", Sociedade Brasileira para o Progresso da Ciência, arquivos da Funai, 2 out. 1986. À época, Carolina M. Bori era presidente da Sociedade Brasileira para o Progresso da Ciência; Dante Martins de Oliveira era ministro da Reforma e do Desenvolvimento Agrário.
15. Orlando Villas-Bôas e Claudio Villas-Bôas, filme de arquivo em *Pirinop:* meu primeiro contato, dirigido por Mari Corrêa e Karané Ikpeng.
16. ibid; Possuelo, entrevista.
17. Hemming, *Die If You Must*, p. 163-64.
    Hemming, *Die If You Must*, p. 135-36.
18. Orlando Villas-Bôas e Claudio Villas-Bôas, citados em *Pirinop:* meu primeiro contato.
19. ibid.
20. Davis, *The Wayfinders*, p. 89-90.
21. Brackelaire, "Situación de los últimos pueblos", p. 6.

22. Villas-Bôas e Villas-Bôas, citados em *Pirinop:* meu primeiro contato.
23. Ivan Arapá, entrevista.
24. Lewis, "Genocide", p. 53.
25. Hemming, *Die If You Must*, p. 227.
26. Apoena Meirelles, entrevista.
27. Arisi, *Matis e Korubo*, p. 82.
28. Shepard, entrevista.
29. Connolly e Anderson, *First Contact*, p. 47.
30. Possuelo, entrevista.
31. Wellington Figueiredo fez uma pergunta semelhante em nossas discussões: "Por que os seres humanos chegaram ao ponto em que, no passado, alguns optaram pelo desenvolvimento e outros não? Talvez os últimos tenham escolhido um caminho voltado mais profundamente para si mesmos, para compreender e respeitar o mundo natural."
32. Arisi, *Matis e Korubo*, p. 95; Neil L. Whitehead, *Dark Shamans: Kanaima and the Poetics of Violent Death* (Durham, N.C.: Duke University Press, 2002), p. 66.
33. Reel, *The Last of the Tribe*, p. 123-24.
34. Possuelo, entrevista.

16. Nossas armas, nossos germes e nosso aço

1. Possuelo, entrevista.
2. Possuelo, "Frentes de atração".
3. de Figueiredo, "Índios isolados", p. 27.
4. ibid.
5. Ribeiro, *Os índios e a civilização*, p. 188.
6. de Figueiredo, "Índios isolados", p. 28.
7. Abram, *The Spell of the Sensuous*, p. 140-41; Costa, *As faces do jaguar*, p. 126.
   No relato de Costa sobre o encontro dos canamaris com os flecheiros, o mesmo evento descrito por Wura no rio Itaquaí, os flecheiros disseram aos seus convidados canamaris que haviam mascarado os gritos de uma mulher branca que eles atacaram imitando os gritos dos macacos-prego.
8. Wallace, "Napoleon in Exile".
9. ibid.
10. ibid.
11. Kenneth MacLeish e John Launois (fotógrafo), "The Tasadays: Stone Age Cavemen of Mindinao", *National Geographic* 142, n. 2 (ago. 1972), p. 218-49; John Nance, *The Gentle Tasaday* (Nova York: Harcourt Brace Jovanovich, 1975), p. 75.
12. "Se nossos ancestrais foram como os tasadays, nossas origens são muito melhores do que eu pensava", concluiu o escritor Kenneth MacLeish da *National Geographic*. Mas os céticos alegaram que o caso inteiro cheirava a uma elaborada fraude perpetrada por Manuel

Elizalde, assessor do presidente Ferdinand Marcos para as minorias nacionais. Aqueles que passaram longos períodos com as duas dezenas de tasadays e visitaram suas moradias em cavernas ficaram convencidos de que eram uma autêntica sociedade primitiva. Os coletores nus que primeiro foram encontrados pelos pesquisadores agora vivem como agricultores assentados, além das florestas que uma vez os abrigaram.

13. R. Brian Ferguson, *Yanomami Warfare: A Political History* (Santa Fe: School of American Research Press, 1995), p. 288-89.
14. Lauriston Sharp, "Steel Axes for Stone-Age Australians", in: *Conformity and Conflict: Readings in Cultural Anthropology*, orgs. James P. Spradley e David W. McCurdy (Boston: Little, Brown, 1974), p. 423-24.

17. O DIA DA MALOCA

1. Nem todos os invasores compreenderiam o significado de um sinal desses, me disse Apoena Meirelles: "Os índios sempre souberam que são numericamente inferiores a nós, com armas inferiores, por isso eles sempre escolhiam quando atacar para vencer. A pior parte de fazer contato seria se eles tivessem deixado uma flecha no caminho, ou se tivessem bloqueado o caminho. Isso significa 'Não avance mais'. Para quem não entendia, como os extratores de borracha, os índios preparavam emboscadas. Pessoas morriam porque não entendiam a 'língua' deles. Os índios os consideravam invasores."
2. Possuelo, "Frentes de atração".
3. MacQuarrie, *The Last Days of the Incas*, p. 142-43.
4. Connolly e Anderson, *First Contact*, p. 36.
5. Shepard, entrevista.
6. Lewis, "Genocide", p. 51; Watson et alii, *Disinherited*, p. 22.
7. Possuelo, entrevista.
8. Alain Gheerbrant, *The Amazon: Past, Present, and Future*, trad. I. Mark Paris (Nova York: Harry N. Abrams, 1992), p. 28.
9. Stanley Feldman, *Poison Arrows: The Amazing Story of How Prozac and Anesthetics Were Developed from Deadly Jungle Poison Darts* (Londres: Metro Publishing, 2005), p. 25; Davis, *One River*, p. 213-14.
10. Wade Davis (etnobotânico e antropólogo), entrevista.
11. John J. Shea (professor de arqueologia, State University of New York, Stony Brook), entrevista por telefone, 30 mar. 2010.
12. Lord Raglan, *How Came Civilization?* (Londres: Methuen & Co., 1939), p. 83.
13. Shea, entrevista. Shea, um paleoantropólogo especializado na arqueologia das origens humanas, aponta que, longe de ser uma tecnologia bruta e primitiva, o arco e flecha representa um "salto quântico" no desenvolvimento humano que permitiu ao *Homo sapiens* caçar uma gama muito maior de espécies.
14. Lamb e Córdova-Rios, *Kidnapped in the Amazon Jungle*, p. 140-41.

15. Plotkin, *Tales of a Shaman's Apprentice*, p. 138.

18. REABASTECIDOS

1. Scott Paul (defensor do Greenpeace Amazônia), entrevista, Washington, D.C., 29 jan. 2002.

19. ESTALEIROS NA SELVA

1. Hemming, *Die If You Must*, p. 532-33.
2. Watson et alii, *Disinherited*, p. 27-30. As florestas arrasadas e as perseguições em Rondônia e no Maranhão guardam alguma semelhança com a campanha de terra arrasada promovida pelo exército da Guatemala em terras altas do oeste daquele país na década de 1980, embora com um propósito diferente. O esforço de contrainsurgência do exército não poupou meios para assumir o controle político sobre índios maias das mãos de rebeldes de esquerda. Centenas de aldeias indígenas foram incendiadas, dezenas de milhares massacradas. As comunidades que escaparam foram consideradas "ilegais" por comandantes militares, e tratadas como tal. Elas viviam em um estado de fuga constante, perseguidas por batidas da infantaria e na mira de obuses do exército. Assim como as estradas de acesso se tornaram o principal instrumento de penetração e roubo de terras indígenas na Amazônia, os militares da Guatemala viram a construção de estradas como um componente crucial da dominação e conquista. Na estrada diante das montanhas de Quiché, onde ainda havia "aldeias ilegais", um comandante do exército me disse: "Onde termina a estrada, começa a subversão". Ver Scott Wallace, "Support Won with Terror", *Guardian*, 13 jul. 1989.
3. Possuelo, entrevista.
4. Freire, *Sagas sertanistas*, p. 310.
5. Alvaro Caldas Magalhães (proprietário, Casa Caldas Indústria e Comércio), entrevista, Benjamin Constant, Brasil, 9 set. 2002.
6. Hemming, *Die If You Must*, p. 68, 291-92.
7. Watson et alii, *Disinherited*, p. 45-47.
8. ibid, p. 282-83.
9. Figueiredo, entrevista, Brasília, 10 dez. 2009.
10. ibid.
11. ibid.

21. PARA O LESTE, COM O RIO

1. Possuelo, entrevista.
2. ibid.

3. UNCTAD e o BioTrade Facilitation Programme, *Arapaima Gigas: Market Study* (Genebra: Conferência das Nações Unidas sobre Comércio e Desenvolvimento, 2006). Disponível em: <http://www.biotrade.org/docs/biotradebrief-arapaimagigas.pdf>.
4. ibid.

22. TERRAS DA FRONTEIRA

1. Wallace, "Napoleon in Exile".

25. A DRAGA DE OURO

1. O'Connor, *Amazon Journal*, p. 57-59; Wright, *Stolen Continents*, p. 52; Sale, *The Conquest of Paradise*, p. 233.
2. Leland Barroso, entrevista, Manaus, Brasil, 16 set. 2002.
3. Perpétua Borges Rosada, em conversa com o autor, Gorotire, Kayapó Indigenous Reserve, Brasil, 16 jul. 1992.
4. Dr. Terence Turner (antropólogo social e especialista caiapó), em conversa com o autor, Gorotire, reserva indígena caiapó, Brasil, 15-16 jul. 1992.
5. Possuelo, entrevista.
6. Amarildo Costas (mateiro), entrevista com o autor, a bordo do *Kukahá*, rio Jutaí, Brasil, ago. 2002.

26. CIVILIZAÇÃO E NOSSOS DESCONTENTES

1. memorando "Primeiro encontro de sertanistas, documento final", arquivos da Funai, p. 5.
2. Dr. Alysson Lima e Silva (delegado, Polícia Municipal, Jutaí), em conversa com Possuelo e o autor, Jutaí, Brasil, 28 ago. 2002.
3. Asclepíades de Souza (prefeito de Jutaí), entrevista com o autor, Jutaí, Brasil, 28 ago. 2002.
4. Silva, entrevista.
5. Souza, entrevista.
6. Lourival Sant'Anna, "Ecos de um outro tempo", *O Estado de S. Paulo*, 25 nov. 2007. Disponível em: <http://estado.com.br/amazonia/reservas_ecos_de_um_outro_tempo.htm>.
7. Goulding, Barthem e Ferreira, *The Smithsonian Atlas of the Amazon*, p. 32-33.
8. *The Discovery of the Amazon According to the Account of Friar Gaspar de Carvajal and Other Documents*, org. José Toribio Medina, trad. Bertram T. Lee (Nova York: American Geographical Society, 1934), p. 200-203, 212- -13; Gheerbrant, *The Amazon*, p. 24-26.

9. Dr. Michael Heckenberger (professor de arqueologia e antropologia, Universidade da Flórida), entrevista por telefone, 9 jan. 2003.
10. Gheerbrant, *The Amazon*, p. 27-28.
11. Hemming, *Die If You Must*, p. 534.
12. Sargento Fradique Queirós, em conversa com Possuelo e o autor, Estação de Inspeção de Anzol, Polícia Federal, rio Amazonas (Solimões), Brasil, 2 set. 2002.
13. Charles Bergman, "Wildlife Trafficking", *Smithsonian*, dez. 2009. Disponível em: <http://www.smithsonianmag.com/people-places/Wildlife-Trafficking.html>.
14. Simon Romero, "Wider Drug War Threatens Colombian Indians", *New York Times*, 21 abr. 2009. Disponível em: <http://www.nytimes.com/2009/04/22/world/americas/22colombia.html?scp=1&sq=embera%2oindians&st=cse>.
15. Rick Kearns, "Colombian Indigenous Still in Danger of Extinction", *Indian Country Today*, 31 out. 2010. Disponível em: <http://www.indiancountrytoday.com/home/content/Colombian-indigenous-still-in-danger-of-extinction-106308458.html>.

27. Conhecendo os caceteiros

1. Arisi, *Matis e Korubo*, p. 76-77.
2. ibid, p. 119.
3. Possuelo, entrevista.
4. Possuelo, entrevista.
5. Paul Raffaele, "Out of Time", *Smithsonian*, abr. 2005.
6. Arisi, *Matis e Korubo*, p. 80.
7. ibid, p. 80.
8. ibid.
9. ibid, p. 80-81.
10. Possuelo, entrevista.
11. Freire, *Sagas sertanistas*, p. 137.
12. Arisi, *Matis e Korubo*, p. 87-88.

Epílogo

1. Leonêncio Nossa, *Homens Invisíveis* (Rio de Janeiro: Record, 2007), p. 257.
2. ibid, p. 258.
3. Andrew Downie, "Champion for Brazil's Indigenous Gets Fired", Christian Science Monitor, 26 jan. 2006. Disponível em: <http://www.csmonitor.com/2006/0126/p04s01-woam.html>.
4. Claudio Angelo, "Prime Directive for the Last Americans", *Scientific American*, 15 abr. 2007. Disponível em: <http://www.scientificamerican.com/article.cfm?id=prime-directive-for-the-l&ref=rss>. Acesso em: 20 maio 2009.

5. Elias Biggio (chefe, Departamento de Índios Isolados, Funai), entrevista em seu escritório em Brasília, 9 dez. 2009; e-mail.
6. Wallace, "Last of the Amazon". *National Geographic* 211, n. 1 (jan. 2007), p. 49.
7. Simon L. Lewis et alii, "The 2010 Amazon Drought", *Science* 331 (4 fev. 2011), p. 554.
8. Damian Carrington, "Mass Tree Deaths Prompt Fears of Amazon 'Climate Tipping Point'", *Guardian*, 3 fev. 2011. Disponível em: <http://www.guardian.co.uk/environment/2011/feb/03/tree-deaths-amazon-climate>.
9. Bryan Walsh, "Drilling for Oil Way, Way Offshore", *Time*, 18 ago. 2008. Disponível em: <http://www.time.com/time/health/article/0,8599,1833379,00.html>.
10. John Vidal, "Amazon's Uncontacted Tribe: How Media Coverage Can Trigger Action", *Guardian*, 4 fev. 2011. Disponível em: <http://www.guardian.co.uk/environment/blog/2011/feb/04/amazon-uncontacted-tribe-media-coverage, acesso em 7 fev. 2011>.
11. José "Pepe" Alvarez (diretor, Instituto de Pesquisas da Amazônia Peruana), entrevista Lima, Peru, 24 set. 2008.
12. Michael Hanlon, "Incredible Pictures of One of Earth's Last Remaining Uncontacted Tribes Firing Bows and Arrows", *Daily Mail*, 30 maio 2008. Disponível em: <http://www.dailymail.co.uk/sciencetech/article-1022822/Incredible-pictures-Earths-uncontacted-tribes-firing-bows-arrows.html>. Acesso em: 31 maio 2008; "Hoax of Lost Amazon Tribe". Disponível em: <www.yahoo.com>. Acesso em: 24 jun. 2008.
13. Stephen Pritchard, "The Reader's Editor on ... How a Tribal People's Charity Was Misrepresented", *Observer*, 31 ago. 2008. Disponível em: <http://www.guardian.co.uk/commentisfree/2008/aug/31/voluntarysector>.
14. Upper Amazon Conservancy, "Peru: Illegal Mahogany Logging Continues in Reserve for Uncontacted Tribes", jul. 2010. Disponível em: <http://www.upperamazon.org/PDF/Murunahua_Report_July2010.pdf>; Survival International, "Chronology of Evidence of Uncontacted Indians Fleeing from Peru to Brazil", mar. 2009. Disponível em: <http://assets.survivalinternational.org/static/files/logging_report_eng.pdf>.
15. Human Planet Explorer, BBC One, 4 fev. 2011. Disponível em: <http://www.bbc.co.uk/nature/humanplanetexplorer/environments/jungles>.
16. Alexei Barrionuevo, "Tribes of Amazon Find an Ally out of 'Avatar'", *New York Times*, 10 abr. 2010. Disponível em: <http://www.nytimes.com/2010/04/11/world/americas/11brazil.html>. Acesso em: 3 fev. 2011.
17. Vidal, "Amazon's Uncontacted Tribe".
18. Gustavo Faleiros, "Brazilian President's Promises Crumble Under the Weight of Belo Monte", *Guardian*, 1 fev. 2011. Disponível em: <http://www.guardian.co.uk/environment/blog/2011/feb/01/brazil-dilma-rousseff-hydroelectric-dam>; Survival International, "Tribe Reveals New Evidence of Uncontacted Indians Threatened by Dam", 17 dez. 2010. Disponível em: <http://www.survivalinternational.org/news/6790>. Acesso em: 21 dez. 2010.
19. Sydney Possuelo, "Carta abierta en defensa de los pueblos indígenas aislados", Brasília, 15 dez. 2010, e-mail circulado por Possuelo.

PÓS-ESCRITO

1. Gérard Moss e Margi Moss, *Brasil das águas* (São Paulo: Supernova Editora, 2005).

Bibliografia

Abram, David. *The Spell of the Sensuous: Perception and Language in a More-Than-Human World*. Nova York: Vintage, 1996.

"The Amazon Ambassador". *TIME for Kids*, 26 out. 1998. Disponível em: <http://www.time.com/time/reports/environment/heroes/tfk/0,2967,tfk_possuelo,00.html>.

"Amazonian Amphibian Diversity Traced to Andes". *Science Daily*, 10 mar. 2009. Disponível em: <http://www.sciencedaily.com/releases/2009/03/090309205313.htm>.

American Indian Program, Cornell University. Brazil: Hot Spots. Artigo baixado da Internet; não está mais disponível, mas o autor possui uma cópia impressa. Ithaca, N.Y.: Akwè:kon Press, 31 dez. 1996.

Amorim, Fabricio. "Povos indígenas isolados da terra indígena vale do Javari", Brasília: Funai (Coordenação Geral de Índios Isolados), 2008.

"Andes Formation Was a 'Species Pump' for South America". *Science Daily*, 11 jan. 2009. Disponível em: <http://www.sciencedaily.com/releases/2009/01/090109083451.htm>.

Angelo, Claudio. "Prime Directive for the Last Americans". *Scientific American*, 25 abr. 2007. Disponível em: <http://www.scientificamerican.com/article.cfm?id=prime-directive-for-the-l&ref=rss>.

Anoby, Stan e David J. Holbrook. *A Survey of the Languages of the Javari River Valley*. Dallas: SIL International, 2010. Disponível em: <http://www.sil.org/silesr/abstract.asp?ref=2010-003>.

Aquino, Txai Terri Valle de e Marcelo Piedrafita Iglesias. "Entrevista com o sertanista Meirelles. Partes I-X. Papo de Índio", página 20, 5 maio 2008; 12 maio 2008; 19 maio 2008; 26 maio 2008; 16 jun. 2008; 23 jun. 2008; 8 jul. 2008; 21 jul. 2008; 28 jul. 2008; 4 ago. 2008.

Arisi, Barbara Maisonnave. *Matis e Korubo:* contato e índios isolados, relações entre povos no Vale do Javari, Amazônia. Dissertação de mestrado. Universidade Federal de Santa Catarina, 2007. Disponível em: <http://tede.ufsc.br/teses/PASO0186.pdf>.

Barrionuevo, Alexei. "Tribes of Amazon Find an Ally out of 'Avatar'". *New York Times*, 10 abr. 2010. Disponível em: <http://www.nytimes.com/2010/04/11/world/americas/11 brazil.html>.

Bergman, Charles. "Wildlife Trafficking". *Smithsonian*, dez. 2009. Disponível em: <http://www.smithsonianmag.com/people-places/Wildlife-Trafficking.html>.

Biocca, Ettore. *Yanoáma: The Story of Helena Valero, a Girl Kidnapped by Amazonian Indians*. Nova York: Kodansha America, 1996.

"Bolivian Natives Tortured". *New York Times*, 13 jul. 1912. Disponível em: <http://query.nytimes.com/mem/archive-free/pdf?res=9C00E1DF1630E233A25750C1A9619C946396D6CF>.

Bradley Brooks and Associated Press. "Amazon River Dolphins Being Slaughtered for Bait". *U.S. News & World Report*, 12 jul. 2010. Disponível em: <http://www.usnews.com/science/articles/2010/07/12/amazon-river-dolphins-being-slaughtered-for-bait.html>.

Brasil, Kátia. "Eleição colombiana motiva ação na fronteira, diz general brasileiro". Folha.com, 22 maio 2002. Disponível em: <http://www1.folha.uol.com.br/folha/mundo/ult94u41603.shtml>.

"Brazil Spies on Illegal Loggers". BBC. 26 jul. 2002. Disponível em: <http://news.bbc.co.uk/2/hi/americas/2151222.stm>.

Brown, Dee. *Bury My Heart at Wounded Knee: An Indian History of the American West*. Nova York: Bantam, 1971.

Brown, Michael F. e Eduardo Fernandez. "Tribe and State in a Frontier Mosaic: The Asháninka of Eastern Peru". In: R. Brian Ferguson e Neil L. Whitehead (orgs.), *In War in the Tribal Zone: Expanding States and Indigenous Warfare*. Santa Fe: School of American Research Press, 1992, p. 413-27.

Buckley, Stephen. "Brazil Fears Fallout of Drug Crackdown". *Washington Post*, 1 out. 2002.

Campbell, David G. *Land of Ghosts: The Braided Lives of People and the Forest in Far Western Amazonia*. Boston: Houghton Mifflin, 2005.

Candolle, Alphonse. *Origin of Cultivated Plants*. 2. ed. Londres: Kegan Paul, Trench & Co., 1884.

Carneiro da Cunha, Manuela e Mauro Barbosa de Almeida (orgs.). *Enciclopédia da floresta: o Alto Juruá: práticas e conhecimentos das populações*. São Paulo: Companhia das Letras, 2002.

Carrington, Damian. "Mass Tree Deaths Prompt Fears of Amazon 'Climate Tipping Point'". *Guardian*, 3 fev. 2011. Disponível em: <http://www.guardian.co.uk/environment/2011/feb/03/tree-deaths-amazon-climate>.

Carvajal, Gaspar de. *The Discovery of the Amazon*. Tradução de Bertram T. Lee. Nova York: American Geographical Society, 1934.

Castro, Ferreira de. Tradução de Charles Duff. *Jungle: A Tale of the Amazon Rubber-Tappers*. Nova York: Viking, 1935.

Cavuscens, Silvio. *Pela sobrevivência dos povos indígenas do Vale do Javari*. Manaus, Brasil: CEDI, 1986.

Chagnon, Napoleon A. *Yanomamö: The Fierce People*, 3. ed. Fort Worth: Holt, Rinehart and Winston, 1983.

Connolly, Bob e Robin Anderson. *First Contact: New Guinea's Highlanders Encounter the Outside World*. Nova York: Penguin, 1988.

Costa, Luiz Antonio. *As faces do jaguar: parentesco, história e mitologia entre os Kanamari da Amazônia Ocidental*. Tese de doutorado, Museu Nacional da Universidade Federal do Rio de Janeiro, 2007. Disponível em: <http://www.slideshare.net/anandex/as-faces-do-jaguar-parentesco-historia-e-mitologia-entre-os-kanamari-da-amaznia-ocidental>.

Cowell, Adrian. *The Tribe That Hides from Man*. Nova York: Stein & Day, 1974.

Cunha, Euclides da. *The Amazon: Land Without History*. Organização de Lúcia Sá. Tradução de Ronald Sousa. Nova York: Oxford University Press, 2006.

D'Altroy, Terrance N. *The Incas*. Oxford: Blackwell Publishing, 2002.

Davis, Wade. *One River: Explorations and Discoveries in the Amazon Rain Forest*. Nova York: Touchstone, 1996.

____ . *The Wayfinders: Why Ancient Wisdom Matters in the Modern World*. Toronto: Anansi Press, 2009.

Diacon, Todd. *Stringing Together a Nation: Cândido Mariano da Silva Rondon and the Construction of a Modern Brazil, 1906-1930*. Chapel Hill, N.C.: Duke University Press, 2004.

Diamond, Jared. *Guns, Germs and Steel*. Nova York: W.W. Norton, 1997.

Domville-Fife, Charles W. *Among Wild Tribes of the Amazons*. Filadélfia: J.B. Lippincott, 1924.

Dowie, Mark. *Conservation Refugees: The Hundred-Year Conflict Between Global Conservation and Native Peoples*. Cambridge, Mass.: MIT Press, 2009.

Downie, Andrew. "Champion for Brazil's Indigenous Gets Fired". *Christian Science Monitor*, 26 jan. 2006. Disponível em: <http://www.csmonitor.com/2006/0126/p04s01-woam.html>.

Dutfield, Graham. "Why Traditional Knowledge Is Important in Drug Discovery". *Future Medicinal Chemistry* 2, n. 9 (set. 2010), p. 1405-9.

"Earth at Night" (mapa). *National Geographic*, nov. 2004.

Erikson, Philippe. "Uma singular pluralidade". In: Manuela Carneiro da Cunha (org.). *História dos índios no Brasil*. São Paulo: Fapesp/SMC, 1992, p. 239-52.

Faleiros, Gustavo. "Brazilian President's Promises Crumble Under the Weight of Belo Monte". *Guardian*, 1 fev. 2011. Disponível em: <http://www.guardian.co.uk/environment/blog/2011/feb/01/brazil-dilma-rousseff-hydroelectric-dam>.

Feldman, Stanley. *Poison Arrows: The Amazing Story of How Prozac and Anesthetics Were Developed from Deadly Jungle Poison Darts*. Londres: Metro Publishing, 2005.

Ferguson, R. Brian. *Yanomami Warfare: A Political History*. Santa Fe: School of American Research Press, 1995.

Figueiredo, Luiz Filipe. *Índios isolados: Atração e sobrevivência, eis a questão*. Cuiabá: 2a Superintendência da Funai, 1987.

Forsyth, Adrian e Ken Miyata. *Tropical Nature: Life and Death in the Rain Forests of Central and South America*. Nova York: Touchstone, 1995.

Freire, Carlos Augustino da Rocha. *Sagas sertanistas: práticas e representações do campo indigenista no século XX*. Tese de doutorado, Universidade Federal do Rio de Janeiro, 2005. Disponível em: <http://teses.ufrj.br/PPGAS_D/CarlosAugustoDaRocha Freire.pdf>.

Funai. "Projeto índios isolados". Ministério da Justiça. Última atualização em 2007. Disponível em: <http://www.mj.gov.br/data/Pages/MJD0E56FE7ITEMIDE686F24 4540E4961 BC3786AD6E76BE6FPTBRNN.htm>. Acesso em: 7 jul. 2009.

_____. "Projeto Javari". Ministério da Justiça. Última atualização em 2007. Acesso em 7 jul. 2009. Disponível em: <http://www.mj.gov.br/data/Pages/MJD0E56FE7ITEMIDF-544570BEB04 45988704857DFB7815A4PTBRIE.htm>.

Arquivos da Funai. Brasília e Museu Nacional do Índio, Rio de Janeiro.

Galeano, Juan Carlos. *Folktales of the Amazon*. Tradução de Rebecca Morgan e Kenneth Watson. Westport, Conn.: Libraries Unlimited, 2009.

Gellerman, Bruce. "REDD Path to a Green Planet". Living on Earth, 11 set. 2009. Disponível em: <http://www.loe.org/shows/segments.htm?programID=09-P13-00037&segmentID=6>.

Gheerbrant, Alain. *The Amazon: Past, Present, and Future*. Tradução de I. Mark Paris. Nova York: Harry N. Abrams, 1992.

_____. *Journey to the Far Amazon*. Tradução de Edward Fitzgerald. Nova York: Simon & Schuster, 1954.

"Good Eyesight? Thank Snakes". *ABC News*, 30 ago. 2006. Disponível em: <http://abcnews.go.com/Technology/DyeHard/story?id=2371692&page=1>.

Goodman, Jordan. *The Devil and Mr. Casement: One Man's Battle for Human Rights in South America's Heart of Darkness*. Nova York: Farrar, Straus & Giroux, 2010.

Goulding, Michael, Ronaldo Barthem e Efrem Jorge Gondim Ferreira. *The Smithsonian Atlas of the Amazon*. Washington: Smithsonian Books, 2003.

Grann, David. *The Lost City of Z: A Tale of Deadly Obsession in the Amazon*. Nova York: Doubleday, 2009.

Hanlon, Michael. "Incredible Pictures of One of the Earth's Last Remaining Uncontacted Tribes Firing Bows and Arrows". *Daily Mail*, 30 maio 2008. Disponível em: <http://www.dailymail.co.uk/sciencetech/article-1022822/Incredible-pictures-Earths-uncontacted-tribes-firing-bows-arrows.html>.

Hecht, Susanna e Alexander Cockburn. *The Fate of the Forest*. Nova York: Harper-Collins, 1990.

Hemming, John. *Amazon Frontier: The Defeat of the Brazilian Indians*. Londres: Macmillan, 1987.

_____. *Die If You Must: Brazilian Indians in the Twentieth Century*. Londres: Macmillan, 2003.

_____. "Last Explorer of the Amazon: Distinguished Historian John Hemming Profiles the Career of Brazilian Explorer Sydney Possuelo, Who Was Recently Awarded a Royal Geographical Society Gold Medal for His Work with the Indigenous Peoples of the Amazon". *Geographical* 77 (fev. 2005), p. 59-63.

_____. *Tree of Rivers: The Story of the Amazon*. Nova York: Thames & Hudson, 2008.

Hering, Richard e Stuart Tanner. *Plunder for Profit: The UK and Brazilian Mahogany Trade*. Londres: Friends of the Earth, 1998. Disponível em: <http://www.foe.co.uk/resource/reports/plunder_for_profit.pdf>.

"Hoax of Lost Amazon Tribe". *Yahoo!*, 24 jun. 2008.

Hochschild, Adam. *King Leopold's Ghost: A Story of Greed, Terror, and Heroism in Colonial Africa.* Boston: Houghton Mifflin, 1998.

Huertas Castillo, Beatriz. *Indigenous Peoples in Isolation in the Peruvian Amazon.* Copenhague: International Work Group for Indigenous Affairs, 2004.

Human Planet Explorer, "Jungles—People of the Trees". BBC One. 4 fev. 2011. Disponível em: <http://www.bbc.co.uk/nature/humanplanetexplorer/environments/jungles>.

"Just Saying Yes". *Brazzil*, jan. 1997. Disponível em: <http://www.brazzil.com/cvrjan97.htm>.

Kearns, Rick. "Colombian Indigenous Still in Danger of Extinction". *Indian Country Today*, 31 out. 2010. Disponível em: <http://www.indiancountrytoday.com/home/content/Colombian-indigenous-still-in-danger-of-extinction-106308458.html>.

Kelly, John D. "Seeing Red: Mao Fetishism, Pax Americana, and the Moral Economy of War". In: Kelly, John D., Beatrice Jauregui, Sean T. Mitchell e Jeremy Walton (orgs.). *Anthropology and Global Counterinsurgency.* Chicago: University of Chicago Press, 2010, p. 67-83.

King, J. C. H. *First Peoples, First Contacts: Native Peoples of North America.* Cambridge, Mass.: Harvard University Press, 1999.

Kozloff, Nicolas. *No Rain in the Amazon: How South America's Climate Change Affects the Entire Planet.* Nova York: Palgrave Macmillan, 2010.

Kricher, John. *A Neotropical Companion.* Princeton, N.J.: Princeton University Press, 1997.

Kroeber, Theodora. *Ishi in Two Worlds: A Biography of the Last Wild Indian in North America.* Berkeley: University of California Press, 1961.

Lagrou, Elsje Maria. "Kaxinawá". *Povos indígenas no Brasil.* Última atualização em nov. 2004. Disponível em: <http://pib.socioambiental.org/en/povo/kaxinawa/print>. Acesso em: 19 nov. 2010.

Lamb, F. Bruce. "Wizard of the Upper Amazon as Ethnography". *Current Anthropology* 22, no. 5 (out. 1981), p. 577-80. Disponível em: <http://www.jstor.org/stable/2742293>.

Lamb, F. Bruce e Manuel Cordova-Rios. *Kidnapped in the Amazon Jungle.* Berkeley: North Atlantic Books, 1994.

Laurance, W. F. et alii "The Future of the Brazilian Amazon". *Science* 291, no. 5503 (jan. 2001), p. 438-39.

Lévi-Strauss, Claude. *Tristes Tropiques: An Anthropological Study of Primitive Societies in Brazil.* Tradução de John Russell. Nova York: Atheneum, 1972.

Lewis, Meriwether e William Clark. *The Journals of Lewis and Clark.* Organização de Bernard DeVoto. Boston: Houghton Mifflin, 1953.

Lewis, Norman. "Genocide". *Sunday Times Magazine* (Londres), 23 fev. 1969.

Lewis, Simon L. et alii. "The 2010 Amazon Drought". *Science* 331 (4 fev. 2011), p. 554.

London, Mark e Brian Kelly. *The Last Forest: The Amazon in the Age of Globalization.* Nova York: Random House, 2007.

Long, William R. Long. "A New Call for Indian Activists". *Los Angeles Times*, 9 fev. 1993. Disponível em: <http://articles.latimes.com/1993-02-09/news/wr-1380_1_latin-america/7>.

MacLeish, Kenneth e John Launois (fotógrafo). "The Tasadays: Stone Age Cavemen of Mindinao". *National Geographic* 142, no. 2 (ago. 1972), p. 218-49.

MacQuarrie, Kim. *The Last Days of the Incas*. Nova York: Simon & Schuster, 2007.

Mann, Charles C. *1491: New Revelations of the Americas Before Columbus*. Nova York: Knopf, 2005.

McIntyre, Loren e W. Jesco von Puttkamer (fotógrafo). "Last Days of Eden". *National Geographic* 174, no. 6 (dez. 1988), p. 800-817.

Michael, Lev. "How 'We' Became 'White People': A Tale of Indigenous Onomastic Strategies". *Greater Blogazonia*, 8 nov. 2007. Disponível em: <http://anthroling.wordpress.com/2007/11/08/how-we-became-white-people-a-tale-of-indigenous-onomastic-strategies>.

Millard, Candice. *The River of Doubt: Theodore Roosevelt's Darkest Journey*. Nova York: Doubleday, 2005.

Millman, Lawrence. *An Evening Among Headhunters and Other Reports from Roads Less Traveled*. Cambridge, Mass.: Lumen Editions, 1998.

Moffett, Mark W. *Adventures Among Ants: A Global Safari with a Cast of Trillions*. Berkeley: University of California Press, 2010.

Moss, Gérard e Margi Moss. *Brasil das Águas*. São Paulo: Supernova Editora, 2005.

Nance, John. *The Gentle Tasaday*. Nova York: Harcourt Brace Jovanovich, 1975.

Neves, Eduardo. "Amazônia—Ano 1000". *National Geographic Brasil*, maio 2010. Disponível em: <http://viajeaqui.abril.com.br/national-geographic/edicao-122/antigas-civilizacoes-amazonia-552374.shtml>.

Nossa, Leonêncio. "Expedição amazônica busca tribos desconhecidas". *O Estado de S. Paulo*, 10 jun. 2002.

_____ . *Homens invisíveis*. Rio de Janeiro: Record, 2007.

O'Connor, Geoffrey. *Amazon Journal: Dispatches from a Vanishing Frontier*. Nova York: Dutton, 1997.

Oliveira, João Pacheco de. "Sobre índios, macacos, peixes: narrativas e memórias de intolerância na Amazônia contemporânea". *Etnográfica* 5, no. 2 (2000), p. 290-91.

"Os Arara saem da mata". *Veja*, 11 mar. 1981.

"Our Role in Stopping the Illegal Brazilian Mahogany Trade". Greenpeace News and Blogs, 15 out. 2003. Disponível em: <http://www.greenpeace.org/usa/en/news-and-blogs/news/our-role-in-stopping-the-illeg>.

Owen, James. "Fighting for the Survival of Uncontacted Tribes". NatGeo News Watch, 29 abr. 2010. Disponível em: <http://blogs.nationalgeographic.com/blogs/news/chiefeditor/2010/04/fighting-for-the-survival-of-uncontacted-tribes.html>.

_____ . "Vampire Bats Attacking Cattle As Rain Forest Falls". *National Geographic News*, 20 ago. 2007. Disponível em: <http://news.nationalgeographic.com/news/pf/49980020.html>.

Pirinop: meu primeiro contato. DVD. Dirigido por Mari Corrêa e Karané Ikpeng. Olinda, Brasil: Vídeo nas Aldeias, 2007.

Plotkin, Mark J. *Tales of a Shaman's Apprentice: An Ethnobotanist Searches for New Medicines in the Amazon Rain Forest*. Nova York: Penguin, 1993.

Popescu, Petru. *Amazon Beaming*. Nova York: Viking Press, 1991.

Posey, Darrell Addison. "Biodiversity, Genetic Resources, and Indigenous Peoples in Amazonia: (Re)Discovering the Wealth of Traditional Resources of Native Amazonians". Trabalho apresentado na Conferência Amazon 2000, no Instituto de Estudos Latino-Americanos da Universidade de Londres, 1998.

Possuelo, Sydney. "Carta abierta en defensa de los pueblos indígenas aislados". Brasília: 15 dez. 2010, e-mail.

_____. "Frentes de atração: A última fronteira". Brasília: Arquivos da Funai, 27 ago. 1981.

_____ et alii. *Coodenadoria de Índios Isolados:* sistema de proteção ao índio isolado. Brasília: Funai, 1987.

Pritchard, Stephen. "The Reader's Editor on ... How a Tribal People's Charity Was Misrepresented". *Observer*, 31 ago. 2008. Disponível em: <http://www.guardian.co.uk/commentisfree/2008/aug/31/voluntarysector>.

Puttkamer, W. Jesco von. "Brazil's Kreen-Akarores: Requiem for a Tribe" e "Brazil's Txukahameis: Good-bye to the Stone Age". *National Geographic* 147, n. 2 (fev. 1975), p. 254-83.

Raffaele, Paul. "Out of Time". *Smithsonian*, abr. 2005. Disponível em: <http://www.smithsonianmag.com/travel/Out_of_Time.html>.

Raglan, Lord. *How Came Civilization?* Londres: Methuen & Co., 1939.

Ramos, Alcida Rita. *Indigenism: Ethnic Politics in Brazil*. Madison: University of Wisconsin Press, 1998.

Reel, Monte. *The Last of the Tribe: The Epic Quest to Save a Lone Man in the Amazon*. Nova York: Scribner, 2010.

Ribeiro, Darcy. *Maíra*. Tradução de E. H. Goodland e Thomas Colchie. Nova York: Vintage, 1984.

_____. *Os índios e a civilização:* a integração das populações indígenas no Brasil moderno. São Paulo: Companhia de Letras, 1996.

Rochas, Jan. "Orlando Villas-Bôas". Obituário. *Guardian*, 14 dez. 2002.

Rockafellar, Nancy. "The Story of Ishi: A Chronology". University of California, San Francisco. Última atualização em 2010. Disponível em: <http://history.library.ucsf.edu/ishi.html>.

Romero, Simon. "Wider Drug War Threatens Colombian Indians". *New York Times*, 21 abr. 2009. Disponível em: <http://www.nytimes.com/2009/04/22/world/americas/22colombia.html?scp=1&sq=embera%20indians&st=cse>.

Ruedas, Javier. "Variability in Marubo Politics". *Tipiti: Journal of the Society for Anthropology of Lowland South America* 2, no. 1 (jun. 2004), p. 23-64.

Sale, Kirkpatrick. *The Conquest of Paradise*. Nova York: Knopf, 1990.

Sant'Anna, Lourival. "Ecos de um outro tempo". *O Estado de S. Paulo*, 25 nov. 2007. Disponível em: <http://estado.com.br/amazonia/reservas_ecos_de_um_outro_tempo.htm>.

"Satellites Show Amazon Parks, Indigenous Reserves Stop Forest Clearing". *Science Daily*, 27 jan. 2006. Disponível em: <http://www.sciencedaily.com/releases/2006/01/060126200147.htm>.

"Saw Wholesale Murder in the Amazon Rubber Fields". *New York Times*, 4 ago. 1912.

Schipani, Andrés e John Vidal. "Malaria Moves In Behind the Loggers". *Guardian*, 23 out. 2007. Disponível em: <http://www.guardian.co.uk/world/2007/oct/30/environment.climatechange>.

Schneebaum, Tobias. *Keep the River on Your Right*. Nova York: Grove Press, 1969.

The Search for the Kidnappers. DVD. Dirigido por Adrian Cowell. Birmingham, Inglaterra: Central Independent Television, 1988.

Searle, Francis F. "Peruvian Explorations and Settlements on the Upper Amazons". Relatório da 39ª Reunião da Associação Britânica para o Avanço da Ciência; realizada em Exeter em agosto de 1869. Londres: John Murray, 1870.

Sharp, Lauriston. "Steel Axes for Stone-Age Australians". In: Spradley, James P. e David W. McCurdy (orgs.). *Conformity and Conflict: Readings in Cultural Anthropology*. Boston: Little, Brown and Company, 1974, p. 413-427.

Shepard, Glenn, Jr. *Informe 1: Los grupos indígenas aislados del río Las Piedras*. Relatório apresentado a Mobil Exploration Peru, Lima, Peru, 1996.

Shepard, Glenn H., Jr. et alii. "Trouble in Paradise: Indigenous Populations, Anthropological Policies, and Biodiversity Conservation in Manu National Park, Peru". *Journal of Sustainable Forestry* 29, n. 2 (2010), p. 252-301.

Singh, Raghubir. "The Last Andaman Islanders". *National Geographic* 148, n. 1 (jul. 1975), p. 66-91.

Smith, Anthony. *Explorers of the Amazon*. Chicago: University of Chicago Press, 1990.

Smith, Nigel J. H. "Aquatic Turtles of Amazonia: An Endangered Resource". *Biological Conservation* 16 (1979). Disponível em: <http://www.clas.ufl.edu/users/nsmith/pub/Aquatic%20turtles%20of%20Amazonia%20Bological%20Conservation%201979%20Nigel%20Smith.pdf>.

Söderström, Erling. "The White Triangle: Anti-Cocaine Operations in the Javari Forest". Korubo. Última atualização em 2001. Disponível em: <http://www.korubo.com/AMAZONDOC/coca.htm>. Acesso em: 21 jul. 2009.

Sponsel, Leslie E. "Ecological Anthropology". In: *Encyclopedia of Earth*, organização de Cutler J. Cleveland. Washington, D.C.: Environmental Information Coalition, National Council for Science and the Environment. Última atualização em maio de 2007. Disponível em: <http://www.eoearth.org/article/Ecological_anthropology>. Acesso em: 5 fev. 2011.

Stanfield, Michael Edward. *Red Rubber, Bleeding Trees: Violence, Slavery, and Empire in Northwest Amazonia, 1850-1933*. Albuquerque: University of New Mexico Press, 1998.

Stannard, David E. *American Holocaust: The Conquest of the New World*. Nova York: Oxford University Press, 1992.

Stephenson, Carl. "Leiningen Versus the Ants". In: Lass, Abraham H. e Norma L. Tasman (orgs.). *Twenty-one Great Stories*. Nova York: Mentor, 1969.

Steward, Julian H. (org.). *Handbook of South American Indians. Vol. 1, The Tropical Forest Tribes*. Washington, D.C.: United States Government Printing Office, 1948.

Survival International. Arara (boletim de ação). Jun. 2004. Disponível em: <http://assets.survivalinter-national.org/static/files/related_material/45_22_160_arara_bulletin_june_04_pdf>.

_____. "Chronology of Evidence of Uncontacted Indians Fleeing from Peru to Brazil". Mar. 2009. Disponível em: <http://assets.survivalinternational.org/static/files/logging_report_eng.pdf>.

_____. "Tribe Reveals New Evidence of Uncontacted Indians Threatened by Dam". 17 dez. 2010.

The Tailenders. DVD. Dirigido por Adele Horne. Harriman, N.Y.: New Day Films, 2005.

Tierney, Patrick. *Darkness in El Dorado: How Scientists and Journalists Devastated the Amazon*. Nova York: W.W. Norton, 2000.

Turner, Terence. "The Yanomami and the Ethics of Anthropological Practice". *Anthropological Niche of Douglas W. Hume*. Atualizado em 12 nov. 2010. Disponível em: <http://www.nku.edu/~humed1/darkness_in_el_dorado/documents/0497.htm>. Acesso em: 5 fev. 2011.

_____ e Leslie E. Sponsel. "Imminent Anthropological Scandal". Memo a Louise Lamphere, presidente, American Anthropological Association, e Don Brenneis, presidente-eleito, AAA. Set. 2000. Disponível em: <http://www.nku.edu/%7Ehumed1/darkness_in_el_dorado/documents/0055.htm>. Acesso em: 5 fev. 2011.

UNCTAD and the BioTrade Facilitation Programme. Arapaima Gigas: Market Study. Genebra: Conferência das Nações Unidas sobre Comércio e Desenvolvimento, 2006.

Up de Graff, Fritz W. *Head Hunters of the Amazon; Seven Years of Exploration and Adventure*. Nova York: Duffield & Co., 1923.

Upper Amazon Conservancy. "Peru: Illegal Mahogany Logging Continues in Reserve for Uncontacted Tribes". Jul. 2010. Disponível em: <http://www.upperamazon.org/PDF/Muru-nahua_Report_July2010.pdf>.

USAID. Relatório: 17ª Reunião Anual do Programa de Meio Ambiente da USAID. Belém: USAID, out. 2009.

Vidal, John. "Amazon's Uncontacted Tribe: How Media Coverage Can Trigger Action". *Guardian*, 4 fev. 2011. Disponível em: <http://www.guardian.co.uk/environment/blog/2011/feb/04/amazon-uncontacted-tribe-media-coverage>.

Wallace, Scott. "Hunting Down the Sons of Reagan". *Independent*, 13 maio 1987.

_____. "Into the Amazon". *National Geographic* 204, no. 2 (ago. 2003), p. 2-23.

_____. "Last of the Amazon". *National Geographic* 211, no. 1 (jan. 2007), p. 40-71.

_____. "The Mega-Fauna Man". *National Geographic Adventure* 8, no. 10 (dez. 2006-jan. 2007), p. 66-72, 108.

_____. "Napoleon in Exile". *National Geographic Adventure* 4, no. 3 (abr. 2002), p. 52-61, 98-100.

_____. "Support Won with Terror". *Guardian*, 13 jul. 1989.

Walsh, Bryan. "Drilling for Oil Way, Way Offshore". *Time*, 18 ago. 2008. Disponível em: <http://www.time.com/time/health/article/0,8599,1833379,00.html>.

Watson, Fiona et alii. *Disinherited: Indians of Brazil*, Londres: Survival International, 2000.

Wells, Spencer. *The Journey of Man: A Genetic Odyssey*. Nova York: Random House, 2003.

Whitehead, Neil L. *Dark Shamans: Kanaima and the Poetics of Violent Death*. Durham, N.C.: Duke University Press, 2002.

Wright, Ronald. *Stolen Continents: The "New World" Through Indian Eyes*. Nova York: Houghton Mifflin, 1992.

Índice

Adelino (índio marubo), 158-59, 164, 242, 320, 387-89
Aguirre, Lope "El Loco" de, 198
Aguirre: A cólera dos deuses (filme), 237
Alcino (índio marubo), 158-59, 242, 244, 246, 302, 320, 346, 375, 387
Alfredo (carregador), 146, 163-65, 167, 169, 195, 202-3, 297, 307-8, 314, 333, 350, 403, 434, 449
    aparelho estéreo comprado por, 437-38
    atitude indolente de, 159-60, 186-87, 188, 198-99, 239, 277, 301
    contratação de, 132-33
    perdido no território dos flecheiros, 279-85, 287, 290-92
    reprimenda de Possuelo em, 188, 268
Amarildo (membro da expedição), 154, 158, 186, 224, 269, 301, 307-9, 320, 329, 332, 384, 386-87, 397, 412-13, 421, 439
Amazonas (rio), 76, 190, 345, 347, 425
    boom da borracha e, 80-81
    cabeceiras do, 190
    curso principal do, 44
    dragas de ouro e, 404
    navegação, 425
    níveis de flutuação do, 91
    nome do, 426
    queda vertical do, 347
    transformação sazonal do, 425
Andes, cordilheira dos, 46, 209
Antisuyu (quadrante oriental), 30
Antonio (operador da draga de ouro), 407-10, 415
Antônio Carlos, 51, 53-54, 57, 439
Anzol (posto de controle da PF), 431-32
apelidos usados pelos, 388
Apocalypse Now (filme), 62
aquecimento global, 455
Arana, Julio César, 81, 249
aranhas, 205-6
Arapá, Ivan, 114-15, 183, 191, 199, 201-2, 214, 246, 250, 252, 259, 260, 285, 287, 341, 343-45, 346, 366-68, 372, 421, 424, 437
    construção de canoas e, 312-14, 327, 329-30, 331, 334-35
    ironia de, 112-13, 156, 177, 243, 312, 331
araras (índios), 233-36, 254, 324-25
    frente de Contato com os, 323
arauetés (índios), 205
arco e flecha, 288, 486
Aruá (índio tsunhum-djapá), 360-61, 400
asháninkas (índios), 28, 121, 239
Austrália, 275-276
Avatar (filme), 456

ayahuasca, 150
ayoreos (índios), 481

bacia amazônica:
  Andes e, 46, 209
  baixa inclinação do curso d'água na, 347
  biopirataria na, 214-15
  boom da borracha na 80-82, 122, 159, 231-32, 477, 478
  boto amazônico, 101-2, 364, 411
  criaturas míticas da, 155-56
  devastação da, 53
  diversidade de espécies na, 208-10
  estações na, 45, 148
  expedições de Rondon na, 52-54
  exploração europeia da, 80
  floresta tropical da, 27-29
  guerreiras da, 426
  máfia de madeireiros e, 238-39
  medindo as distâncias na, 347
  migração da tartaruga amazônica na, 148
  na imaginação ocidental, 29
  noites frias na, 227
  plantas medicinais e psicotrópicas da, 212-14
  política de colonização brasileira e, 71
  pontos biológicos, 208-10
  população pré-contato da, 425-26
  registro arqueológico da, 46
  seca na, 454-55
  vista de cima, 40, 76-77, 448-50
Bananeira (assentamento canamari), 122-26
Bandeira, Alípio, 135
Bartolomé de las Casas (prêmio de direitos humanos), 64
BBC, 456-57
Belo Monte (hidrelétrica), 456, 457
Beni (rio), 81
Bezerra, Chico, 169-70, 186, 233, 280, 282, 290, 301, 303, 307, 329, 345
Bezerra, José, 169-70, 186, 264, 280, 283, 284, 286, 303, 306, 307, 329, 332, 373, 401

bin Laden, Osama, 112, 399
Binã (índio matis), 115, 260
Biní (índio matis), 50
biodiversidade, 39, 46, 70
biopirataria, 214-15
Blanca (vendedora de loteria), 437
Bolívia, 76, 81, 82, 92, 247, 462, 481
boom da borracha, 80-82, 122, 159, 231-32, 477, 478
Branco (rio), 89-92, 94, 95, 96, 98, 11133, 109
Brasil, 23, 25, 27, 31, 37, 40, 44, 45, 49, 57, 64, 112, 239, 351, 418, 432, 454-55
  constituição do, 78, 342, 473
  exploração *versus* preservação e, 193-94
  política de colonização do, 71
  política de não contato, 35-36, 39, 49, 70-72, 95, 123
  terras protegidas do, 76
  tribos não contatadas do, 232, 236, 247, 469, 481
Brasil das Águas (Moss e Moss), 460
buchité, poção, 214-16

Cabral, Pedro Álvares, 265
caiapós (índios), 27, 66, 71, 205, 254, 322, 361, 402, 408, 456, 457, 465
caiçuma (bebida fermentada), 124, 388
calapalos (índios), 93
Cameron, James, 456-57
canamaris (índios), 83, 87, 111, 121-22, 123, 125-26, 132, 140, 158, 347-48, 376-77, 432, 442
  aculturação dos, 123
  apelidos usados pelos, 388
  arte corporal dos, 141
  assentamento Bananeira de, 122-26
  encontro entre os flecheiros e os, 144-46, 485
  história da criação dos, 140
  tribo tsunhum-djapá e, 121, 122, 336, 360-62, 370
  tribos isoladas e, 359-61

visita da expedição aos, 121-26, 127-30, 131, 138, 140-46, 350-52, 358-62
canoas escavadas em troncos, 339
 construção de, 312-14, 327, 329-34
 derrubada de árvores para, 306-7
 fotografia de Reynard das, 313-14
 infestações nas, 353, 354
 lançamento das, 333-35
 procurando árvores para, 303-6
Capitão (comerciante ribeirinho), 362-63, 369, 432
Caracol (rádio), 436
Carlão, 376-77, 432
Cartier, Jacques, 26, 469
Carvajal, Gaspar de, 426
Casement, sir Roger, 82
Cavaleiro Solitário (programa de TV), 28
caxinauás (índios), 129, 158, 478
Cerqueira, Felizardo, 129
Chagnon, Napoleon, 83, 274-75, 465
Chapman, Tracy, 422
Chapu (índio matis), 439
cintas-largas (índios), 252-53, 322, 475
cipó titica, 211-12
CNN, 399
Colômbia, 31, 42, 44, 76, 110-11, 431, 435, 481
Colombo, Cristóvão, 28, 112, 170, 249
Congo, 80, 82
contras (rebeldes nicaraguenses), 227, 254
Convenção Internacional de Comércio para Espécies Ameaçadas da Fauna e Flora Silvestres (Cites), 351
Coordenadoria de Índios Isolados, 35-37, 69, 90-91, 128, 133, 142, 236, 324, 454, 470-71
Corrêa, Paulo Miranda, 459
corubos (índios), 48-50, 54, 58, 83, 84, 85, 94, 95, 96, 98, 100, 105, 148, 217, 297316, 321, 410, 437
 visita de S. Possuelo, 439-47, 449
Cunha, Euclides da, 483
Cúpula da Terra de 1992 (ECO-92), 25, 37

curare (veneno das flechas), 284, 286, 426
Curuçá (rio), 159
Curuena (rio), 336, 377, 378, 384-85
 missão de expedição no, 386-97
curupira (animal mítico), 155

da Dúvida (rio), 52
Damã (índio matis), 221-23, 269, 344, 367
Davi (igarapé), 353-54
Davis, Wade, 466, 482
Declaração das Nações Unidas sobre os Direitos dos Povos Indígenas, 473
desmatamento, 30, 111, 414-15
doenças, 110, 205, 212, 232, 250, 361, 382, 469
 vulnerabilidade dos índios a, 26, 72, 110, 123, 249
dragas de ouro, 404, 405-11

El Dorado, 93
Elizalde, Manuel, 485
enguias elétricas, 341-42
Enterrem meu coração na curva do rio (Brown), 28
Envira (rio), 121, 239, 455-56
Equador, 76, 83, 247, 251, 280, 481
Espanha, 64, 170
espingardas de má qualidade, 81
Estado de S. Paulo, O, 453
Estados Unidos, 81, 226, 231
Etno (barco), 58, 60, 68, 74, 75, 112, 114-16
Exército Popular Sandinista, 225-26, 227
Expedição Alípio Bandeira:
 abastecimento por avião, 304-9, 311
 acampamento principal na, 299-302, 338
 aguaceiros na, 352-53, 372
 aldeia dos flecheiros, 282-85
 armas na, 134
 assentamentos canamaris visitados na, 121-26, 127-30, 131, 138, 140-46, 350-52, 358-62
 batedores indígenas na, 48-49, 87

caça ao porco-do-mato na, 364-66
carne de macaco na, 199-200, 203, 212
carregadores perdidos na, 279-85, 287, 289-92
chegada em Jutaí, 415
comunicação na, 73-74
descontentamento na, 196-98
diário da, 170
draga de ouro na, 405-11
encontro com *Kukahá* na, 383
episódio da cobra na, 178-80, 298
episódio da preguiça na, 343-44
episódio dos tiros contra uma macaca, 219-23, 343
estruturas de acampamento na, 157-58
Etno mandado de volta na, 115-16
expedição lateral de reconhecimento de campo de pouso, 89-95, 105, 108
facções na, 317-20
fim da, 434-35
início do trecho do rio na, 338-40
Kukahá mandado de volta na, 136
mapa usado na, 191-92
missão no rio Curuena na, 386-97
moral na, 197, 243, 300, 311, 317-18, 371, 378, 428-30
nas cabeceiras, 190-91
no ponto de controle da Polícia Federal, 431-33
objetivos da, 29-30
parada na família Pereira na, 373-74
pessoal da, 87, 133
preparativos para caminhada, 167
presos no banco de areia na, 403-4
primeiro encontro com os flecheiros na, 264-67
queda do autor na, 206-7
recrutamento para, 111, 115
recuo das águas na, 303
rota da, 38, 77-79, 141-42, 240, 277-78, 336
rota pluvial na, 336-37
rumores e calúnias na, 317-18, 371-73, 378

sensação de tempo na, 224-25
sinais dos flecheiros na, 182-85, 187, 191-92, 201, 216-17, 223, 229, 239, 244, 246, 260-61, 280-81, 297-98, 338-39, 399-400
timing da, 91
travessia de ponte de árvore na, 178-80, 185, 298-99
último jantar na, 433
voo de reconhecimento refazendo a rota da, 448-51
Waiká mandado de volta na, 135-37
expedição *ver* Expedição Alípio Bandeira
exploração de petróleo, 95-96, 232, 455, 461, 481

Farc, 435
Fawcett, Jack, 93
Fawcett, Percy Harrison, 92-93, 134-35, 170, 198, 328
Fernando II, rei da Espanha, 170
Ferreira, Mario, 395
Figueiredo, Wellington Gomes, 180, 181, 324-26, 367, 474, 484
Filipinas, 274
Fitzcarrald, Carlos Fermín, 248, 281, 483
Flávio (madeireiro), 125
flecheiros, 59, 77-78, 111, 123, 127, 143, 148, 152, 164-65, 169, 248, 281-82, 309, 319, 340-41, 347-48, 370, 392, 414, 418, 446
 aldeia dos, 282-85
 conhecimento limitado dos brancos por parte dos, 247, 249-50, 272, 273, 338-39
 contato com o mundo exterior evitado pelos, 78, 210-11, 382
 encontro com os índios canamaris, 144-46, 485
 encontro dos trabalhadores da Petrobras com, 95-96
 encontros da expedição com, 15-16, 264, 290-91, 322-23, 399, 451-52

objetivos da expedição com relação aos, 16, 25, 38, 154, 210-11, 292-93, 353
obscuridade dos, 83-84, 124, 159, 360, 399-400
presentes deixados para os, 264-67, 304
relatos de tribos vizinhas dos, 125-26, 128-29, 131
reputação violenta dos, 49, 86, 125, 129, 134, 337, 348
sinais de, 182-85, 187, 191-92, 201, 216-17, 223, 229, 239, 244, 246, 260-61, 280-81, 297-98, 338-39, 399-400
veneno das flechas (curare), 284, 286, 426
vistos do céu, 450-51
formigas carpinteiras, 202-3
Francisco (barqueiro), 43-45, 55, 57, 60, 380, 412-13
Francisco (membro da expedição despedido por Possuelo), 136, 137, 197, 299
Frente de Contato com os matises, 159
Frente de Penetração, 205
"Frente de Proteção Etnoambiental", 69-70
Frente de Proteção Etnoambiental do Envira, 455
Frentes de atração (contato), 69
Frentes de contato (Atração), 69, 235
Funai (Fundação Nacional do Índio), 25, 37, 40, 49-50, 64, 69, 76, 77, 83, 84-86, 90-91, 95-96, 120, 141-42, 159, 181, 193, 205, 235-36, 247, 248, 265, 324, 325, 351, 359, 376, 405, 406, 429, 430, 431, 453, 457
  índios matises e, 48, 50, 112-14, 39-40, 53-54, 440
  política de não contato da, 35-36, 49
Funasa, 381
Fundação do Brasil Central, 70
Fundação Moore, 64
Fundação Nacional do Índio *ver Funai*
fungos, 211

Gabriel (draga de ouro), 405-11, 413, 419, 421-22
García, Alan, 455
garimpeiros, 96-97
gases do efeito estufa, 455
Geraldo (índio canamari), 359-62
Global Positioning System (GPS), 63, 77, 184, 193-94, 241
Globalstar (telefone) 73, 136, 150, 384, 387, 404, 408, 421
Gomes, Mércio, 453
Gorotire (aldeia caiapó), 402-3, 408
Greenpeace, 239, 482-83
guajás (índios), 325-26, 367
Guaporé (rio), 82
guaranis (índios), 482
Guatemala, 486-87
Guerra do Vietnã, 27
Guerra Fria, 226

Haggard, H. Rider, 27
Hispaniola, 249
Hopalong Cassidy (programa de TV), 28
huni kui (índios), 478

Ibama (Instituto Brasileiro do Meio Ambiente e dos Recursos Naturais Renováveis), 401, 412, 432, 482-83
Içá (rio), 96, 100, 428
igarapé, 58
incas, 25, 30, 72, 175, 281
índios, 25-26, 30, 54, 78
  antropólogos e, 83
  apelidos usados pelos, 388-89
  bebida ayahuasca e, 150
  contato, questão da autodeterminação e, 324
  distâncias medidas pelos, 347
  distinção entre "brancos bons" e "brancos maus" pelos, 444, 446-47
  em ataques para obter bens manufaturados, 254-55
  exploração peruana da madeira e, 455

grupos isolados de, 83
população de, 232
status "não contatado" dos, 247-49
tecnologia e, 255
tratamento dos índios pelo Brasil, 35-36, 37
vulnerabilidade a doenças dos, 26, 72, 110, 123, 249
ver também tribos específicas
Indochina, 275
Inmarsat (satélite), 61, 74, 136, 165, 257
Instituto Brasileiro do Meio Ambiente e dos Recursos Naturais Renováveis (Ibama), 401, 412, 432, 482-83
Instituto Indigenista Interamericano, 454
Iriri (rio), 205, 482
irmão José, 100
Isabel I (rainha da Espanha), 170
ishabos (índios), 478
Ishi (índio yahi), 30
Israel, Moysés, 420, 432
Itaquaí (rio), 38, 46, 51, 57-59, 67, 75, 77-78, 84, 85, 87, 89, 95, 111, 122, 127, 128, 131, 138-39, 141, 147, 152-53, 190, 217, 307, 336, 341, 347, 349, 352, 360, 383, 386, 423, 443, 448-49, 485
Ituí, (rio), 46, 48, 87, 100, 113, 159, 217, 410, 440, 443, 446, 449

jacarés, 44, 46, 105, 163, 343, 391, 402, 431
Jamestown (colônia), 30
Jandiatuba (rio), 38, 79, 98, 190, 360
Javari, terra indígena do vale do, 29-30, 37, 40, 45, 47, 49, 53, 64, 69, 96, 100, 217, 230, 321-23, 336, 342, 377, 420, 429, 443
antropólogos e, 83-84
comunidades indígenas não contatadas da, 76-77
placa de demarcação da, 141, 368-69
pontos biológicos, 208-10
população estimada da, 77
tamanho da, 50

topografia da, 75-76
Jogos dos Povos Indígenas, 55, 252
Jordão (rio), 455
Jucá, Romero, 236
Juruá (rio), 97, 122, 129, 150, 229-30, 239, 341
Jutaí (cidade), 374, 396, 407, 409, 410, 413, 415, 417, 420, 423
Jutaí (rio), 38, 79, 121, 122, 127, 147, 190, 217, 257, 277, 298, 301, 303, 315, 336, 341, 345, 347, 349, 352, 358, 361, 362, 368, 371, 374, 375, 378, 380, 383, 395, 399, 404, 405, 408-9, 411, 419, 423-24, 449, 451
Jutaizinho (rio), 190, 368

Kinski, Klaus, 237
Kukahá (barco), 58, 94, 111, 127, 133, 137, 197, 336, 345, 371, 377-78, 380-81, 386, 399, 400, 401, 405, 407, 410, 411, 415, 419, 423, 425, 427, 434, 449
encontro da expedição com, 383-84
preso no banco de areia, 403-5
volta pelo rio Itaquaí, 136
Kwini Marubo (índio matis), 176, 212-13, 334, 343-44, 378, 427-28

Leiningen Versus the Ants [Leiningen contra as formigas], 203-4
Leland Barroso, José, 482
Leopoldo II, rei da Bélgica, 80, 82
Lévi-Strauss, Claude, 83
Lima, Pedro, 380, 383-84, 386-87, 392-93, 397, 401, 404, 405, 407, 408
Luciano (índio canamari), 139
Lula da Silva, Luiz Inácio, 55, 453

machiguengas (índios), 254
Mackenzie, coronel Ranald "Três Dedos", 231
MacLeish, Kenneth, 485
macurapes (índios), 82
Madre de Dios (rio), 248, 462, 483

Mafra, Quintino, 96, 97, 431
Magalhães, Raimundo *ver* Sobral
maias (índios), 486
Maíra (Ribeiro), 7
Makã (índio matis), 313, 334, 365
Mali, 66
malocas, 36, 77, 78-79, 96, 147, 470
Márcio (índio canamari), 163, 166, 167, 207, 263, 269, 287-88, 386-87, 421, 434, 436
Marcos, Ferdinand, 485
Maria Bonita (mina de ouro), 408
Marinaldo (colono), 390
marubos (índios), 83, 87, 88, 133, 158-59, 165, 213, 244, 260, 263, 267, 285, 303, 321, 331, 386, 388, 389, 478
mashco-piro (índios), 83, 239, 248, 281, 483
mateiros, 49, 63, 92, 97-98, 100-1
matises (índios), 49-50, 57, 62-63, 83, 87, 88, 112, 115, 212-14, 248, 252, 388, 440
   cultura de caça dos, 220
   experiência do primeiro contato com os, 48, 112-14
   primeiro machado adquirido pelos, 246
Mato Grosso, 73, 83, 234-35, 250
matsés (índios), 83
Mauro (cozinheiro), 69, 92, 94, 95, 103, 104-5, 108-10, 116, 119, 120, 157-58, 162, 163, 166, 188, 200, 201, 218, 227, 246, 270, 305, 310, 316, 317, 318, 328, 373, 403, 421, 424, 428, 430, 433
Maya (chefe corubo), 441-45
mayás (índios), 181-82, 248
"megafauna carismática", 210
Meirelles, Apoena, 475, 485
Meirelles, Francisco, 233, 254, 475
Meirelles, José Carlos, 455-56, 475
Merck, 214-15
Metralha (quadrilha), 413
Ministério da Justiça do Brasil, 368, 406
Ministério das Relações Exteriores britânico (British Foreign Office), 82

missionários, 40, 66, 83, 88, 90, 159, 232, 249, 251, 273, 276, 324
mognos, 24, 236, 238, 239, 482
morcegos vampiros, 109-10
Morpho (borboleta), 191
Moss, Gérard, 459-60
Moss, Margi, 459-60
movimento de conservação, 210
Museu Americano de História Natural, 313
Mutum (rio), 404-5

nahuas (índios), 239, 254, 478
nambiquaras (índios), 54, 83
National Geographic Society, 106
National Geographic, 23, 24, 35, 161, 214, 436, 465
neandertais, 288
Nicarágua, 225-27, 254
Nimuendajú, Curt, 235, 248, 265, 444, 482
Nova Guiné, 248, 254, 281
Nova Queimada (aldeia), 363

Oliveira (médico da Funai), 439-40, 445
Orellana, Francisco de, 72, 426, 469
organizações não governamentais (ONGs), 120-21, 462
Orinoco (rio), 83, 274, 275

pacaás-novas (índios), 233
Paiakan, Paulinho, 27
paracanãs (índios), 177, 205, 324
Paraíba (supervisor da draga *Gabriel*), 407
parintintins (índios), 235, 248, 265, 324
Parque Indígena do Xingu, 70, 71, 252
paxiúba ("palmeira ambulante"), 237-38, 297
Payne, Oliver, 23-27, 31, 34, 189
Pequeno grande homem (filme), 28
Pereira Brás, Adelson, 59, 60, 92, 94-98, 100, 101, 103, 104, 105, 108, 109, 116, 121, 135, 137, 155, 380, 383, 402, 411, 415, 421, 423-24, 425, 428, 431
Pereira, José, 373-74

Peru, 30, 31, 44, 45, 53, 76, 81, 83, 111, 247, 248, 254, 421, 425, 431, 455-56
Pessoa, Fernando, 51
Petrobras, 95-96
pirarucu, 350-51, 359, 362, 375-77, 400
Pizarro, Francisco, 25, 72, 281
Polícia Federal (PF), 53, 150
   o caso da draga de ouro e, 404-5, 408-9, 413-14, 419-20, 422-23
   ponto de controle de Anzol, 431-32
Polícia Militar (PM), 409, 413
política de não contato, 35-36, 39, 49, 70-72, 95, 123
população de, 159
Possuelo, Orlando, 65-66, 75, 79-80, 92, 93, 101, 104-6, 109, 119, 133, 155, 158, 165, 167, 180, 204, 205-7, 242, 279, 280-81, 282, 289, 317, 320, 335, 360, 365, 379-80, 399, 401, 414, 430, 435, 438, 443
   décimo oitavo aniversário de, 271
   descrição de, 65, 137, 178
   dificuldade do autor com a rede e, 253-54
   encontro com a cobra e, 298
   episódio do disparo contra a macaca e, 219-23, 343
Possuelo, Sydney, 15-16, 68, 73, 87, 119, 155, 158, 161, 163-65, 168-70, 186-87, 188-89, 204-5, 215-17, 218, 219, 221, 228, 237-41, 242, 252, 261-62, 268, 269, 282, 287, 303-4, 306, 330, 335-37, 338, 339, 344, 345-48, 367, 369, 372-73, 379-80, 398-99, 404-5, 418-19, 435, 437, 438, 452
   admiração de Adelson por, 97-98
   aproximação do contato de, 273
   carta aberta sobre índios isolados de, 457
   construção de canoas, 309-10, 327
   crise dos carregadores perdidos e, 282, 287, 289-90
   décimo oitavo aniversário de O. Possuelo e, 271

demitido, 453-54
desafeto pelas ONGs de, 120-21
descrições de, 24-25, 62, 64-66, 154
e a desconfiança das ciências, 208-9
em missão de reconhecimento aéreo, 89-95, 105, 108, 110-11
em visitas com os canamaris *ver* canamaris (índios)
encontro com os flecheiros, 265-67, 280-82, 283-85
encontro da cobra e, 178-79
encontro entre Pereira e, 373-74
encontro entre Renato e, 348-51
encontro entre Santos e, 376-77
enguias elétricas, 341-42
episódio da draga de ouro e, 406-9, 413-14, 419, 422
escritório de, 51-52, 54
esforços de recrutamento de, 111, 115
expedição de Fawcett e, 93
expedição reavaliada, 75, 77-79
família de, 64-65
flecheiros e a política de contato de, 293-94
fofocas e, 317, 371
formigas carpinteiras e, 202-3
história da lanterna, 254-55
história da onça, 257-58
história do batedor ferido e, 177
história dos índios txicões de, 250-52
hostilidade popular em relação a, 53-54
índios corubos revisitados por, 437, 439-46
índios matises recrutados por, 115
interesse nos flecheiros, 86, 353, 370
irmãos Villas-Bôas e, 71-72
mapa usado por, 191-92
motosserras, 166-67
na caminhada rumo ao acampamento principal, 297-302
na missão no rio Curuena, 386-97
pacientes indígenas defendidos por, 428
palestras noturnas de, 320, 328, 381-82

plano de campanha de atração, 234-36
política de não contato de, 35-36, 39, 70-72, 123
primeira expedição aos corubo de, 48-50, 84
primeiro contato, 180
questão da preservação *versus* exploração, 194
questão de contato *versus* autodeterminação e, 324
reapresentação do autor a, 64
relacionamento dos índios com, 142-44
renome de, 24-25, 36-37, 64
reprimenda de Alfredo por, 188
reprimenda de Raimundo por, 175-76
Reynard sobre, 40-41
ribeirinhos denunciados por, 430
sinais dos flecheiros e, 183-84, 229-30
sobre a destruição da Amazônia, 414-16
sobre a luta dos índios, 82, 281
sobre a vida na Amazônia, 401-2
sobre índios isolados, 69-70
sobre machados roubados, 246
sobre o uso de presentes para se aproximar dos índios, 264-67, 271, 272, 277
trabalho pelo direitos humanos de, 210
violência indígena e, 233-34
visão de, 25-26
visita dos canamaris a Jutaí e, 358-62
voo de reconhecimento pós-expedição e, 449-51
Welker despedido por, 429-30
preguiça, 343-44
Prêmio Nobel da Paz, 71
Primavera de Praga, 275
processo de aculturação, 76
Puerto Narino (assentamento ticuna), 435
Purus (rio), 239
Puruya (índio canamari), 139-44, 152, 164, 168, 170
Puttkamer, Jesco von, 215
Putumayo (rio), 81-82, 249

quebradas, 185, 201, 239, 280, 353
Queirós, Fradique (sargento da Polícia Federal), 431-32
Quixito (rio), 91, 180, 182

Raimundo (mateiro), 137, 153-55, 158, 164, 167, 178-79, 185, 186, 189, 195, 206, 219, 220, 223, 224, 270, 299, 309, 320, 329, 400, 430
    aparência de, 137
    conflito de S. Possuelo com, 175-76, 187, 194, 197, 307-8
    macacos abatidos por, 199
refresco em pó, 304, 310, 317, 372-73
Remi (índio canamari), 167, 263, 267, 269, 386-87, 421
Renato (índio), 349-51, 354, 359, 361
Reuters, 453
Reynard, Lily Fleur, 118, 165
Reynard, Nicolas, 34, 37, 48, 55, 56, 63-64, 65, 73, 75, 79, 86, 89, 94, 99, 108, 115-16, 118, 119, 120, 127, 133, 138, 155, 158, 162, 165, 167, 170, 178, 180, 186, 191, 199, 206, 207-8, 214, 244, 280, 289-91, 299, 304, 306, 317, 318, 320, 327, 329, 330, 334, 345, 379, 386, 387, 398, 416, 418, 430, 433-34, 435, 438, 445, 448, 450
    a caminho para se juntar à expedição, 38-40, 42-45, 57, 60, 61, 69
    construção da canoa fotografada por, 313-14
    descrição, 34
    formação de, 35
    morte de, 459-60
    reprimenda do autor por, 253-54
    sobre a importância de S. Possuelo, 40-41
ribeirinhos, 63, 212, 347
Ribeiro, Darcy, 7
Rimell, Raleigh, 93
Rio Novo, missionários, 388
Rios, Odair, 99, 269, 314
Rios, Valdeci *ver* Soldado

Rodrigues, Danilo, 58-61, 62, 68, 112-14, 380, 383, 404-5, 407, 416, 417-18, 433, 434, 438
Rondon, Cândido, 52-54, 70, 72, 73, 83, 86, 87, 135, 214, 230-31, 232, 233, 290, 444
Rondônia, 73, 252, 260, 321, 486
Roosevelt, Teddy, 52
Rousseff, Dilma, 457
Ruedas, Javier, 478
Rússia, 23

samaúma (árvore), 138, 152-53, 157, 209, 245, 306, 312, 314, 335, 378, 389, 440
Sampaio, Jéssica, 410, 422, 443
Santos, José, 376-78
São José (rio), 58-59, 62, 77, 83-85, 249,
Sarah (amiga do autor), 24, 34, 61, 165-66, 305, 314, 319, 380, 387, 469
Schaller, George, 210
seis graus de separação (teoria), 399-400
sertanistas, 52-53, 70, 72, 76, 95, 112-14, 180-81, 194, 235-36, 247, 265, 324, 326, 370, 444, 457, 474
Serviço de Proteção aos Índios (SPI), 52, 135, 230-31, 233, 235, 236, 248, 324
shabos (índios), 478
Shackleton, sir Ernest, 198
Shea, John J., 486
Shell Oil, 254
Sheridan, general Philip, 231
Shi-Shu (índio corubo), 442, 445
Shumu (chefe marubo), 478
Silva, Alysson, 419-23
Siqueira (funcionário da Funai), 41, 43, 329, 336, 370, 380
Sirão Dikumaru (aldeia canamari), 140, 152
Sistema de Vigilância da Amazônia (Sivam), 111
Sobral (barco), 58, 112, 127, 136, 138, 146, 149, 150, 152, 381
Sobral (Raimundo Magalhães), 54, 95, 316, 410, 439-40, 445-47
socioambientalismo, 70

Soldado (Valdeci Rios), 92, 94, 98-99, 101, 104, 105, 109-10, 135, 138-39, 167, 169, 176, 183, 185-86, 189, 195, 197, 199, 206, 216, 219, 223-24, 244, 258-59, 261, 263-64, 277, 278-79, 282, 303, 314, 315, 316, 320, 366, 371, 375, 378, 398, 400, 401-2, 421, 428, 429, 430, 433
  carregadores perdidos encontrados por, 289-90
  construção de canoas escavadas em tronco e, 306-7, 330-34, 384
  doença de, 238, 270-71, 287, 298, 335, 339, 341, 345, 354
  em missão no rio Curuena, 386-87
  formação de, 98-100
  história de caçador de, 85
  história dos botos, 101-2
  incidente com a cobra e, 178-80
  interações do autor com, 116-17, 150, 153, 155, 157, 173, 210, 211, 355-57, 433-35
Solimões (rio), 33, 38, 42, 44, 45, 58, 72, 76, 80, 100, 345, 371, 374, 419, 423, 425; *ver também* Amazonas (rio)
Soto, Hernando de, 26, 469
Souza, Asclepíades de, 420-21
Souza, Paulo, 59, 61, 130, 158, 166, 188, 200, 224, 246, 270, 310, 328, 342, 372-73, 386-87, 400, 403, 421, 428, 430, 433
SPI (Serviço de Proteção aos Índios), 52, 135, 230-31, 233, 235, 236, 248, 324
Spring-Wallace, Jennifer, 256
Stang, Dorothy, 394
Stevenson, Robert Louis, 27
Suárez, Francisco, 81
sucuri (anaconda), 316, 398, 441, 447
Supremo Tribunal Federal, 453
surucucu, 298
Survival International, 481

tagaeris (índios), 83
tainos (índios), 249
tasaday (tribo primitiva), 274-75, 485

Ta-van (índio corubo), 445
Teixeira, Amazoninha, 393-95, 397
Teixeira, Heleno, 377, 384-85, 390-92, 393, 395-97, 400
Teixeira, José, 390, 393, 395-96
Te-oh (índio corubo), 440
Tepi (índio matis), 174-75, 191, 199, 201-2, 213, 216, 219-22, 239, 250, 260-61, 267, 269, 280, 283, 313, 330, 333, 346, 378, 406, 421
Terras Indígenas (zonas de exclusão), 36
ticunas (índios), 96-98, 431, 435
Time, 64
traficantes de drogas, 88-90, 110-11, 471
Transamazônica, rodovia, 205, 234, 236
Triângulo Branco, 44
tribos isoladas do, 465, 481
tsunhuns-djapás (índios), 121, 122, 336, 360-62, 370, 392, 400
tuaregue (tribo), 66
Tumin Tucum (índio matis), 439, 441-42, 444
tuparis (índios), 82
Txema (índio matis), 176-77, 179, 223, 244, 250, 262, 277, 280, 299, 303, 314, 421
txicões (índios), 250-52

uitotos (índios), 249
Último dos moicanos, O (filme), 62
União Europeia, 64, 193
urubu-rei, 310
uru-eu-uau-uau (tribo), 214-15

Venezuela, 83, 274, 481
Villas-Bôas, Cláudio, 35, 70-72, 93, 134, 143, 250, 388
Villas-Bôas, Orlando, 35, 70-72, 93, 134, 143, 250, 388

Waça, Ivan, 335, 341, 364-65, 421
Waiká (barco), 58, 59, 62, 68, 74, 88, 92, 94-96, 101, 103, 108, 111, 114, 116, 118, 122, 127, 130, 155-56, 197, 383
 desce o rio Itaquaí, 135-37
Wallace, Aaron, 74, 166, 256
Wallace, Ian, 74-75, 166, 256
Wallace, Mackenzie, 74-75, 166, 199, 256
waorani (tribo), 251
Washmä (índio corubo), 441, 444, 447
Welker, Paulo, 89, 110, 125, 126, 133, 136, 142, 164, 166, 168-69, 170, 189, 206, 234, 239, 245, 272, 277, 300-1, 303-4, 317, 318, 320, 329, 342, 363, 370, 372, 383-84, 399, 401, 414, 415
 carregadores perdidos e, 280, 285, 286
 contato com os flecheiros e, 263-64, 268-69, 284
 demitido, 429
 entrega aérea e, 304, 308-9
 histórico de, 69, 73
 inspeção final do equipamento e, 429
 missão de exploração do Davi e, 353-54
Wells, Spencer, 474
Wilson (carregador), 146, 163, 165, 186, 198, 239, 268, 277, 297, 306-7, 313, 340, 350, 434, 437, 449
 perdido em território dos flecheiros, 279-85, 287, 289-92
Wura (índio canamari), 144-45, 400, 485

Xingu (rio), 70-71, 92-93, 143, 204, 402, 456

yahis (índios), 30

zarabatanas, 55, 162, 181, 220, 261, 283, 284, 288, 293, 304, 442
zonas de exclusão (Terras Indígenas), 36

Conheça mais sobre nossos livros e autores no site
www.objetiva.com.br
Disque-Objetiva: (21) 2233-1388

Tel.: (11) 2225-8383
WWW.MARKPRESS.COM.BR